제국주의
담론과
동아시아
근대성

현대 중국의
정치적 무의식을
찾아서

제국주의 담론과 동아시아 근대성

현대 중국의 정치적 무의식을 찾아서

초판 1쇄 발행 2021년 4월 30일
초판 2쇄 발행 2021년 12월 10일
지은이 차태근 **펴낸이** 박성모 **펴낸곳** 소명출판 **출판등록** 제13-522호
주소 06643 서울시 서초구 서초중앙로6길 15, 2층
전화 02-585-7840 **팩스** 02-585-7848
전자우편 somyungbooks@daum.net **홈페이지** www.somyong.co.kr

값 33,000원 ⓒ 차태근, 2021
ISBN 979-11-5905-605-5 93910

이 저서는 2017년 정부(교육부)의 재원으로 한국연구재단의 지원을 받아 수행된 연구임.(NRF-2017S1A6A4A01020337)

제국주의 담론과 동아시아 근대성

차태근 지음

현대 중국의
정치적 무의식을
찾아서

The Discourse of Imperialism
and East Asian Modernity:
In Search of the Political
Unconsciousness of Modern China

감사의 말

　2016년 가을부터 연구년을 위해 캐나다 토론토 대학에서 보낸 1년
은, 저자에게 있어 중국에 대한 새로운 경험의 시간이었다. 중국도 아
니고 가까운 동아시아도 아닌 태평양 건너에서 바라본 중국은 동아시
아나 유럽에서 느낄 수 있는 것과도 다른 색다른 느낌이었다. 어쩌면
오스트레일리아에서 바라보는 중국이 이와 비슷할지도 모르겠다.

　캐나다는 19세기에 중국을 서구 중심의 세계 무대로 이끈 대영제국에
속한 자치령이었다. 15~16세기 신대륙 탐험이후 18세기 영국과 프랑스
의 7년 전쟁과 미국의 독립전쟁, 그리고 대영제국의 자치령을 거쳐 오스
트레일리아, 뉴질랜드 등과 더불어 가장 중요한 독립적인 영연방 국가가
되었다. 그러나 지금도 공식적인 국가원수는 엘리자베스 2세이며, 국가
급의 중요한 의례는 여왕의 대리인 총독의 관저, 리도 홀Rideau Hall에서
거행된다. 과거 2세기 넘게 대양을 지배했던 대영제국의 모습을 압축적
으로 보여주는 곳이 런던의 대영박물관이라면, 캐나다는 그 제국의 살아
있는 유산이다. 또 동시에 캐나다는 대영제국을 이어 20세기 이후 세계를
이끌고 있는 미국과 11,366km에 달하는 세계에서 가장 긴 국경을 공유
하는 국가로서, 대외정책에 있어서 미국과 동보적인 태도를 취하고 있기
도 하다. 그런 의미에서 캐나다는 줄곧 제국의 심장에서 멀지 않은 주변부
제국이었다고 할 수 있다.

　한편 캐나다는 중국인에게 있어 근 1세기 반 동안 줄곧 신대륙이었다.
이민국가의 도시답게 다문화의 특징이 물씬 풍기는 토론토만 보면, 전체
인구 6백여만 명 가운데 10%가 중국계이다. 그러나 무엇보다도 캐나다

는 근 2세기 동안 중국과 가장 밀접한 관계를 맺으며 중국의 역사를 바꾸어 온 제국의 일부이자 그 주변으로서, 중국인에게는 특별한 의미를 지니는 곳이다. 그곳은 제국이면서 동시에 피식민지 그리고 제국의 심장부와는 달린 각 국가와 지역의 주변부로부터 온 사람들의 마지막 정착지이기도 했다. 19세기 중반부터 새로운 문명과 삶의 기회를 위해 많은 중국인들이 캐나다로 이주하였다. 캐나다의 연방통일을 가능케 한 대륙간 횡단철도를 부설할 때 동원된 인력은 다름 아닌 중국의 쿨리였다. 19세기 후반에서 20세기 전반에는 미국의 중국인 배척법에 호응하여 캐나다도 중국이민자들에게 인두세를 부과하거나 이민을 금지하는 법을 시행하기도 했지만, 중화인민공화국의 성립과 홍콩반환, 그리고 중국의 개혁개방과 같이 중국사회에 큰 변화가 발생할 때마다 많은 중국인들이 각기 다른 이유와 목적으로 캐나다로 이주하고 있다.

최근의 신 이민자를 포함하여 중국이민자들의 다양한 구성원을 고려하면 그들을 하나의 목소리로 정리할 수 없지만, 중국과 세계의 관계, 세계에서 중국의 위상의 변화에 대해 누구보다도 민감한 집단가운데 하나가 바로 이들일 것이다. 저자가 토론토에서 중국계 사람들과 대화하면서 느낀 것은, 그들이 중국과 미국 혹은 서구 열강을 바라보는 시선은 중국의 시각이나 서구의 시각과 동일하지 않으며, 쉽게 정의할 수 없지만 제국내의 주변에 위치한 이주민의 신분이라는 포지션과 관련된 복잡한 뉘앙스를 지니고 있다는 점이었다.

저자가 본서를 구상하기 시작한 것은 토론토에 가기 훨씬 이전부터였다. 10여 년 전부터 근사재에서 여러 중국 연구자들과 함께 중국 근대 잡지들을 읽기 시작하면서, 동아시아의 근대 역사를 일국적 혹은 동양과 서양이라는 이분법적인 시각에서 벗어나 전지구적인 시각에서 연구할 계획을 갖게 되었다. 특히 시진핑 정부가 들어선 이후 대국굴기와 중국모델에 관한 다양한 논의와 중국의 역사적 합법성에 관한 중국론을 보면서 현대중국의 성격을 그 기본틀이 형성된 19세기 후반에서 20세기 초, 특히 1900년을 전후한 시기를 중심으로 분석하고자 하였다. 본 연구는 2015년부터 본격적으로 시작되었다. 그리고 2016년 트럼프 정부가 들어선 이후 미국과 중국의 상호 비판과 무역전쟁을 보면서 그리고 토론토대학 로바츠 도서관에서 근대시기 서구의 동아시아 관련 역사자료들을 접하면서, 현재의 중국문제의 성격을 이해함에 있어 19세기 서구와 중국의 관계가 지니는 의미를 다시 주목하게 되었다. 당시 많은 자료들이 보여주는 바에 의하면, 현재의 미중갈등은 매우 낯익은, 이미 오래전부터 예견된 결과처럼 보인다. 이에 이 책도 처음 구상을 보완하여 현대 중국의 세계와 자기인식을 중국과 세계의 관계, 특히 서구와 일본, 중국 등 다중적인 시선이 교차하는 맥락 속에서 분석하게 되었다. 지금 중국과 가장 대립각을 세우고 있는 미국, 영국, 오스트레일리아, 캐나다의 공통점이 18세기~20세기 세계를 주도한 영연방 또는 앵글로 색슨 민족이 중심인 국가라는 점에서 현재의 미중갈등은 더 복잡한 의미를 지니고 있음을 말해 준다. 한편 처음 본서를 계획할 때 서구−일본−중국−한국의 근대성 담론의 지적회로를 염두에 두고 대한제국시기의 일부 사상담론까지 분석대상으로 삼고 있었다. 이에 제목을 제국주의 담론과 동아시아 근대성이라고 명명하였는데, 실제 저술과정에서 대한제국시기의 담론은 제외되었다. 하지만 가급적이면 처음 제목을 유지하기를 바라는, 연구를 지원해 준 한

국연구재단의 방침과 본서의 문제의식의 보편성을 고려하여 처음 계획한 제목을 그대로 유지하기로 하였다.

본서를 준비하면서 저자는 주제와 관련된 논문을 학술대회나 학술지에 발표하여 여러 연구자들의 도움을 받았다. 본서 가운데 2장과 5장, 7장이 그중 일부인데, 2장 중 "라인슈의 『세계정치』와 제국주의론"은 난징대학교 국제학술대회와 중국학회의 『중국학보』에 발표된 것을 대폭 수정하였으며, 5장의 일부 내용 역시 중국현대문학학회의 『중국현대문학』에 발표했던 「문명의 기준과 근대 중국 인권담론」을 대폭 수정한 것이다. 그리고 제7장은 중국학회의 『중국학보』에 발표했던 「수면-각성론 : 현대중국의 민족우언」을 바탕으로 일부 수정하였다. 이상 논문을 본서에 실을 수 있도록 허락해 준 한국중국현대문학학회와 한국중국학회에 감사드린다.

저자는 본서를 연구하면서 적지 않은 분들의 도움을 받았다. 먼저 본서 연구에 전념할 수 있도록 지원을 해 준 인하대학교와 한국연구재단을 비롯해 멋진 로바츠 도서관에서 근대시기 서구의 중요 자료들과 씨름하며 연구년을 보낼 수 있도록 도움을 준 앙드레 슈미드^{Andre Schmid} 교수와 멍위에^{孟悅} 교수에게 감사드린다. 그리고 본서의 주제를 구체화하는 과정에서 학술발표회 등을 통해 직간접으로 의견과 도움을 주신 오병수 교수님, 쑨장^{孫江} 교수, 판광저^{潘光哲} 교수, 이시카와 요시히로 ^{石川禎浩} 교수에게도 감사드린다. 그러나 무엇보다 오랫동안 근대잡지 읽기라는 '새우잡이' 고된 노동을 함께 하며, 동서 문화와 사상의 교류에 대해 같이 공부하고 많은 지적인 자극을 준 근사재 동료 연구자들에게 고마움을 전하지 않을 수 없다. 특히 민정기 교수는 본서를 통독하고 좋은 지적과 함께 많은 도움을 주었다.

또 어려운 출판 상황 속에서도 흔쾌히 본서의 출판을 맡아 주신 소명출판의 박성모 사장님 그리고 난삽한 원고를 말끔히 만들어 주신 박건형 선생님, 코로나 상황에서도 필요한 자료를 요청할 때마다 외국의 각 도서관과 기관을 다 뒤져서 중요한 자료를 찾아 주던 인하대학교 도서관 사서직원들에게 감사드린다. 마지막으로 정해진 기간 내에 집필을 끝내기 위해 주말도 함께 하지 못했음에도 인내심을 가지고 응원해 준 아내와 딸에게도 고마움을 전하고 싶다.

차례

서장

　새로운 듯 낯익은 듯, 우리의 일상은 그렇게 하루하루 지나고 있다. 질주하는 시간의 흐름 속에서 문득문득 다가와 스쳐가는 낯익은 모습들은 내일 다시 반복되지 않는다 하더라도 내일을 낯익은 모습들로부터 분리시켜 사고하는 것을 어렵게 한다. 세계대전과 식민, 냉전이란 시간을 뒤로 한 이른 바 포스트 시대는 근대라는 시간을 저 멀리 밀어낸 것처럼 보이지만 또 긴 터널을 지나온 현재, 마주하고 있는 것은 끝 모를 또 하나의 낯익은 입구다.

　21세기 입구를 한참 지나온 현재, 보는 시각에 따라서는 눈앞에 두 가지 슈퍼 파워가 다가오고 있다고 느끼는 사람들도 적지 않을 것이다. 그것은 바로 인공지능과 중국이다. 많은 저널리스트들이 묘사하는 바에 따르면 21세기의 중반은 두 슈퍼 파워가 세계를 주도하는 시대이다. 이들이 주도하는 세계의 모습은 명암이 병존하고, 궁극적으로 그들이 괴물이 될지 아니면 세계를 새로운 밝은 미래로 이끌지를 판단하는 것은 아직 시기상조인 듯하지만,[1] 사람들의 주목을 끄는 것은 이

1　슈퍼 파워 중국이 주도하는 시대의 세계 모습에 대해서는 대개 부정적인 전망이 지배적이다. James Kynge, *China Shakes the World : A Titans' Rise and Troubled Future–and the Challenge for America*, Boston, MA - Mifflin Harcourt, 2006; Elizabeth C. Economy, *The Third Revolution : Xi Jinping and the New Chinese State*, New York– Oxford University Press, 2018; Robert Spalding, *Stealth War–How China Took Over While America's Elite Slept*, Portfolio, 2019; Steven W. Mosher, *Bully of Asia–*

두 파워가 하나로 합쳐지고 있다는 것이다. 레베카 A. 패닌이 중국의 변화를 이끌어가는 핵심을 기술거인Tech-Titan이라고 한 것은 여러 의미를 함축하고 있다. 그가 예견하는 "불 뿜는 용"으로 상징되는 중국이 주도하는 새로운 "황금시대"는 4차 산업혁명의 핵심 기술이 지배하는 시대이기도 하다.[2] 근대 이후 세계를 지배하는 제국의 핵심 능력이 선도적인 과학역량이었다고 한다면, 이른바 대국굴기를 선언한 중국이 우선 고려하는 것도 과학임은 의심의 여지가 없다.

과학기술과 국제정치가 전지구적인 규모와 전례 없는 속도로 세계 질서와 인류의 삶을 바꿔 놓았던 시기는 지금이 처음은 아니다. 19세기는 발명의 세기였다. 20세기의 인류사회의 화려함과 함께 참혹한 폐허를 야기한 수많은 발명들은 대부분 19세기에 등장했다. 특히 교통과 전기통신 방면에서의 발전과 발명은 당시는 아직 초보적인 단계였지만, 처음 그것을 접한 인류에게는 21세기 인류가 인공지능에 대해 느끼는 충격 그 이상의 것이었다. 세계의 모든 구석구석이 지도상의 점과 선으로 압축될 즈음, 이것을 하나로 연결시켜 통일된 세계의 이미지를 부여한 것은 바로 새로운 교통과 전기통신의 기술이었다. 이 기술의 본질은 처음부터 전지구적인 것이었다. 왜냐하면 그것의 성향은 자연적인 어떠한 장애나 단절, 인위적인 경계를 초월하여 모든 것을 하나로 이어놓는 것이었기 때문이다. 이는 왜 19세기에 다양한 분야에서 국제규범을 정하기 위해 전세계의 국가와 사람들이 하나의 테이블을 사이에 두고 둘러앉게 되었는지를 설명해 준다, 19세기가 명

Why China's Dream is the New Threat to World Order, Regnery Publishing, 2017.
2   레베카 A. 패닌, 손용수 역, 『중국이 세계를 지배하는 날』, 한스미디어, 2020, 12면.

실상부한 국제회의 시대였던 것은 바로 세계화에 따른 기술의 표준화와 증폭되는 국제 갈등의 해결에 대한 요구에 따른 것이었다.

그러나 이러한 기술의 혁신이 가져온 세계는 산업과 대중문화에서 보여주는 화려한 모습만은 아니었다. 반대로 하나로 연결되어 좁아진 지구는 국제질서에 있어서도 자본주의의 급속한 팽창으로 통합이 가속화되었다.[3] 18세기 말이래 영국이 주도하던 세계질서에 또 다른 국가들이 도전에 나서면서 본격적인 제국주의 경쟁시대로 접어들자 세계의 주권국가의 수는 급속히 감소하였다. 1876년과 1915년 사이에 지구상의 1/4 지역이 약 6개국의 식민지로 분배되고 재분배되었다. 아프리카를 보면 1870년에 1/10 지역이 유럽의 지배를 받았지만, 1900년경에는 오직 1/10이 독립국가로 남아 있었다. 이러한 제국주의는 1914년 제1차 세계대전 전후시기에 정점에 달하지만 1930년대까지 식민지였거나 식민지 상태에 있던 국가는 여전히 84.6%였다.[4] 지구상의 대부분 지역에 대한 제국주의의 통치가 종식된 것은 제2차 세계대전 이후였다.

이와 같이 19세기 중반 이후 급속한 국가의 멸망과 식민지화가 이루어진 시기를 역사학자들은 제국주의시기라고 부르는데, 이는 또 동아시아가 서구 중심의 세계질서 속에 경제적, 정치적, 문명적 방면에서 전면적으로 접속되던 시기이기도 했다. 동아시아의 근대화를 동서문명의 접촉을 통해 선진적인 서구문명의 확산과정으로 보는 것은 자

---

3 대니얼 R. 헤드릭, 김우민 역, 『과학기술과 제국주의』, 모티브북, 2013, 제3부 "커뮤니케이션communications 혁명".

4 에릭 홉스봄, 김동택 역, 『제국의 시대』, 한길사, 2007, 157면; 서정훈, 『제국주의의 이해』, 울산대 출판부, 2007, 16면; D. K. Fieldhouse, *The Colonial Empires-A Comparative Survey from the Eighteenth Century*, London-Weidenfeld & Nicolson, 1966, p.373.

본주의의 확장을 평등한 무역에 따른 상호 호혜과정으로 보는 것만큼 이나 순진하고 낭만적인 발상이 아닐 수 없다. 동아시아의 근대시기는 자유주의 이념의 확산이 아니라 퇴조의 시기에, 자유무역의 확장이 아니라 보호무역이 대두되던 시기, 평화적이고 합법적 국제관계가 아니라 군사력을 앞세운 강권적 관계가 지배하던 시기와 상호 조응한다. 특히 제국주의시기에 비유럽 지역의 각 국가가 대면했던 슈퍼 파워들은 다름 아닌 유럽의 기술거인Tech-Titan들이었다.

제국주의 시기, 국제적으로 가장 문제가 되는 지역은 바로 중국이었다. 그래서인지 19세기 말 세계 언론에서의 중국은 21세기 초 세계 언론에서 중국이 지니는 의미만큼이나 중심적인 세계문제였다. 왜냐하면 그때나 지금이나 중국의 문제는 일국의 혹은 한 지역의 문제가 아니라 전세계 국가의 운명을 좌우하는 문제였기 때문이다. 중국문제가 어떻게 전개되느냐는 세계문명과 국제 권력관계의 대전환이자 게임체인지로 간주된다. 물론 19세기 말의 중국과 현재의 중국이 세계문제가 되는 이유와 성격은 전혀 다르다. 19세기는 제국주의적인 경쟁하에서 중국이 덩치 큰 최상의 먹이감에 가까웠다면, 지금은 중국이 미국 중심의 세계질서에 도전하는 새로운 패권자로서의 이미지에 가깝다. 이러한 서로 다른 이미지의 중국은 별개가 아니라 동일한 존재의 다른 모습이다. 서로 다른 두 이미지를 자연스럽게 연계시켜주는 수사적 비유가 바로 "잠자는 사자"이다. "잠자는 사자"라는 비유는 한때 18~19세기에 유럽에서 유행했던 비유로서 중국에만 적용되는 고유한 의미는 아니지만, 20세기에 들어서는 거의 중국에 대한 전용 수사법으로 쓰이고 있다. 동물의 먹이사슬 혹은 생태계의 정점에 위치한 사자는 그것이 잠들었을 때나 깨어있을 때나 그의 존재만으로 모든 권력투쟁에 영향을 미칠 수밖에 없다. 이는 지난 1세기 동안 중국이 "수면상태"에서도 세계열강의 세계정책에 지속적으로 관계해 온 이유를 말해준다. 그 이유는 중국이 제국으로서의 통치기술이나 인구 및 자원의 경제능력에 있어서 전 세계 각국에 대해 비교불가의 능력을 지니고 있기 때문이다. 중국은 세계적인 측면에서 보면 거부하기 어려운 인류의 보고寶庫였다. 한때 세계열강들은 중국이 영원히 잠든 상태에서 계속 살을 찌우기를 원했을지 모르지만, 이는 이율배반적인 논리로서 비현실적인 것이었다.

중국이 잠에서 깨어났다는 소리가 20세기 후반부터 전해지는가 싶더니 지금은 중국이 스스로 공식적으로 표명하듯이 자타가 부정할 수 없는 현실이 되었다.[5] 세계의 경제에서 점하는 중국의 지위나 군사력의 확장, 세계 외교무대에서의 중국 발언권의 강화, 세계의 주도권을 장악하기 위한 각종 세계정책을 비롯하여 중국의 국경과 연해지역을 둘러싼 적극적인 공세는 중국의 각성을 실감케 하는 듯하다. 그러나 이것이 각성의 본질적인 모습 혹은 목적이라면, 이는 중국이 자신과 세계를 대하는 방식 및 인식의 성격이 무엇인지를 말해준다. 라캉에 의하면 인간의 세계 인식과 욕망은 그것이 타자로 삼는 대상과 사전에 주어진 언어에 의해 이루어진다. 중국의 욕망을 이해하고자 한다면 그것이 타자로 상상하거나 상상하고자 하는 대상, 그리고 대상과 자신을

---

5   Jim Rohwer, "A Survey of China : When China Wakes", *The Economist*, 1992.11.28, pp.3~18; Nicholas D. Kristof, Sheryl WuDunn, *China Wakes-The Struggle for the Soul of a Rising Power*, New York-Times Books / Random House, 1994.

포함한 세계를 구성하고 있는 언어의 상징체계에 대한 분석이 필요하다. 문제는 이를 중국의 자아나 세계 인식의 문제로만 볼 수 없다는 것이다. 자아와 타자가 동시에 욕망하고 부정하는 과정에서 타자도 자아도 동시적으로 형성될 뿐만 아니라, 언어의 상징계도 계속 강화되거나 변화하기도 한다.

근대 이후 중국의 주체의 형성에서 중요한 담론의 논리를 구성하는 것은 제국주의이다. 이는 중국이 자신을 변호하거나 세계열강의 비판에 대한 반비판을 위해 자주 동원하는 논리일 뿐만 아니라 세계에 대한 설명방식이자 욕망이기도하다. 즉 제국주의는 중국이 그것을 부정하든 모방하든 자신을 인식하기 위한 주요 타자인 셈이다. 하지만 이는 중국이 발명한 언어 논리가 아니라 현대 중국이 탄생할 때 중국에 선험적으로 주어진 언어이기도 했다. 제국주의는 그 경제적, 정치적 원인과 계기가 무엇이든 간에 한때 혹은 어쩌면 지금도 여전히 세계를 지배하고 있는 욕망과 얽혀있다. 그 욕망을 직조하고 있는 담론구조는 그것을 비판하고 부정하는 것을 포함하여, 근대적 주체를 형성하던 그 언어의 일부였다.

본서의 목적은 현대중국을 이해하기 위한 방법으로서 중국의 제국주의 담론을 분석하는 데 있다. 이는 중국의 제국주의론을 이론적 차원에서 비판적으로 분석하는 것이 아니라 현대중국의 자아인식의 기본 형태가 형성되던 초기 단계에서 어떤 언어에 의해 구성되고 있는지를 분석하는 것이다. 현대중국의 사상은 여러 차례의 정치적 변화에 따라 복잡한 양상을 보여주고 있지만, 그 가운데 기본적인 목적과 방향은 크게 변화하지 않았다. 특히 기본적인 원형은 이른바 청일전쟁

이후부터 신해혁명까지, 그중에서도 무술변법이 실패하고 주요 사상운동이 일본의 지식과 연계 속에서 이루어지기 시작한 1898년 말부터 1910년 전후시기에 형성되었다. 이 시기는 전세계적으로 제국주의를 둘러싼 논쟁이 본격적으로 전개되면서 체계적인 제국주의론이 등장했던 시기일 뿐만 아니라 제국주의가 최고의 정점에 달했던 시기였다. 이 시기 제국주의 담론이 사상사적으로 중요한 의미를 지니는 이유는 그것이 실제적인 제국주의 팽창으로 인해 당시 사상 담론과 상징계의 언어에 큰 영향을 미쳤기 때문이다. 1898년 무술변법 이후 중국에서는 18세기 서구의 계몽사상에서부터 19세기의 새로운 사상이 동시에 소개되어 근대국가의 전환과 사회개혁을 위한 이론적 토대를 이루었지만, 어떤 사상과 개념의 의미도 제국주의 담론의 체계로부터 자유로울 수 없었다. 즉 자유와 평등, 권리, 민족, 국민국가는 물론 근대의 과학기술과 경제에 이르기까지 모두가 제국주의가 주조하는 언어체계로부터 의미가 부여되었다.

19세기 말 이후 비서구 지역의 민족주의 운동은 서구의 제국주의를 극복대상으로 삼았지만, 그 방법과 사상, 언어는 모두 극복대상인 타자로부터 빌려올 수밖에 없었다. 이러한 현상은 단지 중국만이 아니라 중국과 비슷한 민족상황이나 피식민지에 처해 있던 국가의 민족운동에서 일반적으로 나타나는 특징이다. 인도의 민족주의 사상의 모순과 역사적 역설을 분석한 빠르타 짯떼르지Partha Chatterjee에 의하면 인도의 민족주의 사상은 계몽주의 이후 '동양'과 '서양'의 구별을 전제로 한 유럽 과학에서 구축된 지식을 수용하고 적용하여, 자신이 거부하고자 하는 권력의 구조와 일치하는 지식의 틀에서 벗어나지 못했다.[6] 오리엔탈리즘 혹은 식민주의의 자발적 내면화라고 할 수 있는, 비서구지역의 이러한 근대사상의 특성은 피식민지 민족 대부분에서 발견되는 일반적 특징이다. 서구 식민주의 담론의 내면화는 사유를 제약하는 "언어의 감옥"에 그치지 않는다. 그러한 언어에 의해 구성되고 해석되는 세계에서, 피식민자는 종종 식민주의자를 모방하거나 흉내를 내는데, 그 결과 피식민자는 식민자의 시선과 의식을 수용할 뿐만 아니라 그 욕망마저도 내면화하여 스스로 식민주의적 의식을 갖기도 한다.[7]

중국 역시 서구의 완전한 식민지는 아니었지만, 서구의 근대지식이 구성하는 특정한 패러다임에서 자유롭지 못했다는 점에서 예외는 아니다. 자연은 물론 사회에 관한 보편적이고 객관적인 지식을 표방하는 "과학"지식에 대한 수용은 그것을 부정하거나 대체할 수 있는 또 다른 지식 패러다임이 부재한 상황에서 부득이한 선택이었다고 할 수 있다. 그러나 식민지식의 문제점은 과학으로 표명되는 지식들이 실제 화용의 측면에서는 단순히 서술적Descriptive 지식이 아니라 규범적Normative 인 성격과 완전히 분리되지 않는다는 점이다. 규범적 성격은 식민권력의 윤리적, 이론적 근거로 기능하며, 피식민자와 식민자를 서로 구분하는 주체성의 원리이기도 하다. 따라서 피식민자가 식민자의 지식체계를 수용함에 있어서 즉 식민자를 흉내 내고자 할 때, 그 규범적 함의가 오히려 과학 지식에 대한 관심과 욕망을 추동하는 원동력이 되기도 한다. 예를 들어 청결에 관한 지식은 우선 위생과학의 측면에서 의의가 있지만, 불결한 삶을 곧 야만적인 것으로 보는 가치론적 함의 때문

6 빠르타 짯떼르지, 이광수 역, 『민족주의 사상과 식민지 세계』, 그린비, 2013, 88면.
7 호미 바바, 나병철 역, 『문화의 위치』 4장, 소명출판, 2012.

에 야만인으로 취급되지 않기 위해 더욱 필요한 것이 된다.

근대시기 동아시아에서 새로운 지식체계를 접했을 때 취하는 태도를 보면, 우선 그 지식의 객관성 혹은 유용성을 떠나 그것으로 표상되는 규범적 함의를 이유로 거부하는 경우(부정), 객관성 혹은 유용성과 규범성을 분리하여 전자를 선택적으로 수용하는 경우(변형), 그리고 그 객관성 혹은 유용성은 물론 그 규범적 함의를 적극적으로 수용하는 경우(흉내)를 들 수 있다. 이러한 태도의 차이는 지금까지 중국 근대지식의 변화를 해석하는 주요 방식이었다. 즉 서학에 대한 거부에서 중체서용으로, 그리고 다시 전반적 서구화로 서학의 수용을 확대해 왔다는 것이다. 그러나 한 시대의 지식의 성격과 의의는 지식의 자기 지시적 정의에 의해서보다는 사회의 지배적인 이념과 욕망에 의해 결정되는 경향이 강하다. 리오타르에 의하면 과학적 지식은 스스로 참된 지식임을 정당화할 수 없고, 이를 위해서는 다른 지식, 특히 과학적 담론을 정당화하는 서사담론의 도움이 필요하다.[8] 이는 과학지식만이 아니라 개념을 표상하는 대부분 지식들의 의의와 정당성에도 해당된다. 즉 서사지식 역시 메타담론이나 또 다른 서사지식에 의해서만 자신의 성격과 정당성을 드러낼 수 있다. 제국주의, 민족주의, 진화론, 문명론 등은 바로 19세기 말 20세기 초 중국의 지식에 의미를 부여하던 대표적인 메타담론이었다. 그중에서도 제국주의론은 민족주의와 진화론, 문명론을 자신의 정당성을 위한 서사지식으로 삼는 동시에 스스로 후자의 지식들을 정당화하는 메타담론으로서 기능을 하였다.

---

8   장 프랑수아 리오타르, 이현복 역, 『포스트모던적 조건』, 서광사, 1992, 72면.

본서에서 주목하고자 하는 것은 20세기 초 중국의 계몽사상과 민족주의 사상이 서구의 열강을 극복 대상으로서 타자화 하면서 동시에 서구의 제국주의론의 사상과 언어와 욕망들을 자기화하는 과정을 보여주는 것이다. 근대 중국의 사상과 욕망 속에 내재화된 제국의 논리와 자기모순은 중국만이 처한 사상적 곤경이 아니라, 서구의 근대사상은 물론 특히 동아시아의 근대사상에 내재되어 있는 정치적 무의식이기도 하다. 고모리 요이치에 따르면, 메이지 시기 이후 일본의 사상은 서구 열강에 의해 식민지화될지도 모른다는 위기감에 대한 기만적 대응으로서 마치 자발적 의지인 것처럼 '문명개화'라는 슬로건을 내걸고 서구 열강을 모방하는 자기 식민지화를 도모하였다. 또 동시에 자신이 '문명'적이라는 증거로 주변에서 '야만'을 발견하고 그 토지를 영유하는 식민지 침략을 병행함으로써, 식민지적 무의식과 식민주의적 의식이라는 이중성을 지니고 있다.[9] 고모리 요이치의 이러한 분석은 서구에 의해 끊임없이 타자화 되면서 동시에 적극적으로 서구를 흉내 내고자 했던 근대의 일본 역사를 상기하면 쉽게 이해할 수 있다. 그러나 제국주의에 의해 근 1세기 동안 압박을 받아왔던 중국에서도 피식민자로서의 분열된 주체성, 특히 저항과 흉내 혹은 모방은 동일하게 나타나고 있다. 비록 일본과 같이 국가적 차원의 행동으로까지 표출될 여력은 없었다고 하지만, 관념과 의식, 특히 이데올로기 차원에서는 동일하지는 않지만 유사한 욕망을 지니고 있었다. 하지만 피식민자로서의 자기 인식으로 인해, 중국에서는 그러한 흉내 혹은 식민주의 의식

---

9   고모리 요이치, 송태욱 역, 『포스트콜로니얼 ― 식민지적 무의식과 식민주의적 의식』, 삼인, 2002.

에 대한 자기 비판적 성찰이 본격적으로 진행되지 못했다. 따라서 현대 중국의 지배 이데올로기의 성격을 이해함에 있어서 피식민자의 흉내라는 관점은 적잖은 의미를 지닌다고 할 수 있다.

근대 이후 중국의 제국의식과 욕망은 근래 중국의 대국화에 따라 다시 주목을 받고 있다. 그 가운데 대국화를 경계하는 서구의 중국 위협론과 중국의 대국화를 기정사실화하고 21세기라는 새로운 시대적 조건에 부합하는 대국모델을 찾으려는 시도는 중국의 대국화를 접근하는 방식은 다르지만 모두 중국의 제국의식을 근대 이전 중국의 중화의식 혹은 조공질서의 현대적 재현과 연계시키고 있다. 전자의 경우는 19세기 이래 만국공법이라는 근대적 국제질서로 천하질서 혹은 조공질서를 대체하고자 했음에도 불구하고 중국은 여전히 제국의 무의식을 가지고 있었으며 대국굴기와 더불어 그 무의식이 자의식화 되고 있다고 비판한다. 반면 후자의 경우는 대국으로서의 중국이 19세기 후반 제국주의의 전철을 밟지 않기 위해서 중국의 역사 속에서 대국모델을 모색할 필요가 있다는 문제의식에서 출발하고 있다. 그러나 현재 중국의 제국으로서의 자의식 및 그것을 구성하는 지식은 전통적인 중화의식과 무관하다고 할 수는 없지만, 또 근대의 제국주의 담론과 관계가 없다고 할 수도 없다. 현재 중국의 세계 및 자기에 대한 의식을 구성하는데 중요한 기능을 하는 역사의식을 보면 여전히 19세기 이래 서구의 중국 주권침탈과 그로부터의 회복이라는 시각이 중심을 이루고 있다.

근대적 전환이라는 측면에서 19세기에서 20세기 초 중국의 역사를 본다면, 외양적으로는 중국의 천하국가와 조공질서의 해체에 따른 보통국가로의 전환, 즉 주권이 평등한 만국이 병립하는 국제질서로의 편입처럼 보인지만, 중국의 자의식에 있어서는 중화의식이 제국주의 이념을 매개로 한 근대적 제국의식으로 전환했다고 할 수 있다. 즉 중국의 중화의식과 서구 열강 중심의 제국주의 의식이 주권이라는 측면에서는 충돌하지만, 국제관계나 세계질서를 사고함에 있어서는 상호 모방과 흉내를 통해 밀접하게 연계되어 있다. 이를 요약하면 중국은 근대 이후에도 자아의식에 있어 제국이 아닌 적이, 다시 말해서 제국의 의식을 포기한 적이 없었다는 것이다. 중국에서 자의식의 근대적 전환이란 전근대의 제국에서 근대적 제국으로의 전환이며, 후자는 새로운 것이 아닌 전자의 근대적 변형이라고 할 수 있다. 따라서 근대 중국은 물론 현대 중국의 역사와 제반 이념들을 이해하기 위해서는 전근대적 제국과 근대적 제국의 관계, 그 전환 논리 그리고 전환 이후의 제국의식의 특징을 잘 파악할 필요가 있다. 이러한 의미에서 본 연구는 제국주의/식민주의 담론을 언어로 자의식을 구축한 현대 중국의 정치적 무의식을 탐색하는 작업의 일환이다.

중국의 근대사상에서 식민주의 의식이 지닌 특징과 문제점을 파악하기 위해서는 단순히 중국의 사상 담론을 분석하기보다는 그러한 담론이 형성되는 지구화의 과정과 담론의 지적인 회로 혹은 지식의 여행을 파악할 필요가 있다. 근대담론에 내재된 식민의식에 대한 연구는 당시 지배적인 지위에 있던 소위 제국주의 국가와 그 팽창에 이론적인 합법성을 부여하는데 기여한 각 지식인들을 비판하는데 있는 것이 아니라 식민지식 및 인식 논리가 지배와 피지배, 제국과 피식민의 관계를 넘어 현대사상에 미치는 영향이나 흔적을 반성적으로 통찰하기 위한 것이다. 이러한 점에서 제국주의는 단순히 침략주의이기 전에 전지구화 과정에서 인류의 경제와 정치, 일상적 삶 제반 영역이 폭력적으로 통합되는 과정이었음을 주목할 필요가 있다. 이를 중국의 시각에서 보면 천조체제를 대신할 새로운 세계질서의 출현을 의미했다. 여기서 중요한 것은 단순히 물리적인 패권에 기반한 질서가 아니라 세계질서의 이념에 대한 헤게모니였다. 전지구 또는 세계라는 인류사회의 공간 및 인식의 확장은 지식과 가치의 정당성의 근거로 전지구적 보편성을 요구하였으며, 이는 지방적 지식Local kNowledge의 가치 폄하와 등급화를 초래하였다. 따라서 새로운 세계질서에서의 우월적 지위는 바로 보편적 담론을 둘러싼 헤게모니 경쟁에서의 우위를 점하는 것이었으며, 피식민자의 의식은 바로 그러한 헤게모니에 대한 모방과 흉내를 통해서만 담론의 장에 참여할 수 있었다.

이와 관련하여 1장에서는 청조의 제국이 19세기에 영국을 비롯한 서구와 접촉하면서 제국으로서의 자기의식과 지위를 어떻게 유지해 나가는지를 검토한다. 이는 일반적으로 19세기 중국의 근대적 전환을 천조에서 국민국가, 천하체계에서 만국공법질서로의 변화라고 해석하는 방식에 의문을 제기하고, 제국으로서의 청조가 영국 및 서구의 열강을 타자로 삼으면서 근대적인 제국으로의 전환을 도모했음을 살펴보는 것이다. 여기서 주목할 것은 제국과 민족국가는 상호 이항대립적인 것이 아니라는 점이다. 근대 이후 제국과 민족국가 혹은 근대 국민국가는 상호 대립적이며 제국주의의 몰락도 양자간의 모순에 기인한 것으로 보기도 하지만,[10] 적어도 20세기 전반 제국주의의 논리에서는 양자를 모순적이고 대립적인 성격이 아니라 제국주의를 국민국가 혹은 민족주의의 팽창의 결과로 간주했다. 따라서 청 제국의 근대적 전환과정에서 국민국가의 시스템을 수용하는 것이 곧 기존의 제국으로서의 자기 정위定位에 대한 부정을 의미하는 것은 아니었다. 오히려 19세기 후반 서구의 제국주의 경쟁이 본격화되면서 청조는 기존의 제국보다 더 제국적인 정책을 추진하고자 하였다. 뿐만 아니라 19세기 후반 과학기술의 발전은 세계의 다양한 국가들에 대한 상호인식을 강화시키는 한편 중국의 천하관념이 전지구의 통합을 위한 인류의 본격적인 도정이라는 세계국가의 이념으로 재탄생하는 기초를 제공하기도 하였다.

2장에서는 동아시아의 제국주의 담론이 형성되는 지적회로를 분석한다. 일본의 대외적인 팽창은 19세기 말 제국주의시기에 앞서 전례가 없는 것이 아니었지만, 19세기의 말의 대외적 팽창은 그것을 합리화하는 새로운 논리와 지배방식에 있어서 이전과 많은 차이점이 있다. 물론 담론의 형성을 특정 시기로 명확히 구분하는 것은 용이하지 않다. 청일전쟁 이전 일본의 근대화 논리를 정립한 후쿠자와 유키치에 있어서도 이미 제국주의의 논리가 체계적으로 준비되어 있다.[11] 하지만 제국주의를 새로운 시대적 조류이자 체계적인 담론으로서 제국주의 언어논리를 구축한 것은 19세기 말 즉 1900년을 전후한 시기였다. 본장에서 일본의 제국주의 담론을 추적하는 것은 당시 일본은 중국과 조선이 자신을 인식하는 타자였을 뿐만 아니라, 서구라는 궁극적인 대

---

10 한나 아렌트, 이진우·박미애 역, 『전체주의의 기원 1』, 한길사, 2006, 268~283면.
11 이에 대한 자세한 분석은 杉田聡, 『福沢諭吉と帝国主義イデオロギー』, 花伝社, 2016; 야스카와 주노스케, 이향철 역, 『후쿠자와 유키치의 아시아 침략사상을 묻는다』, 역사비평사, 2011. 또 후쿠자와 유키치의 『문명론의 개략』에 나타난 서구적 대외 팽창논리에 대해서는 고야스 노부쿠니, 김석근 역, 『후쿠자와 유키치의 『문명론의 개략』을 정밀하게 읽는다』, 역사비평사, 2007.

상을 자신의 타자로 삼는 방식을 보여주는 모델이라는 이중적 의미를 지니고 있었기 때문이다. 또 당시 중국의 지식담론이 일본의 근대지식의 직접적인 영향하에 있었다는 일반적인 인식을 넘어 보다 구체적으로 주로 어떤 성격의 담론과 연계되어 특정한 사상담론을 형성하게 되는지를 살펴보기 위해서이다. 이러한 의미에서 본장에서는 영미권의 제국주의 담론이 일본에 소개되는 과정과 그 내용의 주요 특징, 그리고 일본에서 수용되는 양상을 분석한다.

제3장은 중국에서 제국주의 담론이 형성되는 역사적 맥락과 주요 특징을 분석한다. 특히 1898년~1900년 사이 세계의 제국주의 담론에서 중점적인 화제는 단연 중국의 문제였다. 아프리카 분할이 끝날 즈음, 서구 열강의 주요 관심은 중국에 집중되었으며, 미국의 태평양 진출 역시 미국의 대중정책과 밀접히 연계되어 있었다. 특히 미국의 태평양 진출로 세계열강의 세계정책의 중심이 태평양으로 쏠리면서 일본은 물론 중국의 지식계는 민감하게 반응할 수밖에 없었으며, 제국주의 담론은 중국과 일본에게 있어서 단순히 세계의 변화를 설명하는 일반적 이론이라는 차원을 넘어 당면과제의 현실적인 해결방법으로서 제기되었다. 『청의보』잡지는 바로 중국의 사상담론이 제국주의를 중심으로 한 언어로 재편되는 과정을 보여줄 뿐만 아니라 당시 중국을 둘러싼 제국주의 시선 및 이에 대한 중국의 시선이 교차되는 양상을 선명하게 보여주고 있다. 당시 중국의 사상과 지식담론은 매우 극한적인 임계점에 달한 현실정치의 특수 조건하에서 전개되었다. 이른바 「과분위언瓜分危言」은 『청의보』의 발언상의 위치와 목적하는 바가 무엇인지를 잘 말해준다. 본장에서는 마지막으로 바로 이러한 시대적 조건

속에서 중국의 지식계에서 일본 및 영미권의 제국주의 담론을 수용하여 민족주의를 형성할 때 어떠한 특징과 성격이 부여되었는지를 살펴볼 것이다.

4장과 5장에서는 제국주의의 시선이 중국 근대 국가 및 국민사상과 민권관념에 투영되는 방식과 그 결과를 분석한다. 20세기 초 중국의 근대 국가 및 국민의 형성에 가장 영향력을 미친 것은 량치차오의 「신민설新民說」을 중심으로 한 계몽사상이었다. 량치차오는 일본과 중국, 그리고 20세기 첫 10년의 대한제국의 지식인들을 상호 연계하는 국민 및 국가사상의 지식회로의 중심에 있던 인물이다. 특히 그의 「신민설」은 『청의보清議報』를 통해 전개했던 논리를 보다 체계화하고, 국민의 의식계몽을 통해 근대국가를 수립하려는 기획의 일환이었다. 그런데 본장에서 주목하는 것은 그의 계몽 기획이 제국주의 담론을 기본 언어로서 채택하고 있다는 점이다. 이는 량치차오가 제국주의의 이데올로그라는 것을 지적하기 위함이 아니다. 다만 부정할 수 없는 것은, 그가 비록 제국주의는 중국이 당장 채택하기에 합당하지 않다고 주장하면서도 제국주의를 모델로 한 국민국가를 상상했을 뿐만 아니라, 현실적인 능력과 조건이 허락한다면 제국주의로 나아갈 수 있는 가능성을 열어두고 있다는 점이다. 특히 그가 모델로 한 앵글로색슨 민족의 특성들은 그가 구상하는 국민의 성격과 신민의 목적이 어디에 있는지를 잘 말해준다. 다음으로는 제국주의 논리가 중국의 민권사상과 민족의 형성에 있어서 구체적으로 어떻게 적용되고 있는지를 분석한다. 특히 문명등급론과 인종론은 제국주의론자들이 자신의 주장을 합리화하는 이론적 근거였다. 이러한 담론이 중국의 사상담론에서 수용되고 적용되는 방식은 중국의 근대사상 가운데 제국주의적 사유가 내면화되는 과정을 설명해 준다.

마지막으로 제6장부터 제8장에서는 중국의 현대국가의 형성에 있어서 중국의 무의식 혹은 상상을 통해 집단적 욕망의 성격과 그것이 다양한 장르와 양식을 통해 재현되는 방식을 분석한다. 먼저 식민이라는 개념이 국가의 부강을 위한 조건이자 표징이 되고, 이를 위해 국민의 상무정신과 진취·모험심, 그리고 군국주의를 고취하기 위해 식민의 역사를 재구성하는 과정을 분석한다. 그리고 피식민자의 의식 속에서 식민자인 제국주의에 대한 흉내가 어떻게 재현되는지를 『사자혈』이라는 소설을 통해 살펴볼 것이다. 또 캉유웨이의 식민 구상과 『대동서』를 통해 그의 사상관념과 제국주의, 식민주의의 관계를 분석할 것이다.

한편 수면－각성론은 중국의 지난 1세기 동안 중국의 민족우언으로서 기능을 해 왔다. 중국의 수면－각성론이 중요한 점은 그것이 집단적인 정치적 무의식이기 때문이기도 하지만, 또 그것은 중국인 스스로가 자각적으로 구성한 것이 아니라 19세기 서구와 일본의 중국담론에서 비롯되었다는 점이다. 즉 그 수사적 표현 속에는 세계열강의 중국에 대한 욕망 및 콤플렉스가 자리 잡고 있을 뿐만 아니라 타자의 거울속 이미지를 통해 중국인의 내면적 욕망이 형성되는 과정이 잘 드러나 있다. 물론 처음부터 예정되어 있는 그 우언의 궁극적인 결말은 포효하는 사자로 상징되는 제국이다.

한편 중국인의 신중국 또한 집단적인 욕망이 표현되는 중요한 주제이자 상상 공간이다. 량치차오의 『신중국 미래기』, 그리고 20세기 첫

10년 동안 붐을 이루었던『신석두기』,『신중국』,『신기원』 등 과학 공상 소설과 미래소설은 당시 중국인의 집단적인 정치적 무의식은 물론 그러한 상상의 자원과 논리가 무엇인지를 잘 보여준다. 이들 작품이 그리는 신중국의 성격, 국제관계에서 중국의 지위와 역할에 대한 상상을 통해 당시 중국의 억압된 욕망을 읽어낼 수 있을 뿐만 아니라 대국 혹은 제국이라는 표상 이면에 함축되어 있는 현대 중국인의 잠재의식의 성격을 이해할 수 있을 것이다.

제1장
포스트 천하체계의 세계

만약 지도를 상세히 살펴본다면 중국은 결코 중앙에 위치해 있지 않다. 지구
는 본래 둥근 것이거늘 누가 중앙이고 누가 사방의 주변이란 말인가? 서양의
영국, 러시아, 프랑스, 독일과 미국, 유럽의 각국이 일어나 패권을 다투고 있
다. 비록 종족이 다르기는 하지만 그들을 귀신이라 부를 필요가 있는가?

皮嘉佑, 「醒世歌」(1898.4)

1898년은 어떠한 해인가? 인류의 역사는 이때에 이르러 비로소 그 세계
의 의의를 지니게 되었고, 동서의 두 반구는 이때에 이르러 비로소 그 세계
의 세력을 합하게 되었으며, 인류는 이때에 이르러 비로소 하나의 단체가
되고, 세계는 이때에 이르러 비로소 일체가 되었다.

高山樗牛, 「罪惡の一千八百九十八年」(1898)

1. Globe / 지구地球시대

둥근 구체球體를 뜻하는 글로브Globe 위에 인간들 사이의 교제와 다
양한 경계를 넘나드는 이동으로 전체 인류의 삶이 상호 연계를 맺는

시대, 즉 "글로벌 시대"란 엄밀히 말하면 표면상에서는 더 이상 중심을 찾아볼 수 없는 시대이다. 지표면상에 중심이 없다는 것은 지표면에 존재하는 모든 것이 각기 고유하고 대등한 가치와 의미를 지닌다는 것을 뜻할 수도 있지만, 다른 한편으로는 표면이 아닌 그 어딘가에 모두를 하나로 연계하여 유지시켜 주는 공동의 중심이 있다는 것을 의미하기도 한다. 즉 글로브-지구시대는 단순히 천문학이나 지리학적인 지식의 변화에 그치는 것이 아니라 인간의 행동과 삶의 방식을 특정한 방향으로 이끈다는 의미에서 하나의 이념이다. 탈중심 글로브-지구시대에 대한 중국인의 초기 반응 가운데 하나는 바로 전지구의 대동세계였다. 이는 지표면상의 중심이 아니라 만유인력과 같이 지구상의 모든 것을 지구 중심으로 끌어들이는 중력의 이념적 표현에 가까운 것이었다. 일찍이 왕도王韜는 지도를 글로브-지구를 표상하는 이미지라는 차원을 넘어 그 이미지가 담고 있는 의미를 이해할 것을 강조하기도 하였다.

서양인 가운데 천주(天主)와 예수를 모르는 자가 없게 되면 곧 공자를 모르는 자가 없게 된다. 그들이 천주와 예수의 도를 동남지역(중국을 가리킴-저자)에 전도하게 되면 자연히 공자의 도 역시 서북지역(유럽을 가리킴-저자)으로 전도된다. 장차 수백 년이 되지 않아 도가 같아지고 이치가 하나로 되며, 지구의 사람들이 한 가정을 이루는 것을 보게 될 것이다. 지금 세계에서 지구의 지도를 살펴보는 자는 마땅히 이와 같이 말해야 한다. 이것을 일컬어 지구의 도상을 잘 볼 줄 아는 자라고 하는 것이다.[1]

그러나 글로브-지구시대에 탈중심적인 사고는 서구에 있어서나 중국에 있어나 모두 용이한 것이 아니었다. 중국에서 인간이 발을 딛고 있는 대지가 공과 같은 지구地球(공 같이 둥근 땅) 즉 글로브globe이며, 그러한 구체 위에서 수많은 인간이 서로 이웃하며 살고 있다는 인식이 보편화된 것은 19세기 이후지만, 왕도가 지적한 바와 같이 지식으로서의 글로브-지구는 이미 명말 마테오리치 등 서구 예수회 선교사들이 새롭게 선보인 지도를 통해서 보여주고 있었다.[2] 중국에서 대지가 둥글다는 지원설地圓說은 중국인이 그동안 믿어왔던 하늘은 둥글고 땅은 평평하다는 천원지평天圓地平의 세계관을 전복시키는 것이었지만, 그보다 더 충격적인 것은 마테오리치의 「곤여만국전도」(1602)나 알레니의 「만국전도」(1623)에 대한 중국인의 반응이 말해주듯이 중국이 더 이상 지구 상의 중심이 아니라는 것이었다. 즉 땅이 천공에 떠있다는 의식에서 혹

1　王韜, 「地球圖說跋」, 『弢園文錄外編』, 上海-上海書店, 2002, 361면.

2　『原本草象新書』5卷, 『御定曆象考成後編』10卷, 『九圜史圖一卷附六旬曼』1卷, 浙江汪啟淑家藏本 등 명말 청초 시기 저작에서 "지구(地球)"라는 개념이 처음 등장하며, 모두 서구의 천문지리학의 소개와 관련이 있다. 『欽定四庫全書總目卷一百六・子部十六・天文算法類一』. Qiong Zhang, *Making the New World Their Own –Chinese Encounters with Jesuit Science in the Age of Discovery*, Leiden-Brill, 2015, pp.148~202. 한편 한어 "地球"에 대한 대응 영어는 1822년 모리슨의 『화영자전』에 나오는데, 모리슨은 이를 "a globe representing the world, the terrestrial globe"라고 설명하고 있다. 이 중 "the terrestrial globe"는 둥근 땅(地球)이라는 물질적 존재를 나타내는 의미고, "a globe representing the world"는 전 인류의 시대가 펼쳐지는 공간, 즉 세계(world)라는 가치적 대상으로서의 구체(球體)의 의미를 풀어서 설명한 것이다. 馬禮遜, 『華英字典』4, 大象出版社, 2008, 818면. 중국인의 글로브-지구에 대한 인식과 관련하여 왕도는 다음과 같이 설명하였다. "대지가 공과 같다는 설은 명대부터 시작되었다. 마테오리치가 중국에 온 후 그설을 처음 제기하여 천문・역산가들에 의해 주목을 받기는 했지만 아직 모두가 그것을 믿은 것은 아니었다. 그러나 그 도상이 점차 세간에 유포되어 그것을 본 자는 곧 중국의 구주(九州) 밖에 또 다른 구주가 있다는 것을 알게 되었으며, 태서(서양-저자)의 여러 국가들의 이름을 아는 자도 조금이나마 있게 되었다. 이것은 처음 그 도상을 만든 자의 지울 수 없는 공적이다." 王韜, 「地球圖說跋」, 『弢園文錄外編』, 361면.

여 느낄 수 있는 현기증보다도 인간세상에서 중국 및 중국인이 중심에 있지 않다는 것에서 오는 불안감이 더 컸던 것이다.[3] 그러나 19세기 이전까지 대부분의 중국인에게 있어서 「만국전도」는 손에 잡히지 않는, 감각적으로 느낄 수 없는 하나의 부호에 지나지 않았다. 설사 중앙아시아의 육로나 남쪽 해상을 통해 전혀 다른 외국인과 그들의 물건들을 접하더라도 그것은 생활세계 밖의 것이었다. 왜냐하면 선으로 나누어진 지도상의 대부분의 국가와 대륙은 비어있어 실제 내용을 담고 있지 않았기 때문이었다. 그런 의미에서 지구의 대부분은 여전히 상상의 공간에 불과했다. 그러한 지구의 많은 지역이, 여전히 동남 연해안 지역에 국한되기는 했지만 중국인들이 감각적으로 느낄 수 있고, 인지할 수 있는 공간이 된 것은 아편전쟁을 통해 집단적으로 서구인을 직접적으로 경험하고, 이어 마카오의 포르투갈인 마퀴스J. M. Marques의 『신석지리비고新釋地理備考』, 미국인 선교사 브리쥐맨E. C. Bridgman의 『아메리카합성국지략美理哥合省國誌略』등을 통해 유럽과 미국 등 서구 각국에 대한 보다 구체적인 지도와 소개가 있고 나서부터였다.[4] 그럼에도 19세기 중·후

3 　명말 페르비스트(F. Verbiest(南懷仁), 1623~1688)는 지구가 둥글다는 지원설(地圓說)을 주장하며, 지표상의 사물이 기울어지지 않는 까닭은 지구의 무게 중심, 즉 중력 때문이라고 설명하였다. 그러나 지원설을 믿든 안 믿든 중국인들이 일상생활에서 편안함을 느낄 수 있었던 것은 중력설에 대한 믿음보다는 지원설과 무관하게 실제 생활에서 현기증 없이 편안하게 살고 있는 평평한 대지에 대한 실감 때문이었을 것이다. 양광선·이류사·남회인, 안경덕·김상근·하경심 역, 『부득이』, 일조각, 2013, 422~424면.

4 　『신석지리비고(新釋地理備考)』는 1847년에 출판되었다가 도광·함풍년간에 반덕여(潘德畬)가 편찬한 『해산선관총서(海山仙館叢書)』에 수록되었다. (葡萄牙)馬姬士輯 譯, 『新釋地理備考全書十卷』, 淸道光二十七年(1847); (大西洋)馬吉士輯 譯, 『新釋地理備考全書』 10, 潘德畬輯, 『海山仙館叢書』, 道光咸豐間. 『아메리카합성국지략(美理哥合省國誌略)』은 1838년 싱가포르에서 출간되었다가 1844년과 1846년 홍콩과 광저우에서 출판되었으며, 이를 보완하여 1861년 『대미연방지략(大美联邦

반에 이르러서도 중국 지식인 가운데 중국 중심설에 대한 집착은 계속 이어진다. 아편전쟁 직후 서구를 포함한 세계의 지리와 문화를 체계적으로 소개한 위원魏源은 세계가 글로브-지구, 즉 공처럼 둥근 땅 위에 오대주로 구성되어 있다고 소개하고, "진단震旦(중국을 가리킴-저자)이 바로 온대지역에 자리 잡고 있어 사계절이 화목하고 평온하기 때문에 예로부터 그것을 중국中國으로 간주하였는데, 이는 계절의 기후가 조화롭고 적합했기 때문("適中")이지 그것이 지리적으로 정중앙임을 말하는 것이 아니다"[5]라고 하였다. 여기서 위원은 글로브-지구라는 시대에서 기존의 중국이라는 의미가 지니는 문제성을 인식하고 새롭게 의미를 설정하고 있다. 즉 지리적 중심이라는 의미를 탈각시키고 대신 글로브-지구상의 위도를 바탕으로 계절의 기후("天時")가 한편으로 치우치지 않고 적합한 곳이라는 의미로 해석한 것이다. 하지만 적합한 기후라는 기준을 어떻게 정할 것인가도 논란거리지만, 설사 너무 덥지도 춥지도 않은 온대지역을 가장 적합한 곳이라 한다면 유럽이나 기타 지역도 중국이 되어야 한다. 그 때문인지 1868~1870년 청조의 공식외교 사절단인 벌링게임Anson Burlingame을 따라 미국과 유럽 각국을 방문했던 지강志剛은 서구인이 중국이라는 호칭 중 "중中"의 의미가 지니는 문제점을 제기하자, 중앙이라면 천공에 떠 있는 지구에 중앙이 아닌 곳이 없고, 중간이라면 만국이 서로 인접해 있어 중간이 아닌 곳이 없다. 따라

志略)』이라는 제목으로 상하이에서 다시 출판되었다. 高理文, 「美理哥國志略」, 王錫祺·王錫礽編, 『小方壺齋輿地叢鈔再補編』, 上海 —著易堂, 1891. 위원은 중국인은 19세기 서구인에 의한 새로운 지도와 지리지의 저술 덕분에 서구를 비롯한 세계의 지리와 풍속을 중국의 지리를 보듯 알 수 있게 되었다고 말하였다. 魏源, 『海國圖志·後敘』, 『魏源全集』 4冊, 岳麓書社, 2004, 7면.

5   魏源, 『海國圖志』 76, 湖南 —岳麓書社, 1998, 1850면.

서 중국에서 "중"이 가리키는 것은 형세나 거처를 가리키는 것이 아니라 "중도中道"를 의미한다고 설명하였다. 즉 중국의 역대 성인과 성왕이 전해 준 도는 불교나 기독교, 이슬람교, 조로아스터교, 일본의 천도와 달리 "한쪽으로 치우치지 않는 바른 도中道"인데, 이 점은 어느 국가도 중국에 비교할 수 없다는 것이다.[6] 이와 같이 중국인은 『만국전도』를 필두로, 글로브―지구가 표상하는 새로운 "세계"라는 인식이 형성되어 가는 과정에서도 기존의 문제적인 중국이라는 호칭을 포기하기보다는 새로운 기준으로 그 의미를 부단히 변경해 나갔다. 또 이와 거의 같은 시기에 중국이 세계의 중심이나 도道의 중심도 아닐뿐더러, 세계에서 고립되고 열외의 대상이 되어가는 추세에 대해 경종을 울리는 목소리가 나타나기 시작했다. 1880년 경 정관응鄭觀應은 중국의 천하 중심주의가 중국을 세계에서 고립시켜 오히려 위기를 자초하고 있다고 비판하였다.

우리 중국은 스스로 지구의 중심에 있다고 여기고, 나머지를 모두 이적(夷狄)으로 간주하였으며, 예로부터 경계를 나누고 고수하면서 먼 지역을 도모하지 않았다. 통상 이후 각국이 그 힘과 부에 의지하고, 명성과 위세를 서로 결부시켜 밖으로는 우호를 내세우면서 속으로는 (중국을) 넘겨보고 있다. 그리하여 중국을 (만국)공법에 포함시키지 않고 적용대상에서 제외하려는 의도를 보인다. 중국도 자신이 만국가운데 하나로서 공법에 포함되는 것을 하찮게 여기고 독존의 지위에 있음을 내세우는데, 그 결과 고립무

6   避熱主人(志剛) 편, 『初使泰西記』 4, 林華齋書坊, 光緒丁丑, 36~37면.

원이 되어 홀로 그 피해를 받고 있으니 빨리 계책을 바꾸지 않으면 안 된다. (…중략…) 무릇 지구는 둥글어서 동서의 구분이 없으니 어찌 중심과 주변이 있겠는가? 함께 그 안에 거주하고 있는데 어찌 화이華夷를 구분할 필요가 있는가? 만약 중국이 스스로 만국가운데 하나로 여긴다면, 그들의 공법에서 중국만 빠질 수 없을 것이고, 우리 중국의 법도 또한 만국가운데서 통용될 수 있을 것이다.[7]

1898년 4월 무술변법이 한창 시작되고 있던 무렵, 저명한 경학가인 피석서皮錫瑞의 아들 피가우皮嘉佑는 당시 후난湖南의 대표적인 개혁 매체였던 『상보湘報』에 "세상을 일깨우는 노래" 즉 「성세가醒世歌」를 발표하였다.[8] 중국이 처한 상황과 대응책을 담은 장편의 백화시 「성세가」에서 피가우는 세계에 대한 인식을 지도를 통해 묘사하고 있는데, 그의 눈앞에 놓인 것은 평면으로 펼쳐진 지도가 아니라 지구본globe이었던 것 같다. 그에 의하면 지도를 보면 중국은 더 이상 중앙에 위치해 있지 않다. 왜냐하면 지구는 둥글기 때문에 어디가 중앙이고 어디가 주변이라 정할 수 없기 때문이다. 이러한 지구상에 중국인이 귀신이라고 부르는 서구의 영국, 러시아, 프랑스, 독일과 미국 등 대국들이 서로 경쟁적으로 패권을 다투고 있는데, 피가우는 불경 등에서도 말하듯이 인간은 모두 평등하고 귀천의 고하가 없으니 그들을 종족이 다르다

---

7   鄭觀應, 「易言」(1880), 夏東元 편, 『鄭觀應集』上冊, 上海人民出版社, 1982, 67면.
8   "地球環列數十邦, 各國都有君與長, 中外不必兩樣看,中國雖然是華夏, 開辟最先勝蠻野, 實因禮儀與文明. 人人推尊事不假, 若把地圖來參詳, 中國並不在中央,地球本是渾圓物, 誰是中央誰四方?西洋英俄德法美, 歐洲各國爭雄起, 縱然種族有不同,何必罵他是鬼子, 況且東洋日本人, 同居亞洲勢更親, 相貌與我無異處. 若說爲鬼尤不倫, 佛法書中說平等, 人人不必分流品."善化 皮嘉佑撰, 「醒世歌」, 『湘報』27, 1898.4.6, 106면.

고 해서 귀신이라고 부를 필요가 없다고 지적하였다. 이상 내용에 근거하면 피가우는 글로브-지구의 인식을 바탕으로 중국인의 천하관을 비판한 것으로 보인다. 중국이 지구의 중심에 위치해 있지 않다거나 서구에서 대국들이 부상하여 패권을 다투고 있다는 것은 지리적 측면이든 세력의 측면에든 더 이상 중국이 천하의 중심이 아니라는 것을 지적한 것으로 볼 수 있다. 그리고 중국인이 당시 서구인을 귀신 즉 양구이즈洋鬼子라고 부르는 것도 중국 중심의 관념하에 서구인을 무시하거나 폄하하는 호칭으로 보고 서구인들에 대해서도 똑같은 인류로서 평등하게 대할 필요가 있음을 지적하고 있다. 즉 그가 촉구하고자 한 바는 바로 서구 열강의 패권경쟁으로 인한 중국의 위기상황과 더불어 여전히 자기중심적인 관념에서 벗어나지 못하는 중국인의 시대착오적인 인식, 그리고 만국, 만인의 평등이라는 새로운 시대적 이념의 도래에 대한 각성이었다. 피가우의 이러한 각성론은 당시 시무학당時務學堂을 중심으로 변법운동에 앞장서고 있던 후난湖南의 개혁인사들의 관점을 대표적으로 보여주는 것으로서 적지 않은 중국 지식인들의 공감을 받았을 것으로 보인다.

그러나 일부 중국 지식인들 가운데는 여전히 중국 중심 관념을 포기하지 않고 있었다. 섭덕휘葉德輝는 피가우의 글을 읽고 그의 부친 피석서에게 서신을 보내 자식 훈육을 비판하는 논조로 지리적으로는 중심이 아니라고 해도 오행설 등에 근거하면 중국은 여전히 중심이라고 주장하였다. 즉 오행 가운데 가장 중요한 것이 동남이고, 또 오색 가운데 황색은 중앙에 위치한 흙을 가리키는데, 중국은 아시아 동남지역에 위치해 있을 뿐만 아니라 서구에서 중국인을 황인종이라 부르는 것을 볼 때 중국이 세계의 중심인 것이 마땅하다는 것이다.[9] 섭덕휘의 이러한 주장은 당시 사회적 조류에 비추어 볼 때, 객관적 지식과 합리적 논리에 근거한 인식이라기보다는 탈중심적 세계를 넘어 중국이 세계문명에서 주변적 지위로 밀려나고 있는 현실에 대한 심리적인 저항에 더 가까웠다.

피가우와 섭덕휘가 논쟁을 벌이고 있던 때는 청일전쟁에서의 패배로 자극을 받은 중국 지식인과 정치가들이 젊은 광서제를 중심으로 변법을 추진하던 시기였다. 피가우의 시는 당시 변법운동에 대한 낙관적인 분위기를 보여주는 듯하지만, 무술변법은 백일 유신으로 단명했을 뿐만 아니라 중국은 곧 열강에 의한 분할이라는 위기에 처하게 된다. 그 위기의 원인을 설명하자면 중국 자강운동의 한계와 동아시아 지역 갈등, 전지구적 무대에서의 열강의 각축 등 여러 가지 요인을 지적해야 할 것이다. 그러나 물질적인 조건을 말하자면 무엇보다도 과학기술의 발전, 세계 자본주의의 확대와 밀접히 관련된 증기선과 철도, 전기, 전선과 운하 등 교통과 통신 방면에서의 급속한 변화를 빼놓을 수 없다.

지금은 물리학이 크게 진보하는 시대로 증기, 전기가 발명되고, 윤선과 기차, 전선의 힘에 의해 지구의 거리가 단축되었다. 그리하여 전에는 꿈에도 미치지 못했던 곳이 문 앞에 있는 듯하고, 평생 왕래가 없던 국가가 이웃이 되었다. 강대국들이 좌우에 널려 있고 침입하는 힘이 날로 강해져서 경쟁 상황도 더 격화되고 있다. 피부색, 풍속, 언어, 습관, 문자 등이 자신이 이전에 보았던 것과는 완전히 다르다. 이를 서로 비쳐보고 대조해 본 이후에야 각각

---

9   葉德輝, 「與南學會皮鹿門孝廉書」, 中國史學會主編, 『戊戌變法』 2, 上海人民出版社, 2000, 649~650면.

국가의 경계가 있음을 깨닫게 되었는데, 이것이 지리상의 대전환이다.[10]

이는 1901년 의화단의 난 시기, 8개 연합군의 공격으로 중국이 백척간두의 위기에 놓였을 때의 상황을 묘사한 것이다. 이에 앞서 메이지 시기 일본의 육군 장성이자 정치가였던 소가 스케노리^{曾我祐準}도 1900년 『태양太陽』 잡지의 '19세기' 특집을 위해 쓴 「장래 세기의 열국세력의 부침을 예상하다」라는 글에서 시베리아 철도, 소아시아 철도, 남북 아프리카 종단철도와 아메리카의 니카라과 운하[11], 태평양 해저 케이블 등으로 세계의 교통이 일신하고 열강의 형세도 크게 전환되었다고 지적한 바 있다.[12] 이러한 교통과 통신의 발전에 대해 인류문명의 확장이자 세계가 점점 더 완전하게 발전해 가는 과정으로 보기도 했지만, 또 인류문명의 발달로서 환영하기보다는 오히려 "백인종의 팽창력의 출구이자 아시아 침략의 통로"로 간주하는 시각도 있었다.[13] 20세기 후반 널리 유행했던 지구촌이라는 비유처럼 전세계의 문명과 인간의 삶이 서로 밀접히 연계되는 글로브-지구시대야말로 바로 중국의 분할 위기를 초래한 근본조건 가운데 하나였던 것이다. 그리고 글로브-지구화를 촉진시킨 것은 후술하는 바와 같이 다름 아닌 자본

---

10 馮自强, 「論支那人國家思想之弱點」, 『淸議報』 73冊, 光緒27.2.1, 4면.

11 1914년 파나마 운하가 개통되기 전에 니카라과 후안강과 호수를 통해 대서양, 카리브 해와 태평양을 잇는 운하를 계획했으나 실제로 착공되지 못했다. 그러나 19세기 말 20세기 초 대서양과 태평양을 잇는 대사건으로 세계의 주목을 받았다.

12 子爵 曾我祐準, 「将来の世紀に於る列国勢力の消長豫想」, 『太陽(臨時增刊)』 6-8, 明治33.6.15, 13~15면; 子爵 曾我祐準, 「論將來列國勢力消長」, 『淸議報』 49冊, 光緒26.6.1, 3면.

13 「論中國宜改良以圖進步」, 『淸議報』 90冊, 光緒27.7.21, 3~4면; 「膨脹力之出口」, 『淸議報』 68冊, 光緒26.11.11, 3면.

주의에 기반을 둔 제국주의였다.

중국의 근대사에서 획기적인 변화 가운데 하나를 뽑는다면, 우선 천하에서 세계로, 제국에서 국민국가로의 전환을 지적한다. 이러한 변화를 주도한 것은 서구였다. 그들은 China empire에 대한 중국어 기표 즉 '중국中國', '천조天朝'에 중국인이 스스로 부여한 함의에 대해 '탈주술화'를 진행하였다.[14] 천하에서 세계로의 전환은 전자에 의한 후자의 개념적 대체, 혹은 지리상의 지식의 변화에 따른 새로운 동의어의 출현을 의미하는 것이 아니다. 천하는 넓게는 현재적인 의미에서 전체 세계를 포괄하기도 했지만, 주로는 중국을 중심으로 한 내외를 포괄하는 개념으로서 그 핵심에는 중국문명 중심주의가 자리 잡고 있다. 모리슨이 천하라는 개념을 중국인이 오직 자신의 "제국empire" 또는 자신의 세계world를 지시하고자 할 때 사용했던 용어라고 설명한 바와 같이, 천하는 단순히 세계로 대체될 수 있는 개념이 아니라 중국문명을

14　건륭제가 "먼 외국에 대해 조정을 칭송할 때 중국(中國) 혹은 천조(天朝)라고 호칭"한다고 하였듯이 청조가 대외적으로 자신을 의식하는 개념이 바로 중국과 천조였다(『淸高宗實錄』784). 그중 중국(中國)이 주변에 상대적인 중앙 혹은 중심의 의미라면, 천조(天朝)는 세계를 수직적으로 분류한 위계질서였다. "천조"에 대한 영어의 번역어 "Celestial Empire"는 영국과 프랑스 등 서구국가가 주권의 균등과 평등을 국제질서의 보편가치로 내세우고자 했던 19세기에 널리 사용되기 시작하였는데, 이는 한자에 대한 직역이기는 하지만 이미 지식과 문물의 제 방면에서 서구에 낙후되었음에도 자기중심주의에서 벗어나지 못하는 청 왕조를 풍자적으로 지칭하기 위해 사용되었다. 또 "중국"이라는 호칭에 대해서도 아편전쟁을 전후하여 수십 년 간 중국에서 중국관련 영문 잡지 편집과 외교관으로 활동한 윌리엄스가 중국을 문자 그대로 Middle Kingdom으로 번역하였는데, 그는 그 의미를 지나라 문명의 중앙이 아닌 문명 진보 과정에서의 중간, 즉 야만과 문명사이의 반(半)문명을 뜻하는 것으로 사용했다. 이와 같이 19세기에 서구에서는 China라는 서구적 기표와 중국의 자칭 기표 사이의 등가적 의미를 부정하기 위한 패러디가 진행되었다. Samuel Wells Williams, *The Middle Kingdom; a Survey of the Geography, Government, Education, Social Life, Arts, Religion, &c., of the Chinese Empire and its inhabitants. With a New Map of the Empire, and illustrations*, New York & London : Wiley and Putnam, 1848, Vol.1, p.xv.

중심으로 한 가치론적 개념이었다.[15] 즉 그것은 우선 중국문명을 인류문명의 정점으로 삼는 세계이자 그것을 기준으로 중국의 내외를 구분하고 세계 속에서 각 인간과 민족, 국가들에게 차등적인 위치를 부여하는 질서였다. 다시 말해 중국은 천하질서를 크게 문명적 측면과 지역통치 권력의 측면에서 규범화하거나 제도화하였다. 이른바 화이질서가 천하체계에 문명의 차원에서 부여한 질서개념이라면, 조공질서란 천하체계를 지역 통치 권력의 측면에서 규범화한 질서개념이었다. 그러한 문명과 통치 권력의 중심에 중국에 있다는 것이 이른바 중국중심의 천하질서인 것이다. 따라서 천하체계 이후의 세계는 바로 그 핵심인 화이질서와 조공질서의 대체 혹은 변화를 의미했다. 19세기에 중국 지식인들이 새로운 글로브-지구시대에 부합하도록 자신의 위치를 재조정하는 작업, 즉 세계질서 속에서 자신의 위치와 가치를 재인식하고 새롭게 지위를 부여하기 위해 전개한 이론적 작업은 바로 화이론에 대한 재해석을 통해서였다.

19세기에 서구인들이 중국의 중심주의를 비판할 때 가장 먼저 거론하는 것이 바로 중국의 화이론이었다. 화이론은 문명중심주의와 자기중심주의라는 두 가지 특징을 바탕으로 자신의 문명을 세계문명의 중심으로 삼는 것이라면, 이러한 화이론은 고대부터 많은 문명과 민족들에서 발견되는 흔한 모습일 뿐만 아니라,[16] 제국적인 질서를 추구하는

---

15 모리슨은 영화자전에서 천하를 중국인이 오직 자신의 "제국(empire)" 또는 자신의 세계(world)를 지시하고자 할 때 사용했던 용어라고 설명하고, 인간의 세계(world)와 존재(existence)의 현재 상태를 뜻하는 한어 개념은 "세(世)"라는 별도의 개념을 통해 풀이하고 있다. 馬禮遜, 앞의 책, 6권, 475면.

16 고대국가에서 타자에 대한 인식에서 보여주는 타자의 야만화 경향에 대해서는 Mu-chou Poo, *Enemies of Civilization—Attitudes toward Foreigners in Ancient Mesopotamia,*

민족이나 문명의 주체들에서 보편적으로 발견되는 자아와 세계를 인식하는 방식이다. 그와는 달리 인류의 모든 지역과 민족의 문명은 상대적이고 각자 고유한 대등한 가치를 지니고 있다는 인식은 인류의 역사에서 보면 특수한 사고이거나 보기 드문 태도에 해당한다. 이러한 자기중심적인 문명관은 대부분의 문명에서 공히 발견되는 속성이지만, 그러한 자기중심주의가 외부를 향해 강하게 주장하고 표출되는 것은 문명의 내재적 논리에 의해서라기보다는 권력 간의 경쟁과 갈등에 의해 촉발되는 경우가 더 많다. 그런 의미에서 화이론은 자기의 문명 기준을 타국가나 지역에까지 적용하려 하거나 아니면 그러한 규범으로 지역 혹은 세계질서를 구축하고자 하는 제국의 중요한 특성가운데 하나였다. 19세기 서구와 중국의 갈등도 근본적으로는 두 문명 간의 갈등 혹은 근대적 세계질서와 전근대적 세계질서의 충돌이 아니라, 청 제국과 서구의 여러 근대 제국 사이의 권력의 충돌이었다.[17] 권력이 충돌이 하지 않는 상황에서 문명의 차이는 상호 공존하거나 자연스러운 삼투의 과정을 통해 이동하고 변화한다. 그러나 권력이 충돌한 경우 문명의 차이는 충돌의 명분과 근거로 제시되거나 이를 추동하는 역할을 하면서 마치 문명의 갈등이 국가 간 혹은 제국 간의 충돌을 야기하는 것과 같은 착시현상을 낳기도 한다.

중국에서 화이론은 단순히 그 해석상에 있어서 논란이 있기는 하지만 기본적으로는 문화와 문명을 중심으로 하고 있다. 화華는 특정 문화

Egypt, and China, University of New York Press, 2005.

17 리디아 류는 19세기 중서간의 갈등을 문명의 충돌이 아니라 제국의 충돌이라고 주장한다. 리디아 류, 차태근 역, 『충돌하는 제국』, 글항아리, 2016, 18면.

/문명의 중심지인 지리적 관념과 그 중심지의 특정한 문화/문명, 그리고 그 문화의 주체인 특정한 종족을 가리킨다. 주로 중국 고대국가의 중심지였던 황허 유역과 그곳에서 문명을 일궈온 한족, 그리고 유가 및 한자문화 등을 핵심으로 하는 문명이 화華의 주요 기의를 구성했다면, 화의 상대어인 이夷는 지리적으로는 만리장성 밖의 주로 유목을 중심으로 한 지역, 그리고 비한족의 이민족 및 그 문화를 가리킨다.[18] 그러나 역사과정에서 그 문화의 중심지와 그 주체를 둘러싼 통치 권력의 변화에 따라 화華의 관념을 구성하는 지리, 문화/문명, 종족사이에 반복적으로 균열과 변화가 발생하면서, 각 시기마다 화이론, 즉 화와 이를 구분하는 중점과 기준에 있어서도 차이가 있었다. 중국의 역사에서 화이론이 중요 담론으로 제기되는 것은 두 가지 경우였다. 하나는 송대와 같이 외부의 종족이나 국가의 압박 혹은 침입에 의해 한족 왕조의 위기가 발생하거나 국가 내부적으로 문화와 가치상의 위기의식이 발생하여 개혁의 필요성이 제기되었을 때이며, 다른 하나는 외부의 종족이 중원을 장악하여 한족으로부터 통치의 정당성을 인정받을 필요가 있을 때였다. 또 화이론을 제기하는 주체가 한족의 통치를 지지하는가 아니면 이민족의 지배를 옹호하는가에 따라 화이를 구분하는 기준도 달랐다. 예를 들어 송대나 명대와 같이 한족 중심의 왕조가 들어섰을 때는 화이의 구분에 있어서 문화와 종족 요인이 중요한 역할을 하였지만, 비한족 왕조인 원대와 청대에는 정복왕조로서 화이의 구분은 종족보다는 문화

---

18 거자오광, 이원석 역, 『이 중국에 거하라』, 글항아리, 2012; 이성규, 「왜 아직도 '중국' 인가?」, 김광억·양일모 편, 『중국문명의 다원성과 보편성』, 아카넷, 2014, 435~491면.

와 중원에 대한 통치 주체를 중심으로 하였다. 이를 거칠게 표현하면 전자를 자기 방어적인 소극적인 화이관이라고 한다면 후자는 자기 확장적인 적극적인 화이관이라고 할 수 있다. 이중에서 19세기 중국의 화이에 대한 인식은 후자의 경우와 관련이 있다.

원대는 통치기간이 짧아 체계적인 화이론을 제시하지는 못했지만, 당시 원의 통치를 지지한 정옥鄭玉은 화이지변華夷之辨의 주요 근거인 『춘추』를 설명하면서, 화이지변이란 중외지변中外之辨의 의미라고 해석하였고, 허형許衡은 "중화中華, 이적夷狄의 명칭은 특정한 지역이나 종족과는 관계없이 단지 특정한 도道와 관련이 있다"고 보았다.[19] 청조의 화이론 역시 기본적으로 원대의 정옥과 허형의 화이관을 계승한 것이지만, 원대에 비해 더 체계적이고 구체화하였다. 명대 화이론에서 "이夷"의 범주에 속했던 만주족 청조는 명의 혼란을 이용해 중원을 장악하고 주변 민족들을 통합해 감에 따라 이데올로기적으로 자신의 역사적, 정치적 정통성을 확립하기 위해 화이론에 대해 재해석과 수정을 시도하였다. 중원을 장악하기 이전, 청은 만주족 왕조의 정통성을 일찍이 한족을 정복했던 거란족의 요, 여진족의 금, 몽골의 원을 잇는 북방 유목민족의 계승에 있다고 주장하고, 스스로 중국에 대해 외국으로 자처하는가 하면 명을 남조南朝라고 호칭하기도 하였다. 이는 남방의 한족 왕조, 즉 송과 대결하여 우위를 점했던 북방 유목민족의 자부심을 바탕으로 스스로 한족과 차별화하고자 하는 종족적 자의식의 발로

---

19 鄭玉, 「春秋經傳闕疑」 11(『文淵閣四庫全書』 163冊, 臺北 —臺灣商務印書館, 1986, 135면); 許衡, 「君人何瑭題河內祠堂記」, 『許文正公遺書』(『文淵閣四庫全書』 1198冊, 臺北 —臺灣商務印書館, 1986, 474면).

였다. 또 중원을 평정한 이후에도 옹정제는 여진족을 "이夷"라고 호칭하는 것을 적극 옹호했으며, "이夷"는 중국과 대등한 지리상의 외국을 가리키는 것이라고 주장하였다. 나아가 청조의 역사적, 정치적 정통성은 천하대일통에 있으며, 천하대일통의 주체는 지역이나 종족이 아니라 오직 하늘의 명에 따르는 덕德에 있다고 주장하였다. 또 화이론은 남북조 시기와 같이 주로 중원을 잃고 일부지역에 안주하며 타지역을 서로 비판하기 위해 만들어낸 논리로서, 대일통을 이룬 시기에는 무의미한 개념이라고 보기도 하였다. 따라서 청조가 중국의 외부에 속해 있었지만, 하늘로부터 덕성을 인정받아 중외대일통과 화이일가를 이루게 된 이상 화이론으로 청조를 비판하거나 배척하는 것은 역사적 시각에서 볼 때 적절치 않다는 것이다.[20] 이와 같이 옹정제가 지역方域적인 측면에서 화이론을 해석하고, 왕조의 통치상의 정통성을 지역이 아니라 덕을 중심으로 한 문화적인 도통으로 설명함에 따라 화이론은 정치담론이나 사상담론에서 중요한 의미를 잃게 되었다.[21]

---

20 雍正帝, 『大義覺迷錄』 1(哈佛大學漢和圖書館珍藏本), 1~4면.

21 청조의 초기에 한족의 만주족에 대한 비판은 주로 화이지변(華夷之辨)을 통해 제기되었고, 이에 대해 청조는 대일통(중외일가, 화이일가)과 군신지의(君臣之義)로 비판하였다. 상호 대조적인 두 개념인 화이지변과 대일통은 모두 고대 유가 전적을 근거로 하고 있지만, 그것이 중국의 정치와 사상에서 중심적인 담론으로 부각된 것은 송대부터였다. 송대는 요·금·원이라는 강력한 북방민족의 위협하에서 자위의 논리로서 화이지변을 내세웠고, 명 역시 화이지변을 통해 장성 밖의 북방민족을 견제하였으며, 청이 중원을 장악한 후에도 화이지변의 논리로 청조에 저항하고자 하였다. 이와 달리 청조는 중원과 광활한 북방지역을 영토로 삼고, 중국 역사상 가장 큰 변방의 우환을 모두 지배하에 귀속시키거나 통제범위에 둠으로써 실질적인 대일통을 이루었다. 따라서 청조가 대일통의 논리로 화이지변을 비판한 것은 단순히 이념적인 고려에서 나온 것이 아니라 이미 변화한 실질적인 제국의 성격에 적합한 통치논리를 고려한 것이었다. 그런데 여기서 주목할 것은 양녠췬(楊念群)도 지적하듯이 청조 이후 중국인들의 세계인식에서 대일통이 가장 중요한 심상으로 자리 잡았다는 점이다. 즉 대일통은 중국의 이념 혹은 중국의 역사를 이해하는 기본적인 개념이 되었고, 현대 중

그러나 청이 한족만이 아니라 위구르와 티베트 등 서북지역의 여러 민족과 부족을 통합하여 안정된 통치체계를 수립한 18세기 후반 이후에는 역대 중국의 중심인 중원에 대한 지배권 확립과 통합여부를 정통성의 핵심적 요소로 삼기 시작했다. 한족과 비한족을 모두 아우르는 안정적인 질서를 창출하는 데는 한족을 정복한 우월한 민족이라는 자부심만으로는 부족했고, 결국 만주족을 천하의 중심으로 자리매김하기 위해서는 한족이 구축해 온 천하질서의 모델이 유용했던 것이다. 따라서 건륭제 이후에는 송과 대치했던 요와 금은 중원에 대한 실질적인 통합을 이루지 못했다는 점에서 정통성의 계보에서 탈락하고, 송에서 원, 명으로 이어지는 새로운 정통성 계보를 수립하였다. 건륭제에 있어서 중원에 대한 통치의 정통성을 판단하는 기준은 부분적인 화이일가華夷一家가 아니라 중원에 대한 완전한 지배권을 장악하여 "중화中華"를 주재하고 이끄는 지위에 있는가의 여부였다.[22] 이는 청조의 역사적 위상을 요나 금과 차별화하기 위한 서사전략으로 볼 수 있지만, 또 한편으로는 이적夷狄이라도 중국에 들어와 중화의 문화를 수용하면 중국 혹은 중화로 간주한다는 논리에 따라, 지역적으로 이夷에 속했던 청조를 문화적으로는 화華의 중심으로 변모시키기 위한 것이었다고 할 수 있다.[23] 이와 같이 청조의 통치하에서 화이론은 모순적이고 이중적

국인들의 자아 정위와 세계에 대한 자아투사의 방향에 중요한 영향을 미치고 있다. 楊念群, 「我看"大一統"歷史觀」, 劉鳳雲·劉文鵬 편, 『淸朝的國家認同』, 中國人民大學出版社, 2010, 294~300면.

22 郭成康, 「淸朝皇帝的中國觀」, 劉鳳雲·劉文鵬 편, 『淸朝的國家認同』, 中國人民大學出版社, 2010, 237~239면.

23 이와 같은 만주족 왕조 청의 이(夷)에서 화(華)로의 자기전환은 자신의 만주족 정체성을 포기하고 한족화 하는 것을 의미하는 것은 아니었다. 오히려 만주족은 만주족의 고유성을 유지하면서도 정치적이고 사상적인 측면에서 한족과 몽골, 티벳 등의 다민

인 의미의 경계에서 상황의 필요에 따라 적용되고 있었다. 특히 정치적인 고려가 화이론의 의미설정에서 중요한 작용을 하였는데, 중원뿐만 아니라 외이外夷였던 서북지역의 이민족이 청제국의 판도에 귀속됨에 따라 기존의 화이華夷는 문화적인 차별보다 정치적 통합을 강조하는, 새롭게 확장된 중화의 관념으로 통합되었다. 그 결과 이후 화이론 중 화이의 주요 경계도 새롭게 설정되었다. 청조의 문헌을 보면 변경에서 반란을 일으키거나 청조의 대일통에 귀속 또는 순복하지 않는 종족이나 세력, 또는 조선, 류큐, 베트남, 태국 등 조공국가를 종종 "이夷"라고 호칭하는 경우가 발견된다. 이는 청조의 직접적인 통제 범위 밖에 존재하는 국가와 종족을 모두 이夷라고 간주했음을 의미한다. 하지만 대항해시대 이후 원방의 서구인들이 동아시아 지역으로 밀려오면서, 18세기 말 이후 "이"의 범주에 속하는 주요 세계는 중국의 주변 민족보다는 이른바 태서 지역인 러시아와 서구의 국가나 그곳의 사람들을 지칭하는 것으로 변화하였다.[24]

천하관념의 측면에서 보면 청대는 남송을 복속시키고 채 1세기도 못되어 한족에 의해 중원의 통치권력을 상실한 몽골의 원에 비해 훨씬 안정적인 통치 질서를 구축하고, 또 만리장성을 기본적인 국경으로 했던 한족의 명과는 비교할 수 없을 정도로 확대된 대중국을 건설하여 당唐 이후 전례 없는 천하체계를 구축하였다. 하지만 청이 건국할 시기는 이

족의 정체성을 통합한 우월적 지위를 통해 스스로 화(華)의 주체가 될 수 있었다. 청조에서 강조한 대일통은 영토적인 통합을 넘어서 바로 이러한 다양한 민족과 문화, 사상을 만주족 중심의 청조가 통합을 이루었다는 의미로서, 만주족이 이러한 역사적 대업의 주체임을 부각시키는 개념이었다.

24 張雙志, 「清朝皇帝的華夷觀」, 『歷史檔案』, 2008.3, 32~42면.

미 북방에는 헤이룽장까지 확장하여 유라시아의 북부지역에 거대한 제국을 수립해 가던 러시아가 인접해 있었고, 남으로는 포르투갈에 이어 동남아시아 해상무역을 장악한 네덜란드가 한때 타이완을 점령하고 일본의 서양과의 무역을 독점하면서 동아시아에 진출해 있었다. 그리고 18세기 후반에는 영국이 뱅골을 중심으로 무굴제국 인도를 점차 식민지화하면서 청에 대해서도 유럽식의 새로운 국제관계 수립을 요구하였다. 따라서 청조가 구축한 천하 대일통은 일찍이 강희제가 지적한 바와 같이 "이夷"의 중심으로 새롭게 부상한 서구의 제국諸國들에 의해 장차 수백 년 이후 큰 위협에 직면할 수 있는 불안한 질서체계였다.[25] 청조의 대일통 천하질서는 본격적인 글로브−지구시대의 도래와 중첩되면서 전례없는 대외적인 불안을 내재한 제국체제였던 것이다. 특히 19세기에 중국이 전면적으로 접한 러시아와 해양의 주요 열강들은 이미 공식적 혹은 비공식적인 제국의 체제를 구축하는 중이었다.

19세기의 더 확장된 글로브−지구시대에 직면한 중국은 전례없는 역사적인 전환을 겪었는데, 이를 간단히 요약하면 동아시아 및 중앙아시아를 중심으로 한 이른바 예의시스템에 기반을 둔 지역적 제국체제에서 새로운 문명원리에 기반을 둔 전지구적 조약체제로의 전환이라고 할 수 있다. 다시 말해 예의중심의 제국질서에서 민족/국가라는 정치체 중심의 국제질서로의 변화이다. 이때 새로운 문명원리에 기반을 둔 국제질서의 규범이 바로 만국공법/국제법이었다. 따라서 19세기 중국의 "탈천하"는 곧 만국공법체제로의 편입을 의미한다. 그러나 이

---

25 "海外如西洋等國, 千百年後中國恐受其累, 此朕逆料之言." 『淸聖祖實錄』270, 康熙五十五年十月壬子.

것이 곧 탈제국화를 의미하는 것은 아니었다.

만국공법은 주권국가 사이에 적용되는 공법이지만, 이는 지구상의 모든 정치체가 주권을 지니고 있음을 의미하는 것이 아니었으며, 그 주권국가들에 종속된 다수의 국가의 존재를 인정하고 있었다. 따라서 근대 이후 중국의 전환을 제국질서의 완전한 포기로 보는 것은 중국을 서구의 열강과의 관계 속에서만 파악하는 '중국-서구' 중심적인 관점이다. 중국에 만국공법이 소개된 1860년대, 만국공법체제의 주권국가의 모델인 서구 열강들은 유럽의 봉건제 유산인 봉신국은 물론 세계 각지에 식민지를 소유한 제국이자, 군사력을 앞세우고 세계분할을 위해 경쟁하는 본격적인 제국주의 국가였다. 19세기 세계는 당시 만국공법의 세계질서를 표상할 때 자주 사용했던 만국의 병립과 달리 완전한 주권을 갖춘 소수의 열강들에 의해 지배되는 세계였고,[26] 그 세계의 구성원이 된다는 것은 최소한의 자기 주권에 대한 방어능력과 세계분할 경쟁에서 낙오되지 않기 위한 제국의 역량을 갖출 것을 요구하였다.

또 근대 국제질서의 토대인 새로운 문명의 기준은 다양한 문화의 병존이 아니라 세계의 다양한 문화를 등급화하고, 이를 시간축으로 서열화하여 특정 문명으로 수렴시키는 보편적 문명이었다. 이는 곧 세계의 대부분의 지역을 특정지역의 문명으로 동화시켜 일체화시키고 그 문명에 의해 뒷받침되는 국제 통치 질서로 편입하는 것으로 일종의 제국적인 세계화였다. 이러한 만국공법적 제국질서와 제국적인 세계화는

26　유바다는 근대 국제법 질서는 자주·독립국과 반자주·속국이 공존하는 불안정한 질서로서, 이러한 종주국-속국체제는 중화질서의 종번관계와 질적인 차이가 없다고 보고 있다. 유바다, 「19세기 후반 조선의 국제법적 지위에 관한 연구」, 고려대 박사논문, 2016.

제국을 중심으로 한 군소 주권국가의 병립이기는 했지만, 근본적으로 탈제국화 세계질서는 아니었다. 상대적인 의미에서 고립적으로 병존하던 기존의 지역적 제국질서와 비교한다면, 19세기 후반에서 20세기 초 세계질서는 제국의 다극적 경쟁체제라고 할 수 있다. 19세기 후반 중국의 변환이란 곧 탈제국이 아니라 제국간 경쟁 속에서 제국의 근대적 자기전환이었던 것이다. 전환과정에서 국민국가와 민족주의 및 그를 위한 혁명은 제국의 성격 규정과 변화의 추동력이라는 점에서 특별한 의미를 지니지만, 이는 제국질서의 유지 및 강화 즉 국가 혹은 민족의 부강이라는 상위적인 목적을 위한 것이었다. 이에 우리가 주목할 것은 바로 이러한 제국의 자기전환 과정에서 중국의 피억압 식민의식과 제국적인 식민주의적 의식이 어떻게 근대 중국의 지배적 이데올로기를 구성했는가라는 점이다.

2. 제국의 논리 – 화이론과 문명론

19세기 후반 중국의 화이론의 주요 핵심은 바로 지구상의 여러 문명 간의 관계, 특히 중국문명과 서구문명의 관계를 어떻게 설정할 것인가 하는 문제였다. 1858년 중영간의 톈진조약으로, 중국의 공문서 중 서구에 대한 호칭으로 더 이상 "이夷"자를 사용하지 않도록 명문화되었다. 그런데 그 조항이 삽입되기까지 일정기간 "이夷"의 의미를 둘러싼 영국과 중국의 논쟁은 청제국의 화이관의 복잡한 의미구조를 잘 보여준다. 당시 중국의 지식인 및 공문에서는 서구에 대해 "양이洋夷"와 같이 "이夷"

의 범주로서 호칭하였는데, 영국은 그 호칭이 영국인을 야만인barbarian 으로 멸시하는 것이라고 항의하였다. 이에 청의 관리는 옹정제가 주장한 바와 같이 자신들이 "이夷"라고 부른 것은 중국의 외부를 가리키는 것일 뿐이며, 각각 동이東夷와 서이西夷 출신인 순舜임금과 문왕을 성인으로 받드는 것에서 보여주듯이 폄하의 의미가 없다고 주장하였다.[27] 그러나 19세기 전반부터 서구라는 새로운 강력한 타자에 의한 물리적인 도전에 직면하여, 청조 일각에서는 종족과 문화의 차이를 강조하는 소극적인 화이관이 대두되기 시작했다. 그중에서도 통치 집단인 만주족을 의식하여 종족의 차별성보다는 문화 혹은 문명의 차별성이 부각되었다. 그러나 문화론을 중심으로 한 화이론은 곧 서구식 근대 화이관인 문명론에 의해 도전을 받음으로써 청조와 서구사이의 화이관계는 매우 복잡한 양상을 띠게 되었다. 19세기 중반 서구 기독교 사상을 수용하여 수립된 태평천국에 대해 증국번曾國藩이 유가가치와 문명의 수호를 내세우며 후난湖南에서 상군湘軍을 조직하여 대항했던 것은 유명한 일화이기도 하지만, 1860년대 양무운동시기부터 서구의 문명을 수용하는 것에 대한 저항의 논리는 바로 문화론적인 화이관이었다. 하지만 역설적으로 당시 서구문명의 수용을 주장하던 개혁지향적인 지식인들이 자신의 주장을 합리화하기 위해 의존한 것 역시 바로 문화론적인 화이관이었다. 문화를 기준으로 한 화이론은 종족이나 지역을 기준으로 한 것에 비해 화와 이의 대상 및 그것에 대한 평가가 유동적이어서 대외적 상황의 변화에 대처하는 데 있어 효과적이다.

---

27 리디아 류, 차태근 역, 『충돌하는 제국』, 글항아리, 2016, 111면.

중국의 역사를 보면 중원을 중심으로 한 제국의 지배종족이 교체될 때마다 문화론적 화이관은 그 통치권을 합법화시키는 근거였을 뿐만 아니라 비한족의 통치하에서도 한족의 문화와 가치의 수호자이자 담지자로 자처하면서 자신의 통치지위를 합리화하는 수단이기도 하였다. 이와 같이 지역성에서 자유로워진 문화론적 화이관념으로 인해, 중화라는 기의도 지역이나 종족과 같은 고정된 대상으로부터 벗어난 보편적인 문명이자 가치개념이 되어 지역의 경계를 자유롭게 넘나들 수 있는 유동적인 성격을 갖게 되었다. 17세기 이후 여진족 청조가 중국의 통치자로 부상한 이후 조선과 베트남에서 스스로 중화의 핵심 주체임을 내세웠던 것이 그 대표적인 예이다. 그러나 문화론적 화이론은 각 국가나 종족의 문화를 차등화하거나 등급화하는 경향이 있다. 이는 특정한 문화를 중심으로 이와 다른 문화를 폄하하는 문화 중심론의 일종이다. 19세기까지 문화적 화이론에서 전제로 삼았던 화華의 기준은 바로 유가적인 문화와 가치질서였다. 중화문명을 중심으로 한 천하체계는 중국과 이적을 모두 포괄하지만, 그 세계는 크게 중화의 문화와 규범을 따르고 존중하느냐 여부에 따라 구분되었다. 이적이라도 중화의 규범을 따르면, 이를 "순화馴化"된 것으로 간주하고 그 순화된 정도에 따라 천하질서에서 그 지위의 차등화가 결정되었다. 반면에 중화의 규범을 따르지 않으면 이는 스스로 교화의 능력을 갖추지 못한 부류로 간주하거나 오직 이익만을 추구하는 금수와 같은 족속으로 보고, 이를 "긍휼히 여겨" 통상을 허용하되 그 이상을 요구하지 않았다.[28] 물론 청조의 경우는 황제들이 공

---

28 이와 같이 문명의 관점에서 "길들여짐"을 거부하는 외족에 대해 중국적인 질서와 관념을 강제하지 않고 그 고유의 삶을 "허용"해야 한다는 의식은 외족에 대한 관용이

식적으로는 제국내 다양한 민족과 문화를 용인하고 평등한 것으로 간주하는 등, 문화적인 것보다 정치적인 충성을 더 중시했다. 하지만 19세기 청조의 한족 지식인들은 주로 문화적인 측면에서 화이론을 전개하였다. 특히 19세기 중반을 전후하여 청조에서 화이론은 서구 열강 및 그 문명을 어떻게 볼 것인가가 논쟁의 핵심적인 쟁점이었다. 이는 중화의 문화와 가치규범을 부정하는 서구의 "외이外夷"가 모종의 측면에서 중화의 문명보다 뛰어난 면이 있다는 점을 인정하느냐, 인정한다면 그것을 수용하여 중화의 규범과 가치를 변화시켜야하는가 하는 문제였다. 왜냐하면 화이구분을 정당화하는 근거는 바로 문화적 우월성, 그리고 우월한 문화가 세계에서 존중되고 중심을 이루어야 한다는 논리에 바탕을 두고 있기 때문이다.

화이의 관점에서 먼저 중화의 질서에 도전한 서양에도 상당한 수준의 문화가 있으며, 그들로부터 배울 바가 있다고 주장한 것은 위원이었다. 그의 이른바 "이夷로부터 배워서 이夷를 제어한다師夷制夷"는 주장은 바로 서구라는 외이가 단순히 군사와 기술적인 측면만이 아니라 예의를 알고 천문과 지리, 역사에 정통한 문명을 갖추고 있다는 인식에 기반을 둔 것이었다.

만(蠻)이니 적(狄)이니 강(羌)이니 이(夷)니 하는 이름은 오로지 성정이 잔학한 백성으로서 왕의 덕화를 알지 못하는 것을 가리키는 말이다. (…중

아니라 멸시에 근거한 것이다. 이와 유사한 예는 또 19세기 말 서구의 제국주의 논쟁에서 백인의 문화와 제도를 수용할 능력이 없는 종족에 대해 직접적인 지배와 통치를 반대하는 제국주의 비판론자의 입장에서도 발견된다.

략…) 원방에서 온 손님 가운데 예를 알고 의를 행하며, 위로는 천문에 통하고 아래로는 지리를 살펴서 두루 존재하는 것의 실정을 알고 고금을 관통하는 자가 있다면, 이는 세계(瀛環)의 기이한 선비이자 해외의 어진 벗이다. 어찌 그를 이적(夷狄)이라 부르겠는가?[29]

위원은 문명의 중요 핵심이라고 할 수 있는 예의와 지식, 기술의 측면에서 서구가 이적이 아니라 문화를 갖추었다고 보았을 뿐만 아니라 모종의 측면에서는 중화문명보다 앞선다고 보았다. 그러나 전체의 측면에서 서구문명이 중화문명보다 뛰어나다고 본 것은 아니었다. 그 이후 청조정에서는 1860년대에 서구의 과학과 군사기술의 도입, 서구와의 외교문제를 다룰 수 있는 제도와 인재양성을 둘러싸고 논쟁이 전개되었다. 양무파 관료와 지식인들은 화이의 변통성에 입각하여 서구가 단순히 이적이 아니므로 그들로부터 배우는 것이 이夷로서 화華를 대체하는 퇴보적 과정이 아닐 뿐만 아니라 그들에게서 배우는 것도 가치규범과 관계없는 기술적 측면임을 강조하였다. 이에 대해 왜인倭仁과 같은 비판론자는 서구는 이적이며 그들을 따라 배우는 것은 중화의 가치가 훼손되는 것이자 화이가 전도되는 것이라고 주장했다.[30] 이 두 입장은 유가적 가치를 중심으로 하는 점에서는 동일하지만, 화華의 기의가 특정한 가치 및 질서규범과 동일한 것이냐 아니면 우수한 모든 문화에 적용되는 유동적인 것이냐 하는 점에서 근본적인 차이가 있었던 것이다.

---

29 魏源, 『海國圖志』 76, 湖南 —岳麓書社, 1998, 1866면.
30 아편전쟁 이후 청조에서의 화이론의 변화에 대해서는 賈小葉, 「1840~1900年國人 "夷夏之辨"觀念的演變」, 『史學月刊』, 2007, 10, 54~62면.

왕도 역시『춘추』의 법은 예를 중시하고, 화이지변의 기준은 안과 밖의 구분이 아니라 예의 유무라고 보았다. 그러나 그는 동방의 성인이든 서구의 성인이든 모두 인심과 천리에 근거하고 있어 장차 하나로 융합될 것이라고 보았는데, 이에 따르면 화는 특정 문화가치와 결부된 것이 아니라 인류의 보편적인 가치문명 혹은 선진적인 문명의 기호에 불과하다.[31] 이제 화華는 특정한 중화문명 혹은 유교적 가치규범에 한정되지 않고 상황에 따라 변화하는 역사성과 인류의 최고 문명을 대표하는 보편성의 부호가 된 것이다. 담사동譚嗣同은『춘추』에서 말하는 이적과 중국이란 오직 "교화 및 문명의 발전과 퇴보" 상황을 기준으로 할 뿐이라고 보고, 중국인이 걸핏하면 서구인에게는 인류의 도리 즉 윤상倫常이 없다고 하는데, 윤상이 없다면 서구가 어떻게 지금과 같은 통치 질서와 강성함을 갖추었겠는가라고 비판하였다. 그는 더 나아가 서구인들이야 말로 윤상을 가장 중시하고 더 정밀하게 구체화하였으며, 서구의 민주나 군민공주君民共主(입헌군주제를 말함)는 윤상 가운데 대공大公이라고 주장하였다.[32] 19세기 말 무술변법 시기 담사동의 이러한 주장은 당시 개혁사상가들이 일반적으로 보여주던 입장이다. 그런데 여기서 주목할 것은 담사동이 화이의 기준으로 직접 언급한 문명이라는 개념은 이미 특정한 문명의 형태를 전제로 하고 있다는 점이다. 기술적인 측면만이 아니라 정치와 사회의 제반 제도, 가치규범 등에 있어서 당시 역사적인 단계에서 가장 보편적인 문명은 중국이 아니라 서구의 문명이었다. 이러한 서구문명과 중국문명 사이의 우열관계의 전도는 서구의 civilization, 즉

---

31 王韜, 「華夷辯」, 「原道」, 『弢園文錄外編』, 中州古籍出版社, 1998, 36, 364면.
32 譚嗣同, 『譚嗣同全集』下, 北京 一中華書局, 1981, 401면.

문명이라는 개념을 가장 일찍 소개한 인물 중 한 명인 곽숭도郭嵩燾가 이미 지적한 바가 있다.

곽숭도는 외교관으로서 유럽을 방문하고 있던 1878년(광서 4년) 2월 2일자 일기에서 다음과 같이 쓰고 있다. "삼대三代 이전에는 오직 중국만이 교화가 되어 있었다. (…중략…) 한 대漢代 이후, 중국의 교화는 날로 쇠미해져 정교와 풍속은 유럽 국가에서만 뛰어나게 되었다. 그들이 중국을 대하길 삼대 흥성기에 이적을 대하는 듯하다. 중국 사대부가운데 이와 같음을 아는 자는 아직 없다. 슬프다."[33] 곽숭도의 이러한 인식은 당시 페르시아 국왕이 런던을 방문했을 때 영국 군주가 훈장을 수여했는데, 이에 대해 타임스에서 "half-civilized(반개화)" 국가의 군주가 훈장을 받는 것이 합당하지 않다"고 비판적으로 보도한 기사를 바탕으로 한 것이지만, 서양과 중국의 문명에 대한 비교의식은 유럽에 대한 그의 직접적인 관찰과 체험에 근거한 것이었다. 당시 타임스의 보도에 대해 곽숭도는 다음과 같이 보충 설명하였다. 서구에서는 정교가 공정하고 깨끗한 것을 civilized(문명적)이라고 하는데 유럽의 대부분의 국가가 이에 해당한다. 그 외에 중국, 터키, 페르시아를 half-civilized(반개화)라고 부른다. half는 절반이라는 뜻으로 교화가 절반 정도만 이루어져 있다는 의미이다. 아프리카의 여러 국가는 barbarian(야만적)이라 부르는데 이는 중국에서 이적夷狄이라 부르는 호칭과 같으며, 서구에서는 교화가 이루어지지 않았음을 가리킨다.[34] 곽숭도는 표면적으로는 단순히 서구인의 시각을 소개하는 방식으로 서술하고 있지만, 서구의 제도와 문

---

33 郭嵩燾,『郭嵩燾日記』3, 湖南人民出版社, 1982, 439면.
34 郭嵩燾, 위의 책, 439면.

화, 문물을 직접 접한 그가 서구인의 그러한 주장을 무조건 부정할 수 없는 안타까움과 중국의 미래에 대해 우려하는 모습을 엿볼 수 있다. 즉 양무운동시기 화이론의 시각에서 서구의 기술과 문화 일부를 수용할 것인가를 둘러싸고 논쟁 중일 때, 서구에서는 이미 중국을 이적까지는 아니더라도 서구에 뒤처진 반개화의 지위로 간주하고 있었던 것이다. 이렇게 전도된 화이관이 중국에서 본격적으로 제기된 것은 무술변법과 의화단의 난을 거친 20세기 초였다. 그 전까지 서구의 시각에서 제기된 전도된 화이론, 즉 문명론은 서구에서는 매우 일반적인 통념이 되었지만 그것이 중국어로 소개되는 과정은 매우 신중하고 우회적이었다. 1885년 영국의 선교사 프라이어John Fryer가 버튼John Hill Burton의 『정치경제학』을 중국어로 번역하여 출간한 『좌치추언佐治芻言』이 그 대표적인 예이다.[35] 야만상태에서 문명으로 진보해 가는 인류의 역사과정을 설명하면서, 버튼은 서구를 문명국가로 간주한 반면 중국에 대해서는 전족 등을 예로 들며 반문명half-civilised의 상태에 있다고 평가하였다.[36] 하지만 프라이어

---

35 John Hill Burton, *Political Economy for Use in Schools and for Private Instruction*, Edinburgh-William & Robert Chambers, 1852. 버턴의 이 저서가 중국어로 번역되기 전에 일본에서도 1867년에 후쿠자와 유키치에 의해 『서양사정외편(西洋事情外篇)』으로 번역하여 출간되는 등, 19세기 후반 일본과 중국의 사상변화에 적지 않은 영향을 미쳤다.

36 버튼의 이 저서는 역사란 더 높은 문명을 향한 진보과정이며, 사회발전은 일정한 단계를 거친다고 보는 후쿠자와 유키치의 역사관에 많은 영향을 미쳤다. 후쿠자와 유키치는 이를 통해 중국과 일본은 반문명의 단계에 있으며 문명화를 위한 자기발전을 추구해야 한다고 보았다. 한편 버튼이 중국이 half-civilised의 단계에 있다고 한 부분에 대해 그는 "반개반화(半開半化)" 단계라고 번역하고, civilisation은 "문명개화"라고 번역하였다. 福澤諭吉纂輯, 『西洋事情外篇』, 尙古堂, 慶應2, 12면. 버튼의 저서가 후쿠자와 유키치의 초기 사상에 미친 영향에 대해서는 Albert M. Craig, *Civilization and Enlightenment-The Early Thought of Fukuzawa Yukichi*, Harvard University Press, 2009, pp.58~81 참조. 이와 같이 후쿠자와 유키치를 중심으로 유럽 및 미국으로부터 수입된 야만-반문명-문명이라는 문명등급론은 의화단의 난을 전후한

와 그의 조력자 응조석應祖錫은 barbarian과 civilisation을 각각 야인野人과 문교文教로 번역하는 한편, 중국의 전족 풍속은 영국 등과 같은 문교국가들에도 존재하는 낡은 누습으로 설명하면서 중국을 영국과 같은 문교국가로 간주하였다.[37] 그 결과 서구와 중국을 같은 문교의 등급으로 설정한 것을 제외하면, 『좌치추언』에서의 문교와 야인의 구분은 중국의 화이론과 차이가 없었다. 하지만 이적夷狄으로 간주하던 서구를 같은 화華의 범주로 분류하고, 나아가 서구문명과 중국문명의 지위가 역전되어 중국 중심적인 화이론이 부정되었을 때, 그것을 대신한 것은 화와 이의 문화적인 상대적 가치를 인정하는 다원주의적 시각이 아니라 서구문명을 중심으로 한 전도된 화이론, 즉 문명론이었다.[38]

19세기 후반 동아시아에 소개된 서구의 문명론의 중요한 특징 가운데 하나는 바로 세계 역사를 특정 방향을 향한 문명의 진보과정으로 보고, 당시 세계 각지에 존재하던 인류의 생활방식과 사회형태를 몇 가지 발전단계로 분류했다는 점이다. 즉 문명론은 처음부터 특정 문명

1900년 이후부터 다양한 지리교과서와 사상담론을 통해 중국에 수용되었다.

37 傅蘭雅口 역, 應祖錫筆述, 『佐治芻言』, 江南機器製造總局, 1885, 8~12면.

38 1902년 이후 중국에서는 야만 – 몽매 – 반개화 – 개화(문명)와 같은 문명등급론이 잡지와 지리교과서 등을 통해 널리 확산되면서 인류문명의 역사를 이해하는 기본 인식틀이 되었다. 문명등급론에 따르면 중국과 일본 등은 반개화 단계에 머물러 있어 개화(문명) 단계의 서구에 뒤쳐져 있다. 1903년 청 정부 총리아문의 심사를 거쳐 상하이 상무인서관에서 출판한 사홍뢰(謝洪賚)의 『영환전지(瀛寰全志)』에서는 국민의 발단 단계를 야만, 유목, 반교화, 교화(有教化), 문명으로 구분하였는데, 이 기준에 따르면 스스로 교화(有教化) 국가임을 자처하던 중국은 문명국가인 서구에 뒤쳐져 있다. 즉 화이질서에서 문명과 동등한 의미로 간주되던 교화(有教化)국가는 이제 서구의 문명질서에서 문명과 구분되는 2등급의 위치에 놓여 있음을 자인하고 있는 것이다. 19세기 중반에서 20세기 전반 중국에서의 문명단계론의 전파와 그 구체적 내용에 대해서는 郭雙林, 「從近代編譯看西學東漸 : 一項以地理教科書爲中心的考察」, 劉禾主編, 『世界秩序與文明等級 : 全球史研究的新路徑』, 三聯書店, 2016, 237~290면 참고.

을 중심으로 한 등급론이었다. 화이론이 문화의 차이를 넘어 타종족이나 지역이 중화의 문화를 수용할 능력과 의지가 있는가가 중요한 기준이었듯이. 문명론도 특정한 문명기준에의 부합정도와 수용 능력이 다양한 인류사회를 평가하는 기준이었다. 다만 두 문화 중심론에 차이가 있다면, 화이론에서 중화의 유가문화를 시대를 초월한 보편적 규범으로 인식한 반면, 문명론에서는 서구의 근대문명의 발전방향에 따라 지속적으로 진보하는 과정으로 보았다는 점이다. 특히 19세기 후반 사회진화론의 지지를 받으면서 문명론은 주관적인 평가라는 의구심을 잠재우면서 인류가 지향해야 할 목표라는 일종의 윤리적 함의마저 지니고 있었다. 또 중요한 차이점은 화이론이 강조될 때는 대외적인 팽창을 추구할 때보다 외부의 강적으로부터 중화라는 영토와 문화의 본질을 지키는데 중점이 있었던 반면 문명론은 주로 서구의 가치를 옹호할 때만이 아니라 대외적인 팽창을 추구할 때 더욱 강조되었다는 점이다. 특히 문명론은 제국주의가 타지역과 민족을 지배하고자 할 때 무력에 앞서 심리적인 무장해제를 시키는 중요한 수단이기도 하였다.

하지만 이러한 차이점과 관계없이 화이론과 문명론은 모두 공통된 문제점을 지니고 있다. 그것은 단순히 타문화를 접근하고 이해하는데 있어서 자기중심적인 편향성을 지닌다는 점에 그치지 않는다. 더 나아가서 그들의 기준에 부합하는가 여부에 따라 각각 보편적이라고 주장하는 가치규범과 제도를 적용할 것인가가 결정되었다는 점이다. 즉 이른바 특정 지역이나 민족의 삶의 방식을 인류의 공존을 위한 질서규범의 보호로부터 제외시키고, 그들에 대한 다양한 방식의 폭력이 묵과되거나 심지어는 정당화되었다는 점이다. 문명의 기준에 벗어나면 곧 야만적인 상태로 간주되었고, 이는 곧 법과 규범의 보호로부터 예외적인 상태에 처하게 된다는 것을 의미했다.

3. 만국공법과 문명

글로브-지구시대가 청조에게 있어 지니는 의미는 바로 청 중심의 천하질서에 대한 주변으로부터의 도전과 위협이 다양하고 항시적이라는 점이었다. 19세기 이전까지 중국의 주변으로부터의 위협은 주로 대륙과 유목민족이었지만, 글로브-지구시대가 도래하고 또 북방의 다양한 유목민족의 세력이 약화되거나 청조에 통합된 이후에 주변으로부터의 주요 위협은 남부 해양을 통해 접근하는 서구라는 낯선 문명권이었다. 이와 같이 새롭게 부상하여 경계를 위협하는 이夷들에 대해 청제국은 무지하지는 않았다 하더라도 정확한 정보가 부족했을 뿐만 아니라, 그들의 중심이 청조의 세력이 미치기 어려운 원방에 존재했기 때문에 그들에 대해 군사적인 압도나 정복의 방식으로 대처하기 어려웠다. 특히 그들은 청제국과의 항시적인 관계를 보장받기 위해 새로운 규범화와 제도화를 요구하였다. 그들은 처음에는 단순히 무역을 위한 편의제공과 기회제공을 요구했지만, 18세기 말 영국의 매카트니 사절단을 시작으로 19세기 중반을 전후하여 체결된 각종 조약이 보여주는 바와 같이 유럽식 규범에 따른 대외관계를 요구하였다. 그 요구는 기본적으로 중국의 천하질서에 대한 도전이었다. 왜냐하면 영국, 프랑스, 미국 등 서구 열강은 중국의 규범과 중국 중심의 세계질서를 더 이상 용인하지 않고 평등한 관계를 요구하고 서구식 규범을 주장하였기 때문이었다.

중국의 천하체계는 이중의 불평등 관계를 전제로 국가와 민족 간 안정을 확보하는 질서였다. 즉 정치적, 문화적, 윤리적으로는 중국을 종주로 한 불평등한 계서적 관계이면서, 경제적으로는 주변 민족과 국가에게 상대적으로 유리할 수도 있는 불평등한 관계였다. 군사적 측면에서 보면 한편으로는 중국의 중심적인 힘과 역할을 승인하는 것이었지만, 번속지역을 중화 방어를 위한 경계로 삼는 만큼 그에 대한 군사적 책임도 무시할 수 없었다.[39] 이러한 이중적 불평등을 바탕으로 한 이익의 상호교환과 조화의 유지가 바로 천하질서의 핵심이었던 것이다. 즉 천하질서의 실질적인 작동원리는 형식적 불평등 또는 예의적 상하관계에 기반을 둔 이익의 균형이었다. 하지만 서구가 요구하는 것은 설령 이익의 불균형을 초래할지언정 형식적인 평등이었다. 이는 국가나 민족 간에 있어 표면상, 형식상의 평등 하에 실질적인 불평등의 은폐를 상징적으로 잘 보여주는 글로브-지구가 지닌 이념과 같은 것이었다.

처음 출발부터 서구라는 불확실한 대외적인 불안 요인에 직면해 있었던 청조는 천조체제를 유지하는 방식으로서 다양한 방식의 회유와 기미羈縻정책을 채택하였다. 기미정책은 한·당대부터 본격적으로 정복된 이민족에 대해 취했던 정책으로, 말의 굴레와 소고삐가 의미하듯

---

39 특히 주변에 강대한 제국들에 의해 에워 쌓여 있던 청조에게 주변의 조공국가들은 청조의 방어를 위해 더욱 중요한 의미를 지니고 있었다. 또 중화의 종번관계에서 번속은 단순히 정치적·경제적 의미만이 아니라 "사이(四夷)에서" 중화를 지킨다는 제국의 방어관념과 밀접한 연관이 있었다. 중국의 종번관계의 성격에 대해서는 柳鏞泰, 「四夷藩屬을 中華領土로—民國時期 中國의 領土像想과 동아시아 인식」, 『東洋史學研究』 Vol.130, 2015, 199~232면.

이 중국 역대왕조가 중국의 문화를 수용하지 않거나 중국 중심의 질서체제에 순응하지 않는 지역이나 종족에 대해 무력사용만이 아니라 현지의 통치권을 부여하거나 유화 조치를 병행함으로써 그들의 도발을 견제하는 통치방식을 의미한다. 이는 주로 중국의 정복왕조가 변경지역이나 변경 외부의 종족과 국가에 대해 취하던 방식으로, 중국이 일종의 관용을 통해 천하체계를 관리하던 제국의 통치형식이었다. 변경을 포함한 중국의 통치 질서 내에 각 종족이나 민족의 고유의 언어와 문화, 제도의 유지를 허용하는 것에서부터 대외세력의 무역상의 특혜 등 경제적인 요구에 대한 수용, 그리고 나아가 역으로 강대한 외부세력에 조공을 제공하는 화친방식에 이르기까지 구체적인 기미방식은 다양하였다.[40] 청조의 천하질서는 한족과 만주족의 영토인 본토와 몽골, 티베트, 위구르 등 변방의 번부藩部, 일정한 의례에 기반을 둔 조공국인 번속藩屬, 주로 무역관계 만을 맺는 호시互市로 이루어져 있었는데,[41] 이 중에서도 무역관계를 중심으로 한 러시아나 서구와 같은 호시 국가들에 대해서는 청조 내부의 규범을 내세우기보다 더욱 융통성 있는 방식으로 대응하였다. 이와 같이 변경의 위기관리시스템이자 다양한 변통을 구사할 수 있는 제국의 통치기술인 기미정책은 글로브-지

---

40 곽숭도는 외부의 종족인 "이적(夷狄)"에 의한 변방의 우환문제를 처리함에 있어서 심지어 "대국이 소국을 섬기는 것(以大事小)"은 하늘을 즐겁게 하는 것이라는 맹자의 말을 빌려, 이적을 꺼리고 그들과 화친을 치욕으로 여기는 것은 남송 때부터 시작된 것으로 변방의 문제를 해결함에 있어 효과적이지 못하다고 비판하였다. 郭嵩燾, 『使西紀程-郭嵩燾集』, 遼寧人民出版社, 1994, 23면.

41 岡本隆司, 『中国の誕生-東アジアの近代外交と国家形成』, 名古屋大学出版会, 2017, 61면. 또 중앙과 지방관계를 모델로 한 확장된 조공관계 및 그것의 대외 무역체계에 대해서는 濱下武志, 朱蔭貴・歐陽菲 譯, 『近代中國的國際契機』, 中國社會科學出版社, 1999, 36~40면.

구시대에 유럽의 새로운 요구와 위협에 대해 청조가 대응하는 기본방법이었다. 문제는 이러한 기미정책이 "불평등의 원리"에 기반을 두고 있는 만큼, 그것이 실질적인 효력과 의미를 지니기 위해서는 제국의 중앙 통치 권력과 중국 중심의 지역질서가 보장되고 유지되어야 한다는 것이었다. 제국의 질서와 중앙권력이 약화되거나 스스로 보존하기 어려운 상황에서 불평등한 기미정책은 단순한 불평등조약이자 주권침해에 지나지 않게 된다. 제국의 통치기술은 일반적으로 제국의 중심 권력과 자위능력이 약해질 경우 오히려 제국의 해체의 요인이 된다. 따라서 글로브－지구시대, 특히 19세기 이후 청조의 제국질서의 변화는 제국 중심의 통치기반의 변화와 경제력, 민족구성 등 내재적 약화 요인들이 중요하게 작용하기는 했지만, 청조의 제국질서, 즉 천하체계에 대한 외부의 도전과 이에 대한 제국의 통치기술의 효력의 관계를 통해서도 파악할 수 있다. 19세기 전반 영국, 프랑스, 미국 등 서구의 열강들이 중국을 중심으로 한 동아시아 지역으로 진출하여 청조의 제국질서에 도전했을 때, 청조가 중국의 규범을 따르지 않은 이들을 대하는 효과적인 방법은 바로 기미정책이었다. 중국의 근대적 조약체제계로의 편입을 의미하는 1842년 아편전쟁에 따른 중영간의 난징조약南京條約 및 그 후속조약인 후먼조약虎門條約(1843), 그리고 중미간의 왕샤조약望廈條約(1844)등은 명문화된 무역항의 개방, 조계지, 치외법권, 관세 협정권, 최혜국 대우 등과 같은 파격적인 조건에도 불구하고 청조가 제국질서를 유지하기 위해 취한 기미정책의 일환이었다고 할 수 있다. 조약의 구체적 조항들이 주권을 침해한 불평등한 조약이었다고 주장하는 것은 당시 제국으로서의 청조의 통치 질서의 특징을 간과한 것, 즉 제국의 통치질서는 주권의 차등화와 불평등을 전제로 한 이익의 상호교환체제이며, 그 불평등한 조건이 바로 제국을 유지하는 통치기술임을 간과한 것이다. 실제로 중국이 서구 제국주의의 중국에 대한 주권침해로 간주하는, 앞서 언급한 대표적인 불평등조약의 항목들에 대해 당시 청 정부와 관리들은 중국의 규범질서에 잘 "순응"하지 못해 다루기 힘든 외부 세력의 도발을 관리하는 기미방식 가운데 하나로 간주하고 있었다.[42] 특히 치외법권은 근대 유럽식 주권이라는 개념에 따르면 이는 청조의 주권의 침해에 해당하지만, 청조의 천하질서를 유지하는 통치기술의 입장에서 보면 변방의 위협과 혼란을 관리하기 위한 "양보"이자 "시혜"적인 조치였으며, 청조가 서구와의 조약을 통해 수용하기에 앞서 서북지역 변방의 코칸드에 대해 취했던 방식이기도 하였다.[43] 이러한 의미에서 보면, 아편전쟁으로 인한 불평등조약은 유럽

---

[42] 도광(道光) 23년 계묘(癸卯) 7월, 난징조약에 따른 후속협정을 체결하기 위해 영국과 협상을 진행한 청조의 대표 기영(耆英)은 상주문에서 서구의 이(夷)는 통상을 생명으로 삼고 있어 그것을 허락하면 전과 같이 공순해지지만, 무역을 금하면 오만하고 방자하여 통제하기 어렵다. 그리하여 명대부터 지금까지 통상을 이인(夷人)에 대한 기미방식으로 써오고 있다고 하였다. 文慶等纂, 『籌辦夷務始末(道光朝)』(近代中國史料叢刊一輯), 台北-文海出版社, 1973, 5539면. 한편 난징조약 체결 직후 곧 중국을 방문하여 영국의 광저우 영사관에서 통역을 담당했던 미도우즈(Thomas Taylor Meadows, 1815~1868)는 아편전쟁에 대한 중국의 인식을 다음과 같이 묘사하고 있다. "우리가 한 번도 가보지 못한 지역과 지방을 소유하고 있는 이 거대한 국가에게 최근의 전쟁은 단지 야만족의 반항적인 침탈에 지나지 않는다. 그들이 보기에 야만인들은 튼튼한 군함을 앞세워 연해안의 몇몇 지점을 공격하거나 점거했으며, 심지어 대운하의 중요한 지점을 점령하기도 하면서 황제로부터 어떤 양보를 얻어내고자 했다." Thomas Taylor Meadows, *Desultory Notes on the Government and People of China, and on the chinese language*, London : Wm. H. ALLEN and Co., 1847, p.228.

[43] 존 K. 페어뱅크, 『캠브리지중국사 10-청 제국 말』 1부 下, 새물결, 2007, 651~666면. 19세기 중반 전후 중국이 서구와 체결한 이른바 "불평등 조약"의 역사적 성격과 의미에 대한 자세한 분석은 Pär Kristoffer Cassel, *Grounds of Judgment-Extraterritoriality and Imperial Power in Nineteenth-Century China and Japan*, Oxford : Oxford University Press, 2012. 파 크리스토퍼 카셀은 만주족 청조가 중원을 비롯하여 제국의 판도를

주권관념에 바탕을 둔 영국, 프랑스, 미국이 청조의 주권을 약화시키고 유럽의 세력을 확장한 성과물로 볼 수 있지만, 청조의 입장에서 보면 강력한 해군의 군사력과 무기로 무장한, 청조와의 "무역 없이는 생존이 어려운" 서구의 "이夷"가 제국의 통치 질서에 도전하는 것을 막는 부득이한 조치였던 셈이다. 다시 말하면, 치외법권이나 관세 협정권, 최혜국대우, 조계지 등은 당시 서구국가 간의 조약에 비추어볼 때 매우 드문 경우라는 점에서 청조에 강제된 불평등조항이라고 할 수 있지만, 처음 청조에서 영국, 미국 등 열강의 요구를 수용한 것은 회유를 위한 기미정책의 일환이자, 특정국가에 의한 "시혜"의 독점을 막고 모든 국가를 동일하게 대하는 일시동인一視同仁이라는 명분하에 서구 열강들 사이의 상호 견제를 이용하려는 청조의 대외정책의 입장에 따른 것이었다.[44] 초기 "불평등" 조약은 전쟁에서의 패배라는 외부의 압박에

확장한 후 당대와 원대의 통치방식을 참조하여 민족구성과 종교, 문화 등 다양한 지역에 대해 해당지역의 법과 관습을 허용하는 복수의 법률제도를 취하였으며, 그 연장선에서 아편전쟁 이후 서구와 협상과정에서 조계지, 관세혜택, 치외법권 등 조치들을 수용하였음을 논증하고 있다. 한편 영국 등 유럽이 청조에 대해 최혜국대우와 치외법권을 요구한 것은 16세기~18세기에 유럽 각국이 오스만 투르크 제국과 체결한 조약을 바탕으로 한 것이었다. 즉 당시 대제국이었던 오스만 투르크 제국은 제국내의 비이슬람교도와 외국인들을 관리하고, 유럽과의 무역 및 교류를 촉진하기 위해 유럽에 치외법권 등의 특권을 부여하였다. 오스만 투르크의 "외국 거류민의 특권에 관한 협정(Capitulation)"에 대해서는 다음 참조. Mariya Tait Slys, *Exporting Legality–The Rise and Fall of Extraterritorial Jurisdiction in the Ottoman Empire and China*, Graduate Institute Publications, 2014 중 Chapter III; Eliana Augusti, "From Capitulations to Unequal Treaties–The Matter of an Extraterritorial Jurisdiction in the Ottoman Empire", *Journal of Civil Law Studies*, Vol.4, No.2, 2011, pp.285~311; Arnulf Becker Lorca, "Universal International Law–Nineteenth-Century Histories of Imposition and Appropriation", *Harvard International Law Journal*, Vol.51, Number 2, Summer 2010, pp.506~510.

44　名和悅子, 「東アジア國際關係の近代的改編への一考察」, 『岡山大學大學院文化科學研究科紀要』 3, 1997, 177면.

의한 것이기는 했지만, 또 한편으로는 청조가 통치 영역내에 민족별로 각기 다른 다양한 통치시스템을 병치시키는 일국다체제의 제국이었기 때문에 가능한 것이었다. 중국의 역대 왕조의 변방과 외부에 대한 정책은 기본적으로 기미라는 시각에서 결정되었다. 이러한 변방관리 및 대외적 방어 방법은 적어도 19세기 말 이전, 중국이 서구 등 외국과 맺은 대외관계를 처리하는 기본 입장이었다. 제2차 아편전쟁 이후, 1870년 일본이 중국에 조약체결을 제의했을 때, 조약체결을 지지한 이홍장의 논리적 근거 역시 기미론이었다. "만약 청을 거절하여 그 국가가 영국이나 프랑스에 붙게 되면, 영국과 프랑스는 더욱 그 국가를 사기와 속임수로 돕게 될 것이다. 그러한 상황이 된 이후에 조약을 허락하면 동번東藩에 약한 꼴을 보이게 되고, 허락하지 않으면 필시 서구 종족에 의해 선동되어, 저쪽에게는 오히려 순치의 공고함을 얻게 되고, 우리에게는 더욱 그를 구스릴 방법이 없게 된다. 따라서 차라리 우리가 그 조약체결을 승낙하여 기미羈縻를 보여주는 것만 못하다."[45] 즉 일본과의 조약체결은 예로부터 중국의 국경을 소란하게 하던 일본을 중국에 대한 원조까지는 아니더라도 부분적으로 연대세력으로 만들 필요가 있고, 아니면 적어도 일본이 서구의 대중국 공략의 도구가 되지 않도록 할 필요가 있다는 인식에 근거한 것이었다.

그러나 기미정책의 조건이 제국질서의 유지 혹은 강화를 전제로 한다는 점에서, 서구의 청조에 대한 요구는 그 한계와 효율성에 대한 시험에 직면하게 된다. 청조가 처음 예측했던 것과 달리 서구 열강은 단순히 무

---

45   王璽, 「李鴻章與中日訂約」, 『臺灣中央研究院近代史研究所專刊』 Vol.42, 1982, 22면; 李鴻章, 「譯署函稿」, 『李鴻章全集』 1, 海口 −海南出版社, 1997(영인본), 10면.

역의 확대만을 목적으로 하지 않고[46] 문화와 제도 등 다방면에서 청조의 제국질서의 근간을 약화시키거나 위협할 수 있는 조건들을 요구하였다. 선교의 자유, 대등한 외교관계, 베이징에 공사관의 상주, 무역항이나 조계지에 국한되지 않고 중국 내지에서의 자유로운 활동 등은 일반적으로 제국의 통치에 위협적인 것은 아니었지만, 소수민족인 만주족이 광대한 인구 및 영토와 다양한 민족, 특히 한족을 관리해야 했던 청조의 제국질서에서는 수용하기 어려운 조건들이었다. 뿐만 아니라 유화정책은 강력한 경제력이나 문화, 그리고 자위를 위한 기본적인 군사력을 바탕으로 할 때 효력이 있는 것이었지만, 19세기 중반 이후 청조의 연이은 내란과 외환으로 외부의 혼란을 관리할 수 있는 군사력이 약화되었고, 문화적인 측면에서도 근대 과학기술을 앞세운 서구문명의 도전을 받으면서 동요되기 시작했다. 특히 1880년대 이후, 서구가 동아시아 지역에서 제국주의적인 팽창을 본격화하면서 청조의 제국질서는 그 근간에서부터 본격적인 도전에 직면하게 되었다. 그에 따라 기미정책의 일환이었던 "불평등"조약은 제국질서의 유지를 위한 방편에서 제국질서와 주권을 약화시키는 요인으로 의미와 기능이 변화하였다.

19세기 중반 청조의 제국질서의 해체는 단순히 경제적 이권의 상실이나 서구적인 국제질서 규범의 수용에 따른 것은 아니었다. 19세기 초 서구의 사상가들이 주장하듯이 청조의 제국질서는 서구문명에 노출되자마자 곧 해체될 만큼 연약한 것은 아니었다.[47] 그럼에도 불구하

---

46 1870년까지 서구의 사정에 밝았던 중국의 곽숭도, 왕도 등은 서구 열강이 중국에서 목적으로 삼고 있는 것은 통상이라고 보고 있었다. 王韜, 「睦鄰」, 『弢園文錄外編』, 72면; 郭嵩燾, 『使西紀程－郭嵩燾集』, 23면.
47 마르크스나 헤르더 등은 중국을 서구의 신선한 공기에 노출되면 곧 사라져버릴 미이라

고 결국 19세기 후반에 청조의 제국질서가 근본적인 위기에 처하게 된 데에는 1870년대 이후 본격화되는 서구의 제국주의의 팽창에 의한 것이었다. 독일, 러시아, 영국, 프랑스 등 서구 국가는 이전과 같은 상업적, 자발적 이주에 따른 식민지 개척에 그치지 않고, 국가적인 차원에서 자국민의 해외 이주와 상업 활동, 문명화 활동을 지원하였을 뿐만 아니라 군사적, 정치적 정복에 의한 식민지 획득의 경쟁에 적극 참여하기 시작하였다. 일찍이 제2차 아편전쟁의 휴전과 종전의 막간을 이용해 베트남을 공격하여 사이공 조약(1862년)을 체결했던 프랑스는 프로이센과의 전쟁(1870~1871)에서 패하자 추락한 국가의 위세와 권위를 회복하고자 베트남 등 동아시아 지역으로의 적극적인 진출을 도모하였다. 또 해외 식민지에 대한 직접적인 경영에 소극적이던 영국도 1857년 세포이 항쟁 이후 인도에 대한 직접 통치를 시작하였다. 1876년 벤저민 디즈레일리 총리가 빅토리아 여왕에게 "인도여제Empress of India"라는 칭호를 부여한 것은 동아시아에 대한 영국의 직접적인 식민지 경영을 나타내는 상징적인 조치였다. 서구 열강의 중국에 대한 물리적인 수단에 의한 문호개방 압력이 지니는 의미는 바로 인도와 베트남 등 동시기 중국의 주변에서 벌어지던 서구의 제국적 정략을 통해서 오히려 보다 명확히 이해할 수 있다. 즉 19세기 중반이후 청조의 제국질서를 위기에 몰아넣었던 것은 오만하고 폐쇄적인 중국 중심체제의

로 간주하기도 했지만, 현대 경제학자들에 의하면 오히려 아편전쟁 직전 중국은 전세계 GDP의 30%를 점할 정도로 최고의 발전수준을 보여주고 있었다. Angus Maddiso, *Chinese Economic Performance in the Long Run 960~2030 AD*, Paris : OECD, 2007(安格斯・麥迪森(Maddison. A.), 伍曉鷹・馬德斌, 『中國經濟的長期表現』, 上海人民出版社, 2008, 35~378면).

해체와 주권평등에 기반을 둔 국제질서에의 편입이 아니라, 중국적 제국질서에 대한 서구 제국의 도전이었던 것이다. 이른바 신제국주의 시대로 불리는 19세기 후반의 국제질서는 포스트천하의 시대에 세계에서의 청조의 지위를 이해하는데 중요한 조건이다.

　일반적으로 중국의 천하체계, 혹은 중국적 제국질서의 해체는 만국공법의 시대와 비교하여 설명한다. 포스트천하는 주권불평등의 제국체제에서 만국공법에 의거한 주권평등의 만국병립의 시대로 전환된 세계라는 것이다. 제국에서 민족-국민국가로의 전환, 주권의 불평등 시대에서 주권의 평등시대로의 전환은 글로브-지구시대에 유럽에서 근대적 국가가 태동되면서 형성되기 시작한 국제질서 모델이었다. 이는 로마제국이나 신성로마제국과 같은 세계 혹은 지역의 중심이 해체되고 분화된 결과로, 주권의 원칙하에 종교와 민족 등 차이에 따른 국가 간 충돌을 막기 위해 고안된 것이었다. 하지만 세계 혹은 지역적인 중심이 부재하는 조건하에서 글로브-지구는 만국이 치열한 생존을 위해 경쟁하는 공간으로 바뀌었고, 그러한 경쟁을 관리하기 위한 기제가 필요하게 되었다. 한편으로는 지역 혹은 국가 사이의 다양성 및 차이가 중심과 주변의 관계로 위계화되는 것을 방지하고, 또 다른 한편으로는 다양한 국가와 문화, 민족의 공존을 보장하기 위한 질서규범이나 보완장치가 요구되었다. 19세기 중반 이후 천하체계가 도전을 받았을 때, 중국인들에게 만국공법은 바로 그러한 만국의 주권평등에 기반을 둔 세계질서를 위한 장치처럼 보였다. 전체 글로브-지구에 즐비한 국가들이 국가로서 존속할 수 있는 것은 바로 법으로써 유지해 주기 때문인데, 『만국공법』이 바로 그것이라고 본 것이다.[48]

지구상의 판도를 둘러보면, 크고 작은 국가들이 수십 국 이상 있는데, 그들이 여전히 존속할 수 있는 것은 바로 선왕의 명에 의거하여 맹부에 기재하고 대대로 준수하여 오랫동안 변함없이 누리고 있기 때문이다. 이 맹약을 어기게 되면 신명에 의해 죽음에 처하게 된다. 이것이 바로 『만국율례』라는 책이다.[49]

만국공법의 이념에 비추어 보면, 이는 경쟁의 무대에서 약소국이 존속할 수 있는 효과적인 수단이다. 중국이 만국공법의 규범과 본격적으로 관계를 맺게 된 것은 애로호 사건이 촉발한 영국 및 프랑스의 연합군과의 전쟁으로 1858년에 체결한 톈진조약을 통해서였다. 톈진조약 및 그 연속선상에 있는 1860년 베이징조약은 태평천국에 의한 내전상황에서 영국과 프랑스의 연합군의 공격을 받은 청조가 기존의 기미정책의 경계를 넘어서는 조건으로 서구의 요구를 수용한 조약이다. 전쟁과정에서 베이징이 점령되고 원명원이 소실되었으며, 수출입 관세징수도 외국인의 관리하에 놓이게 되었다. 또 조약에 의해 중국 내지에서 외국인의 선교 및 상업 활동과 여행이 허용되고, 베이징에 외국의 공사가 상주하게 되었으며, 장강유역의 항구를 포함해 5개 항구가 추가로 개방되었다. 뿐만 아니라 적의가 없는 한 외국 군함이 중국 항구를 자유롭게 출입할 수 있게 되었다.[50] 이는 조약체결국인 영국, 프랑스, 러시아 등의 요구에

---

48 董恂, 『萬國公法·序一』, 1면.
49 張斯桂, 『萬國公法·序二』, 3면.
50 王鐵崖 編, 『中外舊約章彙編』 1冊, 三聯書店, 1957, 96~103면; William Frederick Mayers ed, *Treaties between the Empire of China and foreign powers, together with regulations for the conduct of foreign trade &c. &c. & c.*, Shanghai : J. Broadhurst Tootal, London : Trübner & Co. 1877, pp.11~20.

따른 것이지만, 제1차 아편전쟁의 결과 체결된 조약들과는 성격이 다르다. 즉 앞서 지적한 바와 같이 1843년 난징조약과 후먼조약, 왕샤조약 등도 영국이나 미국 등의 요구에 따른 것이기는 했지만, 그 주요 조항은 변경의 일부 지역에서 외국세력을 통제하고 관리하는 기미정책의 범위에서 벗어나지 않았다. 그러나 톈진조약 및 베이징조약은 청조의 중앙권력을 약화시키고 청조가 제시한 국제질서나 지역질서의 규범을 훨씬 넘어서는 것이었다. 또 조약의 체결형식이나 영사관 설치, 실질적인 대등한 국가 간 교섭은 서구의 국제관계의 토대였던 만국공법의 규범에 따르는 것이었다.[51] 제2차 아편전쟁과 톈진조약 직후 중국에서는 서구

---

51 영문본 톈진조약 제2항에서는 "우호적인 대국들의 보편적인 관례(the universal practice of great and friendly nations)"에 따라 외교관을 파견한다고 규정하고 있는데, 만국공법에 의하면 상호 외교관의 파견과 수용은 독립된 주권국가의 권리이자 의무이다. Henry Wheaton, *Elements of International Law*, 8th edition, Oxford : Clarendon Press Oxford, 1866, p.289. 여기서 "대국(great nation)"이라는 표현이 들어간 것은 영국이 여전히 자국을 무시하는 청조에 대해 영국은 청조의 주변의 국가들과는 달리 청조와 대등한 대국이며 따라서 평등한 국가관계를 수립해야 함을 주장하기 위한 것이었다. 실제로 난징조약에 이어 톈진조약의 핵심내용 가운데 하나가 상호 호칭을 비롯한 양국의 소통방식에서의 대등성을 제도화하는 것이었다. 영국의 이러한 대등한 외교관계에 대한 강조는 서구의 주권평등이라는 국제질서 규범에 의한 것으로 볼 수 있다. 이는 청과 영국의 조약관계에서 상호 호칭에서도 잘 나타난다. 청조는 17세기 러시아와의 조약에서부터 대청국(大淸國), 대중화(大中華)라는 표현을 사용하였는데, 이를 의식하여 난징조약에서도 영국은 중문본 조약문에 대영국(大英國)이라고 호칭을 하였고, 이어 미국과 프랑스 역시 영국의 사례를 따라 조약문에서 대합중국(大合衆國), 대불란서국(大佛蘭西國)이라고 호칭하였다. 러시아는 1689년 네르친스크조약을 비롯하여 처음 청조와의 조약체결에서 "대"자를 사용하지 않다가 1858년 톈진조약 체결에서부터 국호 앞에 "대"를 붙이기 시작했다. 이후 19세기 서구 열강들의 국호의 중국어 호칭에는 앞에 "大"자를 붙이는 것이 일반적인 관용처럼 되었다(동일 조약문 중 영문본과 프랑스어본의 조약문에는 "대"를 나타내는 수식어가 없다). 그러나 영국이 처음 주권평등을 강조하며 "대"자를 고수한 것은 이미 세계의 강력한 해양제국으로 부상한 영국의 자의식에 따른 것이기도 하였다. 王鐵崖 編, 『中外舊約章彙編』 1冊, 三聯書店, 1957, 96면. "대한제국"과 민주공화정으로 변모한 "대한민국"의 국호에 "대"자가 덧붙여진 것도 바로 19세기 유럽과 중국 사이에 주권평등과 우열을 둘러싼 경쟁에서 비롯된 관행의 산물이었다.

식 국제관계를 관리할 전담부서인 총리각국사무아문을 설치하고 외교관 양성과 서구의 과학과 기술을 도입하기 위한 정책을 채택하는 한편, 미국 선교사 마틴이 제안한 만국공법의 번역 및 출간을 적극 지원하였다. 이른바 서구의 국제법학자들이 지적한 바와 같이 중국은 "이제 공법의 범주 안에서 함께 공법의 이익을 공유하게 된" 것이었다.[52] 청조에서 만국공법에 관심을 갖게 된 것은 중국의 규범에 비추어 볼 때 비합리적으로 보이는 서구 국가의 행동과 주장을 이해하는 동시에 서구의 규범으로 서구를 제어할 수 있다는 이이제이에 대한 기대가 컸다. 중국의 제도와 규범을 무시하는 서구 열강에 대해 서구의 규범을 통해 견제하고 규제할 의도로 만국공법에 주목했던 것이다.

그러나 만국공법이 편의적이고 선택적으로 적용될 수 있는 수단적 의미를 넘어 점차 항구적이고 보편적인 규범으로 변해가면서 청조의 제국질서 즉 천하질서는 근본적인 위기에 직면하게 되었다. 청조 관리들의 의도와는 달리, 서구에서는 중국과의 조약체결이라는 형식과 그 내용, 그리고 대외업무 처리에서 만국공법의 준수 등을 중국이 만국공법의 보편성을 인정하고 그 질서에 편입되는 것으로 간주하였으며,[53]

---

52 鄭觀應, 「公法」, 『盛世危言』, 147면; Henry Wheaton, Ibid., p.22.
53 휘튼은 아편전쟁 이후 난징조약의 체결이 갖는 의미를 중국이 서구의 국가를 독립적이고 평등한 국가로 인정하고 조약을 맺음으로써 기독교에 기반을 둔 서구의 공법의 영향이 확대되는 것으로 보았다. 그리고 1866년 휘튼의 『만국공법』을 편집하여 출판한 다나(Richard H. Dana)는 주석에서 톈진조약이후 동양에서 서구문명의 진보를 보여주는 가장 명확한 증거로, 마틴이 번역한 만국공법을 중국정부가 채택하고, 베이징 주재의 외국 공사들과 소통을 함에 있어 근거이자 기준으로 삼고 있는 것을 들었다. Henry Wheaton, Ibid., p.22. 본문 및 각주8 참고. 또 블룬칠리는 만국공법은 유럽의 제국주의의 표현으로서 그것의 확장과 병행하여 진보하는 것이라고 보았으며, 그 대표적인 예로 1842년 영국과 청조사이의 난징조약을 지적하기도 하였다. Von J. C. Bluntschli, Das moderne Völkerrecht der civilisirten Staten, Brief an Professor

청제국의 천하질서 체계에 대해서도 만국공법을 인용하여 그 의미를 새롭게 해석하고자 하였다. 국가 간 주권상의 불평등을 전제로 한 중국식 천하질서는 이제 만국공법에 의거하여 재해석됨으로써 비로소 의미를 갖게 된 것이다. 조공질서내의 주권 주체들은 각각 자주국과 반자주국, 속국이라는 세 가지 주권상황에 따라 재분류되고, 만국공법의 기준에 따라 청제국의 통치범위나 세력권이 재규정되었다. 문제는 천하질서내의 주권의 불평등이 곧 바로 자주국, 반자주국, 속국의 범주에 정확히 일치하지는 않았다는 점이다. 이러한 불일치로 인해 천하질서와 만국공법의 질서라는 양날의 칼을 제국주의 시대의 통치기술로 삼으려 했던 청조는 대외관계에서 적잖은 허점을 노출하게 되었다. 뿐만 아니라 청조의 종번체제 속에 포함되어 있던 국가들도 만국공법을 수용하여 중국과의 형식적 불평등성 관계에서 만국공법상의 평등한 자주적 국가 간의 관계로의 변경을 추구하게 되면서 중국의 제국질서, 즉 천하질서는 안팎으로부터 위협을 받게 되었다. 문제는 여기서 그치지 않는다. 만국공법이 국제관계에서 보편적인 규범으로 인정받게 되자, 중국이 기미정책의 차원에서 외국에 허용한 불평등조약은 이제 완전한 주권국, 자주국으로서의 청제국의 지위마저 약화시키게 되었다. 재중 서구인의 치외법권, 관세결정에 대한 서구의 개입, 국제조약에서의 영어의 우선적 지위 등은 만국공법에서 규정한 평등한 주권국가의 권리를 침해한 것이었을 뿐만 아니라, 중국에서의 외국인의 각종 요구도 완전한 주권국가에 대한 대우와 많은 차이가 있었다. 만국

Dr, Franz Lieber in New York, Nördlingen–Drück und Verlag der Beck'schen Buchhandlung, 1868, p.25.

공법의 관점에서 보면 청조는 주권이 불완전한 국가로 전락한 것이었다. 이와 같이 청조의 제국질서의 해체, 즉 포스트 천하질서 시대는 각 주권국가들이 평등한 권리를 보장받으며 공존하는 시대가 아니라 세계질서와 지역질서의 중심이 또 다른 문명권 혹은 국가로 이동함으로써 새로운 불평등한 국제관계의 출현을 의미했다.

이러한 세계질서의 중심이동에 의한 불평등은 19세기 후반 청조의 지식인들이 만국공법에 대해 보여주는 태도에서도 잘 나타나 있다. 19세기 중국인에게 있어서 만국공법은 만국의 평등한 공존질서라는 이념적 의미와 특정한 조건하의 국가사이에서만 작용한다는 현실적 의미가 병존하고 있었다. 첫째, 만국공법은 탈제국, 포스트천하시대의 세계질서에서 필요불가결한 규범을 의미했다. 천하질서, 혹은 하나의 제국이 지역질서나 세계질서의 규범을 정하고 강제하던 시기와는 달리 국가의 대소를 막론하고 대등한 주권을 갖춘 국가들이 평화 시기든 전쟁 시기든 상호 공존과 질서를 유지하기 위해 새로운 법이 요구되는데, 그것이 바로 공법이라는 것이다.

오늘날의 시대적 추세는 이전의 시대적 추세와 크게 다르다. 이전에는 하나의 천자(天子)가 모든 나라를 다스리고, 가깝든 멀든 관계없이 위엄 있는 명령이 실행되었으며, 중국을 벗어난 밖은 바로 야만인(野人)들이었으니 어찌 만국공법이라는 것이 있었겠는가? (…중략…) 오늘날에 이르러서는 시대적 추세가 각 국이 권력을 가지고 한 명의 군주가 만국을 관할할 수 없게 되었다. 참으로 공법이 없다면 화목을 이룰 수 없고 매우 쉽게 충돌이 발생할 것이다.[54]

독일인 선교사 에른스트 파버Ernst Faber, 花之安는 서구의 공법은 만국을 한 가정으로 여기고 외국을 형제로 여기는 기독교의 정신에 의거하고 있다고 강조하였다. 그리고 만국공법에 의거하여 각국이 서로 우호적인 관계를 유지하고, 나아가 기독교의 정신에 의해 인류의 인심을 하나로 만들 수 있다면 곧 대동세계를 이룰 수 있을 것이라고 주장하였다. 즉 만국공법은 포스트 천하질서의 세계규범이자 대동세계로 나아가기 위한 토대라고 본 것이다. 태평천국과의 연류 혐의로 도피하여 유럽을 방문하고 수년간 홍콩에서 활동했던 왕도 역시 포스트 천하시대와 만국공법의 관계에 대해 유사한 관점을 보여주었다. 그는 글로브-지구시대는 세계가 일통으로 되는 시대라고 보고, 중외가 우호적으로 되어 일가로 합해지고, 장기간 태평의 축복을 누릴 수 있게 되는 것은 바로 모두가 매사에 만국공법을 준수하기 때문이라고 보았다.[55] 왕도의 관점에서 보면, 청제국이 건설한 대일통은 지역적인 일통일 뿐이고 글로브-지구시대의 대일통은 원방의 서구까지 포함하는 것이었다. 그리고 세계(육합六合)의 대일통을 유지하는 규범은 바로 만국공법이었다. 앞서 동순董恂이 만국공법을 약소국들이 주권을 유지할 수 있는 장치로 인식한 것에서 더 나아가, 왕도는 만국공법을 전세계가 하나의 대가정을 이룰 수 있는 규범으로 보고 있었다.

그러나 서구의 제국주의 팽창이 본격화되면서 청조 제국질서에서 중요한 지위를 지니고 있던 베트남이 프랑스의 식민지로 변화하고, 서구의 제국주의 정책을 모방한 일본이 류큐를 병합하는 등 청조의 천하

---

54 花之安, 『自西徂東』(1884), 上海書店出版社, 2002, 92면.

55 王韜, 「六合將混爲一」, 『弢園文錄外編』, 中州古籍出版社, 1998, 218면.

질서가 실질적으로 해체되기 시작하자, 중국내에서도 청조와 중국문명의 존립에 대한 위기위식이 고조되었다. 이제 청조는 제국질서의 해체에 그치지 않고 만국가운데 자주적인 주권국가로서의 조건마저도 위협받게 된 것이다. 왕도나 동순의 논리라면 주권의 위기 상황에서 만국공법은 청조에게 주권을 보호할 장치라는 적극적인 의미를 지녀야하지만, 제국주의의 힘의 논리 앞에서 만국공법은 주권보호 장치로서는 무력하였다. 외세에 대한 강력한 군사력의 기반이 상실된 상황에서, 청조 제국의 통치기술인 기미정책도 서구의 위세에 겁먹은 유약한 중국의 대외적인 자기 기만술로 그 의미가 변질 되어,[56] 19세기 말에 이르러서는 이를 외세의 환심을 사기 위한 유약한 "온건주의"라고 비판하기도 하였다.[57] 만국공법은 서구가 중국이 서구의 각국을 대등한 주권국가로 인정하도록 요구하기 위한 근거였지만, 이제 중국은 만국공법을 통해 중국이 서구와 체결한 조약이 공법의 규범에 부합하지 않는 불합리한 것일 뿐만 아니라 보통국가로서의 중국의 주권이 침해받고 있다는 것을 인식하게 되었다. 이에 중국은 일본과 마찬가지로 서구와의 불평등조약을 개정할 것을 서구에 요구하였다. 그러나 서구는 중국의 제도와 상황이 만국공법을 적용하기 위한 조건들을 갖추지 못했다는 등의 이유로 조약개정을 거부하였을 뿐만 아니라 연이은 서구와의 갈등으로 불평등과 주권침해가 더 심화되었다. 이는 만국공법이

---

56 정관응에 의하면 증국번이 일찍이 당시 "중국에서 세력을 논하길 좋아하는 자는 오로지 기미(羈縻)에만 힘쓰고, 어떻게든 충돌이 발생하는 것을 모면하고자 한다. 그러나 두려움에 찌들어 그들을 진작시키길 기대하기가 어렵다"고 비판하였다고 한다. 鄭觀應, 「交涉上」, 『盛世危言』, 中州古籍出版社, 1998, 177면.
57 「論議和後之中國」, 『淸議報』 70冊, 光緒27.1.1, 1~2면.

단순히 형식적인 주권국가에게 무조건 적용되는 것이 아니라 특정한 문명조건과 실제적인 자립능력을 전제조건으로 한다는 것을 의미하는 것이었다.

정관응이 1895년 청일전쟁 시기에 출판한 『성세위언盛世危言』에서 주로 역설한 주장 가운데 하나가 바로 서구와의 불평등조약에 의한 중국의 이권과 주권상실을 바로잡는 것이었다. 그는 공법은 만국의 대화의大和議의 조약으로서, 각국이 서로 만국가운데 하나로 간주하고 서로 연계를 맺지만 어느 하나로 통괄되거나 예속할 수 없음을 인정하는 것이라고 보았다. 하지만 서구 열강과의 조약을 보면 공법에서 강조하는 균등성과는 거리가 멀고, 실제 조약은 국가의 세력의 강약에 의해 손익이 결정된다고 비판하였다. 즉 공법은 장기간 함께 준수해야 하지만 그렇다고 이것이 완전히 지켜지지는 않는다. 세력이 대등한 국가 사이에서는 공법에 의해 질서가 유지되지만 국가 간 힘의 격차가 너무 크면 공법이 지켜질 수 없다는 것이다. 따라서 그는 공법은 공허한 이치에 의거하고 있어 강자는 그것으로 타국을 속박하고, 약자는 그 굴복을 감내하지 않을 수 없게 되며, 오직 발분하여 자강을 이루어야만 공법의 이익을 누릴 수 있다고 주장하였다.[58]

그러나 정관응은 중국의 불평등조약이 단순히 힘의 강약과 불균등 때문만이 아니라, 만국공법의 적용 대상이 특정한 조건을 구비한 국가를 전제로 하고 있다는 점을 인식하지 못했다. 19세기 중반 이후 세계질서의 보편적 규범으로 부상된 국제법은 그 의미와 적용대상에 있어서 특

---

58 鄭觀應, 「公法」, 앞의 책, 146~148면, 「交涉下」, 앞의 책, 181면.

정한 문명론과 밀접한 관계를 지니고 있었다. 19세기 전반에 출간된 휘튼의 만국공법에서는 공법의 보편성 문제에 대해 다음과 같이 설명하고 있다. 첫째 만국공법은 전체 인류사회에 통용될 수 있는 법이 아니라 유럽 중 기독교를 신봉하는 문명국가the civilized and Christian people of Europe나 유럽의 기독교인이 이주하여 거주하는 곳에만 적용되며, 그 밖의 지역이나 사람들에 대해서는 적용되지 않는다. 둘째, 공법은 타문명의 국가를 대함에 있어 유럽이 견지해야 할 준거이며, 터키, 이집트, 페르시아나 중국 등 타국이 자발적으로 이 규범을 수용한다면 국제법이 보편적 규범으로서의 가치를 지니게 될 것이다.[59] 이와 같이 휘튼은, 국제법을 타문명 국가들에게 개방적인 태도를 취하기는 했지만 기본적으로는 기독교 및 그에 기반을 둔 문명국가들服化之國, civilized nations인 유럽의 산물이자 유럽을 대상으로 한 국제규범이라고 규정하고 있다. 다만 휘튼은 국제법의 적용을 유럽에 국한시키지 않고, 비유럽국가들이 유럽적인 규범을 수용함으로써 국제법의 일원이 될 수 있다고 보았다. 그러나 울시Theodor D.Woolsey는 『국제법연구개론』(『공법편람公法便覽』)에서 국제법은 기독교국가의 산물로서, 지금 그 영향이 기독교국가의 경계를 넘어 터키 등으로 확대되고 있지만 기독교 국가가 야만족이나 반개화 종족, 심지어는 문명적으로 다소 높은 수준의 비기독교의 국가들과 관계를 맺을 때는 적용되지 않는다고 주장하였다. 뿐만 아니라 울시는 문명국이 야만족에 대해서는 종종 그들로부터의 보복이나 공공여론을 무시하고 마음대로 이기적인 행동을 해왔다고 지적하였다.[60]

---

59 惠頓, 丁韙良譯, 『萬國公法』, 京師同文館, 同治3; Henry Wheaton, Ibid., pp.17~18.
60 Theodor D. Woolsey, *Introduction to the study of International Law*, Boston and

그러나 19세기 중반이후 국제법 학자들은 19세기 전반 유럽에서 널리 유행했던 다양한 인류문명을 진보하는 역사발전과정에 통합하여 설명하는 역사적 시각을 수용하여, 국제법을 기독교라는 종교적인 문명권보다는 인류역사의 발전과정에서 성취된 인류의 의식과 문명의 산물로 간주하였다. 국제법은 특정 종교와 지역에 기반을 둔 특수한 규범이 아니라 전체 인류문명의 발전과정에서 성취된 보편적 성격을 지니고 있다고 본 것이다. 다만 인류문명의 발전이 지역과 인종에 따라 불균등하게 발전함에 따라 야만, 반개화, 문명 등의 단계적인 차이가 있고, 가장 높은 발전단계에 있는 유럽이 가장 발전한 인류의 보편문명을 대표한다고 보았다. 중국에서『공법회통』으로 번역된 블룬칠리의『문명국가의 근대 국제법』에 따르면, 만국공법은 비록 서구 기독교 국가에 의해서 만들어지고 그곳에서 처음 시행되었지만, 그 적용은 서구국가나 기독교에 국한되지 않고 터키, 일본, 중국 등이 점차 수용한 것 같이 동방 등에서도 적용될 수 있다. 왜냐하면 그것은 보편적인 인성이나 도의에 근거하고 있기 때문이다. 그러나 인류의 문화와 제도는 인성과 도의에 기반하고 있지만, 인성 및 도의에 대한 자각이나 의식, 그리고 그것을 규범화하고 제도화하여 문화적 혹은 사회적으로 구현하는 것은 문명의 발전정도에 따라 다르다. 따라서 블룬칠리는 국제법은 모든 인류사회에 적용되는 것이 아니라 인의仁義에 따라 정무를 행할 수 있는 문명이 발전한 국가들에서만 행해진다고 주장하였다.[61] 즉 국제법의 주

Cambridge : James Munroe and Company, 1860, pp.4~5. 吳君爾璽著, 丁韙良 譯,『公法便覽』(1877), 水野忠雄出版, 明治11, 81면.

61 步倫撰, 丁韙良 譯,『公法會通』卷一, 同文館, 光緒庚申(1880), 2~3면; Bluntschli, Johann Caspar, *Das moderne völkerrecht der civilisirten staaten - Brief an Professor Dr,*

체이자 대상은 문명국가들有化之國 / 敎化隆盛之國, zivilisierten Staaten에 국한된다는 것이다. 결국 울시와 블룬칠리에게 있어서 국제법은 서구나 서구적인 문명을 수용한 세계에서만 적용 가능한 것이었다.[62]

국제법 혹은 만국공법이 문명국가들 사이에서 통용되는 규범이라는 의미를 당시 유럽의 문명 등급론과 연계하여 본다면, 곧 야만사회나 반개화 혹은 반문명의 국가에는 국제법이 적용되지 않거나 제한적으로만 적용될 수 있다는 의미가 된다. 예를 들어 19세기 말 중국에서 외교수첩으로 널리 활용된『성초지장星軺指掌』에 따르면, 당시 중국이 체결한 조약 내용 중 주권을 침해한 불평등한 조약으로 간주되던 영사재판권

Franz Lieber in New York, Nördlingen–Drück und Verlag der Beck'schen Buch-handlung, 1868. 동아시아, 특히 20세기 초 중국에서 국가유기체론으로 많은 영향을 미친 블룬칠리는 문명의 진보와 관련하여 아리안 중심론자였다. 그는 인류의 모든 높은 수준의 과학은 아리안 인종에서 기원하며, 아리안 인종만이 인권을 깨닫고 법치국가를 발전시켰고, 다른 인종들에게 정치이론을 가르치는 것이 아리안종의 역사적 소임이라고 보았다. Martti Koskenniemi, *The Gentle Civilizer of Nations–The Rise and Fall of International Law 1870~1960*, Cambridge University Press, 2004, pp.103~104.

62　그러나 세 공법서가 중국어로 번역되는 과정에서 서구 중심의 문명론의 색채는 많이 약화되었다. 세 공법서를 모두 번역한 마틴은 civilized nation / zivilisierten Staaten을 복화지국(服化之國), 유화지국(有化之國)으로 번역하였는데, 전자는 순종 및 귀화된 국가를 후자는 교화 혹은 감화된 국가를 의미한다. 여기서 마틴이 선택한 번역어의 의미가 "civilized / zivilisierten"란 서구의 기독교 및 그것을 바탕으로 한 문화에 대한 수용이라는 것을 드러내기 위한 것이었는지는 명확하지 않다. 다만 중국인 독자들에게 복화(服化)와 유화(有化)의 기준은 중국문명이었다. 즉 번역된 만국공법에 의하면 중국은 만국공법질서의 구성원으로서 전혀 손색이 없었던 것이다. 또 울시의 저서를 번역하면서(1872년 혹은 1874년도 인쇄본을 저본으로 삼음) 저자가 강조한 문명과 반개화, 야만의 구별을 단순히 "유화자(有化者)"와 "무화자(無化者)(혹은 화외지만이(化外之蠻夷))"로 양분함으로써 자연스럽게 중국 독자들이 중국을 유화자, 즉 문명국으로 인식하게 하였다. 뿐만 아니라 더 중요한 것은 울시가 본문에서 야만족에 대해서는 공법과 관계없이 마음대로 대할 수 있다고 하였음에도, 마틴의 역서의 상단의 요점설명에서는 "공법이란 유화자는 기꺼이 복종하고, 무화자는 그것에 의존하여 보호될 수 있다"고 설명하였다. 이러한 번역방식으로 인해 정관응을 비롯한 당시 중국 독자들이 만국공법이 전제하고 있는 문명론을 간과하게 되었던 것으로 보인다.

은 조약국 간의 협의에 의해 결정하도록 되어 있었지만, 서구 국가들 사이에서는 재판권은 통치권에서 나오는 만큼 타국 영내에서의 사건에 대한 영사재판은 통치권을 위배하는 것으로 분쟁의 소지가 있어 가급적 철회하고 있었다.[63] 즉 각 국가의 인민은 어느 나라에 거주하든 거주 지역의 관리의 심판을 받아야 하기 때문에 영사의 권한이 제한될 수밖에 없다는 것이다. 그러나 터키, 이집트, 페르시아, 바르바리(이집트를 제외한 북아프리카를 지칭)의 국가들은 예외로 두었는데, 이는 그 나라의 법률과 풍속이 유럽과 다르기 때문이라고 주장하였다. 법률과 풍속의 차이에 의해 자국민이 타국에서 불리하거나 부당한 처벌을 받지 않도록 하는 것은 속인주의의 시각으로 특별한 것은 아니다. 그러나 『성초지장』의 내용을 더 자세히 분석해 보면 터키, 이집트 등 국가에서 영사재판권을 요구하는 것은 단순히 법률과 풍속의 차이 때문이 아니라 "부패한 관리"들에게 무수한 자국의 양민을 맡길 수 없기 때문이라는 것을 알 수 있다.[64] 즉 그 국가와 사회가 야만적이거나 성숙한 문명을 갖지 못하고 있어, 그들에게 자국민에 대한 재판을 맡길 수 없다는 것이었다. 이와 같이 당시 서구의 국제법에서 말하는 "civilization"은 인류의 모종의 윤리적 상태 혹은 세련된 삶을 넘어 특정한 역사적 문명을 염두에 둔 것이었다. 그것은 시민의 권리와 그것을 보장하는 정치제도, 국제법의 인정과 그에 적합한 외교관계, 노예금지와 같은 문화적 규범 등 서구의 자유주의 사상에 기반을 둔 유럽의 근대문명이었다.[65]

---

63 Charles de Martens, 聯芳·慶常 譯, 『星軺指掌』 3-13, 同文館, 光緒2(1876), 11 면; Charles de Martens, *Le guide diplomatique*, Brockhaus, 1866, pp.241~278.

64 Charles de Martens, 聯芳·慶常 譯, 『星軺指掌』 3-14, 同文館, 光緒2(1876), 28 면; Charles de Martens, *Le guide diplomatique*, pp.278~291.

국제법의 번역과정에서 "civilization"이 "교화敎化"와 등가적인 의미로 간주됨으로써, 19세기 말까지 중국어 담론에서 중국을 직접 야만이나 반개화 국가로 규정한 것은 거의 없었다. 하지만 서구국가의 시선으로 볼 때, 만국공법의 질서 중에서 중국은 반개화 국가의 지위에 머물러 있었다.[66] 중국뿐만 아니라 동아시아 대부분의 국가들도 이에 포함되었다. 아편전쟁 직후 청조의 변방관리 방식과 서구의 이해관계가 서로 맞물려 출현한 난징조약은 그 후 일본, 조선 등 동아시아 국가들이 서구와 체결한 조약의 모델이 되었다. 그러나 그것이 동아시아 지역의 "불평등"조약의 모델이 될 수 있었던 것은 동아시아 지역의 법률과 제도, 문화가 서구문명에서 중시하는 국가나 개인의 권리를 보장하기에 미흡하다는 서구의 인식에 따른 것이었다. 영국이나 미국, 프랑스 등은 동아시아 국가에 만국공법체계의 수용을 요구하면서, 또 다른 한편으

---

65 Gerrit W. Gong, *The Standard of 'Civilization' in International Society*, Oxford, 1984, pp.14~21. 19세기 후반 스코틀랜드 국제법학자인 제임스 로리머(James Lorimer)는 중국과 터키, 일본을 반몽매 국가(semi-barbarian states)로 분류하고, 이들 국가의 주권 승인은 부분적일 뿐이며 문명인은 그 국가의 사법판결을 따르지 않고 고유의 재판관을 두어야 한다고 보았다. 또 문명인이 야만인과 접촉할 때는 문명의 규칙을 따라야 하며, 야만인과 문명인의 생명, 재산, 미덕은 동일한 가치를 갖지 않는다고 주장하였다. James Lorimer, *Institutes of the Law of Nations-A Treatise of the Jural Relations of Separate Political Communities*, Vol.1, Edinburgh and London : William Black-wood and Sons, 1883, pp.444~445.

66 특히 국제법에서 문명을 가늠하는 중요한 기준 가운데 하나가 바로 전시상황에서의 상호 지켜야할 규범이다. 1860년 영국과 프랑스의 연합군이 베이징을 점령하고 원명원을 불태우고 약탈했던 것은, 당시 영국의 엘긴 백작(Earl of Elgin) 제임스 브루스(James Bruce)가 청군이 영국군 포로들을 살해하고 고문했던 "야만적"이고 "저열한" 행동에 대한 처벌이자 보복으로 행했던 것이다. 반면 일본은 청일전쟁에서의 문명국과 같은 행동을 통해 일본이 국제법을 준수하는 문명국의 자격이 있음을 입증하고자 하였다. 원명원사건 당시 영국군의 중국에 대한 시각에 대해서는 James L. Hevia, *English Lessons-The Pedagogy of Imperialism in Nineteenth-Century China*, Durham, NC, and London : Duke University, 2003, pp.74~124.

로는 이들은 만국공법의 범주에서 주권을 보호받을 자격이 없다고 보았다. 정관응이 언급한 바와 같이 만국공법은 만국을 글로브-지구상의 평등한 한 구성원으로 간주한다고 했지만, 실제로 서구문명의 일정한 조건을 충족하지 못하는 국가와 민족은 이른바 문명국가의 대가정^{family} of civilized nations의 구성원으로서 인정을 받지 못했던 것이다.

만국공법의 문명론과의 결합은 문명론을 바탕으로 한 제국주의의 확장과 연관이 있다. 특정 성격의 문명론적 국제법은 곧 제국주의 시기의 국제법의 독특한 특징이다. 중국에서 만국공법이 특정한 형식의 문명을 전제로 한다는 것을 인식한 것은 19세기 말 중국이 서구 제국주의에 의해 분할의 위기에 처해졌을 때였다. "서양 사람이 일찍이 말하길, 이른바 공법이란 동등한 국가들 사이에서만 행해진다고 하였다. 만약 문명국이 미개화의 야만이나 미개하고 몽매한 국가를 대할 때는 단지 강한 힘으로 할거하고 약탈할 뿐 공법이라 할 것은 전혀 없다. 즉 사람이 짐승을 대하듯 마음대로 채찍질하고 살육하며 하고자 하는 바를 행하니 어찌 그와 더불어 공법을 논하겠는가!"[67] 또 19세기 말 유럽에서 제기하던 평화회의도 "유럽 내에서의 평화이지 유럽 밖의 평화가 아니며, 회의에서 정하고자 하는 해전과 육지전을 제한하는 규정도 열강들 사이에서만 적용될 뿐 열강이 열강이외의 국가와 전쟁 시는 적용되지 않는다."[68] 의화단과 같은 배외방식은 야만적이므로 그들을 짓밟

---

[67] 「法人逞强」, 『淸議報』 33冊, 光緒25.11.21, 1~2면.

[68] 「平和者歐洲以內之平和也」, 『淸議報』 69冊, 光緒26.11.21, 7면. 1900년 이후 중국에서 문명과 야만(文野)은 모든 가치판단의 기준이 되었다. 즉 정치제도, 관습과 규범 등 문화, 교육 및 신문 등 사회 상황, 여성차별, 국민성, 심지어는 외세에 대한 저항방식(의화단과 같이 완력으로 저항하는 것은 야만적 외세배척이고, 심력으로 하는 외세 배척은 문명적인 것) 등 모든 방면에서 비판적 대상은 야만적인 것으로서 비판

고 "야만인처럼 대하는 것이 공법"이다.[69] 이와 같이 중국은 서구 열강의 요구와 같이 만국공법의 체제를 수용했음에도 중국이 오히려 공법 밖에 예외적인 상황에 처해있음을 깨닫고 나서야 만국공법과 특정한 문명의 관계를 인식하게 되었다. 그 후 중국은 한편으로는 만국공법의 기준을 적용하기 위해 사회 및 문화의 "문명화"와 더불어 국가 시스템과 법률 등을 개혁하였다. 하지만 이는 만국공법을 보편적 가치로서 인정했기 때문이 아니라, 오히려 그것이 지닌 제국주의의 팽창을 합리화하기 위한 수단이라는 점을 인식했기 때문이었다.

중국과 비교하여 일본은 처음부터 불평등조약의 이면에서 작동하는 문명 등급론을 파악하고 유럽 문명의 적극적인 수용과 만국공법이 요구하는 기준에 부응하기 위한 서구로의 동화전략을 구사하였다. 특히 일본의 지식인들은 일본이 만국공법의 보호 밖에 놓일 경우 언제든지 서구 열강의 무력에 의해 지배받을 수도 있다고 보았으며, 따라서 만국공법의 보호를 받기 위해서는 서구에서 요구하는 문명기준을 준수해야 한다고 보았다. 또 역으로 문명기준에 부합하기 위해서는 만국공법의 준수가 필수적이었다.[70] 후쿠자와 유키치의 사상에서 일본의 주

을 받았다. 현재 중국에서는 문명의 짝이었던 야만이라는 말은 잘 사용하지 않지만, 일정한 가치 규범에 미치지 못할 경우 여전히 문명적이지 못하다는 의미를 보편적으로 사용하고 있다.

69 의화단과 같이 완력으로 저항하는 것은 야만적인 외세 배척이고, 문명적 외세 배척은 심력으로 하는 것이다. 야만적 외세 배척의 결과는 힘이나 이치적으로 모두 불리하기 때문에 상대에게 굴복하고 억압을 받을 수밖에 없다. 반면 문명적 외세 배척은 비록 원수 같은 국가라도 외교의 규범에 따라 예의로서 대하면서 그 학문과 문명을 배워서 결국에는 내정의 자주성과 국가의 주권, 국민의 권리를 유지하게 된다고 보았다. 傷心人, 「排外平議」, 『淸議報』 68冊, 光緒26.11.11, 1면.

70 빅토리아 시기 영국에서는 만국공법이 곧 문명의 중요한 기준이었다. 위르겐 오스터함멜, 「지구사 접근방법의 "문명화 사명" 문제」, 조지형·김용우 편, 『지구사의 도

권회복, 탈아입구, 문명론(실제로는 문명등급론)이 핵심개념으로서 함께 체계를 형성하고 있는 것은 결코 우연이 아닌 것이다.[71] 국제법이 전제로 삼고 있는 이러한 문명론은 바로 포스트 천하질서가 만국이 평등하게 공존하는 공법의 시대가 아니라 세계질서와 지역질서의 중심이 바뀐 또 다른 제국질서였다는 점을 잘 말해주고 있다.

4. '천하' 이후 – 제국과 제국주의 사이

근대 이후 중국의 사상에서 가장 중요한 개념은 바로 부강富强이다. 부강이 단순히 외세의 압박에서 벗어나는 것을 의미한다면, 이는 약소국가가 추구하는 일반적인 목표이자 역사과정에서 결코 특이한 현상

전』, 서해문집, 2010, 267~268면.

71 메이지 시기 일본에서 불평등조약을 개정하고 국가의 대가정의 구성원으로 인정받기 위한 노력, 그리고 국제법과 문명론의 관계에 관한 서구의 국제법 학자와 일본 사상가들의 입장을 분석한 논문으로는 다음 참조. Susumu Yamauchi, "Civilization and International Law in Japan During the Meiji Era(1868~1912)", *Hitotsubashi Journal of Law and Politics*, 24(1996), pp. 1~25. 청일전쟁은 서구 국가와 국제법학자들에게 있어 청조와 일본이 문명국가의 대가정(familly of civilized nations)의 구성원이 될 수 있는가를 가늠하는 좋은 계기였다. 청일전쟁 직후 그 결과에 대해 영국의 옥스퍼드대학 법학자 홀랜드는 다음과 같이 평가하였다. "일본은 뤼순에서 통탄할 만한 야만적(savagery)인 분출이 있기는 했지만, 적을 대하는 점이나 중립국과의 관계 또는 서유럽의 가장 문명적인 국가라고 할 만한 태도에서 보면 모두 전시법에 부합하게 행동하였다. 한편 중국은 그들이 문명적인 전쟁방법을 수용했다는 어떠한 암시도 보여주지 못했다. (…중략…) 이것은 베이징에서 지난 30여 년 동안 국제법을 가르쳐왔던 것을 고려하면 매우 유감스러운 일이다." 홀랜드는 이어서 휘튼, 울시, 블룬칠리 등의 공법서가 번역되고 마틴이 동문관에서 공법을 가르쳐 왔지만, 중국인은 단지 국제법 가운데 공사(公使)의 의례나 외교활동과 같이 가장 기초적이고 불가피한 개념만을 받아들였을 뿐이라고 지적하였다. Thomas Erskine Holland, *Studies in International Law*, London : Oxford, 1898, pp.128~129.

이라고 보기 어렵다. 그럼에도 근대 이후 중국의 사상과 국가의 지향을 설명함에 있어 부강은 특별한 의미를 지닌다. 이는 19세기 후반 이래로 청조와 중화민국, 중화인민공화국으로 이어지는 1세기 반의 긴 역사과정에서 일관된 목표라는 점에서 세계적으로 드문 현상이기도 하지만, 그 부강에 대해 중국이 부여하는 특별한 의미 때문이기도 할 것이다.[72] 일반적으로 근대사상의 특징 또는 근대국가의 목표라고 한다면, 계몽, 근대화(혹은 현대화)라는 개념으로 포괄되는 다양한 근대적 가치와 제도들이 있지만, 그러한 제도 및 가치와 비교할 때 중국 근현대 사상에서 추구해 온 부강은 모든 개혁조치의 상위개념이자 목표라고 할 수 있다.

그러나 부강이라는 것이 국가의 목표가 되기에는 다소 모호하고 추상적이다. 왜냐하면 부강의 실현이라고 할 때 그 기준을 정확히 규정하기 어렵고 또 상대적이기 때문이다. 부강의 주요 이유와 목적은 대내적인 것이라기보다는 대외적인 성격이 더 강하다. 국민의 부유한 삶과 안보의 확보라는 것이 모든 국가의 기본적인 목표라면, 그러한 의미에서의 부강은 한 국가의 통치목적에서 특별한 의미를 지닌다고 볼 수 없다. 부강이 제기된 19세기의 중국의 상황 특히 외세에 의한 주권의 침탈과 경제적 압박을 고려하면, 부강은 우선 외국 열강의 주권침해에 대해 그들과 대등하게 맞설 수 있는 국가의 경쟁력, 즉 자주국으로서의 주권을 지킬 수 있는 상태를 의미한다고 볼 수 있을 것이다. 글

---

72 근대 이후 중국의 주요 사상가들을 관통하는 주선율로서의 부강(富强 —wealth and power)에 대한 설명은 Orville Schell and John Delury, *Wealth and power–China's long march to the twenty-first century*, New York : Randon house trade paperback, 2014.

로브-지구시대에 만국가운데 한 구성원으로서, 공법에서 부여한 완전한 주권을 행사하고 어느 강국에 의해서도 모욕이나 억압을 받지 않을 수 있는 능력과 힘을 갖추자는 것이다. 하지만 20세기의 중국에 있어서 부강은 완전한 주권회복의 차원에 그치는 것이라 보기 어렵다.

중국에서 부강에 대한 기준과 관념도 시기와 사상가에 따라서 차이가 있겠지만, 중국에서 부강은 단순한 경제적, 정치적 목표가 아니라 일종의 도덕적 목표이기도 했다. 부강을 국가의 생존조건으로 삼는다는 것은 각 국가가 병존하는 세계질서가 불평등하다는 것을 인정하는 것이다. 불평등한 세계에서 완전한 주권을 행사한다는 것은 세계에서 가장 강한 국가와 대등한 힘을 갖추어야 비로소 가능하다. 만국공법에 의해 주권 평등의 원칙이 지켜진다고 하더라도 이는 형식적인 평등에 그칠 뿐, 실제적으로는 불평등한 관계, 실질적인 주권침해가 있을 수 있기 때문이다. 중국이 형식적인 평등이라는 만국공법이 보장하는 주권을 유지하는 것을 부강의 제1의 목표로 했다면, 중국은 적어도 모든 대외적 불평등관계를 부정한 중화인민공화국의 성립과 더불어 이미 그 목적을 이루었다고 할 수 있다. 그러나 중국이 추구하는 부강은 형식적인 평등이 아니라 실질적인 평등, 혹은 그 이상을 것을 목표로 하는 것이었다.

중국에서 부강이 지니는 의미를 이해하기 위해서는 중국이 역사적으로 상상하는 세계 공간과 그 속에서의 자신의 위상을 어떻게 이해하고 있는가를 파악할 필요가 있다. 19세기 전반 서구와의 새로운 관계 수립과 연이은 조약 체결 이후 청제국은 글로브-지구의 중심은 말할 것도 없고 지역에서의 중심적인 지위도 약해지고, 기존의 조공국들이

〈그림 1〉 1899년 외국이 본 중화제국(미국에서 제작된 중국 상업지도). 만주지역과 몽골, 위구르, 티베트지역이 종속지역으로, 대한제국과 베트남은 독립된 지역으로 분리되어 있다. 네모상자 속의 도시는 조약항구, 굵은 점 지역은 외국의 지배지역, 내륙의 실선은 철로(외국 소유 포함), 해양의 점선은 해저케이블을 나타낸다.

서구 열강의 세력범위로 귀속되거나 식민지로 변화해 가자 새로운 형식으로 제국의 세력범위를 유지하기 위해 모색하였다. 오카토모 다카시岡本隆司에 의하면, 청조가 호시관계의 범주하에 통상을 중심으로 한 외부의 국가와 민족을 관리하기 위한 방법으로 채택했던 조약형식을 양이洋夷라는 서구국가에 그치지 않고 기존의 조공국에까지 확대한 것은 1871년 일본과 「청일수호조규淸日修好條規」를 체결하면서부터였다. 일본과의 조약체결은 조약이 더 이상 책봉－조공질서의 외부세계에 대한 특수한 대외관계에 국한되지 않고 조공질서의 내적인 동요와 균열을 의미했을 뿐만 아니라 종번관계와 조약관계의 본격적인 경쟁을 의미하였다.[73]

또 류큐가 일본에 귀속되고, 베트남이 프랑스의 피보호국이 되자 청조는 조공관계에 있던 국가들을 자신의 속국으로서 그들에 대한 보호자를 자처하고 군사적으로 개입하기도 하였다. 특히 조선이 일본과 강화도 조약을 체결하자 청조는 일본에 대한 견제방법으로서 조선이 서구 열강과 조약을 체결하도록 하였는데, 이로서 청조의 제국질서에서 번국藩國으로 간주되던 국가들이 만국공법체제하에 편입되게 되었다. 문제는 조선의 경우에서 보여주듯이, 청조는 내치와 외교 등에 있어 주권을 행사하는 자주국으로서의 조선의 지위를 인정하면서, 또 한편으로는 조선에 대해 여전히 속국으로 간주했다는 점이다. 조공질서에서 속국은 만국공법에서 분류하는 보호국이나 식민지와는 다르다. 조공질서는 기본적으로 대국과 소국, 강국과 약소국가 간의 예의적 측면에서의 위계질서를 의미했으며, 군사적으로 중국의 안보를 위한 변경

---

73 일본과의 조약이 종번체제에 미치는 영향을 의식한 듯, 이홍장은 1871년 1월 19일 정삭(正朔)을 받들고 신복(臣服)하는 조선이나 류큐, 월남과 달리 일본은 중국의 속국이 아니었다고 설명하고 있다. 李鴻章, 『李鴻章全集』 17, 海南出版社, 1997(影印本), 53면. 일본과의 조약체결을 둘러싼 중국내의 시각에 대해서는 葉偉敏, 「淺析 1871年李鴻章. 曾國藩對中日締約意見之異同」, 『史學集刊』 5, 2007.9, 15~20면.

의 울타리藩籬라는 의미를 지니고 있었지만 여전히 독립된 국가로서의 주권을 행사하고 있었다. 완전하고 단일한 주권이란 근대시기 동아시아에서는 낯선 개념이었고 여전히 그 의미에 대한 논란이 남아 있지만, 법률 제정을 포함한 내정과 대외관계에 있어 자주적인 결정권을 지닌다는 의미에서 본다면 중국 중화질서에서 조공국은 기본적으로 자주국가였다고 할 수 있다.

그러나 조공체제 내의 번속국들이 만국공법의 체계에 편입되자, 청조와 번속국간의 조공관계 혹은 종주국과 번속국이라는 종번宗藩관계의 성격이 문제화되었다. 증기택은 "서양 각 대국은 근래 오로지 중화의 소국을 침탈하는 것을 일삼는데, 그것이 참된 속국이 아님을 구실로 삼는다. 대개 중국은 속국에 대해 그 국내정치도 국경외의 교류도 묻지 않으니, 본래 서양 각국이 속국을 대하는 것과 전혀 다른 것이다"[74] 라고, 중국의 종번체제와 서구의 속국에 대한 인식의 차이가 서구의 중국 번속국에 대한 침탈의 근거임을 지적하였다. 이와 같이 논란의 원인은 중국의 종번관계와 공법상의 종번관계의 차이였다. 즉 중국의 전통적인 종번관계와 공법상의 종주국과 봉신封臣, Vassal State · 진공進貢, Tributary State 국가의 관계로, 중국의 조공─책봉에서 종주국과 번속국의 주권관계가 대체로 자주권을 지닌 신속臣屬을 의미했던 반면, 서구의 종주─번속·진공 관계는 그 주권관계가 매우 다양하여 보호를 받지만 주권을 보유하는 경우, 조공을 행하지만 자주권을 지니거나 혹은 일정한 주권의 제약을 받는 반자주국 또는 속국까지 포괄하고 있었다. 공법에

---

74 曾紀澤, 『曾紀澤遺集』, 岳麓書舍, 1983, 208면.

서 종주권 및 자주 및 속국의 문제는 유럽 내의 국가보다는 주로 유럽과 인접한 오스만 투르크제국의 영향하에 있던 이집트와 바르바리 제국諸國, 몰다비아Moldavia, 왈라키아Wallachia 등 진공·번속국의 국제법상 지위와 관련하여 논의되었다. 즉 오스만 투르크제국은 비기독교 국가 가운데서도 일찍이 국제법의 규범을 일반화하기 위한 실증적 사례로 국제법 학자들의 주목을 받았다. 새로운 국제관계가 비유럽지역으로 확산되어 가던 18~19세기, 러시아를 포함한 유럽 국가와 오스만 투르크제국 사이의 외교관계는 이후 유럽이 중국의 종번체계를 이해하고 대응하는데 모델이 되었다. 앞서 중국이 서구와 체결한 불평등조약의 사례로 지목된 치외법권Capitulation은 바로 영국 및 프랑스 등 유럽국가가 일찍이 오스만 투르크제국과의 협정을 통해 얻은 권리였다.

해체 위기에 놓인 종번체제를 유지하기 위해 만국공법을 적극 활용하고자 했던 청조에게 유사한 제국의 지역질서를 구축하고 있던 오스만 투르크제국의 사례는 좋은 참고가 되었다. 19세기 말, 청조와 터키의 비유는 청조에 앞서 서구의 언론과 지식인들 사이에서 널리 회자되고 있었다.[75] 두 제국은 서구의 입장에 보면 비기독교의 가장 강력한 국가이자 서구문명과 다른 국제질서를 유지하고 있었고, 청조 역시 서구에 자신을 이해시키는데 터키는 적절한 선례였다. 터키는 19세기 중반 이전에 러시아 및 영국과 체결한 조약에서 이집트와 몰다비아, 왈라키아 공국에 대한 종주권을 명시하였을 뿐만 아니라 1878년 유럽

---

75 특히 다양한 번속국가의 중심으로서의 제국체제라는 점과 유럽 열강과의 경쟁에서 점차 쇠락하여 제국의 해체의 위기에 처해 있다는 점에서 터키와 청조는 서로 비교되었으며, 청일전쟁 이후에는 세계의 대표적인 두 병부(病夫)로 간주되기도 하였다.

열강들의 보증하에 러시아와 체결한 베를린조약에서는 불가리아를 조공을 바치는 자치공국으로 인정하면서도 터키의 종주권 또한 명시하였다.[76] 1878년 12월 7일 주일청국공사인 하여장何如章이 총리아문에 제출한 보고서에서는 베를린조약 중 관련 조항을 "불가리아는 자주의 국가이자 예속된 후작侯爵에 속하는 것으로 간주하며, 터키의 황제가 전면적으로 관할한다"고 하였는데, 여기서 조약문 중 "자치autoNomous"에 대한 일본의 번역어 "자정自政"을 "자주"라고 번역하였다.[77] 이미 『만국공법』에서 반자주국으로서 오스만 투르크의 속국으로 간주된 몰다비아와 왈라키아조차도 타국에 사신使臣을 주재시킬 수 있다고 한 것에 비추어 보면,[78] 터키의 속국이지만 자주국으로 규정된 불가리아가 타국과의 관계에서 자주적인 외교권을 행사하는 것은 전혀 문제될 것이 없었다고 할 수 있다. 즉 종주권과 주권은 서로 다른 층위의 개념으로서 병립 가능한 것으로 해석된 것이다.

이와 같이 만국공법의 예와 터키의 사례에서 보여주는 종주국과 봉신 및 진공국의 관계는 청조가 조공체계내의 국가들에 대한 자신의 권리를 주장할 수 있는 근거가 되었을 뿐만 아니라 서구의 종주권 개념을 이중적으로 활용할 수 있게 되었다. 첫 번째는 청일전쟁 이전 조선에 대해 보여준 바와 같이 번속국가의 자주권을 인정하면서 종주권을 주장하였다. 이는 종주권과 주권을 동일시하지 않지만 번속국을 세력범위로 삼고 그에 대한 정치적 우선 권리를 주장하는 것이라고 할 수

---

76 유바다, 앞의 글, 93면, 123~127면.
77 이 번역문은 일본의 『近事評論』148(1878.8.18, 8~9면)에 게재된 것을 바탕으로 한 것이다. 유바다, 앞의 글, 129면. 본문 및 각주9.
78 『萬國公法』3, 1면.

있다. 물론 이러한 주권에 대한 허용은 단순히 기존 조공관계의 기본
틀을 유지하기 위한 것이라기보다는 조선 등 대상국가들의 반발과 저
항을 염두에 둔 것이었다. 두 번째는 종주권의 대상을 속국으로 간주
하고, 속국에 대해 취할 수 있는 또 다른 사례에서와 같이 번속국의 내
정과 외교 등 주권문제에 개입하려고 하였다.[79] 이는 번속국을 정치적
으로 예속된 보호국으로 삼는 것이었다. 이와 같이 청조는 기존의 조
공질서와 만국공법상의 종주국－속국관계의 상호 대응관계를 이용하
여 조공질서를 근대적으로 전환시키고자 하였다. 뿐만 아니라 서구의
제국주의적 팽창이 가속화되는 가운데 1883년 중불전쟁과 1884년 조
선의 갑신정변과 같이 청조의 가장 주요한 번속국가들에서 종번체제
로부터의 이탈이 현실화되자, 청조는 조공국에 대한 자주권을 허용하
는 종주권의 유지에 머물지 않고 조공국의 내정과 외교에 간섭함으로
서 반자주국으로 삼으려 시도하였다. 즉 19세기 말 청조의 조선에 대
한 정책은 바로 제국주의 시대에 기존의 조공질서를 새로운 제국주의
통치방식으로 점차 전환하려는 모습을 보여준다.[80]

특히 1880년대 초 도찰원都察院 좌부도어사左副都御史이자 중국의 해

79　당시 이홍장(李鴻章)과 원세개(袁世凱) 등을 중심으로 한 청조의 조선에 대한 속국화
　　의 시도와 만국공법의 시각에서의 중국의 속방론을 비판한 것에 관해서는 1886년
　　1890년까지 고종의 외교고문으로 활동한 Owen N. Denny, *China and Korea*, Shang-
　　hai : Kelly and Walsh, Ltd. Printers, 1888(O. N. 데니, 신복룡·최수근 역, 『청한론
　　(淸韓論) 外』, 집문당, 1999, 15~53면. 이 책의 일본어본과 일본의 평가에 대해서는
　　德尼(デニー)著, 『淸韓論』, 天野高野助出版, 明23.11, 역자 서문.
80　조병한은 1880년대 청은 기존의 종번관계를 실질적 기득권으로 확보해 근대의 제국
　　주의적 조약체제하에서 조공국에 대해 속국화 정책으로 전환하려 하였다고 지적하
　　였다. 曺秉漢, 「淸末 海防체제와 中越 朝貢관계의 변화」, 『역사학보』 Vol.205, 2010,
　　315면. 프랑스의 월남에 대한 보호국화에 맞서 청의 실질적 속국화 시도에 대해서는
　　邵循正, 『中法越南關係始末』, 河北敎育出版社, 2002, 47~73면.

안 방어를 맡았던 주요 인물인 장패륜張佩綸은 국제정세 속에서 베트남과 일본, 조선이 중국에 대해 지니는 위치와 역할을 강조하고, 이들 지역에 대해 서구 열강 혹은 일본의 영향이 강화되자 새로운 번속국 전략을 제시하였다. 그 요지는 베트남에 대한 번봉藩封을 철회하고 속지를 회수하여 직접 내속시키고, 류큐를 점령한 일본을 정복하며, 조선에 대해서는 직접 관료와 교관 등을 파견하여 외교통상과 병권을 장악하고 군대를 주둔시키자는 것이었다.[81] 이러한 주장은 당시 군함 등 군사적인 준비상황의 미비 등을 이유로 이홍장에 의해 채택되지 않았지만, 그러한 정책의 방향까지 부정된 것은 아니었다. 뒤늦게 베트남이 프랑스와 갑술조약을 체결한 사실을 알게 된 청조는, 그 내용 중 "안남은 완전한 독립국가"라는 조항에 대해 베트남과 프랑스에 대해 각각 항의하는 한편, 종주권을 주장하며 군사적으로 중무장한 군함을 베트남의 박끼의 여러 강에 배치하고 무력시위를 벌였다. 뿐만 아니라 1882년 프랑스군에 의해 하노이 성이 함락되자, 청조는 프랑스와 협상하여 베트남에 대한 공동 지배를 제안하는 한편, 베트남과 프랑스군이 약해질 때를 기다렸다가 베트남 박끼지역을 점령할 계획을 수립하기도 하였다.[82]

81　張佩綸, 「統籌法越全國摺」(光緒八年六月二十日), 『澗于集』八("奏議二"), 文海出版社, 1967, 33면; 「條陳朝鮮善後六事摺」(光緒八年九月十六日), 앞의 책, 63~65면; 「總署收上諭」(光緒八年八月十七日), 『淸季中日韓關係史料』, 中央硏究院近代史硏究所, 1972, 156면.

82　Trinh Nhu, *Mấy vấn đề lịch sử Việt Nam-tái hiện và suy ngẫm*, Hà Nội-Nhà xuất bản Chính trị quốc gia, 2007, pp.100~140(본서에서는 신승복·최재영의 「제국주의 침략에 따른 베트남 중국관계와 조선 중국관계의 변화, 그리고 두 관계의 상호작용」(『영토해양연구』 9, 2015, 135~142면)을 주로 참고 하였음). 이와 관련한 또 다른 연구로는 다음 글 참고. 崔熙在, 「越南, 朝鮮과 1860~80년대 淸朝 朝貢國政策의 再

또한 청조는 일본이나 조선과 조규와 무역장정을 체결하면서 중국
이 서구에 대해 부당하다고 개정을 요구하던 치외법권이나 군함의 내
해 운행 및 정박 등 조항을 상대국에 요구하였다. 이러한 요구는 구체
적인 이익의 확보는 물론 강국이 약소국과 조약을 맺음에 있어 강국
지위가 상대적 우위에 있음을 나타내는 표식으로 인식한데 말미암은
것이었다.[83] 청조의 동아시아 국가에 대한 상국으로서의 자의식은 일
본 및 조선과 맺은 협약의 명칭에도 반영되어 있다. 즉 청조는 서구 열
강과 체결한 "조약"이라는 용어 대신에 "조규條規"와 "장정章程"이라는
개념을 사용함으로써 주권이 대등한 국가 간의 상호 약속인 조약과 구
분하고 상국上國으로서의 중국의 위상을 유지하고자 하였다.[84]

동아시아를 둘러싼 청조의 이러한 외교전략과 대외정책은 기본적으
로 가장 주요하게는 청조의 핵심적인 영토에 대한 방어에서 넓게는 조
공–책봉체계가 포괄하던 지역세계에서의 종주권을 유지하기 위한 것

調整」, 『역사학보』206, 2010, 179~209면.

83 曹世鉉, 「1880년대 北洋水師와 韓淸關係」, 『동양사학연구』Vol.124, 2013, 211~254면.
84 1871년 일본과 체결한 「中日修好條規」(「日淸修好條規」), 1882년 조선과 체결한 「中
朝商民水陸貿易章程」에서 보듯이 중국은 서구와 체결한 조약과 달리 일본과 조선에
대해서는 "조규" 또는 "장정"이라는 형식을 취하고 있다. 이러한 차이에 대해 중국에서
는 "타국이 맺는 것이 조약이며, 이는 반드시 양국의 비준을 거친 후에 행해지는 것이
다. 지금 정하려는 것은 장정으로 조정이 특별히 허락하는 것이다. 조약은 피차가 대등
하게 맺는 약장(約章)이지만, 장정은 상하가 정하는 조규(條規)인 것이다. 그 명칭이
다르기에 그 실질 역시 같지 않다"고 이유를 밝히고 있다. 『淸季中日韓關係史料』3, 中
央研究院近代史研究所, 1972, 984면. 이에 대해 김민규는 장정은 물론이고 조규 역시
조약과 같은 것이 아니라 오히려 장정에 가까운 개념이며, 청조가 일본과 조선에 대해
조약의 명칭을 사용하지 않은 것은 일본과 조선이 청과 대등하지 않음을 나타내기 위
한 것으로, 화이질서에 의한 구체제의 틀을 고수하려 했던 것이라고 하였다. 또 조규제
체는 조공체제를 조약체제로 흡수하는 것이 아니라 오히려 조공체제에 조약체제를 가
미한 변형된 조공체제에 가깝다고 보고 있다. 金旼圭, 「近代 東아시아 國際秩序의 變
容과 淸日修好條規(1871)」, 『大東文化研究』41, 2002, 330, 345면.

이라고 볼 수 있다. 특히 이미 영토와 세력의 대외적인 팽창을 추구하는 제국주의적 모습을 취하고 있었던 영국, 프랑스, 러시아 등과 경쟁하면서, 청조가 직면한 것은 보통의 주권국가가 아니라 제국간의 세력 갈등이었다. 청조의 시각에서 만국공법체제는 만국의 평등한 국제질서라기보다 오히려 몇몇 대국에 의해 전세계가 할거되는 제국의 경쟁 질서였다. 즉 청조의 류큐, 베트남, 타이완, 조선을 둘러싼 서유럽 국가와 러시아, 일본과의 갈등은 한 국가의 주권에 대한 침해를 넘어서 세계 중심부의 주변에 위치한 다양한 층위의 주권국 혹은 식민지에 대한 지배 또는 종주권 유지를 위한 쟁탈전의 일부였으며, 이러한 국제질서에서의 청조의 인식과 행동을 결정한 것은 제국으로서의 자아정위였다고 할 수 있다. 동아시아 국가에 대한 청조의 이러한 정책이 조공체제의 근대적 변환인가 아니면 근대적 조약체계의 조공체제로의 흡수인가는 보는 시각에 따라 다를 수 있겠지만, 동아시아에서의 중국의 상국 혹은 종주권에 대한 주장이 궁극적으로 제국주의 국가를 향한 자기 권리의 선언이라는 의미를 지니고 있다는 점에서 조공체제의 근대적 변화에 가깝다고 할 수 있다. 물론 이러한 청조의 시도는 일본의 류큐 병합에 이어 중불전쟁과 청일전쟁을 통해 베트남과 조선에 대한 종주권마저 상실하면서 보다 구체적인 실천형식으로 표출되지는 못하였다.

이와 같이 청조는 텐진조약 및 베이징조약을 통해 유럽적인 외교관행을 수용하고 이에 대한 대처방안으로서 만국공법을 외교 사안에 적용하였지만, 또 한편으로는 그것을 통해 서구 열강과 체결한 조약이 제국의 통치권을 주변으로부터 잠식할 수 있을 뿐만 아니라 조약 중 일부가 공법이나 서구의 관행에 비추어 볼 때 근거가 부족하다는 것을 인식

하게 되었다. 그 후 청조는 조약개정을 통한 주권회복을 끊임없이 시도
해왔다. 그러나 이러한 청조의 주장이 천조에서 주권국가로, 조공질서
에서 만국공법의 질서로 전환된 이후 만국공법에 의거한 주권의 원칙
을 대외적인 정책의 기본적인 방향으로 삼았다는 것을 말하는 것은 아
니었다. 그와는 달리 청조는 일본이나 조선 등 국가들과 조약을 체결함
에 있어서 자신이 서구 열강과 체결한 "불평등"한 방식, 즉 영사재판권,
협정관세율, 최혜국대우 등을 그대로 적용하였다. 청조는 청일전쟁과
의화단의 난 이후 "과분淸史稿"이라는 서구 제국주의에 의한 분할로 인
해 제국질서의 중심부마저 해체될 수 있는 상황에서도 제국으로서의
지위를 포기하려 하지 않았다.[85] 이는 청말 시기에 비록 전통적인 지역
질서인 조공체제와 중국 중심의 천하체계가 해체되기는 했지만, 여전
히 세계와 지역질서에서 자신의 위치를 규정함에 있어 제국의 의식에
서 완전히 벗어나지 못했음을 의미하는 것으로 볼 수 있다. 뿐만 아니
라 중국의 제국적인 정위는 민국시기 이후에도 세계에서의 중국인의
자기위상에 관한 인식을 통해서 변함없이 존속되고 있음을 보여준다.

　1912년 중화민국시기 이후, 한족의 통치 집단과 지식인들 사이에서
는 동아시아 지역 중 명·청시기의 조공 혹은 종번관계를 맺었던 국가
를 중국의 속지로 간주하고, 종번체제의 해체를 영토의 상실로 간주하
기도 하였다.[86] 중화민국시기의 청조의 번부에 대한 인식을 대표적으

85　앞서 언급한 바와 같이 청조는 서구 열강에게 불평등조약의 개정을 요구하면서 조선에
　　서의 청조의 특권을 포기하려 하지 않았다. 청말에서 민국초기 시기 중국의 외교방식의
　　특징에서 대해서는 川島 眞, 『中国近代外交の形成』, 名古屋大学出版会, 2004, 2~3부.
86　이에 대해서는 柳鏞泰, 「四夷藩屬을 中華領土로-民國時期 中國의 領土想像과 동아
　　시아 인식」, 『東洋史學硏究』 Vol.130, 2015, 199~232면. 민국시기 교과서와 사지
　　학(史地學)을 분석한 유용태에 의하면 중화민국시기에도 동아시아의 조공국들을 자

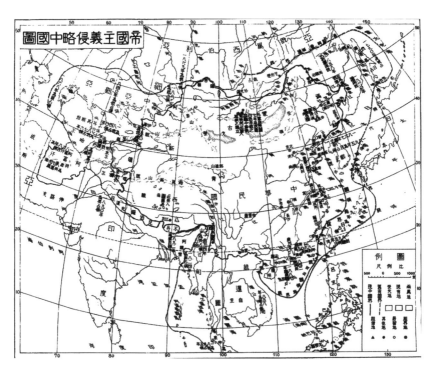

〈그림 2〉 蔡元培·吳敬恒·王雲五編,『帝國主義侵略中國史』(新時代史地叢書), 商務印書館, 中華民國17 (1928년). 지도에 의하면 안쪽 굵은 선과 외곽 점선의 사이가 제국주의에 의해 중국이 상실한 영토이다. 한반도는 물론 동남아시아 대부분이 상실한 영토에 포함되어 있다.

로 보여주는 것은 1916년에 착수하여 1920년대 후반에 출판한『청사고』이다.『청사고』에서는『명사明史』에서 "외국"으로 분류했던 조선, 베트남, 류큐 등 지역을 "속국"으로 분류하였는데,[87] 이는 청조의 역사

신의 번속으로 간주하고 이를 모두 청대 중국의 영토, 나아가 최근에 상실된 중화영토로 간주하였다. 그는 번국들을 모두 중화의 상실된 영토로 간주한 이런 사고는 1917~1924년 쑨원에 의해 제기되었으며, 그 후 1928년~1949년 사이 교과서와 지명사전, 신문이라는 근대적 형식의 매체를 통해 일반인에게 널리 확산되었을 뿐만 아니라 구제강(顧頡剛), 거수이청(葛綏成) 등 사지학자들은 이를 역사적으로 정당화하기 위해 근거도 없이 관념상의 천하관을 근대적 영토관으로 둔갑시켰다고 비판하였다. 유용태,「중화민족론과 동북지정학, '동북공정'의 논리 근거」,『환호속의 경종』, 휴머니스트, 2006, 209~211면.

를 19세기 이후 국제관계에서 식민지를 지칭하던 개념으로 재해석한 것일 뿐만 아니라 그 국가들이 역사적으로 중국의 일부임을 강조하기 위한 것이었다.

> 강희, 건륭이래 힘써 정복하고 경영했던 것을 타국이 잠식하는데도 방치하고 있다가 서쪽으로는 코칸드(浩罕, khokand), 바다흐샨(巴達克山, Badakhshān) 등 부족을 러시아에 빼앗기고, 남쪽으로는 월남, 버마를 영국과 프랑스에 상실하였으며, 동쪽으로는 류큐와 조선을 일본에 빼앗겼다. 그리하여 변경의 경계에서 상실한 영토가 거의 만리에 달한다. 어떻게 이(夷)를 막고 국경을 지킬 것인가? 이것이 바로 마음 아프고 통한스러운 일이다. 이에 각국의 국교(邦交)의 시말을 기록하여 후대의 거울로 삼고자 한다.[88]

이러한 현대 중국의 자기 이해는 청조에서 현대중국으로의 변화를 천하체계에서 민족-국민국가로의 전환으로 보는 인식에 대해 일정한 문제를 제기한다. 하지만 또 현대 중국의 자기 이해방식을 중화주의나 천하의식의 유산으로 보는 것은 문제의 본질을 지나치게 단순화하는 것이다. 민족주의가 곧 민족국가 수립을 목적으로 하는 것은 아니다. 19세기 이래 국제질서는 민족주의가 민족국가를 해체하거나 통합하여

---

87 『청사고』의 구성과 조선에 대한 서술방식에 대해서는 鄭惠仲, 「청사고(淸史稿)」, 「속국전(屬國傳)」 조선(朝鮮) 관계(關係) 기사(記事) 분석(分析)」, 『東洋史學硏究』 Vol.130, 2015, 199~232면.

88 "康·乾以來所力征而經營者, 任人蠶食, 置之不顧, 西則浩罕·巴達克山諸部失之於俄, 南則越南·緬甸失之英·法, 東則琉球·朝鮮失之日本, 而朔邊分界, 喪地幾近萬裏, 守夷守境之謂何, 此則尤令人痛心而疾首者也. 爰志各國邦交始末, 以備後人之考鏡焉." 邦交一, 『淸史稿』 526, 列傳313~316. 一百五十三志一百二十八.

제국을 지향하는 것이 오히려 더 보편적인 현상임을 보여준다. 다시 말하면 근대 제국이 이전의 제국과 다른 점은 바로 전자의 정치적 기반이 바로 민족주의라는 점이다. 민족주의는 또 다른 민족주의를 낳는다. 따라서 민족주의는 근대 제국이 형성되는 기반이자 또 해체의 동력이기도 하였다. 민족주의에 기반을 둔 중화의식은 다소 형용모순처럼 들리지만, 이는 근대 중국의 자아인식에 내재한 일종의 아포리아이다.

다시 앞서 질문으로 돌아가서, 중국에서 말하는 부강의 1차적인 목적이 이른바 19세기 이래 서구 열강 및 일본 등과 체결한 불평등조약 하에서 상실한 주권의 회복이라면, 그때의 주권이 의미하는 것 무엇일까? 단순히 만국가운데 하나의 보통국가로서의 주권일까 아니면 청제국 시기의 세력권의 회복을 의미하는 것으로 이해하는 것도 가능할까? 그러나 여기서 문제는 현대 중국의 자기인식의 기저에 제국으로서의 기억이 중화주의 혹은 제국주의적인가 아닌가의 여부가 아니다. 이는 변화하는 국제질서에서의 세력관계를 통해 판단해야 할 문제이지만, 또 한편으로는 19~20세기 청조가 현대중국으로 변화하는 과정에서 중국의 세계와 자아에 대한 인식을 구성하는 논리와 지식, 혹은 이념의 성격도 중요한 참조가 될 수 있다. 이를 위해 제국과 국민국가, 제국주의와 민족주의, 식민성과 근대성을 이분법이 아니라 상호 얽힌 관계 속에서 현대 중국을 형성하는 이념적 토대와 성격을 이해하는 것이 필요하다. 특히 중국이 전통적인 중화체제를 근대적으로 전환함에 있어 참고할 모델로 제시된 것은 민족주의를 전위로 한 제국주의였다는 점을 주목할 필요가 있다.

중국을 포함하여 19세기 후반 세계의 변화, 이른바 근대적 변화를 설명함에 있어 무엇보다도 간과해서는 안 되는 것은 바로 제국주의 맥락이다. 그러나 실제 19세기의 후반에서 20세기 전반의 역사를 서술함에 있어서 제국주의의 맥락은 종종 간과되어 왔다. 지금도 근대화는 주로 산업화와 국민국가 혹은 민족국가를 주요 목표로 한 변화과정이며, 제국주의는 단순히 주권에 대한 침략주의나 정상적인 근대화 과정에서 일탈된 양상으로 보는 시각이 적지 않다. 그러나 민족주의가 유럽에서 확산되어 가면서 곧 이어 도래한 것은 신제국주의 시대였다. 일찍이 왕도가 1870~1871년 보불전쟁으로 인한 유럽 및 세계의 대격변의 가능성을 언급한 바와 같이,[89] 프랑스-프로이센 전쟁을 계기로 독일제국이 출현하고 이어 유럽 열강의 세계 분할을 위한 본격적인 식민지 경쟁이 시작되었다. 아프리카의 분할에 이어 청제국의 주변지역, 즉 중앙아시아, 동남아시아 지역의 국가들이 열강에 의한 식민지로 전락하면서 세계의 대부분은 소수의 제국에 의해 분점 되었다. 이러한 시대적 변화를 이끈 것은 단순히 경제적인 요인이나 일부 정치가의 정치적인 야심에 따른 것만도 아니었다. 자본주의의 전지구적 확산, 과학과 기술의 급속한 발전, 생물학, 지리학, 위생학 등 학문을 토대로 한 인종론 및 문명론의 대두, 그리고 식민의 확장과 제국의 팽창을 합리화하는 사회학과 역사의식 등은 뫼비우스의 띠와 같이 상호 원인과 결과로서 신제국주의의 출현을 추동하였다. 19세기 중반 이후 동아시아 제 국가들이 대면했던 것은 바로 이러한 신제국주의를 본격

---

89 왕도는 보불전쟁에서 보여준 살상무기의 발전과 국민개병제에 따른 위험, 프랑스의 패배와 프로이센의 부상에 따른 유럽의 대세의 변화에 주목하고, 그것이 장차 세계의 대변화를 야기할 수도 있음을 환기시키기도 하였다. 天南遯窟(王韜), 「普法戰記後序」, 『普法戰記』, 陸軍文庫出版, 明11, 6~10면.

적으로 추구하던 서구 및 그 문명이었다. 이 시기의 국가론, 문명론, 권리사상, 사회론과 역사론, 경제사상 등 여러 사상과 이론들, 특히 동아시아 지식인들이 관심을 갖고 주목했던 서구의 사상과 이론들은 대부분 당시 제국주의 조류의 직간접적인 영향을 받았다. 따라서 이러한 제국주의의 맥락을 간과한 채 각 사상의 내재적 논리에만 주목하는 것은 그러한 사상과 이론에 의미가 부여되고 실천적 지향성이 결정되는 방식과 논리를 이해할 수 없다. 이러한 의미에서 근대적 제국 혹은 제국주의는 중국은 물론 동아시아의 근대를 이해함에 있어서 하나의 방법적이고 분석적인 개념이라고 할 수 있다.

근대적 제국으로서의 제국주의는 중국의 현대적 전환을 이해함에 있어 방법적 측면에서 다음과 같은 몇 가지 의미를 지닌다. 첫째, 19세기의 후반에서 20세기 초 중국의 변화과정을 제국과 국민/민족국가의 이항대립적 관계가 아니라 전통적인 제국과 민족국가, 근대적 제국(신제국주의)의 연관 속에서 접근하는 시각을 제공해 준다. 둘째, 제국주의는 세계 각지를 시로 밀집하게 연계시킴으로써 글로브-지구의 문명을 하나로 통합시키고자 하였으며, 시대의 변화를 주도하는 이념이자 세계질서를 형성하는 실질적 힘이었다는 점에서 현대중국의 전환과정의 주요 변수인 세계의 성격을 이해하는데 유익하다. 셋째, 제국주의는 군사적인 정복을 바탕으로 삼고 있지만 당시 근대적 물질문명과 다양한 "과학적" 이론으로 합리화했는데, 19세기 후반에서 20세기 초 동아시아 지식인들이 소개한 서구의 근대사상과 이론들 중 상당부분은 바로 제국주의에 의해 동원되는 논리 속에서 수용되었다.

하지만 역사적으로 제국주의시기(1870년대~제1차 세계대전)라고 불리는 근 반세기의 기간 중 처음 상당기간은 제국주의의 추진자들조차 그 이념과 정책을 제국주의라고 명명하기를 꺼려했다. 제국주의론이 정치적, 사상적 담론으로 본격적으로 제기된 것은 바로 19세기 말이며, 이 시기의 개념은 20세기 전반 자본주의에 대한 비판적 개념으로서 주로 마르크스주의 시각에서 사용된 제국주의와는 적지 않은 차이점이 있다. 제국주의는 어의적으로 통치자의 명령권을 의미하는 라틴어 임페리움imperium으로 시작하여 주로 로마제국과 같이 타민족에 대한 지배를 지시하는 의미로 사용되었으며, 19세기 말 이전에는 한때 유럽 대륙을 정복하고 지배했던 나폴레옹의 팽창정책 혹은 군주 절대주의를 비유하는 나폴레옹주의나 카이사르주의Caesarism와 같은 비판적 의미로 사용되었다. 이러한 부정적 함의는 1876년 영국 빅토리아 여왕에게 인도를 통치하는 제국의 황제라는 의미인 "인도여제"라는 칭호가 새로 부여되었을 때까지도 지속되어, 반대파가 칭호 수여를 주도한 벤저민 디즈레일리를 비판하기 위해 사용되던 용어였다. 또 1890년대부터 본격적인 식민지 경쟁과 해외팽창을 추구한 독일에서도 20세기 초까지 주로 제국주의를 영국연방의 팽창에 대한 비판적 의미로 사용하고, 정작 독일의 대외적 팽창정책에 대해서는 "세계정치"라는 개념을 사용하였다.[90]

하지만 1880년대부터 영국연방의 결속과 팽창을 지지하는 로버트 실리John Robert Seeley, 세실 로즈Cecil John Rhodes와 일부 정치가들은 제국empire의 팽창 등 용어를 앵글로색슨 민족의 우월의식 혹은 애국심과

---

90 독일의 제국주의 개념에 대해서는 외르그 피쉬·디터 그로·루돌프 발터, 황승환 역, 『코젤렉의 개념사 사전 3-제국주의』, 푸른역사, 2010, 59~94면.

연계시키고 새로운 정치적 세력으로 부상한 대중들을 동원하기 위한 방법으로서 적극적으로 옹호했다.[91] 이와 동시에 영국의 적극적인 팽창정책에 의한 지구상의 광범위한 영토 확장은 새로운 통치관리 체계의 문제를 제기했고, 다양한 민족과 인종, 지역을 하나의 통치 중심으로 통합하는 제국을 지지하는 사람들에게 있어서 제국주의는 "앵글로색슨족의 연합을 위한 민족적인 욕망"으로 자리 잡게 되었다.[92] 영국의 이러한 제국 정책은 곧 독일, 프랑스, 러시아는 물론 미국과 일본의 제국 정책의 모범이 되었다.[93] 특히 청일전쟁과 의화단의 난으로 동아시아의 질서가 급변하던 시기에 독일의 중국 자오저우만膠州灣 점령, 미국-스페인전쟁, 영국의 보어전쟁 등과 같이 제국들의 군사적 팽창이 격화되자, 그러한 팽창정책을 지지하는 사람들은 제국주의라는 개념을 현실적이고 긍정적인 의미로서 적극적으로 제기하기 시작했다. 물론 그에 상응하여 제국주의에 대해 비판적인 주장과 논의도 더욱 본격적으로 제기되기도 했지만, 세계가 이미 제국주의라는 새로운 역사시기로 진입했다는 인식에는 차이가 없었다. 특히 19세기 말에 이르러서 제국주의는 단순히 정치가들의 주장이 아니라 민족주의를 바탕으로 일반 대중들의 심정에까지 뿌리내리고, 서구 사회에 등장한 새로운

---

[91] John Robert Seeley, *The Expansion of England*, London; Macmillan and Co, 1883; Cecil Rhodes, *A biography and Appreciation, with personal Reminiscences*, by Dr. Jameson, London : Chapman And Hall Ld, 1897.

[92] R. Koebner and H. D. Schmidt, *Imperialism–the story and significance of a political word, 1840~1960*, Cambridge University Press, 1964, pp.193~195.

[93] 디터 그로(Dieter Groh)는 "19세기에는 영국의 산업주의가 유럽 산업화의 전범이 되었듯이, 20세기에는 영국 연방의 제국주의가 세계무역, 세계 시장 및 세계정치를 둘러싼 경쟁에 발을 들여놓기 원하는 야심찬 국가들의 전범이 되었다"고 지적하였다. 외르그 피쉬·디터 그로·루돌프 발터, 황승환 역, 앞의 책, 50면.

강력한 변화를 설명하는 핵심적인 개념으로 등장하게 된다.[94]

　이러한 제국주의 시대에서 중국이 자아의식의 매개로서 타자로 삼은 것이 단순히 국민국가에 그치고 있다는 것은 너무 단순한 사고가 아니겠는가? 제국의 지위를 자의식으로 삼아 온 중국이 자신이 극복하고 닮고자 했던 모습은 오히려 제국주의가 아니었을까? 그러나 문제는 중국이 제국주의를 추구했는가 여부보다 중국의 근대적인 변화를 추동한 이념과 제국주의의 관계이다. 19세기 말 제국주의론, 특히 일본, 중국을 비롯한 동아시아에 영향을 준 제국주의론은 20세기 20년대 전후시기부터 본격적으로 제기된 제국주의론과 적잖은 차이가 있다. 일반적으로 제국주의 이론은 그 원인을 설명하는 방식에 따라 크게 두 가지 유형으로 구분할 수 있다. 첫째는 제국주의 원인을 경제적인 이유에서 찾는 것으로, 홉슨J. A Hobson과 힐퍼딩R. Hilferding, 레닌V. Lenin, 부하린N. I. Bukharin, 로자 룩셈부르크R. Luxsemburg, 카우츠키K. Kautsky등 마르크스주의자들이 대표적이다. 이들은 제국주의의 원인과 그 형태를 단순화하지는 않지만 기본적으로 금융의 과잉자본을 중요한 원인으로 간주하고, 제국주의를 자본주의 경제의 성격과 연계시키고 있다. 두 번째는 제국주의의 출현이 사회적 및 정치적 요인과 관계있다는 보는 시각이다. 필드하우스D. K. Fieldhouse, 아렌트H. Arendt, 갤로허J. Gallagher, 로빈슨R. Robinson 등은 제국주의를 국제적 경쟁관계에서 국가의 안전과 국력강화를 위해 정책 결정자들이 취한 전략적, 정책적 행동의 산물로 보거나, 민족주의의 대중적 확산에 따른 결과라고 본다. 또 제국주의의 원

94　J. A. Hobson, *Imperialism—a study*, London : George Allen & Unwin ltd., 1938, p.28.

인이 제국주의 국가의 정치적, 사회적 문제가 아니라 피식민지역의 통치상의 무능과 혼란에 있다고 보기도 한다.[95] 이러한 제국주의론과 비교하면, 1900년 전후 동아시아에서 수용된 제국주의론은 그 원인을 경제적, 정치적, 사회적, 사상적인 다양한 요인의 복합적인 작용으로 보고 있다. 산업의 발전, 인구의 증가, 민족주의, 사회진화론, 세력균형론 등 여러 요인이 국제질서를 구축하는 지배적인 이념을 형성하면서 제국주의를 시대적인 조류로 추동하고 있다는 것이다.

---

95 20세기 제국주의론에 대한 전반적인 설명은 서정훈, 『제국주의의 이해』, 울산대 출판부, 2007.

제2장
20세기 초 동아시아 제국주의론

19세기 후반에서 20세기 초, 세계질서의 변화 및 그 주요 특성을 설명하는데 제국주의 개념보다 더 명확히 설명할 수 있는 개념은 없을 것이다. 많은 역사가들이 이 시기를 제국주의 시기라고 부르고 있을 뿐만 아니라 제국주의론이 본격적으로 대두된 것도 바로 이 시기였다. 제국주의 시기는 바로 서구 열강의 대외적 팽창이 전지구적으로 확장되고, 동아시아와 서구 사이의 관계가 더욱 전면화면서 동아시아의 각 국가는 물론 동아시아 질서 전체를 변화시키던 시기이기도 하다. 일반적으로 근대라고 통칭되는 이 시기의 세계질서를 한국과 중국은 서구와 일본 등 열강의 각축 시기 혹은 제국주의의 침탈의 역사로 간주한다. 제국주의의 세계적인 팽창과정에서 서구와 동아시아의 접촉은 전례없는 새로운 방식으로 전개되었으며, 제국주의의 "충격"에 대한 "반응" 과정에서 형성된 동아시아의 근대는 그 영향에서 자유로울 수 없었다. 이는 청일전쟁을 계기로 본격적인 제국주의의 길로 나아간 일본이나 그러한 제국의 열강들로부터 주권을 침해당한 한국이나 중국도 마찬가지이다. 제국주의와 근대국가, 식민성과 근대성은 함께 착종되어 있어 제국주의나 식민주의로부터 "순수한" 근대성을 구출하기나 제국주의 없는 "순수한" 근대 국민국가를 상정한다는 것은 구체적인 역사과정으로부터 추상적으로 유리되지 않고는 불가능하다. 물론 그렇다고 제국적인 국가와 근대국가, 식민성과 근대성이 동일하다고 볼 수는 없다. 근대국가와 제국주의, 근대성과 식민성의 관계가 상호 부정적인 관계인가 아니면 동일한 뿌리를 둔 파생적인 관계인가 또는 특수한 역사적 조건의 산물인가에 대해서는 여전히 논란의 여지가 있다. 이들의 불가분한 관계를 이해하기 위해서는 자본주의 체제나 세계체계의 시각에서 중심과 주변 사이의 지배와 의존, 억압과 저항 등 복잡한 상호연계를 분석하는 것도 유익할 수 있다. 그러나 본서에서는 19세기 이후 근대적인 세계질서 혹은 근대적 전환과정에 대한 분석보다는 세계에 대한 총체적인 인식틀, 19세기 후반에서 20세기 전반 세계질서의 특성과 변화 추세에 대한 동아시아의 인식틀에 더 주목하고자 한다.

당시 세계질서와 변화를 설명하는 주요 이론으로는 진화론을 포함한 다양한 발전론적 역사관을 들 수 있지만, 이러한 이론은 19세기 이후 세계 변화를 설명하기 위한 것이라기보다는 지구의 역사를 포함한 인류 역사의 변화를 설명하기 위한 일반론이었다. 이에 비해 19세기 후반 새롭게 출현한 세계질서를 설명하는 개념은 바로 제국주의였다. 제국주의라는 개념은 근대 이전 제국이라는 개념과 의미론적인 연계성을 지니고 있기는 하지만, 19세기 후반에 정치계와 학술계에서 본격적으로 사용된 의미는 1870년대 이후 서구의 대외적인 팽창을 중심으로 한 대외정책, 혹은 국제관계를 지칭하는 것이었다. 아직 국제관계학 혹은 국제정치학이라는 학문이 확립되기 이전에 제국주의론은 당시 서구 열강의 대외정책과 세계전략이 만들어내는 새로운 국제질서 혹은 세계질서를 설명하는 개념으로서 기능을 했다. 이 개념은 우선 영국과 프랑스, 독일 등 유럽에서 본격적으로 사용되기 시작했으며, 19세기 말 미국에서 대외팽창 정책을 둘러싼 논쟁을 거치면서 전세계로 확대되었다.[1]

19세기 후반 제국주의론을 촉발시킨 것은 이른바 "세계정책weltpoli-tik"이라고 불리던 독일 빌헬름 2세의 대외적 팽창정책이었지만,[2] 동아시아에서 제국주의론이 주목을 끌게 된 계기는 영미권의 제국주의 담론과 미국의 태평양으로의 진출이었다. 특히 미국의 스페인과의 전쟁을 통한 쿠바에 대한 개입과 필리핀 병합, 그리고 하와이 병합과 같은 일련의 대외 병합활동은 미국 내에서 격렬한 찬반논쟁을 불러 일으켰을 뿐만 아니라 동아시아에서 열강들의 패권경쟁 구도에도 큰 변화를

---

[1] 19세기 영어권을 중심으로 한 제국주의 개념의 의미 변화에 대해서는 Richard Koeb-ner, Helmut Dan Schmidt, *Imperialism – The Story and Significance of a Political Word*, 1840~1960, Cambridge University Press, 1964.

[2] 19세기 말 독일에서는 제국주의적인 정책을 표현할 때 "세계정책"이라는 개념을 사용하기도 하였다. 요시다케 겐고로(吉武源五郎)가 라인슈의 저서를 『세계정책(世界政策)』(世界堂, 1903)이라고 번역한 것은 원제에 따른 것이지만, 이때 세계정책은 제국주의라는 개념과 매우 비슷한 의미로 사용하였다. 와타나베 쿠니다케(渡辺国武)는 1903년 『태양(太陽)』잡지에 「세계정책(世界政策)」이라는 글을 발표하고, "welt-politik, 즉 세계정책이라는 명칭은 근래 독일인이 즐겨 사용하는 새로운 용어로 그 유래는 아직 오래되지 않았으며, 그 의미가 무엇인가를 묻는다면, 임페리얼리즘, 즉 제국주의와 동일하다. 사람들은 각기 견해가 달라 혹은 식민정략을 의미하고 혹은 보호무역을 의미하며, 혹은 공업 침습(侵襲)을 의미하고 혹은 영토 확장을 의미하며, 혹은 이 여러 가지를 함께 겸하여 거의 원칙과 임기응변을 구사하여 수륙으로 함께 진출하고자 하는 것으로 보는 등 천차만별이어서 아직 일정한 바가 없다"고 하였다. 여기서 Weltpolitik(world politics)은 빌헬름 2세가 1890년 이후로 채택한 제국주의적 외교정책을 의미하는데, 라인슈가 "world politics"라는 개념으로 당시 제국주의적인 세계적 조류를 설명하고자 한 것도 바로 독일어 Weltpolitik을 참고한 것으로 보인다. 와타나베 쿠니다케의 설명에 따르면 제국주의라는 개념이 부정적으로 사용되는 상황에서 세계정책은 제국주의 정책을 지지하고 공식화하기 위한 독일식 표현이었던 것이다. 渡辺国武, 「世界政策」, 『太陽』 8-15, 明治35.12.5; 「論世界政策」, 『外交報』 2-32, 1902.

야기했다. 이러한 변화는 그동안 미국이 유럽 열강의 대외팽창 정책과 일정한 거리를 두고 있다고 생각하던 동아시아 지식계에게 있어서는 일종의 충격이 아닐 수 없었다. 특히 지리적 인접성과 접근상의 우월성으로 태평양에서의 패권을 도모하던 일본은 미국의 행동에 대해 각별히 주목을 하였다.

영미권에서 제국주의 논쟁은 영국과 미국의 대외 팽창정책에 국한되지 않고 당시 제국 열강의 대외팽창이 지니는 정치적, 문명적, 역사적 정당성과 더불어 그러한 변화를 추동하는 원인, 그리고 그것이 인류사회에 미치는 영향 등 다양한 측면을 둘러싸고 진행되었다. 또 19세기 후반 새로운 세계적인 현상을 대상으로 한 만큼 세계질서의 성격, 역사의 발전 추세 및 동력, 인류사회의 보편타당한 가치규범의 문제점 등도 토론의 범위에 포함되었다. 그 결과 당시 제국주의 담론은 일종의 세계의 전체상을 보여주는 인식 프레임을 구성하였다. 전지구를 하나의 세계로 놓고 그 속에서 작동하는 원리를 파악하려는 시도는 18세기 혹은 그 이전부터 존재하기는 했지만, 정치 및 경제적 차원과 문명적 차원을 결합시켜 당대 세계질서의 성격을 통시적이고 공시적인 방식으로 동시에 설명하고자 한 것은 19세기 후반 이후였다. 이는 정치경제학 이후 사회학, 그리고 국제정치학과 같은 새로운 학문영역에 대한 관심이 부상하던 것과도 연관이 있다. 금융자본의 팽창과 저소비의 문제점, 그리고 서구 중심적인 인종론과 문명론 등 이데올로기의 관점에서 당대 세계질서의 문제를 분석한 홉슨의 『제국주의론』이 출판된 것도 바로 이 시기인 1902년이었다. 그러나 일본을 경유하여 동아시아에 영향을 준 것은 제국주의를 비판하는 홉슨의 제국주의론이 아니라 제국주의 시대의 도래를 옹호하는 미국의 담론이었다.

이러한 제국주의론은 1900년을 전후하여 일본 사상에서의 주요 담론으로 부상했을 뿐만 아니라 일본발 지식을 자원으로 새로운 개혁-혁명담론을 형성하기 시작한 중국의 지식과 사상담론에 중대한 영향을 미쳤으며, 한일병합이 이루어지기 직전 한국에도 소개되었다. 그중에서도 이론적인 측면에서 가장 영향력 있고 체계적인 것은 라인슈[Paul S. Reinsch]의 제국주의론이었으며, 동아시아에 그의 저서의 번역과정은 제국주의론이 동아시아에서 확산되고 수용되는 과정을 잘 보여준다.

1. 20세기 초 중·일 제국주의 담론의 지적 회로

19~20세기 전환기에 동아시아에 큰 영향을 미친 제국주의론의 주요 내용과 특징은 무엇인가? 20세기 초 동아시아의 제국주의론은 1920년 전후로 확산된 제국주의 담론과는 적잖은 거리가 있다. 심지어 1902년 출판된 홉슨의 저서조차도 늦게 소개되었을 뿐만 아니라 그 영향도 미흡하였다.[3] 그럼에도 19세기 말에서 20세기 초 동아시아의 제국주의론은 정치, 사회개혁은 물론 새로운 사상적 조류를 형성하는데 매우 중요한 역할을 하였다.

중국에서 제국주의라는 독특한 세계인식의 관점이 형성된 것은 일

3　일본에서 홉슨의『제국주의론』은 1930년에 가서야 번역본이 출판되었다. 石沢新二訳,『帝国主義論』, 東京改造社, 1930; ホブソン著, 矢内原忠雄訳,『帝国主義論』, 東京岩波書店, 1951~1952.

본의 사상담론을 통해서였다. 일본과 중국의 제국주의 담론의 연계를 파악하는데 중요한 단서를 제공해 주는 것은 바로 량치차오梁啓超의 「민족경쟁의 대세를 논함」[4]과 『현금세계대세론』[5]이다. 이 중 『현금세계대세론』은 량치차오가 『신민총보』에 연재한 「민족경쟁의 대세를 논함」을 주요 내용으로 삼고 거기에 『청의보淸議報』에 연재했던 「멸국신법론滅國新法論」을 부록으로 함께 묶어 1902년 4월 20일에 출판한 것이다. 「민족경쟁의 대세를 논함」은 제국주의에 대한 단순히 번역 소개에 그치지 않고, 중국의 관점에서 제국주의론에 입각해 당시 세계질서의 전체 양상과 변화의 추세를 체계적으로 분석한 초기의 대표적인 글이자 제국주의에 대한 중국의 인식에 기본틀을 제공한 중요한 문장이다. 뿐만 아니라 이 문장은 20세기 초 중국과 조선의 지식계에서 커다란 영향을 발휘했던 량치차오의 『신민설新民說』의 인식틀이었다. 즉 『신민설』은 「민족경쟁의 대세를 논함」에서 제기한 문제의식을 바탕으로 중국이 취해야 할 근본적 태도를 제시한 것이었다. 「민족경쟁의 대세를 논함」의 서두에서 량치차오는 자신의 글의 주요 근거 및 관점과 관련하여 주로 라인슈의 『19세기 말 세계정치十九世紀末世界之政治』[6], 기딩스의 『평민주의와 제국주의平民主義與帝國主義』[7]와 함께 일본의 우키타 가즈타미浮田和民의 「일본의 제국주의」와 「제국주의의 이상」 등을 주로

---

4   中國之新民, 「論民族競爭之大勢」, 『新民叢報』, 2~5, 1902.2.23 · 1902.3.10 · 1902.3.24 · 1902.4.8.

5   飮氷室主人, 『現今世界大勢論』, 上海廣智書局, 光緖28.

6   Paul S. Reinsch, *World Politics at the End of the Nineteenth Century : As Influenced by the Oriental Situation,* New York, The Macmillan company · London, Macmillan and co, 1900.

7   Franklin H. Giddings, *Democracy and Empire, with Studies of Their Psychological, Economic, and Moral Foundations,* New York : Macmillan, 1900.

참고했다고 밝히고 있다. 이후 살펴보는 바와 같이 이 가운데 라인슈의 저서는 이미 일본어로 번역되고 중국어로도 번역 중에 있었으며, 우키타 가즈타미의 문장도 일본에서 논쟁의 대상으로서 주목을 받고 있었다. 다만 기딩스의 저서는 당시 중국어는 물론 일본어로도 번역된 상황이 아직까지도 확인되지 않고 있다. 이에 이시카와 요시히로石川禎浩는 량치차오가 주로 참고한 것은 도쿠세고지獨醒居士라는 필명의 『시무삼론時務三論』이라고 주장하였다. 그 이유는 「제국주의帝國主義」, 「앵글로색슨 민족의 교육アングロ・サクソン民族の教育」, 「진보의 대가進步の代價」 등 세 편의 글로 구성된 『시무삼론』의 서문에서 도쿠토미 소호德富蘇峰가 『시무삼론』은 바로 기딩스의 『평민주의와 제국주의平民主義と帝國主義』, 라인슈의 『세계정치世界政治』 등을 참고하고 있다고 소개하고 있는데, 량치차오는 바로 이 서문에 의거하여 자신의 논의의 지식 출처를 밝히고 있다는 것이다.[8] 이에 따르면 량치차오는 『시무삼론』을 통해 자신이 주로 참고한 도쿠세고지의 제국주의에 관한 지식이 더 원천적으로 라인슈와 기딩스에 의거하고 있음을 알고, 주로 서구 열강을 중심으로 세계질서의 변화를 분석하는 만큼 그의 논의가 단순히 일본 내의 담론이 아니라 서구의 대표적인 학자들의 주장에 의거하고 있음을 부각시키고자 했다고 볼 수 있다.

량치차오가 언급한 저서들을 좀 더 분석해 보면 그가 참고한 제국주

---

[8] 石川禎浩, 「梁啓超と文明の視座」, 狹間直樹編, 『梁啓超 ―西洋近代思想受容と明治
日本共同研究』, みず書房, 1999, 129면. 기딩스는 『민주주의와 제국(Democracy
and Empire)』의 각 장에서 제국주의에 대한 그의 관점을 보여주지만, 특히 민주주
의와 제국주의 관계를 집중적으로 다룬 부분은 "The Democratic Empire", pp.3~
12, "Imperialism", pp.269~290. 도쿠세고지는 제국주의와 국내의 조화, 제국주
의 이상과 도덕 등에 관한 서술에서 기딩스의 관점을 적극 수용하고 있다.

의론은 대부분 도쿠토미 소호가 편집을 맡고 있던 『국민신문國民新聞』에 발표되었던 것들이었다. 1890년에 창간된 『국민신문』은 평민주의의 입장에서 국수주의와 서구화론을 비판했지만 청일전쟁 이후부터는 이른바 일본팽창론을 주장하며 사상적 전향을 한 도쿠토미 소호를 중심으로 국가주의를 주장하던 대표적인 매체였다.[9] 그런데 이 신문은 1901~1902년에 일련의 제국주의 관련 문장을 게재하여 일본 사상계에 적지 않은 반향을 일으켰다. 량치차오가 언급했던 우키타 가즈타미의 두 편의 글도 바로 단행본으로 출간하기 전에 모두 『국민신문』에 연재되었는데, 이는 도쿠토미 소호의 종용을 받아서 쓴 것이었다.[10] 뿐만 아니라 도쿠세고지의 「제국주의」역시 『국민신문』에 연재(1901년 11월 5일~23일)되었다가 1902년 다른 두 편의 문장과 더불어 『시무삼론』이라는 단행본으로 출간하였다.[11] 이와 같이 일본의 제국주의 담론

---

9   『國民新聞』에 대해서는 有山輝雄, 『德富蘇峰と国民新聞』, 吉川弘文館, 1992.

10   이 시기 일본에서 제국주의론과 관련하여 중요한 문장을 발표한 사람은 바로 우키타 가즈타미였다. 그는 먼저 「일본의 제국주의(日本の帝国主義)」를 『국민신문』(1901년 4월 7, 9일)에 연재하였고, 이어 「제국주의의 교육(帝国主義の教育)」을 같은 신문(1901년 6월 29~30, 7월 2~6일)에 연재하였다. 이 두 편의 글은 모두 도쿠토미 소호의 권유를 받아 쓴 것이지만, 당시 많은 반향을 일으켜서 제국주의라는 단어가 널리 회자되었다. 그리고 『국민신문』(1902년 1월 10~12일, 14~19일, 21~23일)에 연재된 「제국주의의 이상(帝國主義の理想)」은 바로 자신의 문장에 대한 당시 사회와 사상계의 반응, 특히 마츠노 미도리(松野翠)와 이노우에 데츠지로(井上哲次郎) 등의 비판에 대응하여 쓴 것으로 여기서 처음으로 "윤리적 제국주의(倫理的帝国主義)"라는 개념을 제기하였다. 그리고 이 세 편의 글 중 앞의 두 편의 문장은 『제국주의와 교육(帝国主義と教育)』(浮田和民著, 民友社, 1901)에, 그리고 마지막 문장은 『국민교육론(国民教育論)』(浮田和民著, 民友社, 1903)에 수록되었다. 한편 당시 제국주의론에 대한 반향과 우키타 가즈타미의 집필 동기에 대해서는 浮田和民, 『帝国主義と教育』, 民友社, 1901, 1~13면; 德富猪一郎, 「「帝国主義と教育」に題す」, 『読書余録』, 民友社, 1905, 132~137면; 浮田和民, 「帝國主義の理想」, 『国民教育論』, 民友社, 1903, 149~151면.

11   獨醒居士, 『時務三論』, 民友社, 明治35.1.

의 측면에서 1901∼1902년은 주목할 만한 시기였으며, 그중에서도 도쿠세고지의 문장은 량치차오 등이 제국주의론의 지식원천과 그 담론의 성격 및 범위를 이해하는데 있어 기본적인 입문서의 역할을 하였다. 하지만 일본과 중국에서의 제국주의론을 소개함에 있어서 중요한 역할을 한 도쿠세고지라는 필명의 저자가 실제 누구인지는 아직 확인되지 않고 있다. 다만 주목할 것은 도쿠세고지가 참고했다는 폴 라인슈의 저작『동방상황의 영향하에서의 19세기 말 세계정치』(이후『세계정치』로 약칭)는 1901년에 이미 정치학자로서 도쿄전문학교(와세다대학 전신)에서 정치학, 사회학 등 강의를 맡고 있던 다카다 사나에高田早苗가 『라인슈씨 19세기 말 세계정치』라는 제목으로 번역을 했던 것이었다.[12] 그리고 도쿠세고지의 「제국주의」가 연재될 무렵 다카다 사나에는 번역서를 수정하여 원저 및 초기 번역서의 서명과는 완전히 다른 『제국주의론』으로 바꾸어 출판하였다. 이와 같이 1901∼1902년 일본의 제국주의론은 도쿠토미 소호를 중심으로 각각 그와 25년간의 교분이 있던 우키타 가즈타미와 도쿠세고지, 그리고 우키타 가즈타미와 함께 도쿄전문대학에서 강의를 하고 있던 다카다 사나에를 중심으로 제기되었으며, 이 중 실명이 확인되지 않는 도쿠세고지를 제외한 세 사람은 20세기 초 일본의 대표적인 제국주의론자로서 잘 알려져 있다.

도쿠세고지라는 필명의 실제 인물이 누구인지를 알 수 있는 직접적인 정보는 거의 없다. 당시『시무삼론』의 서문을 쓴 도쿠토미 소호도

12　ポール・エス・ラインシュ, 高田早苗訳, 『帝國主義論－早稲田小篇』, 東京專門學校 出版部, 1901. 1901년 12월에 발행된 이 번역서는 다카다 사나에가 그 이전(아마도 1901년 전반)에 라인슈의 동일 저작을 초역했던『レイニッシュ氏十九世紀末世界之 政治』(東京專門學校出版部, 1901)를 수정한 것이었다.

저자에 대해 적지 않게 잘 알고 있다고 하면서도 실명을 밝히지 않았고,[13] 이후 미야무라 하루오宮村治雄 역시 「량치차오의 서양사상가론」에서 저자불명이라고 언급한 바 있다.[14] 또한 이시카와 요시히로는 도쿠세고지의 주장이 당시 제국주의를 적극적으로 제창한 우키타 가즈타미의 관점과 매우 유사하지만, 우키타 가즈타미가 도쿠세고지를 언급하며 그의 주장이 자신의 주장과 매우 가깝다고 언급한 사실을 들어 우키다 카즈타미가 아니라고 보고 역시 저자는 확인할 수 없다고 하였다.[15] 그런데 1902년 중국 상무인서관 "제국총서" 시리즈의 하나로 출양학생편집소出洋學生編輯所에서 번역하여 출판한 우키타 가즈타미의 『제국주의』가 하나의 단서를 제공해 준다. 한 연구에 의하면 이 책의 내용은 1901년 말 『청의보』에 연재되었던 「제국주의」와 내용이 대동소이하다고 하는데,[16] 『청의보』에 연재된 「제국주의」는 바로 도쿠세고지가 『국민일보』에 연재한 동일 제목의 글을 번역한 것이었다. 이에 따르면 도코세고지는 곧 우키타 가즈타미가 자신을 드러내지 않기 위해 사용한 또 다른 필명임을 의미한다.

도쿠세고지가 1902년 출판한 『시무삼론』에는 「제국주의론」이외에도 「앵글로색슨 민족의 교육」, 「진보의 대가」등 전체 세 편의 글이 수

---

13 도쿠토미 소호의 서문은 獨醒居士, 『時務三論』, 民友社, 明治35.1 중 1~6면(서문 필자와 작성 시기는 각각 蘇峰生, 明治34.12) 또는 德富猪一郎, 「時務三論」に序す」, 『読書余録』(国民叢書 28), 民友社, 1905, 125~127면.

14 宮村治雄, 「梁啓超の西洋思想家論」, 『開国経験の思想史─兆民と時代精神』, 東京大学出版会, 1996, 256면; 浮田和民, 「帝國主義の理想」, 『国民教育論』, 民友社, 1903, 이 글에서 우키다 카즈타미는 자신의 주장에 대한 지지입장이자 자신의 관점과 매우 유사한 것으로서 도쿠세고지의 글을 여러 차례 언급하고 인용하고 있다.

15 石川禎浩, 앞의 글, 130면.

16 王保賢, 「關於"漢譯名著"『帝國主義』的出版時期」, 『中華讀書報』, 2019.12.18.

록되었는데, 이중 「진보의 대가」는 기딩스의 『민주주의와 제국Democracy and empire』 중 第5章 "진보의 대가The Costs of Progress"를 발췌 번역한 것이고, 「앵글로색슨 민족의 교육」은 에드몽 드몰랭Edmond Demolins의 『앵글로색슨 민족의 우수성』[17]을 바탕으로 요약 발췌한 것이었다. 즉 도쿠세고지의 세 편의 글은 라인슈와 드몰랭, 기딩스의 저작을 바탕으로 주요 관점을 요약 발췌하듯이 정리한 것이었다. 이중 라인슈와 드몰랭의 저서는 다카다 사나에에 의해 1901년 도쿄전문학교 명저강요시리즈로서 번역되어 출간되어 있었다.[18] 당시 도쿄전문학교는 근대 사회학 및 정치학과 관련하여 독일보다 특히 영미의 이론과 저서에 주목하고 적극적으로 소개하였는데, 그 대학의 정치학과 사회학 강의를 맡고 있던 대표적인 인물은 바로 다카다 사나에와 동지사同志社 출신으로 예일대학을 졸업한 우키타 가즈타미였다. 우키타 가즈타미가 도쿠토미 소호의 권유를 받아 신문잡지와 저서를 통해 제국주의론을 적극적으로 전개하고 있을 때, 다카나 사나에 역시 번역에 그치지 않고 「제국주의를 채택하는 것의 득실은 어떠한가」를 발표하여 일본에서 제국주의를 채택할 것을 주장하기도 하였다.[19] 이와 같이 1900년 전후시기 다카다 사나에와 우키타 가즈타미, 그리고 도쿠토미 소호는 서로 각별한 관계를 유지했을 뿐만 아니라 모두 대표적인 제국주의 주창자로서 번역과 저술, 기고를 통해 제국주의 담론을 확산시켰다.[20]

---

17 Edmond Demolins, *Anglo-Saxon Superiority : To What It Is Due*, translated by Louis Bert. Lavigne, New York, R. F. FenNo & company, 1898(원저 프랑스어 본은 *A quoi tient la supériorité des Anglo-Saxons?*(1897)).

18 高田早苗, 『ドモラン氏安具魯遜孫論』, 東京專門學校出版部, 1901.

19 高田早苗, 「帝國主義を採用するの得失如何」, 『太陽』 8-7, 明治35.6.5, 27~31면.

20 鄭匡民, 『梁啓超啓蒙思想的東學背景』, 上海書店出版社, 2009, 183면.

량치차오가 제국주의론에 관심을 갖게 된 것은 "과분瓜分"이라는 당시 중국의 위기 상황과 직접적인 연관이 있다. 그럼에도 이론과 지식의 측면에서 일본에서 제국주의론이 소개되자마자 곧 중국어로 옮겨진 것을 보면, 특히 일본 사상계 중 특정한 그룹의 사상과 문장에 주목하게 된 특별한 계기가 있었다고 볼 수 있다. 그것은 다름 아닌 량치차오가 1898년 말 일본에 망명한 이후 주로 긴밀하게 관계를 맺었던 일본인과의 교류관계였다. 량치차오가 일본에 망명한 직후부터 가장 영향을 받은 사람은 도쿠토미 소호였다. 그는 도쿠토미 소호의 저작은 물론 그의 글이 주로 발표된 『국민의 벗国民之友』과 『국민신문』의 주요 독자였을 뿐만 아니라 민우사民友社에서 출판하던 "국민총서国民叢書"의 애독자이기도 했다.[21] 따라서 그가 『국민신문』에 발표되고, 또 민우사에서 출판된 제국주의론에 대해 주목하는 것은 자연스러운 일이었다. 그러나 량치차오와 도쿠토미 소호 두 사람 사이의 직접적인 교류관계에 대해서는 알려진 바가 거의 없다. 대신 당시 량치차오가 주로 교류를 한 일본인은 헌정당憲政黨을 이끌던 오쿠마 시게노부大隈重信의 측근이었던 이누카이 츠요시犬養毅와 다카다 사나에, 카시와바라 분타로柏原文太郎 등이었다.[22] 이 중 특히 후자의 두 사람과 왕래가 빈번했는데, 량치차오의 제국주의에 대한 관심은 바로 다카다 사나에와 직접적인 관계가 있음을 알 수 있다. 뿐만 아니라 앞서 량치차오가 언급했던 우키타 가즈타미의 저서에 대해서도 역시 다

---

21 량치차오와 도쿠토미 소호의 문장 사이의 영향관계에 대해서는 川尻文彦, 「梁啓超と德富蘇峰 －馮自由「日人德富蘇峰与梁啓超」と梁啓超の"盗用"をめぐって」, 『愛知県立大学外国語学部紀要』(言語・文学編) 48, 2016, 189~202면; 中村忠行, 「德富蘆花と現代中國文學 1」, 『天理大學學報』 1-2~3(1949.10), 1~28면.

22 丁文江・趙豊田 編, 『梁啓超年譜長編』, 上海人民出版社, 1983, 169면.

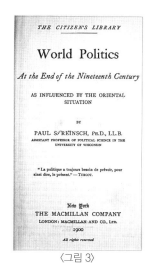

〈그림 3〉

〈그림 4〉

〈그림 5〉

〈그림 6〉

20세기 초 중국 제국주의론에 영향을 준 제국주의론 저서들
〈그림 3〉 Paul S. Reinsch, *World Politics : At The End Of The Nineteenth Century As Influenced By The Oriental Situation*, New York, The Macmillan company; London, Macmillan and co, 1900.
〈그림 4〉 靈綬著, 羅普譯, 『十九世紀末世界之政治』, 廣智書局, 1902
〈그림 5〉 獨醒居士, 『時務三論』, 民友社, 明治35.1.
〈그림 6〉 飮氷室主人, 『現今世界大勢論』, 上海廣智書局, 光緖28(위 사진은 光緖29 출판본으로 일본 간사이대학(関西大学) 소장)

카다 사나에의 소개가 있었을 것으로 보인다. 즉 20세기 초 세기 전환기에 중국에 본격적으로 소개된 제국주의론은 다카다 사나에가 중요한 매개이자 추동력이 되고 있었던 것이다.[23]

이와 같이 당시 일본의 대표적인 국가주의적 입장에서 제기된 제국주의론은 1901년 일본에서 반향을 일으키자 곧 량치차오 등의 주목을 받았다. 그중에서도 우선 주목한 것은 바로 다카다 사나에가 번역한 라인슈의 『라인슈씨 19세기 말 세계정치』와 도쿠세고지의 「제국주의」였다. 특히 도쿠세고지의 글은 『국민신문』에 연재되자마자 곧 중국어로 번역되어 『청의보淸議報』 제97~100책에 게재되었다.[24] 뿐만 아니라 캉유웨이의 초기 제자로서 1898년 일본의 도쿄전문대학에 입학하고 동시에 량치차오를 도와 『청의보』의 편집을 맡았던 뤄푸羅普[25]

---

23 다카다 사나에(1860~1938)는 일찍이 도쿄 영어학교에서 외국어를 익히고, 이후 도쿄대학 문학부에서 철학, 정치학과 경제학을 학습하였다. 그 후 오쿠마 시게노부를 도와 도쿄전문학교를 설립하여 정치학을 강의하였으며, 1907년에는 와세다 대학 학장을 그리고 1923~1931년에는 총장을 역임하였다. 그 외에도 1887~1890년에 요미우리신문(読売新聞) 주필을 맡았고, 정치적으로는 오쿠마 시게노부와 함께 일찍이 입헌개진당(立憲改進党)계의 정당에서 활동하고 내각에도 참여하여 외무성 통상국장과 문부성 참사관 등을 맡기도 했다. 그의 삶에 대한 개략적인 것으로는 高田早苗, 『半峰昔ばなし』, 早稲田大学出版部, 昭和 2. 또 그의 서양 정치사상관련 서적의 번역과 중국에의 소개에 대해서는 孫宏雲, 「學術連鎖―高田早苗與歐美政治學在近代日本與中國之傳播」, 『中山大學學報(社會科學版)』, 2013.5.

24 「帝國主義」, 『淸議報』 97~100, 光緒27.10.1·10.11·10.21·11.11. 양력으로는 각각 1901.11.11·11.21·12. 1·12.21이다. 날짜로 보면 도쿠세고지의 원문이 『國民新聞』에 게재되자마자 곧바로 중국어로 번역되었음을 알 수 있다. 그 이유는 다카다 사나에와 관계가 밀접했던 『청의보』 편집진이 도쿠세고지의 문장을 접하기 전부터 그 주제의 중요성, 특히 라인슈의 글에 대해 인식하고 있었기 때문인 것으로 보인다. 도쿠세고지의 「제국주의」의 원문이 발표되기 이전, 량치차오의 「國家思想變遷異同論」에 이미 라인슈의 저작 내용이 적지 않게 포함되어 있다는 사실이 이를 말해 준다. 任公, 「國家思想變遷異同論」, 『淸議報』 94~95, 光緒27.9.1·9.11(양력 10.12, 10. 22).

25 羅普(1876~1949)는 광둥 순더(順德) 출신으로, 원명은 文梯, 호는 孝高이며, 필명은 披發生, 嶺南羽衣女士이다. 캉유웨이의 문하생으로서 1898년 관비 유학생의 신

는 다카다 사나에의 번역본 중『라인슈씨 19세기 말 세계정치』를 중역하여 1902년에 『19세기 말 세계정치』라는 제목으로 출판하였다.[26] 또 특기할 만한 것은 도쿠세고지의 「제국주의론」이 『청의보』에 연재되고 나서 『현금세계대세론』(獨醒居士著)이라는 제목의 단행본으로 출판될 계획이었는데,[27] 실제로 출판된 것은 서명은 같지만 저자는 도쿠

분으로 도쿄전문대학에서 수학하다가, 무술변법 이후 일본으로 망명한 량치차오를 도와『청의보』편집을 맡았으며, 그 후에도『신민총보』,『신소설』의 편집과 더불어 창작과 번역활동을 하였다. 1904년에는 귀국하여『시보(時報)』의 주필을 맡기도 하였으며,『동유럽여호걸(東歐女豪傑)』은 그의 대표적인 창작소설이다. 1899년 량치차오가 일본에서 일본어를 배울 때 주로 일본인 다카다 사나에, 동아동문서원(東亞同文書院)의 창설자 카시와바라 분타로(柏原文太郎)와 함께 뤄푸의 도움을 받았다.

26 靈綬, 羅普 譯,『十九世紀末世界之政治』, 廣智書局, 1902. 이 책은 大學敎徒 靈綬, 順德 · 羅普 譯으로 되어 있으며, 초판 인쇄와 발행일은 각각 光緒28.5.12 · 6.1(1902년). 현재 중국 국가도서관 고적열람실(北海公園 남문 서쪽에 위치한 분점)에 소장되어 있다. 저자가 이 번역본의 원문 전체를 볼 수 있었던 것은 인하대에서 박사학위를 받으신 박병주 선생님 덕분이었다. 어렵게 구한 자료를 저자에게 선뜻 제공해 주신 선생님께 감사드린다.

27 『청의보』최종호인 제100책의 서적 광고「廣智書局已譯待印書目」을 보면『帝國主義論』(日本高田早苗抄譯, 本局同人譯)이 포함되어 있다. 설명부분에서 이 책은 이미 절반 이상 번역이 이루어졌으며, 2~3개월 후에 출판될 예정이므로 위 저서에 대해 중복 번역을 하지 말라고 주문하고 있다. 또 같은 호 다른 서적 광고「本館新刊書目告白」에서는『現今世界大勢論』을 소개하면서, 이 책은 일본 도쿠세고지의 저서로서, 본 출판사에서는 그 내용이 간략하고 요점이 있어 우리 중국을 크게 각성시킬 수 있을 것으로 보고 급히 번역하여 조만간 곧 출판하고자 한다고 알리고 있다(『淸議報』, 100, 光緒27.11.11). 이상 두 광고를 보면, 제100책에 연재를 마친 도쿠세고지의 「제국주의」를『현금세계대세론』으로 곧 출판할 계획을 진행할 때 다카다 사나에의 라인슈 번역본『レイニッシュ氏十九世紀末世界之政治』를 번역하고 있었으며, 그 번역자는 바로 량치차오 등과 밀접히 관계를 맺고 있던 광지서국의 동인인 뤄푸였다. 그러나 결과적으로는 앞서 언급한 바와 같이 도쿠세고지의 책은 출간되지 않고, 대신 동일한 제목으로 량치차오의 저역서가 출판되었으며, 뤄푸가 번역한 책도『제국주의론』이 아니라 다카다 사나에의 초기 초록본의 서명을 따라 『十九世紀末世界之政治』로 출간되었다. 광고에서 제목을『제국주의론』이라고 한 것은 다카다 사나에의 번역본의 수정본이『청의보』최종본 발간 직전에 이미『제국주의론』으로 출간되었기 때문인 것으로 보인다. 그러나 후에 역서의 제목이『十九世紀末世界之政治』로 바뀐 것은 그것이 뤄푸가 저본으로 삼은 초기본의 제목일 뿐만 아니라 라인슈의 원저의 제목에 더욱 부합했기 때문이었을 것이다. 어찌되었든 이러한 과정은 당시 제국주의

세고지가 아니라 음빙실주인 즉 량치차오였다는 점이다. 이러한 복잡한 과정을 정리해 보면, 량치차오가 「민족경쟁의 대세를 논함」을 집필할 당시 참조했을 라인슈 관련 제국주의론은 도쿠세고지의 「제국주의론」과 다카다 사나에의 번역본 『제국주의론』 및 뤄푸의 중국어 번역원고, 그리고 『시무삼론』이었다고 할 수 있다.[28]

덧붙여 말하자면, 라인슈의 저서는 미국에서 출간되고 나서 곧 일본과 중국에서 소개되었을 뿐만 아니라 두 국가의 지식인들의 깊은 관심을 받았다. 이는 당시 미국내 학계에서도 이제 막 명성이 알려지기 시작하던 신진학자의 저술인 점을 고려하면 다소 이례적인 것이었다. 특히 일본에서는 다카다 사나에의 번역 이외에 그 후 연이어 몇 차례의 번역이 이루어졌는데, 특히 타이완의 식민지 통치와 만주철도 운영 등 중국에 대한 제국정책에 관심이 있던 인물들의 주목을 받았다. 그중 1903년 요시타케 겐고로우吉武源五郎가 『세계정책』이라는 서명으로 라인슈의 저서를 역술한 것은 학술 사상계와는 또 다른 맥락, 특히 정치적, 시사적인 목적이 더 컸다. 그가 이 책을 번역한 동기는 1898년부터 타이완 총독부 민정장관을 맡고 있던, 막 구미 방문을 마치고 귀국한 고토우 신페이後藤新平의 권유에 의해서였다. 또 1904년 한시와 중

론을 중국에 소개함에 있어서 량치차오 등이 얼마나 깊은 관심을 가지고 있었는지, 그리고 량치차오의 저역서와 뤄푸가 번역한 책의 상호관계를 잘 말해 준다.

28 결국 『현금세계대세론』이라는 제목 하에 중국어 단행본으로 출판하려던 도쿠세고지의 「제국주의」는 상무인서관에서 저자 우키타 가즈타미의 『제국주의』로 바꾸어 출간된 것으로 보인다. 대신 량치차오는 본인의 입장에서 제국주의론을 정리한 「민족경쟁의 대세를 논함」과 「멸국신법론」을 묶어 『현금세계대세론』으로 출판하였으며, 동시에 다카다 사나에의 일본 번역본이 뤄푸에 의해 중국어로 중역되어 출판되었다. 이와 같이 1902년 중국에는 비교적 체계적인 제국주의론이 연이어 소개되면서 제국주의론의 시각하에 새로운 담론들이 대두되기 시작하였다.

국어에 능했던 스즈키 토라오鈴木虎雄에 의해 중국어로 번역된『열국심세지나정치론列國審勢支那政治論』(1904)이 타이완에서 출판되었는데, 역술에 가까운 이 번역서를 위해 서문을 쓴 사람도 역시 고토우 신페이였다.[29] 이는 당시 라인슈의 저서가 사상계뿐만 아니라 일본의 제국주의 정책을 실천하는 정치가들에 의해서도 많은 관심을 받았으며, 20세기 초 일본 제국주의 담론의 중요한 이론적 자원가운데 하나였음을 말해 준다.

이와 같이 1900년 초 중국의 제국주의론은 일본의 제국주의 담론에 대한 신속한 반응을 보여주고 있다. 이는 세계의 제국주의 담론의 중요한 핵심 주제가 바로 한창 진행 중이던 중국의 분할론과 직접 연관이 있었다는 점을 고려하면 매우 자연스런 현상이라고 할 수 있다. 특히 중국의 근대사상의 형성에서 중요한 전환이 이루어지던 1902년은 중국의 제국주의 담론의 측면에서도 각별한 의미를 지니고 있다. 바로 이 해에, 앞서 소개한 번역서와 저서이외도 일본유학생이 조직한 출양학생편역소에서 "제국총서"를 기획하여 상무인서관에서 출간을 하기도 하였다. 그 가운데는 바로 우키타 가즈타미의『제국주의』, 하야시 야스시케林安繁의『양자강』과『중국현세론』등 7종이 포함되어 있었

---

29 ポール・エス・ラインシュ, 吉武源五郎訳,『世界政策』, 世界堂, 1903; 羅因須, 鈴木虎雄補訳,『列国審勢支那政治論』, 台湾日日新報社, 1904. 이외에도 라인슈의 저작의 주요 내용을 일본에 소개한 것으로는 토야베 센타로(鳥谷部銃太郎)가 편역한「時代の趨勢」(『太陽』14-9, 1908, 22~29면)가 있다. 이상 일본에서의 번역상황과 그것의 구한말 한국어로의 번역 상황에 대해서는 權純哲,「卞榮晩訳『世界三大怪物』と『二十世紀之大慘劇帝国主義』について－大韓帝国知識人の帝国主義理解の一端」,『埼玉大学紀要』48-2, 2012, 59~121면; 박병주,「변영만의 식민담론 비판에 관한 연구－번역작품을 중심으로」, 인하대 박사논문, 2015, 29~68면; 金寅鐸,「근대초기 '殖民', '帝國主義'관련 번역서 研究」, 성균관대 석사논문, 2004, 52~63면.

다.[30] 뿐만 아니라 당시 일본에서 제국주의에 대해 가장 적극적으로 비판을 하던 고토쿠 슈스이의 『이십세기 괴물 제국주의』도 자오비전에 의해 번역되었으며,[31] 이듬해에는 남양공학南洋公學의 영문교사이자 후에 동맹회에서 활동했던 리신좡李心莊이 골드윈 스미스Goldwin Smith의 저서 『연방이냐 제국이냐』[32]를 번역하여 출간하기도 하였다.[33] 이와 같이 거의 동시적으로 지적 연쇄를 형성한 영미권의 제국주의 논쟁(1902년 흡슨의 『제국주의론』을 포함하여)과 일본 및 중국에서의 제국주의 담론은 20세기 초 사상 담론에서 제국주의론이 지니는 의미와 문제성이 각별했음을 잘 말해 준다.

2. 라인슈의 『세계정치』와 제국주의론

그럼 당시 미국의 제국주의 담론, 특히 라인슈의 제국주의에 관한 분석이 제시한 세계의 인식틀의 특징은 무엇인가? 라인슈의 저술과 활동에 대해 특별히 주목할 부분이 있다면 첫째 그가 미국과 중국의 관계 특히 중국의 문호개방정책과 관련하여 중요한 역할을 했다는 점, 둘째, 20세기 초 미국의 대표적인 동아시아 전문가였다는 점, 셋째 그

---

30 浮田和民著, 出洋學生編輯所 譯, 『帝國主義』(帝國叢書)(線裝一冊, 16면), 商務印書館, 1902.3; 林安繁, 出洋學生編輯所 譯, 『揚子江』(帝國叢書)(원명 — 『揚子江溪穀的研究』, 線裝一冊, 46면), 商務印書館, 1902.10; 出洋學生編輯所 편, 『中國現勢論』(帝國叢書本), 商務印書館鉛印, 1902.
31 幸德秋水, 趙必振 譯, 『二十世紀之怪物帝國主義』, 廣智書局, 1902.8.
32 Goldwin Smith, *Commonwealth or Empire: A Bystander's View of the Question*, New York : Macmillan, 1902.
33 斯密哥德文撰, 侯官李郁 譯, 『世界三怪物』, 上海文明書局鉛印, 1903.

가 국제정치학이라는 새로운 학문의 영역을 개척한 초기의 대표적인 인물이라는 점을 들 수 있다. 그러나 중국에 관한 연구나 국제정치학에 관한 연구에서 라인슈의 이름을 들어보기는 매우 드물다. 이는 여러 가지 요인이 있을 수 있지만, 세계문제로서의 제국주의론이나 새로운 학문영역으로서의 국제정치학이 더욱 체계화되던 시기인 1910년대에, 그가 주중 미국공사로서 학계로부터 벗어나 있었던 점도 한 요인이었을 것이다. 즉 20세기 초 10년간 학술영역에서 중요한 역할을 하기는 했지만, 그 후 시기에는 주로 학술장과 논쟁으로부터 떨어져 있었던 것이다.[34]

1869년 미국에서 태어난 라인슈는 그의 부모가 19세기 중반 남북전쟁시기에 미국으로 이민을 온 독일계 이민자였다. 앵글로 색슨과 다른 비주류인 독일계 이민자라는 신분과 관련이 있는지는 알 수 없지만 그는 위스콘신 대학에서 연구하던 당시, 독일의 사상계와 미국 내의 제국주의 논쟁, 그리고 동아시아로의 본격적인 팽창을 추진하던 독일과 미국의 식민정책에 대해 깊은 관심을 가지고 있었다. 그의 박사학

---

34 『세계정치』 이외에 제국주의, 식민지, 동아시아와 관련된 라인슈의 대표적인 저서는 다음과 같다. Reinsch, Paul Samuel, *Colonial Government*, New York, The Macmillan company, 1902(P. S. 라인슈, 姜志元 역, 『근대식민정치론』, 白楊堂, 1949); Reinsch, Paul Samuel, *Colonial Administration*, New York, Macmillan, 1905(ポール・エス・ランチ, 松岡正男・田宮弘太郎 역, 『殖民政策』, 同文館, 1910; Reinsch, Paul Samuel, *Intellectual and Political Currents in the Far East*, New York, Houghton Mifflin company, 1911. 그에 관한 연구는 대부분 외교관으로서의 그의 활동에 맞추어져 있고, 그의 제국주의와 식민정책, 동아시아에 관한 관점 등에 대한 연구는 거의 전무하다. 특히 라인슈의 『세계정치』에 대한 연구는 매우 드물고, 그것에 대한 평가도 단순히 그의 출세작 정도로 간주하고 있다. 이는 당시 일본과 중국의 사상계에 미친 그의 영향을 고려하면 근대 동아시아 사상 연구에서 결코 무시할 수 없는 공백이라고 할 수 있다.

위 논문 「초기 미국 식민지에서의 영국 관습법」[35]은 초기 아메리카 식민지의 법에 관한 것이었지만, 학위 취득 후에는 미국 위스콘신 대학 정치학 조교수의 신분으로 유럽으로 가서 본격적으로 국제정치에 관심을 갖고 연구를 진행하였다. 그중에서도 당시 세계적인 이슈이던 극동지역의 제국, 즉 중국을 둘러싼 서구 제국주의의 경쟁에 주목하고 유럽의 중국관련 자료를 집중 분석하였는데, 그 분석의 결과가 바로 1900년 출판되어 그를 일약 명사로 만든 『세계정치』이다.[36]

『세계정치』는 당시 국제관계를 추동하는 제국주의의 동력과 성격에 대한 분석이 중심을 이루고 있으며, 그중에서도 동양 즉 중국문제가 가장 핵심이었다. 라인슈는 독일, 러시아, 프랑스, 영국, 미국을 중심으로 근대 민족적 제국주의의 성격, 그리고 19세기 중반 이후 중국의 위기와 그 원인, 서구의 중국에서의 팽창정책을 분석하였다. 나아가 라인슈는 제국주의와 식민주의의 역사적 추세, 제국주의의 세계평화, 민주화와 개혁에 대한 부정적 영향, 낙후민족과 지역에 대한 "문명화"의 문제점, 그리고 미국의 문호개방 정책과 대응방안에 대해 의견을 피력하였다. 이와 같이 그의 『세계정치』는 세계가 주목하던 문제에 대해 체계적인 분석과 매우 신선하고 도발적인 의견을 제시하였으며, 그후 영미권에서 수차례 재판을 거듭하면서 점차 준 고전적인 연구로 간주되었다.[37] 그 이후 학계나 언론계에서의 그의 명성 및 성공, 그리고

35　Reinsch Paul Samuel, "English Common Law in the Early American Colonies", Madison (Bulletin of University of Wisconsin), 1899.

36　Noel H. Pugach, *Paul S. Reinsch, Open Door Diplomat in Action*, New York : KTO press, 1979, pp.3~11.

37　라인슈의 『세계정치』의 1916년 출판본에는 그 이전 출판 상황이 나타나 있는데, 그것에 의하면 1900년 5월에 전기판이 제작된(electrotyped) 이후 같은 해 9월에 인

1913~1919년 주중 미국공사로서 외교관 생활은 모두 이 저서의 영향력을 빼놓고는 설명할 수 없다.

　19세기 말 세기전환기에 동아시아에서 제국주의론이 큰 방향을 일으키게 된 것은 무엇보다도 19세기 후반 이래 중국을 비롯한 동아시아 지역질서의 급변, 그리고 아프리카와 태평양에서의 식민지 전쟁의 성격과 의미를 이해하는데 유익한 시각을 제공해 주었기 때문이었다. 제국주의 개념이 본격적으로 소개되기 전, 이러한 세계적 차원의 변화를 이해하는 시각을 제공한 것은 주로 식민지, 팽창주의, 적자생존, 문명과 야만 등과 같은 개념들이었다. 이들 개념은 19세기 후반 중국을 둘러싼 서구 열강의 경쟁과 세계의 조류를 파악하는데 유용했다. 그러나 식민 혹은 식민지는 이후 국가의 의도적인 식민정책과 달리 개인적인 차원에서 진행되기도 했을 뿐 아니라 근대 이전부터 진행되고 있었기 때문에 19세기 말 급속한 세계변화의 특수한 성격을 설명하는 데는 일정한 한계가 있었다. 굳이 인류의 식민의 역사에서 19세기의 특수성이 있다면, 그것은 영토와 식량자원이 협소한 상황에서 인구가 급증하여 대외적인 식민정책이 더욱 활발해졌다는 것이다. 또 다윈과 스펜서의 진화론 역시 적자생존, 우승열패 등 개념을 통해 인류사회의 상호경쟁을 이해하는데 이론적 토대를 제시하여 많은 반향을 불러일으켰지만, 이는 19세기의 특수한 현상이 아니라 자연계와 인류의 전 역사에 공히 적용되는 우주진화론으로, 왜 이 시기에 유독 국가와 민

쇄 되었으며, 이어 1902년, 1904년, 1908년, 1912년, 1913년, 1916년에 재판 되는 등 1910년대까지도 많은 주목을 받고 있음을 알 수 있다. Paul S. Reinsch, *World Politics–at the End of the Nineteenth Century as Influenced by the Oriental Situation*, New York : The Macmillan company · London, Macmillan and co, 1916.

족간 경쟁이 격화되는지를 설명하기에는 부족했다. 물론 중국 지식인 들은 서구의 기술과 교통의 발전, 경제발전 등으로 인한 식민의 불가 피성을 서로 연계시켜 서구 열강의 식민지 확장과 상호 경쟁을 해석하 기도 하였다. 그러나 이러한 개념들의 연계만으로는 분절되어 있는 세 계와 모호한 역사적 시간성을 하나로 통합한 체계적인 세계인식을 제 공할 수는 없었다.

라인슈의 제국주의론은 이러한 각기 다른 측면에서 시대적 변화를 추동하는 동력과 그 변화의 방향을 체계적으로 제시했다. 라인슈는 세 계가 단순히 다양한 국가와 민족의 경쟁무대에 그치지 않고, 전세계가 서로 연계되어 하나의 "세계"를 형성해가고 있다고 보았다. 세계 각 구 석과 벽지에서 전개되는 새로운 상황들은 세계 전체의 변화와 긴밀한 연계가 있으며, 점차 하나의 통합적인 체계로 귀속되어가는 경향이 있 다는 것이다. 문제는 통합적인 체계가 여러 민족국가들이 통일적인 국 제규범 하에서 공존하는 형태가 될 것인가 아니면 획일적이고 억압적 인 세계국가의 형식이 될 것인가 하는 점이었다. 라인슈에 따르면 20 세기는 바로 이러한 세계체제의 향방을 결정짓는 갈림길에 놓여 있으 며, 이러한 시대적 상황에서 각 국가의 생존을 위해 필요한 것은 바로 전체로서의 세계를 대면하고 있는 자국의 지위와 상황을 인식하고, 그 러한 세계의 변화를 자국에 유리하도록 이끄는 것이었다. 즉 제국주의 는 바로 세계열강들이 전세계의 질서를 조망하며 자국의 세계전략을 추진하는 것에 다름 아니었던 것이다.[38] 19세기 말부터 유행한 세계정

---

38 라인슈가 자신의 저서의 핵심을 "세계정치"라고 명명한 것은 이 용어가 19세기 말 독
일의 제국주의 정책을 지시하는 의미로 쓰이고 있기도 했지만, 또 전체로서의 세계에

치 혹은 세계정책(혹은 정략)은 바로 제국주의의 또 다른 명칭이었다.
이와 같이 제국주의는 19세기의 특유의 민족주의의 파생물이자, 유기
적이고 우승열패의 경쟁이 진행되는 세계질서 속에서 각 국가 혹은 민
족이 자신의 존속과 팽창을 위해 추구하는 적극적인 대외 정책 혹은
전략이었다.

1) "역사시기" 개념으로서의 민족적 제국주의

라인슈의 『세계정치』가 통시적인 차원에서 당시 세계에 부여한 규
정은 바로 민족적 제국주의national imperialism다.[39] 세기 전환기에 집필이
이루어진 만큼 그의 저서에는 새로운 세기를 맞이하는 기대와 우려가
저서 전체 내용에 자리 잡고 있다. 그는 세계는 역사적으로 세계제국

서 각 국가의 전략 및 그것이 각 국가와 세계에 미치는 영향을 주요 내용으로 삼고
있기 때문이었다. 라인슈의 세계정치(혹은 세계정책)론은 이후 국제관계에 관한 학
문의 기초가 되었다. Brian C. Schmidt, "Paul S. Reinsch and the Study of Im-
perialism and Internationalism", *Imperialism and Internationalism in the Discipline of
International Relations*, Edited by David Long and Brian C. Schmidt, New York :
State University of New York Press, 2005, pp.44~58. 이러한 의미에서 다카다
사나에가 그의 번역서 수정본의 제목을 『제국주의론(帝國主義論)』으로 수정한 것은
원제에서 완전히 벗어난 것이 아니라 오히려 당시 원서 제목이 함축하고 있던 의미를
더 확실하게 드러낸 것이었다고도 볼 수 있다.

39 일본에서는 "national imperialism"을 "민족적 제국주의"와 "국민적 제국주의" 두 가
지로 번역하였다. 다카다 사나에는 "민족적 제국주의"라고 번역하였지만 요시타케
겐고로우와 스즈키 토라오는 "국민적 제국주의"로 바꾸어 번역하고 있다. 박양신에
의하면, 일본에서는 'nation'을 처음 국민으로 번역하다가 독일의 블룬칠리의 용법
이 소개된 이후에는 민족으로 번역하기도 하였으며, 다카다 사나에가 국민과 구분하
여 명확하게 민족으로 번역하였다. 또 초기에는 국민과 민족의 의미가 국가의 '독립'
을 우선하여 모두 애국심과 민족적 내셔널리티를 중시한다는 점에서의 큰 차이가 없
었지만, 청일전쟁 이후는 두 개념이 모두 제국주의와 관계를 맺으며 새로운 맥락에서
국민주의와 민족주의 담론을 형성하였다. 참고로 중국의 경우에는 다카다 사나에의
번역을 참조한 만큼 모두 민족적 제국주의로 번역하였다. 朴羊信, 「근대 일본에서의
'국민', '민족'개념의 형성과 전개」, 『東洋史學研究』 104, 2008, 235~263면.

에서 민족국가로 그리고 다시 민족적 제국주의로 변화하는 과정을 겪고 있으며, 20세기는 바로 민족적 제국주의의 시대라고 단언하였다. 로마제국과 같은 세계제국이 르네상스 시기를 거치면서 점차 민족국가의 시대로 전환되다가 19세기에 이르러 확립되었으며, 다시 19세기 후반부터 시작된 민족적 제국주의로의 전환이 20세기에 이르러 더욱 본격화되는 추세를 보이고 있다는 것이다. 그의 중점은 19세기 마지막 30년간, 국제관계에서 출현한 새로운 현상의 원인과 성격을 분석하고 그 결과를 예측하는 것이지만, 그는 저서의 서두에서 그러한 변화를 하나의 역사적인 추세로서 제시하고 있다. 그는 비록 중세시기 세계국가의 이념world-state ideals과 같은 보편적인 세계질서에 대한 열망이 르네상스 시기 이후 민족주의로 변화한 원인에 대해서 그리고 민족성의 개념에 대한 구체적인 분석을 생략하기는 했지만, 각 민족이 서로 고유의 민족적 정체성을 중시하고 이를 바탕으로 독립된 국가를 이루려 힘쓰면서 세계정치의 가장 두드러진 특징이 되었다고 주장했다. 그렇다고 보편적인 단일한 세계질서에서 벗어나려는 운동인 민족주의가 곧 무조건 무정부나 지방주의 혹은 특수주의를 추구하는 것이 아니다. 그는 오히려 그것은 민족이라는 명분하에 그 밖의 다양한 차이와 지방성을 하나로 동화시키려고 한다고 보았다.[40] 초기 민족주의를 위한 투쟁에 대해 라인슈는 "세계제국의 경직된 통일성"을 제거하고, 세계에 정치적으로 새로운 생명력을 부여했다고 적극적으로 평가하였

---

40 Paul S. Reinsch, *World Politics –at the End of the Nineteenth Century as Influenced by the Oriental Situation*, New York : The Macmillan company · London, Macmillan and co, 1900, p.5.

다. 특히 국제법을 통해 어떤 강한 민족이 상대적으로 약한 문명민족 civilized nations을 부당하게 억압하지 못하도록 함으로써 국가들 사이의 균형이 유지될 수 있었으며, 인류는 획일적인 문명에서 벗어나 다양한 특성들을 개발할 기회를 갖게 되었다. 따라서 민족주의는 정치적 연합이 아니라 인류 공동 활동에서의 협력을 추구한다면 그로티우스의 국제법이나 칸트의 세계의 영구평화론 등이 추구한 세계 공동체The world community 이상과 조화될 수 있다고 보았다.

그러나 그는 동시에 민족주의 속에 잠재된 위험성을 제기하였다. 왜냐하면 민족주의의 원리에는 자기 파괴를 가능케 한 요소가 포함되어 있기 때문이다. 라인슈에 의하면 민족주의의 의지는 과장되지 않도록 절제되지 않으면 다양한 문명의 평형상태를 교란할 수 있다. 특히 민족주의는 종종 민족의 고유의 성격들을 표현하려는 건강한 욕망을 넘어, 민족의 경계 밖에서 기원하는 모든 것을 야만적barbarous이고 퇴폐적decadent인 것으로 비난한다. 각 민족은 자신만이 참된 문명을 간직하고 있다고 간주하고, 전쟁에서의 승리를 자신의 문명의 승리라고 주장한다. 민족주의는 국가의 통합성을 강조하기 때문에, 예술이나 과학, 역사에 국가적이거나 민족적인 색채를 연계시킨다.[41]

민족주의의 이러한 잠재적 속성 때문에 그것이 과장되면 제국주의적 경향을 나타내게 된다. 19세기 후반 서구에서 출현하기 시작한 새로운 국제정치의 경향을, 라인슈는 민족주의의 파생물이자 과장된 형태인 민족적 제국주의라고 규정하였다. 민족적 제국주의란 "민족들이

---

41 Ibid., pp.6~7.

그들의 역량과 기회가 허용되는 만큼 최대한 지구의 많은 부분을 통치하고", "미개발 지역이나 열등한 종족race을 흡수하고 착취하여 그 민족국가national state의 자원을 증가시키려는 욕망이다."[42] 이러한 민족적 제국주의의 대표적인 예가 바로 중국에 대한 서구 열강의 배타적인 세력권역, 영향권 다툼이라고 라인슈는 말한다.

민족주의에 처음부터 팽창을 위한 잠재요소가 있었다고 하더라도, 그것이 19세기 후반에 구체화된 모든 원인을 설명해 주는 것은 아니다. 민족주의에서 민족적 제국주의로 변환되기 위해서는 또 다른 일정한 원인과 조건이 필요하다. 19세기 말 제국주의의 출현에 대해 그 동안 정치적인 요인, 경제적 요인, 혹은 일부 팽창주의적인 인물의 행위 등 다양한 요인들이 거론되어 왔다. 이와 관련하여 라인슈는 경제적인 요인이 중요한 추동력이라고 보면서도 그 외에 보다 다양한 측면에서 제국주의의 출현을 설명하고 있다.

먼저 그는 근대 제국주의의 목표는 영토의 확장이 아니라 상업의 확대에 있다고 보았다. 러시아의 다소 맹목적인 팽창주의를 제외하면 영국이나 프랑스는 말할 것도 없고, 독일이나 미국의 팽창주의는 경제적인 이해관계와 밀접히 연계되어 있다. 미국의 하와이 병합과 쿠바에 대한 개입은 바로 강력한 트러스트들에 의해 추동된 바가 없지 않다.[43] 그 이유는 기술의 진보에 따른 생산량의 증가로 인해 열강들은 해외시장과 석탄 보급지, 중계 무역항을 필요로 하며, 나아가 지속적이고 안전한 무역활동을 위해 강력한 해군력과 정치적 개입이 수반되기 때문

---

42 Ibid., pp.9 · 14 · 33.
43 Ibid., p.354.

이다.[44] 그러나 해외시장의 필요성이 반드시 제국주의를 필요로 하는 것은 아니다. J. A. 홉슨도 지적한 바와 같이, 당시 서구 열강의 주요 해외시장은 식민지가 아니라 열강들이거나 캐나다나 오스트레일리아와 같이 이미 자치적인 국가능력을 가진 지역이었다.[45] 하지만 라인슈는 세계열강이 경제적인 이유로 보호무역 정책을 취하는 등 상호 경쟁이 심해지면서, 미래 발전을 위해 필요할 수 있는 식민지 접근성을 확보할 목적으로 경쟁적으로 팽창정책을 취하고 있다고 보고 있다.[46]

두 번째는 인구의 팽창이다. 그는 특히 인구가 급속히 증가하는 서구국가들에서는 자연스럽게 이주현상이 보편화되면서 식민지 개척이 이루어지고 있다고 보았다. 그러나 이러한 식민지 개척은 제국주의 팽창에 있어서 중요한 요소이기는 하지만, 양자가 반드시 일치하지는 않는다고 본다.[47] 자발적인 식민의 경우 인구가 희박한 지역으로의 이주와 같이 식민지에 대한 강제적인 통제를 수반하지 않는다. 다만 이미 일정한 역사와 질서체제가 갖추어진 곳에 상인이나 선교사 등이 이주할 경우 현지인들과 마찰이 발생하게 되는데, 서구 열강들은 그러한 마찰을 그 지역에 대해 지배권을 획득하기 위한 방편으로 삼기도 한다. 독일이 자국 선교사가 중국의 산둥지역에서 살해되자, 이를 계기로 자오저우만膠州灣을 조차지로서 확보한 것이 대표적인 예이다.

세 번째는 사상과 학술 조류의 변화이다. 라인슈는 서구의 사상과

---

44 Ibid., p.30.
45 J. A. 홉슨, 신홍범 · 김종철 역, 『제국주의론』, 창작과비평사, 1981, 28~39면.
46 Paul S. Reinsch, op. cit., pp.37~42.
47 Ibid., pp.9~10. 식민지, 식민주의, 제국주의는 서로 밀접한 관계를 지니고 있지만 그 개념은 각각 일정한 차이가 있다. 이들 개념상의 차이에 대해서는 위르겐 오스터함멜, 박은영 · 이유재 역, 『식민주의』, 역사비평사, 2006.

학술 조류가 칸트, 제퍼슨, 훔볼트, 루소로 대표되는 이성의 시대에서 힘의 시대the age of force로, 낙관주의 시대에서 비관주의 시대로 변화하였다고 보고 있다. 즉 인류는 이성에 의해서라기보다 의지의 맹목적이고 열정적인 힘에 의해 지배받는다고 간주한다는 것이다. 그 근거로 19세기 후반 새롭게 조명을 받고 있는 쇼펜하우어의 저작들과 니체의 사상 및 마키아벨리 현상을 들고 있다.[48] 라인슈는 특히 마키아벨리는 국가주의를 신봉하는 민족적 정책을 추진하는 정치가들 사이에서 가장 영향력 있는 정치철학자로 간주되고 있으며, 세계의 평화, 정의, 인류의 공동 노력에 의한 문명의 발전과 같은 관념들은 낙관주의의 신기루로 간주되고 있다고 주장한다.[49]

마지막으로 중요한 요인 중 하나는 애국심과 같은 감정이다. 식민지 확장 정책을 통해서 일부 개인적인 자본가들이나 상인들, 정치가들, 선교사 등은 일정한 이익을 취하지만, 항상 정치적 상상에 의해 좌우되는 대부분의 보통 사람들에게는 실제적인 큰 혜택은 없다. 그럼에도 많은 사람들은 제국주의적 팽창을 민족적 위신과 명예로 간주하고 적극 환영한다. 라인슈는 머나먼 지역의 섬에서 자국의 국기가 휘날린다는 사실만큼 대중적으로 더 열광을 불러일으키는 것은 없으며, 또 그먼 곳에서 휘날리던 깃발을 끌어내리는 행위만큼 중대한 범죄로 간주되는 것도 없다고 말한다.[50] 또 그에 따르면 민족이나 국가와 자신을 동일시하는 대중적 감정이외에, 종종 제국주의의 출현에는 군인이나

---

48 Ibid., pp.7~8.
49 Ibid., pp.14~15.
50 Ibid., pp.9~10.

외교관 등 개인적인 성향과 역할도 중요한 역할을 한다. 미국과 같이 상황의 전개과정에서 예기치 않게 팽창정책이 추동되기도 하지만, 러시아의 경우처럼 특정한 야망적인 장교의 무의식적인 활동이나 영국처럼 몇몇 "천재적인 인물" 혹은 동인도회사와 같은 기업 등에 의해 추동되기도 한다는 것이다.[51]

2) 세계정치의 문제로서의 중국

라인슈의 정확한 책 제목인 『동방의 영향하의 19세기 말 세계정치』가 말해 주듯이 그의 세계정치는 일반적인 국제정치 혹은 국제관계가 아니라 본격적인 제국주의와 동방 특히 중국의 문제와의 관계를 설명하기 위한 것이었다. 중국이 세계의 문명이나 경제, 국제관계 등에서 점하는 위치를 고려하면 중국이 중점적인 조명을 받는 것은 결코 특이한 현상이 아니었다. 그러나 라인슈가 중국을 주목한 것은 그곳에서 인류사회에 중대한 영향을 미칠 수도 있는, 서구 열강들의 이해관계가 충돌하고 있었기 때문이었다. 물론 그러한 이해의 충돌은 중국이외에도 남아프리카, 터키, 남아메리카 등에서도 공히 나타나던 현상이었지만, 라인슈는 그 규모와 영향력은 중국에 비할 바가 아니고, 미래 세계문명의 향방도 중국문제에 달려있다고 보았다.[52] 왜냐하면 중국 제국이 다시 그 힘을 회복하여 놀라운 산업발전을 이룰지, 아니면 러시아가 우월한 지위를 통해 중국을 자국의 중심활동지로 만들지, 혹은 유럽 열강이 세력균형을 통해 현재의 상태를 유지할지, 어느 경우이든 모두 세계의 문

---

51 Ibid., pp.62~63.
52 Ibid., pp.85~86.

명에 근본적인 영향을 미치게 될 것이기 때문이다.[53] 그러나 당면한 현실을 보면, 문명국가들이 조화롭게 이익을 추구하는 대상이 되어야 할 중국의 상업과 산업은 오히려 세계의 국가들 사이에 적의를 심화시키고 중대한 갈등의 주요 요인이 되고 있다.

서구 열강이 중국에서의 이익을 추구하는 방식은 중국내에 이른바 "이익권역sphere of interest"과 "세력권역sphere of influence"을 설정하는 것이었다. 여기서 "이익권역"이란 한 국가가 상업 활동이나 자원개발을 위해 우선권을 주장하는 지역이나 영토를 의미하고, "세력권역"이란 여기서 더 나아가 어느 정도 정치적 통제까지 발휘되는 지역 혹은 영토를 의미하지만, 당시에는 거의 동일한 의미로 호환하여 사용되었다. 청일전쟁 이후 러시아와 독일의 주도하에 중국에서 서구 열강과 일본이 서로 다투어 세력권역을 형성하려고 하면서, 당시 중국내외에서는 중국 분할론(중국에서는 "과분瓜分"이라고 부름)이 크게 대두되었다. 라인슈가 중국문제를 세계정치의 핵심이라고 본 이유도 바로 중국에서의 세력권역을 위한 열강의 심각한 경쟁을 의식한 것이었다.

라인슈는 당시 서구 열강들의 중국에서 세력팽창을 위한 과도한 경쟁, 그리고 산업과 종교, 정치, 군사를 동시에 동원한 팽창 수단에 대해 비판적이었다. 그렇다고 그가 중국의 완전한 주권을 옹호한 것은 아니었다. 그는 중국내에서 조차지나 세력권역의 분할, 중국 내지를 포함한 주요 항구의 군사 주둔과 같은 중국의 주권에 대한 침해는 인

---

53 Ibid., p.88. 라인슈는 만약 중국이 개혁을 통해 자신의 풍부한 석탄 광물과 잘 훈련되고 검소하며 능력 있는 방대한 인력을 결합시키면, 20세기는 중국이 세계의 산업 중심이 되고 태평양이 상업의 주요 무대가 될 것이라고 보았다. 앞의 책, p.111.

류사회에서 보편적으로 보장받아야 할 자유로운 무역의 안전을 위해 부득이한 수단이라고 보았다.[54] 따라서 그가 주장하고자 한 것은 중국에서의 완전한 패권경쟁의 중지나 전세계에서 식민정책의 포기가 아니었다. 그의 궁극적인 목적은 민족주의 국민국가체제에서 상업적 목적을 위한 경쟁은 불가피하지만, 그것을 과도하고 무분별하게 추구하여 세계를 전반적인 후퇴와 위험 속에 빠뜨리는 것을 막는 것이었다. 그것의 구체적인 방법이 바로 배타적인 영역의 확장과 보호무역주의를 반대하는 문호개방정책이다.

문호개방정책은 1899년 미국의 국무장관 존 헤이Jonh M. Hay가 각국의 미국 대사를 통해 공표하도록 한 미국의 대 중국정책으로 그 핵심 요지는 각 국이 중국에서 이미 확보한 이익권역을 인정하되, 그 지역에서의 모든 경제적 활동이나 무역활동은 국적에 관계없이 자유롭고 공평해야 하며, 관세 역시 중국 정부에 의해 모든 화물에 공정하게 부과되고 징수되어야 한다는 것이었다.[55]

라인슈 역시 "이익권역"의 정책이 반드시 문호개방정책에 반대되는 것은 아니라고 주장하였다. 그는 이후 변화할 수도 있겠지만, 당시 각국의 주장과 행동에 비추어 볼 때 "이익권역" 혹은 "세력권역"이란 개념이 포괄하는 최대의 의미는 한 열강이 스스로 생명과 투자의 안전에 대해 책임을 지고, 경제적 발전을 진척시키기 위해 자신의 정치적 영향력을 사용하는 지역을 가리킨다고 보았다.[56] 만약 이와 같이 "이익권역"의 설

---

54 Ibid., pp.154 · 194~195.
55 "Open-Door Policy in China", House of Representatives Document No. 547, Fifty-sixth Congress; Paul S. Reinsch, Ibid., pp.176~177.
56 Paul S. Reinsch, Ibid., p.184.

정이 경제적인 이익을 목적으로 한다면, 그것은 문호개방정책을 통해 더욱더 잘 보장받을 것이라는 것이다. 따라서 그는 유럽인들에게 가장 유익한 중국정책이란 외국인에 대해 적대감이나 편견을 갖고 충돌을 야기하지 않도록 4억의 중국인의 감정을 고려하면서 행정적, 법률적 조치들을 시행하는 것이며, 시장을 개방하고 중국 전역에서 유럽의 투자의 안전을 유지하는 목적 이외의 정치적 권리를 추구하지 않음으로써 중국의 통일체를 보전하는 것이라고 주장하였다.[57]

라인슈가 중국의 문제를 당시 세계정치의 핵심으로 파악한 또 하나의 이유는 중국에서의 열강들의 이해충돌 문제를 잘 해결하면 당시 점점 가시화되고 있던 세계가 직면할 위험에서 벗어날 수 있다고 보았기 때문이었다. 그 위험이란 세계무대에서의 서구 열강의 배타적인 세력팽창에 따른 충돌이다. 그가 볼 때, 세계정치에서 요구되는 것은 팽창정책의 부정이 아니라 적절한 관리였다. 중국에서의 서구 열강의 경쟁적 팽창정책은 경제적 이익이 거의 없는 열대지방에서의 맹목적인 세력 확장과는 다르다. 노동력과 자원 등을 고려할 때 중국은 열강의 대외적 팽창의 관심을 집중시키기에 충분할 뿐만 아니라 팽창의 욕망을 상당정도 만족시킬 수 있다. 따라서 라인슈는 중국이 서구와의 무역을 원활히 진행할 수 있도록 기반설비와 제도적 장치를 마련하게 하여 전체 무역이익을 증대시키는 한편, 열강들이 무익한 경쟁보다는 협력을 통해 실제적 이익균형이 이루진다면 중국의 문제는 물론 세계의 제국 간의 충돌이나 그 결과에 따른 세계제국의 출현을 억제하는 데 기여할 수 있다고 보았다.

---

57 Ibid., pp.194~195.

3) 문명의 진보와 제국주의

라인슈가『세계정치』를 집필하던 시기는 쿠바와 필리핀을 둘러싸고 미국이 스페인과 전쟁을 벌이면서, 그 전쟁의 성격과 전후의 처리방향을 둘러싸고 한창 논쟁을 진행하던 때였다. 그 이전부터 마한Alfred T. Mahan이나 로지Henry Cabot Lodge와 같은 인물들은 미국의 적극적인 대외 확장정책을 주장하고 있었지만, 스페인과의 전쟁은 처음부터 정부 내에서든 사회적 여론의 측면에서든 명확한 목적과 계획 속에서 진행된 것은 아니었다. 따라서 전쟁의 정당성과 그 결말의 처리방향을 둘러싸고 제국주의 논쟁이 전개되었다. 미국에서 제국주의 논쟁은 제국주의의 일반적인 성격과 관련이 있기는 하지만 주로 새로운 문명의 대표자로 자임하던 미국의 정치, 경제, 사회의 득실과 이해관계의 측면에서 제기되었다. 1899년 아이오와 대학 교수 헤론Herron이 제시한 10가지 쟁점은 크게 다음과 같은 두 가지로 요약된다. ① 팽창정책의 정당성과 합법성 문제 : 아메리카를 넘어선 다른 지역에서의 영토획득은 미국의 헌법 및 그 정신, 그리고 워싱턴의 고별연설과 먼로 독트린에 부합하는가? 즉 해외에서의 식민지 획득이나 제국주의적 팽창이 미국적 가치, 미국이 지향하는 이념에 부합할 수 있는가? 그리고 자유와 평등, 문명 등 인류의 보편적인 가치에 부합하는가? ② 팽창정책의 실효성 문제 : 열대지역에서의 식민지 경영이 성공할 수 있고 궁극적으로 미국에 이익이 될 수 있는가? 전쟁으로 인한 인명과 재정 등의 손실, 열대지방의 자연 조건과 경제적 가치, 식민지 정복과 경영을 위한 투자 등을 고려했을 때 실제 이익이 있는가?[58]

이러한 논점에 대해 팽창주의를 지지하는 사람들은 사회진화론적인

관점에서 새롭게 전개되는 역사상의 추세가 불가피함을 강조하고, 그
러한 추세에 적극 대응하는 것이야말로 현실주의적인 태도라고 주장하
였다. 또 앵글로색슨 민족인 미국은 세계문명의 진보를 주도하고 있으
며, 해외 식민지 확충은 전제상태나 야만적, 혹은 미숙한 상태에 있는
지역을 문명화시키는 것으로서 미국적 가치와 이념의 확산이라고 보았
다. 그리고 경제적인 측면에서 점점 더 요구되는 상업의 발전과 확대,
무역보호를 위해 무역거점이나 연료 조달의 확보가 필요하다고 주장하
였다. 이러한 입장에서 당시 미국의 팽창정책을 적극적으로 옹호한 인
물이 바로 경험주의적, 심리학적 사회학자로 불리는 기딩스였다.

기딩스는 사회진화론의 입장에서 인류사회는 원시적인 혈연 중심의
공동체 사회에서 경쟁을 통해 점점 더 크게 통합된 사회로 발전해 왔
으며, 작은 국가들이 더 큰 정치적 결합체로 통합되는 과정은 세계의
반半문명, 미개, 야만적인 사회가 더 큰 문명국가들의 보호 하에 놓이
게 될 때까지 지속되어야 한다고 보았다.[59] 이 과정은 군사적 정복과
같은 강제적 방법에 의해 추동되기도 하지만, 인류가 점진적으로 심리
와 윤리, 경제적인 동기에 의해 그러한 통합과정을 지향함으로써 문명
의 진보가 이루어졌다는 것이다. 사회는 그것을 통합시켜 줄 동종성이
필요한데, 문명이 발전함에 따라 처음 협소한 혈연, 관습을 중심으로
한 동종성의 기준이 이질적인 혈연과 문화집단을 함께 수용할 수 있는
정신적 차원의 새로운 동종성 기준으로 대체되고, 혈연집단에서 부락

---

58 George D. Herron, "American Imperialism", *The Social Forum*, Vol.1, No.1,
    1899.6.1, p.2
59 Franklin H. Giddings, "Preface", *Democracy and Empire, Studies of Their Psychological,*
    Economic, and Moral Foundations, New York : Macmillan, 1900, p.5.

으로, 근대의 네이션으로 발전해 왔다. 그리고 근대 네이션에서 중요한 동종성 기준은 바로 윤리적인 것이며, 그 주요 특징은 공동의 판단과 의지에 대한 공동의 충성loyalty, 기꺼이 공동의 운명을 함께하려는 정신, 그리고 개인과 종교, 지방의 자유라는 귀중한 가치에 대한 공통된 신념을 들고 있다. 이러한 윤리에 기반한 문명의 대표적인 국가가 바로 영제국이다. 그는 영제국은 제국과 민주주의가 결합된 것이며, 이러한 결합은 우연적인 것이 아니라 유기적인 것으로서, "민주적인 제국democratic empire"이라고 보았다.[60]

이와 같이 자유를 존중하는 윤리에 기반하여 잠재적 에너지를 분출시켜 활발한 사업과 자발적인 협력이 가능해지게 되었고, 적극적인 발명과 발견, 탐험으로 이전에 종족이 꿈꾸지 못했던 물질적인 부와 인구가 전례 없이 증가하였다. 미국은 바로 앵글로 색슨 민족의 이러한 정신을 바탕으로 건설되었고, 모험과 진취적인 개척 정신을 바탕으로 영토의 확장과 경제적인 대성공을 거두었다. 그러나 새로운 사업과 인구증가로 인해 자유주의 정치철학이 공화국 국가가 부여한 상대적으로 좁은 틀을 위협하기 시작했다. 이제 그러한 정신이 구속받고 미국 경제가 후퇴하여 전반적으로 문명이 퇴보하지 않기 위해서는 공화국의 좁은 틀을 벗어나 계속 팽창해야 한다. 이러한 측면에서 그는 당시 미국의 스페인과의 전쟁 및 필리핀의 복속은 그러한 정신과 발전추세가 불가피하게 대외적으로 확장된 자연스러운 결과이며, 이러한 추세를 반대하는 것은 무역풍이나 폭풍을 거스르는 것처럼 무익한 것이라고 주

---

60 Franklin H. Giddings, "Democracy and Empire", Ibid., 1900, pp.1~12.

장했다.[61] 또 피지배자의 동의 없이 제국의 지배를 확장하는 것이 민주적인가, 즉 필리핀인의 동의 없이 그들을 식민지배하는 것이 정당한가에 대해, 당장은 물리적인 지배로 고통을 받지만 후에 식민통치를 통해 그들이 문명화되고 나면 그 지배가 옳았다는 것을 인정하게 될 것이라고 보았다. 식민지배에 대한 동의는 매 순간 이루어져야 하는 것이 아니라 그들이 통치의 본질, 대상, 탁월함에 대해 충분한 경험을 한 후, 그것을 이해하고 해석할 이성이 완숙한 상태에 도달한 사람들에 의해서 이루어지는 동의가 바로 자유롭고 이성적이라는 것이다.[62]

마지막으로 그는 현재 인류문명은 앵글로색슨 민족이 대표하는 민주적인 제국과 러시아 및 그의 영향을 받는 중국으로 대표되는, 자국의 이익만을 추구하는 폐쇄적이고 전제적이며 착취적인 제국이 경쟁하고 있으며, 열대지역의 운명을 어떤 제국에 맡길 것인가를 결정하는 중요한 시점에 와 있다고 주장하였다. 즉 전세계의 미개화된 민족에게 자유와 자치, 모두를 위한 기회라는 영국의 문명을 전파하지 않는다면 러시아와 중국의 독점 정책과 비이성적 권위주의가 미개화된 민족에게 강요될 것이라는 것이다. 따라서 민주적인 제국이 중심이 되어 점차 먼 지역과 민족에 대한 지배를 확장하여 성공적으로 통합한다면 그 식민지들과 속지들은 민주적으로 변화할 수 있다고 주장하였다.[63]

기딩스의 이러한 주장 속에는 경쟁을 통한 문명의 부단한 진보를 주장하는 사회진화론과 앵글로색슨 민족의 우월의식에 근거한 백인의 문

---

61 Ibid., p.11: "Imperialism", Ibid., pp.274~281.
62 Ibid., pp.259~265.
63 Ibid., pp.284~289.

명을 위한 사명의식, 그리고 인류를 형제정신과 자유의 단일한 규범에 의거하여 완전하게 만든다는 대통합주의가 잘 나타나 있다. 즉 그에게 있어 영국과 미국의 제국주의는 인류문명 발전의 필연적인 추세이며, 자유주의 원리에 기반한 전인류의 통합으로 나아가는 발전과정이었다.

이러한 제국주의 찬성론자의 주장에 대해, 비판론자들은 억압과 지배로부터 자유를 쟁취하고, 유럽의 군주제나 전제정에 비해 훨씬 진보적인 가치를 대표하는 미국이 다른 지역 및 그 거주민들을 점령하고 복종시키는 것은 미국의 헌법과 선조들이 중시하는 가치와 행동방식에 어긋난다고 보았다. 또 피식민지의 사람들이 미국의 선진적인 문명을 수용하기에는 너무 미개하거나 낙후되어 있으며, 특히 열대지방은 미국인이 생활하기에 적합하지 않고 경제적으로도 큰 이익이 없으며, 오히려 그것을 점령하고 관리하기 위해 너무 많은 재정적, 인명적 희생이 뒤따른다고 보았다. 또 반대론자는 국외에서든 국내에서든 자유의 원칙이 준수되어야 한다고 보고, 팽창정책은 해외에서 타인종이나 타민족의 자유를 억압할 뿐만 아니라 국내적으로도 자유와 민주에 대한 사회적 여론과 관심을 해외로 돌림으로써 전체 사회와 정치의 발전을 저해할 수 있다고 주장하였다.[64]

---

64 19세기 말 미국에서의 제국주의 논쟁에 대해서는 강택구, 「19세기 말 미국 정치인들의 반제국주의론」, 『역사와 교육』 13, 2011, 193~211면; 강택구, 「19세기 末 미국의 제국주의化 – 우연인가? 필연인가?」, 『역사와 교육』 12, 2011, 251~261면; 최정수, 「T. 루즈벨트의 먼로독트린과 '세계전략'」, 『서양사론』 73, 2002, 29~55면; 이주천, 「알프레드 마한(Alfred T. Mahan)의 帝國의 戰略과 美西戰爭」, 『미국사연구』 15, 2002.5, 33~63면; 최정수, 「알프레드 T. 마한의 거대전략과 '러시아 봉쇄정책'」, 이근욱, 최정수 등 7인, 『제국주의 유산과 동아시아』, 동북아역사재단, 2014, 67~132면; James Landers, "Island Empire–Discourse on U.S. Imperialism in Century, Cosmopolitan, McClure's–1893-1900", *American Journalism* 23-1,

이러한 미국의 제국주의 논쟁의 맥락에서 당시 제국주의적 경쟁에 대한 라인슈의 전체적인 비평은 다음과 같이 요약할 수 있다.

첫째, 민족주의에서 제국주의로 변화해 가는 것은 시대적인 추세이다. 이러한 추세는 경제적인 요인과 인구의 증가, 기술문명의 발전 등에 의해 추동되는 시대적인 의미를 지니고 있다. 즉 라인슈 역시 역사의 부단한 진보와 발전이라는 역사적 시각을 수용하고 있다.

둘째, 이러한 추세는 역사발전 과정에서 나타나는 불가피한 면이 있기는 하지만, 인류의 입장에서 볼 때 부정적인 면도 존재한다. 우선 전근대적인 전통적인 사회나 열대지역과 같은 미개발 지역은 문명의 진보라는 측면에서 볼 때 서구문명의 확장은 긍정적인 면을 지니고 있다. 그러나 그 과정에서 수반되는 미개발지역 거주자들이 겪는 고통과 불행은 매우 비극적인 것이다. 즉 그에 의하면 문명의 진보는 불가피하지만, 가치론적인 측면에서 볼 때 명암을 동시에 수반하는 이중적인 것이다. 따라서 그는 설령 백인의 세계 문명화의 사명이 불가피하다고 하더라고, 그 과정에서 열등인종의 생존과 삶은 백인의 간섭으로 더욱 고되

2006, pp.95~124; Jonathan O'hara, "American Republicanism and the Finde -siècle Imperialism Debate", *Journal of Political Ideologies* 19-3, 2014, pp.331~344; Ernest R. May, *Imperial Democracy-The Emergence of America as a Great Power*, New York : Harcourt, Brace & World, 1961.
주목할 것은 미국에서 제국주의를 비판하는 사람들이 모두 팽창정책 그 자체를 거부한 것은 아니라는 점이다. 예를 들어 1900년 제국주의 팽창정책을 반대하던 민주당은 미국의 시민으로 되기에 자격이 부족한 해외의 백인이외의 타인종을 그들의 의사에 반해 강압적으로 정복하고 통합하는 것은 미국의 문명과 가치를 약화시키거나 훼손시킨다는 점에서 비판을 했지만, 타인종의 저항이 거세지 않거나 미국과 직접 국경이 인접하여 미국인의 삶의 확장에 이로운 경우, 즉 하와이의 병합이나 아메리카 인디언과 멕시코인의 합병에 대해서는 합법적인 것으로서 인정하였다. Ian Tyrrell and Jay Sexton eds., *Empire's Twin-U. S. Anti-imperialism from the Founding Era to the Age of Terrorism*, Cornell University Press, 2015, p.2.

고 피곤해지기 때문에, 결국 백인이 짊어진 사명은 슬픈 의무라고 보았다.[65] 또 세계정책으로서의 제국주의는 일국적인 측면에서 볼 때, 국내의 정당정치와 민주주의를 후퇴시킬 수 있다. 국가와 민족의 이익을 앞세운 대외적인 확장정책으로서 국내의 비판적인 목소리를 억압하며 일방적으로 애국심, 자민족 우월의식과 결속을 강제할 수 있기 때문이다. 결국 제국주의는 각 국가의 지속적인 개혁과 발전을 가로 막고, 서구가 성취해 온 문명의 토대마저 위험에 빠지게 할 수 있다. 라인슈는 특히 제국주의 정책으로 민족적 책임감이 높아지면 공직과 통치관리의 도덕과 지혜를 더욱 순화시킬 것이라고 본 기딩스의 주장은 지나치게 낙관적이라고 비판하고, 억제되지 않은 팽창은 주로 투기심과 무모함을 자극하고 공공업무의 타락을 가져올 것이라고 주장하였다.[66]

셋째, 제국주의는 민족주의의 시기의 다양한 민족과 문화가 공존하는 세계질서를 부정하고, 가장 강력한 국가에 의해 일방적이고 동화주의적인 세계국가가 출현할 수 있다. 다시 말해 각 국가와 민족사이의 경쟁과 충돌은 각 국가의 내정에서 다양한 여론과 민주가 보장되는 사회 대신 행정부의 권한이 극대화된 군주제나 전체주의가 출현할 가능성이 있으며, 그러한 전제국가에 의해 팽창과 경쟁이 강화된다면 민족적 팽창은 세계제국으로 나아갈 위험이 크다고 지적하였다. 이에 라인슈는 세계열강의 충돌과 세계제국의 출현을 막기 위해서 국제법 등을 통한 충돌방지와 관리체계가 필요하다고 보았다. 민족적 제국주의가 민족주의가 처음 극복하고 나온 세계제국의 꿈을 재점화시키고 있다

---

65 Paul S. Reinsch, op. cit., pp.42~43.
66 Ibid., p.349.

는 것이다. 제국주의 국가들이 경제적인 이익을 내세워 지구 표면에 대한 배타적인 통제와 점령을 추구함으로써 세계의 평화를 위협하는 국제적인 분쟁과 갈등이 발생하고, 부단한 합병과 통합을 통해 독립적인 민족국가는 해체될 것이다. 라인슈는 이렇게 세계제국으로 나아가는 위험을 막기 위해 국제주의를 제시하였다. 이를 위해서 정치적 지배와 영토점령과 같은 팽창은 가급적 억제되고, 국제사회는 국제법 등의 제도와 만국평화회의에서 논의되는 국제기구 등에 의해 제어되어야 한다. 그리고 이미 식민지화된 지역을 포함하여 전세계의 각 민족과 국가는 자원과 시장 등 모든 면에서 전면적으로 개방되어 상호이익을 추구해야 한다. 이러한 그의 국제주의는 당연히 서구 열강국가들이 주도하고 전세계의 이익 중 많은 부분을 독점하게 될 것이지만, 라인슈는 이는 궁극적으로 서구의 문명이 전세계로 확산되어 인류 전체의 발전을 촉진시킬 것이라고 보았다.

이상에서 볼 수 있는 바와 같이 라인슈는 당시 미국의 제국주의 논쟁의 맥락에서 보면 옹호론자보다는 비판론자에 가깝다. 그러나 그가 미국의 하와이 점령이나 스페인 전쟁을 통한 필리핀 복속을 반대한 것은 아니었다. 그가 『세계정치』를 집필하던 시기는 이미 현실적으로 미국이 태평양으로 세력을 확장하여 돌이킬 수 없는 상황이었다. 라인슈는 이러한 현실적인 조건 변화를 인정하고, 다만 그러한 정책이 지속적이고 통제없는 경쟁으로 확대되는 것을 막는데 주안점을 두고 있었다. 그리고 태평양, 특히 중국에서의 세계열강의 각축과 경쟁을 관리하는 것이 서구 문명의 몰락과 세계국가의 출현을 막고 세계질서를 유지하는데 있어서 가장 중요한 현실적인 과제라고 보았다. 이는 열강

간의 무력충돌을 막기 위한 중국 문호개방정책이 실은 제국주의의 한 정책이었던 것처럼, 제국주의 시대의 조류 속에서 제국 열강의 장기적이고 안정적인 이익의 조화를 추구하는 태도였다고 할 수 있다.

3. 일본의 제국주의 담론

1) 제국주의론의 전개

세계질서의 해석 개념으로서의 제국주의가 일본인들에 의해 주목을 받게 된 것은 청일전쟁을 시작으로 새로운 단계에 진입한 일본의 팽창정책이 지니는 의미를 설명하고 평가하기 위한 이론적 필요성에 기인한 바가 없지 않지만, 그러나 직접적인 계기는 1890년대 서구에서의 제국주의 정책의 확장과 더불어 제국주의에 대한 논의가 더욱 본격화되기 시작한 것과 연관이 있다. 일본은 청일전쟁의 결과 청 정부로부터 요동반도를 할양 받았음에도 불구하고, 러시아, 프랑스, 독일에 의한 이른바 삼국간섭으로 이를 반환하게 되자 국제관계에서 일본의 한계를 절감하는 충격을 받았다. 게다가 그 직후 일본이 반환한 요동지역이 청러 비밀조약에 의해 러시아의 조차지로 되고 이어 산둥지역마저 독일의 세력권으로 분할되었을 뿐만 아니라 미국이 하와이와 필리핀을 점령하는 등 태평양으로 진출하자 일본은 국제질서 변화에 대한 대응방법을 새롭게 사고를 하지 않을 수 없었다. 19세기 중반 이후 서구 열강이 주도하는 국제질서의 변화를 세계문명과 지정학적인 관점에서 주의 깊게 관찰하고 있던 일본에게, 영미권 특히 미국에서의 제국주의 논쟁은 서구 열강들의 아시아에서의 경쟁적인 팽창정책을 설명하는 새로운 개념과 시각을 제공하였다.

일본에서 처음 영미의 제국주의 논쟁에 관심을 보인 인물은 다카야마 조규高山樗牛와 1894년 청일전쟁시기부터 일본의 새로운 태도, 즉 팽창정책을 주장했던 도쿠토미 소호였다. 다카야마 조규는 1898년 9월 제국주의에 대한 개념 설명은 하지 않았지만, 인용의 방식을 통해 미국의 필리핀에 대한 점령 행위를 "임피리얼리즘"이라고 규정하고, 독일, 프랑스, 이탈리아, 미국 등이 막대한 손실을 무릅쓰고 식민지를 확장하는 것을 비판하였다.[67] 또 같은 해에 그는 1898년은 죄악으로 시작해서 죄악으로 끝난 19세기의 가장 기억할 만한 해로서, 그중에서도 극동문제, 즉 중국의 분할과 미국의 "제국주의"라는 두 사건으로 인해 세계 역사의 전환이 시작되었다고 지적하였다.[68] 그에 의하면 1898년의 두 사건은 인류의 다수가 도덕의 가면을 벗고, 국가의 이름으로 권력이 곧 정의라는 복음을 선전하며 인류 다수가 자기 문명이 허위임을 자백하고, 이른바 도의니 종교니 하는 것은 결국 짐승 같은 욕망의 가면에 지나지 않음을 폭로하는 상징적인 의미를 지니고 있었다. 이와 같이 다카야마 조규는 1898년의 세기 말 사건은 곧 20세기가 "제국주의"로 전환하는 시작이라고 음울하게 비판하고 있다.[69] 그러나 1899년에 이르러 그는 제국주의를 속방이나 식민지에서 타인종이나 타민족에게 본국인과 동일한 권리를 부여하지 않으며, 완전히 권력

---

67 高山樗牛, 「殖民地と歷史の敎訓」, 『時代管見』, 博文館, 明32.1, 208면.
68 「罪惡の一千八百九十八年」, 위의 책, 220~221면.
69 위의 글, 222면.

에 의해 정복한 타민족과 본토인이 주종의 관계를 이루는 것이라고 규정하였다. 그리고 역사에 비추어 볼 때, 이러한 팽창은 민족의 성정에 따른 발전의 결과이며 팽창의 기회를 놓친 국가는 곧 패망한다고 보았다. 제국주의의 대표적인 국가로 영국을 들고, 제국주의는 영국인의 심리를 지배하고 있는 시대적인 정신이며 시인 키플링은 단지 영국인의 꿈을 대변한 것에 지나지 않는다고 보았다.[70] 이와 같이 다카야마 조규는 제국주의를 민족의 성정에 따른 자연스러운 팽창으로 역사의 추세라고 보았지만, 그 과정 및 결과가 야기하는 부정적인 면, 즉 "배타주의, 독점주의, 침략주의, 비인도주의"를 숨기지는 않았다.

한편 같은 시기에 부정적인 의미로 사용되던 제국주의를 독자적으로 개념화하여 적극적인 의미로 수용하고자 한 것은 도쿠토미 소호였다. 그는 1899년 서구와 일본에서 통용되는 제국주의의 개념이 부정적인 의미로 사용되고 있는 상황을 의식한 듯 미국에서의 제국주의적 팽창정책을 옹호하는 입장에 따라 제국주의를 긍정적 의미로 전환시키고자 하였다. 그는 먼저 제국주의는 처음 영국에서 세계에 산재해 있는 속지를 하나의 조직체로 통일하는 것, 즉 하나의 통일된 영연방을 결성하자는 정치적 입장을 의미했고, 미국에서는 쿠바와 필리핀에 대한 점령과 같은 행동을 가리키는 의미로 사용되던 것이 이제 일본의 정계에서도 널리 사용되고 있다고 언급한 후 일본에서 어떤 의미로 사용해야 하는지에 대해 논하였다. 그가 이와 같이 제국주의의 의미에 대해 특별히 주목을 하는 이유는 제국주의라는 개념을 자신의 사상적

---

70 「帝國主義と植民」, 『樗牛全集』 4, 博文館, 1913, 504면; 「時勢と詩人」, 『樗牛全集』 4, 540~541면.

언어로 삼고 싶지만, 당시 일본에서 사용하는 의미가 자신이 주장하던 대일본주의 혹은 제한적 의미에서의 적극주의와 큰 차이가 있다고 보았기 때문이다. 그리하여 그는 제국주의를 자신의 사상을 전개하기 위한 적극적인 개념으로 삼기 위해, 제국주의의 개념 중 부정적 의미를 제한하여 긍정적인 함의로 전화시키고자 하였다. 그는 우선 제국주의에 비판적으로 부여된 침략주의, 배타주의 혹은 독점주의, 무력 독존주의, 낭비주의(국고 낭비) 등 함의를 부정하고, 무역, 생산, 교통, 식민을 통해 일국의 경제적 이익을 확대하고 민족의 발달을 도모하는 평화적인 팽창주의라고 규정하였다. 그리고 군비는 이러한 목적을 이루기 위한 수단일 뿐이며, 제국주의를 실행하기 위해서는 생산, 교육, 군사 등 전체적인 측면에서 준비를 해야 한다고 주장하였다. 다시 말해 자신이 주장하는 평화적인 팽창주의는 퇴영적인 행동도 아니고 침략적인 행동과 동의어가 아니라는 것이다.[71] 이와 같이 도쿠토미 소호는 자신이 주장하는 제국주의가 침략주의와 다름을 강조하기는 했지만, 당시 영국과 미국의 팽창주의가 자신이 주장하는 평화적 팽창주의와 어떤 차이가 있는지에 대해서는 구체적으로 언급하지 않았다. 그는 일찍이 산업발전을 저해한다는 이유로 군비확장을 반대하던 입장을 바꾸어 청일전쟁 전후부터는 군비확장과 산업발전을 병행하여 부국강병을 이룰 것을 주장하고, 무력의 지원을 받아 국민이 해외팽창을 할 수 있도록 강건한 정신을 갖추고 고난을 이겨낼 수 있는 활동적인 국민을 육성할 것을 주장하였다.[72] 또 청일전쟁은 "정의의 전쟁義戰"이고, 국민

---

71 德富猪一郎著, 「帝国主義の真意」(『國民新聞』, 1899.3.24), 『社会と人物』(国民叢書 16), 民友社, 明32.11, 41~45면.

의 행복을 저해하고 야만상태에 방치해 두는 청과 조선과 같은 국가를 정벌하는 것은 "문명의 권리"이며, 이는 영국이 이집트를 보호국으로 삼은 것과 같다고 주장하기도 하였다.[73] 이러한 대외적 팽창의 주장은 당시 영미권을 비롯한 서구 제국주의 찬성론자들이 주장하던 핵심 내용이었다.

도쿠토미 소호의 이러한 제국주의 개념에 대한 적극적인 해석은 곧 반발을 야기하였다. 쿠가 가쓰난陸羯南은 제국주의는 상무주의의 형제로서, 무역, 생산, 교통, 식민 등은 국기가 휘날리는 곳을 뒤 따르며, 약육강식을 국제질서의 당연한 이치로 간주하는 무권武權주의이자, 침략주의, 독점주의이고 대내적으로는 국민들에게 비생산적인 비용을 부담시키는 낭비주의라고 비판하였다.[74] 하지만 쿠가 가쓰난이 도쿠토미 소호를 비판한 것은 자신의 추구방향이 그와 달랐기 때문이 아니라 동일한 현상을 제국주의라고 명명했기 때문이었다. 쿠가 가쓰난도 당시 서구 열강의 팽창의 의의와 필요성을 부정하지는 않았다. 그는 국가가 과잉자본과 제품을 해소하기 위해 해외 시장을 확보하고, 자국민의 권리와 편익을 국외로 확장시키는 것은 침략적 정책이라고 할 수 없으며, 이는 국민의 복지와 경제적 필요에 의한 경제적 논리에 따른 것이라고 인식하였다.[75] 그리고 자신이 이해하고 있는 제국주의란 야심적인 제왕

---

72 德富蘇峰, 『大日本膨脹論』, 民友社, 明治27.12, 151~159면.

73 米原謙, 『德富蘇峰 日本ナショナリズムの軌跡』, 中央公論社, 2003, 122~123면.

74 陸羯南, 「帝國主義の解」(『日本』, 1899.3.25), 西田長寿・植手通有・坂井勇吉編, 『陸羯南全集』6, みすず書房, 1971, 240면

75 陸羯南, 「內地全開放－独り支那朝鮮のみを見る勿れ」(『日本』, 1899.3.21), 西田長寿・植手通有・坂井勇吉編, 『陸超南全集』4, 1970, みすず書房, 238면. 도쿠토미 소호와 쿠가 가쓰난의 제국주의 논쟁을 포함해 19세기 말 20세기 초 일본에서의 제국주의 논쟁의 상황에 대해서는 박양신, 「19, 20세기 전환기 일본에서의 「제국주의」론의

이나 재상이 다수의 국민의 이익을 희생하면서 군사적으로 대외 침략을 추구하는 것으로 이른바 도쿠토미 소호의 평화적 팽창주의와는 다른 것이라고 주장하였다. 즉 그가 제국주의는 부정하고 비판할 대상으로 간주하고 있는 상황에서, 도쿠토미 소호와 같은 제국주의의 개념에 따를 경우 본인도 결국 제국주의의 지지자가 되기 때문에 그를 비판한 것이지, 당시 서구의 팽창주의에 대해 두 사람의 인식이 달랐기 때문이 아니었다.

두 사람의 논쟁 이후 일본에서는 제국주의라는 용어가 신문과 잡지에서 널리 사용되며 유행하기 시작했는데, 제국주의를 침략주의나 백인주의로서 비판하거나 거스를 수 없는 새로운 시대의 특징으로 간주하는 입장이 적지 않았다.[76] 그런 가운데 제국주의를 일본의 대외정책이자 국민들이 갖추어야 할 태도로서 적극 지지한 것은 다름 아닌 도쿠토미 소호, 다케코시 요사부로竹越與三郎 등을 중심으로 한 민우사民友社 그룹이었다. 다케코시 요사부로는 대내적으로는 자유를 중심으로 한 평민주의를, 밖으로는 제국주의적인 세력팽창을 추구하는 이른바 영국의 로즈베리경의 자유제국주의를 지지하면서, 제국주의는 국민의 영예와 이익을 증진시키기 위한 것으로 쇼비니즘이나 징고이즘과 다르다고 주장하였다. 뿐만 아니라 이제 일본은 아시아가 아니라 세계 속에서의 일본의 지

제상-서양사상과의 관련에서」, 日本史學會, 『日本歷史研究』 9, 1999, 131~157면.
76 예를 들어 정교사(政敎社)의 미야케 세츠레이(三宅雪嶺)는 일국의 진정한 행복은 물질적인 진보보다도 독립된 국가 하에서 억압 없이 자유롭게 삶을 영위하는 것이라고 보고, 문명의 사명을 주장하는 키플링 식의 제국주의는 일본을 포함한 비백인들에 대한 지배를 정당화하는 백인주의에 불과하다고 비판하였다. 이에 대한 간단한 설명은 다음 참조. 朴羊信, 「陸羯南の政治認識と対外論 4—公益と経済的膨張」, 『北大法学論集』 50-1, 1999.5, 55~56면.

위를 사고해야 하며, 군비와 상업의 측면에서 전세계를 대상으로 준비하되, 이를 위해 국내적으로는 평민주의를 통해 권리든 부담이든 다수의 국민이 함께 분담하고, 대외적으로는 제국주의를 통해 문명국의 그룹에서도 최고 가운데 하나가 되지 않으면 안 된다고 주장하였다.[77]

여기서 주목할 것은 도쿠토미 소호도 지적한 바와 같이 당시 제국주의론은 주로 영국과 미국에서 제기되었고, 일본에서의 제국주의도 영미권의 담론을 수용한 것이라는 점이다. 피어슨John D. Pierson에 의하면 1890년대 도쿠토미 소호는 영국의 작가들 가운데 영국의 식민지 확장에 깊은 관심을 가지고 그 의의와 미래에 대해 논했던 세 명의 영향을 많이 받았는데, 바로 논쟁적인 역사학자이자 『오세아니아, 또는 영국 및 그 식민지들』(1886)의 저자인 제임스 프루드James A. Froude, 『영국의 팽창』(1883)으로 저명해진 역사학자 존 실리John R. Seeley, 그리고 피식민지 혹은 피억압 민족, 특히 중국 등의 부상에 따른 고등인종 백인의 위기를 예측한 『민족의 삶과 특성에 대한 예측』(1893)의 저자 찰스 피어슨Charles H. Pearson이 바로 그들이었다.[78] 이들은 영국의 제국주의 정책을 적극 지지하며 1890년대 전후시기 영국에서의 제국주의 담론에 중심에 있던 인물들이었다. 한편 다케코시 요사부로도 메이지 30년대

77　竹越与三郎, 「現今政治上の形勢に就て」(明治31.4.23, 京都祇園座에서 연설), 『三叉演説集』, 二酉堂, 明41.5, 124~125면; 竹越三叉, 「自由帝國主義」, 『世界之日本』 5-48, 明治33.1.6.

78　John D. Pierson, *Tokutomi Soho, 1863-1957-A Journalist for Modern Japan*, Princeton University Press, 1980, p.226. 위의 세 가지 저서는 다음과 같다. James A. Froude, *Oceana, or England and Her Colonies*, London, Longman's, Green, 1886; Sir J. R. Seeley, *The Expansion of England : Two Courses of Lectures*, London, MacMillan and co., limited, 1909(1883); Charles H. Pearson, *National Life and Character: a Forecast*, London and New York, Macmillan and co., 1894(1893).

초에 창간한 『세계 속의 일본世界之日本』을 통해 영국의 정치가 로즈베리와 챔벌린, 그리고 제2차 보어전쟁을 승리로 이끈 육군 총사령관 프레더릭 로버츠Frederick S. Roberts, 영국의 케이프 식민지 정치가 세실 로즈 Cecil J. Rhodes 등을 연이어 소개하는 등 빅토리아 시기말기 영국의 제국주의 정책에 깊은 관심을 가지고 있었다. 뿐만 아니라 그들의 제국주의 담론은 미국에서의 제국주의 관련 논의에도 관심을 가지고 있었을 것으로 보인다.

해양국가인 일본은 일찍이 동남아시아를 비롯해 해양으로의 세력 확장을 도모하며 태평양에 대해서도 깊은 관심을 가지고 있었지만, 미국이 스페인과의 전쟁을 통해 카리브 해에서 유럽세력을 축출하고 태평양으로 진출하자 미국의 그러한 행보가 세계와 지역, 일본에 미치는 영향에 대해 더욱더 관심을 갖게 되었다. 이와 더불어 대외적 팽창 정책을 둘러싼 미국 내의 찬반 논란이 제국주의라는 관점에서 일본에 소개되었고, 일본 내에서도 대외적 팽창정책을 지지하던 미국의 찬성론자들과 같이 부정적인 의미의 제국주의 개념에 긍정적인 의미를 부여하며 적극적으로 수용하려는 시도가 나타났다. 앞서 언급한 도쿠토미 소호가 바로 그러한 시도의 대표적인 예이다. 제국주의 정책을 가장 적극적으로 주창하던 알프레드 마한A. T. Mahan의 『태평양 해권론』이 번역되어 일본에 소개된 것은 바로 도쿠토미 소호가 제국주의에 적극적인 의미를 부여하던 그 무렵이었지만,[79] 그는 1894년 적극적인 팽창주의를 주

---

79 エー・テー・マハン著, 『太平洋海権論』, 小林又七, 明32.7. 마한의 해양 패권론은 19세기 말 20세기 초 세기 전환기에 일본에 적극적으로 소개되어 적잖은 반향을 일으켰다. 량치차오 등 중국 지식인들과 밀접한 관계를 맺으며, 중국과 아시아 문제를 중점적으로 다루던 동방협회(東邦協会)가 주도적으로 마한의 저작을 번역 소개하였다. エー

창할 때부터 이미 알프레드 마한 등 해양 패권론에 공감하고 있었다.[80]

그러나 미국의 제국주의 담론에 보다 적극적인 관심을 가지고 소개한 사람들은 민우사 그룹이 아니라 바로 앞서 살펴본 우키타 가즈타미, 다카다 사나에와 오자키 유키오尾崎行雄 등이었다. 이들은 당시 정치적으로는 헌정당 그룹과 밀접한 관계 속에서 활동하면서 당시 서구의 제국주의적 팽창을 거부할 수 없는 새로운 시대적 조류로 인식하였다. 19세기 말 세기 전환기에 제국주의를 일본이 취해야 할 방향이자 태도로서 적극적으로 수용한 두 그룹은 바로 민우사와 헌정당 그룹이었던 것이다. 뿐만 아니라 이들 그룹은 제국주의와 관련하여 상호 지지와 연계를 형성하고 있었는데, 이는 도쿠토미 소호와 우키타 가즈타미의 관계뿐만 아니라 츠카고시 요시타로의 예를 통해서도 알 수 있다. 일찍이 『가정잡지家庭雜誌』의 편집자로서 민우사 그룹의 한 구성원

・テー・マハン著, 水交社訳, 『海上権力史論』, 東邦協会, 1896; アルフレッド・セイヤー・マハン著, 水交社訳, 『仏国革命時代 海上権力史論』, 東邦協会, 1900; 「マハン大佐亞細亞問題」, 『東邦協会会報』79~86號, 1901~1902. 번역자 水交社는 당시 일본 해군장교의 친목과 연구를 위한 단체였다. 한편 『太平洋海權論』의 원제는 *The Interest of America in Sea Power, Present and Future* (Boston–Little, Brown, and Company, 1897)인데 일본어 역자는 그 실질적인 내용에 근거하여 『太平洋海權論』이라고 바꾸었다고 설명하였다.

80 도쿠토미 소호는 1894년 해양 팽창론을 적극 주창하던 동방협회와 밀접한 관계를 맺기 시작했는데, 이것은 그의 제국주의자로의 변신과 관계가 있다. 그는 1894년 8월경 동방협회에 가입하고 이어 10월 24일부터 11월 1일 사이에 자신이 주편을 맡고 있던 『국민신문(國民新聞)』에 동방협회 회원인 기모츠키 가네유키(肝付兼行)가 마한을 소개한 「海上權力–肝付海軍大佐意見」을 게재하였을 뿐만 아니라 「海國人民思想」(『國民之友』, 189)을 발표하여 적극적인 해외식민, 즉 국민확장을 주장하기도 하였다. 그의 『大日本膨脹論』은 바로 이러한 사상 전환 이후의 대표적인 문장이며, 청일전쟁 직후 그는 일본이 영국이나 미국을 대신하여 동양의 패권과 태평양의 패권을 장악해야 한다고 주장하였다. 澤田次郎, 『德富蘇峰とアメリカ』, 東京 –慶應義塾大學出版會, 2011, 140~141면; 藍弘岳, 「面向海洋, 成為西洋 –「海國」想像與日本的亞洲論述」, 『文化研究』 14, 2012, 301면.

이었던 츠카고시 요시타로는 1899년 6월 헌정당의 중심인물인 호시 도루星亭가 주재하던 『인민人民』에 「신침략주의」를 발표하였는데, 이 글에서 그는 당시 서구 열강에 의한 중국분할을 신침략주의라고 규정하였다. 그에 의하면 과거의 침략자는 사람을 죽이고 땅을 빼앗아 지배했기 때문에 이를 유지하기 위해 군대를 주둔시키는 등 별로 이익이 없었지만, 지금은 한 사람도 죽이지 않고 담소를 나누며 조차지나 철도 부설권, 광산 채굴권을 획득하고, 상업과 무역의 확장을 도모하는 등 새로운 침략방법을 취하고 있다고 보았다. 그리고 이러한 새로운 평화적 침략방법은 침략을 하는 국가도 이익이 될 뿐만 아니라 당하는 국가도 문명의 혜택을 입기 때문에 죄악시 할 수 없다고 하였다. 그리고 또 일본은 직접적인 군사적 침략은 주의하면서 이러한 평화적 침략주의는 간과하고 있음을 지적하고, 일본의 전체 국민이 평화적 침략주의를 잘 인식하고 국가의 이러한 대외정책을 위해 온 국민이 함께 참여하여 일익을 담당해야 한다고 강조하였다.[81] 이와 같이 민우사 그룹과 헌정당 그룹은 20세기 초 일본의 제국주의 정책을 주창함에 있어 상호 지지와 연대를 형성하며 중심적인 역할을 행하였다.

2) 우키타 가즈타미 : 제국주의와 국민교육

하지만 일본에서 제국주의에 대해 보다 체계적인 분석과 일본이 취

81　塚越芳太郎, 「新侵略主義」(『人民』, 1899.6.10.), 『時務的教育』, 民友社, 明34~35, 50~55면. 츠카고시 요시타로의 "신침략주의"는 량치차오가 당시 제국주의의 침략 방식을 이해하는데 직접적인 영향을 주었는데, 그는 이를 "멸국신법(滅國新法)"이라고 지칭하고 그의 논문 「민족경쟁의 대세를 논함」과 함께 묶어 『현금세계대세론』으로 출간하였다. 「滅国新法論」, 『淸議報』 89, 1901.8.

해야 할 태도를 명확하게 제시한 것은 우키타 가즈타미와 그의 필명으로 보이는 도쿠세고지였다. 그는 라인슈를 비롯한 미국의 제국주의론을 바탕으로 세계에 대한 새로운 인식틀을 제시하여, 당시 일본에서 부정적 의미로 사용되던 제국주의 개념을 긍정적 개념이자 거스를 수 없는 시대적 개념으로 전환시키는데 중요한 역할을 했다. 이러한 개념의 가치적 전환은 앞서 도쿠토미 소호도 시도했었지만, 그는 이를 보다 체계적인 세계분석과 이론적 논리를 바탕으로 전개하였다. 우키타 가즈타미는 제국주의의 현황과 특징, 원인 등에 대한 인식에 있어서는 기본적으로 라인슈의 설명을 따르면서 그러한 제국주의에 대한 평가와 대응자세에 있어서는 오히려 기딩스의 관점을 취하고 있다.

첫째 20세기라는 새로운 역사시기의 성격에 대한 세기인식이다. 홉스봄이 지적한 바와 같이 역사에 대한 시간적 분절로서의 세기라는 관념이 중요한 역사인식 틀이 되기 시작한 것은 20세기 전환기였다. 제국주의론은 비록 19세기 후반 현상에 주목하였지만 그것이 실제로 문제로 삼는 것은 20세기 세계질서였다. 즉 "20세기는 제국주의 시대"라는 인식은 한 세기를 기획함에 있어 중심적인 과제와 그 해결방향을 제시하는 것이었다.[82]

두 번째는 제국주의의 동력과 생존경쟁의 주체이다. 사회진화론에 의해 인류역사가 경쟁을 통해 발전한다는 의식이 있기는 했지만, 제국주의론에 의해 그 주체가 바로 국민이자 민족이라는 것이 강조되면서 국내적으로는 민권과 헌정사상이, 대외적으로는 민족적 팽창이 중시

---

82 獨醒居士,「帝國主義」,『時務三論』, 民友社, 明治35.1, 7~8면.

되었다. 특히 과거의 제국주의는 개인적인 군주나 특정 인물에 의해 추동된 개인적 제국주의였지만, 20세기의 제국주의는 국민적이고 민족적인 제국주의라고 주장하였다. 또 제국주의가 국내정치에서 민주화와 개혁에 부정적 영향을 미칠 것이라는 비판을 겨냥하여, 국민의 능력을 제고하여 경쟁력을 높이기 위해서는 민권보장 등 헌정이 필요하다고 주장하였다.[83]

세 번째는 경쟁과 팽창, 진보를 대하는 태도이다. 20세기의 제국주의는 이전의 제국주의와 달리 군사적이고 침략적인 것이 아니라 주로 경제적이고 윤리적인 것이라고 보았다. 이는 근대 이후 인구의 증가와 산업이 발전하여 새로운 식민영토와 해외 시장이 요구됨에 따라 자연스럽게 출현한 현상으로 단순한 침략주의와는 다르다는 것이다. 물론 제국주의 정책에 따라 군사적 정복이 이루어지기도 하지만, 이는 문명의 발전과 진보과정에서 불가피하게 수반하는 "사건"이지 제국주의의 본질적 속성은 아니라고 보았다. 즉 현재의 제국주의는 경쟁이 전례없이 더욱 극심하지만, 그 경쟁의 기준은 크게 고상해졌고 잔인한 완력에 의한 경쟁은 갈수록 감소했다는 것이다.[84] 따라서 그는 이상적인 국가는 국제법을 준수하고, 국제법상 완전한 국가로서의 지위를 유지하면서 산업, 기술, 학문, 종교 등 각 방면에서 각국과 건전한 경쟁을 통해 인류의 문명화, 세계의 복지를 위해 기여하는 것이라고 보았다.[85]

네 번째는 미래 세계질서에 대한 구상이다. 개인이든 국가 혹은 민

---

83 위의 책, 84면; 浮田和民, 「日本の帝国主義」, 『帝国主義と教育』, 民友社, 1901, 42면.
84 獨醒居士, 앞의 책, 70면; 浮田和民, 「帝國主義の敎育」, 앞의 책, 53면; 浮田和民, 「帝國主義の理想」, 『国民教育論』, 民友社, 1903, 255~256면.
85 浮田和民, 「帝國主義の敎育」, 앞의 책, 64면.

족이든 모두 자주적인 권리는 신성하고 존중받아야 하지만, 이는 그러한 권리를 향유할 자격과 능력을 갖추고 있는 것을 전제로 한다. 권리는 천부적인 것이 아니라 스스로 획득하고 지키는 것이다. 따라서 그러한 권리를 향유할 자격과 능력이 없는 반문명, 야만적인 국가 혹은 민족은 문명민족에 의해 지배를 받아야 한다. 그리고 세계는 작은 공동체에서 더 큰 공동체로의 융합과 연합으로 발전하고 있는데, 이러한 추세에 따르면 각 민족의 독특한 특수성들을 유지하는 조건하에서 더 큰 정치체로 연합하여 연방을 이루게 될 것이라고 보았다. 우키타 가즈타미(및 도쿠세고지)는 하나의 국가에 의한 세계일통의 세계국가를 건설하는 것은 각 민족의 문화와 성향이 달라 통합이 용이하지 않을 뿐만 아니라 세계 문명을 획일적이고 경쟁이 없는 정체적인 상태로 만들 것이라고 주장하였다. 그 대신 주권 능력을 갖춘 몇몇 국가들이 지리적, 인종적, 종교적 유사성과 근접성에 근거하여 대연방을 구성하는 것이 좋다고 보았다. 예를 들어 서구는 이미 대연방을 구성한 영국을 제외하고, 게르만족, 튜턴족, 슬라브족이 각기 대연방을 이루거나 혹은 하나의 유럽 연방을 구성하고, 남북아메리카는 미국을 중심으로 하나의 연방을 구성하며, 아시아는 일본을 중심으로 하나의 연방을 구성한다는 것이다.[86] 이와 같이 그들의 제국주의론에는 지역문명과 인종의 차이에 따른 연합이라는 구상이 자리 잡고 있었다.

마지막으로는 세계의 제국주의 조류에 대한 대응방법이다. 우키타 가즈타미(및 도쿠세고지)는 20세기의 이러한 세계의 조류에 대응하기

86　獨醒居士, 앞의 책, 91~94면; 浮田和民, 「帝國主義の理想」, 앞의 책, 250~252면.

위해서는 무엇보다도 국민에 대한 제국주의적 교육이 중요하다고 보았다. 여기서 제국주의적 교육이란 세계의 경쟁무대에서 자신의 권리를 유지하며 경쟁하는데 적합한 국민을 양성하는 것을 의미한다. 이를 위해서는 경제와 실용적인 교육이 필요할 뿐만 아니라 타 민족의 존중을 받을 수 있는 덕성과 국제법 의식을 갖추어야 한다. 그리고 경쟁에서 패하지 않기 위해서는 앵글로 색슨 민족처럼 진취심, 자립심, 강인함, 용맹과 결단력, 공공의식 등과 같은 남성적 도덕이 필요하다고 보았다. 또 일본인은 백인의 문명적 사명처럼 중국, 조선, 태국 등 아시아 민족들이 문명세계로 나아갈 수 있도록 이끌 소명의식을 가져야 한다고 주장하였다.[87]

이와 같이 우키타 가즈타미(및 도쿠세고지)는 세계 열강의 경쟁적인 대외적 팽창을 인류역사 발전의 일반적인 과정이자 민족의 자연적인 팽창현상으로 보았을 뿐만 아니라 영국과 미국의 제국주의를 자유주의에 입각한 민족주의의 대표로 간주하였다. 그는 또 제국주의로 인해 애국심이 강조되고 정당정치가 후퇴함에도 불구하고, 제국주의의 근간인 충일한 국민의 역량이 개인의 권리를 보장하고 국민의 소질의 향상을 전제로 한다는 점에서 적극적으로 평가하였다. 이를 바탕으로 금후 일본이 취할 태도에 대해서도, 그는 아시아 대륙, 남북아메리카의 신세계, 남양 지역에 평화적, 경제적, 상업적 목적을 위해 이주시킬 필요가 있으며, 그 지역에서 이주민을 보호하고, 타민족에 의해 부당한 차별과 모독을 당하지 않도록 필요한 경우 군사를 파견해야 한다고 주장하였다. 그리

87　獨醒居士, 앞의 책, 96·104면; 浮田和民, 「帝國主義の敎育」, 앞의 책, 76~105면; 浮田和民, 「帝國主義の理想」, 앞의 책, 118~120면.

고 이러한 생존 경쟁에서 승리할 수 있는 국민을 양성하기 위해 자주독립의 인격을 핵심으로 복종주의가 아니라 자유주의 도덕을 장려해야 한다고 주장하였다.[88] 우키타 가즈타미의 제국주의론은 경제적, 평화적, 문명적 팽창을 중시한다는 점에서 군사적 팽창을 동시에 추구하는 도쿠토미 소호와 차이가 있다. 즉 그의 제국주의론은 자유주의에 입각한 제국주의로서 기딩스를 비롯한 미국의 제국주의론에 더 가깝다. 그러나 당시 세계의 피억압 민족의 입장에서 보면, 그가 영국과 미국의 제국주의를 이상적인 모델로 간주하면서 인도와 필리핀의 피식민화를 언급하지 않은데서 보여주듯이, 제국주의를 침략주의로 간주하는 것보다 당시 제국주의를 더 합리화하는 측면이 없지 않다. 그에 의하면 피식민지나 약소민족의 피지배, 피식민지화는 그들 자신의 문제이자 불가피한 운명으로, 그들이 자립하고자 한다면 제국주의의 문명을 적극 수용하여 분발함으로써 스스로 극복하는 길 밖에 없는 것이다. 즉 기딩스가 주장한 바와 같이 우선 문명의 제국의 지배를 받아 그들의 도움을 통해 스스로 문명화되는 길 이외에는 없다. 물론 그 결말이 자발적인 동화가 될지 아니면 분발을 통한 자립이 될지는 알 수 없지만 말이다.

3) 제국주의 비판 : 20세기의 괴물

이와 같이 일본에서 제국주의 조류에 대한 소개 및 그것에의 적극적인 참여를 주장하는 논의가 확산되던 시기에 제국주의에 대한 전면적인 비판을 제기한 사람은 고토쿠 슈스이였다. 일찍이 동양의 루소라고

---

88 浮田和民,「帝國主義の敎育」, 앞의 책, 86, 100면.

불리던 나카에 초민^{中江兆民}의 문하생으로서 그의 민권사상의 영향을 받고 또 사회주의에 깊은 관심을 가지고 적극적인 소개와 활동을 하였던 고토쿠 슈스이가 제국주의에 대한 비판을 위해『이십세기의 괴물 제국주의』를 저술한 것은 자연스러워 보인다. 그러나 1900년까지 제국주의에 대한 그의 입장은 비판적이라기보다는 오히려 제국주의 정책의 지지자에 가까웠다. 특히 의화단의 난 시기 그가 주로 활동했던 『만조보^{萬早報}』의 언론 기조와 그의 문장을 보면 의화단의 난을 진압하고, 나아가 중국과 조선을 둘러싼 열강들과의 경쟁에서 국가의 권익과 실리를 확보하기 위해 만반의 준비를 하도록 정부에 요구하는 등 제국주의의 지지자로서의 면모를 보여주고 있다.[89] 하지만 1900년 말 제국주의에 대한 그의 관점은 급변하여 제국주의란 군사적 힘을 바탕으로 한 영토 확장이며, 국민을 위한 확장이 아니라 단지 자본가와 부호의 제국주의라고 비판하였다. 그리고 제국주의가 내세우는 인구과잉에 따른 식민과 생산과잉을 해소하기 위한 시장 확보 등은 유럽인 및 그들의 상품이 대부분 쿠바나 필리핀과 같은 후진 지역이 아니라 주로 아메리카로 향하고 있다는 점에서 근거가 없으며, 일본처럼 경제가 발전하지 못한 상황에서 영토 확장을 위한 시도는 군사적 제국주의에 불과하다고 주장하였다.[90] 그의『이십세기의 괴물 제국주의』는 바로 이러한 태도의 변화가 있은 직후인 1900년 11월부터 1901년 2월 사이

---

89 井口和起,『日本帝国主義の形成と東アジア』, 名著刊行会, 2000, 190~200면.

90 幸德秋水,「排帝國主義論」,『万朝報』, 1900.11.17. 이구치 가즈키에 의하면 고토쿠 슈스이의 제국주의에 대한 태도변화를 이끈 것은 그의 인도주의와 자유주의적 입장에 의거한 비전론(非戰論)과 군국주의에 대한 비판적 입장이었다. 井口和起, 위의 책, 205면.

에 『치요다마이유신문千代田每夕新聞』에 연재했던 「대역무도록大逆無道錄」 (애국심 비판), 「도심단단록刀尋段段錄」(군국주의 비판), 「제국주의帝國主義」 (제국주의 비판)를 바탕으로 한 것이다. 이와 같이 애국심, 군국주의, 제국주의 세 부분으로 구성된 『이십세기의 괴물 제국주의』에는 군사력에 기반한 타 국가의 영토 및 인민의 생명에 대한 침탈을 비판하는 나카에 초민의 자유주의 사상[91]이나 사회주의적인 이상이 나타나 있지만, 제국주의에 대한 고토쿠 슈스이의 비판에 직접적인 영향을 준 것은 무엇보다도 당시 영국의 제국주의 비판 담론을 이끌던 존 로버트슨 John M. Robertson의 『애국주의와 제국』이었다.[92]

저널리스트이자 사상가인 로버트슨은 1893년부터 자유주의자, 페이비언주의자에서 사회주의자들까지 망라된, 정치, 사회, 산업 전반에서 개혁을 추진하던 그룹인 레인보우 서클The Rainbow Circle의 멤버였는데, 『제국주의론』의 저자 존 홉슨John A. Hobson도 이 그룹의 중심인물 가운데 한 사람이었다. 두 사람이 거의 동시기, 즉 1898년부터 제국주의적인 팽창의 원인과 문제점을 분석한 것을 고려하면 제국주의에 대한 두 사람의 이해와 비판에서 상호 영향관계를 발견하는 것은 어렵지 않다.[93] 로버트슨의 『애국심과 제국』은 고토쿠 슈스이의 『이십세기의 괴물 제국주의』와 마찬가지로 애국심, 군국주의, 제국주의 세 영역에

---

[91] 특히 『삼취인경륜문답(三醉人經綸問答)』 가운데 "스스로 답하고 웃고 말하니 한문 투로다"에서 양학신사의 주장은 고토쿠 슈스이의 제국주의의 비판과 매우 유사한 논리와 관점을 보여준다. 나카에 초민, 연구공간 '수유+너머' 일본근대사상팀 역, 『삼취인경륜문답』, 소명출판, 2005, 69~87면.

[92] John. M. Robertson, *Patriotism and Empire*, London : G. Richards, 1899.

[93] Mira Matikkala, *Empire and the Imperial Ambition-Liberty, Englishness and Anti-imperialism in Late-Victorian Britain*, London : I. B. Tauris, 2011, p.37.

대한 비판으로 구성되어 있으며, 고토쿠 슈스이는 세 개념에 대한 기본관점과 주요 사례들을 로버트슨에서 빌려오고 있다.[94]

로버트슨은 애국심은 약자를 강자들의 목적을 위해 동원하기 위한 허위의식이자 제국주의적인 팽창을 합법화하는 이데올로기일 뿐만 아니라 자기의 목적을 위해 타자를 적대시하는 동물적이고 원시적인 인종적 이기주의라고 보았다. 또 군국주의에 대해서도 그것이 시민의 의식을 배양하는데 기여한다는 주장을 비판하고 막대한 예산과 징병으로 인해 국가의 재원의 낭비와 손실을 야기하고, 적대감의 소용돌이 속에서 질시하는 적들을 만들어 낸다고 주장하였다. 특히 그는 제국주의 정책의 지지자들이 주장하던, 팽창이 필요한 세 가지 근거에 대해 비판을 하였다. 첫째 과잉 인구의 이민을 위해 항구를 제공해야 하고, 둘째 새로운 시장을 개척하기 위해서 필요하며, 셋째 무역은 국기의 뒤를 따른다는 것이었다. 이에 대해 로버트슨은 대부분의 이민이 중국이나 열대 아프리카가 아니라 미국으로 향하고 있으며, 많은 식민지를 거느린 제국은 번영이 아니라 빈곤을 증가시킬 것이라고 비판하였다. 그 근거로서 그는 제국적인 영국이 덜 제국적인 프랑스나 스위스, 네덜란드, 스칸디나비아보다 더 빈곤해 지고 있다는 점을 들었다. 또 대외적 팽창으로 인도나 일본의 값싼 노동력이 영국의 산업을 파괴할 것이고, 무역이 국기를 뒤따르게 되면, 영국의 부의 자원은 고국의 산업이 아니라 영국 본토의 외부에서 찾게 될 것이라고 주장하였다. 즉 무

---

94 Robert Thomas Tierney, *Monster of the Twentieth Century–Kōtoku Shūsui and Japan's First Anti-Imperialist Movement*, Berkeley-University of California Press, 2015, pp.34~35. 고토쿠 슈스이 역시 『제국주의』가 본인의 독창적 저작이 아니라 기존 연구에 대한 부연설명이라는 의미에서 저작이 아닌 "술(述)"이라고 표명하고 있다.

역이 국기를 따른다는 것은 영국의 상업이 이미 쇠퇴하기 시작했다는 것을 의미하며, 그 결과 황폐해진 제국의 중심은 침몰하는 배처럼 버려진 채 도박꾼들에게 새로운 착취의 터전을 위한 최상의 길을 제공할 뿐이라는 것이다.[95]

고토쿠 슈스이의 『이십세기의 괴물 제국주의』는 일본에서 거의 유행어처럼 확산되던 제국주의를 비판하는데 주목적이 있지만, 그는 제국주의를 사회적 혹은 경제적 차원에서 접근하기보다는 주로 이데올로기적이고 정치적인 측면에서 해석하였다.[96] 그는 먼저 제국주의를 애국심과 군국주의를 날줄과 씨줄로 삼은 정책으로 간주하였다. 그중 애국심은 외국이나 외국인을 토벌하는 것을 영예로 삼는 호전적 심리, 즉 동물적 천성이자 미신이고 허장성세로서 문명의 이상과 서로 용납할 수 없고, 전제정치가가 자신의 명예를 성취하기 위한 야심에 불과하다고 주장하였다. 애국심이 출현하는 이유에 대해서, 그는 단순히 적자생존의 경쟁 때문이 아니라 일부 사람들의 욕망에 의해 선동되었기 때문이라고 강조하였다. 즉 그에 따르면 적자생존의 경쟁 결과 세계의 교통이 확대되고 통합이 이루어져 공공의 적인 이민족과 타부족이 점차 없어지게 되자 그 증오심도 사라지게 되었다. 그리하여 단합과 친목의 필요성이 없어지고 한 국가와 한 부락을 사랑하던 마음도 일신이나 일가 혹은 일당 一黨의 사랑으로 변모하였으며, 야만적이고

95　John. M. Robertson, *Patriotism and Empire*, London : G. Richards, 1899, pp.174~187.

96　이러한 점 때문에 그의 제국주의론은 사상적 비판의 측면에서는 적지 않은 영향력이 있었지만, 당시 제국주의라는 시대적인 조류의 성질과 그 원인을 설명하기에는 부족한 점이 없지 않았다고 할 수 있다. 이 점은 당시 중국에서 그의 저서가 번역·소개되었음에도 큰 반향을 일으키지 못한 이유가운데 하나일 것으로 판단된다.

호전적인 천성도 개인간의 투쟁이나 붕당간의 알력, 계급간의 전투로 변모하게 되었다. 그런데 이렇게 잔존하던 동물적 천성이 안일을 추구하는 정치가, 공명을 추구하는 모험가, 이익을 추구하는 자본가들에 의해 다시 발동되어 개인간 투쟁과 증오심이 국가 간의 투쟁과 증오심으로 발전하게 되었다.[97]

군비확장도 마찬가지이다. 고토쿠 슈스이는 군비확장의 원인은 미친 듯한 열광, 허풍, 호전적 애국심이며, 이러한 심리를 조장하는 것은 호사가적인 군인과 무기 및 양식 등 군수품을 제공하는 자본가들이라고 보았다. 그리고 군사훈련이 문란해진 사회 기강과 질서를 바로 세우고, 사람들에게 질서와 복종, 존중의 태도를 양성할 수 있다는 마한의 주장과 전쟁은 예술과 과학, 공예의 진보를 촉진시킨다는 주장을 비판하면서, 군국주의는 결코 사회의 개선과 문명의 진보를 촉진시킬 수 없고, 군사훈련과 군인의 생활은 결코 정치적, 사회적 지덕을 증진시킬 수 없다고 주장하였다.[98]

결국 그에 의하면 제국주의란 야수적 천성에서 벗어나지 못한 애국자가 그 무력을 양성하고 그 군비를 확장하여 미신과 허풍, 호전적인 마음에 빠져 대제국을 건설하는 것을 의미한다. 그의 제국주의에 대한 비판의 중점은 제국의 팽창의 필요성을 내세우는 근거들에 대한 분석과 부정이었다. 로버트슨도 지적했듯이 당시 제국주의 옹호자들은 대부분 다음과 이유를 논거로 제기하였다. 첫째 고대의 제국주의는 제왕의 개인적인 공명과 이욕利慾때문이었지만, 오늘날의 영토 확장은 그

---

97 幸德秋水, 『廿世紀之怪物帝國主義』, 警醒社, 明34.4, 15~16면.
98 위의 책, 55~61면.

국민의 팽창의 결과이다. 둘째, 인구가 날로 증가함에 따라 빈민이 증가하고 있어 영토 확장은 인구이주를 위해 부득하다. 셋째, "무역은 국기를 따른다". 즉 과잉 자본과 생산의 출로를 위해 새로운 시장 개척이 필요하다. 넷째, 영국의 제국주의가 군비를 확충하는 것은 식민지 전체를 통일하고 공고히 하기 위한 것이다.

이에 대해 고토쿠 슈스이는 모두 근거가 없고 문제의 본질을 호도하는 것이라고 비판하였다. 그에 의하면 먼저 제국주의는 소수의 정치가와 군인의 공명심의 팽창이고 소수의 자본가와 투기꾼의 이욕의 팽창일 뿐이다. 이들은 다수 국민의 생산을 방해하고 재원을 소모하며 그 생명을 약탈하여 대제국을 건설하려 한다. 또 다수의 자국 국민의 진보와 복지를 희생시키고 빈약한 아시아, 아프리카, 필리핀인을 위협하고 능멸하며 학대한다.[99]

인구의 문제에 있어서도, 그는 산업혁명 이후로 인구가 수배 증가했지만 그 부 역시 수십 배 증가하여 인구의 증가가 곧 빈곤의 증가를 수반하지는 않는다고 보았다. 그에 따르면 빈곤의 증가는 경제제도와 사회제도가 양호하지 못해 자본가와 지주가 이익과 토지를 독점하여 부의 분배가 공평하지 못하기 때문이다. 또 1853~1890년 사이 영국인의 이주를 보면 전체 이주민 850만 명 중 식민지로의 이주는 200만인데 비해, 북아메리카 합중국으로 이주는 550만에 달한다. 고토쿠 슈스이는 이를 근거로 과잉 인구의 이주를 위해 식민지가 필요하다는 주장이 실제에 부합하지 않음을 말해준다고 주장하였다.[100]

---

99 위의 책, 97~98면.
100 위의 책, 108~109면. 중국 번역본에는 550만이 50만으로 오역되어 있다. 日本土佐幸

다음으로 그는 생산과잉의 문제를 해결하기 위해서는 문제의 원인을 정확히 이해할 필요가 있다고 주장하였다. 그에 의하면 생산과잉이 출현하는 이유는 수많은 국민이 빈곤하여 구매력이 없기 때문이다. 그리고 이러한 빈부격차의 문제는 자유경쟁의 결과 부를 소수의 자본가와 산업가가 독점하기 때문이다. 이를 해결하기 위해서는 미개인을 압박하여 자국의 상품을 구매하도록 강요하기보다 다수 국민의 구매력을 높여야 하며, 자본가의 독점을 금지하고 노동자에 대한 분배를 공정하게 해야 한다. 그리고 현재의 자유경쟁제도의 근본을 바꾸어 사회주의 제도를 수립하지 않으면 안 된다고 주장하였다.[101]

마지막으로 그는 영국이 군비를 확충하여 식민지를 통일하려는 것은 그 영토가 과도하게 크기 때문이라고 보았다. 하지만 영국의 식민지인들은 일찍이 모국에서 삶을 영유하기가 어려워 자유와 의식衣食을 위해 먼 이국으로 이주하였으며, 지금 그 목적을 이루어 번영과 행복을 누리고 있다. 이들을 다시 통일하려는 것은 그들을 다시 대제국의 통일에 예속시켜 그들을 모국의 질곡 하에 두고 막대한 군비와 병역을 부담케 하는 것으로 식민지인들이 원치 않는 것이라고 비판하였다.[102]

이와 같이 20세기 초 세기의 전환기에 중국과 일본에서 중요한 역할을 한 제국주의론의 지식 원천은 영미권의 제국주의 담론이었다. 그 중에서 특정 관점에서 당시 제국주의 쟁점이 비교적 체계적으로 일본에 소개된 것은 미국의 소장학자 라인슈의 『세계정치』와 기딩스의

德秋水, 趙必振 역,『二十世紀之怪物帝國主義』, 上海廣智書局, 1902, 31면.
101 幸德秋水, 앞의 책, 114~115면.
102 위의 책, 120~121면.

『민주주의와 제국』, 그리고 영국의 로버트슨의 『애국심과 제국』이었다. 이 가운데 라인슈의 저서는 중국과 일본에 직접 번역되어 당시 세계적인 추세로 간주되던 팽창주의적인 국제질서의 성격을 이해하는데 중요한 역할을 하였다. 뿐만 아니라 당시 서구 열강을 중심으로 새롭게 형성되고 있던 국제질서로서의 제국주의는 일본을 포함하여 세계의 주변적 위치에 놓여있던 동아시아 지식인들에게 위기의식과 더불어 긴급히 해결해야 할 과제를 제기하였다. 즉 제국주의가 그것이 수반하는 폭력성에도 불구하고 세계와 역사 발전의 자연적인 추세로 간주되면서, 각 국가는 이에 대한 정확한 인식을 바탕으로 보다 구체적이고 효과적인 대응 방법을 모색하지 않을 수 없게 되었다. 이와 관련하여 한편에서는 고토쿠 슈스이나 일부 아나키스트, 사회주의자, 그리고 국수주의자들처럼 제국주의를 20세기의 괴물로 간주하거나 비판하는 입장이 있기는 했지만,[103] 다수의 논자들은 저항에 중점을 두기보다는 그러한 추세에 참여하여 스스로 제국주의적인 능력을 배양해야 한다는 현실주의적인 입장을 나타냈다. 특히 일본의 제국주의론 주창자들은 세계구조에서의 "아중심", 혹은 "아주변"으로서의 일본의 지위를 바탕으로 적극적인 제국주의 정책을 주장했을 뿐만 아니라 그러한 정책의 정당성을 위해 제국주의를 사회진화론의 방식으로 자연화하거나 윤리화하였다. 우키타 가즈타미는 제국주의라는 시대적 조류를 적극적으로 승인하고, 다른 서구 열강에 비해 상대적으로 열세인 일본의

---

103 고토쿠 슈스이의 제국주의에 대한 인식과 관련하여 그가 군사적 팽창주의를 비판하기는 했지만 이주나 경제적 방식을 통한 "평화적 팽창주의"를 부정하지는 않았다는 주장에 대해서도 주목할 필요가 있다. 고영란·김미정 역, 『전후라는 이데올로기』, 현실문화, 2013, 25~93면.

현실에서 출발하여 결국 세계를 분할·지배하는 몇몇 강대국의 일원이 되기 위한 명분과 방법을 제시하였다. 이러한 시각이 중국에서 또 어떻게 변용되어 나타나는지는 좀 더 세밀한 분석이 요구된다. 하지만 중요한 것은 미야무라 하루오가 사상가로서의 량치차오의 출발점은 제국주의론이었다고 지적한 바와 같이 "신민"설이든 심지어 혁명파의 민족주의든 세계에 대한 인식과 대응방안이 모두 미국과 일본의 제국주의론과 직간접적인 연관이 있고, 그 인식틀도 그로부터 크게 벗어나지 못했다는 점이다.[104] 물론 그렇다고 해서 중국의 근대 사상을 제국주의적인 성격으로 규정하거나 비판해야 한다는 것은 아니다. 문제는 복잡하고 다양한 근대적 지식을 바탕으로 한 중국의 근대사상의 인식틀을 중국과 중국 지식인이 당시 세계 속에서 처해있던 발화의 지위와 위치를 통해 소위 제국주의 시기의 근대화 기획을 어떻게 도모했고 무엇을 지향했는지, 그것이 현재 어떤 의미로 남아 있는지를 세계적인 지식담론의 차원에서 사고할 필요가 있다는 점이다.

---

104 宮村治雄, 『開国経験の思想史—兆民と時代精神』, 東京大学出版会, 1996, 256면. 이와 관련하여 지금까지 연구 성과 중 직접 연관된 것을 간단히 소개하면 다음과 같다. 姜克實著, 『浮田和民の思想史的研究—倫理的帝国主義の形成』, 不二出版, 2003; 石井知章, 「浮田和民と「倫理的帝国主義」論」, 『アジア太平洋討究』19, 2013, 89~102면; 神谷昌史, 『浮田和民の倫理的帝国主義と中国観の変遷』, 大東文化大学博士 (政治学), 2006; 武田淸子, 「浮田和民の「帝國主義」論と國民教育—明治自由主義の系譜」, 『教育研究』, 21, 1978, 1~27면; 이삼성, 「'제국'개념과 19세기 근대 일본—근대 일본에서'제국'개념의 정립 과정과 그 기능」, 『국제정치논총』51-1, 2011.3, 63~97면; 潘光哲, 「殖民地'的概念史—從'新名詞'到'關鍵詞'」, 『中央研究院近代史研究所集刊』82, 民國102.12, 55~91면; 鄭匡民, 『梁啓超啓蒙思想的東學背景』, 上海書店出版社, 2009, 170~227면; 馬建標, 林曦, 「跨界—芮恩施與中美關系的三種經」, 『歷史研究』4, 2017, 140~157면.

제3장
제국주의와 중국문제

1. 20세기-태평양의 시대

1899년 12월 20일 샌프란시스코를 가기 위해 일본 요코하마를 출발하여 하와이를 향하던 량치차오는 서력 1899년 12월 30일 거친 파도가 일렁이는 날짜 변경선 부근의 망망대해에서 20세기 태평양의 시대를 다음과 같이 읊었다.

오호, 지금은 민족제국주의가 바로 발호하는 때, 약한 자는 제단 위의 고기가 되고 강한 자는 그것을 먹는다. 사자 영국과 독수리 러시아는 각각 동방과 서방의 제국, 두 호랑이가 싸우지 않으면 모든 금수의 재앙이다. 뒤이어 일어난 게르만 인종, 인구는 많은데 식량은 부족하건만, 구하고자 하는 귀착지를 얻지 못해, 필사적으로 구하는 모습이 더욱 다급하다. 또 먼로주의를 내세우는 아메리카 합중국이 있어, 잠룡이 놀라 깨어난 듯 그 정신과 풍채가 뛰어나다. 서쪽으로는 쿠바를 동쪽으로는 필리핀을 틀어쥐고, 그 가운데 하와이의 8개 섬은 안개가 자욱하다. 태평양이 내지의 호수로 변했으니, 차지한 것이 협소하다 한들 무슨 상관인가? 가장 작은 일본 또한 명상을 마치고, 한 자리를 찾아보지만 쉽게 허락하지 않는다. 바람과 조수가 시작되는 곳을 살펴보지만, 누가 그것을 주재하는지 알 수가 없다. 만물이 경쟁하고 자연이 선택하는 추세가 반드시 올 것이니, 뛰어나지 못하면 열등해지고, 성하지 못하면 망한다. (…중략…) 근래 전 지구 9만 리, 모래 하나 풀 한 포기 모두 주인이 없는 것이 없고, 깃발을 올리고 북을 치며 서로 누가 강한지 다투는데, 오직 동아시아의 오래된 대제국의 한 덩어리 고기만 남아있어, 취하든 취하지 않든 재앙을 면할 수 없다. (…중략…) 아하, 태평양! 태평양! 그대의 얼굴은 비단 같은 곳, 그대의 등은 아수라장, 해저 케이블이 부설되고, 전함이 더욱 증강하고, 시베리아 철도가 완성되고, 파나마 해협의 운하가 개통되는 날, 그 때 태평양의 20세기 천지는 비극과 희극, 장관과 참극이 함께 울려 퍼질 것이다. (…중략…) 듣자하니 해양 국가의 민족사상은 고상하고 활발하다고 하는데, 우리 동포가 바람을 타고 비상하길 바라고, 우리 동포가 물결을 헤치며 일어서길 고대한다.[1]

아직 세기라는 시간의식이 낯설던 시기, 량치차오의 이 시는 제목부터 의미심장하다. 「이십세기 태평양가二十世紀太平洋歌」는 단순히 태평양 한 가운데서 20세기라는 세기의 전환을 맞이하던 심정을 읊은 것으로 볼 수 있지만, 생략된 위 시의 앞부분을 보면 량치차오는 20세기의 태평양 시대를 문명의 발전과정의 귀착점으로서 묘사하고 있다. 즉 인류의 문명은 고대 4대문명 발상지를 중심으로 한 하류 문명 시대에서, 지중해, 아라비아 해, 황해, 발해 등을 중심으로 한 내해內海 문명 시대 그리고 대항해 이후 대양 문명 시대로 발전해 왔으며, 태평양은 바로 대

---

1   任公, 「二十世紀太平洋歌」, 『新民叢報』 1, 1902.2.8, 111~112면.

서양에 이어 대양 문명 시대의 새로운 중심무대로 부상하고 있다는 것이다. 그럼 20세기의 세계 중심무대인 태평양 시대의 특징은 무엇인가? 위 시에서는 영국과 러시아의 두 제국이 경쟁하는 가운데, 뒤이어 경쟁에 나선 게르만의 독일, 그리고 쿠바와 필리핀을 거느린 미국, 조용히 사태를 관망하던 소국 일본이 제국 경쟁에 참여하는 등 바로 민족 제국주의가 발호하는 시대라는 말로 태평양 시대를 압축하고 있다. 그리고 해저케이블의 부설, 시베리아 철도의 완공, 파나마 해협의 운하 개통으로 유럽 열강이 이제 지구상에 마지막으로 남은 제물인 늙은 제국 중국을 향해 몰려들 수 있게 되자, 태평양은 20세기 세계 제국들이 중국을 둘러싸고 경쟁하는 각축장이 되었다.[2] 이와 같이 태평양이 역사상 처음으로 세계의 중심무대가 된 것은 바로 태평양이 세계문명의 주체가 아니라 유럽문명의 마지막 회류會流 지점이라는 의미였다. 다시 말해, 량치차오가 세기에 대해 특별한 심경을 표출한 것은 단순히 또 하나의 100년의 시작이 아니라 새로운 역사시기가 도래하고 있다고 보았기 때문이었다. 그리고 태평양이라는 공간은 바로 세계 인류문명의 통합, 글로브–지구의 대가정同一堂, 그리고 중국의 미래가 결정되는 운명적인 함의를 지니고 있었다.[3]

---

2 이러한 묘사는 1900년 전후로 일본과 해외에서 널리 확산되던 중국분할의 이미지를 보여주고 있다. 즉 태평양 시대, 20세기, 그리고 제국주의와 중국의 분할은 이 시에서 시인의 현재에 대한 인식이자 시의 주요 모티브이다.

3 19세기 말 20세기 초 량치차오의 "세기"에 관한 특별한 파토스에 대해서는 閭小波, 「梁啓超的世紀情懷」, 『二十一世紀』 51, 1999.2, 25~31면.
한편 1904년 『신대륙유기(新大陸游記)』(서문은 1903년 말)와 「이십세기태평양가(二十世紀太平洋歌)」 시 내용을 보면 서력 1899년 12월(臘月) 30일(晦日)에 지은 것으로 되어있지만, 이 시가 당시 하와이로 가던 여정 중 소감을 한만록(汗漫錄)이라는 표제 하에 『청의보(淸議報)』에 연재하던 내용에 포함되지 않고, 2년이 지난 후

위 시에서 유독 눈에 띄는 것은 민족제국주의와 태평양이라는 두 단어이다. 여기서 민족제국주의는 1901년 말에 와서 비로소 당시 제국주의의 성격을 규정하면서 널리 사용되기 시작한 개념이다. 그런 측면에서 위 시에서 그 용어가 사용되었다는 것은 매우 의외가 아닐 수 없다. 또 량치차오가 위 시를 썼던 시기에 제국주의는 중국의 신문잡지의 기사에서 매우 드물게 침략주의의 의미로 사용되기는 했지만 시대적 개념으로 등장한 적은 없다. 또 량치차오 본인도 서구 열강에 의한 중국 주권의 침탈과 분할에 대해 집중적이고 반복적으로 설명하면서 중국인의 각성을 촉구하기는 했지만 이를 제국주의로서 개념화하지 않았다. 당시 량치차오를 비롯한 중국의 대부분의 개혁적인 지식인들이 세계를 설명하고 이해하는 방식이 주로 일본의 학술 및 지식과 개념을 통해서였는데, 일본에서도 제국주의라는 용어는 저널리즘적인 차원에서 정계에서 널리 사용되고 있었을 뿐이었다. 그 용어를 단순한 침략주의가 아니라 특별한 의미를 지닌 역사적 혹은 사상적 개념으로 사용하고자 한 사람은 청일전쟁시기부터 대일본주의, 일본 팽창주의를 주창하였던 도쿠토미 소호였다. 이와 관련하여 흥미로운 것은 량치

『신민총보』 창간호에 게재된 것은 창작시점에 대해 의문을 갖게 한다. 왜냐하면 시가의 내용과 사용된 개념을 볼 때 1902년 발표 당시 일부 수정되었을 가능성도 배제하기 어렵기 때문이다. 특히 민족제국주의라는 개념은 1901년 말에 가서 등장하기 시작하며 1902년부터 널리 사용되었다. 梁啓超, 『新大陸游記』, 商務印書館, 民國5, 1면. 또 위 시의 창작 날짜를 대부분의 연구자들이 1900년 1월 30일이라고 보고 있는데, 이는 시에서 "西曆一千八百九十九年臘月晦日之夜半"이라 명시한 것을 음력으로 보고 환산한 날짜이다. 그러나 량치차오는 명확히 서력이라 명시했을 뿐 아니라 당시 요코하마에서 하와이까지 항해가 대략 10~15일정도 소요되었던 점을 고려하면 1899년 12월 30일이라고 보아야 한다. 참고로 1903년 량치차오가 캐나다와 미국을 방문할 때는 정월 23일에 일본을 출발하여 2월 6일에 밴쿠버에 도착하였다.

차오가 위 시를 창작하기 2일 전, 즉 12월 28일 배에서 독서를 하며 시간을 보내고 있었는데, 그 주요 서적은 바로 도쿠토미 소호의 저작으로, 『장래의 일본將來之日本』 및 도쿠토미 소호가 주관하여 민우사에서 출판하던 "국민총서"였다는 점이다.[4]

결국 태평양 시대는 서구 열강의 정치력과 군사력이 동아시아로 집중되는 시대적 상황을 지칭하는 것이지만, 태평양이라는 공간을 세계의 문제로 인식하고 팽창전략을 추구한 것은 미국과 일본이었다. 미국의 태평양으로의 세력 확장을 주도한 시어도어 루즈벨트는 문명은 지중해 시대에서 대서양 시대로 바뀌었다가 지금은 태평양의 시대가 도래 하고 있다고 주장하였고, 알프레드 마한은 동서 문명을 가로막고 있던 장벽들이 증기선과 철도와 같은 급속한 교통망의 발전으로 극복되면서 태평양과 동아시아는 장차 세계적인 이해관계의 중심지역이 될 것이라고 보았다.[5] 20세기 태평양을 중심으로 한 세계열강의 각축에 대한 량치차오의 기본적인 인식은 당시 일본에서 한창 소개되던 서

---

4 任公, 「汗漫錄」, 『淸議報』 36, 光緖26.5.21, 4면. 국민총서는 량치차오가 1898년 말 일본으로 도피한 이후 줄곧 애독하던 시리즈였는데, 아마도 그가 태평양 한 가운데서 읽은 국민총서 가운데도 출발하기 1개월 전에 출판된 『사회와 인물(社会と人物)』이 포함되어 있었을지도 모른다. 만약 위 시의 내용이 수정 없이 1900년에 창작된 것이라면, 20세기를 민족제국주의가 발호하는 시대라고 본 인식은 아마도 『사회와 인물』 중 「제국주의의 진의(帝国主義の真意)」와 일정한 관계가 있을 것으로 보인다.

5 Geoffrey Barraclough, *An Introduction to Contemporary History*, London, Penguin Books Ltd, 1967, p.76; 최정수, 「알프레드 T. 마한의 거대전략과 '러시아 봉쇄전략'」, 이근욱 등 외, 『제국주의 유산과 동아시아』, 동북아역사재단, 2014, 76~77면. 당시 태평양 시대를 미국의 팽창과 연계시키는 것은 미국인뿐만 아니라 유럽을 비롯한 일반적인 관점이었다. 19세기 말 주로 미국에서 활동한 독일 저널리트 쉬어브란트는 파나마 운하의 개통으로 역시 18~19세기가 대서양이 중심이었다면 20세기는 태평양이 중심이 될 것이라고 보았다. Wolf von Schierbrand, *America, Asia and the Pacific, With Special Reference to the Russo-Japanese War and Its Results*, New York : Henry Holt and Company, 1904, pp.Ⅲ~Ⅳ.

구의 태평양론과 해상 패권론에 의거하고 있는데, 그중에서도 주의를 끄는 것은 『동방협회회보東邦協會會報』에 게재된 「태평양에서의 미래 쟁탈」이라는 글이다. 이 글은 영국의 저널리스트 벤자민 테일러B. Taylor 의 글을 번역한 것으로 미국이 워싱턴의 유훈과 먼로독트린을 버리고 대외적인 팽창을 나서게 된 역사적 원인과 내적 논리, 시베리아 철도 와 니카라과 운하, 해저케이블의 역할과 지위, 세계문제로서의 태평양 의 중요성, 중국의 미래, 태평양과 영국, 일본의 이익 등을 논하고 있 다.[6] 테일러는 태평양을 남북아메리카의 서부 연안과 극동지역 및 동 남아시아를 포괄하는 지역으로서 세계 인구의 15억 중 8억7천5백만 이 거주하고 있으며, 장차 영국, 미국, 러시아, 독일, 프랑스와 신흥 강 국인 일본, 그리고 중국 등 7개 제국이 각축을 벌이고 있는 인종투쟁 의 전장이 될 것이라고 보았다. 이들 제국은 태평양을 경제와 안위의 측면에서 중요 거점 지역으로 보고 있으며, 니카라과 운하, 시베리아 철도, 해저케이블 등은 세계열강의 상업과 영향력이 태평양으로 집중 되도록 촉진하는 기폭제가 되고 있다고 주장하였다. 그중에서도 태평 양 북부는 러시아가 지배하고 태평양 동부 연안은 앵글로색슨족이 장 악하고 있으며, 여기에 신구 두 세계의 중간에 위치한 소년 거인인 일 본이 자기의 권리를 주장하고 있는데, 중국은 여전히 깊은 잠에 빠져 서 세계형세의 큰 변화를 깨닫지 못하고 있다고 분석하였다. 특히 중 국은 자발적으로 부활할 능력이 없어 외부의 자극이 필요하며, 그 긴

---

6   (英) ベンジャミン テーロア氏述, 「太平洋に於る將來の爭奪」, 『東邦協会会報』55 卷, 1899.2, 36~73면. 영어원문은 B. Taylor, "Coming struggle in the Pacific", *Nineteenth Century*, Vol.44(Oct., 1898), pp.656~672.

혼수·몽매 상태에서 각성시키기 위해서는 "문호개방"이 필요하다고 주장하였다. 그럼에도 그의 예측에서 주의를 끄는 것은 그가 아시아가 장차 분발하여 부활하게 되면 나날이 증가하는 인구가 미국으로 대규모 이주할 수 있으며, 여전히 인구가 희박할 뿐만 아니라 그나마 인구도 재능이 없고 게으른 남아메리카는 몽골인종의 집결지가 될 것이라고 보았다는 점이다. 이에 따르면 장차 태평양의 문제는 상업지리의 문제가 아니라 인종 간의 경쟁으로 현재의 세계열강의 국가의 성질을 바꿀 수도 있는 세계의 문제이다.

이러한 태평양의 시대에 대해 민감하게 반응한 것은 바로 일본이었다. 일본은 미국이 태평양으로 세력을 확장하자, 태평양이 새로운 세계의 중심이라는 관점에서 국가의 전략을 수립할 것을 주장하기 시작했다. 1899년 3~4월 『청의보』에 연재된 「태평양의 미래와 일본의 국가정책」이 그 대표적인 예이다. 이 글은 앞의 테일러의 주장을 적극 참고하는 한편, 물의 활용을 중심으로 역사발전을 설명하고 해양패권이 곧 세계의 패권이며 그 패권을 신장시키는 힘은 상업상의 우위에 있다는 등 마한과 매우 유사한 시각에 입각하여 태평양 시대의 특징과 일본이 취해야 할 정책에 대해 다음과 같이 주장하고 있다.

첫째, 19세기 초부터 서로 밀접한 관계 속에서 각축을 벌이던 열강들이 과학의 진보와 열강의 균세전략에 따라 점차 태평양으로 집결하여, 태평양은 장차 정치, 상업, 종교, 학술을 둘러싼 모든 인종의 증진과 쟁탈이 전개되는 만국민의 대전장이 될 것이다. 수에즈운하, 파나마운하, 시베리아철도, 태평양 해저케이블, 히말라야 횡단철도로 각국이 서로 가깝게 접촉함에 따라 물경천택과 우승열패의 공리가 출현하고 각국의 쟁탈장이 대서양에서 태평양으로 급속하게 전환하였다. 또 아시아 지역을 대부분 분점한 영국과 프랑스에 맞서 독일과 러시아가 각각 중국의 자오저우만과 뤼순 및 다롄을 지배하고, 미국 역시 하와이와 필리핀을 점령하였으며, 이탈리아도 중국의 산먼만三門灣을 요구하는 등, 서양의 각국은 이미 서양이 아니라 동양의 국가로 변모하였다.

둘째, 현재 중국의 보존론과 분할론, 제국주의 혹은 침략주의와 평화주의의 시각에서 동아시아문제를 논하고 있지만, 현재의 문제는 단지 중국의 문제만이 아니라 태평양의 문제이며, 정치와 상업에 있어서 일본이 장차 세계의 대일본이 되느냐 아니면 소일본으로 남느냐를 결정하는 중요한 문제이다.

셋째, 문명은 물을 이용한 상업의 발전여부에 달려있는데, 역사적으로 보면 처음 지중해의 이탈리아에서 시작하여 해양을 활용하기 시작한 포르투갈, 네덜란드로, 그리고 다시 대서양의 패권을 장악한 영국으로 그중심이 변해 왔다. 그러나 이후에는 태평양을 장악하는 국가가 세계를 장악하게 될 것이며, 이는 상권과 해양권에서 가장 우수한 국가에게 귀속될 것이다. 현재 태평양은 이미 백인종이 장악하고 있지만, 일본이 지리상의 이점을 활용하면 백인종에 맞설 수 있다.[7]

넷째, 전 세계 15억 인구 중 절반이 태평양에 밀집해 있으며, 아직까지 미개 혹은 반개화의 상황에 있는 태평양이 문명화되면 그 소비시장과 생산력은 대서양이 비할 수 없을 정도로 크게 증대할 것이다. 따라서 일본을 세계 상품의 경유지로 만들고, 상업주의와 평화적 적극주

7　「論太平洋之未來與日本國策」, 『淸議報』 13, 光緖25.3.21, 11~13면. 이 글은 당시 일본의 『상업세계(商業世界)』에 게재된 문장을 번역한 것이다.

의를 추구하여 상업의 중심이 되어야 한다.[8]

태평양의 시대는 역사의 발전과정의 귀결이자 세계의 중심이 동방으로 옮겨지는 과정이며, 일본은 지리적인 측면에서 태평양의 중심에 위치해 있어 태평양 시대의 주역이 될 수 있다는 것이다. 이러한 태평양론은 일본이 보다 적극적으로 상업정책을 취하고, 중국의 분할이냐 보존이냐, 서구 열강과 동맹이냐 아시아의 단결이냐, 군비의 확충이냐 평화주의의 추구냐 하는 것은 모두 태평양 시대에 일본이 중심이 되어 대일본으로 발전하는데 유리한가 여부를 기준으로 결정해야 한다고 보고있다. 이와 같은 일본 중심의 태평양론은 일본이 20세기 세계의 중심이될 수 있다는 지정학적인 공간의식을 제공하고, 그러한 운명을 적극적으로 받아들여 세계정책을 추진해야 한다는 동기를 부여하고 있다.

태평양 세력의 전성시대는 19세기 후반에 비로소 이루어졌다. 최근 수십년사이에 북미합중국이 놀랍게 진보하고 수에즈 운하가 개통되었으며 일본이 혁신을 이루었다. 캐나다 철도가 준공되고 시베리아 철도가 시작되었으며, 오스트레일리아의 개척과 식민화가 신속하게 진행되었고 파나마 운하가 착공되었다. 중국의 시장도 크게 열렸다. 이로 인해 열국이 경제적으로 경쟁하며 모두가 일제히 태평양을 향하게 되었다. 그러나 태평양의 중심을 점하고 있는 것은 실로 일본이다.[9]

일본의 『동방협회회보』에 「세계에서 일본의 지위와 현 상황」이라는

---

8 「論太平洋之未來與日本國策」, 『淸議報』16, 光緖25.4.21, 16~17면.
9 「論日本今日之地位」, 『淸議報』45, 光緖26.4.21, 1~2면.

제목으로 게재되었던 위 글은 일본인들이 청일전쟁의 승리 이후 동양의 맹주라고 자만하며 정치권력의 경쟁에 빠져 있는 것을 비판하고, 세계의 추세와 그 가운데 일본의 지위를 정확히 인식하고 세계정책을 도모해야 한다고 주장하고 있다. 특히 이 글에서는 지구는 육지보다 바다가 점하고 있는 면적이 더 넓은데, 그 가운데 가장 큰 대양이 태평양으로서 그 대양의 힘을 활용하여 타국을 침식하는 것은 자연스러운 이치라고 보고, 그 핵심인 일본은 한편으로는 중국남부를 공략하여 일본경제의 기초로 삼고, 다른 한편으로는 멕시코로 나아가 중남미 지역의 풍요로운 자원을 획득하고 일본의 식민지를 개척해야 한다고 주장하였다.[10] 이러한 태평양 중심국가론은 단발적인 것이 아니라 1890년에 창립된 동방협회東邦協会의 기본 취지였다. 동방협회는 일본의 지리적 아이덴티티를 해양국으로 상상하고, 일본 지식인들이 단지 서구만을 배울 것이 아니라 동방의 선진국인 일본이 러시아, 중국, 조선, 오스트레일리아 및 태평양 연안의 여러 섬과 국가들에 대해 자세히 인식함으로써, 대외확장을 위한 실력을 배양하고 나아가 서구 열강과 세력균형을 이룰 것을 주창하였다.[11]

이와 같이 태평양 시대론은 미국과 일본이 스스로 제국주의적 세계정책을 추진하기 위한 지정학적인 공간의식에 다름 아니었다. 다만 이러한 세계정략을 곧 제국주의라는 개념으로 규정하지는 않았다. 그 이유는 제국주의를 주창하는 도쿠토미 소호도 일정한 의미변화를 조건

---

10 「世界に於ける日本の地位及其現勢」, 『東邦協会会報』 66, 1900.2, 1~39면.
11 「東邦協會設置趣旨」, 『東邦協会報告』 1, 1891.2, 1~4면. 동방협회의 설립과 그 취지, 그리고 량치차오 등 중국 지식인과의 관계에 대한 간략한 설명은 다음 참조. 狹間直樹, 張雯 역, 『日本早期的亞洲主義』, 北京大學出版社, 2017, 77~92면.

으로 내세웠듯이, 여전히 제국주의라는 개념에는 정치적으로나 윤리적으로 부정적인 함의가 더 강하게 남아 있었기 때문이었다. 1899년에 세계열강의 대외적 팽창을 제국주의라고 명명한 영국의 윌리엄 보크스^{W. Vaux, 幕阿庫斯}는 제국주의란 군비를 확충하여 해외 식민지를 개척하고 과잉생산 해결책으로 해외 시장 확보를 위해 경쟁적으로 상업전쟁을 추구하는 것으로 보았다. 이와 같이 그는 제국주의에 대한 적극적인 옹호론을 제시했지만, 그 개념은 군사적 침략마저 노골적으로 지지하는 군사적 패권주의에 가까웠다. 그는 심지어 유럽 열강이 아프리카와 극동 아시아 즉 중국을 경영하는 것은 신 십자군으로서 그곳을 문명화하고 국민을 억압에서 해방하는 것으로 간주하였다. 즉 제국주의는 점령, 세력범위, 영구조차와 같은 방식으로 타국을 멸망시키기도 하지만, "진취적 제국주의"(일본어 번역, 원문은 jingo-imperialism임)는 독사와 맹수가 날뛰는 검은 아프리카 대륙과 부패와 착취, 억압으로 고통 받는 중국 등 미개하고 야만적인 곳에 문명을 전파하는 것으로서 19세기 말부터 20세기 전반 문명적인 열강이 회피할 수 없는 본분이자 임무라는 것이다. 그러한 측면에서 보크스는 중국의 분할은 인류 역사발전의 당연한 과정이자 결코 부끄러운 행동이 아니라고 주장 하였다. 보크스의 이러한 주장은 당시 중국 분할론을 주장하던 대표적인 논리였다. 중국인들은 애국심이 없고 문약하지만, 일정정도 개화되었을 뿐만 아니라 상업과 근면성에 있어서는 세계의 제일이다. 따라서 어느 국가도 이들을 점령하여 동화시키는 것은 불가능하며, 가장 좋은 것은 영국(양쯔강 유역 및 그 양안), 러시아(만주), 독일(산둥), 프랑스(광둥 및 광시)가 협상을 통해 세력권을 분할하는 것이라고 주장하였다.¹²

그러나 위 글의 중국인 역자는 중국인을 압제와 고통으로부터 구한다고 하지만, 서구 열강이 중국의 뤼순, 다롄, 광저우만 등지에서 행한 중국인에 대한 무차별 학살, 성폭력, 토지와 주택의 강점 등은 옛날의 도적보다 더 잔학하고 아프리카 야만족도 그 고통에 비할 바가 아니라고 비판하였다. 특히 영국과 같이 겉으로는 중국의 보존을 주장하면서 또 한편으로는 열강들과 중국 분할 방법을 협상하는 것은 중국인을 기만하는 행위로서 제국주의의 확장에 다름 아니라고 보았다.[13] 이와 같이 당시 중국인이 이해한 제국주의란 오로지 영토를 개척하여 자국의 세력을 확장하는 침략주의와 동의어였기 때문에 부정적 의미에 가까웠으며 새로운 시대적 특징을 규정하는 개념으로서 주목을 받지는 못했다.

그러나 이로부터 몇 개월 후 량치차오의 「이십세기 태평양가」에서 말하는 제국주의는 오로지 부정적 의미만 지니는 것은 아니다. 그것은 역사적 변화의 추세이자 문명화 과정이며 동시에 적자생존의 과정이기도 하다. 세계 문명의 최종 회합지점이자 제국간 경쟁의 승패가 결정되는 무대인 태평양이 중심이 되는 시기란 전례없는 문명의 대분기점이었다. 중국의 입장에서 보면 열강에 의해 분할되어 멸망하는가 아니면 스스로 분발을 통해 새로운 제국으로 부상하느냐의 갈림길이기도 했다. 량치차오의 희망은 시의 마지막 부분에서 중국이 더 이상 제국 열강의 먹이감이 아니라 해양제국의 국민성을 분발시켜 비상하는 모습으로 표현되어 있다. 그런데 이러한 희망은 한편에서는 앞서 테일

---

12 英國幕阿庫斯, 「擴充國勢及列强協商論」, 『淸議報』 17, 光緖25.5.1, 10~11면. 이 문장은 동방협회보의 「帝國主義と互益協商」(ウルアム. ヴークス氏述, 『東邦協会会報』57卷, 1899. 4, 1~5면)을 번역한 것이다.

13 英國幕阿庫斯, 「擴充國勢及列强協商論」, 『淸議報』 17, 光緖25.5.1, 12면.

러가 말한 바와 같이 아시아가 분발하여 아메리카마저 아시아인의 아메리카를 만드는 날을 연상시키기도 한다.

2. 중국 분할론과 국민성 비판

동학혁명의 진압을 빌미로 조선에 군대를 파병했다가 한반도의 주도권을 둘러싸고 발발한 청일전쟁은 동아시아 질서의 대전환을 야기한 대사건이었다. 이 전쟁으로 1898년 대한제국은 기존의 조공질서와 조규체제에서 벗어나 청조와 근대적인 한청통상조약을 체결하였는데, 이는 청조의 입장에서 보면 전통적인 조공질서의 해체를 의미했다. 또 일본은 청조로부터 일본의 년 국방예산의 4배에 상당하는 2억 3천만 냥의 배상금과 타이완 및 펑호열도를 할양받아 제국으로서의 기반을 구축하였다. 그러나 보다 넓은 역사적 시각에서 보면 청일전쟁은 그 이상의 의미를 지니고 있다. 우선 청일전쟁은 동아시아의 측면에서 보면 일본 제국주의 체제의 구축을 의미하며, 이때부터 일본은 1945년 태평양전쟁에서 패배할 때까지 지속적으로 중국 대륙을 비롯해 아시아 태평양지역으로 제국주의 확장을 도모하였다. 즉 청일전쟁은 시모노세키조약으로 종결된 것이 아니라 그 후 50년간 지속된 대일본제국주의의 시대와 동아전쟁의 시작이었다.[14] 반면 중국은 대외적으로 그

---

14 히야마 유쿄(檜山幸夫)는 이러한 의미에서 청일전쟁을 "50년 전쟁"이라고 불렀다. 檜山幸夫, 「日淸戰爭の歷史的位置」, 東アジア近代史學會編, 『日淸戰爭と東アジア世界の變容』上, ゆまに書房, 1997, 27~33면.

허약한 실상이 폭로되면서 아프리카에 이은 서구 열강의 세력 경쟁과 분할대상으로 전락하여 향후 반세기 중국의 쇠락의 서막이 되었다. 즉 청일전쟁으로 강한 군사력을 갖춘 일본이 요동지역을 비롯하여 중국 내에서 가장 큰 이권의 점유자로 부상하고 균형의 중심축 가운데 하나였던 청조가 무력해지자, 파열된 동아시아 구조를 틈타 서구 열강들은 적극적으로 세력 확장을 도모하기 시작했다. 우선 러시아와 프랑스, 독일 삼국은 요동을 일본에 할양하는 시모노세키조약을 인정하지 않고 일본이 요동지역을 청조에 반환하도록 압박하였고, 1896년 러시아는 그 대가로서 청조와 비밀리에 동맹관계를 맺어 요동지역의 주요 항구 조차지와 철도부설, 광산채굴 등의 이권을 획득하였다. 그러자 1898년 독일도 선교사의 살해 사건을 계기로 산둥지역을 장악하였고, 이를 견제하기 위해 영국도 러시아 및 독일 등과 협약을 맺어 웨이하이웨이威海衛를 비롯한 양쯔강 유역에서의 지배권을 확보하였다. 또 프랑스 역시 광둥지역을 중심으로 한 세력권을 확보하였다.

청일전쟁 직후 서구 열강에 의한 중국의 급속한 분할로 동아시아 질서가 혼란에 빠졌지만, 더 중요한 것은 이로 인해 전세계 열강들의 세력 균형에도 변화가 발생했다는 점이다. 그중에서 가장 중요한 것은 러시아의 만주지역 점령이었다. 이는 단순히 만주지역 이권의 독점만이 아니라 이를 계기로 러시아의 세력이 확장되어, 중앙아시아와 유럽지역의 안보에도 큰 영향을 미칠 수 있었다. 또 삼국간섭을 통해서 보여준 세 국가의 연합은 열강들이 서로 이해득실을 따져 각각 동맹 체제를 구축하는 계기가 되었다. 고립주의를 추구하던 영국이 1898년 러시아를 견제하기 위해 일본과 맺은 영일동맹은 그 대표적인 예이다.

뿐만 아니라 미국이 국내의 비판적인 여론에도 불구하고 태평양의 필리핀을 점령한 것도 만주지역을 점령한 러시아를 견제하기 위한 목적이 컸다. 그야말로 극동의 문제, 좁게는 중국 혹은 만주의 문제는 이제 세계열강의 세력관계를 재편하는 세계의 문제였고, 세계에서 경쟁적으로 세력 확장을 도모하는 제국주의는 각 국가의 여론으로부터 적극적인 지지를 받았다. 결국 청일전쟁은 암묵적으로 추진해 오던 세계열강의 제국주의의 경쟁을 합리화시켜 주는 기폭제였고,[15] 이른바 태평양 시대의 도래를 이끈 계

〈그림 7〉 1900년에서 1904년에 널리 유행했던 「시국도」. 이것은 1898년 셰잔타이(謝纘泰)의 「시국도」를 바탕으로 새로 그린 것으로, 잠자는 중국 영토의 일부를 장악하고 있는 동물 중 곰은 러시아, 개는 영국, 독수리는 미국, 개구리는 프랑스. 태양은 일본. 소시지는 독일을 가리킨다.

기였던 것이다. 그런 의미에서 태평양 시대라는 판도라의 상자를 연 것은 일본이었고, 도쿠토미 소호가 청일전쟁의 개전과 동시에 발표한 『일본팽창론』에서 청일전쟁을 "팽창적인 일본을 건설하고", "팽창적인 일본을 건설할 자신감을 위한" 거국적인 대결전이라고 규정한 것은 바로 태평양 시대의 서곡이었다고 할 수 있다.[16]

---

15 19세기 말 20세기 초 동아시아를 둘러싼 서구 열강의 제국주의 전략과 정책에 대해서는 이근욱 외, 『제국주의 유산과 동아시아』, 동북아역사재단, 2014; 백준기 외, 『아시아 발칸, 만주와 서구 열강의 제국주의 정책』, 동북아역사재단, 2007.
16 德富猪一郎, 『大日本膨脹論』, 民友社, 1894, 46면. 하지만 청일전쟁으로 일본은 큰

그럼 중국인은 이러한 시기에 세계에서의 중국의 지위를 어떻게 이해했을까? 당시 중국내 세계 및 중국의 상황에 대한 인식이 다양하고 비균질적이었기에 간단히 요약할 수 없지만, 중국을 둘러싼 세계열강들의 움직임을 가장 민감하게 관찰했던 인물은 바로 량치차오였다. 그는 러시아의 만주점령, 독일의 자오저우만 점령 등 세력 확장을 계기로 중국의 분할론이 비등하고 확대되는 상황에서『청의보』를 통해 중국내에서의 외세의 주권침탈 과정을 지속적으로 자세하게 보도하였다. 뿐만 아니라 영국의 아프리카에서의 보어전쟁, 미국의 필리핀 전쟁, 그리고 러시아의 중앙아시아로의 세력 확장 소식을 지속적으로 보도하면서 전세계에서의 열강의 세력 확장과 중국의 분할론을 서로 연계시켜 중국 독자들에게 제국주의라고 표상할 수 있는 세계의 전모를 인식시키기 위해 힘썼다.[17] 그중에서도 세계의 전체 모습과 성격을 가장 잘 보여주는 것은 「과분위언」이다. 이 글은 당시 중국 분할론이 국내외적으로 비등하고 있는데도 청조와 중국의 많은 지식인들이 중국 분할 불가론에 빠져 있는 것을 비판하기 위해 쓴 것이었다. 분할 불가론을 주장하는 사람들은 중국 분할이 수년 전부터 제기되어 왔지만 실제로 분할되지 않았을 뿐만 아니라 오히려 분할을 논하는 것은 국가를 혼란에 빠지게 하려는 음모일 뿐이라고 보았다. 이에 량치차오는

이익을 취하기는 했지만, 더 큰 소득을 얻은 것은 오히려 러시아, 독일, 영국, 프랑스 등이었다. 필명 모치즈키 오우케이(望月鴬溪)라는 일본인은 청일전쟁은 유럽 열강이 세계 6대륙의 미개지를 독차지하는 것에 대응하기 위해 일으킨 것인데, 결과적으로는 일본이 채 준비하기 전에 호시탐탐 노리던 유럽 열강들이 중국을 분할하는 참극을 낳고 말았다고 한탄하였다. 望月鴬溪, 「大東政策」,『清議報』14, 光緒25.4.1, 7면.
17 「論非律賓群島自立」,『清議報』25, 光緒25.7.21; 哀時客, 「論美非英杜之戰事關係於中國」,『清議報』32, 光緒25.11.11.

1899년 국제 상황은 이전과 다르고, 분할 방법도 직접적인 영토의 점령 이외도 다양한 간접적인 방법으로 이루어진다고 주장하였다.

우선 이전에 유럽 열강에 의해 중국의 분할이 이루어지지 않은 것은 첫째, 러시아가 동방으로 세력을 확장할 준비가 미비했기 때문이다. 러시아가 적극적으로 동방지역으로 팽창하기 위해서는 부동항의 확보와 시베리아 철도가 부설되어야 하는데, 이전에는 이러한 조건을 갖추지 못했다는 것이다. 하지만 이제 만주지역의 철도부설의 획득, 뤼순과 다롄만의 점령이 이루어졌으며, 이후 시베리아 철도만 완공되면 러시아가 실질적으로 중국을 분할하는 것은 막을 수 없다고 보았다. 둘째, 영국이 중국보존을 지지하는 것은 그것이 영국에 유리했기 때문이다. 이전에 영국은 중국에서 시장과 상업권리를 독차지 하고, 비록 청 정부가 연약하기는 하지만 일정정도 지원하면 자립하여 러시아의 남하정책을 막는 데 도움이 될 수 있다고 보았다. 그러나 청일전쟁 이후 청 정부가 자립할 능력이 없다는 것이 명확해진 이상, 중국의 분할이 더 영국에 유리하다고 판단하면 언제든지 분할에 참여할 것이라고 주장하였다. 셋째, 지금까지 중국분할이 이루어지지 않은 것은 중국분할 과정에서 열강들 사이에 갈등이 발생하고 상호 분쟁

〈그림 8〉 "En Chine. Le gateau des Rois et.,
des Empereurs", by H. Meyer, Le Petit
Journal, supplement, January 16, 1898.
「중국, 왕과 황제들을 위한 파이」 중국이라는
파이를 둘러싸고 뒷줄에는 놀란 청 왕조를, 앞
줄은 왼쪽부터 파이를 나눠 먹으려는 영국의 빅
토리아 여왕, 독일의 빌헬름 2세, 러시아의 니
콜라이 2세, 프랑스의 마리안느, 일본의 사무
라이를 표현하고 있으며, 독일이 먼저 자오저
우 만(膠州灣) 지역을 칼로 자르고 있고 러프동
맹을 맺고 있던 프랑스는 뤼순(旅順)을 차지한
러시아를 지지하는 모습을 하고 있다. 프랑스
의 풍속 갈레뜨데로와(왕의 파이)의 의미를 고
려하면, 이는 단순히 중국의 분할을 넘어, 중국
의 핵심지역을 차지하는 자가 세계의 왕이 된다
는 뜻을 함축하고 있다.

에 휩싸이게 될 것을 우려했기 때문이다. 하지만 유럽 열강들은 경쟁으로 인한 충돌을 피하고자 상호 협상을 통해 분할을 도모하고 있으며, 당시 제기된 영국과 러시아의 협상은 바로 중국을 평화적으로 분할하는 계기가 될 수 있다고 보았다.

한편 한 나라를 멸망시키는 방법은 유형분할과 무형분할이 있다. 국가가 존립하기 위해서는 국권과 영토가 있어야 하는데, 야만국이 타국을 멸할 때는 영토를 빼앗지만, 문명국이 타국을 멸하는 방법은 영토는 유지하게 하면서 국권을 빼앗는 것이라고 보았다. 그리고 중국의 영토를 직접 빼앗는 유형의 분할은 이후 장차 진행되겠지만, 중국의 실질적인 주권을 빼앗는 무형의 분할은 이미 실천된 지 오래되었다고 주장하였다. 그 무형의 분할방법으로는 철도권, 관세 등 재정권, 군사 훈련권, 인재 인사권을 장악하고, 조차지 혹은 세력권이라는 명목으로 영토를 할거하는 것 등이 있다. 이러한 무형의 방식으로 분할되고 나면 껍데기만 남는데, 유형분할을 당하면 국민이 이를 알고 저항하며 되찾으려 하지만, 무형의 분할은 국민들이 깨닫지 못해 저항하지도 않는다. 따라서 무형의 분할이 유형의 분할보다 더 참혹하다고 주장하였다.[18]

유형분할과 무형분할의 구분은 당시 제국주의의 식민지화 방법의 다양성을 인식하고 있음을 보여준다. 직접적인 군사적 점령과 주권의 탈취만이 아니라 협정과 조약, 혹은 암묵적인 승인 등을 통한 주권침해나 이권의 확보도 무형분할 방법으로 간주되는 것이다. 이러한 시각에서 보면 아편전쟁 이래 서구와의 조약을 통한 영토 할양과 조계지의

---

18 哀時客, 「瓜分危言」, 『淸議報』 15, 光緒25.4.11, 1~4면; 『淸議報』 17, 光緒25.5.1, 1~4면; 『淸議報』 23, 光緒25.7.1, 1~2면.

허용, 자유로운 상업 활동의 보장 등도 무형분할의 일부가 될 수밖에 없다. 량치차오는 일본의 츠카고시 요시타로가 신침략방법이라고 명명한 이러한 무형의 주권 침해야말로 외국 열강이 중국을 경영하고 분할하는 주요 방법, 즉 새로운 "멸국법滅國法"이라고 보았다. 후에 쑨원이 중국의 상황을 영토를 합병당한 식민지보다도 더 참혹한 차식민지次植民地라고 지적한 것도 바로 이러한 무형의 분할이 심각함을 염두에 둔 것이었다.

19세기 말 중국에서 주요 사상 과제는 이러한 국가의 분할위기를 극복하기 위한 근본적인 문제를 해결하는 것이었다. 그러기 위해서는 세계의 현황과 그 변화방향을 정확히 이해해야 할 뿐만 아니라 변화의 원인과 동력을 파악하지 않으면 안 된다. 일본에서와 마찬가지로 중국에서도 유럽 열강이 중국을 분할하려는 이유와 동력을 주로 상업적인 요인에서 찾았다. 량치차오는 유럽 열강이 6대륙 가운데 5대륙을 점유하고, 나머지 아시아에서도 1/2면적과 4/10의 인구를 통제 하에 두게 된 이유는 학술과 기술의 진보로 공업이 발전하여 생산과잉이 발생했기 때문이라고 보았다. 아메리카 대륙 등 식민지가 개척된 것도 그러한 원인에 의한 것이지만, 지금은 그 신대륙조차도 과잉 생산이 발생하고 있어 아프리카와 아시아로 시장을 개척하고 있는데, 아프리카가 일정한 수요를 가진 시장으로 발전하기 위해서는 많은 시간이 소요됨으로, 아시아 특히 중국이 주요 목표가 되고 있다는 것이다. 그리고 시장과 식민지 개척을 위한 경쟁은 단순히 국가에 의해서 이루어지는 것이 아니라 전체 국민들에 의해서 진행되고 있다고 보았다. 국민 각자가 자신의 생명과 재산을 지키기 위해서 분투하고, 국민의식을 갖추고 경쟁함으로써 대외적인 팽창력을 갖게 되었다는 것이다.[19] 물론 경쟁이 전세계를 무대로 이루어지는 이유는 윤선과 철도, 전선과 같은 과학기술이 발전하여 세계의 시공간이 단축되고 축소된 글로브-지구 시대가 되었기 때문이다. 교통과 통신의 발전으로 서로 관계를 맺지 않던 지역과 국가가 서로 밀접한 관계를 갖게 되고, 그 결과 적자생존의 경쟁도 더 치열하게 되었다.[20] 세계에 대한 이러한 인식은 제국주의를 시대적 개념으로 인식하기 이전, 서구 열강의 경쟁적인 팽창주의를 이해하는 기본적인 방식이었다.

이러한 인식에 따르면, 국민 경쟁 시대에 중국이 낙후되고 위기에 처하게 된 것은 학술과 기술의 낙후에 의한 상업전쟁에서 뒤떨어졌기 때문이라고 볼 수 있다. 그리고 이와 더불어 중요한 것은 국민 개개인의 경쟁능력과 국민의식의 부족이다. 중국인이 국가의식이 없다는 것은 중국인이든 외국인이든 당시 중국인의 가장 큰 단점으로서 지속적으로 지적했던 특질이었다. 즉 열강이 중국을 분할해야 하는 이유는 청조의 무능과 무력함도 한 원인이지만, 무엇보다도 중국인이 스스로 독립할 능력과 애국심, 즉 국가의식이 결여되어 있기 때문이라고 주장하였다.

중국인의 성격과 특질에 대한 비판은 몽테스키외부터 이미 줄곧 있어왔지만 19세기 말에 이르러 더욱 심해졌다.[21] 일찍이 1890년 미국 선교사 아더 스미스는 『중국인의 특질』이라는 책을 출판하여 중국인에 대한 서구의 시각에 많은 영향을 미쳤는데, 차이어蔡鍔에 의하면 청일전

---

19 袁時客, 「論近世國民競爭之大勢及中國之前途」, 『淸議報』 30, 光緖25.9.11, 1～4면.
20 袁時客, 「論美菲英杜之戰事關係於中國」, 『淸議報』 32, 光緖25.11.11, 1면.
21 이에 대한 자세한 분석은 제5장.

쟁 이후 일본에서도 중국인의 국민성을 비판하는 소리가 조정의 여론과 언론의 지면을 장식하였다.[22] 아더 스미스는 중국인의 특성 가운데 단점으로 체면중시, 시간의식 없음, 대충주의, 외국인에 대한 질투, 구습 답습, 공공의식 부족, 신뢰할 수 없음, 무관심 등을 지적하였는데, 이는 서구 특히 영미의 중산층의 가치관을 기준으로 한 평가였다. 반면 일본에서의 중국에 대한 비판은 중국에 대한 일본의 도발을 합리화하기 위한 것으로, 비판의 주요 초점은 "청 정부의 부패와 국민정신의 부진"이었다. 그중 국민정신에 대해서는 중국인의 염치와 신용의 결여, 허례허식, 교만과 비굴, 공덕의 부재, 이기주의("개인주의")를 비판하였는데,[23] 비록 중국에 대한 직접적인 관찰을 근거로 제시하고 있기는 하지만 기본적으로는 아더 스미스의 비판과 크게 다르지 않았다.

　중국에서 외국의 중국인에 대한 비판 즉 외국인의 중국인식을 자아인식으로 전환하기 시작한 것은 1900년 의화단의 난 전후시기이며, 그 이후 국민성 비판은 20세기 중국 현대사상의 중요한 주제가 되었

22　Arthur Henderson Smith, *Chinese Characteristics*, New York : Fleming H. Revell, 1894. 이 책은 처음 1890년에 상하이에서 출판되었다가 1894년 뉴욕에서 발간되면서 주목을 받았고, 일본에서도 1896년에 시부에 다모츠(澁江 保)에 의해 일본어로 번역되었다. 이 책은 루쉰을 비롯한 중국 지식인의 국민성 비판에 대한 관심을 촉발한 저서로서 많은 학자들에 의해 주목을 받아 왔는데, 중국인들이 본격적으로 관심을 갖기 시작한 것은 1902년부터였으며, 정식으로 번역된 것은 1903년이었다. 莫世祥 編,『馬君武集』, 華中師大學出版社, 1991, 93~94, 111, 151~161면. 이 책의 원서의 판본과 번역본에 대해서는 다음 참조. Smith, Arthur H., *Chinese Characteristics*, Shanghai–North China Herald Office, 1890; Arthur H. Smith, *Chinese Characteristics*, New York : Revell, 1894; アーサー・エチ・スミス著, 羽化澁江保訳,『支那人氣質』, 博文館, 1896; 美國斯密斯撰, 作新社譯,『支那人之氣質』, 作新社藏板, 光緒 29; 아더 핸더슨 스미스, 민경삼 역,『중국인의 특성』, 경향미디어, 2006.
23　「論議和後之中國」,『淸議報』71, 光緒27.1.11, 2~4면;「支那人之特質」,『淸議報』71, 光緒27.1.11, 1~3면;『淸議報』72, 光緒27.1.21, 1~3면 .

다. 의화단의 난 시기 중국인 국민성 비판의 주요 내용은 주로 노예의
식과 애국심, 독립심 혹은 자강심의 결여, 몰염치, 무신용에 관한 것이
었다. 특히 일본의 제국주의 정책을 지지하던 정우회政友會의 영수 오
자키 유키오尾崎行雄는 중국인의 국가사상과 정치능력의 부재, 전투력
미흡, 도덕상의 단점 등을 이유로 열강들이 중국을 이집트와 같이 처
분하고, 협정을 맺어 함께 고문을 두고 중국을 관리해야 한다고 주장
하기도 하였다.[24] 흥미로운 것은 일본에서 중국인의 국민성을 비판하
면서, 그 타락의 원인을 만주족의 지배 때문이라고 보기도 했다는 점
이다. 즉 만주족은 오직 청의 조정만을 고려하고 중국의 국민은 돌보
지 않으며, 한족은 오직 자기 이익만을 쫓기에 바빠 국가대사를 담당
할 능력이 없다. 또 병력을 장악한 한족은 대부분 열등한 만주족에 의
해 이용당하면서 자기 종족을 해치고 있고, 4억의 한족이 4백만의 만
주족을 제압하고 불공정한 제도를 없애기는커녕 오히려 그 제도에 의
해 의심과 음험함, 아첨의 악습에 빠졌다고 보았다.[25] 이러한 외부의
비판에 대한 중국인의 반응은 바로 중국 국민성 개조와 만주족 조정에
대한 배척이었다. 량치차오가 「쇠약의 근원을 논함」(일명 「중국근십년사
론中國近十年史論」)에서 중국인의 국가의식의 결여, 노예근성, 우매, 이기
심, 허위虛僞의식, 무감각 등을 가장 큰 문제로 제기한 것은 중국인에
대한 자기 성찰의 결과이지만, 그러한 성찰의 기준과 관점은 바로 외

---

24 尾崎行雄, 「淸國處分如何」, 『淸議報』 72, 光緒27.1.21, 5~8면; 尾崎行雄, 『支那処
     分案』, 博文館, 1895, 17~36면. 오자키 유키오의 중국인의 문제점에 대한 비판을
     바탕으로 중국의 위기의 원인을 분석하고 군국주의를 주창한 것에 대해서는 奮翮生,
     「軍國民篇」, 『新民叢報』 1, 光緖28年正月初一日, 1~6면.
25 「論中國亟宜改革滿漢官制」(『東京朝日報』), 『淸議報』 89, 光緖27.7.11, 2면.

국의 비판적 시각에 비친 자아인식에 따른 것이었다.[26] 이와 같이 타자의 시선에 의한 자아인식과 타자의 기준에 부응하기 위한 자기 개혁은 19세기 이래 비서구 국가들의 개혁적인 사상가들에서 흔히 발견되는 특징이었다.

3. 제국주의 개념과 초기 인식

중국에 제국주의라는 개념을 처음 소개한 것은 무술변법 실패 후 량치차오 등이 1898년 일본에서 발행한 『청의보』였다. 초기 『청의보』에서 사용된 제국주의 개념은 주로 영국과 미국의 국제정책과 관련이 있다. 영국의 식민지 전체를 하나로 통합하는 연방주의와 식민지 정복전쟁, 미국의 서인도지역과 태평양으로의 확장 정책에 관한 소식을 소개하면서 그 정책의 특징을 제국주의라는 개념으로 설명하고 있다. 그중에서도 가장 일찍 제국주의 개념을 사용한 1899년 1월 「극동의 먼로주의」는 영국과 미국이 중심이 되어 극동지역에 새로운 먼로주의를 제창하고, 만국연맹과 국제중재재판소를 중심으로 고대 로마 제국주의를 대신하여 새로운 세계 공동의 신제국주의를 추구하는 것을 소개하고 있다.[27] 이 글은 청국에 먼로주의를 적용하여 청국의 분할을 반대하고 각 국의 속지 시장을 개방하는 등의 구체적 내용을 담고 있어 중국인들이 주목을 끌기에 충분했지만, 여기서 말하는 제국주의는 일종

26　新會梁啓超任公, 「積弱溯源論」, 『淸議報』 77~84, 光緖27.3.11~5.21.
27　片岡鶴雄 역, 「極東之新木愛羅主義」, 『淸議報』 2, 1899.1.2.

의 세계연방국가와 유사했다.

이에 비해 19세기 말 제국주의 현상과 특징을 보다 잘 보여주는 것은 앞서 언급한 윌리엄 보크스의「국가의 세력 확장과 열강 협상론」이었다. 보크스는 19세기 마지막 10년 사이에 유럽과 북아메리카를 휩쓰는 세계의 조류로서 제국주의를 소개하면서, 그것의 정당한 근거로 다음 두 가지를 제시하였다. 첫째 제국주의의 원인은 상품 생산의 증가에 따라 시장을 확장할 필요가 있기 때문이다. 둘째, 제국주의는 인류의 진보이자 서구 문명의 사명이며, 아프리카와 극동과 같이 야만적이고 무능한 세계를 개발하여 당사자는 물론 인류 전체를 이롭게 하는 것이다. 따라서 그는 제국주의를 추진하는 방법으로 세력권, 영구 조차지의 확보는 물론 군사적인 영토점령도 필요지만, 제국간의 충돌을 막기 위한 식민지 분할을 위한 협상이 필요하다고 주장하였다.[28] 이에 대해『청의보』의 편집자 혹은 역자는 제국주의를 "오로지 영토를 개척하고 자국의 세력을 확장하는 것을 위주로 하는 것"으로 규정하고, 영국인의 주장을 통해 당시 서구 열강의 중국보전이 중국의 분할과 다를 바 없는 기만책이며, 서구 열강이 문명을 내세우지만 중국인을 대하는 것을 보면 야만스럽기 그지없다고 비판하고 있다. 여기서 주목할 것은 보크스는 제국주의를 새로운 시대적 조류이자 추세로 간주하고 있는 것에 반해 중국인 편집자 혹은 역자는 서구 열강의 세력 확장을 윤리적인 측면에서 팽창주의나 침략주의로 비판하고 있다는 점이다.

한편 1900년 3월「매킨리의 팽창론」은 미국의 제국주의 정책에 대

---

28 (英)幕阿庫斯,「擴張國勢及列強協商論」,『淸議報』17, 1899.6.8.

한 미국 내의 반대와 옹호론 사이의 논쟁의 일단을 보여준다. 즉 미국의 25대 대통령인 윌리엄 매킨리William McKinley의 연설을 소개한 이 문장은 미국의 대외 식민지 확장이 공화제에 위배되는 제국의 정책이라는 비판에 대해, 매킨리가 팽창주의는 제국주의와 다를 뿐만 아니라 공화주의도 팽창을 추구할 수 있다고 역설하면서 미국의 식민지 확장 정책을 옹호하고 있음을 소개하고 있다. 그리고 그는 제국이든 공화이든 시세에 따라 적용해야하며, 식물의 성장처럼 국가도 계속 팽창을 하지 않으면 곧 고사된다고 주장하였다. 이 문장에서 매킨리는 대외팽창을 자연적인 법칙이자 시세로서 옹호하면서 이를 제국주의로 규정하는 것에는 반대하고 있다.[29]

이상과 같이 1900년까지 중국에서 제국주의에 대한 소개는 주로 외국인의 글에 대한 소개이거나 단순한 팽창주의 혹은 침략주의로 인식하는데 그치고 있다. 그러나 1901년 중국인들 사이에서 제국주의에 대한 보다 체계적인 인식을 보여주기 시작하는데, 펑스롼馮斯欒의 「제국주의 발달과 20세기 세계의 전도」[30]가 대표적인 예이다. 이 문장은

---

29   「麥堅尼氏之膨脹論」, 『淸議報』 40, 1900.3.31. 이외에도 1890년대 미국의 대외 팽
     창정책에 관하여 식민주의로 규정한 「미국 최근 정치의 변화(論美國近政之變遷)」
     (『日本報』)(『淸議報』 47, 1900.6.7), 영국이 각 식민지를 연합하여 연방을 구성하
     는 것을 제국주의로 간주한 「영국의 제국주의(英國之帝國主義)」(『淸議報』 61,
     1900.10.23)등과 같이 1900년까지 중국에서의 제국주의는 주로 미국의 영국의 정
     책과 연계되어 소개되었다.

30   自强, 「論帝國主義之發達及卄世紀世界之前途」, 『開智錄』改良期 2, 1901.1.5;『淸議
     報全編』, 178~184면. 이 글은 당시 편집자, 발행처, 판매처 등에서 『청의보』와 긴밀
     한 관계에 있었던 『개지록(開智錄)』에 발표된 이후, 문장의 중요성을 감안하여 1902
     년 『청의보전편(淸議報全編)』(卷25) "부록1 ─군보힐화(群報擷華)・통론(通論)"에
     수록되었다. 『개지록』은 1900년 량치차오가 하와이 방문을 위해 떠나고 나서 『청의
     보』에 급진적인 문장을 게재하기 어렵게 되자, 1900년 11월 정관이(鄭貫一, 필명 자
     립(自立)), 펑마오룽(馮懋龍, 필명 자유(自由)), 펑스롼(馮斯欒, 필명 자강(自强))

당시 유행하는 제국주의를 나폴레옹식의 제국주의와 달리 미국을 대표로 한 팽창주의, 영토 확장주의, 강도Dick Turpin주의라고 규정하고, 제국주의가 출현하게 된 원인을 과학적 발명, 인종의 팽창, 세력 불균등, 열강의 혁명 등의 측면에서 분석하고 있다. 먼저 과학의 발달로 사상의 변화와 학술이 발전하고 문물 기기가 발전함에 따라 생산력이 향상되어 상품시장을 위해 대외 확장과 팽창을 추구하게 되었다. 둘째, 과학과 사회의 발전으로 인구가 폭증하고 경쟁이 격화되어 해외 식민정책이 필요하게 되었다. 셋째, 국가 간의 국력의 차이로 인해 강대국에 의한 제국주의가 출현하게 되었다. 특히 유럽인은 지구의 자원은 인류의 공유물로서 타국의 자원이 개발되지 않으면 자신들이 대신 개발하겠다고 광산개발과 철도부설을 요구하며 타국을 침탈한다. 넷째, 서구의 역사진행의 추세이다. 즉 18세기에서 19세기 전반에 대내적으로 정치적 혁명을 거친 유럽이 19세기 후반에서 20세기 전반기에 국가의 힘과 관심을 대외로 전환하여 약소국가들을 침략하게 되었다. 저자는 새로운 제국주의의 추세를 주도하는 대표적인 국가로 미국과 영국, 독일을 들고, 이들과 프랑스, 러시아, 일본 등이 태평양의 서쪽 해안 즉 중국으로 몰려들고 있다고 보았다. 그리고 20세기는 19세기보다 자유와 공의가 더욱 타락하다가 극에 이르면 다시 독립을 추구하는 세력과 제국주의 세력이 크게 충돌할 것이며, 이러한 시대를 맞아 중국도 상무의 정신을 진작해야 한다고 주장하였다.[31]

등이 별도로 창간하고 청의보사를 통해 출판과 판매를 진행하다가 1901년 3월 제6기까지 발간한 후 종간되었다. 위 문장의 저자는 도쿄대동고등학교(東京大同高等學校) 출신이자, 『청의보』 편집에도 참여하여 펑즈창(馮自强)이라는 필명으로 여러 편의 글을 발표했던 펑스롼이다.

내용적인 측면에서 볼 때, 「제국주의 발달과 20세기 세계의 전도」는 제국주의를 서구를 중심으로 한 역사발전 과정으로서 파악하고 있으며, 당시 제국주의론의 주요 핵심을 잘 파악하고 있다. 이 문장은 서구와 일본의 제국주의론과 비교하여 내용과 논리에 있어서 매우 유사한 점을 미루어 볼 때, 당시 일본에서의 제국주의론을 상당부분 참조한 것으로 보인다. 그러나 위 문장은 『개지록開智錄』잡지의 제한적인 영향력을 고려할 때 중국내에서 뚜렷한 반향을 찾아보기 어려우며, 중국인 독자들에게 널리 알려진 것도 아마 『청의보전편淸議報全編』에 실린 이후였을 것으로 보인다. 그럼에도 위 문장에서 같은 해 량치차오 등에 의해 적극 소개된 라인슈 중심의 제국주의론과 일정한 연계점을 발견하기는 어렵지 않다. 이는 량치차오를 비롯해 재일본 중국 유학생들 사이에서 제국주의 담론이 본격적으로 주목을 받기 시작했음을 잘 말해준다.

4. 제국주의론과 민족주의

중국 지식인들이 제국주의론을 현 시대에 대한 체계적인 분석개념이자 세계인식의 방법으로 받아들이게 된 것은 라인슈의 제국주의론에 따른 것이었다. 특히 1902년 이후 민족주의가 이론과 실천의 측면에서 지배적인 사상담론으로 부상하는 데 민족적 제국주의라는 개념이 중요한 역할을 하였다. 량치차오는 『현금세계대세론』에서 20세기

---

31 自强, 「論帝國主義之發達及廿世紀世界之前途」, 『開智錄』改良期 2, 1901.1.5; 『淸議報全編』(卷25), 178~184면.

는 민족주의의 참극의 시대, 즉 민족제국주의 시대로서 모든 것이 이 문제로 귀결된다고 보았다. 따라서 중국이 세계 경쟁무대에서 살아남는 방법은 다름 아니라 민족주의 국가를 건설하는 것이며, 이를 바탕으로 세계의 형세를 잘 살피고 타국의 자강의 방법과 중국을 공략하는 술책을 잘 파악하여 국력을 신장시키고 민덕을 양성해야 한다고 주장하였다. 그리고 이와 같이 진화에 적합한 국가를 수립하기만 한다면, 중국은 곧 세계에서 가장 큰 민족으로서 세계 제1의 제국이라는 휘호를 갖게 될 것이라고 주장하였다.[32]

이와 같이 20세기 초 중국의 지식인들은 정치적인 입장에 관계없이 모두 민족주의에 기반을 둔 제국주의라는 개념을 통해 중국의 위기의 원인과 본질을 이해했을 뿐만 아니라 세계의 신조류 속에서 중국이 존망의 위기를 극복하기 위한 실천 방향과 방법을 모색하였다. 제국주의론이 제공한 다양한 관념 가운데 특히 중국 지식인들의 주목을 받았던 것은 다음과 같은 몇 가지를 들 수 있다.

1) 역사시기 혹은 시세론

라인슈의 『세계정치』에서 중국 지식인이 주목한 것은 바로 급변하는 시대적 흐름이 지니는 역사적 의미였다. 당시 세계무대에서의 서구 열강의 각축은 이미 중국인들에게 새로운 것이 아니라 눈앞의 현실이었다. 뿐만 아니라 이미 적자생존과 우승열패와 같은 사회진화론적인 개념뿐만 아니라 군주간의 경쟁이 아니라 국민이 주체가 된 경쟁, 즉

---

32 飮氷室主人, 『現今世界大勢論』, 廣智書局, 光緒28, 서론과 결론.

국민경쟁 등 개념을 통해 당시 세계 변화의 추세와 성격을 인식하고 있었다. 이 가운데 적자생존이나 우승열패와 같이 경쟁을 중시하는 진화론 사상이 19세기 중반 이후 학자들에 의해 제기되기는 했지만, 그러한 개념이 적용되는 것은 자연과 인류의 전 역사과정으로서 인류 역사의 특정한 시대와 결부된 것은 아니었다. 이에 비해 국민이 주체가 되는 근대적 정치체제와 국가는 근대 이후의 특정한 시대적 의미를 지니는 것이었다. 따라서 이를 위해 새로운 정치체제의 수립과 국민들의 권리의식의 고취 및 보장을 주장하였다. 따라서 제국주의 개념이 제기되기 이전 『청의보』에서 당시 세계 변화의 성격을 설명하는 주요 개념은 국민국가에 의거한 국민경쟁이었다고 할 수 있다. 즉 각 열강들의 식민지 확장과 대외 팽창은 바로 국민들이 주체가 된 국민국가 간의 생존경쟁에 다름 아니었다.[33]

중국에서 근대적인 정치개혁, 즉 국민국가의 수립은 정치주체로서의 민, 국민주권이라는 국가내의 권리투쟁보다는 국가 혹은 민족 간의 경쟁이라는 대외적인 측면에서 필요성이 제기되었다. 그리고 민족을 단위로 한 국가 간의 경쟁을 제국주의로 규정하고 시대적 의미를 부여한 것은 라인슈였으며, 이를 중국에 적극 적용한 사람은 량치차오였다. 앞서 언급한 바와 같이 량치차오는 「국가사상변천이동론國家思想變遷異同論」과 「민족경쟁의 대세」에서 라인슈의 제국주의론을 적극 수용했을 뿐만 아니라 새로운 차원의 사상 계몽운동을 표방한 『신민총보』와 그 핵심 내용인 「신민설」이 전제로 한 시대적 인식도 바로 제국

---

33 哀時客, 「論近世國民競爭之大勢及中國之前途」, 『淸議報』 30, 1899.10.15.

주의론이었다.

먼저 라인슈는 민족제국주의를 19세기 후반에서 시작되어 20세기를 주도하는 새로운 시대적 조류로 간주하였는데, 량치차오 역시 당시의 시대적 추세와 역사적 시기를 민족제국주의 시대라고 규정하고 있다. 예를 들어 량치차오는「국가사상변천이동론」에서 국가사상을 과거, 현재, 미래의 세 시기로 구분하고, 과거는 가족주의에서 추장酋長주의, 제국주의 시대로, 현재는 민족주의, 민족제국주의 시대로, 미래는 만국대동주의 시대로 구분하였다. 그리고 현재 구미지역은 민족주의에서 민족제국주의로 교체되는 과정에 있는 반면, 아시아는 (구)제국주의에서 민족주의로 전환 중에 있다고 주장하였다. 또 유럽만 두고 보자면, 민족주의는 18세기 후반에 출현하여 19세기 전반에 전성기를 이루었고, 민족제국주의는 19세기 하반기에 출현하여 20세기에 전성기를 이룰 것이라고 보았다.[34] 여기에서 근대 이전의 제국주의에서 18세기 근대의 민족주의로 그리고 다시 19세기 후반 민족제국주의로의 전환이라는 역사인식은 량치차오가 직접 출처를 거론하지는 않았지만 바로 라인슈의 세계정치론에 근거한 것이었다.「민족경쟁의 대세」에서는 구제국주의를 세계주의로 명칭을 바꾸고 있을 뿐, 역시 근대 이후의 세계열강의 정책이 세계주의에서 민족주의로, 다시 민족제국주의로 변천하고 있는데, 이는 부득이한 상황과 요구에 기반한 것으로 한두 사람이 막을 수 없는 시대적 조류라고 말하고 있다.[35] 따라서 민족제국주의는 어느 한 시기에 끝나는 것이 아니라 장기간 지속되고 나

---

34 任公,「國家思想變遷異同論」,『淸議報』95, 光緒27.9.11.
35 中國之新民,「民族競爭之大勢」,『新民叢報』2, 1902.2.22.

날이 더 심화될 것이라고 보았다. 즉 20세기는 곧 민족제국주의 시기이고, 중국은 바로 그 시대적 추세의 소용돌이 한 가운데 놓여있다는 것이다.

당시 역사인식의 새로운 시각을 보여주는 "세기世紀"의 관점은 급변하는 세계의 흐름을 반영한 것이지만, 또 한편으로는 바로 이제 새롭게 시작되는 20세기가 중국은 물론 세계 문명의 운명을 좌우하는 중요한 전환점이라는 인식에 기반하고 있기도 하다.[36] 1902년 5월『정예통보政藝通報』에서는 유럽의 18세기가 군민경쟁의 시대였다면 19세기는 민족경쟁의 시대였으며, 이러한 경쟁으로부터 제국주의가 배태되고 팽창하여 이제 막 시작된 20세기는 바로 제국주의의 "횡풍橫風"과 "역조逆潮"가 요동치는 시대라고 보았다.[37] 또『절강조浙江潮』에서도 현재는 민족주의 발달시기이자 팽창시기로서, 서구에서는 18세기 프랑스 혁명에서 시작되어 19세기 중반에 확립된 후 아프리카, 아시아, 태평양으로 그 세력을 확장하고 있는 반면, 아시아는 19세기 후반에 이르러 비로소 민족주의가 배태되기 시작했다고 보고 있다.[38] 「국혼편」과 「민족주의론」은 이러한 민족주의 팽창시기를 또 제국주의 혹은 신제국주의 시기라고 부르기도 하였다.

시세론의 또 다른 근거는 사상적 측면에서의 새로운 추세였다. 일본에 처음 라인슈의 저작을 번역 소개하여 동아시아의 제국주의 담론의 형성에 큰 역할을 했던 다카다 사나에는 1902년『태양』에 「제국주의

---

36 余一,「民族主義論」,『浙江潮』1, 1903.2.17;「論中國之前途及國民應盡之責任」,『湖北學生界』3, 1903.3.29.
37 「政治通論外篇·通論四－帝國主義」,『政藝通報』壬寅 4, 1902.4.22.
38 余一,「民族主義論」,『浙江潮』2, 1903.3.18.

채택의 득실은 어떠한가」[39]를 발표하여 제국주의에 대한 자신의 관점
을 명확히 하였다. 그는 제국주의가 잠식주의와 약탈주의, 동화적 방
식의 문명화를 따르면서, 니체의 극단적 개인주의나 다윈의 진화론을
근거로 불가피성을 주장하는데, 이는 단지 근거 없는 구실이 아니라
현실적인 요구에 기반한 시대적 추세라고 보았다. 즉 제국주의가 올바
른 이치이고 공정한 도리에 부합하는가 여부와는 별개로 현실적으로
세계의 대세를 형성하고 있다는 것이다. 따라서 일본도 마땅히 그러한
추세를 따라 제국주의를 채택하여 세계의 가장 우등국가를 건설하는
것이 일본 국민의 천직이라고 주장하였다. 다만 상무적 제국주의는 국
력의 소모가 크고 타국의 의구심을 받게 됨으로 개인의 활동에 중점을
둔 제국주의를 추구해야 한다고 보았다.[40]

중국에서 제국주의를 주목하는 사람들도 중국이 제국주의 정책을
채택해야 한다는 주장을 하지는 않았지만, 그러한 제국주의가 시대의
대세이며 부득이한 면이 없지 않다는 것을 부정하지 않았다. 20세기
초 중국의 민족주의자들은 민족주의가 제국주의라는 괴물로 변화하는
원인을 다음과 같이 들고 있다. 첫째, 민족의 자연적 감정이다. 즉 인
간의 성정은 동족끼리 화합하고 타 종족을 배척하는 것이 일반적인 현
상이며, 민족주의는 동족끼리 화합하여 그 고유의 풍속, 습관, 법률,
문학, 예술 등을 존중하고 발양시켜 타 민족과 경쟁을 추구한다. 둘째,

---

39 高田早苗, 「帝國主義を採用するの得失如何」, 『太陽』 8-7, 明治35.6.5. 이 문장은 원
   문이 발표된 이후 곧 중국어로 번역되어 『蘇報』에 「帝國主義之得失如何」로 게재되
   었다가 다시 『選報』 36(1902)에 재수록 되었다.
40 高田早苗, 「帝國主義を採用するの得失如何」, 『太陽』 8-7, 明治35.6.5, 27~31면.
   이러한 주장을 통해 그가 라인슈의 저서를 번역한 동기와 이유가 어디에 있었는지를
   알 수 있다.

민족 역량의 발전에 비해 내적인 여건의 한계로 인해 대외적인 확장을 추구하게 된다. 여기서 특히 중요한 것은 과학과 학술의 발전에 따른 인구의 증가와 생산력의 증가이다. 민족국가가 성립된 이후 기술과 경제가 발전하게 되면 인구의 과잉과 생산품의 과잉이 출현하게 되며, 이를 해소하기 위해 해외 식민과 시장 확보를 위한 대외 팽창이 출현하게 된다는 것이다. 세 번째는 세계에 대한 인식과 가치의식의 변화이다. 우선 맬더스의 인구론에 의하면 인류는 증가속도가 너무 빨라 자연히 식량위기에 처하게 되고, 경쟁은 더욱 심화될 수밖에 없다. 따라서 해외 식민지 확장은 인류의 역사발전에서 불가피한 과정이다. 또 물경천택과 우승열패를 중심으로 한 다윈의 진화론이 제기되면서 권리는 천부적인 것이 아니라 경쟁을 통해 스스로 획득하는 것이라는 강권파가 힘을 얻게 되었다. 강권파의 주장에 따르면, 경쟁력이 없는 것은 자존하기 어렵기 때문에 그것을 무력으로 침략하거나 멸하는 것은 야만적인 행위가 아니라 문명국의 일반적인 행동방식이다. 또 그들은 지구의 자원은 인류의 공동의 것이며, 우등민족이 세습해야 할 자산이라고 주장하기도 한다.[41]

2) 유형과 무형의 분할론

중국의 제국주의 담론에서 주의를 끄는 것은 20세기 제국주의의 특징으로 무형의 분할을 중시하고 있다는 점이다. 이는 유형의 분할, 즉

41 飮氷室主人, 『現今世界大勢』, 廣智書局, 1902, 3~6면; 「國魂篇」, 『浙江潮』 1, 1903.6. 15, 13~14면; 余一, 「民族主義論」, 『浙江潮』 5, 1903.3.18, 30~32면; 「論中國之前途及國民應盡之責任」, 『湖北學生界』 3, 1903.3.29, 1~2면.

직접적인 군사적, 정치적 지배를 배제하는 것은 아니지만, 이 시기 열강의 세계정책은 직접적인 군사적 지배보다는 경제적인 지배에 중점을 두고 있다는 점에 주목한 것이다. 프랑스 및 미국의 베트남과 필리핀에 대한 군사적 정복을 앞세운 식민화와는 달리 중국은 외세에 의한 몇 차례의 군사적인 침략과 일부 지역에 대한 정치적 지배를 받기는 했지만, 전반적으로는 주권을 유지하는 이른바 반식민지의 상황이었던 점도 고려했을 것이다. 량치차오를 비롯한 중국 지식인들이 제국주의론에 깊은 관심을 갖게 된 것은 그를 통해 20세기 세계의 변화 추세에 대한 종합적인 인식은 물론이고 중국이 처한 위기의 본질을 이해하는데 유용한 시각을 얻을 수 있었기 때문인데, 그것이 바로 무형분할이었다. 당시 중국의 제국주의에 대한 일반적인 견해는 영토에 대한 군사적인 정복과 정치적 지배였는데, 이러한 시각에서 보면 주권국가로서의 기본적인 면모를 유지하고 있던 중국이 제국주의의 지배를 받고 있다고 주장하기 어렵다. 따라서 량치차오의 제국주의론은 바로 무형분할을 중심으로 하는 제국주의의 본질을 제시하는 것이었다.

먼저 그는 세계의 경쟁은 무력이 아니라 정신적인 힘에 의거하고 있으며, 전쟁터가 아니라 시장에서 전개된다고 보았다. 중국에서의 열강의 경쟁을 보면 식민정략을 본 진영으로 삼고 철도정략을 유격대로 선교정략[42]을 정탐대로 삼고 있으며 이를 바탕으로 상공업 정략을 적극적으로 추진한다. 여기서 식민정략이란 해외로의 이주를 의미하는데, 서구는 이와 관련된 두 가지 정책을 취하고 있다. 첫째 해외에 있

---

42 제국주의의 선교정략이란 해당국가에서 자국의 선교사들의 활동 과정에서 피해를 입을 경우, 자국민 보호를 명목으로 피해보상과 권리를 획득하는 것을 의미한다.

는 자국의 이주민들에 대해 적극적인 보호를 통해 해외 각국의 국민들보다 유리한 지위를 갖게 하고, 둘째 자국의 영토나 식민지에 있는 타국의 이주민들을 갖가지 불평등 대우를 통해 그들의 번식과 세력 확장을 억제하는 것이다. 그 예로 량치차오는 1898년 기준으로 중국내 11,660명에 불과한 소수의 외국인이 중국인들보다 더 우월한 지위를 가지고 상공업의 세력을 확장하고 있는 반면, 해외에 있는 250여만 명의 중국인이 온갖 차별정책으로 노예처럼 대우를 받고 있는 상황을 들고 있다.[43]

철도정략이란 철도부설권을 근거로 그 지역을 자신의 세력권으로 만드는 것을 의미한다. 당시 중국에 부설된 12개 노선의 철도가운데 그 소유권을 보면 러시아가 3개, 영국이 4개, 독일과 프랑스, 미국, 벨기에(실제로는 러시아)가 각각 1개, 영국과 독일 공동 소유가 1개로 대부분 외국자본의 지배하에 있었다. 이러한 철도권은 또 부수적으로 그 지역의 광산개발권이나 내해통행권 등을 포함하고 있어 실질적으로 그 지역을 자국의 통제 하에 두고자 한다. 량치차오는 외국 자본에 의한 철도부설은 일반사람들이 생각하듯 중국의 개발이 목적이 아니라 중국내에서 열강의 세력범위를 확대하기 위한 것이라고 비판하고 있다. 그리고 남미지역에서 독일의 세력이 확장된 것도 바로 철도정략을 통한 것이라고 보았다.[44]

이와 같은 세계 각 민족의 무형분열을 둘러싼 경쟁은 바로 경제발전 때문이다. 량치차오에 의하면 20세기의 강국이란 바로 세계의 경제를

---

43 中國之新民, 「民族競爭之大勢」, 『新民叢報』5, 1902.4.8(光緖28.3.1), 1~4면.
44 中國之新民, 「民族競爭之大勢」, 위의 책, 6~8면.

지배하는 국가이다. 경제적으로 가난하면 약국이 되고 경제력이 없으면 국가를 이룰 수 없다. 또 그에 의하면 세계 경제의 추세는 자본가와 노동자의 두 계급으로 양분되고 있으며, 중산계급이 몰락하여 전세계의 자본과 인력은 모두 소수의 대자본가 즉 트러스트에 집중되고 있다. 이에 그는 서구 열강에 비해 자본이 열악한 중국은 세계의 자본과 경쟁할 수 없으며, 아무리 풍부한 자원을 가지고 있더라도 국가적인 차원에서 적극적인 보호정책을 취하지 않는다면 모두 중국내에서 우위를 점하고 있는 외국에게 넘겨줄 수밖에 없다고 지적하였다.[45]

경제적 제국주의, 독점자본주의 개념과 상통할 수 있는 제국주의에 대한 이러한 분석은 당시 제국주의의 본질에 대한 인식이 피상적이지 않음을 보여준다. 하지만 량치차오의 제국주의론은 세계 경제의 독점화, 경제력의 팽창을 주요 특징으로 파악하면서도 이에 대한 근본적인 추동력은 여전히 민족의 팽창과 경쟁에 있다고 봄으로써 제국주의에 대한 중국의 대응과 태도 역시 민족주의 국가의 건설로 귀결시키고 있다.

3) 민족주의와 제국주의

1902년에서 1903년, 중국 사상계에서 가장 주목할 변화는 바로 민족주의론의 대두이다. 그런데 앞의 설명에서 알 수 있듯이 민족주의 개념이 중국에 소개되어 주목을 받게 된 것은 바로 제국주의 담론을 통해서였다. "nation"의 번역에서 항상 문제로 제기되는 민족과 국민이라는 이중적 의미로 인해, 국민국가와 민족국가, 국민주의와 민족주

---

45 위의 책, 9~12면.

의가 혼효되는 상황이 빈번하지만, 중국에서 근대적 민족주의가 제기된 것은 라인슈의 『세계정치』에서의 민족주의와 민족적 제국주의의 논의가 중요한 계기가 되었음은 의심의 여지가 없다. 라인슈는 민족주의를 세계주의의 상대적인 개념이자 시대적 개념으로 사용하였다. 즉 그에게 있어서 민족주의는 개인과 민족의 권리의식을 바탕으로 독립을 추구함으로써 각 민족의 다양성이 보장되는 탈 세계국가의 시대로서 긍정적 가치를 지니는 정치적 운동이다. 그리고 그러한 적극적 정치운동으로서의 민족주의가 제국주의로 변환되어가는 과정은 민족주의가 타락해 가는 부정적 현상이다.

량치차오에 의하면 민족주의는 프랑스 혁명의 인권선언에서 규정한 바와 같이 각 민족의 자유와 독립을 상호 존중하는 가장 광명정대한 공평주의이다. 뿐만 아니라 민족주의는 국민의 힘을 결집하기 위해 전제주의를 부정하고 국민을 국가 주권의 주체로 간주한다는 점에서 진보적인 역사운동이다. 그러나 민족주의는 항상 공평하고 상호 주권을 존중하는 적극적 의미를 지니는 것은 아니다. 민족주의의 목적이 집단으로서의 민족 및 그 구성원 개개인들의 복리와 행복을 최대한 추구하는 것이라면, 조건에 따라서는 그러한 목적을 위해 타민족의 권리와 복리를 침해할 수도 있다. 즉 민족주의는 항상 조건이 허락한다면 제국주의로 전환할 수 있는 가능성을 내포하고 있는 것이다. 1903년 장바이리蔣百里가 「민족주의론」서두에서 19세기 말 세기 교체기에 팽창하는 민족주의를 대괴물에 비유한 것도 고토쿠 슈스이의 영향을 받은 것이지만, 바로 제국주의는 민족주의가 팽창한 변형태 혹은 민족주의 발전의 종국적인 모습이라고 보았기 때문이었다.[46] 당시 중국의 민족주의 주창자들은 민족주의를 제국주의와 완전히 동일시 할 수는 없다고 하더라도 19세기 후반의 제국주의를 낳은 것은 바로 민족주의였으며, 서구의 문명국가와 민족주의가 발전한 국가는 민족제국주의로 전환되어가는 것이 시대적 추세라고 보았다.[47]

이와 같이 20세기 초 중국에서 민족주의가 제기되고, 이를 중심으로 사상담론의 대변화가 발생한 것은 바로 민족적 제국주의라는 새로운 시대적 조류에 부응하기 위해서였다. 다시 말해 중국에서 민족주의는 단순히 민족관념의 수용을 통한 정체성의 재발견이라기보다는 제국주의라는 민족경쟁의 시기에 "부득이" 취할 수밖에 없는 생존전략이었으며, 비록 외부의 제국주의에 저항하고 비판하기는 하지만 제국주의의 조류를 완전히 부정하거나 저항하는 것은 아니었다. 민족주의가 지상과제가 된 이상 제국주의에 대해 근본적으로 부정하는 것은 논리적으로나 실천적으로 쉬운 것이 아니었던 것이다. 물론 제국주의에 대해 비판이 없었던 것은 아니다. 량치차오는 신제국주의는 대외적으로 타민족의 권리를 침해할 뿐만 아니라 대내적으로도 국민보다 국가와 단체를 더 중시함으로써 국가만능주의나 전제주의가 출현할 수 있다고 비판하기도 하였다. 그리고 제국주의는 민족주의를 전제로 하고 있는 만큼, 국가만능주의를 수용할 경우 중국은 영원히 근대적인 국가를 수립할 수 없기 때문에 중국의 당면과제는 제국주의가 아니라 속히 민

---

46 余一, 「民族主義論」, 『浙江潮』 1, 1903.2.17. 『절강조』의 「국혼편」과 「민족주의론」은 일본 고토쿠 슈스이의 『이십세기 괴물 제국주의』로부터 일정한 영향을 받았지만, 제국주의를 민족주의와 연계하여 설명하는 것은 오히려 라인슈의 관점을 따르고 있다.

47 「國魂篇」, 『浙江潮』 1, 1903.2.17; 「政治通論外篇·通論五 — 民族主義」, 『政藝通報』 壬寅 4, 1902.4.22.

족주의를 발전시켜 제국주의에 저항하는 것이라고 주장하였다.[48] 하지만 제국주의에 대한 비판 및 저항과 그 시세時勢의 불가피성에 대한 인정은 별개의 문제이다. 특히 민족주의의 제국주의로의 전환은 일부 야심가의 주관적 혹은 우발적인 동기에 의해서가 아니라 인간사회의 발전과정에서 수반되는 준 자연적인 추세에 따른 것이라고 간주할 경우, 제국주의에 대한 부정은 더욱 어렵게 된다.

량치차오는 세계의 경쟁이 정치적 경쟁보다는 경제적 경쟁이 핵심이라고 보고 따라서 중국이 살아남기 위해서는 경제적인 경쟁에서 이기는 것이지만, 이것이 근본적인 대책은 아니라고 보았다. 왜냐하면 경제적 경쟁이 출현한 이유는 민족의 팽창에 기인하고 있어, 중국에서는 민족의 팽창을 촉진할 수 있는 민족주의와 국가주의를 추구하는 것이 더 근본적이고 시급하다는 것이다.

> 따라서 금일 중국을 구하는 방법은 다름 아니라 먼저 민족주의 국가를 건설하는 것일 뿐이다. 지구상에서 가장 큰 민족으로서 진화(天演)에 적합한 국가를 건설할 수 있다면 천하의 제일 제국이라는 휘호를 갖게 될 것이다. 누가 그것을 빼앗을 것인가? 우리 민족이 그러한 능력을 가지고 있는지 모르겠다. 있다면 그 무엇보다도 강할 것이고 없다면 곧 망하게 될 것이다.[49]

이와 같이 근대시기 중국에서 민족주의는 20세기는 민족주의 경쟁시대라는 시대인식을 바탕으로 다음의 두 가지 측면에서 제기되었다.

---

48 任公, 「國家思想變遷異同論」, 『淸議報』 95, 光緖27.9.11(양력 10월 22일).
49 中國之新民, 「民族競爭之大勢」, 『新民叢報』 5, 1902.4.8(光緖28.3.1), 13~14면.

첫째는 세계열강의 주권침입에 대해 저항하기 위해서이고, 두 번째는 적자생존에서 살아남아 세계의 제국주의 열강과 대등한 혹은 그 이상의 세력을 확장하기 위해서였다. 전자의 경우, 인도나 필리핀, 베트남 등의 피억압 민족의 독립운동과 연대하여 국제적인 반제국주의 운동으로 나아갈 전망을 보여주기도 한다. 하지만 20세기 초 피억압 민족에 대한 중국 지식인의 부단한 상기와 동정은 제국주의에 대한 비판과 더불어 중국이 이들 민족과 같은 운명으로 전락하지 않도록 각성시키기 위한 것이었다. 또 서구 제국주의에 대한 비판이 곧 반제국주의는 아니었다. 이후 살펴 볼 장타이옌章太炎이나 류스페이劉師培와 같이 반제국주의 세계 연대를 제기하고 제국주의 이후의 평등한 세계질서에 대한 지향을 보여주는 경우도 있지만, 20세기 초 중국의 민족주의가 반제국주의를 지향했는가는 여전히 의문이다. 오히려 민족주의는 곧 제국주의와 경쟁하고 최고의 제국주의 국가로 나아가기 위한 토대라는 의미가 더 강했다고 할 수 있다.

5. 제국주의 비판론

중국 지식인들이 단순히 침략주의를 넘어 제국주의의 문제점을 인식하는데 가장 많은 영향을 미친 것은 고토쿠 슈스이였다. 1903년 푸젠福建의 리위李郁가 골드윈 스미스의 『연방 또는 제국』을 번역하면서 제국정책을 지지하는 세 가지 세력, 즉 금권정치(혹은 부호계급), 군국주의, 제국주의를 괴물로 표현한 것은 고토쿠 슈스이의 『이십세기 괴

물 제국주의』에서 시사를 받은 것으로 보인다.[50]

고토쿠 슈스이의 위 저서가 중국에서 번역된 것은 그것이 일본에서 출판되고 나서 바로 그 다음해인 1902년이었다.[51] 이 해는 앞서 말한 바와 같이 량치차오와 뤄푸에 의해서 제국주의를 소개하는 단행본이 본격적으로 출간되던 해였다. 뿐만 아니라 고토쿠 슈스이의 저서를 번역한 사람도 량차치오와 관계가 밀접했던 자오비전趙必振이었다. 그는 무술변법시기부터 후난湖南 창사長沙에서 활동하며 개혁인사들과 관계를 맺고, 1900년에는 탕차이창唐才常의 자립군 기의에 호응하여 또 다른 기의를 기획하다 실패하자 일본으로 망명하였다. 일본에서 그는 일본어를 학습하는 한편 량치차오를 도와『청의보』와『신민총보』의 교열을 맡았다. 그리고 1902년 많은 일본서적을 가지고 상하이로 돌아와 본격적인 번역활동을 하였다.[52] 자오비전이 고토쿠 슈스이의 저작을 번역한 상황을 미루어보면 량치차오 역시 이 저서에 대해 이미 알고 있었던 것으로 보인다. 하지만 이에 대한 직접적인 언급이 없었다

---

50 골드윈 스미스는 그의 저서에서 이 세 가지 세력이 서로 공모하여 대외적 팽창을 주도한다고 비판하였지만 괴물로 묘사하지는 않았다. Goldwin Smith, *Commonwealth or Empire—a bystander's view of the question*, New York : Macmillan, 1902; 斯密哥德文撰, 侯官李郁 譯,『世界三怪物』, 上海文明書局, 光緒29.

51 日本土佐幸德秋水, 趙必振 譯,『二十世紀之怪物帝國主義』, 上海廣智書局, 1902.

52 그가 번역한 일본서적은 고토쿠 슈스이의 제국주의와 사회주의, 무정부주의 관련 서적과 일본의 유신사와 세계 역사서 등 20여 종에 달하였으며, 대부분 량치차오와 관계가 있는 상하이 광지서국에서 출판하였다. 田伏隆,「趙必振傳略」,『常德縣文史資料』3, 常德縣政協文史資料委員會內部印刷, 1987.4, 1~5면. 그중『二十世紀之怪物帝國主義』이외에 대표적인 것으로는 다음과 같다. 幸德秋水著,『社會主義廣長舌』, 商務印書館, 1902; 北村三郎撰,『土耳機史』, 上海廣智書局, 1902; 福井准造撰,『近世社會主義』上・下, 上海廣智書局, 1903; 西村三郎編,『日本維新慷慨史』上・下, 上海廣智書局, 1903; 鈴木光次郎編輯,『東洋女權萌芽小史』, 新民譯印書局, 1903; 北村三郎著,『埃及史』, 上海廣智書局, 1903; 持地六三郎著,『東亞將來大勢論』, 上海廣智書局, 1903.

는 것은 그가 이 저서에 대해 의도적으로 일정한 거리를 두고 있었다는 것을 말해준다. 이는 량치차오만이 아니라 당시 중국에서 일반적으로 보여준 반응이었다. 량치차오 등 유신파는 물론 자오비젠, 장타이옌, 쑨바오쉬안孫寶瑄 등과도 관계가 가까웠던 청말 시인 우바오추吳保初가 『이십세기 괴물 제국주의』의 중국어 번역본을 위해 쓴 서문을 보면, 고토쿠 슈스이의 저서라기보다 오히려 라인슈의 저서에 대한 서문인 것처럼 착각할 정도이다. 그는 18세기 이래 서구에서는 루소와 몽테스키외 등 사상의 영향하에 세계문명을 이루어왔지만, 블룬칠리의 국가학이 나온 이후 루소의 사회계약론을 비판하고 우승열패의 공리와 강권설을 주장하는 이론이 제국주의의 옥패가 되어 유럽의 풍조가 일변하게 되었다고 보았다. 그는 폐쇄적이었던 중국에서는 이제 바야흐로 루소의 학설을 듣고 놀라 어쩔 줄 몰라 하고 있는데 서구에서는 이미 그것을 버리고 또 다른 사상으로 진화하고 있는 상황에 대해 당혹스러워 하면서, 중국이 자강을 이루기 위해서는 민족주의에 진력해야 한다고 주문하였다. 왜냐하면 20세기는 국민의 능력이 팽창하고 경쟁하는 시대로, 민족제국주의는 바로 민족의 강성한 내적인 힘이 밖으로 표출된 것에 다름 아니기 때문이다. 이와 같이 우바오추는 고토쿠 슈스이의 저서를 통해 제국주의의 문제점을 비판적으로 인식하기보다는 제국주의 시대의 도래를 알리는 경종으로 간주하고 그러한 시대적 조류에 대응하기 위해 비록 중국이 제국주의를 시행하기에는 적합하지 않지만 민족주의를 추구해야 한다고 주장하였다.[53]

---

53 吳保初, 「序」, 日本土佐幸德秋水, 趙必振 역, 『二十世紀之怪物帝國主義』, 上海廣智書局, 1902, 1면.

한편 20세기 초 자신의 독서과정을 자세히 기록한 쑨바오쉬안은 1902년 7월 22일자 일기에서 처음 제국주의에 대해 언급하고 있는데, 그의 제국주의에 대한 인식은 량치차오의 『현금세계대세론』을 통해서 였다. 그는 이전에는 약육강식을 야만적인 것으로 간주했는데, 평등한 권리가 변하여 강권이 되고 민족주의가 변화하여 제국주의가 되면서 지금은 약육강식을 불변의 보편적인 공덕으로 여긴다고 비판하였다. 그리고 그러한 변화를 학술적 혹은 사상적으로 뒷받침한 것은 맬더스와 다윈으로서, 그 두 사람에 의해 인구의 급증에 따른 우환과 적자생존의 이치가 발명되어 세계의 이목이 크게 변화했다고 보았다. 그는 또 서구에서 자본이 집중되고 자본가와 노동자의 대립이 격화되는 것에 대해서 적자생존과 강권설이 지배하면 자연히 국가와 국가, 가家와 가家 사이의 경쟁도 강권론에서 벗어날 수 없는 만큼 당연한 현상이라고 지적하였다. 다만 량치차오가 모든 물질적 자원이 소수의 자본가에게 독점되면 다수는 노동자로 전락하는 암흑의 세계가 도래할 것이라고 비관한데 대해서, 옌푸嚴復가 번역한 아담 스미스의 『원부原富』에 의거하여 자본가는 두뇌와 근력을 사용하지 않고 단지 이익만을 향유하는 유민遊民으로 이들이 많아지는 것이 오히려 세계를 퇴보로 이끈다고 주장하였다. 다시 말해 자본가가 날로 감소하고 노동자가 날로 증가함에 따라 지구상에는 대부분의 사람들이 자신의 마음과 힘으로 스스로 양육하게 되고 놀고먹는 사람들이 적어지는 것은 암흑이 아니라 바로 진화의 계기라는 것이다.[54]

---

[54] 孫寶瑄, 『忘山廬日記』, 上海古籍出版社, 1983, 559~560면.

쑨바오쉬안이 고토쿠 슈스이의 제국주의 비판을 접한 것은 자오비젠의 번역본이 출간되고 나서 수개월 후였다. 아마도 가까운 지인인 우바오추가 서문을 썼던 만큼 그가 관심을 갖는 것은 충분히 예상할 수 있는 일이지만, 그의 일기에는 1903년 2월 4일자에 『이십세기 괴물 제국주의』에 대한 평이 기록되어 있다. 그는 크게 세 가지 측면에서 독후감을 기술하고 있다. 첫째, 그는 전쟁으로 인간이 동물과 같이 타락하거나 학술과 문명 발전에 장애가 된다는 주장을 반박하며, 오히려 국민은 전쟁을 통해 단련되고 문명도 발전하게 된다고 지적하였다. 이러한 지적은 당시 중국의 문제점 및 그 해결방안에 대한 인식이 깔려있다. 전쟁의 승리보다는 주로 패배자의 입장에서 접근한 그는 승리를 하면 국민이 영광으로 여기며 교만과 나태에 빠져 지혜와 학술도 자연 퇴보하지만, 패배를 하면 이를 통해 수치심과 분발심이 발생하고 그 결과 지혜와 학술도 향상된다는 것이다. 또 그는 군국주의 대신에 대동의 세계가 되면 사람들은 나태하고 방종해져서 심지의 위축과 정치학술의 퇴보를 야기하는 등 대혼란이 야기될 수 있으며, 군비는 전쟁을 준비하기 위한 것이지만 이를 없애지 못하는 것은 그러한 우환의식이 이로운 바가 있기 때문이라고 주장하였다.

그러나 고토쿠 슈스이가 이른바 전쟁의 영웅호걸을 비판하고 자본의 집중과 빈부의 격차를 비판한 것에 대해서는 그 역시 공감을 나타내고 있다. 야만시대라는 조건을 전제를 하기는 했지만, 그는 이른바 영웅과 호걸이란 염치가 없고 방탕하고 도적과 차이가 없으며, 특히 일신이나 일가의 이익을 위해 사사로이 천하를 장악하는 것은 도적의 우두머리라고 보았다. 이는 중국 역사에서 이른바 새로운 왕조를 개국한 군주들을 비판한 것으로 보인다. 또 재화와 자본이 소수에 집중되는 것은 부자와 빈자를 막론하고 모두에게 이롭지 못하다고 주장하였다. 앞서 량치차오를 비판하며 자본의 집중으로 인해 국민의 다수가 노동자로 전락하는 것을 오히려 사회적 진화로 본 것이 사회의 윤리와 인성이라는 측면에서 논한 것이라면, 여기서는 경제적인 측면에서 접근하고 있다. 즉 자본과 재화의 집중으로 다수 국민의 구매력이 떨어져서 상품 판매가 되지 않으면 자본가에게도 이롭지 못할 뿐만 아니라 그러한 사회는 장기적으로 지속할 수 없다고 보았다. 그리고 그는 유럽 국가들이 외국의 시장을 개척하기 위해 나서고 있는 이유는 바로 독점과 빈부격차로 인한 국내의 구매력이 낮아졌기 때문이며, 이러한 국내외의 문제를 해결하기 위해서는 빈부의 평등은 물론 부와 자본의 집중을 제한해야 한다고 주장하였다.[55] 하지만 이는 제국주의에 대한 비판이라기보다는 제국주의의 출현의 한 원인인 자본의 집중에 따른 빈부격차와 구매력 저하가 국내에 미치는 영향을 지적한 것이었다.

이와 같이 20세기 초 제국주의론이 사상담론이자 세계의 인식틀로서 수용된 이후, 중국의 지식인들의 반향은 그에 대한 비판보다는 그러한 세계의 조류에 적극 부응하고 대응할 수 있는 근대 국가의 수립과 국민의 양성을 위한 이론적 근거로 삼는 것이었다. 이는 세계경쟁에서 열악한 지위에 있던 국가가 제국주의라는 새로운 시대적 조류에 대응하기 위해서는, 민족주의든 국민계몽이든 제국주의의 논리를 정면으로 부정할 입장이 되지 못했기 때문일 것이다. 그렇다고 제국주의론에 부

---

55 孫寶瑄, 『忘山廬日記』, 上海古籍出版社, 1983, 645~646면.

화뇌동하는 것은 서구 열강의 중국침탈을 정당화하거나 제국주의의 궁극적 결과인 세계국가를 지지함으로써 안으로 민족주의가 약화될 수 있었다. 량치차오가 제국주의는 아직 중국이 취하기에는 적합하지 못한 이념이며, 대동사회의 이념 또한 먼 장래에나 주장할 수 있을 뿐 현재로서는 오히려 중국의 문제를 더욱 악화시킬 뿐이라고 본 것은 이러한 인식에 기반을 둔 것이었다. 또 제국주의의 근거로 제시된 인구론과 사회진화론, 그리고 문명론을 전면적으로 부정할 수 없는 상황에서 제국주의에 대한 근본적인 비판은 논거를 찾기가 어려웠다. 이는 마치 근대화와 제국주의를 논리적으로 분리하지 못함으로써 근대화를 위해 식민주의의 수용이 불가피하다고 보았던 입장과 유사하다.

따라서 제국주의에 대한 적극적인 비판은 오히려 국가와 민족의 경계를 넘어서는 사유가 가능했던 무정부주의자 류스페이나 한때 불교의 인식론의 측면에서 국가를 비판했던 장타이옌章太炎의 사상에서 부분적으로 관찰될 뿐이다. 예를 들어 1907년 무정부주의를 주장하던 류스페이는 다음과 같이 제국주의를 비판하고 있다.

근세이래 구미 각국은 제국주의를 떠벌이고, 그 병력과 재화를 내세워 세계에서 위세를 과시하고 있다. 그 원인을 살펴보면 하나는 국가의 권력이 확장되어 국가의 위엄을 해외에서 떨치기 위한 것이고, 다른 하나는 자본가가 상업을 확충하고자 타국의 재원을 빼앗아 흡수하기 위한 것이다. 이 두 원인이 축적되면 곧 살상의 세계로 변모하게 될 것이다. (…중략…) 이러한 주의를 실행하는 자는 두 가지를 내세워 스스로를 포장하고자 한다. 즉 강권과 애국심이 그것이다.[56]

류스페이의 제국주의에 대한 이러한 비판은 당시 고토쿠 슈스이의 입장과 큰 차이가 없다. 당시 무정부주의를 주창한『천의』잡지의 정치적, 사상적 관점을 고려하면 자연스러운 결과이자만, 무엇보다도 류스페이 등 중국의 무정부주의자들이 일본의 사회주의자들과 밀접한 연계를 맺고 활동하면서 그들로부터 많은 영향을 받았다고 할 수 있다.[57]

그러나 제국주의에 대해 보다 근본적인 비판을 제기한 인물은 장타이옌이었다. 그는 인류의 수많은 고통과 문제 가운데 가장 큰 것은 민족과 국가문제이며, 그중에서도 19세기 말 20세기 초 이른바 제국주의에 의한 식민화라고 보았다.[58] 그에게 있어서 제국주의는 무엇보다도 침략주의였다. 그런데 그의 제국주의에 대한 비판은 단순히 정치적, 경제적 지배만을 겨냥하는 것이 아니라 제국주의를 합리화하는 논리의 위선성에 보다 초점을 두고 있다. 즉 그는 당시 세계의 갈등의 본질은 인종 간의 갈등 즉 제국주의 백인과 억압받는 비백인 간의 지배

---

56 劉師培,「無政府主義之平等觀」,『天義』5, 1907.8.10.
57 이에 대해서는 鄭匡民,「社會主義講習會與日本社會主義者」,『中國近代史上的自由主義』(中國近代思想史集刊) 5, 社會科學文獻出版社, 2008; 梁展,「世界主義, 種族革命與『共產黨宣言』中譯文的誕生－以『天義』『衡報』的社會主義宣傳爲中心」,『外國文學評論』, 2016.4.
58 레베카(Rebecca E. Karl)는 20세기 초 중국에서 민족주의가 발흥한 것은 단순히 서구의 관념을 수용한 것이라기보다 19세기 후반 이후 전세계적으로 수많은 민족들이 병합되거나 식민지화되는 것을 보고, 이를 중국의 운명의 관점에서 공감하는 가운데 형성되었다고 보고 있다. 즉 개인과 공동체의 삶이 타민족에 의해 위기에 처하면서 자기 보존을 위해 제국주의에 대항하는 가운데 민족의식을 자각하게 되었다는 것이다. 그 결과 중국의 민족주의는 민족을 국가에 통합하는 국가적 민족주의의 경향도 있지만, 국가의 경계를 넘어 타민족과 연대하고 공감하는 민족적 민족주의의 성격을 지니고 있다고 주장하였다. 이러한 주장에 대해 좀 더 세밀한 논의가 필요하지만, 레베카의 분류에 따르면 장타이옌의 민족주의는 후자에 속한다고 할 수 있다. Rebecca E. Karl, *Staging the World-Chinese Nationalism at the Turn of the Twentieth Century*, Durham : Duke University Press, 2002.

와 피지배 관계라고 보았다. 그리고 제국주의 지배의 논리인 문명론에 대해 단순히 '관념적 허상'의 차원을 넘어 유럽의 팽창을 합리화하거나 더 나아가서는 그러한 침략 활동을 더욱 조장하는 위선이라고 비판하였다. 그에 의하면 문文과 야野의 풍속은 각각 이로운 바가 있어 따르는 것뿐으로 우열이 없으며, 야만인을 문명화한다는 것은 그들을 겸병하기 위한 언어적 수식에 불과하다.[59] 또 그는 프랑스가 자국과 월남을 대하는 태도의 차이가 말해주듯이, 자유와 평등은 유럽인에게만 적용되고, 비유럽인에게는 오히려 가장 부자유, 불평등을 강제하고 있다고 비판하였다.[60]

더 나아가 그는 문명인을 자부하는 백인 유럽이야말로 더 '야만적'이라고 비판하였다. 유럽의 윤리는 도백屠伯(한나라 태수로 잔혹한 살생을 일삼음)이자 야인野人의 윤리라는 것이다. 제국주의가 자나 깨나 생각하는 것은 빼앗고 죽이는 것으로, "오늘날 소위 문명국가를 보면 다른 대륙, 다른 인종을 도륙하는 것이 걸桀·주紂보다도 더 심하다."[61] 뿐만 아니라 그러한 도륙조차도 학술로서 분식粉飾하고 미화시키고 있다. 즉 그는 백인 강종強種이 문명이란 명분하에 경제적인 수단과 살생의 수단으로 타국을 멸망시키고 있는데, 그들이 말하는 문명이란 도의가 아니라 허영을 기준으로 삼아 인심을 억누르는 방편으로 삼고 있다고

---

59 「齊物論釋」,『章太炎全集』六卷, 上海人民出版社, 1986, 100면. 장타이옌은 언어에 의한 의미 혼란이나 왜곡이 이루어지는 담론에 대해 주의하여 당시 제국주의 담론의 위선을 집중적으로 비판하기도 하였다. 그는 다수의 즐거움(衆樂)이라는 구실로 타인의 것을 빼앗는 제국주의에 대해, 이는 박애에 가까운 겸사(兼士)라는 말로서 침략하고 빼앗는 겸병주의를 꾸미는 것이라고 비판하였다. 「駁神我憲政論」,『章太炎全集』四卷, 上海人民出版社, 1986, 316면.

60 「五無論」,『章太炎全集』四卷, 上海人民出版社, 1986, 433면.

61 위의 글, 438면.

비판하고 있다.[62]

제국주의에 대한 이러한 비판은 서구에서의 논쟁과 달리 피억압 민족의 시각에서 문제점을 제기하고 있다는 점에서 주목할 필요가 있다. 특히 류스페이와 장타이옌은 반제국주의 운동을 위해 아시아화친회를 조직하는 등 반제국주의 연대 활동을 전개하면서 제국주의 조류에 맞서고자 하였다. 그러나 20세기 초 중국의 사상적 측면에서 보면 제국주의에 대한 비판의 목소리가 강하기는 했지만, 그것을 극복하는 방법으로 제시된 것은 오히려 서구 열강의 부강의 비밀을 배워서 제국주의와 경쟁할 수 있는 능력을 갖추는 것에 초점이 맞추어져 있었다.

---

62 「復仇是非論」, 『章太炎全集』四卷, 上海人民出版社, 1986, 273~274면,

제4장
제국의 교사와 국민의 모델

1. 시세와 경쟁-문명의 어머니

1901년 의화단의 난의 결과로 서구 열강 및 일본 등 8개국이 중국과 신축조약을 체결함으로써 한층 고조되던 중국분할의 위기는 모면했지만, 8개국은 외국인에게 배타적인 중국인을 징계하고 훈육한다는 명목하에 4억 명의 중국인 각각에게 은 1냥씩의 배상금을 책정하였다. 물론 그 배상금은 국민으로부터 세금을 걷어 청 정부가 지불해야하는 것이었다. 이와 동시에 청 정부는 정치, 사회와 문화 등 제방면을 개혁해야만 했는데, 이는 입헌개혁과 과거제 개혁, 근대식 학제개편 등에 대한 국내외의 요구와 시세의 변화에 따라 부득이하게 취할 수밖에 없기도 했지만, 또 한편으로는 서구 국가들이 중국의 체제를 서구의 제도에 접목시켜 보다 효율적으로 관리하기 위해 요구한 것이기도 했다.

정치운동과 사상계에서도 큰 변화가 있었다. 우선 일본 및 해외무대를 중심으로 활동하던 쑨원孫文, 캉유웨이康有爲, 량치차오 등을 중심으로 중국을 개혁하기 위한 다양한 방법이 모색되었다. 그중 쑨원은 만주족 배척을 우선으로 하는 민족주의 공화혁명을 주창하였고, 캉유웨이는 여전히 무술변법을 추진하다 서태후에 의해 유폐되어 있던 광서제를 중심으로 한 입헌제 개혁을 주장하였다. 사상운동의 측면에서 두 입장의 특징을 정리하면 19~20세기 비서구 국가에서 보편적으로 보여주던 민족주의 운동과 입헌계몽운동이라고 할 수 있을 것이다. 식민지 혹은 반식민지 국가들은 제국주의에 저항하기 위해 민족주의를 추구하면서 동시에 근대적인 국가로의 전환을 위한 국민 계몽운동을 전개하였다. 중국에서 이러한 사상운동의 특징을 가장 잘 보여주는 것이 바로 1902년 량치차오가 『청의보』를 종간하고 새롭게 창간한 『신민총보新民叢報』이다.

『신민총보』는 그 잡지명이 말해주듯이 주요 취지는 바로 중국인을 계몽하여 새로운 국민으로 거듭나게 하는 것이었다. 국민은 단순히 정치개혁을 통해 인민에게 주권을 부여함으로써 만들어지는 것이 아니었다. 중국이 쇠약해진 원인이 중국 국민성에 있고, 국민성의 문제점은 정치제도 및 통치방법, 풍속과 역사적 원인 등에 의해 초래되었다고 본 이상, 국민의 양성은 바로 중국의 정치와 사회, 문화에 대한 전반적인 개혁을 통해서만 가능한 것이었다. 이는 개혁을 반대하는 수구적인 입장을 제외하면 공통된 인식이었다. 다만 문제는 새롭게 양성해야 할 국민의 성격과 그 목표가 무엇인가 하는 점에 있어서는 다양한 의견이 존재했다. 『신민총보』는 창간된 이후 정치적 입장의 차이로 인해 혁명을 주창하는 『민보民報』 잡지와 논쟁을 벌이기도 했지만, 이른바 「신민설新民說」에서 제시된 국민의 양성 방법과 방향이 당시 중국인에게 미친 영향력은 거의 압도적이었다 해도 과언이 아니다.

「신민설」에서 제기한 새로운 국민 만들기는 특정한 역사관점에 기반을 두고 있다. 량치차오는 당시 많은 개혁사상가들과 마찬가지로 역사발전론 혹은 진보의 관점에서 역사를 인식하였다. 즉 역사는 끊임없이 발전한다는 것이다. 역사가 진화한다는 것은 천하의 공리이다. 이는 마치 반드시 아래로 흐르는 물의 본성이나 던져진 물건이 반드시 지구의 중심을 향하는 추세와 같다(258).[1] 그럼 역사는 어떻게, 무엇에 의해 진보하는가? 량치차오는 이를 경쟁이라고 보고 있다. 그에 의하면 경쟁은 "진화의 어머니"라는 주장은 이미 철칙이 되었다(259). 이러한 인식은 적자생존, 우승열패라는 사회진화론의 입장과 관련이 있지만, 량치차오는 중국이 낙후된 원인은 경쟁에서 뒤졌기 때문이 아니라 오히려 경쟁이 부재했기 때문이라고 주장하였다. 그리고 경쟁이 부재한 원인은 추세(지리적 환경과 시세)와 문화(제도와 풍속)적인 특성에 있다고 보았다. 그에 의하면 19세기 말 중국이 서구 열강에 뒤처지고 위기에 처하게 된 가장 큰 문제는 국가관념이 없다는 점인데 이는 바로 국가를 천하로 오인했기 때문이다. 그럼 왜 국가를 천하로 오인했을까? 량치차오에 의하면 그 원인은 두 가지 원인이 있다, 첫째는 지리적 요인 때문이다. 유럽의 지형은 산과 하천이 뒤얽혀 가지런하지 않고 흩어져 있어 그 세勢가 저절로 분립하게 되었다. 반면 중국의 지형은 평원이 끝없이 넓고 요새가 서로 통하여 그 세가 저절로 하나로 모여지게 되었다. 그리하여 진나라 이후 2천여 년의 역사 중, 삼국시대와 남북조시대 3백 년 동안 잠시 분열이 되었지만 그 외에는 모두 사

---

1 본 장에서 량치차오의 "신민설"을 인용함에 있어서, 『신민총보』에 실린 원문을 기준으로 할 경우는 「신민설」과 더불어 『신민총보』의 서지사항을 표기하고, 한국어 번역본인 『신민설』(양계초, 이혜경 주해, 서울대출판문화원, 2014)을 기준으로 할 경우에는 본문에 (쪽수)로 간략히 표기한다.

해四海가 한 가족이었다. 간혹 할거되기도 했지만 곧 바로 합병되었다. 두 번째는 중국을 둘러싼 주변의 민족이 모두 야만족蠻族이었기 때문이다. 야만족은 영토나 인구, 문물 중 어느 하나 중국과 견줄 수 없었다. 이러한 지세地勢 즉 지리적 환경 때문에 중국인의 국가사상은 유럽과 달리 발달하지 못하게 되었다(122~123).[2] 즉 중국이 진보하지 못한 이유는 형세로 인해 대일통을 이루었을 뿐만 아니라 야만족에 둘러싸여 경쟁이 부재했기 때문이라는 것이다.

이러한 지리 추세론은 19세기 말 일본에서 매우 유행했던 주장으로, 20세기 초 중국 지식인들에게 많은 영향을 미쳤다.[3] 또 19세기 말 캉유웨이康有爲의 사상에서도 적잖은 흔적을 발견할 수 있는데, 량치차오의 지세론에는 캉유웨이의 영향이 적지 않게 남아 있다. 캉유웨이는 「강자내외편康子內外篇」에서 일찍이 "세勢 중심론"을 제기하며, 세에서 이치理가 나오고 이치에서 도道가 나오며, 도에서 의義가 그리고 의에서 예禮가 나오기 때문에, 세야말로 인사人事의 근원이라고 보았다. 이와 같이

---

2 지세에 의한 중국의 낙후성은 량치차오가 반복적으로 지적한 내용이다. 그는 중국이 진보하지 못한 이유를 대일통을 이루어 경쟁이 끊어졌고(『신민설』, 259~260), 야만족에 둘러싸여 교류와 소통이 어려우며(『신민설』, 261~262), 나라의 형세가 하나로 통일되어 있었을 뿐만 아니라(『신민설』, 471~472), 세계주의를 표방하는 유교의 폐단 때문이라고 보았다(『신민설』, 475). 이외에 중국 지리와 문명의 관계에 대해서는 中國之新民, 「中國地理大勢論」, 『新民叢報』 6, 光緒28.3.15, 1~11면.

3 이에 대해서는 졸고, 「량치차오(梁啓超)와 중국 국민성 담론」, 『중국현대문학』 제45호, 2008.6. 량치차오는 『신민총보』 발간과 더불어 「지리와 문명의 관계」(제1호), 「아시아 지리 대세론」(제4호), 「중국 지리 대세론」(제6, 8, 9호), 「유럽 지리 대세론」(제10호)을 연이어 발표하였다. 이 가운데 「지리와 문명의 관계」는 우키타 가즈타미(浮田和民)의 『史學通論』((東京專門学校文学科第3回第1部講義録), 東京專門学校) 중 제5장 「歷史と地理」를 번역한 것이고, 나머지 세 편은 시가 시게타카(志賀重昂)의 『地理學』(東京專門學校, 1901)중 "亞細亞地理考究ノ方針", "支那地理考究ノ方針", "歐羅巴地理考究ノ方針"을 주요 자료로 삼아 소개한 것이다.

모든 도리와 규범을 만드는 것이 바로 세라면, 자연히 중국의 전통적인 사회규범, 즉 군주와 남성중심 관념이나 인민의 귀천구분, 화이의 구분도 모두 추세에 의해 형성된 것이지 문화적 영웅인 성인聖人이 임의로 창조한 것이 아니다. 성인은 단지 추세에 부응하여 세상의 폐단을 바로잡아 인류에게 유익한 것을 추구했을 뿐이다. 따라서 성인의 말이 반드시 보편적인 의리의 극치도 아닐 뿐만 아니라 모든 인류의 문제를 고려한 것도 아니다.[4]

이러한 추세가운데는 지세도 중요한데, 캉유웨이는 세계문명은 각각 특유의 지세에 적합한 문명을 수립해왔으며 중서문명의 차이는 바로 세와 속俗의 차이에 의한 것으로 각자 상대적인 가치를 지니고 있다고 보았다.[5] 예를 들어 중국은 사방이 산맥과 사막, 바다로 둘러싸이고 안으로는 산이나 강에 의한 장애물이 적어 장기간 일통을 이루어 왔으며, 통치 영역이 넓어 군주는 날로 존귀해졌다. 그리고 하급관리들은 법률을 받들기는 했지만 통치가 세밀하지 못해 백성들의 자치에 맡겨졌다. 중국의 삼강의 윤리나 친친親親의 관념은 바로 이러한 지세에서 비롯된 것이다. 이와 달리 유럽은 산과 강으로 분리된 지세로 인해 장기간 여러 국가로 분열되어 있었고 통치 영역이 작아 군주의 권력도 강하지 못했다. 또 사대부들도 기세를 중시하고 동적일 뿐만 아니라 상하의 소통이 잘 이루어져 법이 날로 새로워질 수 있었다. 군민평등과 남녀평등, 그리고 현인을 존중하고 공적을 중시하는 것은 모두 이

---

4 康有爲, 樓宇烈整理, 『康子內外篇(外六種)』, 北京 —中華書局, 1988.
5 康有爲, 「與洪右臣給諫論中西異學書」, 『康有爲全集』(一), 上海 —上海古籍出版社, 1987, 535면.

러한 지세의 결과이다.[6]

이러한 캉유웨이의 지세론에 입각한 중서문명의 비교는 중국의 자기중심적인 천하관념과 외부세계에 대한 몰인식, 그리고 중국의 전제정치의 주요 원인을 지리적 환경 탓으로 간주하던 서구의 대중국 인식이 투영되어 있다. 그러나 서구의 시각은 이러한 지리적 조건에 따른 중국의 문제점을 지적하는데 그치지 않고 그것이 곧 중국이 정체하게 된 원인이라고 보았다. 이는 캉유웨이가 지세의 차이를 통해 문명의 상대성을 도출한 것과는 큰 차이가 있다. 량치차오는 스승인 캉유웨이로부터 지세를 통해 중서문명을 비교하는 시각을 빌려오고 있지만, 서구의 중국문명 비판론자들처럼 문명의 상대성이 아니라 낙후성을 도출하였다. 이는 그가 캉유웨이보다 더 적극적으로 진화론적인 시각을 수용했기 때문이라기보다는 역사의 발전의 궁극적 목표를 설정하는데 차이가 있었기 때문인 것으로 보인다. 즉 캉유웨이는 다분히 이상주의적으로 글로브—지구시대는 하나로 통합되는 대동사회에 이를 것이라고 보았다. 그리고 그 대동사회에서 문명은 서구의 근대문명이 아니라 서구 근대문명을 지양한 동서문명의 융합이며, 그 과정에서 중국문명의 가치가 새롭게 부각될 것이라고 보았다. 현재 중국의 지세에 따른 문명의 특성은 중국을 발전시키는데 한계가 있어 중국이 서구문명을 수용하는 것이 불가피하지만, 장래에는 다시 서구문명의 한계를 극복하기 위해 중국문명이 중요한 역할을 할 것이라는 것이다.

이에 비해 1900년 이후 량치차오는 캉유웨이와 달리 스승의 사상은

6　車泰根, 「地理認識論, 歷史與現代性」, 『中國語文論叢』 24, 2003, 301~326면.

이상주의적이고 현실적이지 못하며, 그의 대동사상은 오히려 중국인의 국가 관념을 약화시킬 것이라고 보았다. 이러한 비판은 량치차오가 지세보다는 시세를 더 중시했기 때문일 것이다. 즉 근대 이전의 시기는 아직 인간의 문명이 지세의 한계를 극복하기 어려웠지만, 근대 이후에는 항해와 교통, 전기 등의 기술의 진보로 지세의 한계를 극복했기 때문에, 지세의 영향이 크게 중요하지 않게 되었다. 과거에는 지세로 인해 중국이 야만족에 둘러싸여 서구문명과 접촉할 수 없었지만, 지금은 서구 열강이 중국내부에 깊숙이 들어와 있다. 중국은 이제 중국인만의 중국이 아니라 세계인의 중국이 된 것이다. 물론 일상생활 및 감정과 밀접히 연관되어 있는 지세에 따른 풍속이나 일부 관념은 쉽게 변화하지 않을 뿐만 아니라 민족의 정체성과 결속력을 강화시키는 중요한 접합제와 같다. 따라서 중국 고유의 문화를 전반적으로 부정하는 것은 오히려 적자생존의 경쟁에서 도움이 되지 않는다. 하지만 세계는 이미 각 민족이 영토와 상업 등을 둘러싸고 경쟁하는 민족제국주의 시대이다. 이러한 시세에서 가장 중요한 것은 곧 경쟁이다. 량치차오에 의하면 경쟁은 문명의 어머니이다. 경쟁이 하루라도 멈추면 문명의 진보도 곧 멈춘다. 한 사람의 경쟁으로부터 한 가정이 이루어지고, 한 가정으로부터 한 향족이 이루어지며, 한 향족으로부터 한 국가가 이루어진다. 국가는 단체 중에 가장 큰 규모이고 경쟁의 최고 단계이다. 그럴 리가 없겠지만, 만약 천하주의나 대동사회와 같이 국가의 경계가 붕괴된다면 경쟁은 곧 절멸하게 되고 그로 인해 문명 또한 함께 절멸하게 된다(114). 이와 같이 량치차오의 역사관은 경쟁에 기반을 둔 문명론적 진보사관이었다.[7] 세계의 형세를 파악함에 있어서 지세地勢에서 시세時勢로의 중심이동은 근대 진화론적 문명관의 주요 특징이지만, 중국의 지식인들에게서는 19세기 말 급변하는 세계의 상황과 세기라는 새로운 시간의식도 중요한 작용을 하였다. 1900년 7월 일본 『태양』 잡지는 19세기를 총정리하는 특집을 발간하였는데, 그 필진에는 오쿠마 시게노부大隈重信, 가토 히로유키 加藤弘之, 이노우에 데츠지로井上哲次郎, 다구치 우키치田口卯吉, 다카야마 조규高山樗牛등 량치차오 등이 주목하고 있던 일본 명사들이 망라되어 있었다. 이 특집기사는 1902년 중국 광지서국에서 『19세기 대세 변천 통론』이라는 제목으로 번역하여 출간하였다. 이 글의 특징은 단순히 사상, 철학, 경제, 군사력 등 다양한 방면에서 19세기의 상황을 분석하고 평가하는 데에 그치지 않고 그 변화의 추세를 분석하여 새로운 세기인 20세기의 미래를 가늠하고 있다. 그중 첫 번째 문장에서 오쿠마 시게노부는 20세기 새로운 생존경쟁의 향방을 이해하기 위해서는 19세기 이래 역사적 추세를 파악해야 한다고 주장하였다. 그리고 약육강식과 우승열패가 일상적인 상태가 된 현재, 인류의 지식과 문명의 진보에 따라 행복이 날로 증진하고 야만국들은 문명국의 침략으로 멸종하는 것이 세계의 대세라고 보았다. 그리고 향후 동서의 모든 야만국은 소수의 백인종 강국에 의해 정복될 것이고, 강국들의 세력 확장을 위한 주요 경쟁무대는 중국이므로, 20세기의 중국의 운명이 어떻게 될 것인가는 현재 정치학의 중대한 문제라고 지적하였다.[8] 오쿠마 시게노부의 주장의 핵

---

7 도쿠세고지 역시 경쟁의 부재에 따른 퇴보를 근거로 대동사회나 세계국가를 반대하였다. 獨醒居士, 「帝國主義」, 『時務三論』, 民友社, 明治35.1, 91~93면.
8 大隈重信, 「去來兩世紀に於る世界列國と日本との地位」, 『太陽』 6-9, 明治33.7, 1면; 吳銘譯, 「去來兩紀日本與世界列國之關系」, 『十九世紀大勢變遷通論』, 廣智書局,

심은 20세기 세계 인류경쟁의 중심은 중국이며 장차 중국의 운명의
결정권이 일본에게 달려 있는 만큼, 동문동종이 백인종의 지배로부터
벗어날 수 있도록 일본은 중국을 계도해야 할 책임이 있다는 것을 고
취하는 것이었다.[9] 이러한 세기 전환기의 세계대세론은 일종의 "메가
트렌드Mega-Trends"로서, 중국을 비롯한 비서구의 많은 지식인에게는 저
항할 수 없는 불가피한 추세이자 압박으로 인식되었다. 량치차오가 20
세기를 민족이 경쟁하는 제국주의 시기라고 진단한 것은 곧 그것에 저
항하기 위한 방법을 모색해야 한다기보다는 중국이 생존하기 위해서
는 그러한 세기적인 흐름에 적응하여 적극적으로 대응해야 한다는 의
미이기도 했다.

2. 신민新民의 모델 – 앵글로색슨 민족

량치차오의 「신민설」은 중국의 근대적 국민 혹은 시민의 형성에 있
어서 소위 "말안장 시대"[10]의 종합판이라고 할 수 있다. 량치차오는 중
국에서 국민국가와 민족주의를 수립하기 위해 우선 요구되는 것이 민
民의 새롭게 거듭남, 신민民民으로부터 국민으로의 전환, 혹은 비정치
적 백성에서 정치적 주체로서의 국민으로의 변환이라고 보았다. 근대

光緒28, 1면.

9 　大隈重信, 「去來兩世紀に於る世界列國と日本との地位」, 위의 책, 2면.

10 　코젤렉은 18세기 중엽 유럽에서 여러 신조어들의 등장으로 기존의 개념들의 의미변
　화가 발생하는 등의 의미론 투쟁이 발생한 시기를 "말안장 시대"(Sattelzeit)라고 불
　렀다. 말안장 시대의 어의의 변화 특징에 대해서는 박근갑, 「'말안장 시대'의 운동개
　념」, 박근갑 외, 『개념사의 지평과 전망』, 소화, 2009, 31～57면.

적 국민의 특성은 무엇보다도 권리의 주체로서, 정치적 참정권과 인권의 주체이고 사회를 비롯한 공동체에 대한 책임의 주체이기도 하다. 하지만 구체적으로 보면 각 국가의 민족과 종교, 역사가 다르고, 국가 내에서도 집단이나 개인별로 다양한 차이가 존재하는 것처럼, 근대적 국민의 세부적인 자질과 특성은 매우 다양하다. 이는 근대시기 근대 국민의 모델이었던 서구 유럽에 국한시켜 보아도 영국, 프랑스, 독일, 러시아 등 각 국가와 민족 혹은 인종사이에도 차이가 있다. 이른바 국민성 혹은 민족성은 같은 근대적인 국민이라고 하더라도 서로 차이를 낳은 주요 요인이다. 「신민설」에서 모델로 삼고 있는 국민의 특성은 근대적인 가치를 기준으로 삼고 있기는 하지만, 그 특정한 경향성을 보면 제국의 시민이 되기 위해 갖추어야 할 성격에 가깝다. 이는 「신민설」이 전제로 하고 있는 것이 바로 제국주의 시기에 생존하고 번영할 수 있는 민족, 국민을 만드는 것이었기 때문이다. 「신민설」은 제국주의, 특히 라인슈 등이 제시한 제국주의라는 시대의식과 세계의 성격을 전제로 하지 않으면 그 의미를 정확히 이해하기 어렵다. 그럼 먼저 「신민설」이 전제로 하고 있는 시대와 세계의 특성은 무엇인가?

16세기 이래(약 3백 년 전) 유럽이 발달하고 세계가 진보한 이유는 모두 민족주의(Nationalism)가 성대하게 일어나 서로 부딪히면서 성립했기 때문이다. 민족주의란 무엇인가? 각지에서 같은 종족으로서 같은 언어를 사용하고 같은 종교와 같은 습속을 가진 사람들이 서로를 동포로 여기고 독립과 자치를 위해 노력하며, 완비된 정부를 조직해서 공익을 도모하고 이민족에 맞서는 것이다. 이 민족주의의 발달은 극에 달해, 점차 19세기 말(최근 2

0~30년)에 이르러서는 더 나아가 민족제국주의(National Imperialism)로 되었다. 민족제국주의란 무엇인가? 그 국민의 실력이 안으로 충만해서 밖으로 넘쳐나지 않을 수밖에 없게 되어 다른 지역으로 급급히 그 권력을 넓혀 나가는 것을 자신의 목표로 삼는 것이다. 그 시작은 병력이 될 수도 있고 상업이나 공업 또는 교회가 될 수도 있지만, 모두 정책을 써서 그 지역을 지휘하고 관리하며 보호한다. (…중략…) 지금 동방 대륙의 가장 큰 나라에 가장 기름진 토양, 가장 부패한 정부, 가장 뿔뿔이 흩어지고 약한 국민이 있다. 저 족속들이 일단 내부사정을 간파하자, 이에 이른바 민족제국주의의 방향을 바꾸어 개미 떼들이 누린내를 쫓듯이 뭇 화살들이 과녁을 향하듯이, 여기저기서 이곳으로 몰려들고 있다. (…중략…) 이 모두 역시 이 새로운 주의의 조류에 강제되어 어쩔 수 없어 그렇게 하는 것이다(52~53).

위 문장은 민족주의에 대한 정의만 제외한다면,[11] 앞서 라인슈가 설

---

11 여기서 민족주의에 대한 정의는 버제스(J.W.Burgess)의 개념을 취한 것으로 보인다. 버제스는 민족을 동일지역, 동일종족, 국가구성이라는 측면에서, 특정한 지역을 바탕으로 공동의 언어, 풍속, 역사, 관습, 가치 관념을 가진 종족이 하나의 국가(state)를 구성한 것으로 정의하였다. 종교도 민족의 형성에서 중요한 역할을 하지만, 근대에서는 주로 종교의 자유가 주어지기 때문에 주요 요소는 아니라고 보았다. John William Burgess, *Political Science and Comparative Constitutional Law* Volume1, Ginn & company, 1891, pp.1~4. 이 책은 다카다 사나에가 도쿄전문대학에서 정치경제학과 제1회 강의를 위한 강의록으로 이치시마 켄키치(市島謙吉)와 공동으로 번역하여 출판하였다. ジョン・ダブリュ・バルゲス, 高田早苗・市島謙吉 共譯, 『政治学及比較憲法論』(上編), 東京專門学校出版(1900년 이전 출판). 민족에 대한 정의는 1~4면. 당시 도쿄전문대(이후 와세다대학) 강의록 및 총서는 량치차오를 비롯하여 재일 중국유학생들이 서구사상을 수용하던 중요한 창구였다. 버세스의 위 저서도 다카다 사나에의 강의록에 대한 중문 번역을 통해 1900년에 소개되었는데, 이것이 민족이라는 개념이 처음 중국에 소개된 사례일 것이다. (美)伯蓋司, 「政治學」, 『譯書彙編』第一期, 第二期, 第六期, 第八期(1900年12月6日, 1901年1月28日, 1901年8月8日, 1901年10月31日). 민족개념에 대해서는 제1권 1~2면.

명한 민족제국주의 시대를 그대로 옮겨온 것이다. 그리고 2년 전 태평양에서 읊었던 「이십세기 태평양가」에 대한 해설문이라고 해도 과언이아니다. 이어서 량치차오는 한 개인의 영웅적인 웅대한 마음과 권위에의해 수립된 과거의 제국주의와 달리 현재의 민족제국주의는 한 민족의 팽창력과 시대적 추세에 의해 만들어지며, 따라서 과거의 제국주의는 일시적이지만 민족제국주의는 장기간 유지될 뿐만 아니라 날로 더심화된다고 보았다. 이러한 제국주의의 각축의 목표물이 된 중국이 자기보존을 위해서는 한두 명의 영웅으로는 안 되고 민족 전체의 능력을결집해야 하는데, 그 방법은 바로 중국의 민족주의를 실천하는 것이다.그리고 민족주의를 실천하기 위해서 우선 국민들이 스스로 새로워지지않으면 안 된다는 것이 「신민설」의 기본 취지였다(54~55).

그럼 신민의 기준은 무엇인가? 중국인을 새롭게 하려면 어떻게 해야 할까? 량치차오가 제시하는 신민의 기준과 특성은 근대적인 시민으로서의 일반적인 자질을 의미하는 것이 아니었다. 세기 말 『청의보』시기부터 량치차오는 외국이 중국의 쇠약의 원인으로 지적하는 국민성의 문제에 대해 주목했는데, 그때 제기된 국민성의 문제도 세계시민으로서의 자질 혹은 근대적 의미의 보편적 인간으로서 갖추어야 할 성품의 문제가 아니었다. 그보다는 국가의 위기 극복이라는 과제를 감당할 수 있는 자질과 능력이 있는가 여부가 주요 핵심이었다. 국민성을접근하는 이러한 시각은 「신민설」에서 더욱더 명확하게 표명되었다.민족이 주체가 된 제국주의 시대는 우승열패가 지배하는 세계에서 민족이 생존을 위해 서로 경쟁하는 시대이다. 따라서 량치차오는 신민을증명하는 방식도 바로 우승열패의 원리를 기준으로 삼아야 한다고 주장하였다. 우승열패의 경쟁에서 가장 필요한 자질이 바로 그가 말하는 신민의 특성이자 능력이었던 것이다. 그럼 우승열패에서 승리하기 위한 자질을 어떻게 판단할 것인가? 이에 관해 그는 현재 진행 중인 민족 간의 경쟁에서 가장 앞서고 있는 민족의 특성과 자질이 바로 그것이라고 보았다. 량치차오가 세계무대의 경쟁 주체로서 국가나 국민이 아니라 민족으로 본 것은 라인슈가 제국주의의 주체를 민족으로 보았기 때문이다. 하지만 그에게 있어서 민족은 여전히 인종이나 종족 등과 명확히 구분되지 않는 모호한 개념이었다. 비록 존 스튜어트 밀의 민족에 대한 정의와 같이 동일한 종족과 혈통, 동일한 언어, 동일한 습속, 동일한 종교를 가진 집단을 민족으로 규정하면서도 지구상의 민족을 분류할 때는 인종을 기준으로 삼고 있다. 그에 의하면 민족 경쟁에서 가장 우수한 것은 백인종이고, 그 가운데서도 튜턴 민족이며 또 튜턴 민족가운데서도 앵글로색슨 민족이다. 앵글로색슨족은 오대주 각지에 퍼져, 지구의 육지가운데 1/4과 세계 인구의 1/4이상을 지배하고 있다. 따라서 현재 한 민족이 자립을 모색하려면 다른 민족의 장점을 배워 자신의 단점을 보완해야 하는데, 중국이 모범으로 삼아야 할 것은 바로 앵글로색슨 민족이라고 보았다.

그에 의하면, 민족의 장점과 관련하여 백인종이 뛰어난 이유는 정적인 것보다 동적인 것을 좋아하고 평화에 빠지기보다는 경쟁을 하길 좋아하며 보수적이기보다는 진취적이기 때문이다. 또 백인가운데서 튜턴족이 우수한 것은 그들의 정치능력 때문이다. 본래 자유로운 기개가 강했던 튜턴족은 민족국가National state를 수립하고 대의제도를 발명하였으며, 인민의 권리를 합하여 국가 권리로 삼고, 단체와 개인, 지방정부와 중앙정부의 권한을 정하여 서로 침해하지 않도록 했다. 그 결과 민족전체가 시세의 변화에 적응하여 점점 발달할 수 있었다. 또 튜턴족 가운데 앵글로색슨족의 장점은 바로 독립자조의 기풍이 강하다는 점이다. 그들은 상식이 풍부하고 권리사상이 강할 뿐만 아니라 체력이 강하고 모험심이 있으며 실업을 중시한다. 이러한 민족적 특성을 발휘하여, 유럽 북쪽의 작은 세 개의 섬나라가 북아메리카와 오스트레일리아 양 대륙에 종을 번식시키고 해가 뜨는 곳 어디에나 그 국기가 휘날리게 만들 수 있었다(69~81).

우승열패라는 민족경쟁에서 앵글로색슨 민족의 지배적인 지위를 인정하는 것은 당시 서구는 물론 일본에서도 매우 보편적인 시각이었다. 더구나 19세기 후반 인종론과 문명론은 세계의 역사와 문명을 인식하고 평가하는 기준으로 수용되기도 했는데, 이러한 인종론의 시각에서 세계문명이나 국제관계를 분석하는 것은 일본의 지식인들 사이에서 자못 유행하고 있었다. 일찍이 19세기 후반 『인종불평등』으로 아리아인주의를 주장한 조제프 아르튀르 드 고비고의 인종사관의 영향을 받았던 다카야마 조규는 아프리카인과 유목인들을 비역사적 인종 즉 역사가 없는 인종으로 보고, 문명사를 인종별로 나누어 서술하였다.[12] 후쿠자와 유키치 또한 5대 인종의 특징과 문명의 관계에 주목하고, 인종의 차이와 문명화의 단계를 대응시키기도 하였다.[13] 그러나 량치차오의 인종과 문명의 관계에 대한 인식에 직접적인 영향을 미친 것은 우키타 가즈타미였다고 할 수 있다. 그는 서구의 인종 분류와 두개골 계측학 등

---

12 高山樗牛, 『世界文明史』, 博文館, 1898.
13 福沢諭吉, 「掌中萬國一覽」, 『福沢全集』卷2, 時事新報社, 1898, 5~9면.

을 수용하여 인종과 문명의 관계를 설명하였다. 하지만 그는 현재 영국이나 서구의 문명이 타 문명보다 뛰어난 이유를 그 인종의 신체적 특징이나 생리학적 유전의 결과로 보기에는 근거가 부족하다고 보았다. 즉 국민의 특성과 문명은 연관이 있지만, 국민의 특성을 양성하는 것은 기후나 토지와 같은 물리적인 요인, 생리학적인 요인, 사회적인 요인이 있으며, 이 가운데 실질적으로 중요한 것은 물리적인 요인과 더불어 특히 사회적인 요인이라고 보았다. 즉 한 국민의 유전적인 특성을 좌우하는 것은 인종의 생리적인 요인이 아니라 언어, 문학, 교육, 제도, 문물 등 사회적 요인이라는 것이다. 따라서 그는 구미 문명국의 국민의 능력 및 특질이 인종적 능력 혹은 생리적인 특질에 의한 것으로 여겨 그것을 모방하는 것은 헛된 것이라고 보고, 역사적 결과이자 사회적 유전으로서의 국민의 성격에 주의해야 한다고 주장하였다.[14] 즉 그가 말하는 역사적 인종이란 생리학적으로 유전된 인종이라기보다는 역사적 과정에서 형성된 사회적 인종이었다.

한편 우치무라 간조內村鑑三 역시 역사란 "인류 진보의 기록이다. 따라서 진보와 관계없는 인종을 역사적이라고 칭할 수 없다"고 하며, 홋카이도의 아이누 인종, 타이완의 생번, 남양의 식인종은 역사적 인종이라고 할 수 없다고 주장하였다.[15] 특히 우치무라 간조는 진보란 자유의 발달에 다름 아니며, 가장 자유로운 민족, 가장 자유를 사랑하는 민족이 가장 진보하는 민족이라고 보고, 세계에서 가장 자유로운 민족은

---

14 浮田和民講述, 『史學通論』((東京專門学校文学科第3回第1部講義録), 東京專門学校, 97~100면.
15 內村鑑三, 『興国史談』, 警醒社書店, 1900, 162면; 사카모토 히로코, 양일모·조경란 역, 『중국 민족주의의 신화』, 지식의 풍경, 2006, 74면.

아리안족, 특히 영국인과 미국인이라고 주장하였다. 반면에 가장 자유 관념이 없는 인종은 자립과 자존이 결핍된 황인종이며, 인생관의 측면에서 보면 몽골, 조선, 지나인 등은 바빌로니아 문명 이전의 투라니드 Turanid인이자 역사적으로 가장 저급한 인종이고, 자유가 유치한 수준에 머물러 있다고 비판하였다.[16] 인종론의 시각에서 세계 역사를 분석하면서, 우치무라 간조는 현재는 물론 미래 세계문명의 주인공은 아리아인종이며, 그들이 강대해 질 수 있었던 것은 바로 충만한 희망과 쾌활함, 정직함과 같은 고유의 특질에 있다고 보았다.[17]

아리안종을 세계무대의 주인공으로 간주하는 이러한 시각은 당시 유럽을 비롯하여 전세계에 널리 확산되어 있었으며 량치차오 역시 이를 적극 수용하고 있다. 다만 량치차오에게 있어서 국민 혹은 민족의 특질은 인종적 특징과 역사적 특징 사이의 구분이 모호했다. 그는 인종의 역사적 특징이 어떻게 형성되었는가보다는 인종의 특성이 어떻게 특정 인종을 역사의 주체를 만들었는가에 주목하였다. 즉 그 역시 인류의 인종을 역사적 인종과 비역사적 인종으로 구분하였지만, 그가 말하는 역사적 인종이란 역사무대에서 활약하며 전인류의 역사를 발전시키는데 기여한 인종을 의미했다. "인종을 제외하면 역사란 존재하지 않는다." 역사란 "인종의 발달 및 그 경쟁을 서술하는 것"이고, "수천 년간 각 종족의 성쇠흥망의 흔적을 서술하는 것이다."[18]

량치차오가 근대적인 국민의 모델로서의 앵글로색슨 민족의 특성에

---

16 內村鑑三, 위의 책, 195~197면.
17 위의 책, 216면.
18 中國之新民, 「新史學 ─歷史與人種之關係」, 『新民叢報』 13, 1902.8.4.

주목하게 된 또 하나의 계기는 스마일스의 『자조론』이었다. 『자조론』은 1859년 스마일스가 야학을 계기로 여러 강사를 초빙하여 강연하면서 청년들에게 도움이 될 수 있는 사례를 "자조Self-Help" 정신을 중심으로 구성한 책이다. 출판과 동시에 1년 만에 2만부가 판매되고 1905년 저자가 사망할 때까지 구매 독자가 25만에 달하는 19세기 베스트셀러였다. 빅토리아 시대 중산층 혹은 쁘띠 부르주아의 정신을 대표하는 것으로 평가 받고 있는[19] 이 저서는 1870년 일본 나카무라 마사나오中村正直가 『서국입지편西國立志編』(1867년 출간된 원저를 저본으로 함)이라는 제목으로 번역하여 출간하였다. 이 일역본 역시 번역과 동시에 독자들의 폭발적인 반응을 얻어 메이지 시기에만 100만부가 판매되는 기록을 남기기도 하였다. 중국에서 이 책에 대해 제일 먼저 주목한 사람은 량치차오였다. 그는 『서국입지편』 가운데 나카무라 마사나오의 서문 7편을 원문 그대로 소개하였다.[20] 이 책에 대한 량치차오

---

19 사무엘 스마일의 『자조론』이 19세기 영국 교육과 윤리의식에서 지니는 의미에 대해서는 다음 참고. Vladimir Trendafilov, "The Origin of Self-Help-Samuel Smiles and the Formative Influences on an Ex-Seminal Work", *The Victorian*, 3; 1, 2015, pp.1~16; Thornton, A. H. *Samuel Smiles and Nineteenth Century Self-Help in Education*, Nottingham-Dept. of Adult Education, U of Nottingham, 1983; Travers, Timothy, *Samuel Smiles and the Victorian Work Ethic*, New York : Garland, 1987.

20 나카무라 마사나오는 원문 전체 13편 가운데, 전체 8편의 서문을 한문으로 서술하였다. 그는 제1편의 서문(번역 동기)과 총론격의 (서)론, 제2편, 제4편, 제5편, 제8편, 제9편, 제11편 각각의 서문을 서술하였다. 원문에 대한 번역이 가나와 한문의 병용으로 되어 있는 것에 비해 역자의 서문은 순수 한문으로 작성되어 있다. 이 중 량치차오가 『음빙실자유서』의 한 내용으로 소개할 때는 제2편의 서문을 제외한 전체 7편의 서문을 원문 그대로 게재하였다. 량치차오의 소개 이외에 1900년대 초 중국에 번역 소개된 스마일스의 『자조론』은 4종류 이상이 있을 정도로 중국에서도 적잖은 주목을 받았다. 이에 대해서는 許俊雅, 「朝鮮作家朴潤元在臺的譯作－並論『西國立志編』在中韓的譯本」, 『低眉集―臺灣文學, 翻譯·遊記與書評』, 新銳文創, 2011, 17~19면.

의 전반적인 평가는 알 수 없다. 다만 그는 서문을 소개하는 취지와 관련하여 그 번역서가 일본 국민의 의지와 기개 특히 일본 청년들의 자립심 및 자중自重 의식을 진작시키는데 많은 기여를 했다는 점을 들고 있을 뿐이다.[21] 자립과 자존, 근면과 인내심을 강조하는『자조론』은 자연히 당시 중국의 국민정신의 진작 방법을 추구하던 사람들의 주목을 받았다. 그러나 량치차오가 이 책을 적극 소개한 까닭은『자조론』의 원문의 내용보다 역자인 나카무라 마사나오의 일본 사상에서의 지위와 그의 서문 때문인 것으로 보인다. 스마일스는 비록 국가와 개인의 관계를 언급하기는 했지만, 주요하게는 한 개인의 행복과 성공이라는 측면에서 개인이 갖추어야 할 자질, 근면한 자기 수양, 자기 훈련, 자기 억제, 즉 노력, 극기, 근면, 인내, 굳은 의지 등의 수양의 중요성을 강조하는 것이었다. 그가 "국가의 진보는 개인의 근면, 정력, 덕행의 총화요, 국가의 쇠퇴는 각 개인의 나태, 사심 및 악덕의 결과"라고 했을 때도, 그가 말하고자 한 것은 사회의 개선은 법률과 제도의 변화가 아니라 "각자 자유롭고 독립적인 행동으로 인격을 높이고 인성을 향상시키기 위해" 지도하고 격려하는데 있다는 것이었다.[22] 물론 스마일스가 자조정신은 영국 국민의 특유한 기질이자 영국의 힘을 재는 척도라고 하며, 영국의 부강이 영국인의 자조정신에 기반하고 있음을 드러내고자 한 것은 주목할 필요가 있다.[23]

나카무라 마사나오 역시 개인의 덕행과 품행을 중시하고 국가나 개

---

21 任公,「飮氷室自由書・自助論」,『淸議報』28, 光緖25.8.21, 5면.
22 스마일스・밀, 남용우・이상구 역,『자조론・자유론』, 을유문화사, 1998.12.14, 26면.
23 위의 책, 28면; Samuel Smiles, *Self-Help*, John Murray, 1859. p.4.

인 사이의 강약의 비교나 우열을 겨루기보다는 인민의 품행 향상을 통해 인류의 보편적인 번영을 추구해야 한다고 보았다. 그러나 량치차오가 소개한 그의 서문을 보면 개인의 덕행과 자질의 향상이 목적하는 바는 개인의 차원이라기보다는 오히려 국가의 부강이었다. 혹자가 병서兵書 번역 대신 『자조론』을 번역한 이유를 묻는 질문에 대해 나카무라 마사나오는 "서구 국가의 강함은 인민이 독실하게 천도天道를 믿고", "인민이 자주권을 가지고 있기 때문"이라고 말하고 있다. 또 "나라에 자주권自主之權이 있는 까닭은 인민에게 자주권이 있기 때문"이며, "인민에게 자주권이 있는 까닭은 그들에게 자주의 의지와 행동이 있기 때문"이라고 보았다. 세계의 국가는 주권에 따라 자주국, 반자주국, 속국으로 분류되는데, 그에 의하면 인도, 베트남, 남양의 여러 국가들이 서구의 속국 혹은 반속국이 된 것, 바꾸어 말해서 서구의 위세가 먼 극동에까지 미칠 수 있게 된 것은 바로 서구인의 근면과 인내, 자주의 의지와 행동 때문이었다.[24] 이와 같이 서구 국가의 강국의 열쇠는 서구 국민의 덕성 특히 인내와 강인함, 자주성에 있다는 나카무라 마사나오의 분석은 바로 서구에 의해 국가의 분할의 위기가 고조되던 시기 량치차오에게 중국문제의 근본적인 해결방식을 시사하는 바가 적지 않았다.

그러나 앞의 민족적 제국주의라는 관념과 더불어 시대적 조류로서의 제국주의를 중국에 소개하고, 그러한 경쟁시대에 후진 혹은 약소민족이 자강을 위해 앵글로색슨 민족을 모델로 삼아야 할 것을 주장한 것은 바로 우키타 가즈타미였다. 일찍이 프랑스의 에드몽 드몰랭Edmond Demolins

---

24   任公, 「飮氷室自由書・自助論」, 『淸議報』第29冊, 光緒25.9.1, 5~6면; 斯邁爾斯, 中村正直譯述, 『西国立志編－原名・自助論』, 博文館, 1894, 13~14・37~41면.

은『앵글로색슨 민족의 우수성 : 그 이유에 대해』(1897)에서 영국과 프랑스의 교육방법과 내용을 비교하여 앵글로색슨 민족의 특성과 그 교육방식의 관계에 대해 논하였다.[25] 그 저서의 집필의 목적은 프랑스가 북아메리카, 인도, 이집트, 인도양의 섬나라 모리셔스Mauritius에서 영국에 의해 밀려난 후, 프랑스가 영국에 뒤지는 원인을 두 국가의 교육방침과 방법의 차이에서 비롯되었음을 밝히기 위한 것이었다. 그에 의하면 세계는 앵글로색슨족이 지배하는 세계이다. "그들은 캐나다와 미국을 통해 아메리카를 통치하고, 이집트와 케이프 식민지를 통해 아프리카를 통치하며, 인도와 버마를 통해 아시아를, 오스트레일리아와 뉴질랜드를 통해 남국의 아시아를 지배한다. 그리고 무역과 산업, 정책을 통해 유럽 및 전세계를 지배한다."[26] 그들은 단지 영토와 상업, 산업분야에서 세계를 지배하는데 그치는 것이 아니다. 앵글로색슨족은 세계에서 가장 활동적이고 가장 진보적이며 가장 넘쳐나는 문명의 선두에 있다. 그 종족은 그들이 세계에 자리 잡는 곳마다 유럽대륙의 최신의 혁신을 놀라운 속도로 도입한다. 그리고 종종 이 젊은 공동체는 유럽사회를 앞지르며, 이들을 경멸적인 의미로 낡은 세계라고 부르기도 한다.[27] 경각심을 자극하는 드몰랭의 저서를 계기로 프랑스가 교육방침을 개정하였을 뿐만 아니라 유럽에서는 몇 년 사이에 30판을 인쇄할 정도로 영향력이 매우 컸다. 다카다 사나에는 그 책에 대한 해설을 통해 드몰랭이 프랑스의 교육을 비판한 것이 바로 일본 교육의 폐단에도 해당한다고 보고 일본 역시

---

25 Edmond Demolins, *Anglo-Saxon Superiority: To What It Is Due*, London : Leaden-hall Press; New York : Scribner, 1898.

26 위의 책, p.27.

27 위의 책, pp.27~28.

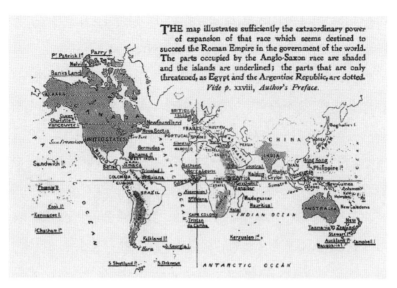

THE map illustrates sufficiently the extraordinary power of expansion of that race which seems destined to succeed the Roman Empire in the government of the world. The parts occupied by the Anglo-Saxon race are shaded and the islands are underlined; the parts that are only threatened, as Egypt and the Argentine Republic, are dotted.

Vide p. xxviii, *Author's Preface.*

〈그림 9〉 Edmond Demolins(1898). "로마제국을 계승하여 세계를 통치할 운명을 지닌 것처럼 보이는 앵글로색슨족의 엄청난 팽창력"을 보여주는 지도. 채색된 대륙과 밑줄 친 섬은 지배지역을 이집트, 아르헨티나와 같이 점으로 표시된 것은 준 세력권을 나타낸다.

영국의 교육방법을 취하여 경쟁시대에 적합한 국민을 배양해야 한다고 주장하였다.[28] 그리고 우키타 가즈타미는 그중 영국의 교육방법에 관한

28 高田早苗,「安具魯邏孫論序言」,『ドモラン氏安具魯邏孫論』, 東京專門學校出版部, 明33~34, 1면. 드몰랑의 이 저서에 대한 일본의 반향은 다카다 사나에와 우키타 가즈타미에 그치지 않았다. 이 책의 보다 완전한 일본어 번역본은 메이지 35년(1902년) 11월에 게이오기주쿠(慶應義塾)에서 번역하여『獨立自營 一國民』라는 서명으로 출판하였다. 역자는 영국의 융성 이유가 강인한 의지와 독립심, 자활(自活)능력을 양성하는 교육방법에 있으며, 영국인은 이러한 능력으로 세계 어느 곳으로 이주하든 그곳의 땅을 개간하고 상공업을 일으켜 신사회를 조직하여 자신의 문명을 확대시키고 있다고 보았다. 그리고 생존경쟁의 활극이 벌어지는 세계무대에서 쇠멸하지 않으려면 영국을 배우는 것 외에 다른 방도가 없다고 주장하였다. 이 책은 이후 재판을 거듭하여 1910년에는 이미 11판이 인쇄되었으며, 다이쇼시기 자유교육사상에 중요한 영향을 미쳤다. 뿐만 아니라 게이오기주쿠에서는 정부의 권한이 너무 크고 국가의 간섭과 정치가들의 정쟁이 너무 심하여 프랑스의 쇠퇴와 국민의 원기의 약화를 초래했다고 프랑스의 교육과 문화를 비판한 드몰랑의 또 다른 저서『권력 장악에 관심이 있는가』를『獨立自營 一大國民全』으로 번역하여 앞의 번역본의 속편으로 출간하기도 하였다. Edmond Demolins, *A-t-on intérêt à s'emparer du pouvoir?*,

내용만 축약하여『시무삼론』에 발표하였는데, 량치차오가 드몰랭의 주장을 접한 것은 바로『시무삼론』을 통해서였다.

우키타 가즈타미는「앵글로색슨 민족의 교육」에서 이미 세계 대부분을 점유한 앵글로색슨족이 아름다운 문명의 꽃을 피우고 민족의 활력을 더 강화하여 이후 더욱더 대활동과 대팽창, 대세력의 면모를 보여줄 것이라고 보았다. "그들은 유사 이래 가장 건전하고 가장 큰 팽창을 한 인종으로서, 그 사회의 생활은 실로 팽창주의를 취하고자 하는 국민이 배워야할 가장 좋은 모범이다."[29] 그는 또 앵글로색슨족의 청년들은 체력이 건장하고 실무에 능할 뿐만 아니라, 독립심과 자제심 즉 자치능력이 강하고, 대활극의 무대에서도 적극적이고 과감하게 행동하는 등 생존경쟁의 세계에 잘 적응하는데, 이는 그들의 가정과 사회에서의 특정한 자녀교육 방식과 관련이 있다고 보았다. 앵글로색슨족이 위대한 세력으로 나약한 타민족을 압도할 수 있었던 것은 바로 그들의 우수한 민족훈련법에 의한 것이며, 그들의 기적적인 대팽창도 그들이 팽창할 수밖에 없는 원기를 자녀들에게 주입한 결과라는 것이다.[30]

앵글로색슨 민족을 이와 같이 강대하게 만든 원인은 여러 가지가 있지만, 그들의 성격과 기능을 배양한 교육이 가장 크고 가장 중요하다. 그들이 가정에서, 학교에서 또 사회에서 그들의 자제에게 제공한 그들의 교육은 미국과

Librairie de Paris, 1902; ヅモラン著 慶應義塾訳,『獨立自營大國民』, 金港堂, 明治35(1902); エドモン・ドモーラン著, 慶應義塾訳,『獨立自營續大國民』, 金港堂, 明治37(1904).
29 獨醒居士,「アングロ・サクソン民族の教育」,『時務三論』, 民友社, 明治35, 109면.
30 獨醒居士, 앞의 책, 121면.

영국의 국민을 위대하게 만든 원인으로, 그 견인불발(堅忍不拔)의 기질, 독립독행(獨立獨行)의 정신, 강대한 체력은 모두 그 교육주의의 결과이다.[31]

우키타 가즈타미가 드몰랭의 저서에 관심을 갖는 이유는 장차 대화大和 민족의 가장 큰 위협은 군사적으로 뛰어난 러시아가 아니라 태평양 맞은편에서 대활동을 벌이고 있고, 또 새로운 세력을 발흥시키고 있는 앵글로색슨족이라고 보았기 때문이다. 드몰랭이 앵글로색슨 민족의 팽창이 프랑스와 유럽대륙에 미치는 영향에 대해 경계했듯이, 태평양 시대에 다카다 사나에나 우키타 가즈타미가 주목하는 세력은 제국주의 정책을 적극적으로 추진하기 시작한 앵글로색슨 민족인 영국과 미국이었다. 영국과 미국의 세력이 장차 태평양과 중국, 일본을 압도하게 될 것이기 때문에 일본도 새로운 교육정신과 방법을 개혁하여 맞설 준비를 해야 한다는 것이다.[32]

량치차오는 비록 드몰랭이나 우키타 가즈타미, 다카다 사나에와 같이 앵글로색슨 민족이 세계를 문명화하는 역할에 대해 찬사를 보내지는 않았지만, 앵글로색슨 민족의 팽창력이 그 민족성과 관련이 있다는 것과 그러한 민족성은 특정한 교육정신과 방법에 의해 배양되었다는 것을 인정하였다. 량치차오의 드몰랭의 저서에 대한 관심은 일본의 또 다른 번역본을 중국어로 번역출판하려 했던 점에서도 잘 보여준다.[33]

---

31 獨醒居士, 앞의 책, 109~110면.
32 獨醒居士, 앞의 책, 122~123면.
33 1903년 2월 『신민총보』(제25호)의 신서소개란에서는 게이오기주쿠에서 번역한 『獨立自營 一國民』을 소개하면서, 영국인종이 오늘날 웅비하여 세계의 주인공이 될 수 있었던 것은 바로 인민이 독립・자영(自營)하는 기풍을 가지고 있기 때문이라고 보고 있다. 그리고 이 책은 이미 광지서국(廣智書局)에서 번역을 마쳤으며 곧 출판할

특히 그가 1902년 새로운 교육의 종지를 주창한 것은 바로 앵글로색슨 민족의 교육법에 대한 관심과 결코 무관하지 않다.

그는 문명국가와 야만국가의 교육의 차이는 명확한 목적과 방향을 설정하는 의식적인 종지의 유무의 차이라고 보았다. 또 교육의 목적은 단순히 지식을 증대시키는 것이 아니라 "특색 있는 국민을 양성하여 단결시키고 우승열패의 무대에서 경쟁하여 자립할 수 있게 하는 것"이 이라고 주장하였다. 이를 위해서 지금은 민족주의 세계인 만큼 지리와 역사, 사상과 풍속에 의거하여 고유한 특성을 갖추고, 나아가 다른 국가의 좋은 사례를 적극 취할 것을 제안하였다. 여기서 주목을 끄는 것은 그가 중국이 취해야 할 교육의 종지를 위해 참고할 세계 교육의 모델로서 아테네, 스파르타, 기독교, 영국, 독일, 일본의 사례를 들면서, 이중 가장 참고할 수 있는 것은 영국과 독일의 교육이라고 보았다는 점이다. 특히 앵글로색슨 민족에 대해 "오늘날 지구상에서 가장 영예로운 민족"으로서 "활발하고 진보적인 국민을 양성하는 것"을 교육의 종지로 삼아 자유와 독립을 귀중히 여기고 고상한 덕성과 강건한 신체를 갖추었다. 그리하여 6대주 5대양 대륙과 섬에 족적을 남기지 않은 곳이 없고, 이르는 곳마다 자치와 독립을 이루어 타민족과 싸워 승리를 한다고 적극 평가하였다.[34] 이러한 세계 각국의 교육의 종지를 참조하여 중국 역시 국민들이 인격을 갖추고 인권을 누리며, 자주, 자치, 자립의 능력을 구비한 민족적, 현재적, 세계적인 국민이 되어야 한다

예정이라고 공지하고 있다. 하지만 저자는 실제 출판 상황에 대해서 아직 확인하지 못했다. 「紹介新書·獨立自營大國民」, 『新民叢報』 25, 光緒29.2, 3~4면.

34 中國之新民, 「論敎育當定宗旨」, 『新民叢報』 1, 光緒28.1.1, 1~8면; 『新民叢報』 2, 光緒28.1.15, 1~8면.

고 주장하였다.[35] 이와 같이 앵글로색슨족의 교육을 모델로 하여 중국인의 민지와 민덕, 민력을 향상시키기 위한 교육의 종지를 보다 구체적이고 세부적으로 논한 것이 바로 「신민설」이었다.

3. 국가의식과 공덕

"중국인에게 가장 결여된 것은 공덕公德이다." 공덕은 영어 "public morality"의 번역어로 보이지만, 량치차오가 사용하는 개념은 일본의 공덕담론에 의거한 것으로 보인다. 그에 의하면 도덕의 본체는 하나이지만, 그것이 밖으로 드러나는 형태에 따라 사덕과 공덕으로 구분된다. 사덕은 홀로 자신을 선하게 하는 것이고 공덕은 사람들이 서로 사회를 선하게 하는 것이자 사회를 이롭게 하는 것이다. 자제와 절제, 청렴, 겸손, 선량, 신실한 사덕이 없으면 사람으로서 설 수 없지만 또 그것만으로는 국가를 이룰 수 없다. 그런데 중국의 도덕은 발달하기는 했지만 주로 사덕에 치중되어 있어 국민들은 공덕을 모른다. 사덕에서 공덕으로 더 확장되어야 하는데 그렇지 못했다는 것이다. 따라서 그는 도덕은 고정 불변하는 것이 아니라 사회의 발달에 따라 진화하는 것으로, 중국의 도덕의식에서 보충해야 할 것은 바로 새로운 시대상황에

---

35 中國之新民, 「論敎育當定宗旨」, 『新民叢報』2, 光緒28.1.15, 7면. 량치차오를 비롯한 『신민총보』의 영국인의 국민성 혹은 특성에 대한 관심과 추종은 이후에도 계속 이어지고 있다. 日本育成會編, 「歐美公德美談」, 『新民叢報』32, 光緒29.5.22, 85~96면; 遇虎譯, 「英國民之特性」, 『新民叢報』88, 光緒32.8.15, 83~102면; 魯庵譯, 「英人之特性」, 『新民叢報』40~41, 光緒29.9.14, 215~216면.

맞는 공덕이라고 보았다(100~104).

20세기 초 공덕의 문제는 비단 중국만의 문제가 아니었다. 1906년 예일대학의 총장 해들리Arthur T. Hadley는 뉴욕 케네디재단John S. Kennedy Foundation에서 미국인의 도덕에 관한 강연을 하였다. 그에 따르면 미국인들은 사적인 영역에서는 매우 훌륭한 성품을 보여준다. 예를 들어 약자에 대해서는 친절하지만 강자에 대해서는 자존을 내세운다. 그리고 모든 사람들에게 대해 우호적이고 자기희생적일 뿐만 아니라 자신의 힘과 이점을 비이기적으로 사용한다. 하지만 공적인 영역 특히 사업과 정치영역에서는 전혀 다른 모습을 보여준다. 사적인 영역에서는 속물근성과 노예근성을 경멸하면서도 사업과 정치영역에서는 자신의 이익을 위해서는 강자에게 빌붙는다. 또 사적인 영역에서 보여주던 타인에 대한 봉사의 충동이 사업과 정치 영역에서는 자신에 대한 봉사의 충동으로 바뀌고, 사회적인 대재난으로 영웅적인 희생이 필요할 때 사업과 정치 영역에서는 오히려 이기적인 속임수가 판친다.[36] 일본에서는 일찍이 후쿠자와 유키치가 지와 덕을 논하면서 덕을 사덕과 공덕을 구분하였다. 그는 덕성moral을 정실貞實, 결백, 겸손, 정직과 같이 개인의 마음에 속하는 사덕私德과 염치, 공평, 공정, 용기와 같이 외적 대상에 접하고 남들과 관계할 때에 발휘되는 공덕公德으로 구분하였다. 그리고 이 두 가지 덕성은 상호 연계되어 있으며, 사덕을 근간으로 해서 공덕으로 넓혀 나가야 한다고 주장하였다. 량치차오의 공덕과 사덕의 구분은 바로 후쿠자와 유키치의 지덕론에서 적잖은 영향을 받았다고 할 수 있다. 그

---

36 Arthur Twining Hadley, *Standards of Public Morality*, New York : The Macmillan Company, 1907, pp.3~4.

러나 후쿠자와 유키치의 중점은 문명의 발전에서 사덕에 편향된 시각을 비판하고 인간의 지력의 중요한 역할을 강조하는데 있었다. 이는 공덕을 보다 폭넓게 세분화하고 국민의 자질의 핵심으로 간주한 량치차오의 신민설과 다소 차이가 있다.[37]

그러나 주목할 것은 20세기 초에 일본에서 공덕이 중요한 사회적인 교육 이슈였다는 점이다. 공덕에 대한 개념에서부터 학교와 사회에서 공덕을 실행하는 방법에 이르기까지 사회적인 논의가 활발하게 이루어졌고, 공덕을 보급하기 위한 활동과 서적출판이 유행하기도 하였다.[38] 저명한 작가이자 영문학자, 교육가인 츠보우치 쇼요坪内逍遙는 강의록『실천윤리강화實踐倫理講話』를 발표하여 공덕과 사덕의 개념의 차이에 대해 자세히 논하고 사덕과 공덕의 차이를 대상의 차이 즉 개인에 대한 덕과 단체에 대한 덕으로 구분하는 것을 비판하였다. 그에 의하면 사덕에서 사私의 의미는 개인의 사사로운 정私情이라는 의미이고, 공덕의 공公은 공평하고 바른 도리公道이라는 의미이다. 즉 사덕은 개인적인 친분관계에서 스스로 지켜야할 좋은 습관을 의미하고, 공덕은 개인적인 친분이나 제재 혹은 응보 등에 구애되지 않고 사람을 사람으로서 대하고 중시하는 마음에 근거한 좋은 의지나 행동을 가리킨다. 사덕은 인간의 타고난 사교성과 자위성의 성정에서 비롯되는 것이지

---

37 후쿠자와 유키치, 정명환 역, 『후쿠자와 유키치의 문명론』, 기파랑, 2012, 125〜171면.

38 대표적인 것인 바로 노래가사를 통한 공덕 보급운동이다. 이를 위해 당시 다양한 창가집과 공덕을 확산하는 방안에 관한 책이 출판되기도 하였다. 田沼書店編, 『公德唱歌』, 田沼書店, 1901; 関時発 著, 『公德唱歌』, 有斐堂, 1901; 町田桜園 著, 『公德唱歌』, 林甲子太郎, 1901; 渋谷愛 著, 『公德唱歌』, 吉川半七, 1901; 八木原真之輔 著, 『公德養成之栞』, 開發社, 1901; 石原和三郎著, 『公德唱歌 一俗改善』, 富山房, 1901.

만 공덕은 인간의 자각에 수반되어 나타나는 이지理智의 산물이자, 정미精微한 동감, 고원한 상상, 위대한 추상력의 소산이다.[39] 특히 주목할 것은 1901년 1월부터 4월 사이에 요미우리신문読売新聞은「공덕의 실례公德の實例」를 연재하였는데, 거기서 예로든 사례는 150건에 달하였다. 그리고 또 1902년 2월부터 5월 사이에는「영국인의 기풍英人之氣風」[40]을 연재하였다. 이는 앞의 연재의 후속편의 성격을 지니고 있는 것으로서, 영국인의 기풍을 공덕의 모범으로 삼기 위한 것이었다.[41] 1903년 요미우리신문사는 이 두 연재물을 모아 출판하였다. 특기할 것은 출판을 위해 당시 일본의 주요 사상가와 정치가들의 서문을 망라했다는 것이다. 이는 요미우리신문사가 그 주제를 사회적으로 더 확산시키기 위한 목적에서 나온 것이지만, 또 한편으로는 공덕문제에 관한 당시 일본 사회의 관심이 어떠했는지를 잘 보여준다. 그중 문부총무장관인 오카다 료헤岡田良平는 서문에서 영국민은 세계에서 인정하는 가장 강대한 국민으로, 그들의 풍부한 대국민의 기풍은 영국을 질시하는 타국도 모두 인정하는 바이다. 대국민의 기풍이란 굳고 강건함, 실질중시, 과감성, 모험심, 원대한 사상, 공덕이념, 독립, 자존, 자립, 자치, 냉정, 침착, 실학 등을 말하는데, 일본을 이에 비추어 보면 비록 충성과 용감한 정신은 있지만, 굳고 강건함, 실질중시, 과감성, 모험, 원대,

---

39 坪内雄藏講述,『實踐倫理講話』, 東京專門學校出版部, 1901, 9~10면.

40 여기서는 영국인의 기풍의 특징으로 주로 상식, 냉정, 침착, 독립자존, 강건함, 근면, 원대, 모험, 세계사상, 실질중시, 질서와 규범의식, 신용과 신의, 공공심, 자치, 자유와 평등 권리의식, 신사풍 등을 들고 있다.

41 読売新聞社編,『公德養成之実例-(附)英人之気質』, 文学堂, 明36.4. 이 책에는 편집자의 서문을 포함하여 전체 16명의 서문이 포함되어 있다. 그 가운데는 당시 중국에 많이 소개되던 사상가와 학자들, 즉 시가 시게타카(志賀重昻), 이노우 데츠지로(井上哲次郎), 가토 히로유키(加藤弘之) 등도 포함되어 있다.

독립, 냉정, 침착, 실제 등 특질, 특히 공덕관념은 영국에 미치지 못한다고 지적하였다. 그리고 대국민으로서 세계 경쟁의 무대에서 활동하려면 이 단점을 보충하고 고쳐나가지 않으면 안 된다고 주장하였다.[42] 앵글로색슨 민족을 모범으로 한 국민교육의 연장선에서 공덕관념도 또한 영국을 모델로 삼았던 것이다.

량치차오가 공덕을 중시한 것은 지, 덕, 체로 구분된 인간의 능력 중 국민성과 가장 관계가 있는 것이 덕이라는 조목이었기 때문이기도 했지만, 후쿠자와 유키치[43]를 비롯해 일본의 공덕담론의 영향을 받았기 때문이었다. 그중에서도 「신민설」에서 공덕을 중국인이 결핍한 가장 주요한 문제로 제기한 것은 1900년을 전후한 제국주의론 및 그에 대한 일본의 담론(영국, 혹은 앵글로색슨 민족에 대한 열기를 포함)의 영향이 직접적인 계기였던 것으로 보인다. 이는 「신민설」 곳곳에서 영국을 가장 이상적인 공덕의 사례로서 들고 있는 것과 또 그가 공덕을 실행하기 위한 구체적인 방법으로 제시하고 있는 여러 조목들이 잘 말해 준다. 일반적으로 공덕은 츠보우치 쇼요가 지적한 바와 같이 인간에 대한 혹은 인간사회에서 인간을 대하는 보편적이고 당위적인 의식으로서 그 범위가 포괄적이거나 또는 요미우리신문사에서 기획한 바와 같이 공공의 규범과 이익을 우선으로 고려하는 공공의식이나 태도를 의미한다.[44] 하지만 량치차오가 제시하는 조목들은 주로 앵글로색슨 민

---

42 岡田良平, 『公德養成之実例 −(附) 英人之気質 ·序』, 文学堂, 明36.4.
43 후쿠자와 유키치, 정명환 역, 『후쿠자와 유키치의 문명론』, 기파랑, 2012, 125∼200면.
44 『公德養成之実例 −附 · 英人之気質』에서는 공덕을 "다수의 사람이 모여 있는 장소에서의 공덕", "공공물에 대한 공덕", "타인의 사업과 소유물에 대한 공덕", "금전물품을 수수하는 것에 대한 공덕", "약속에 대한 공덕", "규칙에 대한 공덕", "정치에 관한 공

족, 혹은 영국인의 특질 중 국가사상과 정치사상 및 능력과 관련되어 있었다. 즉 국가사상, 진취모험, 권리사상, 자유, 자치, 진보, 자존, 합군合群, 의지력, 의무사상, 상무, 사덕, 민기民氣, 정치능력 등이 그것이다. 그것을 상호 연관된 내용에 따라 다음과 같이 분류할 수 있다.

첫째, 국가 통치에 관한 관념과 능력이다. 「신민설」에서 가장 중요하게 여기는 것은 국가의 존속과 발전이다. 생존경쟁의 원리가 지배하는 세계에서 국가와 민족의 안위가 위기에 처했을 때 먼저 제기되는 것은 국가문제이다. 앞서 량치차오는 세계에서 가장 중요한 경쟁의 주체는 민족이라고 말하였다. 그에게 있어서 민족의 개념은 다양한 방식으로 분류 가능한 인종과 혼용되고 있지만, 민족이 경쟁하는 가장 중요한 조직형태는 바로 국가였다. 또 량치차오는 인류의 역사과정에서 경쟁은 언제나 불가피하고, 그 경쟁에 의해 인류문명이 발전한다고 보았다. 그에 의하면 국가라는 인류의 조직은 경쟁을 통해 문명이 발전한 결과이자, 현실적으로 인류문명이 도달한 최고의 단계라고 해도 무방하다. 왜냐하면 국가의 하부 단위가 중심이 된 경쟁시대는 문명의 퇴보를 의미하고, 또 국가를 넘어서 문명을 이끌 경쟁의 주체는 상정하기 어렵기 때문이다. 량치차오는 세계국가나 대동세계는 이상적으로만 가능할 뿐이며, 혹여 그것이 실행가능해진다면 그것은 곧 문명의 발전이 아니라 퇴보를 의미한다고 보았다. 따라서 량치차오에게 있어서 국가는 절대적인 가치를 지닌다. 그는 국가와 상대적 의미를 지니

덕", "매매에 관한 공덕", "동정을 표해야할 경우에 있어서 공덕"으로 나누어 사례를 설명하고 있다. 여기서 공덕은 일반적인 공중도덕과 질서를 지키는 공중의식 혹은 책임 있는 시민으로서 갖추어야 정치의식과 사회의식을 의미한다.

는 다양한 범주들, 즉 개인, 천하 혹은 세계는 국가와 상대적인 개념으로서 국가의식을 약화시키는 주요 요인으로 보고, 이중 자아 혹은 그 연장으로서의 가족과 천하의식이 중국인들의 국가의식의 발전을 저해했다고 비판하였다.

국가 관념이 근대국가 수립의 전제조건이라면, 그것을 실천하는데 필요한 능력이 바로 정치능력이다. 정치의 근본이 혼란을 다스리는 데 있다면 그 시작은 자치로부터 시작한다. 자치란 일정한 규범 내에서 스스로 처신하고, 스스로 행동과 의지를 조율하고 절제하는 태도라는 의미에서 공덕가운데 한 범주이다. 그러나 량치차오가 강조하는 자치는 사회상의 자치이다. 사회의 자치는 한 사회의 공공규율을 지키고 공동이익을 추구하며 공동책임을 다하는 것으로, 량치차오는 이를 일사분란하게 움직이는 군대와 같다고 하였다(241). 그러나 자치능력이 중요한 이유는 자치가 본래 목적이라기보다는 한 국민이 권리의 주체가 되고 국가를 수립하는데 있어 가장 기본이 되는 조건이기 때문이다. 즉 한 국민이 민권, 자유, 평등의 권리를 향유하고, 입헌, 의회, 분권의 제도를 갖춘 근대국가를 수립할 수 있는가를 결정하는 것은 바로 자치능력의 유무와 대소의 차이이다(250). 이를 달리 표현하면 바로 정치능력이다. 량치차오는 처음 국가의식과 권리의식이 근대적 국가 수립에서 중요한 요소라고 보았지만, 1903년 미국을 방문하고 귀국한 이후부터는 국가 관념과 권리의식은 정치능력과 동일한 것이 아닐 뿐만 아니라, 정치능력이 결여된 상태에서 권리에 대한 주장이나 적극적 활동력은 오히려 부정적으로 작용할 수 있다고 보았다. 이러한 인식의 변화는 중국인의 자치능력에 대한 평가가 변화했기 때문이었다.

량치차오는 1900년을 전후로 중국 분할론이 세계 언론의 중심 화제가 되고, 그 근거로 중국인의 자립능력이 없다는 등 국민성에 대한 비판이 제기되자, 이에 대한 반박으로 중국인은 전통적으로 자치능력이 뛰어나다고 주장하였다. 일본제국청년회의 초청을 받아 일본의 지식인들을 대상으로 한 연설에서, 량치차오는 중국인들이 비록 국가의식은 부족해도 대신 민간사회의 단결이 강하고 지방자치의 능력이 발달했다고 보았다. 그는 그 근거로 해외 각지에 나가 있는 중국인들 사회를 들었는데, 그에 의하면 그들은 모두 자치단체를 구성하고 있고, 모험과 독립심이 강하며, 기상이 웅대하고 상공업 능력을 갖추고 있다.[45] 중국인이 자치능력을 갖추고 있다는 이러한 인식은 캉유웨이나 쑨원 등도 모두 긍정하고 있던 것으로 중국인의 특징가운데 하나로 간주되고 있었다. 하지만 미주지역을 방문하여 화교사회를 직접 목도한 후 중국인의 자치 능력에 대한 량치차오의 인식은 완전히 바뀌었다. 그는 중국인은 전제정치나 가족제도, 경제문제 등 역사적 요인 때문에 아직 정치능력이 준비되어 있지 못하다는 결론을 내리고, 혁명적인 급진개혁을 반대하고 점진적이고 장기적으로 입헌을 통한 정치능력을 배양하기 위해 개명전제주의를 주창하였다.[46] 하지만 자치와 정치능력은 량치차오가 주장하는 공덕에서 오히려 더 중요한 의미를 지니게 되었을 뿐만 아니라 자치와 정치능력을 배양하기 위해서 군주입헌제의 시행은 더욱더 필요하다고 보았다.

둘째, 권리의식이다. 자유와 자존은 책임 있고 자의식을 갖춘 시민이

---

45 「論支那獨立之實力與日本東方政策」, 『淸議報』 26, 7면.
46 양계초, 이혜경 주해, 「정치능력」, 『신민설』, 서울대출판문화원, 2014, 611~654면.

갖추어야 할 기본 조건이다. 자유가 중요한 이유는 그 자유의 결여는 곧 노예상태임을 의미하기 때문이다. 중국인에 대한 비판 중 가장 많이 거론된 것이 노예근성이었던 점을 고려하면, 공덕에서 자유와 자치, 자존을 강조하는 것은 중국사회에서 널리 퍼져있던 견해였다고 할 수 있다. 자유는 사회의 영역, 즉 정치, 종교, 민족, 경제 등의 영역에 따라 분류하기도 하지만, 또 그 자유를 확보하고자 하는 목표나 대상의 성격에 따라 분류되기도 한다. 특권 신분계층으로부터의 자유(만민평등)와 참정권, 식민지 모국으로부터의 독립(캐나다, 오스트레일리아 등 영국 식민지의 모국으로부터의 독립), 신앙의 자유, 민족의 독립, 노동의 자유 등이 그것이다. 량치차오는 이 가운데 중국인이 시급히 구비해야 할 자유는 정치적 참정권과 민족의 독립이라고 보았다. 나머지는 이미 중국에서 누리고 있거나 노동의 자유와 같이 미래에나 문제가 될 성질의 것이라 보았기 때문이다(211). 즉 정치적 권리와 민족의 권리가 중국의 자유문제였던 것이다. 그중에서도 량치차오는 진정한 자유는 방임과 달리 타인의 자유를 침해하지 않는 것이며, 타인의 자유를 침해하는 것은 야만시대에 성행한 개인의 자유일 뿐이고, 문명시대에서 중시하는 자유는 단체의 자유라고 주장하였다(212). 즉 문명시대의 자유는 법률 하에서의 자유이고, 기계나 군대와 같이 일사분란하게 움직여야 한다. 이렇듯 량치차오는 문명시대에 개인의 자유는 적어지고 단체의 자유가 더 중하다고 여겼는데, 이는 이후 20세기의 자유문제는 노동의 문제일 뿐만 아니라 19세기 이래 전세계에서 가장 중요한 자유의 문제는 민족의 자유라고 보았기 때문이었다. 전세계가 민족간 경쟁이 심하고 민족의 자유를 위해 싸우고 있는 상황에서 중국에게 우선적으로 필요한 것은 대외적

인 경쟁을 위해 국민이 합심하고 단결하는 것이라고 본 것이다. 리쩌허
우李澤厚의 표현을 빌리면, 량치차오는 계몽과 구망을 대조시키는 것에
는 반대했겠지만, 그가 민족의 독립이 정치적 자유를 위한 기본 전제라
고 보았음은 부정할 수 없다. 이와 같이 대외적 경쟁을 위해 국내의 정
치적 자유가 제약을 받는 것은 피식민지나 피억압 국가만이 아니라 제
국주의 국가들 내에서도 공히 나타나는 것으로서, 당시 서구에서 제국
주의 정책을 반대하는 주요 이유 중의 하나였다.

　권리의 문제와 관련하여, 「신민설」이 특히 주목을 끄는 것은 권리투
쟁론이다. 중국에서 근대적 권리에 관해서는 이미 19세기 말부터 서구
계몽주의 사상들을 통해 소개되고 있었다. 그중에서도 루소의 천부인
권설과 밀의 언론, 사상, 출판의 자유에 관한 주장이 소개되어 주목을
받았다. 인간의 권리를 당연한 것으로 간주하는 천부인권설은 전제주
의를 비판하고 민권을 주장하는 사람들의 주요 근거로서 환영을 받았
다. 그러나 중국에서는 처음부터 주장이 서로 상반되는 서구의 권리론
이 동시에 소개되었다. 대표적인 것이 1900년『역서휘편譯書彙編』이다.
재일 중국유학생들이 발간한 이 잡지는 서구의 정치, 사회, 법학, 역사
등에 관한 주요 저서를 소개하였는데, 제1기에 루소의『사회계약론』과
예링의『권리를 위한 투쟁』이 동시에 번역되어 연재되었다.[47] 이 두 편

47　(法)盧騷, 「民約論」, 『譯書彙編』 1・2・4・9, 1900.12.6・1901.1.28・1901.5.27・
　　1901.12.15; (德)伊耶陵, 「權利競爭論」, 『譯書彙編』 1・4, 1900.12.6・1901.5.27.
　　이 중 루소의 「민약론」은 戎雅屆・蘆騷(ジャン・ジャック・ルーソー)著, 『民約
　　論』(服部德 譯, 有村壯一, 1877)을 번역한 것이고, 「권리경쟁론」은 ルードルフ・
　　フォン・イヤリング 著, ジョン・ジェー・レーラー 訳, 『權利競爭論』(宇都宮五郎
　　重訳, 哲學書院, 明26.9)을 번역한 것이다. 우츠노미야 고로가 중역을 위해 저본으로
　　삼은 영문 번역본은 Rudolph von Ihering, *The Struggle for Law*(translated by John
　　J. Lalor, Chicago : Callaghan and Compant, 1879)였다. 또 이『권리경쟁론』은

이 동시에 연재된 것을 보면 역자들이 1880년대 일본의 학술과 사상계에서 전개된 민권사상에 대한 논전을 의식한 것으로 보인다.[48] 특히 1901년부터 위 잡지는 예링의 관점을 적극적으로 수용하여 권리투쟁론을 주창하던 가토 히로유키의『강자 권리의 경쟁』을 번역하여 연재하기도 하였다.[49] 뿐만 아니라 량치차오도 이보다 좀 더 이른 1899년에 가토의 위 저서를 접하고 소개하고 있다.[50] 이와 같이 량치차오 및 재일 중국 유학생들이 가토 히로유키와 예링의 권리투쟁론에 관심을 갖게 된 것은 옌푸嚴復의『천연론天演論』의 영향으로 이미 중국에서 사회진화론이 널리 확산되고 있었고, 또 만국공법의 규범마저 무시한 채 열강에 의한 중국분할론이 비등하던 상황이 주요 요인으로 작용했을 것이다.

1902년 량치차오의 서문과 함께 단행본으로 출간되었다. 伊耶陵, 張肇棟 역,『權利競爭論』, 上海文明書局, 1902. 참고로 일본에서 예링의『권리를 위한 투쟁』이 처음 번역 소개된 것은 1886년 니시 아마네(西周)가 번역한「學士匣令氏權利爭鬪論」(『獨逸學協會雜志』30~33號, 明19.3.15~6.15)이다.

48 사회진화론에 입각한 가토 히로유키의 천부인권설 비판 및 권리 경쟁론을 중심으로 한 1880년대 인권논쟁에 대해서는 尾川昌法,『人権のはじまり―近代日本の人権思想―』, 部落問題研究所, 2008, 145~158면; 김도형,「가토 히로유키(加藤弘之)의『人權新說』과 천부인권논쟁 재고」,『동아인문학』33, 2015, 546~568면.

49 加藤弘之,「物競論」,『譯書彙編』4・5・8, 1901.5.27・1901.7.14・1901.10.31. 가토 히로유키의 권리투쟁론에 관한 대표적인 두 저작인『强者の権利の競争』(加藤弘之著, 哲学書院, 明26.11)과『人権新説』(加藤弘之著, 谷山楼, 明15.10)은 1901년과 1903년 사이에 중국어 번역본이 출판되었다. 楊蔭杭 역,『物競論』, 譯書彙編社, 1901; 楊蔭杭 역,『物競論』, 作新社, 1903; 陳尚素 역,『人權新說』, 開明書店, 1903. 중국에서 단편적인 개념 수준을 넘어 체계적으로 권리론을 소개한 것을 보면, 예링과 가토 히로유키의 저서에 대한 소개가 루소에 대한 소개와 같은 시기이거나 주로 1903년 이후에 번역 소개된 로크, 밀의 저작보다 앞선다. 특히 담론의 측면에서 보면 중국에서는 천부인권설보다 권리투쟁론이 더 일찍 주목을 받았다.

50 任公,「論强權」,『淸議報』31, 1899.10.25. 가토 히로유키는 량치차오가 일본에 망명한 이후 깊은 관심을 가지고 접했던 인물가운데 한 사람이다.『청의보』에는 이 글 외에도 가토 히로유키의「各國憲法異同論」(『淸議報』12・13)과「19世紀思想變遷論」(『淸議報』52)을 연재하였다.

즉 사회진화론 및 그것에 기반을 둔 권리투쟁론은 당시 우승열패의 세계현상을 설명하는데 현실주의적인 시각을 제공해 주었던 것이다. 하지만 이러한 상황은 당시 중국 지식인들이 권리사상을 이해하고 수립해 나가는데 있어 적잖은 곤경을 제공하였다. 량치차오도 언급한 바와 같이 강권은 강자의 억압을 합리화하는 논리이고, 중국과 같이 열강들의 목표물인 된 경우에는 오히려 천부인권설과 같은 권리사상이 방어논리로 더 적합해 보였기 때문이다. 일본에서 가토 히로유키가 『인권신설人權新說』을 발표했을 때, 자유계몽주의자들이 비판한 것도 권리투쟁론이 전제정부나 열강들의 전횡을 옹호한다고 보았기 때문이었다. 하지만 량치차오는 오히려 권리투쟁론을 통해 대내적인 국민권리와 대외적인 국가권리를 위한 투쟁을 고취하고자 하였다.[51]

량치차오에 따르면 자연과 인류사회를 지배하는 적자생존의 세계에서, 인간이 태어나면서 갖는 것은 권리가 아니라 권리를 추구하는 권리사상이다. 모든 인간은 권리를 위해 다투는 데 각각이 지닌 힘의 차이에 의해 권리가 정해지고 사회의 위계질서가 만들어진다. 역사는 바로 인류가 경쟁과 투쟁을 통해 권리를 확장시켜 온 과정에 다름 아닌 것이다. 인류의 초기에 경쟁은 주로 물리적 힘이 중요했지만 문명이 발전하면서 지력이 더 중요한 역할을 하게 되었고, 지배자와 비피지배자, 통치자와 피통치자 사이의 힘의 차이가 적어지면서 점점 더 많은 사람들이 권리를 갖게 되었다. 이렇게 경쟁을 통해 확립된 권리를 제도화한 것이 바로 법률이다. 법은 강자의 권리를 보장하는 체계인 것

---

51 任公, 「論強權」, 『淸議報』 31, 1899.10.25, 4~7면.

이다. 한 사회의 법률의 발전은 사회 내에서 서로 대등한 강자들 사이의 경쟁과 투쟁에 의해서 이루어진다. 경쟁자들 사이의 힘의 차이가 적을수록 또 경쟁자들이 서로 더 강하면 강할수록 법률은 발전하는데, 이것이 바로 생물진화의 공례이자 문명이 발전하는 방식이다.

예링과 마찬가지로 량치차오도 권리투쟁에서 가장 중요한 것은 권리사상의 유무라고 보았다. 여기서 권리사상이란 단순히 이익과 관련된 권리를 의미하는 것이 아니라 자신의 권리를 절대적으로 지키고자 하는 정신이며, 이는 한 인간의 인격과 존엄에 관계된 것이다. 물질적, 육체적 이익이나 안전을 위해 자신의 권리를 양보하거나 포기하는 것은 인격의 존엄을 포기하는 품격이 낮고 열등한 근성이다. 량치차오가 비판하고자 한 것은 바로 중국인이 개인의 이익과 안전을 위해 자신과 민족의 권리와 존엄을 포기하는 것이었다. 권리의식이 중요한 이유는 또 한 개인의 권리 포기가 그 자신을 해칠 뿐만 아니라 사회에도 해롭기 때문이다. 한 사회나 국가의 권리는 개개인의 권리가 모여서 이루어지는 만큼, 권리사상은 각 개인을 위해서 망각하거나 포기할 수 없는 의무일 뿐만 아니라 전체 사회를 위해서도 반드시 갖추어야 할 의무이다. 권리사상이 공덕이 되는 이유는 바로 이것이다. 따라서 개인적으로 게으름, 안락, 염세 등 자세도 극복해야 할 뿐만 아니라 사회전체의 권리사상과 강자가 되려는 의지를 약화시키는 사상이나 문화, 풍속도 바꾸어야 한다.[52]

량치차오는 권리사상을 갖추는 것이야말로 바로 중국인의 병의 증

---

52 양계초, 이혜경 주해, 「권리사상」, 『신민설』, 서울대출판문화원, 2014, 165~195면.

세를 치유하는데 양약이라고 보았다. 그러나 권리의 경쟁이 바로 인류 역사와 문명이 진보하는 동력이라면, 강자가 약자를 억압하는 것은 자연스러운 것이며 그 책임은 전적으로 약자에게 있다는 의미가 된다. 뿐만 아니라 약자를 돕거나 동정하는 것은 역사의 발전을 퇴보시키는 것이자, 인류사회를 오히려 야만상태로 되돌리는 것이다. 예링과 가토 히로유키도 인정했듯이 당시 권리사상이 가장 강한 민족은 바로 영국인을 비롯한 튜턴 민족이었다. 이들은 당시 세계의 제국주의 조류를 주도하던 민족이었는데, 량치차오의 논리라면 중국이 각성하여 권리사상으로 무장하여 자신을 지킬 수 없는 한 중국의 분할과 망국은 인류의 발전을 위해 불가피한 것이다. 이러한 생존경쟁과 권리경쟁에서 약자의 위치에 있는 사람과 민족에 대해 량치차오가 할 수 있는 것은 경쟁에서 패배한 망국민이 노예의 고통을 감내해야하는 공포심을 불러일으키는 것뿐이었다.

이와 같이 량치차오가 권리투쟁론을 제창한 것은 그것이 세계의 무정한 공리라는 의미로 받아들이기도 했지만, 주요 의도는 중국인에게 권리의식의 중요성을 자극하기 위한 충격요법의 일환이었다. 따라서 한편으로는 천부인권설의 주장이 갖는 실천적 의미를 부정하지는 않지만, 그것으로는 중국인들에게 각 개인의 권리의 의미와 중요성을 인식키는 것은 용이하지 않았다. 서구의 역사가 말해주듯 권리는 억압에 맞서는 부단한 투쟁을 통해 획득되는 것이다. 즉 억압이 있는 곳에 저항과 투쟁이 있고, 그 결과 권리를 획득하게 됨과 동시에 권리의 소중한 가치를 깨닫게 된다. 그런데 근대 이전 서구와 달리 중국은 종교와 신분 등에 의한 사회 및 국가의 억압과 구속이 심하지 않았다. 여성의 권리와 정치적인 참정권을 제외하면 개인적인 차원에서는 상당한 자유로움을 향유하고 있었기 때문에 천부적 권리설은 자극제가 되기가 어려웠던 것이다. 이에 비해 권리투쟁설은 미래는 물론 현재 누리고 있는 권리를 지키기 위해서라도 항상 경계하고 투쟁해야 함을 이해시키는데 더 효과적이었다. 이러한 두 가지 권리사상에 대한 고민은 1901년『국민보』의 한 기사에서도 잘 보여준다. 기사에서는 트란스발과 필리핀의 고투에 대해 어느 국가도 도와주지 않고 또 문명국을 자처하는 미국이 중국의 화교를 배척하는 것에 대해, 이는 자유와 평등의 이념이 무용한 것이 아니라 자유와 평등 권리는 스스로 지키는 것이지 타자에게 의존할 수 없음을 말해주는 것이라고 주장하였다. 그리고 천부인권설과 권리투쟁론은 서로 주장이 상반되지만 전자는 타자가 나의 자유와 평등을 침범할 수 없음을, 그리고 후자는 스스로 자유와 평등을 포기해서는 안 됨을 주장하는 것으로서, 양자를 병행해야 한다고 주장하였다.[53] 즉 천부인권설이 인간은 누구나 권리를 가져야 하는 당위성을 일깨워 준다면, 권리투쟁설은 그러한 권리를 왜 획득하고 지켜야 하는지를 말해준다는 것이다.

셋째, 권리사상을 갖고 이를 지키기 위해서 사람들은 보다 적극적이고 진취적인 자세가 필요하다. 량치차오가 공덕으로 제시한 진취심과 모험, 진보적 태도, 상무정신, 공의식, 강한 의지력 등은 모두 이러한 권리사상을 갖기 위해 필요한 것들이다. 제국주의 시대에 이러한 태도와 정신을 생존을 위해 필요한 덕목으로 중시하는 것은 일반적인 현상

---

53 「天賦權與强權之說」, 『國民報』 1, 1901.5.10.

이었다. 진취적이기 위해서는 개인적인 차원에서는 강하고 원대한 희망, 끈기 있는 열정, 세계에 대한 정확한 안목과 지혜, 두려워하지 않는 담력 등이 필요하다. 또 사회적으로는 생존경쟁, 적자생존의 세계에서 생존하기 위해서는 사회적 단결력이 중요하다. 량치차오에 의하면 만물의 경쟁에서 우열의 차이를 결정짓는 중요한 조건이 바로 사회를 이룰 수 있는가에 있다. 따라서 사회의 통합과 단결을 이룰 수 있는 정신과 태도는 중요한 공덕이다. 중국이 민족간 경쟁에서 열패한 이유는 바로 중국인들이 사회에 관한 공의식이 부족하기 때문이다. 중국인에게 결여된 공의식 가운데는 앞서 지적한 국가 관념을 포함하여, 직접적인 사회적 이익에 대한 중시, 질서나 규범을 준수하는 공공의식, 같은 사회 구성원에 대한 시기와 질투의 지양과 같은 태도를 포함하고 있다.

이와 같이 20세기 초 중국 국민국가의 만들기에서 최고의 국민 교과서라고 부를 수 있는 량치차오의 「신민설」은 바로 제국주의 시대에 최고의 제국의 국민인 영국인 즉 앵글로색슨 민족을 모델로 한 것이었다. 모든 덕성은 넘치고 부족함에 따라 각각 장단점을 지니고 있다. 「신민설」에 앞서 수개월 전 량치차오는 문명세계의 덕성은 서로 대립되는 것의 상보작용에 의해 균형있는 덕성을 발휘할 수 있다고 주장하였다. 즉 자유와 제재, 자신과 허심虛心, 이기와 이타愛他, 파괴와 건립 등 서로 상반되는 덕성은 어느 한쪽만을 중시거나 치우쳐서는 안 되고, 반드시 상보적 기능을 통해서만 비로소 긍정적인 가치를 발휘할 있다는 것이다.[54] 「신민설」에서도 이러한 덕성의 상보적 기능을 염두

---

54 梁啟超, 「十種德行相反相成義」, 『淸議報』 82 · 84, 1901.6.16 · 1901.7.6.

에 두고 있기는 하지만, 전에 비해 전반적으로 강인하고 진취적인 상무정신, 독립, 권리의식, 자치 능력 등 강건한 측면에 더욱더 중점을 두고 있다. 그가 이러한 덕성이 중요하고 본 이유는 그것이 강권이 지배하는 시대의 생존윤리에 적합하다고 보았기 때문이다. 이에 대한 예증이 바로 영국이었다. 다시 말하면, 앵글로색슨 민족의 국민성이 우수한 것은 그들이 갖춘 덕성의 본연의 가치 때문이 아니라 그러한 덕성을 바탕으로 세계의 최강의 제국을 건설했기 때문이었던 것이다.

제5장
문명론, 국민과 주권

1. 19세기의 권리 담론 - 자연권의 쇠퇴

　중국의 인권문제, 특히 19세기 말 20세기 초 권리문제는 서구 계몽 사상과의 관계만이 아니라 당시 세계의 사상과 사회·정치의 변화 속에서 이해할 필요가 있다. 19세기 중국 지식인들은 서구 사상을 수용함에 있어 각 주장의 합리성만이 아니라 사상조류의 시대적 변화에도 민감하게 주목하였다. 왜냐하면 19세기 말 서구의 사상조류는 18세기 계몽주의 시기 사상담론과 적지 않은 차이가 있었기 때문이다. 사상적 지형도뿐만 아니라 정치사회적 조건, 그리고 국제관계의 측면에서도 1세기 전과는 전혀 다른 상황이었다. 19세기에서 20세기의 세계는 홉스봄이 지적한 바와 같이, 혁명의 시기만이 아니라 제국주의의 시대와 극단의 시대를 거쳐 왔으며, 권리문제에 대해 18세기 후기의 주장과 사뭇 다른 각도에서 접근하거나 심지어 대립적인 주장이 제기되기도 하였다.

　18세기의 권리담론이 주로 루소와 로크, 미국의 독립선언, 프랑스 인권선언 등이 중심이었다면, 이른바 산업화시대 혹은 혁명의 시대라 불리는 19세기의 권리담론을 주도한 것은, 영국의 밀이나, 스펜서, 루돌프 폰 예링과 사회주의[1] 등이었다. 여전히 천부인권설이나 자연권사상이 주장되기는 했지만,[2] 그에 대한 비판적 시각이 부각됨에 따라 단지 인권의 중요성을 강조하는 수사적인 의미로 퇴색하였으며 대신 공리주의나 권리경쟁설이 권리사상을 주도하였다. 이 시기 권리사상은 군주나 소수의 귀족에 대한 다수의 인민의 자유와 개인의 권리를 위해 싸우던 18세기 말과는 달랐던 것이다. 그 대표적인 예는 존 스튜어트 밀의 자유론이다. 밀의 자유론은 20세기 초 중국의 인권사상과 자유사상의 형성에 중요한 영향을 미쳤지만, 밀이 주로 비판의 대상으로 삼은 것은 민주화 이후, 정부나 대중, 다수에 의한 소수나 개인의 권리에 대한 억압, 그리고 정치, 교육, 교통, 여론의 진보에 따른 개인의 개성의 약화였다. 즉 밀에게 있어서 관심사는 전제정부에 대한 인권의 옹호에 그치지 않고, 오히려 계몽주의 이후 혹은 민주화 이후 사회에서의 인권의 문제였다고 할 수 있다. 비록 밀은 그의 자유론에서 공리주의를 명확히 표명하지는 않았다고 하지만 여전히 공리주의의 관점에서 소수자의 권리를 존중하면서도 현실적으로는 사회 다수의

---

1   인권사상에 대한 19세기 사회주의 역할에 대해서는 Gregory Claeys, "Socialism and the language of lights–the origins and implications of economic rights", *Revisiting The Origins of Human Rights*, edited By Pamela Slotte and Miia Halme–Tuomisaari, Cambridge University Press, 2015, pp.206~236 참조.

2   청말 시기 인권론에서 루소의 영향을 간과할 수 없다. 루소의 『사회계약론』은 일찍이 1898년 나카에 초민(中江兆民)의 『민약역해(民約譯解)』의 번각본으로 추정되는 『민약통해(民約通義)』가 출간되기도 했지만, 중국인에 의한 초기 소개는 양팅둥(楊廷棟)이 1900~1901년 일본의 『민약론복의(民約論覆義)』(佛國戎雅屈 · 夔騷著, 原田潛譯述覆義, 春陽堂, 明16) 중 제1편을 번역하여 『역서휘편(譯書彙編)』에 연재하였다가 이를 일부 수정하여 1902년 단행본으로 출간한 것을 들 수 있다. 法國路索著, 吳縣楊廷棟譯, 『路索民約論』, 上海一作新社 · 開明書局, 1902. 12. 그러나 이 번역본은 루소의 개념과 내용에 대한 오역이 너무 많아 루소의 사회계약론을 제대로 소개했다고 보기 어려웠다. 이에 대해서는 思想史編委會編著, 『思想史3—盧梭與早期中國共和』, 聯經出版事業股份有限公司, 2014.

공리가 우선됨을 부정하지는 않았으며, 인권의 현실적인 근거는 당위적인 이념이 아니라 법률과 같은 현실적인 제도적 장치라고 보았다.[3] 예링은 권리는 자연적이고 당위적으로 주어지는 것이 아니라 투쟁에 의해 쟁취되는 것이며, 또 추상적인 것이 아니라 법적으로 보호된 이익이라고 보았다. 따라서 권리는 인간의 권리에 대한 자의식과 그것을 쟁취하기 위한 투쟁의 결과이며, 동시에 그것을 지키기 위한 저항과 투쟁이 자신의 보존은 물론 공동체를 위한 의무라고 보았다. 결국 19세기의 권리사상이 중시한 것은 개인의 천부적이고 당위적인 권리의 회복이 아니라 사회 속에서 인간이 협의와 분투를 통해서 쟁취하는 것이며, 이를 위해서는 개인은 물론 사회와 집단의 역할이 중요한 것으로 간주되었다.[4] 특히 개인의 권리의 침해 혹은 억압이 한 국가가 아니라 국제적인 차원에서 복합적으로 이루어질 때, 그리고 개인이 저항할 수 있는 제도적 장치나 기구가 미비할 때 권리를 위한 투쟁은 종종 집

---

3 John Stuart Mill, *On Liberty*, London : John W. Parker and son, West strand, 1856(존 스튜어트 밀, 김형철 역, 『존 스튜어트 밀 자유론』, 서광사, 2008). 인권과 관련하여 밀이 청말 지식인에게 가장 큰 영향을 준 것은 주로 타인의 자유를 침해하지 않는 범위 내에서 자유라는 관념과 사상과 출판, 언론의 자유 등이었다. 20세기 초 중국에서의 밀의 인권관련 서적 번역 중 대표적인 것은 옌푸(嚴復)가 번역한 穆勒 著, 『群己權界論』(商務印書館, 1903)과 마쥔우(馬君武)가 번역한 『彌勒約翰自由原理』(上海開明書局, 1903)가 있으며, 밀의 사상을 요약 정리한 것으로 비교적 상세한 것은 마쥔우의 「彌勒約翰之學說」(『新民叢報』 29, 1903.4.11; 30, 1903.4.26; 35, 1903.8.6)이 있다. 여기에는 밀의 자유설과 더불어 여성의 권리를 논한 『여성의 종속』(The Subjection of women(「女人壓制論」)등이 포함되어 있으며, 이를 통해 중국 지식인이 밀의 사상 중 어느 면에 주목했는지를 엿볼 수 있다.

4 Rudolf von Jhering, *The Struggle for Law*, translated by John J. Lalor, Chicago : Callaghan and company, 1879.(루돌프 폰 예링, 심재우 · 윤재왕 역, 『권리를 위한 투쟁/법 감정의 형성에 대하여』, 새물결, 2016) 중국에서 특히 량치차오의 예링의 권리를 위한 투쟁설의 수용에 대해서는 Angle, Stephen C., *Human Rights and Chinese Thought : A Cross-Cultural Inquiry*, Cambridge : Cambridge University Press, 2002, pp.143~150.

단적인 힘으로 표출되기도 한다.

19세기 중반 이후의 유럽의 사상적 특징은 자연법 관념 및 천부인권설의 퇴조, 공리주의의 부상 이외도, 세계주의 의식의 퇴조와 민족주의와 제국주의의 대두를 들 수 있다. 민족주의의 확장으로 국가 간 갈등과 충돌이 빈번해지면서 인권의 대상과 주체에 관한 문제도 더 논쟁적인 것으로 변화하였다. 인권의 보편성과 국가의 권리 사이의 간극은 이미 19세기 이전의 인권사상 내부에서 표출되고 있었다. 근대적 인권의 제도화이자 체계화의 상징이라고 할 수 있는 프랑스 대혁명시기 공표된 「인간과 시민의 권리 선언문」(1789)을 보면 기본적으로 인권이 근대적인 국민국가를 기반으로 하고 있음을 보여준다. 이는 물론 프랑스의 인권선언이 단순히 보편적인 인권선언이 아니라 근대적 국민국가의 헌정체제를 수립하기 위한 원리로서 제시되고, 그 주체가 바로 시민이라는 점에서 특정한 공동체를 전제로 하고 있기 때문이다. 선언이라는 특수한 공표방식을 통해 보편적인 인권을 입법화한 상징적 조치로 간주되고 있는 프랑스의 인권 선언문에는 19세기 중반이후 본격 표출되기 시작한 국권과 인권의 상호 갈등이 잠재되어 있다. 예를 들어 인간의 자연적 권리에 대해 말하고 있는 제1조와 제2조는 태어날 때부터 인간은 자유롭고 평등한 존재라는 것과, 인간의 자연적이고 소멸/양도될 수 없는 권리natural and imprescriptible rights의 보장이 정치적 결사체의 목적이라고 선언하고 있다. 이는 인간의 권리가 자연권에 기반하고 있다는 점에서 모든 인간에게 적용될 수 있는 보편적 원리로 이해할 수 있지만, 그러나 바로 이어지는 제3조항과 제4조항을 보면 그 보편성에 일정한 조건이 전제되어 있다. 즉 "모든 주권all sovereignty의 원리는 근본적으로 국민the nation에 근거를 둔다." 또 개인의 권리에 대한 제한은 타인에게 해를 끼치는 경우 공익상 필요로 할 때 가능하지만, 이때 공익이나 타인의 범위는 '같은 사회내의 구성원'에 제한된다. 즉 국민이라는 특정한 공동체를 범위로 한 인간 혹은 시민의 권리선언이 바로 프랑스 인권선언이었다.[5] 여기서 문제는 국민에 기반 한 공동체인 국가와 다른 공동체의 국가가 상호 충돌할 때, 그리하여 구성원의 권리의 핵심인 자유liberty, 재산property, 안전security과 그 공익public utility이 위협받거나 침해받을 때, 오히려 인권의 차원에서 타 국민과의 갈등은 불가피하고, 국내적으로도 개인의 권리에 대한 일정한 제약이 뒤따를 수 있다는 점이다. 그런 의미에서 프랑스대혁명의 인권선언은 인권의 보편성과 더불어 인권의 기초로서의 국민국가를 동시에 제기함으로써 이후 인권의 새로운 전개 가능성을 열어놓았다고 볼 수 있다.

파그덴에 의하면 프랑스 인권선언은 근대적 권리관념에 있어서 자연권에서 인권the Rights of Man으로의 전환을 나타내며 이는 곧 보편적 자연권의 쇠퇴를 보여주는 대표적인 사건이다.[6] 특히 프랑스 혁명의 인권 선언문(미국의 독립선언문 역시 포함하여)에서 주장한 인간의 자연권은 인류의 현 상태와 역사적 상황에 대한 관찰과 분석에 기반 한 것이 아니라 "발명"되고 "선언"된 것으로서,[7] 그 시대 및 이후의 이른바 "과학"적 학술연구에 의해 뒷받침되기보다는 오히려 그 반대의 결과에 봉

---

5   린 헌터, 전진성 역, 『인권의 발명』, 돌베개, 2009, 253~254면.
6   Anthony Pagden, "Human Rights, Natural Rights, and Europe's Imperial Legacy", *POLITICAL THEORY*, Vol.31 No. 2, April 2003, pp.171~199.
7   Lynn Hunt, "Revolutionary Rights", *Revisiting The Origins of Human Rights*, pp.105~118.

착하는 경우가 다반사였다. 그리고 인권이 국가 특히 19세기에는 민족국가 속에서 자신의 지지자를 발견함으로써 *스스로* 민족주의와의 조화나 협력을 추구하였다. 그러나 문제는 민족을 구성하는 과정에서 같은 영토 내에 공존하는 다양한 다른 민족과 언어권 사람들의 권리는 무시되거나 억압되었다는 점이다. "프랑크푸르트에 집결한 독일인들은 새로운 독일국법을 정초하면서도, 자신들이 제안한 독일 영토 안에서 덴마크인, 폴란드인, 혹은 체코인의 자결권을 전혀 인정하지 않았다. 헝가리인들은 오스트리아로부터 독립을 요구하면서도 헝가리 인구의 절반이상을 차지하는 로마족, 슬로바키아인, 크로아티아인, 슬로베니아인의 이해관계를 무시했다."[8] 즉 민족주의는 한편으로는 개인의 권리와 참정권 등을 확대시켜 나갔지만 민족을 단위로 한 새로운 구분으로 또 다른 소수자 및 그에 대한 차별과 억압을 만들어 냈다. 이러한 문제점은 민족주의가 제국주의로 확장해 나가면서 더욱 심화되고 명확해졌다. 민족주의는 민족내부의 결속을 위해 단순히 상상적 공동체만을 만들어내는 것이 아니라, 구성원의 동원을 추동하기 위한 일정한 정치적, 경제적 동기를 부여하기도 하였다. 이로서 민족주의는 동일한 사회구성원의 권리를 신장시키는 역할을 하기도 했지만, 이는 다른 민족 혹은 국가와의 경쟁이라는 대외적 조건을 전제로 한 것이었다. 즉 인권과 국가의 주권의 상관관계는 바로 이러한 근대의 민족주의에 기반을 둔 제국주의 시대내지 세계 각국의 각축이라는 역사적 조건을 바탕으로 하고 있었다.[9]

---

8 린 헌터, 앞의 책, 211~212면.
9 한나 아렌트는 제2차 세계대전 이후 민족국가와 인권의 모순에 대해 중요한 문제를

19세기 민족주의와 제국주의는 서구 인권과 관련하여 양면성을 지니고 있다. 한편으로는 식민지로부터의 초과 잉여가치를 창출하여 서구 국가내의 다수 계층의 인권을 향상시키는 경제적 기초로 삼음과 동시에 서구 지배계층의 우월적인 정체성을 구성하는데 있어서 타자를 타민족이나 인종으로 확대함으로써 상대적으로 국내의 피지배층인 노동자나 여성들 및 소수자와의 차별의식이 약화되었다는 점이다. 다른 한편 제국의 노동자와 여성 등 피지배계층은 자신의 자존의식과 권리의식을 국가의식이나 민족의식과 일치시키고, 특히 부강하고 우월한 자국의 위상과 동일시하거나 혹은 자신들보다 열악한 지위에 있는 피식민지의 신민과 타인종에 대한 상대적 우월의식으로 대리만족하는 결과를 낳기도 했다.[10] 후자의 경우는 결과론적으로 서구 사회 내에서

제기하고 있다. 즉 민족국가체계에서는 다수의 민족이 아닌 소수의 민족구성원인 경우 법적, 제도적으로 완전하고 평등한 보호를 받을 수 없고, 민족의 이익이 법보다 우선시된다는 것이다. 이러한 지적은 민족국가를 기본으로 하는 국제관계에서의 인권 문제에도 그대로 적용할 수 있을 뿐만 아니라, 유럽에서 민족국가체제가 확립되어 가던 19세기 중반 이후 인권과 국가, 민족의 관계가 어떠한지를 말해준다. 한나 아렌트, 이진우·박미애 역, 『전체주의의 기원 I』, 한길사, 2006, 501면.

10　일례로, 1869년 미국의 여성참정권을 주장한 대표적인 인물인 엘리자베스 스탠턴 (Elizabeth Cady Stanton)은 선거권을 여성에 대해 저속한 관념을 지니고 있는 열등한 중국인, 아프리카인 등에게 확대하는 것을 반대 하였다. 뿐만 아니라 그녀에게 있어 권리를 갖는 여성이란 교육받은 백인에 국한되었으며, 백인 여성은 이민자와 전 노예 출신들에 대해 남성적인 지위를 갖고 있다고 보았다. 즉 백인의 여성은 비백인의 여성은 물론 남성들보다 우월한 지위를 지니고 있다고 본 것이다. Ellen Carol DuBois, *Suffrage-Women's Long Battle for the Vote*, New York : Simon & Schuster, 2020, p.73. 또 빅토리아 시기 후반 영국 페미니스트들도 식민지 여성에 대한 우월의식을 지니고 있었는데, 이는 자신의 권리를 자신의 민족과 인종의 우월의식과 동일시하는데 기반하고 있었다. Antoinette M. Burton, "The White Woman's burden British Feminists and the Indian Woman, 1865~1915", *Women's Studies Int. Forum*, Vol.13, No. 4, 1990, pp.293~308; Antoinette M. Burton, *Burdens of History: British Feminists, Indian Women, and Imperial Culture, 1865-1915*, The University of North Carolina Press, 1994 참고.

의 인권의 발전, 즉 인권을 위한 투쟁을 약화시키는 원인가운데 하나가 되었다. 인간의 의지와 그에 대한 실천적 자유를 강조하는 것으로부터 더 나아가 실제 생존권과 사회적 현실의 불평등을 해소하기 위해 노력했던 사회주의가 20세기 초 제국주의와 민족주의가 확장되는 시대적 조류 속에서 자국의 대외적 팽창정책에 대해 민족적 입장으로 회귀하였던 것은 바로 19세기 서구 인권론의 이중성을 말해 준다.[11] 즉 19세기의 계몽주의자 혹은 인권론자들 중 적지 않은 사람들이 민족주의에 기반하여, 대내적인 권리의 확장과 더불어 대외적으로는 제국주의적인 팽창을 지지하는 태도를 취하고 있었다.[12]

2. 권리의 기준-문명 등급론

자연법, 혹은 자연권리 관념의 쇠퇴가 곧 보편주의 관념의 부정을 의미하는 것은 아니다. 19세기 서구 국가에서는 인권의 확대와 동시에 끊임없는 차별화가 재생산되었는데, 단지 그 차별의 중심 대상이

---

11 미셸린 이사이 저, 조효제 역,『세계인권사상사』, 도서출판 길, 2005, 259~266·295면.
12 19세기 후반 20세기 초 일본의 자유 민권론자들이 대외적으로 가장 제국주의적, 대외 팽창적 정책을 지지했던 것은 서구의 민권사상의 동양판본이라고 할 수 있다. 田村 安興,『ナショナリズムと自由民権』(清文堂出版, 2004). 서구 근대 사상가들의 제국(주의)에 대한 관점은 매우 복잡하다. 그중에서 몽테스키외, 로크, 칸트, 밀과 같은 사람들이 당시 제국(주의)에 직간접적으로 지지하거나 관여했다는 연구결과들이 제기되고 있다. 물론 그들을 의식적인 제국의 지지자로 보는 경향에 대한 반발도 없지 않다. 이에 대해서는 *Empire and Modern Political Thought*, edited by Sankar Muthu, Cambridge university press, 2012; *Enlightenment against Empire*, edited by Sankar Muthu, Princeton university press, 2003.

바뀌었을 뿐이었다. 이제 보편성의 자연적 기반은 동일한 인간이라는 관념이 아니라 인종관념과 진화론으로 대체되었다. 인류 각지의 문명과 인종은 등급화되거나 시간적으로 서열화되었다. 인류사회의 시공간적 위계화에서 정점의 위치를 점하고 있거나 현재 혹은 미래의 주인공은 백인종의 서구문명이었다. 그 밖의 다른 인종과 문명은 서구문명을 향해 나아가는 과정에 있으며, 자발적으로 그 발전을 이루지 못하는 인종과 문명은 서구문명의 지도(즉 지배)를 받거나 소멸되어야 대상이었다. 자연법이나 천부인권의 보편주의를 대신하여 19세기에 등장한 새로운 보편적 기준은 바로 문명론 특히 문명 등급론이었다.[13] 이러한 직선적, 목적론적 역사관으로 변형된 보편적 관념은 서구인들에게는 백인의 "문명적 소명"으로 인식되었고, 비서구지역에서는 서구의 문명을 보편적 가치로 수용하고 모방해야 할 본보기로 간주하였다.

이는 19세기 제국주의를 이념적으로 추동한 것은 적자생존을 중심으로 한 사회진화론만이 아니었다는 점을 말해준다. 이와 더불어 생물학적인 인종론과 사회발전에서의 문명 등급론은 서구 중심적 시각에 과학적이고 윤리적인 논거를 제시하였다. 사회진화론이 자연연구의 태도를 취하면서도 노골적인 강권론자로서 부정적인 이미지를 겸하고 있던 것에 비해 인종론과 문명 등급론은 객관주의와 과학주의를 표방하였다. 인종론과 문명 등급론이 본격적으로 제기되기 시작한 것은 서

---

13 근래 국제법에서 문명의 기준(Standard of Civilization)이 지니는 의미에서 대해서는 상당히 많은 연구가 이루어지고 있는데, 그것이 국제질서와 비서구지역의 근대사상 및 변혁에 미친 영향, 즉 문명등급의 지식 헤게모니와 정치적 무의식에 주목한 연구로는 劉禾 主編, 『世界秩序與文明等級 ─全球史研究的新路徑』, 三聯書店, 2016. 19세기 문명 등급론의 형성과정과 중국에 대한 영향은 이 책에서 자세히 다루어지고 있어, 본서에서 이와 관련한 자세한 설명은 생략한다.

구에서 근대적 인권사상이 미국의 독립운동과 프랑스 혁명을 거치면서 체계화되어 가던 18세기 후반에서 19세기 초였다는 점은 역사적으로 아이러니한 장면 가운데 하나이다. 인종론이 인류를 생물학적인 특징에 대한 묘사를 통해 공시적으로 등급화하였다면, 문명 등급론은 그 등급을 공간적, 시간적 두 차원으로 재배치하였다. 인종론에 따르면 인류는 자연환경과 사회적 조건의 차이가 역사적으로 형성한 생물학적 특징에 의해 몇 가지 유형으로 구분되며, 이는 인류사이의 지력과 감성, 문명창출 능력의 차이가 발생하는 직접적인 원인이다. 한편 문명 등급론은 인류는 자연 지리적 환경에 따라 각자 독특한 생존방식을 가지고 있으며, 인류는 그러한 자연적 조건을 극복하면서 수렵 및 어로에서 유목으로, 그리고 농경으로 나아가며 마지막으로 다시 상업으로 주요 생활 및 생산방식을 변화·발전시켜왔다고 본다. 그리고 그러한 생산 및 생존방식의 변화에 따라 각각 그에 부응하는 문화와 정치체제를 발전시켜 왔으며, 지구상에 현존하는 인간집단들 사이에는 발전단계에 있어서 각각 차이를 보이고 있는데, 그러한 역사적 발전단계상의 차이가 바로 문명의 등급을 낳았다고 말한다.

인종론과 문명 등급론은 기본적으로 전지구적인 시각을 바탕을 하고 있으며, 이는 15세기 말 이후 서구의 지리상의 발견에 따라 축적된 다양한 전지구적인 자료와 지식을 바탕으로 구성된 것이었다. 이러한 새로운 지식은 18세기의 세계주의와 보편주의의 조류를 형성하는데 기여하기도 했지만, 다른 한편에서는 지구상의 인류의 생물학적, 지리적, 문화적, 정치적인 측면에서의 다양한 차이를 시공간적으로 서열화하고 가치를 등급화하는 기초자료를 제공하기도 하였다.[14] 이러한 서열화와 등급화는 인권의 보편성 문제와 직접적으로 관계되어 있다. 인종과 관련된 권리의 보편성 문제는 프랑스 혁명시기부터 이미 문제화되었다. 즉 프랑스 인권선언의 인류 보편주의에도 불구하고, 아이티를 비롯하여 중남미지역에서의 흑인들의 권리주장에 대해서 나폴레옹은 무자비한 군사적인 진압으로 대응하였다. 프랑스 혁명과 그 인권선언으로부터 일정한 자극을 받은 프랑스 식민지의 흑인들이 권리를 요구했을 때, 프랑스 공화국의 반응은 보편적인 인권의 주체에서 그들을 제외시키는 것이었다. 이는 유럽에서 혁명의 대외적인 확장을 통해 민족주의와 국민국가의 종자를 산포하고 자극하던 것과는 전혀 다른 모습이었다. 여기에는 흑인들의 문명화 능력, 즉 하나의 민족공동체나 국가를 건설할 능력 또는 자격에 대한 근본적인 불신과 더불어, 그들이 생각하는 공화제의 국가의 이익에 반하는 어떠한 내외적인 행동에 대해 권리를 인정하지 않으려는 태도가 나타나 있다. 19세기 중반 인종의 생물학적인 특성과 지력의 관계를 부정하고 여성 등 소수자의 인권을 적극적으로 지지했던 존 스튜어트 밀도 흑인들은 국민의 자질이 없어 서구 백인들의 지도를 받아야 한다고 인정하였다.[15] 그러나 이는

---

14 린 헌터도 19세기 인종학 등 생물학적 기준에 의해 인권을 차별화하거나 배제한 것에 대해 간략한 소개하고 있다. 린 헌터, 앞의 책, 215~225면. 서구 근대의 인종론의 역사에 대해서는 나인호, 『증오하는 인간의 탄생 ─ 인종주의는 역사를 어떻게 해석했는가』, 역사비평사, 2019.

15 밀의 식민지인의 권리평등에 대한 부정적 입장과 식민주의의 옹호에 대해서는 Duncan Bell, "John Stuart Mill on Colonies", *Political theory*, 38(1), 2010, pp.34~64; 서병훈, 「존 스튜어트 밀의 위선? ─ 선의의 제국주의」, 『철학연구』 98, 2012.9, 151~175면. 서병훈은 밀이 서구중심적이고 독단적인 문명론에 빠져있기는 했지만, 이는 그 개인의 위선성이 아니라 당시 시대적인 오류로 보아야 한다고 주장하고 있다. 이는 밀 역시 19세기 새로 대두되는 다양한 지식들로 형성된 지식구조에서 자유로울 수 없었다는 점, 즉 당시 지식의 편향과 문제점은 보다 큰 전체 사상조류와 담론

단지 흑인이나 아메리카 원주민 등에 국한되는 것이 아니라 비서구 문명권의 대부분의 인종과 국가, 문명 등에도 적용되었다. 물론 19세기 중반을 전후하여 비록 유럽과 미국에서 노예제 금지 등의 성과가 있기는 했지만, 그것이 곧 인종들 사이의 권리의 평등이나 인권의 동등성을 의미하는 것은 아니었다. 따라서 이제 인권문제는 군주 및 귀족에 대한 평민의 권리, 남성에 대한 여성의 권리, 자본가에 대한 노동자의 권리에 그치지 않고, 식민제국에 대한 피식민지의 인민의 권리와 백인종에 대한 기타 인종의 권리문제로 확대되었다. 이 과정에서 인종론과 문명 등급론은 바로 제국의 국민과 피식민지 인민의 권리, 백인의 권리와 기타 인종의 권리가 동등할 수 없고 차별화되거나 예외상황으로 간주되어야 함을 뒷받침하는 이론적 근거가 되었다.

이와 같이 인종론과 밀접한 연관이 있는 문명 등급론은 18세기 이후 자연법사상을 대신하여 국제질서를 형성하는 기본 원리였다. 문명 등급에 기반을 둔 국제법은 보편적인 만민법과는 달리 이원화된 국제질서를 추구하였다. 서구국가들, 즉 이른바 문명국가들에만 적용되는 공평한 질서와 비서구 국가, 즉 야만 혹은 반^半문명 국가에 적용되는 차등적인 질서가 그것이다. 이전의 지리 탐험가들이 자연법에 의거하여 지구상의 여러 "무주지"를 자국의 영토로 삼고 식민화했다면, 19세기의 식민주의자는 문명등급론에 의거하여 주권국가를 대상으로 한 영사재판권이나 조계지 등 사법적 예외지역의 설정을 지지하였다. 문명등급은 식민지 지배나 주권국가에 대한 문호개방 정책을 문명적인

의 맥락 속에서 파악해야 한다는 점에서 적절한 지적이라고 할 수 있다.

행위이자 문명화의 과정으로, 그리고 각종 불평등조약과 무력적인 점령은 하등문명과의 공존과정에서 문명의 타락을 막고 야만적 상황에서 문명인을 보호하기 위한 문명국가의 행동방식으로 간주되었다.[16]

이러한 문명과 야만내지 반문명의 등급은 바로 권리의 등급과 직접적으로 연계된다. 문명등급에 따른 문명화란 비서구인에 대해 서구인과 동일한 방식으로, 문명의 방식으로 공평하게 대하는 것이 아니라 비서구인으로부터 서구인의 우월적 지위를 보장하기 위한 것에 더 가까웠다.[17] 즉 각 개인의 인권은 그가 속한 문명의 수준에 의해 결정되었

---

16 1903년 2월 26일자 『대공보(大公報)』에 게재된 「錄西報論文明野蠻之界說並書後」에서는 서구인의 문명론에 입각한 인권의 불평등 관념을 잘 보여준다. "오늘날 동방과 서방의 구분은 자유(釋放)와 구속(束縛)에 있다. 서구인은 이미 자유(釋放)을 획득하여 권리와 책임을 가지고 있다. 그 자유의 제한은 단지 타인의 권리를 침해하지 않는 것을 경계로 한다. 동방은 그렇지 않다. 따라서 서구는 동방인이 아직 자유롭지(釋放) 못하고 그 지위가 매우 낮으며 압제의 중압 하에 있다고 본다. 저 서구에서 온 사람은 그 치외법권(治法外權)을 철회하여 자유인이 속박하에 처하도록 두길 원하지 않는다. 그래서 조약상에 구분을 두지 않을 수 없다. (…중략…) 서구인은 중국을 평등하게 대하고 싶지만, 형세 상 그렇게 할 수가 없다. 왜냐하면 자유롭지(釋放) 못한 국민은 단지 권위적인 사상만을 가지고 있고 도덕과 법률의 사상이 없다. 만약 문명으로 그들을 대하면 반드시 그들이 두려워한다거나 혹은 겁이 많다고 말한다. (…중략…) 그런 즉 야만의 방식으로 야만을 대하는 것은 거의 부득이 하기 때문이다."(今夫東方西方之分別在釋放與束縛,西方之人已得釋放, 有權利與責任, 其自由之限, 在不過他人權利之界.東方則不然.故西方見東方之人尚未釋放, 其地位低微, 壓制之力太重, 彼西方之來者不願收其治法外權, 以自由之人重入束縛之中, 於是立約之間不能不示分別. (…中略…) 夫西人豈願以平等待中國, 而其勢有不能者, 因凡未釋放之國民, 只有威權之思想, 並無道德法律之思想, 如以文明相待, 則必反謂其畏懼, 又或謂其怯懦……然則用野蠻以待野蠻, 殆有萬不得已者乎.)

17 청말시기 서구의 문명적 우월성을 인정한 지식인들에게 곤혹스러운 문제 가운데 하나는 바로 이른바 문명인들이 중국과 해외에서 중국인에게 가하는 반인륜적, 야만적 행위와 차별이었다. 그러한 행위와 조치에 대해 중국인은 분개해 하면서도 그 원인은 바로 중국인들이 스스로 반문명 혹은 노예와 같이 행동하기 때문이며, 평등한 인권을 보장받기 위해서는 스스로 문명화되어야 한다고 보았다. 이러한 인식 속에 오히려 청말 지식인들의 서구 문명론에 대한 굴종적인 태도가 역설적으로 잘 나타나 있다. 진천화(陳天華), 「경세종(警世鐘)」, 성근제 외역, 『20세기 초 반청 혁명운동 자료선』, 성균관대 출판부, 2011, 267~278면.

다. 특히 스스로 국민nation으로서의 자격을 입증하지 못하는 사람들, 근대적 국민국가를 구성하지 못한 사람들은 문명인의 권리(근대적 인권)를 향유할 자격이 없었으며, 국민이 아니라 개인으로서 스스로 유럽적 규범을 수용하거나 아니면 문명의 훈육을 위해 복종과 지도를 받아야 했다. 19세기 후반 동아시아에서 수용한 개화론 혹은 문명론이란 바로 이러한 문명 등급론이었다. 일본의 후쿠자와 유키치는 널리 알려진 바와 같이 야만, 반개화(반문명), 개화(문명)라는 문명등급 관념의 일본화와 동아시아로의 전파에 힘쓴 대표적인 인물이다.[18] 뿐만 아니라 서구문명을 수용하려고 했던 당시의 대부분의 동아시아 계몽사상가나 정치가들의 정치적 무의식을 구성한 것 역시 바로 문명 등급론이었으며, 중국에서는 청일전쟁과 의화단의 난을 거치면서 20세기 초 중국 지식인들 사이에서 광범위하게 수용되었다. 이른바 근대화 혹은 서구화란 바로 서구문명과 동아시아 각국 사이의 문명의 등급의 차이를 해소하려는 노력에 다름 아니다. 그 과정에서 서구의 인권관념은 문명의 한 요소로 간주되었고, 반대로 문명론의 이념이 바로 인권을 가늠하는 기준이 되기도 하였다. 즉 인권적 측면에서 문명을 등급화하고, 또 문명적 등급으로 인권을 차별화하였다. 그 결과 19세기 후반에서 20세기에 동아시아의 인권사상과 실천에 새로운 급속한 변화가 발생했음은 주지하는 바와 같다. 그리고 문명의 기준에 인권상황을 맞추려는 노력은 지금도 계속되고 있다. 여기서 문제는 바로 19세기 말 20세기 전반 동아시아

---

18 후쿠자와 유키치, 정명환 역, 『후쿠자와 유키치의 문명론』, 2012, 기파랑, 26~28면. 후쿠자와 유키치의 문명 등급론에 대해서는 趙京華, 「福澤諭吉"文明論"的等級結構及其源流」, 劉禾 主編, 앞의 책, 209~234면.

의 인권담론이 바탕으로 삼고 있는 것은 보편적인 인권론이 아니라 바로 차등적이고 서구중심적인 문명 등급론이었다는 점이다. 뿐만 아니라 그러한 문명관에 따른 인권의 차이는 곧 식민지의 주권과 그 인민의 인권에 대한 침해를 정당화하는 논리였다.

3. 국민인가 노예인가

중국에 근대적 권리관념이 사회변혁의 핵심 문제로 제기된 것은 바로 인권을 인간의 주체적인 권리투쟁이나 사회진보의 결과로 보고 그것을 한 국가나 사회의 발전 수준 즉 문명과 연계시키던 시기였다.[19] 뿐만 아니라 전 세계적으로 인간의 권리가 더욱 확장되는 것이 아니라 오히려 약화되던 시기였다. "오늘날 세계는 제국주의가 가장 흥성하고 있으며, 자유의 패멸敗滅의 시대이다. 제국주의가 어떻게 일시 대승리를 하고, 자유의 쇠퇴, 패멸이 이 지경에 이르게 되었는가. 이것이 세계 사람들이 기이해하고 놀라는 까닭이다."[20] 여기서 자유의 패멸은 일국적인 차원, 서구국가의 내부에서 나타나는 현상이라기보다는 제국주의에 의한 식민지 혹은 약소국가의 주권 및 그 국민의 자유의 패멸

---

19 량치차오는 천부인권설을 부정하고 역사발전에 따른 권리의 성격변화에 주목하였다. 예를 들어 그는 통제가 결여된 고대의 개인의 자유는 노예의 자유라고 보고 이를 규범을 준수하는 문명적 자유와 비교하였다. 그에 의하면 자유는 개인의 자유와 단체의 자유가 있지만 진정한 자유는 단체의 자유이다. 야만시대는 개인의 자유가 우세하고 단체의 자유가 없었지만, 문명시대는 단체의 자유가 우세하고 개인의 자유는 사라진다. 梁啓超, 『飮冰室合集·專集之四』, 中華書局, 1989, 44면.

20 「帝國主義之發達及二十世紀世界之前途」, 『開智錄』, 張枬, 王忍之編, 『辛亥革命前十年間時論選集』1上, 北京三聯書店, 1978, 53면.

을 말한다. 이러한 제국주의에 의한 인권의 억압을 뒷받침하는 근거는 다름 아닌 문명론이었다.

> 제국주의란 무엇인가? 말하기를, 야만인은 토지의 부의 원천을 개발한 능력이 없어, 문명인이 반드시 그를 대신해 개척해야 한다. 또 말하기를 우등한 인종이 열등한 인종을 학대하는 것은 인도(人道)에 있어서 당연한 것이다.[21]

지리상의 대발견 이후 서구에서 새롭게 "발견"한 지역의 자원을 확보하는 명분으로서 제기된 대표적인 논리는 지구는 인류 공동의 것이며 인류사이의 자유로운 교류가 보장되어야 한다는 것이었다. 전자는 지구상의 특정 지역의 영토를 현지 사람들이 개발하지 못하고 있거나 개발할 의향이 없으면 얼마든지 다른 사람들이 대신 개발할 수 있다는 것을 의미했다.[22] 후자는 인류는 상호적으로 소통하도록 창조되었기 때문에 이웃과 친화적이고 상호 교류를 하는 것이 인간의 도리이며 자유로운 상업거래야말로 무엇보다도 인류문명에 부합하는 삶의 방식이라는 논리였다. 이것이 바로 서구의 타지역에 대한 개발, 착취의 명분이자 문호개방정책의 근거였다. 따라서 직접적인 식민지 정복은 물론,

---

21 「論中國之前途及國民應盡之責任」, 『湖北學生界』 3, 1903.3.29.
22 예를 들어 로크는 개간되지 않는 토지는 가치가 없다. 그것이 가치가 있기 위해서는 인력이 더해져야 한다. 따라서 "무주지"가 있어 그것을 개간하고 파종하고 경작하면 나의 소유가 되는 것은 당연하다고 보았다. 阿勿雷脱(Alfred Jules Émile Fouillée), 「欧洲近代哲学 —陸克學說」(1902), 『國民報彙編』, 中國民國黨中央委員会黨史史料編纂委員會, 1968, 102면. 존 로크의 자연법과 소유권 사상의 식민주의적 성격에 대해서는 허재훈, 「식민주의의 기초 —존 로크와 아메리카, 인디헤나의 수난사」, 『철학연구』 제130집, 2014, 381~415면.

타국과의 조약을 통해 그 지역의 자연자원의 개발권을 획득하는 것은 주권의 침해가 아니라 인류의 보편적인 이익을 증대시키는 행위로 간주되었다. 또 그 과정에서 발생하는 "열등"한 인종이나 민족에 대해 가해지는 불평등이나 비인도적 행위 역시 문명인에 의한 교육으로 인식하기도 하였다.

중국의 근대적 권리론은 바로 19세기 후반 세계의 인권담론의 전환과 본격적인 제국주의 경쟁에 대한 인식에서 출발하고 있다. 중국에서의 인간의 권리가 문제가 되는 것은 개인의 인권에 대한 억압보다도 외세에 의한 중국 주권의 침해였다. 이를 가장 잘 보여주는 것이 바로 량치차오의 구국의 민권론이다.[23] 추치야 히데오土屋英雄도 지적한 바와 같이 량치차오에게 있어서 민권(권리, 자유)은 그 본래의 가치, 즉 서구의 계몽주의적 인권사상의 내재적인 논리와 가치로부터 벗어나 국권과의 관계 속에서 지위가 부여된 관계적 개념이었다.[24] 민권의 의의와 필요성을 국권과의 관계 속에서 찾는 것은 량치차오만이 아니라 당시 중국의 대부분의 지식인들이 견지하고 있던 인식방식이었다. 그럼 이것이 지니는 의미는 무엇일까? 이는 단순히 민권에 대해 국권을 우선시하는 것이라고 비판할 수 있지만, 적극적으로 해석하면 인권개념이 개인중심에서 집단과 공동체의 권리로 확장된 것으로 이해할 수 있다. 개인의 인권이 단순히 전제군주나 귀족과 같은 서구의 전근대적인 억압주체에 대한 저항만이 아니라 국제적인 관계 속에서 새롭게 확대되

---

23 于 海英, 「『淸議報』時期における梁啓超の救国の民權論」, 山口大學文學會, 『山口大学文学会志』66, 2016, 37~52면.
24 土屋英雄, 「梁啓超の「西洋」攝取と權利・自由論」, 狹間直樹 編, 『共同研究梁啓超－近代西洋思想受容と明治日本』, みすず書房, 1999, 160면.

는 제국에 대한 저항이라는 새로운 시각을 갖게 되었다는 것을 의미한다. 1901년 재일 중국유학생이 일본 도쿄에서 발행한 『국민보』에는 「국민을 논함」이라는 문장이 게재되었는데, 여기에서는 20세기 인권의 억압주체로서 다음과 같이 두 가지를 직접 제기하고 있다.

> 압제의 방법은 두 가지가 있다. 하나는 군권의 압제이고, 또 하나는 외권(外權)의 압제이다. 군권의 압제에서 벗어나 하루 아침에 자유를 이룬 나라는 프랑스이다. 외권의 압제에서 벗어나 하루 아침에 자유롭게 된 것은 미국이다. (…중략…) 뿐만 아니라 군권과 외권의 압제에서 벗어나려면 반드시 먼저 수천 년 동안 공고해진 풍속, 사상, 교화, 학술의 압제에서 벗어나야만 한다. 군권, 외권의 압제에서 벗어나는 것은 이른바 자유의 형체와 같고, 수천 년의 풍속, 사상, 교화, 학술을 넘어서는 것은 이른바 자유의 정신이다. 자유의 정신이 없으면 국민이 아니다.[25]

미국의 독립선언과 프랑스의 인권선언은 근대 인권사상사에서 밀접한 연계를 가지고 있으며 모두 개인의 자연권을 주장하였지만, 인권 억압의 주체이자 투쟁의 대상의 측면에서 서로 다른 두 사례로 구분하고 있다. 이러한 인식은 스스로 제국주의 압박의 중심에 처해 있으며, 다음과 같은 시각, 즉 "세계의 국민국가들이 무리를 지어 일어나 아시아 대륙 극동지역을 넘보고 있다. 국민으로서 노예의 병사를 정벌하니 노예가 어찌 패하지 않을 수 있겠는가? 국민이 노예의 이익을 장악하

---

25 「說國民」, 『國民報』 2, 1901.6.10; 『國民報彙編』, 中國民國黨中央委員会黨史史料編纂委員會, 1968, 10면.

니 노예가 어찌 가난하지 않겠는가?"[26]라는 시각이 없이는 사고하기 쉬운 일이 아니다. 그리고 저자는 이러한 군권과 외권의 억압으로부터 벗어나는 것은 자유의 정신을 가진 국민으로 거듭나는 것이며, 이를 위해 기존의 풍속과 사상, 교화, 학술을 개혁해야 한다고 주장한다. 왜냐하면 이러한 것들이야 말로 중국인을 노예로 만들어 온 주요 원인이기 때문이다. 여기서 권리담론의 비판의 방향이 갑자기 전환되고 있다. 군주나 제국주의에 대한 비판이 전제되어 있기는 하지만, 중국 인민의 권리 결핍의 주요 원인을 그들의 자유의식의 부재에 있다고 보고 있는 것이다. 중국인의 노예상태를 통해 비판하고자 하는 것도 그들에 대한 억압의 주체가 아니라 스스로 권리의식을 갖추지 못한 노예정신에 있었다. 이와 같이 억압상태로부터 벗어나기 위해 자기 각성을 촉구하는 것은 권리투쟁에서 종종 보이는 현상이다. 그러나 중국에서 국민성에 대한 비판은 단순히 각성의 촉구 이상의 의미를 포함하고 있었다.[27] 각성이든 권리의식의 자각이든 이는 바로 중국의 억압의 최정점에 있는 서구의 지배논리를 수용하는 것을 뜻하기 때문이었다. 앞서 인용한 「국민을 논함」에서는 또 노예상태에 대한 중국인의 자기 책임을 묻는 사상적 논리가 무엇인지를 다음과 같이 설명하고 있다.

비록 대지 위에 같은 동물이라도 인류와 금수의 구분이 있고, 같은 인류라도 백인종, 황인종, 홍인종, 흑인종의 구분이 있다. 또 같은 민이라도 국

---

26 위의 책, 77면.
27 청말 시기 중국의 국민성 담론에 대한 자세한 연구는 졸고, 「량치차오(梁啓超)와 중국 국민성 담론」, 『중국현대문학』 제45호, 2008.6.

민과 노예의 구분이 있다. 국민이란 무엇인가? 하늘이 우리를 민이 되게 했으므로 우리가 최선을 다해 민이 되는 것을 말한다. 노예란 무엇인가? 하늘이 우리를 민이 되게 했음에도 결국 민이 되지 못한 것을 말한다. 따라서 노예는 권리가 없고 국민은 권리가 있으며, 노예는 책임이 없고 국민은 책임이 있다. 노예는 압제를 기꺼워하지만 국민은 자유를 좋아한다. 노예는 존비를 숭상하고 국민은 평등을 말한다. 노예는 의존하길 좋아하고 국민은 독립을 숭상한다. 이것이 노예와 국민의 차이이다.[28]

이와 같이 억압에 저항하면서도 또 한편으로는 그들의 지배논리를 수용해야 하는 모순은 식민지나 피억압 민족의 계몽운동이 겪던 보편적인 곤경이었다. 이는 피식민지의 계몽담론이 세계에 대한 인식과 가치관념에 있어서 제국주의를 합리화하는 근대지식 체계, 그중에서도 문명론에서 벗어나기 어려웠기 때문이었다.

중국에서도 구국의 민권론은 서구의 문명론을 내면화하는 방식을 통해서 이루어졌다. 노예는 자유의 상대어이지만, 당시 중국에서는 국민이라는 개념의 상대어로서 더 많이 등장한다. 「국민을 논함」에 의하면 인간은 태어나면서부터 국민이 되는 것이 아니라 일정한 조건과 자질을 갖추어야 비로소 국민이 될 수 있다. 바로 권리와 책임이다. 그중 권리 역시 무조건 주어지는 것이 아니라 자유와 평등, 독립의 의지가 선결되어야 한다. 이러한 가치개념은 서구 계몽사상의 핵심 범주이자 문명국 시민이 갖추어야 할 덕성이었다. 하지만 당시 중국인에게는 생

---

28 「說國民」, 『國民報彙編』, 中國民國黨中央委員会黨史史料編纂委員會, 1968, 15면.

소하여 그 의미는 물론 그중요성을 공감하기가 용이하지 않았을 것으로 보인다. 만약 중국 독자가 「국민을 논함」을 읽고 국민의 의미와 중요성을 인식했다면 이는 자유, 독립, 권리의 관념을 통해서가 아니라 바로 노예라는 개념을 통해서였을 것이다. 이때 노예는 구체적인 신분이나 계급을 가리키는 것이 아니라 비유적인 의미로 사용되고 있다. 서구에서는 18세기에 이미 노예를 신분이나 특정한 삶의 조건을 지칭하는데 그치지 않고 모종의 인간의 정신적, 심리적 특징의 비유로서 널리 사용하였다.[29] 그리고 19세기 문명등급론이 확산되면서 특정 문명 상태나 성격을 규정하는 의미로 사용되었다. 그러나 비유적인 의미라고 하더라도 노예를 국민의 상대적인 의미로 사용하는 것은 개념상에 있어서 적잖은 문제가 있다. 따라서 20세기 초 중국의 "국민 만들기" 과정에서 가장 많이 동원된 개념 쌍이 국민-노예였다는 것은 주목할 필요가 있다.

권리의 주체로서 국민을 논함에 있어 먼저 노예와 비교한 것은 량치차오와 마이멍화麥孟華였다. 량치차오는 일본으로 망명한 이후 1899년 일국의 백성一國之民이라는 기존의 국민의 어휘에 국가의 주체이자 권리주체를 뜻하는 새로운 의미의 국민개념을 사용하면서 "국민이란 나라國를 인민의 공동자산公産으로 삼는 것"을 지칭하며, 현재 세계는 국민의 경쟁시대라고 보았다. 특히 아시아에서 러시아, 영국, 프랑스, 포르투갈의 식민지를 예로 들면서, 그는 세계 각국의 경쟁에서 생존하기 위해서는 국민의 힘이 있어야 하며, 국민의 힘은 외부로부터 주어지는

---

29 Michel-Rolph Trouillot, *Silencing the Past-Power and the Production of History*, Beacon Press, 1995, pp.85~86.

것이 아니라 스스로 구해 얻는 것이라고 주장하였다.[30]

량치차오의 국민의 권리사상에서 중요한 점은 중국인의 가장 큰 문제점으로 자유와 권리의 포기를 들고 있다는 점이다. 그에 의하면 중국에서 국민의 부재는 바로 나라를 한 가문의 사유물로 삼는 전제통치 및 그것이 만들어낸 풍속과 제도 때문이지만, 무엇보다도 더 책임 있는 것은 바로 스스로 자유와 권리를 방기한 중국 인민이었다.[31] 이와 같이 그는 자유의 방기나 독립심의 부재를 국민자격의 가장 중요한 결함으로 보고 나아가 그러한 중국인의 특성을 노예라고 규정하였다. "독립이란 무엇인가? 타인의 도움에 의지하지 않고 세계에 우뚝 자립하는 것이다. 사람이 독립하지 못하면 노예라고 부르고, 민법에서도 공민公民으로 인정하지 않는다. 나라가 독립하지 못하면 종속附庸이라 부르고, 공법에서도 공국公國으로 인정하지 않는다."[32] 량치차오는 공민 즉 국민은 독립심이 있어야 하며, 그렇지 않을 경우 노예로 부른다고 지적하면서 공민 혹은 국민과 노예를 상대적인 것으로 비교하고, 중국인은 서구인이 자신을 소나 말 혹은 노예로 여긴다고 하지만, 정작 문제는 중국인 스스로 소와 말이 되고 노예가 되는 것이라고 비판하였다.

그러나 직접 국가의 민을 국민과 노예로 구분하여 대칭적 개념으로

---

30 哀時客稿, 「論近世國民競爭之大勢及中國之前途」, 『淸議報』 30, 光緖25년9月11日, 1~4면. 국민에 대한 이러한 정의는 국가의 상대적인 개념으로 삼고 있다는 점에서 이후 국민개념과 차이가 있다. 량치차오는 이 글에서 국가(國家)란 일가(一家, 즉 왕이나 황제)의 국(國)을 의미하고, 국민은 민(民)의 국(國)을 의미하며, 현재는 군주나 귀족들의 가문이나 사적인 이익을 위해 경쟁하는 "국가"의 경쟁이 아니라 민이 자신의 생명과 자산을 지키기 위해 경쟁하는 "국민"의 경쟁시대라고 보았다.

31 『淸議報』 30(光緖25.9.11) 중 任公, 「飮氷室自由書」 중 "放棄自由之罪", "國權與民權".

32 哀時客稿, 「國民十大元氣論(一名文明之精神)」, 『淸議報』 33, 光緖25년11月21日, 1~2면.

사용한 것은 마이멍화麥孟華였으며, 이후 량치차오는 물론 『국민보』와 『국민일일보』 그리고 「혁명군」의 저자 쩌우룽鄒容이 노예에 대한 비유를 통해 중국의 문제를 비판하고 국민의 의미를 주창함으로써 보편화되었다. 마이멍화는 나라를 국민의 국國과 노예의 국國으로 구분하여 그 특징을 비교하였다. 그에 의하면 국민의 국은 기세가 있고 의지가 견고하며 힘이 강하다. 그리하여 영토가 작고 인구가 적어 강국에 의해 강제로 영토가 할양되고 권리가 박탈되고 도읍이 폐허가 되더라도 이에 굴복하지 않고 저항하여 결국에는 잃어버린 권리를 회복한다. 반면 노예의 국은 기세와 의지, 힘이 유약하여 영토와 인구가 광대하더라도 스스로 발분하지 못하고 타인에 쉽게 굴복하거나 의존하려 하며, 온갖 억압에 순순히 복종하고 수치심을 모른다. 그리하여 나라는 타종족에게 빼앗기고 자신은 타인의 노예가 된다. 마이멍화는 전자는 바로 필리핀과 남아프리카 트랜스발, 그리고 영국으로부터 독립한 미국이 그 예이고, 후자는 인도와 월남이 그 예라고 보고, 영국과 프랑스가 각각 인도와 월남을 노예로 삼으려 한 것이 아니라 인도인과 월남인이 스스로 기꺼이 노예가 된 것이며, 중국은 바로 인도나 월남과 거의 차이가 없다고 지적하였다.[33]

한편 이론적 측면에서 보면, 중국에서 국민 – 노예라는 쌍개념이 국민담론에서 강력한 역할을 발휘할 수 있었던 데는 몽테스키외의 『법의 정신』과 직접적인 연관이 있다. 량치차오는 「중국십대원기론」에서 권리를 포기한 국민의 노예성을 비판하면서 직접 몽테스키외가 전제국

---

33 傷心人, 「說奴隸」, 『淸議報』 69, 光緖 26.11.1, 1~5면.

가의 백성의 정신적인 특징으로 설명한 것을 인용하고 있다. 또 이와 동시에 발표된 또 다른 문장에서도 전제국가의 노예 심리의 원인이 복종심을 양성하는 교육에 있다고 본 몽테스키외와 유교의 예교가 복종과 유순함을 길러낸다고 비판한 후쿠자와 유키치의 주장을 소개하고 있다.[34] 특히 「신민설」이전 량치차오의 중국 국민성 비판의 종합판이라고 할 수 있는 「중국쇠약의 원인을 논함」에서는 중국의 노예근성과 전제정치에 대한 비판에서 수차례 몽테스키외를 직접 인용하기도 하였다.[35] 마이멍화 역시 "몽테스키외가 말하길, 전제정치의 국國의 인민은 모두 노예의 성질을 가지고 있다고 하였다. 진·한이래 중국인이 전제에 굴복한 지 2천여 년이 되었다. 그 인민이 국가와 관계하는 것은 납세와 복역뿐인데, 이 두 가지는 바로 노예의 일이다"라고 지적하였다.[36] 심지어 『국민보』에서는 「몽테스키외의 지나론」이라는 글을 게재하여 중국에 관한 몽테스키외의 주장을 자세히 소개하기도 하였다.[37]

---

34 哀時客稿, 「國民十大元氣論(一名文明之精神)」, 앞의 책, 3면; 任公, 「飮冰室自由書」 중 "精神敎育者自由敎育也")앞의 책, 1~2면.

35 梁啓超, 「積弱溯源論 一中國近十年史論」, 『淸議報』79, 光緖27년4月1日, 7면; 『淸議報』81, 光緖27.4.21, 13~14면; 『淸議報』82, 光緖27년正月5日, 16면.

36 傷心人, 「說奴隸」, 앞의 책, 2면.

37 「孟德斯鳩之論支那」, 『國民報』2, 1901.6.10. 중국에서 몽테스키외 및 그의 저서는 1904년부터 옌푸(嚴復)가 『법의(法意)』(商務印書館, 1909년 완역)를 출간하기 시작하기 전, 1900년 『역서휘편(譯書彙編)』제1기(1900.12.6)~3기(1901.4.7)에서 『법의 정신』의 일본어 번역본 『만법정리(萬法精理)』(何禮之譯, 1876)의 중역을 시작으로 1901~1902년에 본격적으로 소개되었다. 1901년 『국민보』제2기에는 위 문장 외에도 알프레드 쥘 에밀 푸예(Alfred Jules Émile Fouillée, 阿勿雷脫)의 「欧洲近代哲学 一孟德斯鳩學說」이 번역되어 게재되었다. 1902년 량치차오는 『新民叢報』(제4~5호)에 「法理學大家孟德斯鳩之學說」을 게재하였고, 「選報」제5기(1902.5.8)에도 「法大學家孟德斯鳩之論支那」가 게재되었다. 또 1906년 『政藝通報』13·14, 1906.8.4·8.20(第5년丙午)에는 옌푸의 「孟德斯鳩法意之支那論」이 연재되었다. 한편 일본에서는 1875~1876년에 『법의 정신』 번역본이 출간되었는데, 하나는 1875년 스즈키 유이치(鈴木唯一)가 프랑스 본을 저본으로 번역한 『律例精義』1(モンテ

그럼 왜 중국 지식인들은 『법의 정신』에 주목했던 것일까? 몽테스키외는 『법의 정신』에서 정체政體를 민주정과 군주정, 전제정으로 구분하고, 각각의 원리 및 그것의 자연지리의 환경, 풍속 등과의 관계를 설명하였다. 그 가운데 전제정은 공포의 원리에 기반을 두고 있고 인민에게 극도의 복종을 요구한다고 보았다.

> 전제국가에서는 교육이 오로지 정신을 낮추는 일밖에 구하지 않는다. 거기서는 교육이 노예적이어야 한다. 누구든 동시에 노예가 되지 않고서는 폭군이 될 수 없으므로 노예적인 교육을 받는 것은 지배자가 되는 데 있어서도 좋을 것이다. 극단적인 복종은 복종하는 사람의 무지를 전제로 한다. 그것은 명령하는 사람의 무지도 전제로 한다. 그는 검토하거나 의심하거나 이성을 움직일 필요가 없다. 바라기만 하면 된다. (…중략…) 이 정체에서는 말하자면 교육이 전혀 없다. 무엇인가를 주기 위해서는 모든 것을 약탈하여야 하고 좋은 노예를 만들기 위해서는 나쁜 신하를 만드는 일부터 시작하여야 한다.[38]

몽테스키외는 강압에 의한 노예제를 비판하고, 노예제의 진정한 기원은 자유로운 인간이 자기 이익을 위해서 주인을 선택하는 자유에 입각해 있다고 주장하였다. 즉 그가 말하는 노예는 타인에 의해 강제적으로 노예상태에 처한 자가 아니라 스스로 권리를 포기한 자를 의미했

スキウ著, 瑞穂屋卯三郎, 1875)이고 다른 하나는 1876년 가 노리유키(何禮之)가 1873년 영역본을 저본으로 중역한 『萬法精理』(孟德斯鳩 著, 1876)이었다. 이 가운데 중국 지식인들에 영향을 준 것은 가 노리유키의 번역본이었다.

38 몽테스키외, 하재홍 역, 『법의 정신』, 동서문화사, 2007, 56~57면.

다. 이렇게 자기의 권리를 타인에게 판매하는 자는 전제정에서 흔한 일로, 정치적 예속이 곧 시민적 자유를 없애고 있다고 보았다.[39] 또 그는 유럽과 비유럽지역의 정체가 다른 이유는 지리 환경적 조건의 차이가 중요한 요인이라고 보았다. 그는 지리와 기후의 특징을 북방과 남방으로 구분하고, 위도 상 북방에 속하는 유럽은 강인하고 독립적이며 자유정신이 투철한 데 비해 아시아의 주요 국가는 남방에 속하며 노예적인 성격을 지니고 있다고 주장하였다. 물론 아시아에도 유목민이 거주하는 북방지역이 있고 그들은 강인한 성격을 지니고 있다. 그러나 아시아는 인구가 대부분 경제활동에 유리한 남방에 거주하고 있어 문명의 중심이 남방에 위치해 있고 백성들도 남방적인 특징을 지닌다. 북방인과 남방인은 역사적으로 항상 경쟁을 해 왔으며, 그때마다 남방의 중국은 강인한 북방의 민족들의 침입과 지배를 받아왔다. 하지만 몽테스키외에 의하면 북방의 타타르인(몽골과 유목민족을 지칭)은 아시아를 정복하여 노예로 삼았지만, 통치하는 과정에서 남방의 문화에 익숙해져 그 문화적 특징을 북방지역의 통치에 적용하였다. 그리하여 아시아는 전반적으로 전제적이 되었을 뿐만 아니라 노예적인 근성을 갖게 되었다.[40] 이와 같이 몽테스키외는 각 정체를 자연적인 기후와 풍토 및 그에 따른 인민의 성격, 그리고 고유한 교육방식 등과 연계시켜 그 특성과 기원을 설명하였다. 그리고 전제정의 가장 대표적인 사례로 아시아의 국가, 터키, 중국, 페르시아, 일본 등을 들고, "중국은 전제국이고 그 원리는 두려움"이라고 규정하였으며, 아시아에서 권력은 언제나

---

39 몽테스키외, 앞의 책, 269면.
40 위의 책, 298면.

전제적이고, 자유로운 정신을 특징지을 표지가 하나도 없는 예종^{隷從}의 정신이 지배하고 있다고 비판하였다.[41]

그러나 『법의 정신』이 루이14세의 중앙집권적 권력 체제를 개혁하기 위한 것이었던 만큼 무엇보다도 전제정에 대해 비판적 입장을 취하고 있지만, 전제정에 대한 비판 중 구체적인 사례와 논거에는 적지 않은 문제점이 존재한다. 먼저 자유로운 유럽과 예속적인 아시아의 정체를 비교할 때 북방과 남방의 기후 및 풍토와 연계시키는 것은 지리적으로 보아도 근거가 부족하다. 남방에서 북방까지 폭넓게 자리 잡고 있는 아시아 국가의 위도상의 위치를 단순화시켜 유럽을 기준으로 그 남쪽을 모두 남방으로 취급하는 것은 그들 사이의 기후적으로 큰 차이를 간과한 것이다. 뿐만 아니라 중국의 전제정치의 성격을 두려움에 기반을 둔 인민의 복종으로 간주하는 것, 즉 일종의 공포정치로 규정하는 것은 당시 중국의 정치문화와 풍속 중 일부 특징을 전체적 성격으로 과장한 것이었다. 18세기 중반 중국에 대한 서구의 시각은 부정적인 것도 없지 않았지만 전반적으로는 긍정적 관점이 우세했다. 하지만 몽테스키외는 중국과 관련하여 주로 부정적 지식을 편향적으로 취하고 있다. 이는 중국의 통치체제가 우수했다는 의미가 아니라 당시 서구의 통치체제나 문화 역시 많은 결함이 있었음을 고려하면, 그의 유럽과 아시아에 대한 비교 시각은 균형감을 잃고 있다는 것을 말하는 것이다. 또 그는 노예제를 비판하면서도 남방의 사람들은 더위가 신체를 약화시키고 용기를 잃게 만들기 때문에 사람이 형벌의 공포에 의하

---

41 위의 책, 149 · 299~300면.

지 않고는 의무를 다하게 할 수 없어 노예적인 통치가 필요하다고 보거나 또 흑인들은 인간이라고 보기 어려우며, 아메리카의 넓은 토지를 개척하기 위해 아프리카인을 노예로 삼지 않을 수 없었다고 옹호하기도 하였다.[42] 또 그는 명시적이지는 않지만, 수렵과 목축, 농경, 상업이라는 인류의 생활방식을 미개와 야만, 문명이라는 틀에서 분석함으로서 유럽의 상업 중심의 시각을 보여주기도 한다.[43]

그럼에도 불구하고, 당시 중국 지식인들은 중국에 대한 자기비판이 목적이었던 만큼 몽테스키외 주장의 타당성 여부는 그들의 주요 관심 대상이 아니었다. 중국 지식인들은 『법의 정신』을 삼권분립의 중요성뿐만 아니라 민주정과 전제정의 차이, 특히 전제정의 특징과 그 자연적·역사적 기원을 이해하는데 교과서와 같은 의미로 받아들였다. 그런 중국인 혹은 아시아인들에게 있어 몽테스키외의 전제정치에 관한 비판은 곧 아시아의 정체와 문화에 대한 비판에 다름 아니었다. 특히 몽테스키외가 인간의 일반 정신을 지배하는 것은 풍토·종교·법률·통치의 격률·습속·도덕 등이며, 중국인의 성질이 그러한 생활양식과 습속에 근원을 두고 있다고 지적하였는데,[44] 이는 중국 지식인들이 중국의 정치적 문제를 전체 역사와 지리, 풍속, 제도 및 그것과 연관된 국민성에 주목하도록 이끌었다. 그의 논리에 따르면 노예는 바로 중국의 문화와 습속, 제도, 국민의 성격에 대한 총칭이었다.

---

42 위의 책, 268면; 『법의 정신』에 나타난 중국관의 문제점에 대해서는 송태현, 「몽테스키외의 중국관 비판」, 『세계문학비교연구』 40집, 2012 가을호, 159~181면.
43 위의 책, 14~20면; 홍태영, 「몽테스키외의 『법의 정신』에 대한 정치적 독해」, 『한국정치학회보』 41(2), 2007.6, 145면.
44 몽테스키외, 앞의 책, 323~335면.

중국 지식인들이 몽테스키외의 중국비판에 주목하게 된 또 다른 계기는 1900년 의화단의 난 이후 서구와 일본에서 널리 확산되던 중국인에 대한 모욕 및 비난의 언설과 관련이 있다. 마이멍화의 「노예를 논함」이 『청의보』에 발표되고 나서 바로 다음 호부터 연재되기 시작한 「화의和議 후의 중국」은 바로 거액의 배상금과 주권침탈에 의한 중국의 위기의식과 함께 일본 및 서구의 중국인에 대한 모욕과 비판의 상황이 어떠했는지를 잘 보여준다. 저자는 의화단의 난의 화의로 인해 중국의 재정과 주권이 외국에 장악되었다고 비판하고, 더 중요한 문제는 주권 회복을 위해 필수적인 중국인의 민기民氣가 약하다는데 있다고 보았다. 그리고 일본과 서구의 시각에서 본 중국인의 기질을 소개하였는데, 그중 하나는 『아시히신문』에 게재되었던 가쓰마쓰쇼鞨靺生의 「지나인의 특질」이었다. 마이멍화는 이 문장의 주요내용을 소개하고, 또 별도로 전문을 번역하여 『청의보』에 연재하였다.[45]

가쓰마쓰쇼가 묘사한 중국인의 특질에 의하면, 그들은 간단히 강자의 위압에 두려워 하다가 약간의 시혜를 베풀면 기꺼이 순복하고, 힘없는 자에 대해서는 업신여기고 권리를 빼앗는다. 또 일신일가의 이익과 안일만을 도모하고 충효, 예의, 절의, 염치, 그리고 공덕이 결여되어 있다. 이를 간단히 말하면 애국심과 자강심이 없고 이기심과 복종

---

45 「支那人之特質」, 『淸議報』 71, 光緖27년1月11日. 「支那人之特質」은 일본 『아사히신문(朝日新聞)』에 게재된 「支那人之特質論」을 번역 한 것이며, 이 글이 『청의보』 발표된 이후(1901년 3월 3회 연재) 중국인의 노예근성을 논하는 문장이 연속으로 발표되었다. 저자 가쓰마쓰쇼(鞨靺生)는 의화단의 난 시기 청을 공격하기 위해 8개 연합군에 참여했던 일본군 병사로 보이며, 「支那人之特質」에서 지적한 중국인의 특징을 보면 직접적인 언급은 없지만 아더 스미스(Arthur H. Smith)의 『중국인의 특질』에서 중국인의 특징으로 지적한 것을 그대로 수용하고 있는 것으로 보인다.

심만 있는데, 이는 수천 년 역사 동안 몸에 굳어진 습관이다. 가쓰마쓰 쇼는 이러한 특질을 노예성질이라고 불렀다. 즉 중국인은 "타고난 노예의 근성을 가지고 있고 또 노예의 처세술을 잘 알고 있으면서 전혀 수치스러움을 모른다"[46]는 것이다. 그는 그러한 노예 성질을 보여주는 대표적인 예로, 청조를 위기에서 구하고 부흥을 위해 힘쓴 증국번曾國藩과 좌종당左宗棠을 들기도 하였다.[47]

일본과 서구의 중국인 특성의 비판에 대해 량치차오, 마이멍화 등은 반박하기보다는 비판의 대상이 된 국민의 특성을 중국이 쇠약해진 근본적 원인으로 간주하고 국가의식과 민기民氣를 고취하기 위한 국민성의 개조를 주창하였다.[48] 뿐만 아니라 노예담론은 단순히 국민의 자격 조건을 넘어 중국 정치, 사회, 문화 제 방면의 문제점을 상징하는 기호로 확장되었다. 량치차오와 마이멍화, 『국민보』의 편집자, 쩌우룽 등은 몽테스키외의 전제-노예의 관계를 정체의 문제에 국한하지 않고, 각기 다른 측면에서 중국의 상황을 주인과 노예의 관계로 설정하였다. 따라서 20세기 초 중국의 권리담론을 이해하려면 당시 노예의 성격, 즉 누구의 노예인가를 파악할 필요가 있다.

---

46 「支那人之特質」, 『淸議報』 71, 光緖27.1.11, 2면.
47 「支那人之特質」, 『淸議報』 71~73冊, 光緖27.1.11~2.1.
48 『청의보』에서는 외국의 중국인 비판과 중국인의 노예성을 자기비판하는 문장을 연이어 게재하면서 동시에 중국인의 국가사상의 약점을 분석한 글도 게재하여 국가사상을 고취하고자 하였다. 「論支那人國家思想之弱點」, 『淸議報』 73冊, 3~4면; 『淸議報』 74冊, 光緖27.2.11, 1~4면. 이에 따르면 중국의 국가사상의 약점은 지리적으로 주변에 경쟁국이 부재한 점, 역사적으로 대일통이 지배한 점, 군주와 국가를 구분하지 못한 점, 쉽게 항복하는 태도 등에 기인한다. 이 문장의 저자는 발표 당시 명기되지 않았지만, 이 중 일부가 량치차오의 「積弱溯源論-中國近十年史論」에서 그대로 인용되고 있는 것으로 보아 량치차오이거나 아니면 그와 매우 가깝던 인물인 것으로 보인다. 『淸議報』 77, 光緖27.3.11, 1면.

먼저 중국의 민은 전제 군주의 노예였다. 중국의 2천여 년간의 전제 통치 하에서 민적民賊인 군주는 관리와 백성을, 관리는 백성을 노예로 삼았을 뿐만 아니라 관리와 백성들도 스스로 노예를 자처했다는 것이다. 이를 달리 말하면 중국의 관리와 백성은 자치능력과 독립심이 없고, 아부와 복종에 익숙해서 남의 위협과 모욕에 저항하지도 수치심을 느끼지도 못한다.[49] 이는 바로 몽테스키외가 지적한 중국을 비롯한 아시아 전제정치의 특징이었다. 그러나 중국의 백성을 노예로 규정하고 경각심을 촉구한 것은 반민권적인 전체통치에 대한 비판이외에도 외국 열강의 노예가 될 것이라는 위기의식 때문이었으며, 특히 중국의 분할 위기 속에서도 중국의 인민과 관리들이 종족과 성정이 다른 외세에 아첨하며 개인적 안위와 이익을 도모하는 현상에 대한 비판이 주목적이었다. "천하에 국가가 망하고도 민이 노예가 되지 않는 것이 없고, 천하에 민이 아직 노예가 되지 않았는데 국가가 망하는 경우는 없다"[50]고 한 마이멍화의 말 속에는 이중의 노예가 거론되고 있다. 첫 번째는 중국 국가의 위기는 바로 중국인이 마음으로부터 스스로 노예가 되었기 때문이라는 점이고, 두 번째는 그로 인해 국가가 망하여 외국인의 노예가 될 수 있다는 점이다. 첫 번째가 전제정치에 의한 정신적인 노예라면, 후자는 외세의 강압에 의한 정신을 포함한 실질적인 노예이다. 이 두 가지 노예상태를 『국민보』에서는 군권君權의 압제와 외권外權의 압제 두 가지로 분류하였다. 량치차오 역시 당시 청 정부가 의화단의 난 이후 "공손"하게 외국인을 보호하고 받드는 것을 노예적인 태도라고 보고 조정의 노예인 중국인은

---

49 梁啓超, 「積弱溯源論 -中國近十年史論」, 『淸議報』 78, 光緒27년3월21日, 4~6면.
50 傷心人, 「說奴隷」, 『淸議報』 69, 光緒26년11월1日, 1면.

노예의 노예라고 한탄하기도 하였다.[51] 이중적인 노예 중 가장 중요한 것은 외권의 압제였고, 이로부터 벗어나는 것이 우선적인 목적이었다. 그러나 타민족의 노예로부터 벗어나기 위해서는 무엇보다도 수천 년 동안 탈피하지 못했던 풍속, 사상, 교화, 학술의 압제에서 벗어나야 한다는 것이 노예론의 공통된 인식이었다.[52] 1903년 재일중국 유학생이 발간한 『국민일일보』에서 국민을 논하는 사설 역시 「노예를 경계함箴奴隸」이었다. 저자는 노예란 국민의 상대어로서 하나의 민족은 국민이 되든가 아니면 노예가 되는 두 가지 선택밖에 없다고 보고, 중국인은 태어나면서부터 노예인데, 이는 수천 년간 역사, 풍속과 교육, 학파 등에 의해 길들여졌기 때문이라고 주장하였다.[53]

한편 이중적 노예에 대한 또 다른 시각이 있었다. 바로 민족주의, 특히 반만주족 혁명의 관점이 그것이다. 『국민보』에서는 한족은 만주인의 노예가 되었고, 한족의 영토는 만주인에게 침략되었는데, 오늘날은 또 서구인의 억압을 받게 되었다고 이중, 삼중의 노예화를 지적하였다.[54] 쩌우룽도 마이멍화와 같이 중국의 문제를 국민성이 없는 노예근성에 있다고 보고, "노예란 중국인의 독보적이고 유일무이하며 평범하지 않은 휘호"라고 비판하였다. 그에 의하면 중국인은 진·한이후 전제정치의 노예였다. 중국의 전 역사는 바로 노예의 역사이며, 한漢말기 이후 1700년의 역사 중 중국이 이민족에 의해 전면적 혹은 부분적으

---

51 「奴隸與盜賊」, 『新民叢報』8, 光緒28.4.15, 3면.
52 「說國民」, 『國民報彙編』, 中國民國黨中央委員会黨史史料編纂委員會, 1968, 10면.
53 「箴奴隸」(1903), 『國民日日報彙編』1, 中國國民黨中央委員會黨史史料編纂委員會, 1968, 6~20면.
54 「說漢種」, 『國民報彙編』, 中國民國黨中央委員会黨史史料編纂委員會, 1968, 17~23면.

로 예속된 것은 1100여 년이 넘는다.[55] 즉 그에게 있어 이중적 노예는 전제정치와 북방의 이민족에 의한 압제였다. 따라서 그의 주요 비판적 대상은 당시 한족을 지배하는 북방 이민족인 청조의 만주족이었다. 그는 한족의 주요 관리들이 청조에 대해 "유순하고 분수에 만족하고 재능을 숨기고 복종하고 벼슬하고 재산을 모으는 것"을 "노예의 표본"이라고 비난하고, "일국의 백성을 통틀어 노예가 아닌 사람이 없고, 일국의 백성을 통틀어 노예의 노예가 아닌 사람이 한명도 없다"고 지적하였다.[56] 그러나 쩌우룽이 반만주족 혁명론을 제기한 근본적인 이유가 중국이 서구 열강에 의한 분할의 위기였던 만큼 그의 문제의식은 3중의 노예로부터 벗어나기 위한 것이었다고 할 수 있다. 이와 관련하여 천톈화陳天華는 만주족이 중원을 차지한 이후 그들을 개와 양이라고 부르는데, 지금은 모두가 개와 양의 노예가 되었다고 지적하고 나아가 서구 열강에 의한 민족적 위기를 강조하였다. 즉 "민족제국주의가 점차 확대되면서 처음에는 우리를 노예로 삼지만 이어서는 곧 우리를 소나 말로 여기고 마침내는 지푸라기처럼" 취급하게 될 것이라고 경종하였다.[57] 이와 같이 혁명파에게 중국을 노예로 억압하고 있는 주요 대상은 이민족, 즉 만주족과 서구 외세였다. 한족은 단순히 전제군주만이 아니라 이민족의 지배하에 있다는 것이다. 그리고 지금은 한족이 만주족에 의해 또 다른 이민족인 서구 열강의 노예로 팔리는 상황에 놓여 있으며, 서구의 노예가 되지 않기 위해서는 자유와 독립의식을 지닌

---

55 추용, 「혁명군」, 성근제 외역, 『20세기 초 반청혁명운동 자료선』, 성균관대 출판부, 2011, 243~245면.
56 추용, 「혁명군」, 앞의 책, 246~247면.
57 陳天華, 「猛回頭」, 『陳天華集』, 湖南人民出版社, 1982, 28・49면.

국민성을 갖추고 이민족 만주족의 지배로부터 벗어나야 한다는 것이 그들의 상황인식이었다.

국민-노예의 비교는 당시 중국인의 불평등한 권리상황에 근거하고 있기는 하지만, 기본적으로는 국민의 자유와 독립 의식을 진작시키기 위한 수사적 논리에 가깝다. 노예담론의 핵심은 노예화를 자발적인 것으로 간주함으로써 중국인 스스로의 자각과 분발을 강조하는 것이었다. 마이멍화는 노예를 타인의 힘에 의해 "노예로 전락한 자"와 "기꺼이 노예가 된 자", 그리고 "노예가 되고 싶어 된 자"로 구분하였고[58], 량치차오 역시 타인에 의해 노예가 된 자는 두렵지 않으나 스스로 노예가 된 자는 통탄스럽기 그지없다고 비판하였다. 그러나 노예가 곧 모든 피억압과 사회적인 불평등을 상징하는 부호가 되고,[59] 노예화의 우선적인 책임을 노예 당사자에게 귀결시키는 것은 억압자를 면책시키는 논리가 될 수도 있다. 노예가 자발적인 이상 노예는 자유와 평등 등 권리를 향유할 자격이 없다는 논리가 자리 잡고 있는 것이다. 결국 국민-노예론은 국민을 위한 권리를 주장하고 있지만 보편적 인권론이 아니라 문명등급의 인권론에 입각해 있어 서구의 국가가 중국이나 피식민지인에 대한 자신의 반인권적 행위의 책임을 그 피해당사자에게 돌리던 논리를 비판하기 어렵게 된다.

---

58 傷心人, 「說奴隷」, 『淸議報』 69, 光緖26년11月1日, 4면.
59 특히 1901년 린수(林紓)가 웨이이(魏易)와 함께 번역한 해리엇 비처 스토우(Harriet Beecher Stowe)의 소설 『톰 아저씨의 오두막』을 번역한 『흑인노예가 하늘을 향해 외치다(黑奴籲天錄)』가 출간되면서, 중국 사회내의 여성과 아동에 대한 차별뿐만 아니라 해외에서 중국인들이 겪는 각종 불평등 대우를 노예에 비유하는 것이 사회적으로 확산되었다. 김수연, 『중국 근대 미디어와 소설의 근대』, 서울대출판문화원, 2016, 186~191면.

실제로 중국 지식인들 가운데는 국민-노예론을 문명등급론과 직접 연계시키기도 하였다. 예를 들어 1903년 『대공보』에 발표된 기고문에 서는 "19세기의 시국이 백인종의 경쟁의 시국이었다면, 20세기의 시국 은 백인종과 각 피부색의 인종이 경쟁하는 시국이다. (…중략…) 오늘날 의 시국은 진화론天演學이 크게 밝히는 세계이다. 이전에는 피부색과 골 법骨法으로 인종을 구분하였지만 단지 인종의 구분만 있을 뿐 이른바 고 하高下는 없었다. 지금은 문야文野의 정도로 고하를 정하는데, 이는 진화 天演 발달의 시대에 부득이한 것이다"[60]라고 말하고 있다. 진화론이 지배 하는 시대적 조류 속에서 인종 간의 경쟁이 진행되고 있으며, 그 주요 방법은 바로 문명론이라는 것이다. 이에 따르면 경쟁에서 살아남기 위 해서는 일정한 문명적인 조건을 갖추지 않으면 안 된다. 이는 곧 노예적 인 근성에서 벗어나야 한다는 의미이기도 하다.

문명론에서 국민-노예론이 점하는 의미는 1899년 량치차오가 처 음 잡지 『청의보』를 통해 소개한 문명등급론에 잘 나타나 있다.[61] 그에 의하면 서구 학자들은 인류를 야만인, 반개화인, 문명인 세 등급으로 나누고 있으며, 이들은 각각 『춘추春秋』의 거란세據亂世, 승평세升平世,

---

60 "十九世紀之時局, 白種競爭之時局, 二十世紀之時局, 白種與各色種族競爭之時局. (…중략…) 今日之時局, 天演學大明之世界也. 昔以皮色骨法分人種, 但僅分人種之區別, 無所謂高下. 今以文野之程度定高下, 則又天演發達之時代不得不然者也." 「來稿代論」, 『大公報』, 1903.1.13.
61 중국에서 비록 문명등급이나 문야의 구분이라는 어휘를 사용하지는 않았지만 서구의 문명등급론을 가장 먼저 체계적으로 소개한 것은 1847년 마르쿠스(Martinho José Marques)의 『외국지리비고(外國地理備考)』였다. 마카오 출신 마르쿠스는 중국 관원의 요청으로 서구의 지리를 소개하면서 "천하 만국인"은 상중하 3등급으로 구분된다고 하면서 문명 3등급의 기본 내용을 소개하고 있다. 瑪吉士, 『外國地理備考』(海山仙館叢書本), 道光丁未年(1847)刻本卷四, 3~4면.

태평세太平世에 해당된다. 이 세 단계는 곧 진화의 순서이며 이미 세계
인민이 공인하고 있다. 그중 야만인의 특징은 일정한 거주지나 음식이
없고 상시적인 집단을 이루지 못하며 문자와 학문이 없다. 그리고 타
인의 은혜와 위엄에 의지하고 자신을 위해 권리를 사용할 줄 모른다.
다음으로 반개화인은 농업이 발전하고 의식衣食을 갖추고 있으며, 완
비되지 못한 점이 매우 많지만 국가를 건립했으며 학문도 발전했다.
그러나 실학에 힘쓰지 않고, 교류를 기피하며 진실을 추구할 줄 모른
다. 또 옛 것을 따르기만 하고 습관에 의지하며 모방 기술은 있지만 창
조성이 결핍되어 있다. 마지막으로 문명인은 자신을 포함한 사물의 법
칙을 중시하고, 시대에 따라 변화하며 타인의 은혜와 위엄에 의지하지
않고 자치능력이 있다. 그리고 진취적이고 실질적인 학문을 추구하고
공업과 상업을 발전시켜 모든 사람을 행복으로 이끈다.[62]

　야만과 반개화, 문명의 3단계 구분은 일본 후쿠자와 유키치의 견해
를 그대로 수용한 것으로,[63] 1901년 이후 중국의 지리교과서에서 인류
역사의 발전을 설명하는 논리로 널리 소개되었다. 3단계 문명은 거주
와 생업, 문화와 풍속, 사상, 기술 등을 종합한 것으로, 인류의 역사를
수렵, 목축에서 농업, 상업의 단계로의 진화를 가정하고 있다. 또 단계
별 사람들의 정신적, 심리적 특성이 각기 다르다. 야만인은 은혜와 위
엄에 의지하며 권리의식이 없고, 반개화인은 옛것과 습관에 구속되어

62　「文野三界之別」,『淸議報』27, 光緒25.8.11.
63　「문야 삼단계 구분(文野三界之別)」은 직접적으로 후쿠자와 유키치의『문명론개략』의
　　문명발전 3단계론 혹은 3등급 구조를 그대로 빌려온 것이었다. 량치차오 문명론과 후
　　쿠자와 유키치의 관계에 대해서는 石川禎浩,「梁啓超と文明の視座」, 狹間直樹編,『共
　　同硏究梁啓超─西洋近代思想受容と明治日本』, みすず書房, 1999, 111~115면.

있으며, 문명인은 진취적이고 자치능력이 있다. 이를 앞서의 국민-노예와 비교해 보면 야만인은 노예의 특성이고, 반개화인 역시 노예와 문명인 사이에 있다는 것을 알 수 있다. 여기서 량치차오는 중국이 어느 단계에 있는지에 대해 구체적으로 명시하지 않았지만, 후쿠자와 유키치가 『문명론개략』에서 중국을 반개화로 분류한 것에 동의하고 있었다. 흥미로운 것은 그 후 량치차오가 중국을 비롯한 아시아의 전제국가의 복종적인 교육에 대한 몽테스키외의 주장을 인용할 때 임의적으로 전제국가 앞에 "반개화"를 덧붙여 문명등급론의 의미를 부여하고 있다는 것이다. 또 량치차오가 반복해서 인용했던 중국의 예교의 성질은 인간을 유순하게 복종시키는데 있다는 주장 또한 후쿠자와 유키치가 중국을 반개화단계로 규정한 근거 가운데 하나였다.[64] 중국은 문명발전에서 반개화 단계에 있으며, 그 인민은 권위에 복종하고 구습에 구속되어 있는 노예적인 성격을 지닌 것으로 평가한 것이다.

4. 문명등급론의 내면화

중국이 서구에 비해 낙후한 점과 중국이 나아갈 방향을 간단히 명시적으로 보여주는 문명등급론이 중국에서 널리 확산된 것은 1901년부터 중국의 지리교과서나 대중 언론을 통해서였다. 특히 근대교과서의

---

64 梁啓超, 「積弱溯源論 一中國近十年史論」, 『淸議報』 81, 光緖27.4.21, 13면. 후쿠자와 유키치는 덕을 사덕과 공덕으로 나누고, 유가의 사덕은 미개한 상황에서 정신이 발달하지 못한 민중이나 현대사회의 하층민들에게 유효하다고 보고 있다. 후쿠자와 유키치, 앞의 책, 125~131면.

하나로서 편찬되기 시작한 지리교과서에는 문명과 지리 및 역사의 관계가 기본 내용으로 포함되었는데, 그 주요 내용은 바로 문명등급론이었다.[65] 또 중국의 정체와 국민성에 대한 비판은 19세기 문명등급론에서 중국의 반문명/반개화의 지위를 확인시켜 주는 근거였다. 중국의 반개화 단계에 대한 근거가 전제주의와 민족성이었다면 이제 문명등급에 의해 다시 중국의 정치체제와 민족성을 평가하는 순환논리가 형성된 것이다.

당시 중국의 인권담론과 문명등급론의 관계를 가장 잘 보여주는 것은 바로 여성의 권리와 관계된 주장이었다. 여성의 권리는 국민의 참정권과 더불어 가장 중요한 인권 및 민권관련 의제였다. 그 이유는 물론 중국에서 여성의 인권이 이중삼중의 차별을 받는 등 가장 열악한 상황에 놓여 있다는 점과 더불어 국민국가에서 여성의 역할에 대한 새로운 인식에 따른 것이었다. 그러나 더 주요하게는 한 사회에서 여성의 지위가 그 사회의 문명의 수준을 가늠하는 기준으로 간주되고,[66] 서구 "문명"국가에서 중국사회의 야만성을 비판할 때 가장 우선적으로 거론된 바도 바로 여성의 문제였기 때문이었다.[67] 1902년 마쥔우馬君武가 번역한 허

---

65 郭雙林, 「近代編譯看西學東漸—一項以地理教科書爲中心的考察」, 劉禾 主編, 앞의 책, 235~290면.

66 19세기 문명의 기준으로서의 여성의 권리에 대해서는 Ann Towns, "The Status of Women as a Standard of 'Civilization'", *European Journal of International Relations* 15-4, 2009, pp.681~706. 실명을 알 수 없는 러시아 잔부뤄(贊布落) 역시 중국의 여성을 논하면서 "중국 여성은 유럽의 여성과 정반대이며 거의 남성의 노예이다. 중국 사회조직의 기초는 모두 여성의 복종에 의거하고 있다"고 지적하였다. 「侵略支那之無謀」 『淸議報』 71, 光緖27.正.11, 4면.

67 馬君武 역, 「斯賓塞女權篇」(1902), 莫世祥 編, 『馬君武集(1900~1919)』, 華中師範大學出版社, 1991, 20~22면. 드 퀸시(Thomas De Quincey)는 여성의 상황에서 보면 모든 아시아 국가는 야만에서 벗어나지 못했다고 비판을 했고, 주중 미국대표였

버트 스펜서의 여권론은 당시 서구에서 중국을 포함한 동양사회를 전제정체와 가정 내에서의 전제 즉 가부장 제도를 긴밀히 연계시키고, 명령과 복종의 관계를 야만적인 풍속으로서 비판하고 있다. 스펜서의 의도는 스스로 문명인이라 자처하면서 동양을 비판하는 영국사회에도 여전히 가정과 풍속에서 동양과 같은 전제와 야만성이 남아 있다는 것을 비판하는 것이었지만, 마쥔우의 번역문에서는 동양사회의 전제와 야만성이 더욱더 부각되어 있다.[68] 마쥔우의 여권론이 아직 번역을 통한 글쓰기라면, 그것을 중국인의 직접적인 내부 목소리로 바꾼 것은 1903년 진쑹천金松岑의 『여계종女界鐘』이었다. 중국 여성계의 루소라고 칭송을 받은[69] 진쑹천은 중국 여성의 처지를 노예의 노예, 남성의 "노리개나 식민지"라고 규정하고, 여성의 권리를 무시하는 것은 모두 야만적인 전제시

던 덴비(Charles Denby)는 여성의 지위를 기준으로 국가의 문명을 판단한다면 중국은 하등국가라고 비판하였다. Thomas De Quincey, "The Chinese Question in 1857", *The Collected Writings of Thomas De Quincey*, A. and C. Black, 1890, vol.14, p.357; Charles Denby, *China and Her People: Being the Observations, Reminiscences and Conclusions of an American Diplomat*, Boston : L. C. Page and Company, 1906, Vol 1, p.163.

68 Herbert Spencer, *Social Statics : or, The Conditions Essential to Human Happiness Specified, and the First of Them Developed*, John Chapman, 1851, pp.151~171. 이 책에서 스펜서는 남녀평등을 강하게 주장하였지만, 그 후 곧 여성의 참정권에 회의를 하며 여성권리의 급속한 확대에 비판적인 입장을 보였다. 그러나 마쥔우는 스펜서의 이러한 입장 변화에 대해서는 언급 없이 스펜서의 초기 입장만을 번역 소개하였다. 스펜서의 여권론 및 사회적 불평등에 대한 관점의 변화에 대해서는 Terry R. Kandal, *The Woman Question in Classical Sociological Theory*, Florida international university press, 1988, pp.10~48; T. S. Gray, "Herbert Spencer, On women : a studies in personal and political disillusion", *International Journal of Women's Studies*, Vol.7, No.3, 1984, pp.217~231; Thomas Gondermann, "Progression and retrogression : Herbert Spencer's explanations of social inequality", *History of the Human Sciences*, Vol.20, No.3, pp.21~40.

69 "我中國女界之盧騷", 「侯官林女士敍」, 愛自由者 金一著, 『女界鐘』, 上海大同書局, 光緒29, 2면.

대의 풍속과 교육을 받지 못한 탓이라고 보고 있다.[70]

한편 중국내에서 자기비판과 자발적으로 문명등급론을 수용하는 추세를 보이자, 그때까지 중국을 폄하하는 서구의 문명등급론을 소개하길 꺼려하던 재중국 외국인 선교사들도 이제 적극적으로 그 담론에 참가하기 시작했다. 1903년 미국의 선교사 영 알렌Young John Allen이 중국인 런팅쉬任廷旭의 도움을 받아 편역한 『세계 5대주의 여성풍속 통고』가 대표적인 예이다. 이 책에서는 문명을 미교화未教化, 유교화有教化와 문명교화文明教化 3등급으로 구분하였는데,[71] 그중 미교화인은 아프리카의 흑인, 아시아의 미개인生番, 남양 도서지역의 사람과 아메리카 원주민 등이, 유교화인은 아시아 동부의 여러 국가의 인민이, 문명교화인은 오늘날 유럽의 여러 국가들이 속한다고 보았다. 여기서 구체적인 국가를 거론하지는 않았지만, 위 설명 중 아시아 동부의 여러 국가에는 바로 중국이 포함된다는 것을 고려하면 그가 중국을 유교화의 단계에 있다고 본 것임이 분명하다. 또 서구에서는 중국을 몽매, 반개화, 반문명이라고 하여 부정적으로 규정하던 것과는 달리 유교화有教化라는 것은 중국인이 전통적으로 교화의 중심 국가임을 자부하던 것과 또 반半문명이라고 했을 때 중국인의 반감을 고려한 것이지만, 중국을 서구문명의 아래 단계에 놓았다는 점에서는 차이가 없다. 알렌이 10권의 방대한 책을 역술한 것은 한 사회의 문명의 지위는 여성의 지위를 기

---

70 愛自由者 金一 著, 앞의 책. 『여계종』의 저자는 또 소설 「얼해화(孽海花)」(『江蘇』8, 1903.10)에서 중국인을 사라져 가는 "노예의 섬"에서 구차하게 생명을 연명해 가는 모습으로 그리기도 하였다.
71 林樂知, 「全地五大洲女俗通考序」, 林樂知集 譯, 任廷旭譯述, 『全地五大洲女俗通考』, 廣學會, 1903.

준으로 한다는 인식하에, 전세계의 여성의 지위와 풍속을 문명의 단계에 따라 배치함으로써 중국인이 중국의 문명단계를 인식하고 서구문명을 본받아야 함을 일깨우기 위한 것이었다. 중국이 속해 있는 유교화有教化 국가의 여성의 지위를 보면, 비록 비교화인보다 다소 낫기는 하지만 불평등하고 우롱당하거나 업신여김과 모욕을 당하며, 재능 개발을 위한 교육도 받지 못한다고 설명하고 있다.[72] 그리고 그 원인이 주로 유학의 학술과 실천(가족과 국가의 전제) 및 그것이 야기한 인민의 무지와 노예근성에 있다고 보았다.[73] 여기서 불평등, 노리개감, 무교육, 그리고 학술과 풍속에 의한 노예근성 등은 진쑹천의『여계종』에서도 반복적으로 비판했던 내용이었다. 이와 같이 20세기 초 중국 인권담론의 핵심을 구성하던 여성권리론 이면에는 단순히 인권에 대한 옹호를 넘어 특정한 관점에서 인류의 다양한 문화와 생활방식을 등급화하는 논리가 작동하고 있었다.[74]

뿐만 아니라 이러한 인권 혹은 민권담론은 당시 민족주의를 촉진시킨 중요한 사상적 자원으로 기능하기도 하였다. 문명등급론의 내면화는 서구의 문명논리를 수용하고 서구를 그 제국주의적 억압에도 불구

---

72 林樂知,『全地五大洲女俗通考』, 第十集上卷, 第一章 "總論教化", 1면.
73 위의 책, 第十集下卷, 第十三章 "變法之本務", 3면.
74 한편 쑹샤오펑(宋少鵬)은 당시 중국의 여권론이 여전히 국가담론의 하위범주로 설정되고, 철저하게 남성중심주의를 넘어 여성의 개인적 인권을 그 본래의 가치와 의의로서 주장되지 못했는데 그 이면에는 바로 당시 개혁적인 중국 남성들이 서구의 문명등급론을 받아들였기 때문이라고 보고 있다. 이러한 비판은 문제의 핵심을 잘 지적하고 있는 것으로 보인다. 다만 국가와 개인. 국권과 인권을 상대적 개념으로 접근하기보다는 두 개념이 현실 속에서 서로 엉키고 갈등하고 상호 추동하는 복잡한 관계 전체를 파악하는 것이 필요하다고 생각한다. 宋少鵬,「"西洋鏡"裏的中國女性」, 劉禾 主編, 앞의 책, 293~345면.

하고 자신의 본보기로 삼는 것을 의미한다. 하지만 문명론은 서구가 자신의 문명적 성과를 기준으로 타문명을 상대적으로 폄하하면서 다른 문명 및 주권과 갈등을 야기할 소지를 지니고 있었다. 따라서 문명등급론의 내면화는 이러한 갈등을 해소하면서 진행되어야 하는데, 이는 제국주의에 대한 저항과 수용, 열등감과 자존감이라는 매우 모순적이고 내적인 긴장을 수반하는 과정이었다. 당시 청말 지식인들 가운데 혁명파는 이를 서구의 민족과 종족관념을 바탕으로 근대적 정치변혁의 근거와 방법, 지향의 문제를 동시에 해결하고자 하였다. 그것은 바로 만주족에 대한 한족의 차별화이자 한족 중심의 화이관념을 근대적으로 재해석하는 것이었다.

즉 혁명파는 당시 청조의 지배종족인 만주족으로부터 한족의 문명적 자존을 지킬 수 있는 두 가지 의미를 해석해 냈다. 하나는 만주족을 서구 열강과 마찬가지로 한족에 대한 지배자로 간주함으로써, 열강에 비해 상대적으로 저항하기 쉬운 타자를 대상으로 한족이 결코 강권에 복종하는 민족이 아님을 드러낼 수 있었다. 왜냐하면 당시 청 왕조는 일본에 대한 패배에 이어 의화단의 난으로 열강의 요구에 굴복하여 각종 이권을 넘겨주는 허약함이 폭로되었기 때문이다. 양두성楊篤生은 중국인이 유럽인을 오랑캐로 취급하면서도, 타 종족인 만주족이 문명교화, 문물, 학술, 정치 등에 있어서 유럽 민족보다 훨씬 뒤처짐을 알지 못한다. 또 유럽에 대해서는 원망하고 박정하게 대하면서, 저 미천한 종족이 우리의 진보를 가로막고, 우리의 권리를 약탈했으며, 우리의 영웅호걸을 제거하여 기꺼이 유럽인의 앞잡이나 먹거리가 되고자 함을 알지 못한다고 비판하였다.[75] 따라서 만주족에 대한 비판과 혁명은 단순히 이민족이기 때문에 저항하는 것이 아니라, 한족이 노예가 아니라 주체의식을 가지고 있고 아울러 문명인으로서의 자격을 가지고 있음을 대외적으로 표명하는 것이기도 했다. 다시 말해, 한족과 만주족의 구분은 중국에 대한 대외적인 표상이 상당부분 청 왕조의 태도와 무능에 근거하고 있다고 보고, 한족이 그러한 폄하적인 표상을 극복하는 방법이자, "문명인"의 입장에서 만주족에 대한 비판에 동참함으로서 자신을 문명화하는 시도이기도 하였다. 이는 곧 두 번째 의미와 밀접한 연관을 이룬다.

즉 한족은 만주족을 야만화시키는 방법을 통해, 자신의 지배자에 대한 문명적 우월감을 만회하고자 하였다. 비록 서구 열강에 대해서는 문명적으로 열등하지만, 자신의 또 다른 지배자 만주족에 대해서는 전통적인 화이관이나 근대적 문명기준에 의해서도 한족이 우월하다는 것은 공인된 것으로 간주했다. 따라서 반만주족 민족혁명은 외세에 대한 저항이자 야만족에 대한 문명의 투쟁이기도 했다. 쩌우룽鄒容은 만주족은 산하이관의 바깥에 살던 족속으로 본래 우리 황제 신명의 자손과는 다른 종족이다. 그 땅은 야생의 땅이고 그 인간들은 털이 난 종족이고 그 마음은 짐승의 마음이며 그 풍속은 유목민의 습속이다라고 하였다.[76] 혁명파가 만주족을 야만인이라고 간주하는 것은 단순히 종족을 폄하하기 위한 경멸적 수사가 아니라 문명의 기준에 의거한 만주족에 대한 "객관적" 평가에 의거한 것이었다. 예를 들어 쩌우룽은 당시

75 湖南之湖南人(楊篤生), 「신호남(新湖南)」, 성근제 외역, 앞의 책, 174면.
76 鄒容, 「혁명군(革命軍)」, 성근제 외역, 앞의 책, 229면; 「亡國編」, 『國民報』(第4期, 1901.8), 張枬・王忍之 編, 앞의 책, 91~92면.

서구와 일본인이 중국인을 돼지 꼬리Pig tail, 야만savage 또는 꼬리달린 노예奴才라고 부르는 것은 만주족의 풍속인 변발과 복식을 지칭한 것이라고 보았는데,[77] 이에 따르면 만주족의 풍속은 야만적이다. 또 인류의 문명이 수렵·채집에서 유목과 농경, 상업으로 발전해 왔다는 문명발전론에 따르면 유목민 출신이자 그 특성을 지닌 만주족은 인류의 초기단계에서 진화하지 못한 종족이었다. 양두성이나 쩌우룽이 모두 하나같이 만주족을 유목민으로 호칭한 것은 바로 문명등급에서 유목민은 바로 야만적이거나 미개한 단계에 속하는 것이었기 때문이었다. 즉 혁명이 필요한 이유는 그들이 이민족이기 때문만 아니라 바로 야만인이기 때문이다. 쩌우룽은 심지어 말하길 차라리 문명의 정도가 중국보다 높은 영국이나 프랑스의 노예가 될지언정, 야만인 노예 즉 만주족의 노예는 되지 않겠다고 하였다. 왜냐하면 승냥이의 야심을 품고 유목이나 하는 천한 족속인 만주족을 군주로 삼고 꼬리를 흔들며 머리를 조아리는 상황이 너무나도 비참하기 때문이라는 것이다.[78] 이는 청말의 민족주의에는 단순히 민족의 자기주권에 대한 정치적 의식을 넘어 인종론과 문명등급론이 정치적 무의식으로 자리 잡고 있었음을 말해

77 鄒容, 「혁명군(革命軍)」, 앞의 책, 227~228면. 한편 쩌우룽이 꼬리달린 노예라고 변역한 찬찬보즈(チャンチャンボウズ) 즉 チャンチャン坊主는 가운데 둥글게 일부 머리만 남기고 좌우를 모두 깎은 청나라 변발 모습을 지칭하는 말로 메이지 시기 중국인을 멸시하는 호칭으로 널리 사용되었다. 그러나 이 호칭은 쩌우룽이 말하듯이 꼬리달린 노예라는 의미는 아니다. 당시 일본에서는 チャンチャン坊主奴(찬찬보즈메)라고 부르기도 했는데, 이는 "변발한 노예"라기보다는 "변발한 놈"이라는 의미였다. 어찌되었든 쩌우룽은 찬찬보즈를 청나라의 변발 모양을 가지고 중국인을 모욕하던 외국의 호칭으로 예를 들고 있다. 근대시기 일본 민중의 중국(인)에 대한 인식에 대해서는 다음 논문 참고, 小松 裕, 「近代日本のレイシズム—民衆の中国(人)観を例に」, 『文学部論叢』(熊本大学) 第78号, 2003.3, 43~65면.
78 湖南之湖南人(楊篤生), 앞의 책, 209~210면.

준다.

특히 인종 문제에 대해서는 중국의 혁명파와 입헌파 모두 유사한 관점을 가지고 있었다. 그들은 백인종 중심의 인종론에 대해 그 시각과 논리를 비판하기보다는 인종의 우열의 차이를 전제로 하여, 황인종 특히 중국인종의 지위를 백인종과 대등하다고 보거나 경쟁중인 것으로 평가하였다. 그리고 아프리카의 흑인은 물론 말레이의 갈색인종, 아메리카의 홍인종 등은 황인종과 전혀 다르다고 보고, 그들에 대한 인종적인 차별을 당연시 하였다. 량치차오는 "인도가 창성하지 못한 것은 인종의 한계 때문이다. 무릇 흑색, 홍색, 종棕색 인종의 혈관 속의 미생물과 그 뇌의 각도는 모두 백인과 큰 차이가 있다. 오직 황인종은 백인과 차이가 크지 않아 백인이 할 수 있는 일 가운데 황인종이 할 수 없는 것은 없다"[79]고 하였다. 탕차이창唐才常 또한 "옛날 사람 머리의 각도는 납작했는데, 오늘날 사람의 머리 각도는 길고 둥글다. 그런데 머리 각도를 보면 흑인종의 두뇌 속의 미생물은 아직 원숭이의 미생물과 같다. 원숭이로부터 인간의 정수精髓로 변화하지 못했기 때문에 지혜가 유독 열등하다"[80]고 흑인을 폄하였다. 혁명파는 이러한 두개골학 등 인종론을 중국의 민족에 적용하여 비한족을 한족보다 열등한 것으로 평가하였다. 그리고 인종론에 문명론을 결합시켜 열등하고 미개한 종족인 만주족을 몰아내어 중국문명의 타락과 외세에의 주권이양을 막아야 한다고 주장하였다. 이와 같이 만주족을 야만으로 규정하는 순간 만주족의 인권문제가 어떻게 고려되어야 하는지는 구체적으로 언급하

---

79 梁啓超,「論中國之將强」,『時務報』31, 1897.6.30.
80 唐才常,「强種說」,『覺顚冥齋內言』, 臺北 : 文海出版社, 1958, 574면.

지 않았지만, 아마도 그 해답은 문명등급론 속에서 찾아질 수 있을 것이다.

이와 같이 청말시기 인권/민권론 더 나아가 국권이나 민족권리를 포함한 권리론은 19세기의 국제질서와 서구의 사상 및 지식을 자원으로 삼고 있다. 이는 청말 중국의 인권담론을 고도로 추상화된 보편적 인권이나 계몽주의적 혹은 개인권리 중심의 인권으로 이해하거나 평가할 수 없음을 의미한다. 오히려 20세기 초 중국의 인권담론은 바로 서구의 인권 및 사상담론의 변화와 동보적인 모습을 보여주고 있으며, 그에 대한 수용은 서구의 정치적, 문명적, 지식상의 헤게모니가 중요한 역할을 하였다. 이는 결코 서구담론의 수용에 있어서 중국의 주체성을 과소평가하는 것이 아니다. 오히려 그 주체성의 인식은 물론 그 정신 및 심리의 조소影塑에까지 국제정치학상의 불평등이 각인되어 있다.

인권담론에 국한해서 보더라도, 표면적으로는 천부인권설이 주창되었지만 실제적인 권리담론을 주도한 것은 인간으로서의 보편적 권리라는 차원보다 중국이 국가와 사회, 개인이 공히 겪고 있는 대내외적 억압으로부터 벗어나기 위한 것이었다. 즉 인권은 목적이 아니라 근대적인 문명인으로서의 자격을 획득하기 위한 조건이었다. 그리고 이는 평등한 관계를 요구하는 중국/중국인에 대해 서구가 제시한 대답이었다. 즉 반문명/반개화에서 벗어나 문명의 단계에 올라야 하며, 그것은 바로 서구의 문명화 요구를 전적으로 수용하는 것이었다. 즉 인권은 국제정치학적으로 중국에게 부여된 학습목표이자 과제였던 것이다. 중국 근대 인권론에서 여성의 해방과 권리문제가 전면적으로 부상된 것도 인권의 측면에서 여성이 주요 피억압 주체이기도 했지만, 여성의 권리가 한 국가의 문명화를 가늠하는 기준으로 간주된 것도 한 요인이었다. 이는 언뜻 문명론의 긍정적인 기여로 볼 수 있지만, 역으로 중국 여성의 문제에 대한 서구인식이 이른바 오리엔탈리즘의 틀 속에서 이루어지고, 그 결과 중국을 다시 반개화의 국가로 규정함으로써 중국이 이른바 문명인과 더불어 보편적인 인권을 향유할 수 없거나 국가의 주권이 침해를 당하는 근거가 되었다.

문제는 여기서 그치지 않는다. 중국은 이러한 문명론적인 인권의식을 만주족과 묘족 등 중국의 비한족에 적용하였다. 이는 피억압자가 그 억압심리를 극복하기 위해 억압자를 모방하거나 새로운 자신의 피억압의 대상을 찾는 것과 다름이 없다. 제국주의 하에서 피억압민에게 상상적인 제국의식을 갖게 함으로써 제국의 논리를 보편화시키는데 적지 않은 중국의 지식인들이 함께 참여한 것이다. 제국주의의 논리는 피식민지인이 그 논리를 모방하거나 수용하는 것을 통해서 완성된다. 보편성은 처음부터 존재하는 것이 아니라, 그것을 강요받는 주체가 그 것을 욕망하는 순간에 완성되는 것이다.

또 당시 인권이든 문명이든 그 평가의 기준은 민족이나 국가였다. 문명은 국가의 경계를 넘어서지 못했으며, 한 개인이 아무리 문명적이라도 국가의 문명적 수준을 넘어설 수 없었다. 즉 당시 문명론은 보편적인 것으로 인식되었지만, 실제적인 적용에 있어서는 결코 보편적이지 않았던 것이다. 현대적인 의미로 말하자면 당시 권리의 주체는 개인이 아니라 오히려 집단이었다. 이런 의미에서 청말시기의 권리담론과 인권문제를 중국의 내부문제로부터 접근하거나 혹은 국가 주권을 앞세운 인권의 희생으로 보는 시각은 당시 인권담론의 본질을 파악했다고 보기 어렵다. 당시 문명론에는 이미 보편성과 예외성(즉 보편적 문명의 기준을 적용받지 못함), 개인의 인권과 집단적 인권이라는 갈등을 함축하고 있었다.

문명론에 기반을 둔 인권론은 이제 제2차 세계대전의 종결, 그리고 그 후 이어지는 탈식민화 조류에 의해 더 이상 전세계에서 보편적인 것으로 간주하지 않는다. 그리고 전후의 인권담론은 문명의 기준에서 벗어나 다시 인간 고유의 존엄에 기반한 인권의 기준을 세우고자 하였다. 현재는 모든 윤리적, 정치적 가치는 물론 경제적, 사회적 제반 가치도 바로 이러한 인권의 기준에서 벗어나기 어렵다. 이른바 인권의 세기가 도래한 셈이다. 그렇다면 우리는 문명기준론에서 완전히 벗어난 것일까? 문제는 그렇게 간단해 보이지 않는다. 현재 국제 인권담론에서 누구나 인권의 보편성을 인정하고 있지만, 그 보편성에 대한 이해나 구체적인 실천방식에 대해서는 여전히 논란이 크다. 뿐만 아니라 인권의 보편성을 강조하면서 다른 한편으로 그것을 정당화하는 것은 인간에 대한 존엄이라기보다는 종종 국가의 힘에 의해 주장되거나 결정되기도 한다. 이러한 현상이 21세기 들어서도 지속된다는 것은 이른바 인권의 세기에 비추어 볼 때 아이러니가 아닐 수 없다. 20세기 전반에 문명등급론 혹은 기준론이 단순히 이론적인 합리성에 근거한 것이 아니라 국가의 힘에 의해 강제된 바가 적지 않았던 것처럼, 인권의 세기에도 힘에 의해 강요되는 보편성의 폭력은 여전히 그치지 않고 있다. 여기서 중요한 점은 중국의 인권문제에 대한 국제적 차원의 비판이나 중국내에서 국가가 개인이나 민족에 가하는 폭력이 모두 각자가 내세우는 보편성에 근거해 있으며 더 심층적으로는 정치적 논리에 의해 작동되고 있다는 점이다. 그리고 그러한 정치적 논리는 역으로 또 자기 합리화를 위한 보편적 가치에 대한 확증적 편향에 기초해 있다. 그러한 의미에서 근대시기의 문명등급론과 제국주의, 인권론 사이에 상호적으로 추동되는 순환적 논리에 대해 보다 깊은 성찰이 필요하다고 할 수 있다.

제6장
식민욕망과 국가주의

1. 중국의 세기와 식민지

유럽과 일본에서 중국분할과 관련된 여론이 들끓던 시기인 1899년 5월, 무술변법의 실패로 일본에 망명한 량치차오는 일본의 『대제국大帝國』이라는 잡지의 요청으로 「중국인종의 미래」라는 흥미 있는 글을 발표했다. 이 문장은 중국을 인도나 터키 나아가 아프리카와 같은 수준으로 평가하면서 분할을 주장하는 외국 여론에 대해, 다음과 같이 네 가지 이유를 들어 중국의 분할 불가의 이유를 제시하였다. 첫째는 중국인은 자치능력이 뛰어나고, 둘째 중국인은 모험심과 독립성이 강하며, 셋째, 학문과 사상에서 뛰어난 능력이 있고, 넷째, 인구가 많고 물산이 풍부하며 상업에 능하다는 점이었다.[1] 이 글은 량치차오가 줄곧 중국의 국민성과 사회 및 문화개조를 주창해왔던 점을 고려하면 매우 예외적이다. 서두에서 그가 밝혔듯이 한편으로는 중국을 얕보는 외국의 시각에 대해 비판하고, 동시에 중국인의 기운을 분발시키기 위해 쓴 점을 고려하면, 그의 진의가 어디에 있는지 가늠하기 어렵지 않다.

---

1   哀時客梁啓超, 「論中國人種之將來」, 『淸議報』 17, 光緒 25.5.21, 1~5면.

그런데 이 글이 주목을 끄는 것은 그가 단순히 중국이 자립과 자존할 수 있는 능력을 갖추고 있다고 주장한 것에 그치지 않고 다음 20세기에 중국인이 세계에서 가장 강한 세력을 갖춘 인종이 될 것이라고 주장하고 있다는 점이다. 그 근거로는 중국인은 국가에 의존하지 않고 종족이나 향촌 단위의 집단을 통한 자율적이고 독립적인 자치에 능할 뿐만 아니라 온갖 역경을 감수하면서 해외의 새로운 삶의 공간을 개척하는 모험심이 강하다는 것을 들고 있다. 세계 각지에 이산해 있는 화교들은 고유의 풍속을 유지하며 지역의 중요한 세력으로 자리 잡았고, 영국, 네덜란드 등이 장악하고 있는 동남아시아 역시 유럽인에 앞서 중국인이 먼저 발견했다는 것이다. 또 향후 세계경제에 있어서 자본가와 노동자간의 갈등이 심해지고 생산비용과 노동비용이 계속 증가하여 서구의 경제가 지속적인 성장을 유지하기 어렵게 될 때, 중국의 엄청난 값싼 노동력이 문제해결을 위해 중요한 역할을 할 것이라고 보고 있다. 이외에도 량치차오는 국가의 지원과 보호를 받는 서구 상인들과 달리 중국의 상인들은 개별적인 능력에 의해 세계 각 곳에서 상업적인 성공을 이루고 있어, 중국의 국가적 차원의 지원과 서구의 새로운 기기 및 상업이론들을 함께 결합한다면, 세계의 부富는 중국인의 손으로 집중될 것이라고 주장하였다.

미래에 중국인종이 세계의 중심이 될 근거로 제시된 중국의 풍부한 인적·물적 자원과 문명창조 능력, 그리고 자치력과 모험, 독립심이라는 기준은 당시 서구 열강이 강국을 이룬 요인으로 여겨지던 것으로 이 가운데 자치, 모험, 독립심은 량치차오가 1902년 『신민설』을 통해 중국인에게 결여된 단점으로 집중적으로 비판을 한 대상이었다. 그러나 그는 중국의 인구와 자원의 잠재력은 물론, 해외에서의 중국인의 식민지 개척 능력에 대해서는 부정하지 않았다. 특히 근면하고 인건비가 저렴한 중국의 농민과 노동자가 전세계 노동시장을 장악하고 있으며, 지금까지 남미와 아프리카, 태평양의 미개척지는 모두 중국인들에 의해 개간되었다고 보고 있다.[2] 뿐만 아니라 이후에도 중국은 인재의 풍부함과 저렴한 노동력을 바탕으로 브라질, 멕시코 등 중남미 지역의 주요 개척자가 될 것이라고 주장하였다.[3] 백인종은 오만하고 경제적 수준이 높아져 육체노동을 기피하고 흑인과 갈색인종은 아둔하고 게으른 반면, 중국인은 인내력이 강하여 아직 개척을 기다리고 있는 중남미의 광활한 지역에서 식민지를 개척할 자는 중국인뿐이라는 것이다. 이와 같이 서구 열강들 사이에서 중국의 분할론이 비등하던 19세기 말, 량치차오는 오히려 곧 도래할 20세기는 중국의 세기가 될 것이라고 주장하였다. 중국의 인구와 자원의 잠재력을 정치 및 사회의 개혁을 통해 서구의 근대적 제도와 결합시킨다면, 중국의 국내적인 상황의 변화는 물론이고, 경제발전과 대외 식민지 확장에 있어서도 놀라운 성과를 얻게 될 것이라고 보고 있다. 중국인종에 대한 량치차오의 평

---

2 梁啓超, 「論變法必自平滿漢之界始」, 『淸議報』 1, 光緒24.11.11, 3면. 『청의보』 창간호에 게재된 이 문장은 당시 세계와 중국 민족의 문제에 대한 량치차오의 관점이 어떠했는지를 잘 보여준다. 이 문장은 민족과 인종경쟁, 즉 우승열패라는 사회진화론을 바탕으로 하고 있다. 그에 의하면 세계는 백인종과 황인종이 경쟁하는 무대이며, 이 경쟁에서 살아남기 위해서는 황인종이 단결하고 합종(合種)을 해야 한다. 지혜롭고 근면하고 특성을 지닌 한족은 중국이 서구에 의해 분할되더라도 해외로 이주하여 존속할 수 있지만, 개국 초창기와 달리 힘이 약해지고 또 본래 지혜가 뒤쳐진 야만적인 만주족은 백인종에 맞서 자존할 수 없다. 따라서 중국(한족)을 중심으로 합종하고 나아가 아시아의 황인종이 연대하여 백인종에 맞서야 한다고 주장하였다.
3 梁啓超, 「論中國之將強」, 『時務報』 31, 1897.6.30.

가 기준은 당시 경쟁적으로 제국주의 정책을 펼치고 있던 서구 열강의 인종과 민족담론에 의거한 것이었는데, 이러한 점에서 볼 때 그가 장래 중국인과 그 국가의 강성함의 표출방식으로 중국인의 해외 식민지 개척이나 확장을 거론한 것은 전혀 놀랍지 않다. 19세기 말 식민지나 식민주의를 빼놓고 서구 열강의 세계정책을 논하기 어려운 만큼이나 제국주의 시대에 식민지 확장은 강국의 필수적인 요건이었다.

중국인종(중국 민족)의 미래에 대한 량치차오의 낙관론은 외국에 의한 중국의 분할 위기와 중국인에 대한 폄하가 널리 확산되던 당시 상황에서 두 가지를 목적으로 한 것이었다. 하나는 중국을 처리하기 쉬운 대상으로 간주하는 외국의 태도에 대한 반발이고, 다른 하나는 중국인이 자부심을 갖고 분발하도록 자극하는 것이다. 그런데 주목할 것은, 중국인종의 미래가 국제관계와 밀접하게 연계되어 있었던 만큼 이를 외부세계와의 관계 속에서 논하는 것은 타당하다고 해도, 그렇다고 식민역량을 기준으로 낙관론을 제기하는 것은 다소 의외로 생각될 수 있다. 미국과 영국령 식민지에서 중국인의 입국을 제한하는 등 부당한 배척과 차별을 받고 있던 시기를 고려하면, 량치차오의 주장은 현실과 거리가 있어 보인다. 그러나 위 글에서 량치차오의 서술 전략은 오히려 당시 중국에 대해 폄하하고 경계하는 외국의 시각을 역으로 원용하는 것이었다. 그 대표적인 것이 바로 타케코시 요사부로竹越与三郎의 「중국인종의 세계침략」이다. 이 글은 「중국인종의 미래」라는 글이 발표되고 나서 10개월 후 『청의보』에 게재되었지만[4] 원문은 이미 6년

---

4   竹越与三郎,「中國人種侵略世界」,『淸議報』40, 光緒26.3.1, 5~7면.

전 청일전쟁 발발 직후에 발표한 글이었다.[5] 량치차오가 이 글을 언제 읽었는지는 정확히 알 수는 없다. 하지만 그가 「중국인종의 미래」를 발표할 때는 이미 타케코시의 주장 혹은 그와 유사한 견해들을 충분히 접하고 있었다고 할 수 있다.

타케코시는 금일의 시대는 인종과 민족, 국가의 경쟁의 시대이며, 향후 일본 국민의 자연적인 팽창의 최대 장애물이자 위협은 중국인이라고 보고, 동양평화를 위해 청일동맹을 주장하는 것을 비판하였다. 그가 중국위협의 근거로 삼은 것은 중국인의 열악한 조건에서의 놀라운 적응력과 번식력이었다. 그는 역사적으로 수많은 전쟁을 겪고도 쉽게 복원될 뿐만 아니라 열악한 위생조건과 국가의 정치적, 경제적 지원이 없는 상황에서 보여준 인구의 번식력을 볼 때, 향후 아메리카, 아프리카는 물론 장차 일본인의 팽창 목적지가 될 북위 50도에서 남위 40도 사이의 지역이 중국인의 주요 팽창지역이 될 것이라고 보았다. 또 그는 미국을 선두로 서구국가들에서 중국인의 입국을 제한하고, 영국과 독일 등에서 중국인 억제를 위한 앵글로색슨 동맹을 제기하는 것은 이미 인도차이나 반도와 동남아시아 지역에서 보여준 중국의 인구 번식과 상업의 지배력 때문이라고 분석하고, 영국의 장군 울즐리와 역사학자 피어슨의 주장을 인용하여 중국의 세계에 대한 위협을 지적하였다. 타케코시에 의하면 울즐리는 중국인이 시베리아, 중앙이사아를 거쳐 유럽을 위협하게 될 것이라고 경계하였고, 피어스는 백인이 힘들게 개척한 세

---

5 竹越与三郎(三叉), 『支那論』, 民友社, 明27. 중국어 번역은 초판이 아닌 재판 수정본의 제4장 "중국인종이 세계를 침략하려 하다(中國人種世界を侵略せんとす)"의 일부를 번역한 것이다. 72~91면.

계의 식민지마다 근검한 중국인 노동자와 상인들이 뒤따라 와서 백인과 경쟁하여 그 개척의 이익을 점유하고 있어, 장차 중앙아시아와 말레이시아 군도에서 백인은 쫓겨나게 될 것이라고 보았다. 서구의 황인종, 특히 중국인종의 위협론을 근거로 한 타케코시의 이러한 주장에 대해 중국인 역자는 중국은 외국인들의 질투심을 자극하는 엄청난 능력을 갖추고 있어, 외국은 기회만 있으면 중국인을 없애려 하고 있다고 보고 스스로 진작하여 보호해야 한다고 주장하였다.

  량치차오의 중국인종(민족) 낙관론은 서구와 일본의 중국 위협론을 바탕으로 근검한 것 이외에 몇 가지 자질을 덧붙인 것에 지나지 않는다. 그러나 위에서 량치차오가 말하는 식민지라는 개념은 타민족이나 타국가에 대해 외부세력이 지배나 통제의 목적으로 세력을 확장한다는 의미와 완전히 동일한 것은 아니다. 19세기 말 중국에서 종종 사용된 식민(植民 혹은 殖民)이라는 용어는 근대 이전에는 없었던, 19세기 말 colony에 대한 일본식 한자 번역어가 중국에 유입된 새로운 어휘였다. 량치차오는 「중국인종의 미래」에서 "식민정책殖民之政"이라는 개념에 대해 "일본인은 속지屬地를 식민지라 부르는데, 일반적으로 인구가 가득 차면 타지로 이주시켜 번성殖하게 한다"고 설명을 덧붙이고 있다. 이에 의하면 식민지는 두 가지 함의를 지니고 있다. 하나는 속지가 곧 식민지라는 것이고, 다른 하나는 식민은 인구의 과잉을 해소하기 위한 국가의 자연스러운 정책이다. 그러나 국외로 이주하여 정착하는 현상과 속지라는 특수한 정치적인 지역개념이 어떻게 연계되는지에 대한 설명은 모호하다. 이는 단순히 량치차오의 인식상의 모호함 때문이라기보다는 서구 언어로부터의 번역어인 식민이라는 개념이 당시 지니고 있던 모호성 때문이기도 하였다. 16세기 중반 라틴어 colonia(정착민, 토지소유)에서 유래한 colony는 18세기 후반에 영어에서 특정한 정착민 집단이 설립한 농장이나 정착지의 의미로 자주 사용되었고, 다른 유럽언어에서는 식민지에서 생산되어 유럽에서 판매되는 상품 특히 커피, 면화, 쌀, 향신료, 설탕, 차 및 담배 등을 가리키는 경우가 많았다.[6] 그러나 19세기 이후 식민과 그 통치 방식이 다양해지면서 콜로니의 의미가 복잡해졌을 뿐만 아니라 제국주의 개념과 결합하여 강력한 국가에 의해 정치적으로 통제되는 국가나 지역의 의미로 사용되었다. 위르겐 오스터함멜에 의하면 식민은 포괄적으로 하나의 사회가 본래의 생활공간을 넘어서 밖으로 팽창하는 현상을 가리키지만, 구체적으로는 대규모 개별 이주에서 집단적 이주, 단순한 군사적 점령, 그리고 정복을 통한 대규모 정착지 지배에 이르기까지 그 유형과 성격은 매우 다양하다. 따라서 그는 그 이전시기와 구분되는 근대적 식민지의 특성을 고려하여 "식민지는 식민 이전 상태와 결부된 상태에서 침입(정복과 혹은 정착 식민화)을 통해 새로이 만들어진 정치체로서, 지역적으로 격리되어 있으며, 식민지에 대한 배타적 소유권을 주장할 수 있는 '모국' 혹은 제국의 중심에 대해 외부 '지배자'들이 지속적으로 의존성을 띠는 정치체"라고 정의한다.[7] 19세기 중국에서 영어의 colony에 대한 초기의 번역어는 식민이 아니라 중국의 조공체제에서 변방 및 그 외부에 위치하며 중국의 정치적 영향하에 있던 번속藩屬

---

6   Alex Drace-Francis, "Colonialism", *Keywords for Travel Writing Studies: A Critical Glossary*, edited by Charles Forsdick, Zoë Kinsley, Kathryn Walchester, Anthem Press, 2019, pp.48~49.

7   위르겐 오스터함멜, 박은영·이유재 역, 『식민주의』, 역사비평사, 2009, 15~27면.

혹은 번지藩地였다.[8] 청대에 번속이나 번지는 좁게는 청국의 공식적 국경범위내의 서북지역인 신장, 티베트, 몽골 등을 가리키던 번부藩部를, 넓게는 그 국경 밖의 조선이나 유구琉球, 안남安南 등을 포괄하는 의미로 사용되었다. 이는 colony와 비교하여 동일하다고 할 수는 없지만, 종주국과의 관계에서 일정한 정치적인 지배나 제약을 받고 있는 지역이라는 의미에서 상통하는 부분이 없다고 할 수는 없다.[9] 이후 colony의 중문 번역은 식민으로 대체되었지만, 번속과 식민을 동시에 병행하여 사용함으로써 중국 중심의 번속체제와 서구의 근대적인 식민체제를 동일시하는 경향을 보여주기도 하였다. 예를 들어 아프리카에서 영국과 프랑스의 세력팽창 중 발생한 무력충돌을 설명하면서 번속지와 식민지, 속지를 병용하는가하면, 영국 지배하의 케이프타운과 이집트를 번진藩鎭과 같은 것으로 소개하기도 하였다.[10] 이러한 번역을 통한 의미의 연쇄는 정교·법령의 자주권을 갖추고 있으며 예치禮治를 특징으로 하는 종번宗藩체계와 군사, 정교, 세금 등 영유지에 대한 실효적 관리를 특징으로 하는 식민체계의 차이를 간과한 채 중국의 번속지역

8　劉啟彤, 『英政槪』, 王錫祺輯, 『小方壺齋輿地叢鈔補編再補編』, 台北 : 廣文書局, 1964, 第11帙, 3B·4B면; 劉啟彤, 『英藩政槪』, 王錫祺輯, 앞의 책, 第11帙, 1A면. 이상 판광저(潘光哲)의 「「殖民地」的槪念史－從「新名詞」到「關鍵詞」」(『中央研究院近代史研究所集刊』 第82期, 民國102.12, 61면)에서 재인용.

9　일본에서는 18세기 말 19세기 초에 난학자들이 colonie를 개국(開國), 개업(開業)으로 번역하고, 네덜란드어 Volkplanting을 "인민을 이주시키다(人民を植る)" 혹은 "식민(植民)"("사람을 이주시키는 것으로 그 국가의 습관이다. 사람을 그 곳으로 옮겨가서 거주케 하는 것이다"－附註)으로 번역하였다. 이후 메이지 유신 직전에 이르러서는 주로 colony가 개국이 아닌 식민(殖民)으로 번역되어 보편화되었다. 이와 같이 식민은 처음 Volkplanting의 번역어로 만들어진 이후 영어 colony의 번역어로 바뀐 것으로, 도쿠가와 시대에는 주로 서구의 식민 활동을 소개할 때 사용되었다. 黒田謙一, 『日本植民思想史』, 弘文堂書房, 1942, 17~19면.

10　「法壽達案始末記」, 『昌言報』 10, 1898, 13~14면.

을 식민지와 동일시하는 결과를 낳게 된다.[11] 즉 주변에 많은 번속지역을 보유하고 있던 청국은 이제 서구의 열강과 마찬가지로 많은 식민지를 보유했던 제국으로 변모하게 되는 것이다.

그러나 20세기 초 일본과 중국에서 사용된 식민이라는 개념의 용례상의 특징은 전근대적인 식민과 근대적인 식민을 구분하지 않고 사용하거나, 더 나아가서 근대적 식민의 개념을 전근대의 식민 혹은 해외 팽창활동에 적용함으로써 의미의 혼용이 나타나고 있다는 점이다. 특히 한자 식민植民/殖民이라는 어휘의 의미구조를 보면 민民을 대상으로 한 국가의 행위, 즉 대외적인 세력 확장을 위한 해외로의 국민의 이주정책을 의미한다. 이에 따르면 량치차오가 의식한 바와 같이 해외로의 민의 자발적 이주는 "식민"이 아니라 "자식自植"이다. 서구에서는 colony가 처음 개인이 주체가 된 신대륙으로의 이주를 의미하다가 19세기 후반에 와서 국가가 주도하는 적극적인 이주정책을 포괄하는 의미로 변해왔다. 이에 비해 일본과 중국에서는 국가주도의 국민의 해외 이주정책을 주로 의미하면서, 미개척지나 문명이 덜 발달한 지역으로의 자발적인 이주를 모두 포괄하는 의미로 확장되었다. 이와 같이 역사상 존재했던 개별적인 해외 이주에서부터 대외침략 및 정복활동을 모두 식민 활동의 일부로 간주하게 되면, 제국주의 시기의 특수한 식민정책의 본질이 흐려지거나 아니면 불가피한 해외 이주와 디아스포라를 식민정책의 근원으로 간주함으로써 식민화를 합리화하는 효과를 낳게 된다.

---

11 중국 중심 국제질서인 종번체제와 국제법 중심의 국제질서인 서구의 식민체제의 차이점에 대해서는 다음 참고, 張啟雄, 「東西國際秩序原理的差異─「宗藩體系」對「殖民體系」─」, 『中央研究院近代史研究所集刊』79, 民國102.3, 47~86면.

청일전쟁이후 서구의 중국 분할론과 1902년 신축조약에 따른 중국 주권의 중대한 위기를 겪으면서, 중국인들 사이에는 서구 열강의 대외 팽창이 특수한 제국주의적 세계정책이라는 인식이 보편화되었다. 앞서 지적한 바와 같이 제국주의의 관념은 19세기 전반이래 중국과 서구의 관계에 대해 보다 명료한 인식을 제공하였다. 즉 난징조약이후 중국이 서구 열강 및 일본 등과 체결한 각종 조약들은 국가 간 이해와 충돌을 조정하고 질서를 회복하는 새로운 국제규범이 아니라 합법성으로 포장된 중국 주권에 대한 잠식이자 한 국가를 멸하는 새로운 방법이라는 시각이 그것이다. 그중에서도 식민은 그 유형이 어떠하든 제국주의 열강의 세계팽창의 가장 대표적인 정책으로 간주되었다. 1920년대 초 쑨원이 차식민지次植民地로서 규정한 중국의 현실에 대한 인식은 비록 동일한 개념을 사용하지는 않았지만 이미 20세기 초에 중국에 널리 확산되어 있었다. 쑨원에 의하면 조계지와 관세 결정권, 치외법권, 중국영토 및 영해내의 외국군대의 주둔 등 중국내에서 외국인이 향유하고 있는 제반 권리들은 전형적인 식민화의 특징이며 여러 국가들에 의해 동시에 지배를 받고 있는 중국은 단일 국가의 지배를 받는 식민지보다도 못한 차식민지次植民地였다.[12] 쑨원의 중국의 당면 상황에 대한 이러한 규정은 그가 서구 열강의 협력과 지지를 통해 중국의 혁명과 혁신을 도모하던 입장에서 피억압 약소민족의 반제국주의 연대와 실질적인 불평등 조약 폐기라는 입장으로 선회한 것과 연관이 있다.[13]

---

12 孫中山,『孫中山全集』9, 北京 : 中華書局, 1986, 240~241면.
13 20세기 전반 중국의 제국주의에 대한 인식과 대응방법의 변화에 대해서는 차태근, 「제국주의론과 수난의 역사관」,『中國學論叢』67, 2020, 133~172면.

이에 비해 서구 열강의 중국에 대한 분할과 지배를 강력히 경고했던 량치차오는 중국의 위기극복을 신민新民이 주체가 된 민족주의적 국민국가의 수립을 통한 자강에 있다고 보았다. 중국의 식민지화를 극복하는 적극적인 방식은 중국 역시 대외 식민지를 개척할 역량을 갖추는 것이었다. 량치차오에게 있어서 식민지는 부강을 가늠하는 표상이었고, 민족 간의 대외적 팽창을 위한 경쟁이 국제관계를 지배하는 시대, 즉 민족제국주의 시대에 식민지 개척은 민족의 존립과 부강을 도모하기 위한 필요불가결한 정책이었다. 이러한 관점은 식민지를 인류 역사의 발전과정이자 국가의 자연적인 팽창과정으로 보는 그의 진화론적 시각에 말미암은 것이다.

유럽은 어떻게 강해졌는가? 유럽은 영토가 가장 좁은 반면 인구는 가장 많다. 4~5백 년 전부터 곧 인구가 가득 차는 것을 우려하여 콜럼버스는 새로운 영토를 찾아내어 아메리카를 개척하였다. 그리고 인도, 아프리카, 남양, 오스트레일리아 섬의 황무지를 연이어 개간하여 유럽인을 이주시켜 채웠다. 이와 같이 광활한 오대륙에 그들의 족적이 미치지 않는 곳이 거의 없게 되어 백인종의 권리가 천하에 두루 확대되었다. 유럽인이 험한 지세를 이용해 스스로 문을 닫고 나가지 않았다면 지금쯤은 빈곤하여 쇠망했을지도 모른다. 그렇지만 식민정책(일본인은 속지를 식민지라 부르는데, 사람이 가득하면 다른 지역으로 옮겨 이주하게 된다)을 행한 수백 년 동안, 참으로 그 지역의 재원을 충분히 활용하는 것은 오직 합중국뿐이다.[14]

14　梁啟超,「論中國之將強」, 앞의 책.

이에 따르면 유럽의 식민정책은 영토에 비해 인구의 과잉문제를 해결하기 위해 부득이하게 취할 수밖에 없는 자연적인 추세이다. 여기에 제국주의자들이 제기한 생산의 과잉에 따른 시장의 개척과 원료 공급지의 확보를 더한다면 식민정책의 필요성은 더 이상 말할 것이 없다. 제국주의의 경쟁시대인 20세기가 중국의 세기가 될 것이라고 본 량치차오에게 있어서, 생산력과 인구의 증가에 따른 압력을 해소하기 위해서 뿐만 아니라 타 열강에 대한 세력의 우위를 점하기 위해서 대외 식민지의 확장은 당연히 필수적인 조건이었다.

인구의 과잉론은 제국주의적인 대외팽창을 주장하는 주요 논거가운데 하나이지만, 메이지 시기 이래 일본의 식민론에서 특히 주목을 받았다. 일본 지식계에서 인구와 영토, 국부國富의 상관성에 관심을 갖게 된 계기는 메이지 9년부터 경제학의 일부로서 소개되기 시작한 맬더스의 『인구론』이었다. 맬더스의 과잉인구론은 이론적 측면에서 일부 비판이 있기는 했지만, 메이지 유신 초기 정치적, 경제적 불만에 따른 사회적 혼란을 수습하기 위해 빈민문제의 해결책 중 하나로 제시된 이식민론移植民論에서 시작하여, 자본주의의 발전에 따른 상업상의 권리商權의 해외확장과 해권신장론海權伸張論을 위해 이식민론이 제기되었을 때, 각각 그 중요한 이론적 근거로 제시되었다.[15] 특히 인구론이 해외 이식민론

---

15 특히 메이지 20년대에 『米國移住論』(武藤山治, 1887) 『南洋策』(服部徹, 1891), 『海外殖民論』(恒屋盛服, 1891), 『南洋長征談』(稲垣満次郎, 1893) 등이 발표되었다. 이들 저서에서는 일본은 영토가 협소하고 인구밀도가 높아 남양과 중남미 지역 등의 식민지 개척을 통해 인구의 압력문제를 해소하는 한편, 이를 바탕으로 일본의 상업권리와 해상권을 신장시켜야 한다고 주장하였다. 메이지 시기 일본의 인구론과 식민사업의 관계에 대해서는 吉田秀夫, 『日本人口論の史的研究』, 河出書房, 昭和19, 152~207면.

과 연계하여 주목을 받은 것은 1890년을 전후하여 남진론 등 일본 팽창론이 대두되던 시기였다. 대표적인 남양진출론자인 핫토리 토오루服部徹는 인류의 번식력과 진취력에 의한 인구의 압력에서 벗어나고자 동서남북으로 식민지를 개척하는 것은 인류역사의 자연스러운 발전과정이라고 보고, 대항해시대 이후 식민방법을 "신지역 발견新地発見策", "침식약탈侵食略奪策"과 "통상무역通商貿易策"으로 구분하였다. 그리고 몇 개국가를 제외하면 일본은 세계에서 인구밀도가 가장 높고 증가 속도도 빠른데, 이를 해결하기 위해서는 "통상무역"의 방법으로 해외로 진출해야 한다고 주장하였다. 그가 말하는 통상무역을 통한 식민방법이란 국제법을 바탕으로 열국이 평화적으로 경쟁하는 방법으로서, 우선 대상지역의 국가와 통상무역의 길을 트고 유력한 상인을 이주시켜 상권을 장악하거나 유력한 농민, 노동자를 이주시켜 토지소유권을 보유하고 특정 산물의 재배권을 장악한 다음 그 국가의 무역과 내정을 좌우하는 것이다.[16] 이러한 식민개척론이 일본 사회에 널리 확산됨에 따라, 메이지 21년에 외무성에 "식민과"가 설치되고 메이지 26년에는 일본인의 해외 식민을 장려하고 식민지의 정보를 수집하는 등 해외식민을 위한 계몽활동의 중추기관인 식민협회가 조직되었다. 그리고 청일전쟁이후에는 국가적 차원에서 일본인의 팽창에 대한 지원책 즉 보다 적극적으로 식민을 보호하고 지원하기 위한 군사적, 정치적 방안에 대한 필요성이 제기되기도 하였다. 이러한 국가와 민간의 식민사업의 목적은 핫토리 토우루가 제안한 바와 같이 평화적인 방식으로 토지를 획득하

---

16 服部徹, 『南洋策 : 一名·南洋貿易及殖民』, 東京 : 村岡源馬, 明24, 78~80·99~110면.

고 그 곳에 영주할 이주민을 보내 개발하여 세력을 확장하는 것을 목적으로 한 것이었다. 그러나 이는 단순히 본국의 인구 압력을 해소하고 상품 수출시장을 확보하기 위한 것만이 아니라, 또 한편으로는 인종 간의 경쟁, 약육강식의 시대에 일본의 대외적인 경쟁력을 높이고 그러한 경쟁에 적합한 국민을 새롭게 창출하기 위한 것이었다. 식민협회는 그 설립취지에 대한 설명에서 이주식민 사업은 일본의 급무라고 보고, 일본의 인구가 비상하게 번식하여 홋카이도를 포함한 일본의 영토로는 감당하기 어려워질 것이기 때문에 해외의 땅을 속히 구해야 한다고 주장하였다. 그리고 해상의 편리한 교통과 해군력을 십분 활용하고 식민 사업과 항해 사업을 상호 연계하여 추진함으로써 해상권을 장악하고 상업권을 신장시킬 것을 요구하였다. 식민협회는 또 이러한 해외 이주 식민은 경제 및 사회적인 효과에 그치지 않고, 더 나아가 장기간 쇄국 정책으로 위축된 국민의 심리를 밖으로 표출하여 대외적 정신을 발양하고 신지식을 주입하여 인심을 크게 변화시킬 것이라고 보았다.[17]

량치차오가 1900년 1월 해외 중국인들의 상황과 현지조건에 관한 정보를 수집하고 공유하기 위해 『청의보』에 "식민잡조殖民雜組"란을 신설한 것은 당시 일본의 식민협회의 자극을 받아 모방한 것이었다. 이는 식민정책이 거의 없는 정부를 대신하여 자력으로 이주한("자식自植") 화교들이 중심이 되어 세계 각지의 지역 및 그곳의 중국인들의 상황을 조사하여 정보를 공유하기 위한 미디어 공간이었다. 5~6백만에 이르는 중국 화교들의 삶의 비참함과 그에 대한 중국정부의 무관심을 비판

---

17 「殖民協會設立趣意書」, 『殖民協會報告』1, 明治26.4(吉田秀夫, 앞의 책, 192~195면에서 재인용).

한 한 일본인은 일본의 식민정책을 다음과 같이 소개하고 있다.

> 모든 해양국은 새로 개척한 영토를 가지고 있는데, 타지에 항구를 새로
> 개척할 때는 먼저 사람들을 보내 탐색하고 기록하게 한 다음, 귀국 후 각
> 신문잡지에 게재하여 온 국민에게 알린다. 그리고 영사관을 파견하고 조약
> 을 체결하여 평등한 권리를 획득한 다음 국민을 이주시킨다. 영사가 이주
> 민을 통솔하고 규제하여 그곳에 거류하는 지식인과 상인이 모두 스스로 아
> 낄 줄 알고 경거망동으로 그곳의 법을 어겨 본국의 수치가 되지 않도록 한
> 다. 그 국가의 국민과 동등한 권리가 있기에 다른 외국인이 누리지 못하는
> 것을 우리 일본인은 향유할 수 있다. 그리하여 각종 사업이 날로 확장되었
> 으며, 현재는 더 나아가 대중을 연합하여 식민협회를 수립하였다. (…중
> 략…) 이로서 국내의 국민도 문밖을 나가지 않아도 세계를 두루 알게 되었
> 다. 저 유럽의 스페인, 영국, 포르투갈, 네덜란드 등 국가들이 선후로 대지
> 의 패권을 차지할 수 있었던 것이 바로 이러한 방법 때문이 아니겠는가?[18]

『청의보』의 "식민잡조"는 바로 식민의 책임을 진 국가가 적극적인
식민정책을 취하지 않아 백성이 스스로 해외로 "이주殖"하여 아침과
저녁의 끼니를 구할 뿐만 아니라 각종 치욕을 당한다고 보고, 해외의
화교들을 결집하여 식민협회의 『식민협회보고』와 같은 역할을 위해
둔 란이었다. 그러나 식민의 의미는 1902년을 전후로 새로운 국제질
서의 성격을 의미하는 제국주의론과 결합하여 자연팽창 및 그 근대적

---

18 「殖民雜俎」, 『淸議報』 34, 光緖26.1, 12～13면.

형태인 통상무역의 팽창에서 타국을 멸망시키는 의미로 전환된다. 량치차오가 금일 민족 간의 경쟁은 "완력이 아니라 두뇌의 힘으로 하며, 전쟁터가 아니라 시장에서 이루어진다"고 했을 때, 식민은 "식민 정략을 본영本營을 삼고, 철도 정략을 유격대로 삼으며, 선교 정략을 정탐대로 삼고 공상工商 정략을 중견으로 삼는" 제국주의의 정책 가운데 하나로서 묘사되고 있다. 그리고 식민殖民의 의미도 바로 다른 사람을 점유하는 것("유인有人")으로서, 식민지의 땅을 자신의 땅으로 삼고, 그 사람을 자신의 사람으로 삼으며, 그 부를 자신의 부로 삼고, 그 이익과 권리를 자신으로 것으로 삼는다는 개념으로 재해석 되었다.[19]

2. 식민의 기억과 역사화

식민이 인류의 번식력과 진취적인 힘에 의거한 인류의 발전과정이라면, 제국주의는 그러한 인류 역사의 진보과정의 일부이며 문명화의 과정일 뿐이다. 바꾸어 말하면 한 민족이 식민과 정복의 능력이 없다면 이는 문명발전을 위한 경쟁에서 도태되어야 할 대상일 뿐만 아니라 수치가 아닐 수 없다. 다카야마 조규高山樗牛는 1899년에 식민 사업은 국민 성정의 정당한 발달이며, 역사적으로 볼 때 영토와 식민지의 팽창 및 제국주의에 힘쓰지 않는 민족은 쇠락한다고 보고,[20] 이제 일본인은 식민적인 국민으로서 자신의 천직을 인정해야 할 때에 이르렀다고

---

19 中國之新民, 「論民族競爭之大勢」, 『新民叢報』 5, 光緒28.3, 1면.
20 高山林次郎, 「帝國主義と植民」(1899.3), 『樗牛全集』 4, 博文館, 1913, 513~514면.

주장하였다. 그리고 그는 일본의 역사를 통해 일본민족은 고래로 식민을 통해 형성되고 발전해 왔으며, 청일전쟁에서의 승리 등 메이지 이후 성공적인 팽창은 식민적인 고유의 능력이 발휘된 결과라고 분석하고 일본은 바로 식민적이고 정복적이며 항해적인 민족이라고 규정하였다.[21] 이와 같이 식민의 역사 혹은 식민의 역량을 역사적으로 추소하는 것은 일본이 선천적으로 식민의 능력을 갖추고 있다는 점을 자각하고 이를 자부심으로 삼고 분발하도록 하기 위한 것이었다.

량치차오가 대외적인 확장을 이끈 중국의 역사적 인물을 발굴하고 나아가 현재 타민족에 비해 부족한 자질을 육성하기 위해 신민을 주창한 것도 바로 중국인의 식민역량을 강화하기 위한 것이었다. 특히 그가 신민新民의 자질로서 진취와 모험정신과 상무정신을 제시한 것은 바로 대외적인 식민 활동에 적합한 국민정신을 위해서 필요 불가결한 것이기도 하였다. 량치차오에게 있어서 그러한 정신을 가장 잘 대표하는 인물은 아메리카, 오스트레일리아, 아프리카를 탐험한 콜럼부스, 제임스 쿡, 리빙스턴 등과 같이 새로운 세계를 발견하고 개척한 사람들이었다. 그는 또 이들이 세계문명의 발전에 가장 큰 기여를 하였을 뿐만 아니라 유럽인종이 발전할 수 있었던 가장 큰 요인이라고 보았다. 중국에 대한 유럽의 식민정략을 비판하면서도 량치차오는 그러한 식민 활동의 길을 개척한 인물들에 대한 비판적인 시각은 거의 보이지 않는다. 오히려 그는 "문명국이 야만국의 영토를 통치하는 것은 진화에 있어 마땅한 권리이고, 문명국이 야만국의 인민을 개화시키는 것은

---

21 高山林次郎(樗牛), 「殖民的国民としての日本人」, 『太陽』5巻6号, 1899, 48~51면.

윤리상의 당연한 책임"[22]이라고 주장하여 당시 이른바 "백인의 사명"
이라는 논리에 동조하는 태도를 보이고 있다. 그리고 나아가 천하에
문명의 시조로 이름 난 중국에 이천 년 동안 유럽의 신대륙 개척자와
같은 사상을 품은 자가 한두 명뿐인 것은 수치가 아닐 수 없다고 지적
하였다. 그가 1902~1905년 사이에 연이어 중국의 역사 인물전을 발
표한 것은 이러한 이유 때문이었다. 즉 구미인과 일본인들이 중국의
역사를 외적에 항상 굴복해 온 불명예의 역사로 보는 시각을 바꾸고
나아가 중국인의 진취적인 정신과 상무정신을 고취하기 위한 것이었
다. 이를 위해 선정된 역사인물은 바로 한나라 시기 서역을 정벌한 장
건과 반초, 그리고 명대에 인도양과 아프리카 동부 연안을 수차례 원
정했던 정화鄭和와 명말의 장군 원숭환袁崇煥, 그리고 전국시대 조趙나
라의 무령왕武靈王과 인도차이나 및 동남아시아의 식민을 개척한 8명
의 인물이었다. 이중 원숭환전기는 『홍콩상업신문香港商報』의 요청을
받아 집필한 것으로 볼 때, 광둥성 둥관東莞출신인 원숭환은 광둥성의
역사인물전의 일환으로 선정된 것으로 보인다.[23] 그 외에는 모두 량치
차오가 중국의 역사상 대외적인 경쟁과 팽창을 통해 중국의 명성을 널
리 떨친 업적을 기준으로 선정한 인물들이다.

먼저 조나라의 무령왕(기원전 340~295년)은 신하들의 반대를 무릅쓰고

---

22 中國之新民, 앞의 글, 『新民叢報』 8, 光緖28.4, 1면.
23 원숭환은 명말 요동과 요서지역에 축성을 하여 후금 누루하치와 홍타이지의 공격을
물리치고 서진하던 후금의 팽창을 저지한 장군이었다. 그러나 후에 모반죄라는 누명
을 쓰고 처형되었으며, 그 후 명은 곧 몰락하게 된다. 량치차오는 원숭환의 지략과 용
기, 그리고 강직한 인품을 칭송하면서 명말보다 훨씬 더 위급한 현재 원숭환과 같은
독사(督師)가 없음을 한탄하고 있다. 中國之新民, 「明季第一重要人物袁崇煥傳」, 『新
民叢報』 46~48合本(光緖29.12, 1~15면), 49號(光緖30.5, 1~6면), 50號(光緖
30.6, 1~13면).

이민족의 전투방식 및 그에 편리한 복식인 호복기사胡服騎射를 받아들여 북방지역의 흉노족을 정복한 군주이다. 량치차오는 국민의 성질은 지리와 유전의 영향을 받으며 중국인이 문약한 것은 천성이라고 보는 인식을 비판하고, 무령왕 시기의 조나라는 서구의 스파르타보다 더 강했다고 주장하고 있다. 무령왕은 당시 북방지역이었던 바오딩保定, 따퉁大同, 쉬안화宣化 등지를 복속시키고 흉노를 정복하였는데, 량치차오는 무령왕의 원대한 지략과 용맹함을 높이 평가하고 그로 인해 한고조 시기 묵돌선우의 공격과 같은 흉노의 침략이 그 이전에 출현하는 것을 막을 수 있었고, 대외적으로 중국의 명성과 위세를 떨칠 수 있었다고 여겼다. 또 무령왕은 진·한의 제국주의로 발전해가는 과도기에 이민족 정복에 힘썼으며, 그가 말년에 유폐를 당해 죽지 않았다면 중국의 천하통일은 진시황이 아닌 그의 몫이 되었을 것이라고 주장하기도 하였다. 결국 그는 무령왕을 과감하게 호복기사를 채택하는 등 개혁을 했다는 점에서 러시아의 피터대제에 비유하고, 또 그의 원대한 대외적인 확장정책과 군국민주의는 독일의 빌헬름 2세조차도 견줄 수 없다고 평가하였다.[24]

량치차오는 19세기 말 제국주의는 군사적인 대외 정복보다 경제적인 주권 잠식을 특징으로 한다고 강조했지만, 이를 곧 제국주의의 성격과 동일시한 것은 아니었다. 오히려 그는 제국주의는 약육강식의 인류역사에서 언제든 출현 가능했으며, 근대 이전에는 주로 군사적인 정복이 제국주의의 주요 방법이었다고 보았다. 뿐만 아니라 제국주의는 침략주의이기는 하지만, 인류문명의 발전이라는 시각에서 보면 한 민

---

24 彗廣(梁啓超),「黃帝以後第一偉人趙武靈王傳」,『新民叢報』40·41, 光緒29.9(光緒 30.1 補印), 1~9면.

족의 우수성과 인류역사 발전에 주체로 참여할 수 있는 자질을 입증하는 근거이기도 했다. 량치차오가 중국 역사상 이른바 제국주의 정책을 적극 추진하고 실행한 인물들을 발굴하고자 한 것은 국민의 진취적인 상무정신을 고취하기 위함 이외도, 중국의 역사에도 제국주의 시기가 있었음을 상기시키기 위한 것이기도 했다. 대외적인 정복을 기준으로 본다면 대몽골 울루스의 일부였던 원을 제외하면, 중국의 역사에서 한대와 당대, 청대가 제국주의에 가장 부합하는 시대라고 할 수 있다.[25] 그러나 량치차오는 당대나 청대보다도 주로 한대와 명대의 인물을 위주로 선정하였는데, 이는 선비족이나 여진족과 같은 이민족이 아니라 황제黃帝의 후예라는 민족적 요건을 중시했기 때문이었다.

이러한 측면에서 보면 전한시기와 후한시기에 각각 중앙아시아 등 서역지역에 대한 군사적인 정복활동을 펼쳤던 한나라는 가장 적합한 한족 중심의 제국주의시기였다. 량치차오는 한 왕조의 제국주의를 실천에 옮긴 사람으로서 장건과 반초를 들고, 그들을 각각 아프리카를 탐험하여 식민지 개척에 큰 공을 세운 리빙스턴과 인도를 식민지로 만든 영국의 클라이브, 헤이스팅스에 비견할 수 있는 인물이라고 보았다. 이들 영국인은 온갖 고난과 험난함을 두려워하지 않고 이겨낸 불요불굴의 정신과 모험심이 뛰어난 인물로 량치차오가 경이의 시선으로 숭배하고 칭송하는 대상이었다.[26] 장건은 한의 서북지역을 압박하는 흉노를 공격하기 위해 중앙아시아의 월지국月氏과의 동맹을 체결하기 위한 외교전을 벌였을 뿐만 아니라 한무제 시기에 위청衛靑 및 이광李廣의 흉노

---

25 中國之新民, 앞의 글,『新民叢報』23, 光緖28.12, 11면.
26 위의 글, 2면.

정벌에 참여하기도 하였다. 그러나 역사상 장건의 중요한 업적은 흉노와의 직접적인 전투보다도 동서양의 상호인식과 교류를 촉진하는 계기를 마련했다는 점이다. 그는 기원전 139년~126년 약 13년 동안 동맹을 맺기 위해 대월지를 갔다 귀국하는 과정에서 흉노에게 두 차례 포로가 되는 등 고난을 겪었을 뿐만 아니라 당시 중국에는 거의 알려지지 않은 서역지역의 낯선 국가들, 로마와 파르티아安息, 페르가나大宛, 강거康居, 박트리아大夏 등 국가의 정보를 수집하여 보고함으로써 중국인에게 서역에 대한 지식을 넓히고, 그 지역과의 적극적인 교류를 위한 동기를 부여하였다. 반초의 서역정벌도 장건의 서역 탐험이 중요한 기반이 되었다. 장건이 주로 서역에 대한 정보를 마련했다면, 반초는 직접 정복활동을 이끈 장수로서 서기 73년 텐산에서 흉노를 격퇴한 후 102년까지 약 30년 동안 서역에 머물며 선선鄯善, 우전于闐, 소륵疏勒, 월지月氏, 구자龜玆 등 국가를 정복하고 서역도호가 되었다.

이러한 두 인물에 대해 량치차오는 주周·진秦이래 천여 년 동안 중국의 가장 큰 우환이었던 흉노를 정복하여 몰락시키고 황족黄族의 위세를 역외에 떨친 것은 한漢이 최고이며, 이를 직접 실천에 옮긴 사람은 바로 위의 두 인물로서 중국 민족제국주의의 가장 모범적인 인격이라고 칭송하였다. 특히 반초가 이이제이의 방식으로 서역을 공략한 것을 두고, 이는 야만족을 다루는 최고의 방법으로서 영국이 인도를 식민화한 방법이자, 오늘날 서구가 동양을 대하는 동방정책이라고 평하였다. 즉 서구의 동양에서의 제국주의의 확장 방법을 고안하고 이를 역사적으로 처음 시도한 사람은 바로 반초라는 것이다.[27] 인물에 대한 전기를 종합 평가하면서 량치차오는 중국의 역사상 일찍부터 가지고 있었던 제국주의 경험에도 불구하고 중국이 서구와의 경쟁에서 낙후된 이유를 분석하고 있다. 그에 의하면 중국의 제국주의는 국민이 주체가 아니라 황제 개인의 욕망에 의거해 추진됨으로써, 제국주의 확장을 통해 국가의 세력과 백성의 부富가 증대되는 것이 아니라 오히려 소모되어 국가의 몰락을 가져왔다. 즉 대외정복으로 획득한 점령지에 백성을 이주시켜 그 지역의 자원과 재원을 장악하고 그 지역을 영지로 복속시키는 것이 아니라 대외정복 후 피정복민을 오히려 국내로 이주시켜 신하로 삼음으로서 국내 백성의 몫인 토지를 이민족에게 넘겨주고 황제의 개인적인 허영심만 채우고자 했다는 것이다. 또 민족심리에 있어서도, 역사상 몇 차례의 제국주의적 팽창이 결국에는 제국의 쇠락의 원인이 되자, 중국내에서는 제국주의적 확장의 무용론이 확산되고 장건과 반초와 같은 식민개척자에 대해서도 숭배는커녕 관심의 대상에서도 멀어졌다고 보고 있다. 이와 같이 중국 제국주의 정책의 문제점을 비판하고 나서, 그는 중국의 대외경쟁의 약화는 비록 전제군주의 통치의 성격이 중요한 원인이지만, 아리아인종과 같이 그것에 저항하고 이상을 위해 새로운 식민국가를 개척하는 진취적인 모험심과 자치능력이 부족한 국민의 정신에도 문제가 있다고 비판하였다. 또 이미 전세계가 서구 열강의 식민지가 되어 더 이상 중국인이 팽창을 도모할 지역이 없다는 견해를 비판하며, 일찍이 중국의 선조들이 개척한 중앙아시아와 동남아시아는 여전히 중국의 대외적 팽창을 위한 좋은 무대라고 지적하였다.[28]

량치차오는 이 중에서도 동남아시아 지역은 과거뿐만 아니라 현대

---

27 위의 글, 9~10면.
28 위의 글, 11~16면.

에 더욱 특별한 의미를 지닌다고 보았다. 왜냐하면 현대 제국주의는 바로 해양을 주요 무대이자 통로로 삼아 그 세력을 확장하고 있기 때문이다. 이에 그는 중국의 해양 진출의 역사를 추소하면서 진한秦漢시기에 동쪽 바다로 나아가 일본의 나가사키와 한반도에 진출하였으며, 『후한서』등의 사료를 바탕으로 한반도의 진한辰韓은 바로 진한秦韓으로서, 진秦의 백성들이 고역苦役을 피해 이주하여 수립한 것이라고 주장하기도 하였다. 또 양한 육조시대에는 더욱 항로를 개척하여 중국의 어선들이 아라비아의 아덴과 메소포타미아까지 항해를 했으며, 당송 이후 다소 부진했다가 명대 다시 국민의 팽창력이 증대되었다고 하였다. 또 량치차오가 동남아시아에 각별히 주목한 이유는 바로 인도차이나와 남양군도가 "중국 민족의 유일한 미려尾閭(즉 중국인의 해외진출의 귀착지라는 의미)"이자 "장래 중국 민족의 유일한 세력권"이라고 보았기 때문이다. 그에 따르면 정치적인 측면에서 보면 백인이 이 지역을 지배하고 있지만, 경제적인 측면에서 보면 중국과 경쟁이 되지 않는다. 이 지역에는 중국인 및 그와의 혼혈인이 7백만이 있으며, 남양군도의 광업, 인도차이나반도의 농업과 산림업은 물론 상공업의 대부분도 중국인이 장악하고 있다.[29] 「중국 식민 8대 위인전」은 바로 자력으로 동남아시아로 이주하여 식민을 개척한 8명의 인물에 대한 간략한 전기이다. 이들은 장즈여우蔣智由(1865~1929)가 지적한 바와 같이 역사적으로 잊어졌다가 대외적인 모험과 탐험이 중요한 시대적 조류가 되면서 장건, 반초, 현장玄奘, 정화鄭和 등과 같이 "부활"한 인물들이다.[30] 량치

---

29 「祖国大航海家鄭和傳」, 『新民叢報』 69, 光緒31.4, 2~4면.
30 觀雲, 「幾多古人之復活」, 『新民叢報』 37, 光緒28.12, 4면.

차오는 명·청시기 현재의 인도네시아, 말레이시아, 버마, 싱가포르 등지에 진출하여 국가를 세운 중국인을 소개하고 있다. 수마트라의 삼불제三佛齊 국왕이었던 양도명梁道明과 장련張璉, 보르네오섬의 파라국婆羅國 국왕 왕王모씨, 자바의 순탑국順塔國의 왕 왕王모씨, 섬라국暹羅國의 왕 정소鄭昭, 보르네오섬 중 칼리만탄주 북부에 위치한 대연국戴燕國의 왕 오원성吳元盛과 같은 섬에 위치한 곤륜국昆侖國의 왕 라대羅大, 그리고 영국령인 몰루카 해협의 식민지를 개척한 섭래葉來 등의 행적을 소개하고 있다. 이들의 사적事績은 매우 간략하여 평가하기 어렵지만, 량치차오는 국가의 지원 없이 오히려 해적으로 배척당하면서도 해외에서 황제 후손을 위해 식민지를 개척한 인물로서, 콜럼부스, 리빙스턴, 클라이브, 윌리엄 펜William Penn(1644~1718, 펜실베니아 지역을 개척한 인물)에 필적할만하다고 칭송하였다. 민족주의의 시대에 민족영웅 만들기는 대부분의 민족의 근대사에서 보편적인 현상이지만, 량치차오는 특히 영웅에 대한 숭배를 중시하였다. "영웅을 숭배하는 국민성이 없으면" 국가가 설 수 없으며, "국민의 영웅 숭배의 방법이 잘못되면" 더욱 말할 것도 없다고 보고, 그는 중국 역사에서 8군자가 배척되는 것은 곧 생존경쟁의 세계에서 중국이 배척되는 것의 상징이라고 주장하였다.[31]

그러나 누구보다도 중국의 해상권을 대외적으로 신장시킨 인물은 명초시기 정화鄭和였다. 위의 8대 위인이 동남아시아에서 식민지를 개척할 수 있었던 것도 대부분 정화의 대항해로 남양과 인도양에 대한 정보가 알려지고 점차 중국인의 진출이 있었기에 가능한 일이었다. 정화는 명의

---

31 中國之新民, 앞의 글, 『新民叢報』 63, 光緒31.1, 7면.

영락제 명을 받고 서양 대원정을 이끌었는데, 1405년부터 1433년까지 7차례에 걸쳐 동남아시아, 인도, 아라비아반도, 아프리카 동쪽 연안까지 원정을 하여, 그 지역과의 정보, 상품의 교류는 물론 다수 국가들을 조공 체계에 편입시켰다. 량치차오가 지적한 바와 같이 정화의 원정은 콜럼버스, 바스쿠다가마 등의 대항해보다 수십 년 전에, 이미 높은 수준의 선박 건조술과 항해술을 바탕으로 남양 및 인도양의 40여개 국가와 항로에 대한 정보를 집대성한 사건이었다. 량치차오는 정화의 원정이 마르크폴로가 남긴 서구에 대한 관심에 의해 촉발되어 서양을 탐험하고자 한 항해였다고 보았다. 그리고 항해의 최장 거리는 아프리카 남부의 모잠비크 해협의 마다가스카르 남단까지 이르렀다가 회항했다고 기술하고 있다.[32]

량치차오는 이상 식민 개척자 8대 위인과 정화를 통해 당시 제국주의의 특징과 중국의 쇠락의 이유를 다음과 같이 설명하였다. 첫째 해양과 국민의 원기元氣의 관계. 근대 제국주의의 팽창에서 주요한 것은 바로 미국의 예에서 보여주듯이 해양권을 장악하는 것이며, 장차 중국이 대외적으로 제국주의를 확장할 날이 온다면 그중심 주체는 해양의 기질을 갖춘 광둥인과 푸젠인일 것이라고 보았다.[33] 둘째, 식민사업과 정부의 지원의 관계. 열강의 식민은 모두 직간접적으로 국가의 지원을 바탕으로 삼고 있다고 보았다. 셋째 정치능력과 국제경쟁의 관계. 량치차오에 의하면 중국인은 지금까지 정부의 힘에 의지하지 않고도 능히 여러 국가를 개척한 덕분에 남해의 백 수십 국의 백성은 대부분 황

---

32 中國之新民, 앞의 글, 『新民叢報』 69, 光緖31.4, 4~5·14면.
33 량치차오는 특히 중국의 해양권과 관련하여 광둥의 지리적 위상과 광둥인의 역할을 강조하고 있다. 中國之新民, 「世界史上廣東之位置」, 『新民叢報』 63, 光緖31.1, 1~13면; 위의 책 4, 光緖31.2, 1~13면.

제黃帝의 후손들로 채워졌으며, 그곳은 지세로 보나 역사로 보나 모두 중국의 식민지이다. 그렇지만 이들 식민지가 일단 강력한 문명국가와 조우하자 곧 그들에게 모든 이권을 양도하고 굴복할 수밖에 없었다. 량치차오는 중국인의 정치능력의 부족이 바로 그 원인이라고 보았다.[34] 넷째, 대외팽창의 목적 및 희망의 차이. 앞서 장건과 반초의 전기에서도 지적한 바와 같이 대외진출의 목적과 희망의 성격에 따라 그 성과가 달라진다. 그에 의하면 콜럼부스와 바스쿠다가마의 항해는 처음 인도와 중국을 발견하기 위한 것으로 본래의 목적을 이루지는 못했지만, 새로운 다른 지역과 항로를 발견하여 모국의 인구증가로 인한 새로운 식민지 개척의 목표를 달성하였다. 그러나 중국의 대외진출이 희망하는 바는 먼 곳의 사람들을 포용하여 자긍심을 높이려는 군주의 허영된 야심을 만족시키는 것으로서, 일단 그 허영심이 만족되자 더 이상의 대외팽창은 중단되어 버렸다. 즉 그에 의하면 민족 대경쟁시대에 요구되는 것은 무엇보다도 해양의 기질과 정부의 적극적이고 지속적인 식민정책, 그리고 국민의 자치 및 정치능력이었다.

3. 상무의식과 국가의 명예

해외 영토와 식민을 개척한 민족영웅에 대한 관심과 발굴은 당시 배만排滿 민족주의를 주장하던 혁명파 역시 다르지 않았다. 1903년 "오

---

34 위의 글, 7~8면.

랑캐를 몰아내고 중화를 회복"한다는 구호 하에 황싱黃興 등과 함께 화흥회華興會를 조직하고, 또 1905년 쑨원 등과 더불어 중국동맹회를 조직하여 반만주족 신해혁명을 이끈 쑹자오런宋敎仁은 1905년 『한족침략사』의 편찬을 구상하였다. 이 저서는 비록 서문만 발표한 채 중단되었지만, 량치차오와 동일한 시대의식과 민족의식을 바탕으로 중국인의 각성을 촉구하였다.

4억5천만의 지혜롭고 총명하고 강한 혈족이 단결하여 460만 평방미터의 비옥한 대지를 점하고 5천여 년 단순하고 고립된 언어를 사용하며 1만4천여의 완미한 문자를 전해오고 있다. 역사적으로 보면 동양문화의 주인공이고, 지리학적 분포로는 본 민족의 범위 외에 말레이와 오스트레일리아 여러 섬, 그리고 더 나아가 태평양을 건어 아메리카 대륙에까지 번식하고 있으며, 인류학적 가치로는 아시아계통의 인민들 가운데서 제1의 위치를 점할 뿐만 아니라 세계에 있어서도 가장 우수한 경우에 속한다. (…중략…) 그러나 지금은 (…중략…) 세계에서 가장 추하고 미천하고 가장 불결하여 간접적으로는 망국민이 되어, 옛 인도국과 같이 문화력만 있고 단결력이 없고, 유태의 유민들처럼 번식력만 있고 경쟁력이 없어 오랫동안 긴 잠에 빠져 오래도록 불러도 깨어나지 않고 있는 (…중략…) 이 민족은 바로 동아시아 대륙의 소위 한족이 아닌가?[35]

쑹자오런은 우승열패의 사회진화론에 입각하여 한 민족이 지구상에

---

35 公明, 「漢族侵略史・敍例」, 『二十世紀之支那』第一期, 1905.6.24.

서 국가를 수립할 수 있는 주요 동력은 배외주의와 진취적인 정책이라고 주장하였다. 또 우승열패의 관점에서 중국을 보면 중국의 역사는 이 두 동력을 겸비하여 생존을 유지하며 경쟁하고 팽창해왔지만, 만주인이 중원을 점하고 나서 사냥과 유목을 하던 야만적이고 흉포한 무력을 사용하고, 이리저리 날뛰며 닥치는 대로 잡아먹던 상투적 수단으로 한족을 억압하여 중국은 암담한 상황에 처하게 되었다고 비판하였다.

량치차오도 그러했지만 쑹자오런이 중국 역사에 관심을 갖게 된 것은 민족주의를 구성하는 가장 강력한 힘이 과거 환희와 고통에 대한 공동기억을 만들어 내는 역사라고 보았기 때문이지만, 다른 한편으로는 외국의 중국 역사에 대한 폄하에 대응하기 위한 것이었다. 그에 의하면, 서구와 일본인들은 중국의 민족을 노쇠한 민족, 노예의 민족으로, 그 역사를 복종의 역사이자 정체된 역사, 원대한 정략이 없는 역사로 간주하면서, 중국이 힘이 없는 약한 민족이 된 원인을 바로 수천 년의 부패한 역사로 귀결시키고 있다. 이러한 외국의 시각에 대해 쑹자오런은 중국 역사, 특히 한족의 역사에 대해 전혀 다른 이미지를 제시하고 있다. 즉 중국은 부침의 과정은 있지만 전반적으로 배외적이고 진취적인 역사를 간직해 왔다는 것이다. 그에 대한 구체적인 근거로서 황제黃帝로부터 명대까지 5천여 년 동안 한족이 외족에 대해 가장 우세했던 역사를 모아『한족침략사』를 찬술하겠다고 밝히고 있다. 자국민의 대외적인 팽창을 과감하게 "침략"으로 규정하고 이를 "배외排外"와 더불어 자랑스럽게 여기는 것은 침략을 우승열패라는 생존투쟁의 일상적인 활동으로서, 승리자의 자연스럽고 당연한 행동으로 보는 인식이 자리 잡고 있다. 또『한족침략사』의 저술 기획은 한편으로는 외국의 중국에 대한 멸시와 모욕에 대해 반박하면서, 동시에 중국인들에게 중국의 선조들이 배외를 주의로 삼고 진취적인 정책을 펼쳤던 자국의 민족사에 대한 인식을 바탕으로 당면한 민족의 굴욕적인 위기를 극복하기 위해 각성할 것을 촉구하기 위한 것이었다. 이러한 역사인식과 국민의 의식의 각성에 대한 중시는 당시 진보적 지식인들이 보여준 일반적인 현상이지만, 특히 역사상 대외적인 정복과 식민개척에 큰 공훈을 세운 민족영웅을 불러내어 상무정신과 진취적인 정신을 고취하고자 한 량치차오와 매우 유사하다고 할 수 있다. 다만 그는 량치차오보다 더 명확하게 민족의 역사를 한족의 역사로 규정하고 만주족 및 이민족에 대해 민족의 경쟁자이자 적대적인 존재로 규정하고 있다. 또 단순히 국외로의 세력 확장이 아니라 식민지 개척의 위대한 정략과 적을 완전히 소탕하는 군사적 정복을 특히 강조하고 있다. 즉 『한족침략사』에서 주로 서술하고 한 것은 한족이 군사력으로 이민족을 정복하여 그 국가를 멸하고 그 영토를 빼앗으며, 그 백성을 항복시킨 역사적 사례들이었다.

구체적으로는 황제黃帝의 치우蚩尤등에 대한 정벌, 요·순·우의 묘족苗에 대한 정벌, 춘추 전국시기 조 무령왕과 진秦의 북방 영토에 대한 개척, 진시황의 흉노에 대한 정벌 등이 포함되어 있다. 특히 초나라 장수 장교莊蹻(?~기원전 256년)가 군대를 이끌고 파군巴郡과 검중군黔中郡 서쪽을 정벌하고 나서 진秦의 공격으로 고립되자 그곳에 전국滇國을 수립하였는데, 쑹자오런은 그를 한족이 새로운 영토를 개척하기 위해 식민정책을 추진한 시조라고 평하였다. 그리고 조선과 예맥, 묘족과 흉노를 정복하고, 서역으로 진출하여 30여국을 속지로 삼은 한무제를 황제이래 가장 뛰어난 군주로서 높이 평가하였다. 이어 당唐이 돌궐과 고구려를 정벌하고 중앙아시아와 시베리아, 만주, 조선반도를 군현으로 편재시킨 것과, 명 왕조가 원을 추방하고 남쪽으로 버마와 교지交趾로 세력을 확장하여 말레이 반도에 군의 위세를 떨치고, 남양으로 해군을 파견하여 백여 개의 섬나라를 정복하는 등 해양 식민정책을 펼친 것에 대해, 이는 현재 이른바 유럽의 민족제국주의와 비교하여도 손색이 없다고 평하였다.[36] 이러한 이민족 정복활동에 대한 기억의 재구성은 민족의식을 통해 국민의 혁명의식을 고취하기 위한 것이지만, 이는 단순히 우승열패라는 진화론적 시각에 의한 것이라기보다는 당시 민족제국주의라는 국제질서, 즉 각 민족과 국가의 사활을 건 치열한 경쟁상황을 염두에 둔 것이었다. 역사를 제국주의의 시각에서 접근하는 것은 역사를 통해 민족주의를 창출하는 것 이상의 의미를 지닌다. 왜냐하면 제국주의는 타 민족이나 국가에 대한 지배를 의미하고, 나아가 그러한 정복과 지배를 정당화하는 논리적 기반으로 기능하고 있기 때문이다. 뿐만 아니라 그러한 제국주의적 팽창정책은 상무정신이라는 이름하에 군국주의를 내세우는 것이 다반사이다.

---

36 이러한 한족의 침략사는 류스페이의 『중국 민족지』에서도 보여준다. 그는 중국의 역사를 문명적인 한족과 야만적인 이민족 간의 경쟁과 갈등의 역사로 보고, 그중 진·한시기, 수·당시기, 명시기는 바로 한족이 팽창한 시기로 보고, 주(周) 유왕(幽王)시기, 동한 및 진(晉)시기, 금과 원대시기, 청조시기를 이민족의 침입시기로 구분하였다. 이중 중국의 팽창시기에 대해, 그는 식민정략을 모르고 국민의 공의에 기반하지 않았으며 단지 군주의 사욕에 의해 추진되었기 때문에 일시 팽창했다가 곧 축소되었다고 평가하였는데, 이는 량치차오의 주장과 일맥상통한다. 또 그는 현재는 열등한 아시아종과 우수한 유럽종이 경쟁하고 있으며, 중국이 존속하기 위해서는 야만적인 만주족을 몰아내고 민족정신을 발양하여 서구에 맞서야 한다고 주장하였다. 劉師培 撰, 『劉申叔先生遺書·中國民族志』, 寧武南氏, 民國25(1936), 1~2·52~54면.

량치차오는 1905년 일본 요코하마에 설립된 대동학교大同學校 음악
회의 여흥을 위해 월극粵劇 극본을 창작하였는데, 바로 그가 중국의 대
표적인 식민지 개척자로 소개했던 반초의 서역 원정기 즉 「통속 정신
교육 신극본 : 반정원 서역 평정班定遠平西域」이었다.[37] 반초의 고사를 택
한 이유에 대해 그는 "예언例言"에서 상무정신 특히 대외의 명예를 제
창하기 위해서 그를 주인공으로 삼았다고 밝히고 있다. 전체 내용은
언지言志, 출정, 평정, 상소上疏, 군담軍談, 개선凱旋 등 6막으로 구성되어
있으며, 비록 스토리는 반초의 흉노 원정이지만, 극 중에 포함된 노래
에서는 당시 8개국 연합군의 베이징 점령 등 외세의 압박으로 위기에
처한 중국을 구하기 위해 분기할 것을 촉구하고 있다. 당시 중국에서
상무정신의 고취는 우선 민족 혹은 국가를 위기로부터 구하는 것에서
더 나아가 내적으로 충실한 민족의 응집력과 국력을 밖으로 표출되도
록 자극하고 촉진시키는 것이 목적이었다. 위 극본의 제2막 출정에 나
오는 「출군가出軍歌」에서 20세기의 주인은 바로 "신명神明의 후예"인
중국이며, 당시 청국의 국기였던 수많은 황룡기黃龍旗가 나부낀다고 노
래하는 장면은[38] 상무정신을 통해 작가가 희망하는 세계의 모습을 표
현한 것으로 보인다. 물론 이와 같이 세계의 주인이 되는 것이 반드시
세계에 대한 지배와 착취를 의미하는 것은 아니다. 하지만 처음 경제
적 혹은 정치적인 목적으로 대외적인 팽창을 추구하였다하더라도, 그
러한 경쟁이 보편화되면 경쟁에서 승리하는 것이 곧 목적이 되며, 설
사 그 결과로 정치적, 경제적 손해가 있더라도 국가 혹은 민족의 대외

---

37 曼殊室主人, 「班定遠平西域」, 『新小說』 2-7~9, 1905.8~10.
38 위의 글, 145면.

적인 명예가 그에 대한 보상이 된다. 량치차오가 근대 이전 중국의 대외팽창이 황제 개인의 사적인 허영심을 위한 것이라고 비판했지만, 근대의 대외 팽창을 둘러싼 민족, 혹은 국가 간 맹목적 경쟁은 국민의 허영심을 만족시키기 위한 것이 된다. 특히 일부 정치가, 일부 계층혹은 집단은 자신의 실질적인 이익을 위해 다수 국민들의 이익과 생명을 희생으로 삼고, 대신 국민의 명예라는 허영심을 내세워 그 본질을 은폐시키기도 한다. 즉 대외적으로 식민지를 개척하는 것, 세계의 구석구석에 국기를 꼽는 것은 국가의 명예가 되며, 그것은 국민들에게 자국이 바로 세계의 최고 강국이자 스스로는 세계 문명국의 일원임을 증명하는 상징적인 의미이기도 하다.

이러한 측면에서 1905년 허중何逈의 『사자혈獅子血』은 단순한 모험소설 이상의 의미를 지니고 있다.[39] "지나의 콜럼버스"라는 부제가 붙은 이 소설은 청말이래 번역소설을 통해 붐을 이루고 있던 모험소설에 속한다고 할 수 있다. 모험소설의 붐은 독자들의 홍미를 추수하는 상업적인 출판의 결과이지만, 저자 혹은 역자와 출판사는 국민정신의 개조와 연계시키는 광고 전략을 구사하였다. 청말·민초의 대표적인 번역가 린수林紓는 영국의 소설가 중에서도 아프리카를 무대로 한 모험소설로 유명한 영국의 헤거드Sir Henry Rider Haggard(1856~1925)의 작품을 다수 번역하였다. 그중 『백합 나다Nada the Lily』(1892)의 번역서 서문에서, 린수는 노예기질과 도협盜俠 기질을 비교하고, 도협의 기개 즉 적성賊性은 상대의 힘이 어떠하든 패배를 두려워하지 않고 자유를 회복할 때까지 끝

---

39 何逈, 『獅子血――一名支那哥倫波』, 公益書局, 1905.

까지 싸우는 기질로서, 이를 통해 장기간 쇠약해진 사회를 진작시켜 외세의 침략과 압박을 막을 수 있다. 서구의 소설 중 애정소설 이외도 탐험과 상무소설이 많은 것도 바로 이 때문이라고 주장하였다.[40] 『로빈슨 크루소 표류기』를 위한 상무인서관의 광고문에서는 이 작품을 단순히 소설의 흥미를 넘어 독자들의 모험정신을 북돋우고, 생존경쟁의 능력을 고무할 수 있다고 선전하였는데,[41] 이와 같이 당시 중국에서는 탐험소설을 사회적으로 용감한 정신과 능력을 증진시켜 사회현상을 전환시킬 수 있는 유력한 수단으로 인식하기도 하였다.[42] 이러한 모험정신을 가장 잘 체현한 역사인물은 량치차오가 누차 거론한 바와 같이 콜럼버스였다. 특히 1892~1893년 콜럼부스의 신대륙발견 400주년을 기념하여, 이탈리아, 스페인(마드리드 아메리카인 역사 박람회, 1892), 미국(시카고 박람회, 1893) 등에서 박람회 등을 개최하는 등 콜럼버스의 열기가 전 세계적으로 확산되었는데, 그 기념의 일환으로 진행된 세계의 콜럼버스 기념사 모집에 중국에서는 왕도가 찬사를 써서 참여하였다.

고대를 지금같이 변화시키고, 낡은 것을 새 것으로 바꾸며, 여태까지 없었던 영토를 획득하고, 지금까지 없었던 새로운 국면을 개창하여 전세계에 명성과 공적을 남긴 자로 말하자면 콜럼버스야말로 전혀 손색이 없다. (…중략…) (그가) 새로운 땅을 찾고 나서 4차례 항해를 하였는데, 그를 뒤이어 유럽 각국이 모두 새로운 땅을 개척하여 나라를 세우고 관리를 두고 군

40　哈葛德著, 林紓譯, 曾宗巩口譯, 『鬼山狼俠傳・序』, 上海, 商務印書館, 1905, 1~2면.
41　「商務印書館最新小說四種出版」, 『申報』, 1906.3.2, 제5면.
42　耀公, 「探險小說最足爲中國現象社會增進勇敢之慧力」, 『中外小說林』 12, 1907.9, 5~6면.

사를 배치하여 해외에서의 부강의 기반을 수립하고 신세계라고 불렀다.[43]

왕도는 이어서 탐험과정에서의 온갖 역경을 이겨낸 콜럼버스의 백절불굴의 정신을 높이 평가하고, 그로인해 동서양의 교통이 단축되고 전세계가 일가一家를 이루는 것이 가능해졌으며, 아메리카에 워싱턴 같은 인물이 출현하여 천하를 공으로 삼고 국가를 세습이 아닌 현명한 인물에게 선양하는 기풍을 창조하게 되었다고 칭송하였다.[44] 왕도는 콜럼부스의 신대륙 탐험을 그의 개인적인 모험정신 이외에 세계의 일통과 인류 역사의 대전환이라는 보편적인 문명의 발전이라는 시각에서 접근하고 있으며, 식민지 개척 혹은 국위의 선양을 강조하는 국가주의적 관점과는 일정한 거리가 있다. 그러나 1900년 이후에 콜럼부스는 신민설과 같이 국민의식 개조론과 대외적인 팽창을 강조하는 국가주의적 시각과 밀접하게 연계되고 있다. 일명 "지나의 콜럼부스"는 국가주의 시각에서 콜럼버스라는 기호가 함축하는 의미를 잘 보여주고 있다.

허중의『사자혈』을 당시 사상이나 사회적 담론에 비추어 보면 네 가지 측면에서 특히 주목을 끈다. 첫째는 전세계에 대한 탐험, 둘째는 중국의 무예의 대외적인 선양, 셋째 해외의 식민지 건설, 넷째, 문명론적 시각이다. 이 소설은 사건의 전개 순서와 달리 도치적인 수법을 통해 중국의 차얼랑査二郎, 리다랑李大郎 등 20여 명이 용의 깃발을 꽂은 배를 타고 세계 각지를 탐험하다 마지막에 아프리카에서 식민지를 건설하는 스토리를 전개하고 있다.[45]

---

43 王韜,「哥倫布傳贊」,『萬國公報』42, 1892年7月(光緖18年6月), 11~12면.
44 앞의 책, 12면.

탐험지역을 보면 먼저 중국 연안 발해에서 출발하여 베링해협을 거쳐 북극 그린랜드, 멕시코, 스페인, 자바, 그리고 아프리카의 순서로 여행이 진행되지만, 소설에서는 자바, 북극, 멕시코, 스페인, 아프리카의 순서로 서술되고 있다. 탐험계획에 따르면 북극탐험 후 지구를 일주하고 산둥山東으로 돌아가는 것인데, 소설에서는 탐험지역의 지리와 풍속 등을 서술하면서도 주요하게는 힘겨운 여정에서 포기하지 않는 인내심과 용감한 정신을 묘사하고 있다. 먼저 매서운 한파가 몰아치는 북극에서는 원주민들을 위협하는 바다표범을 잡고 얼음에 갇혀 5개월 동안 머물다가 멕시코, 스페인을 거쳐 동남아시아 자바섬으로 이동하는데, 때마침 화산 폭발로 인한 천지가 진동하고, 두 마리 용이 출현하여 위험에 빠지게 된다. 여정으로 봐서는 자바섬에서 곧 중국으로 귀국을 할 것 같았지만, 소설에서는 용과 겨루는 과정에서 배가 해일과 폭풍에 날려 아프리카 북부 지역에 떨어지고 만다. 즉 아프리카는 원래 탐험의 목적지가 아니었는데, 콜럼버스가 그러했던 것과 같이 예기치 않게 아프리카 토인들이 거주하는 지역에 도착하게 된 것이다. 이곳에서도 그들 일행은 그곳의 사자와 모래폭풍, 토착 식인종을 만나 어려운 곤경에 처하게 된다. 그러나 그들은 콜럼버스와 달리 국가의 지원 없이 선박, 필요한 기술들은 모두 자력으로 구비하여 탐험을 진행한다는 점에서 그들의 모험심과 용맹함은 콜럼버스를 능가하는 것으로 그려지고 있다. 이러한 까닭에 소설 속의 탐험 스토리는 대항해 모험을 통해 신대륙을 발견한 콜럼부스, 세계를 일주한 마젤란, 아프

---

45 何迴, 「獅子血」, 章培恒·王繼權編, 『中國近代小說大系』 37, 1991, 193~243면.

리카 대륙을 탐험한 리빙스턴의 서사와 이미지가 혼합되어 있다. 즉 서구 대모험가들의 특징들이 함께 응축되어 있는 것이다.[46]

그러나 특이한 것은 주인공 중 한명인 얼랑은 바로 중국의 무술의 남북 양파의 권법을 모두 섭렵한 고수로 등장한다는 점이다. 또 아프리카에서 식인 토인들과 싸울 때도 근대식 무기가 아니라 아프리카 토인에게서 **빼앗은** 무기인 활과 표창을 가지고 정복을 하고 있다. 그중에서도 탐험과정 중 바다표범이나 용, 사자와 싸울 때뿐만 아니라 멕시코와 스페인에서 경기를 할 때마다 발휘되는 놀라운 능력은 바로 얼랑의 무예와 힘이었다. 특히 문명세계인 멕시코에서 무거운 돌을 들어올리는 내기나 스페인의 투우장에서 통제 불능의 성난 소를 맨 손으로 제압함으로써 얼랑의 무예와 괴력은 서구인들의 탄복을 자아낸다. 이러한 설정은 단순히 중국의 협의소설과 근대 모험소설의 서사 장치가 혼합된 것처럼 보이지만, 청일전쟁 이후 외국인의 중국인에 대한 모욕 즉 동아병부東亞病夫라는 오명에서 벗어나기 위한 작가의 의도로 보는 편이 더 적합해 보인다. 동아병부는 표면적으로는 신체에 대한 은유이지만 중국인의 심신 상태를 모두 포괄하는 부정적인 의미로 사용되었으며, 상무정신과 모험정신은 바로 신체와 마음 양면의 나약한 모습을 극복하고 강인한 국민으로 거듭나게 하는 유효한 처방이었던 것이다. 그런 의미에서 "지나의 콜럼버스"는 정신적인 면에서의 모험정신뿐만 아니라 강인한 신체능력을 갖출 필요가 있었다.

얼랑 일행의 모험은 단순히 북극에서 해룡도海龍島를 새로 발견하는 등

---

46 『사자혈』의 여러 모험가와 모험소설의 혼종적 특징에 대한 분석은 顔健富, 『從「身體」到「世界」－晩清小說的新槪念地圖』 제 2장, 台北－國立台灣大學出版中心, 2014.

미지의 세계에 대한 탐험으로 끝나는 것이 아니라 예상치 않은 야만세계에 도착하여 토착인을 평정하고 새로운 국가를 건설하는 것으로 끝을 맺고 있다. 그 야만세계는 이미 유럽 열강들에 의해 분할되었지만, 아직 강한 권력에 의해 지배되지 않는 혼란스러운 어둠의 세계인 아프리카이다. 자바에서 용과 싸우다가 폭풍에 날려 아프리카 북부에 떨어졌을 때 겨우 5명만 살아남은 얼랑 일행은 한 흑인을 만나게 되는데, 그는 아프리카 작은 부락의 사람으로 사막여행을 하다가 아랍의 강도와 노예 무역자를 만나 팔렸다가, 나중에 벌거벗고 흉포한 식인종 부족에 잡혀 죽을 고비를 넘기고 간신히 탈출한 자푸룬加富倫이었다. 자푸룬이 유럽인의 복장과 영어를 이해하는 것으로 보아 그 지역은 유럽의 세력권에 속하는 것으로 보이지만, 유럽인은 보이지 않고 여전히 원시적인 생존경쟁이 벌어지는 장소로 그려지고 있다. 얼랑은 5명의 일행을 이끌고 그 야만적인 식인종 부족을 없애기 위해 가던 중 도중에 만난 사자를 맨손으로 잡아 한 부족의 추장으로 추대되고, 이어서 그 부족을 이끌고 식인종 부족을 공격하여 정복을 한다. 그리고 그 부족들의 요청으로 그들의 지도자가 되어 농업과 산업 등 각종 문명의 생활방식을 가르치고, 학교를 세워 사회의 기풍을 일신하게 된다. 이른바 문명화의 사명을 수행하자 이웃 주변의 부족들도 자발적으로 귀속을 청하고, 마침내 얼랑과 다랑은 각각 합중국의 대통령과 부통령이 되어 통치를 하게 된다. 아프리카 통치와 관련하여 작가는 정복이나 지배가 아니라 토착 원주민土蠻들의 자발적인 요청에 의한 것이며, 무자비한 살상이 아니라 설득과 훈계를 통한 것임을 거듭 강조하고 있다.

　그럼 아프리카에서의 새로운 국가의 개척이 중국에 대해 지니는 의미는 무엇일까? 작가는 비록 편벽한 지역이기는 하지만, 이로서 중국인도 죽었던 기를 펼 수 있게 되었다고 끝을 맺고 있다. 얼랑의 일행의 모험과 그들이 이룬 해외에서의 성취에 비하면 이러한 평가는 다소 인색하다고 하지 않을 수 없다. 그 이유는 편벽이라는 단어에 압축적으로 표현되어 있다. 즉 광활한 지역에 비해 인간이 살기에 적합한 토지는 매우 제한적이고 문명화를 위한 조건이 열악하다는 것이다. 그나마 비옥한 토지와 상업의 요충지는 이미 유럽인들에 의해 모두 장악되었다는 인식도 깔려있다고 할 수 있다. 북극의 해룡도가 그러하듯, 얼랑 일행이 개척한 해외영토는 중국인의 대규모 식민화를 위해서는 적합하지 못했던 것이다. 안으로 넘치는 인구를 해외로 이주시킨다는 식민의 의미에서 보면 가치가 없었던 것이다. 그러나 유럽 각국이 경제적으로 백해무익하다는 비판을 무릅쓰고 열대지역의 정복에 나섰던 것처럼, 당시 제국주의의 관점에서 볼 때, 아프리카 편벽한 지역에 중국인에 의해 통치되는 새로운 영토를 개척하는 것은 국가와 국민의 명예를 세계에 널리 알리는 중요한 의미를 지니는 쾌거였다.

4. 식민지 신중국과 대동세계

세계의 지도가 변화무쌍하게 바뀌어 가던 19세기 말, 영국, 프랑스, 일본에 연이어 패한 결과 번속국으로 여기고 있던 베트남과 조선이 중국의 영향권에서 벗어나고, 홍콩에 이어 타이완마저 외국에 할양되었을 때, 누구보다도 중국의 장래 운명을 걱정하며 동분서주했던 인물은 바로 캉유웨이였다. 그는 중국의 위기를 극복하기 위해서는 정치와 사회, 교육, 경제 등 전반적인 개혁이 필요하며, 이를 러시아와 일본과 같이 강력한 개명 황제의 권위를 통해 추진하고자 하였다. 그는 1890년을 전후하여 개혁 방안을 건의하기도 했지만 구체적인 성과를 거두지 못하다가 청일전쟁 이후 마침내 젊은 광서제의 지지를 받아 변법을 추진하였다. 이른바 무술변법으로 불리는 이 정치개혁 운동은 비록 백일유신으로 끝났지만, 중국에서 본격적인 정치 및 사회개혁의 큰 조류를 형성하는데 중요한 기여를 하였다. 변법실패로 1898년 말 일본으로 망명한 이후, 그는 해외 화교를 중심으로 보황회를 조직하고 입헌운동을 추진하였다. 그러나 주로 량치차오, 마이멍화 등 제자들이 중심적인 활동을 맡고 자신은 직접적인 정치운동에 종사하기보다는 세계질서와 인류문명의 변화를 관찰하며 저술활동에 집중하였다. 그 대표적인 저서가 바로 『대동서』이다. 『대동서』는 국가가 소멸하는 유토피아적인 이상세계를 그리고 있으며, 그 세계는 중국 및 그 문명이 멸망하지 않고 존속하면서 세계경쟁의 중요한 한 축을 형성하는 것을 전제로 하고 있다. 그러나 중국의 미래 운명이 매우 불확실했던 19세기말 캉유웨이는 중국의 개혁실패와 그에 따른 중국의 망국멸종을 대비한 또 다른 구상을 하고 있었다. 이른바 신대륙에 새로운 신중국을 건설하는 것이었다.

캉유웨이가 중국인의 식민의 문제에 관심을 갖게 된 것은 중국의 과밀한 인구와 백성들의 생업의 어려움이었다. 이는 두 가지 측면에서 중국의 위기를 가중시키는 요인이었다. 첫째는 백성들의 삶이 도탄에 빠지는 것이고, 둘째는 그로인해 백성이 도적떼로 전락하여 태평천국과 같은 국가적 혼란을 야기하는 것이었다. 이러한 백성의 문제는 맬더스의 인구론과 관계없이 중국의 통치체제에서 항상 가장 중요한 문제였기 때문에 새로운 것은 아니었다. 캉유웨이는 정치개혁을 위해 쓴 1888년 첫 번째 상주문과 1895년 두 번째 상주문에서 중국의 인구문제와 백성의 안정적인 삶을 위한 지원과 보호를 언급하고 있다. 그런데 상주문에서 눈길을 끄는 것은 인구문제로서 당시 새롭게 부상한 해외 중국인의 문제가 지적되고 있다는 점이다.

첫 번째 상주문에서는 영국과 프랑스의 세계 식민지를 둘러싼 경쟁을 설명하고 나서, 이에 대한 중국의 군비무장의 필요성과 함께 미국과 오스트레일리아의 중국 노동자 배척을 거론하고 있다. 그는 미국인이 중국인 노동자를 축출하고, 영국령 오스트레일리아도 이를 뒤따르고 있으며, 장차 남양제도의 여러 지역에서도 이러한 행위를 따라할까 우려하였다. 그리고 중국인 가운데 해외에 거주하는 자는 천 수백만에 달하는데, 이들을 보호하지 않아 생업을 잃게 된다면 도적떼가 되어 혼란을 야기할 것이라고 지적하였다.[47] 1858년 톈진조약으로 중국 노동자들의 자유로운 해외 이주 혹은 출국이 허용되면서 동남아시아와 미주 지역으로 이주가 이루어졌는데, 이제 그곳에서 중국인 노동자의 입국을 금지하면서 해외이주가 막히거나 출국했던 노동자들마저 귀국해야 하는 처지가 되었던 것이다.

그러나 첫 번째 상주문에서는 해외이민의 문제만 지적했을 뿐, 그에 대한 해결 방법을 제시한 것은 두 번째 상주문이었다. 청일전쟁의 패배로 일본과 화의조약을 체결할 무렵 쓴 상주문에서, 캉유웨이는 철로의

---

47 康有爲, 「上淸帝第一書」, 湯志鈞編, 『康有爲政論集』(上), 中華書局, 1981, 54면.

미비로 인한 경제적 손실을 지적하고, 백성들의 어려운 삶을 보살펴야
할 필요성을 역설하면서, 그 방법 중 하나로 이민개간을 제시하였다.
서북지역과 몽골, 동삼성 등은 인구가 적고 토지가 개간되지 않고 있는
데 이 지역으로 적극 이주시켜 개간을 하도록 해야 한다는 것이었다.
그런데 그는 이주개간의 방법으로 해외의 세 가지 사례를 들고 있다.
즉 러시아에서 범죄자, 무정부주의자를 이주시켜 시베리아를 개간한
것, 영국이나 미국이 각각 경작을 허용하여 캐나다와 미시시피 강 동남
주州를 개간한 것과 브라질이 전국의 경작을 허용하여 개간한 사례, 그
리고 네덜란드와 같이 상인을 남양제도로 이주시킨 예가 바로 그것이
었다. 이러한 사례는 각각 죄수, 농민, 상인들의 이주를 통해 새로운 영
토를 개간한 방식이지만, 캉유웨이는 세계 각국의 이주와 개간 사례를
소개함으로써 국가차원의 적극적인 정책적 지원을 강조하고자 하였다.
특히 그는 해외의 중국 노동자들이 배척받고 있는 상황은 인구 및 경제
문제를 해결하기 위한 세계 각국의 치열한 경쟁의 실상을 보여주는 것
으로 보고, 식민지 개척의 필요성에 주목하였다. "영국은 이주 이후 개
척한 영토가 본국의 70배이고 백성은 더욱 번성하고 있는데, 어찌 인구
증가의 문제로 그들을 버리겠는가? 지금 우리 백성은 곤궁해져 여기저
기 떠도는 자가 매우 가장 많다. 미국인의 고달픈 노예가 되고자 하지
만 이마저 허락되지 않고 쫓겨나고 있으며, 오스트레일리아, 남양제도
도 이를 본받아 수백만의 백성이 생업을 잃고 귀국하였다."[48]

　이상의 상주문에서 인구문제를 위한 국내 변방지역의 개간을 방법

48　康有爲,「上淸帝第二書」, 湯志鈞編, 앞의 책, 129면.

으로 제시한 것은 당시 중국이 실행 가능한 국가정책을 염두에 둔 것
이었다. 국가가 개혁을 통해 부강을 이루고 해외 국가와 경쟁에 뒤지
지 않는다면 인구의 증가나 해외에서의 중국인 배척 등의 문제는 해결
할 수 있었던 것이다. 그러나 만약 중국이 국가적 차원에서 문제를 해
결하지 못한다면, 캉유웨이는 스스로 해외로 나아가 식민지를 개척할
계획을 세우기도 하였다. 캉유웨이의 자서전에 따르면 1888년 그는
중국이 망해가는 데도 구할 수 없음을 알고 차마 좌시할 수 없어 바다
건너 해외로 나갈 방법을 모색했는데, 미국에서 공자사상을 전파하거
나 또는 브라질에 식민지를 경영하여 신중국을 수립할 것을 계획하기
도 하였다. 그러나 역량이 부족하고 노모가 있어 뜻을 행할 수 없었
다.[49] 이러한 계획은 청일전쟁 직후 연이은 상주문에도 결과가 없자 그
는 또 브라질에 신중국을 수립하는 계획을 떠올리고 있다.

> 중국인이 포화상태가 된지 오래되었다. 미국과 오스트레일리아가 모두
> 우리 백성들이 거주하는 것을 금하고 있다. 또 뿔뿔이 흩어지고 파산하여
> 대지를 두루 살펴봐도 우리 백성을 이주시킬 수 있는 곳은 오직 브라질뿐
> 이다. 브라질은 경위도가 우리와 가깝고, 지역이 수천 리에 이르며 아마존
> 강이 관통하고 있다. 비옥하고 풍요로우며, 인민은 단지 800만에 불과하다.
> 만약 우리가 백성을 이주시켜 살게 한다면 새로운 중국을 만들 수 있다.[50]

이러한 구상이 진지하게 계획되었다고는 할 수 없지만, 당시 타이완이

---

49 康有爲, 『我史』, 江蘇人民出版社, 1999, 17면.
50 위의 책, 31면.

일본에 할양되고 정치적인 변혁의 기미가 없자, 캉유웨이는 중국이 장차 망할 것으로 보고 브라질을 개간하여 종족을 보존하고자 했던 것이다. 멕시코와 브라질 등으로의 식민개척은 이후 량치차오도 수차례 주장하고 있고, 또 캉유웨이가 천츠陳熾와 헤어질 때 이러한 구상을 밝히며 자신은 새로운 국가를 개척할 것이니 그대는 옛 국가를 지키라고 말했다고 회고한 것으로 보아[51] 단순히 일시적 감상은 아니었다고 할 수 있다.

캉유웨이의 브라질 식민개척에 관한 구상은 19세기 중반이후 세계에서 중국인 노동자의 모집과 관련이 있었다. 19세기 전반부터 미주지역과 동남아지역의 유럽 국가들이 노예를 대체하거나 증가하는 노동력 수요를 해결하기 위해 중국인 노동자에 관심을 가지고 불법적인 방법까지 동원하여 이른바 쿨리를 모집하였다. 이러한 추세는 1860년대에 마카오를 중심으로 집중적으로 이루어져 대략 20만 명의 중국인이 남미와 동남아 등 해외로 나갔는데, 그 과정에서 쿠바와 페루 등에서 쿨리를 혹사하거나 비인간적인 학대가 발생하여 국제적인 문제로 비화하기도 하였다. 또 1880년대는 미국과 캐나다. 오스트레일리아에서 연이어 중국인 노동자의 입국을 금하는 조치를 취하여 광둥지역의 중국인들에게 적지 않은 타격을 주었다. 하지만 브라질은 이와 달리 1880년대부터 중국노동자를 모집하기 위해 청 정부와 조약을 체결하려 적극적으로 교섭하였다. 청 정부는 처음 해외의 중국 노동자 모집 금지에서 점차 허용하는 방향으로 입장을 선회하였지만, 1894년까지도 브라질의 노예제도나 정치적인 정변 등을 이유로 소극적인 자세를

---

51 위의 책, 31면.

취하고 있었다. 이러한 상황에서 캉유웨이의 문하생이 직접 브라질 정부와 중국인 이주와 관련하여 의견을 조율하는 등 적극적으로 응하고 있었고, 캉유웨이와 량치차오 등은 그러한 기회가 중국이 새로운 식민지를 개척할 수 있는 기회라고 여기고 있었던 것이다.[52] 당시 브라질과 청 정부의 이러한 교섭과정은 캉유웨이의 브라질 식민개척론이 단순히 개인적인 희망이나 상상이 아님을 말해준다. 뿐만 아니라 주의할 점은 중국 노동자를 적극 유치하려는 브라질의 중국인 이민 장려 정책에 대해 캉유웨이는 단순히 이주와 이민이 아닌 신대륙에서 중국문명을 새롭게 건설하여 부흥시키려는 계획, 즉 새로운 식민지 개척으로 반응하고 있다는 점이다. 이러한 식민지 개척구상은 수년 후 그가 미주지역을 방문하면서 다시 한 번 제시되고 있다.

캉유웨이가 미주지역에 직접 발을 딛게 된 것은 1905~1906년 미국과 멕시코를 여행하면서부터였다. 이때는 이미 청일전쟁으로부터 10여년이 지나고, 중국에서도 새로운 정치개혁이 본격화된 시기였다. 이때 캉유웨이는 여러 수의 시를 남겼는데, 그 시들 가운데는 여전히 브라질 식민개척의 의지와 미주지역에 대한 독특한 인식이 나타나 있다. 먼저 그는 미국유람을 마치고 브라질행을 준비하기 전 로키산맥에 올라 세계문명과 형세의 변화를 읊은 후, 남미의 광활한 황무지를 개척하여 새로운 세계를 열겠다던 이전 맹세를 회고하고 있다. "우리나라 인구 수억 명, 버려진 것처럼 빈곤하고 분주하네. 내 장차 브라질

---

52 19세기 중반 이후 중국 노동자 해외 출국에 대해서는 陳翰笙主編, 『華工出國史料匯編』 1-1, 220~250면. 또 캉유웨이의 브라질 식민개척론의 시대적 배경에 대해서는 茅海建, 『從甲午到戊戌-爲『我史』鑒注』, 三聯書店, 中華書局, 2009, 197~210면.

땅에 식민하여, 해마다 배를 타고 바다를 건너는 수많은 사람들, 우리 종족을 심고 우리 것을 가르쳐, 우리 문명을 보존하고 우리 밭을 개척하면, 백성의 신속한 이주로 수천만에 이르고, 신중국을 세워 그 빛이 하늘에까지 이어지리라. 그리하여 구중국을 구하고 신중국을 열어, 우리 종족은 편안하고 강하고 견고하리라"[53] 인구의 번식으로 식민이 필요한데, 사람들이 편히 먹고 살기 좋은 곳으로는 남미만 한 곳이 없기 때문에 그곳에 종족을 이주시켜 새로운 국토를 개척하고 중화를 새롭게 하고 싶다는[54] 희망은 10여 년 전의 꿈과 유사하지만 내용적으로는 적잖은 차이가 있다. 캐나다와 미국을 여행하면서 그는 아메리카 원주민과 그 문명에 대한 인식의 변화를 보여주고 있다. 이른바 아메리카 인종과 문화의 중국기원설이다. 캉유웨이는 알래스카에서 칠레까지 아메리카의 원주민들은 중국에서 건너간 사람들의 후손이라고 보았다. 멕시코시티를 여행할 때 붉은 벽에 문이 층층으로 이루어진 고대 왕궁의 사당을 보고는, 이는 중국의 선비족으로부터 전해졌다고 하는가 하면,[55] 인디언의 생활용기나 언어 등의 유사성을 바탕으로 "태평양 동쪽 5만리, 로키와 안데스 서쪽의 푸른 이끼. 모두 우리 중국인華種의 유적지", "콜럼부스가 발견한 것은 훨씬 이후의 일"이라고 하였다.[56] 즉 아메리카 인디언은 중국의 후손이고, 그 대륙을 제일 먼저 발견한 것도 중국인이라는 것이다. 따라서 그는 아메리카를 유럽에 빼앗긴 중

---

53 康有爲, 「康南海先生詩集」(豪天室詩集 8), 『康有爲全集』 12, 中國人民大學出版社, 2007, 268면.
54 위의 책, 272면.
55 위의 책, 271면.
56 위의 책, 269면.

국의 고토古土라고 주장하였다.

> 마침내 신대륙이 번쩍번쩍, 객이 주인이 되고, 타인이 먼저 자리를 잡는
> 다. 눈부신 유럽의 북과 깃발, 남북 아메리카 도처에 번개와 우레가 친다.
> (…중략…) 우리 중국인 수억 명, 지구를 횡단하기로는 우리가 으뜸이다.
> 언젠가 큰 배를 다시 건조하여 파도를 가르고, 뭍에 올라 어디가 우리 옛
> 땅인지 물어보리라, 북쪽 알래스카에서 남쪽 칠레까지. 옛 주인이 다시 오
> 니 용 깃발이 나부낀다.[57]

이와 같이 캉유웨이에게 브라질을 비롯한 남미로의 식민은 이제 단
순히 인구의 과잉과 외세에 의한 종족의 멸종위기를 극복하기 위한 대
안이 아니라 옛 고토의 회복이자 신중국의 수립이다. 고국인 중국대륙
을 덮고 있는 구름과 안개를 걷어내고, 새로운 대륙, 해외 구석을 찾다
가, 제천諸天과 만겁을 거쳐 마침내 찾아낸 곳이 바로 브라질이고, 그곳
은 중국의 문명이 뿌리내릴 새로운 국토였던 것이다.[58] 이에 대해 량잔
梁展은 캉유웨이가 식민주의적 지식을 바탕으로 민족정체성을 구성하고
있으며, 개인이든 민족이든 정신적으로 식민화되어 자아를 상실할 위
험을 보이고 있다고 비판하고 있다.[59] 이러한 식민주의적 지식을 바탕
으로 한 자아와 세계인식은, 캉유웨이가 인종과 국경의 경계를 초월한
대동의 세계를 구상한 『대동서』에서도 나타나 있다.

---

57 위의 책, 269면.
58 위의 책, 269면.
59 梁展, 「文明, 理想與種族改良－一個大同世界的構想」, 劉禾主編, 『世界秩序與文明
等級－全球史硏究的新路徑』, 三聯書店, 2016, 161면.

19세기의 전례 없는 전지구적인 통합은 예의禮儀라는 보편적인 규범을 중심을 한 세계질서에 익숙했던 중국 지식인에게 있어서 낯선 것이 아니었다. 그러나 중국 중심의 지역적인 예치질서가 더 이상 세계의 보편적인 질서를 구성하는 이념이 될 수 없다는 것은 새로운 세계 질서를 이해하고 받아들이는데 있어 하나의 도전적인 사상적 과제였다. 중국의 분할과 민족의 멸종이라는 위기 속에서, 브라질 등 해외에서의 식민지 개척을 민족 생존의 대안으로 기획하기도 했던 캉유웨이가 역설적이게도 가장 유토피아적인 대동세계라는 평화구상을 제시한 것은 바로 이러한 사상적 과제에 대해 응답하기 위한 것이었다. 그의 사상에 있어 역설은 두 가지 측면에서 보여주는데 첫째는 근대의 만국공법의 이상적 형태로서 공법질서를 추구하면서 동시에 만국공법의 전제인 만국의 병립을 해소하려 했다는 점이고, 둘째는 유토피아적인 대동을 추구하면서 현실의 제국주의 논리를 자연적인 역사과정으로 수용하고 있다는 점이다. 이러한 그의 대동사상에 대한 지금까지의 연구는 대부분 그의 정치사상, 유토피아 사상과 관련된 사상적 원류 및 형성과정, 그리고 대동세계의 사회상을 중심으로 진행되어 왔다. 그는 유가의 삼세설과 전통적인 대동이념을 서구의 민주주의, 진화론, 사회주의 사상과 여성권리 등과 결합하여 새로운 세계의 대일통을 구상하였으며, 특히 가족의 해체와 여성의 평등한 권리를 위한 과감한 전망은 당시 다른 유토피아 구상과 비교하여 특별한 것으로 평가를 받고 있다.[60] 그러나 대동세계의 특징과 의미를 이해하기 위해서는 그 내용도

---

60 최근 캉유웨이의 대동사상에 대한 종합적인 연구는 竹內弘行의 『康有爲と近代大同思想の研究』, 汲古書院, 2008.

중요하지만, 대동세계를 구축하는 과정과 방법, 사상적 근거 등에 대해 더 주목할 필요가 있다.

그의 대동세계는 당시 여러 유토피아 사상이나 관념이 그러하듯이, 단순히 공상적인 것이 아니라 새롭게 형성 중인 세계질서에 대한 관찰에 기반하고 있다. 뿐만 아니라 19세기 말 무술변법 시기 중국의 가장 영향력 있던 현실주의적 변법가로서, 그는 앞서 언급한 당시 중국의 외교관, 정치가 및 사상가들과 마찬가지로 만국공법이 중국의 운명과 새로운 세계질서의 형성에서 지니는 의미에 대해 깊은 관심을 가지고 있었다. 일찍이 급변하는 세계질서가 중국 및 전체 인류에 대해 지니는 의미를 관찰하기 시작한 1880년대부터 그가 공리와 공법에 의거한 인류사회의 보편적인 규범과 제도를 사유하기 시작한 것도 『만국공법』과 직접적인 관련이 있다.[61] 즉 그가 구상하는 대동세계는 바로 공리를 기초로 확립된 공법에 따라 세계정부가 관리하는 통일된 세계였다. 여기서 핵심적인 문제는 지구상의 수많은 국가 간 전쟁이 통제되지 않는 이유인, 최고의 절대적 주권 주체인 국가와 공리 및 공법 사이의 괴리를 극복하는 문제였다. 그가 『대동서』에서 인류 평화를 위해 세계정부公政府를 제도적 장치로서 내세운 것은 공법과 공리를 국제정치학의 방법으로 보장하기 위한 것이었다. 그럼 어떻게 세계정부를 이룰 수 있을까?

---

61 그는 1888~1890년대 초에 「實理公法全書」, 「公法會通」등을 통해 공리에 의거한 인류의 규범과 보편적인 국제공법에 의거한 새로운 질서를 구상하기 시작하였다. 康有爲撰, 『康有爲全集』 1, 中國人民大學出版社, 2007, 146~161면.

국가란 가장 고급의 인민단체이다. 천제(天帝)이외에 그 위에 법률로 제재할 수 있는 존재가 없어, 각자 사사로운 이익을 도모하지만 공법으로도 억제할 수 없고 말뿐인 의리(義理)로 움직일 수 있는 것이 아니다. 그중 강대국이 작은 나라를 침략하여 병탄하고 약육강식하는 것은 형세의 자연스러운 것이지 공리가 미칠 수 있는 것이 아니다. 비록 어진 사람이 있어 군대를 없애어 인민을 안락하게 하고, 국가를 없애 천하를 공(公)의 것으로 만들려고 해도 결코 좋은 방법을 찾을 수 없다. (…중략…) 하지만 공리에 입각해 말하고 인심에 따라 관찰하자면 대세의 흐름은 대동에 이르게 된 후에 그치게 될 것이다.[62]

캉유웨이에게 있어 대동세계, 세계정부는 인류 역사발전의 궁극적 목적이라고 할 수 있다. 진화론과 목적론적 역사관이 결합된 역사와 세계에 대한 이러한 인식은 비관적 낙관주의에 가깝다. 그에 의하면 세계 혹은 국가의 진화란 분화된 상태에서 통합으로 가는 것이 자연스러운 추세이다. "대개 분열과 병합의 형세는 자연스런 도태의 현상으로, 강한 자가 병합해 삼키고 약한 자가 멸망하는 것 또한 단지 대동의 선구일 뿐"[63]이다. 이와 관련된 역사적 예시로서 그는 고대부터 많은 사례를 들고 있지만, 특히 19세기 이후 유럽에 의한 아프리카 분할과 버마, 베트남, 조선, 류큐 등 아시아 국가의 유럽 및 일본에 의한 식민지화, 그리고 독일과 미국의 연방국가(작은 지방 국가를 통합)의 수립을 대표적인 최근 추세로서 들고 있다. 특히 독일과 미국의 연방은 작은 국가를 의식하

---

62 康有爲, 「大同書」, 『康有爲全集』 7, 中國人民大學出版社, 2007, 128~129면.
63 위의 책, 129면.

지도 못한 채 멸망시키는 기묘한 방식妙術이라 평하고, 20세기 초 미국과 독일의 제국주의적 팽창에 대해서도 장차 미국이 아메리카를 석권하고 독일이 유럽을 석권하는 것 역시 점차 대동에 이르는 궤도라고 평하고 있다.[64] 결국 그에 의하면 19세기 후반 본격화된 제국주의 팽창과 제1차 세계대전과 같은 '제국주의 전쟁'을 거쳐 하나의 제국으로 통합되는 것이야 말로 대동이 현실화되는 과정이라고 할 수 있다.

좀 더 구체적인 방법을 보면, 그의 세계정부는 군대를 없애는 회의에서 시작하여 연맹국의 수립, 그리고 이어 공의회의 결성으로 완성되고, 연합방식을 보면 각국의 평등한 연맹단계에서 각 연방이 자치를 하다가 대정부로 통일되는 단계, 그리고 국호를 없애고 공정부하에 각각 자유 주州와 군郡으로 통일되는 단계를 거쳐 수립된다. 여기서 연맹이란 각 국가들이 서로 연합을 이루는 각종 형태를 가리키는 것으로 가장 대표적인 것은 바로 나폴레옹 전쟁 이후 비엔나 회의, 독일, 오스트리아, 이탈리아 삼국동맹 등 유럽의 세력균형의 일환으로 맺어진 각종 동맹관계나 만국평화회담이다. 그러나 이러한 동맹관계는 구속력이 약하고, 각국이 사사로운 이익을 도모하는 것을 억제할 수 없다. 따라서 그는 각국 간의 전쟁을 없애려면 평등하게 연맹하여 공의회를 수립해야 한다고 주장하였다.[65] 캉유웨이가 공의정부와 공의회를 위해 참조한 것은 바로 독일연방이었다. 각국의 대표가 공의회를 구성하고,

---

64 위의 책, 129면 각주1과 2참고. 위의 책 각주의 내용은 「대동서」의 여러 판본 가운데 1913년 『불인(不忍)』잡지와 1935년 중화서국에서 출판된 판본에 실린 내용으로, 1991년 번역 출판한 『대동서』(康有爲, 李聖愛 역, 1991)는 바로 중화서국의 판본과 내용이 같다. 康有爲, 李聖愛, 『大同書』, 민음사, 198면.
65 康有爲, 「大同書」, 『康有爲全集』 7, 129면.

나아가 공의정부를 설치하되 연방내 각 지방정부의 내정에는 간섭하지 않는 모델이 그것이다. 다만 공의정부는 연합 군대公兵와 공동의 법률公律로서 각국에 압력을 행사할 수 있다. 이후 조건이 성숙해지면 국가명과 국경을 없애고 대신 공정부의 통합하에 자주적인 주와 군을 설치하는데 마치 미국이나 스위스와 같은 형태로서 이것이 곧 대동의 세계정부인 것이다.

그러나 이러한 변화를 역사발전의 자연적인 추세라 하더라도 많은 저항과 난관, 그리고 불확실성이 존재한다. 제국주의적인 적자생존의 무한경쟁에 맡긴다고 해도 그 과정의 비극적인 참상은 말할 것도 없고, 그의 구상과 같이 공정부와 공의회라는 세계정부의 수립으로 귀결될지도 보장할 수 없다. 캉유웨이 역시 연합을 방해하는 장애물이 적지 않음을 지적하고 있다. 예를 들어 국가마다 풍속과 이해가 다르다는 점, 병립에 대한 선호와 연합형태의 정부에 대한 반감의 존재, 공의회를 대표하는 각국의 의원 수를 정하는 문제, 다양한 의견과 다양한 국가의 논의를 거쳐 공동의 법률을 제정하는 난제, 그리고 연합 이후에도 각종 원인에 의한 재분열의 가능성 등이 그것이다. 이러한 난제를 극복하는 방법은 결코 쉽지 않기 때문에 그는 세계정부로의 이행은 점진적으로 이루어지며, 우선 상대적으로 용이한 만국평화회의에서 출발하여 독일식 연방으로, 그리고 다시 미국식 연방으로 나아가야 한다고 주장하였다.[66] 그리고 이러한 장애에도 불구하고 세계정부를 추동하는 동력은 민주공화국의 보편화와 세력균형의 원리라고 보았다.

---

66 위의 책, 131~132면.

향후 백년 사이에 여러 약소국들이 다 없어질 것이고, 여러 군주전제체제 제도 반드시 없어지며, 장차 입헌공화국이 다 행해질 것이고, 국민들의 정당과 평등한 권리가 크게 번성할 것이다. 문명국의 백성은 더욱 지혜롭고, 열등한 인종은 날로 점점 쇠미해질 것이다. 이로부터 대세의 흐름과 인심의 향방은 반드시 전지구의 대동, 천하태평으로 나아갈 것이다.[67]

민주평화론에 가까운 이러한 인식의 바탕에는 지금까지 국가는 군주의 사유물이었고, 군주 개인의 사사로운 이익을 위해 국민들을 동원하고 희생시키는 전쟁이 발발했다고 보는 시각이 자리 잡고 있다. 그리고 국가의 구성과 정책결정에서 국민들의 의사와 의지가 중요한 민주공화제에서는 국민들의 생명과 재산을 보호하기 위해 가급적 국가 간 충돌이나 전쟁을 피하고자 할 것이라는 것이다. 따라서 캉유웨이의 세계정부가 가능하기 위해서는 전세계적으로 전제군주제가 폐지되고 민주공화제가 보편적으로 실현되는 것이 중요한 전제조건이라고 할 수 있다.

한편 민주공화제는 단순히 정체, 즉 형식적인 제도를 갖추는 것을 의미하지는 않는다. 민주공화제의 국민들이 평화를 선호하고 지지하는 것은 그들이 문명화되어 지혜롭기 때문이다. 무술변법시기 상주문에서 캉유웨이가 서구가 중국을 반개화의 국가 심지어는 아프리카 흑인노예와 동일시한다고 비판한 바가 있지만, 이는 결코 문명론의 서구중심주의를 비판하기보다는 세계변화에 둔감하여 자기변혁을 추진하지 못하는 중국의 자기비판에 더 가까웠다. 즉 그는 서구의 문명론, 특

---

67 위의 책, 132면.

히 인종론적 문명론에 대해 완전히 동의하지는 않았다 하더라도 기본적인 관점과 평가에 대해서는 공감하고 있었다. 그에게 있어서 서구를 모델로 한 세계적 차원의 문명화와 민주화는 역사발전의 필연적 과정이었던 것이다.

그러나 세계정부를 추동하는 보다 직접적이고 현실적인 힘은 약육강식의 사회진화와 세력균형이었다. 그는 현재는 민족이 아닌 국가의 경쟁시대이며, 장차 100년 이내에 러시아, 영국, 독일, 프랑스 및 중국과 미국만이 남고, 남미와 오세아니아 주는 각각 하나로 통일될 것이라고 보았다.[68] 즉 국가 간 무한 경쟁의 결말은 세계의 모든 국가가 소수 몇 개의 강국으로 통합되는 것이다. 캉유웨이는 그 방식으로 두 가지를 제시하였는데 하나는 무력에 의한 강제통합을 통해 궁극적으로 연방을 이루는 것이고 다른 하나는 작은 연방을 구성하여 점차 더 큰 연방으로 나아가는 것이다. 이중에서 그는 작은 연방에서 시작하는 것이 명분이 있고 안정적이며 용이하게 통합하는 방식이라고 보았다.[69]

이에 따라 그는 국가들의 연방은 크기와 힘이 비슷하고 이해관계가

68　康有爲, 「與某華僑筆談」, 『康有爲全集』 7, 198면. 원문은 러시아, 영국, 독일, 프랑스 및 중미(中美)로 되어 있는데, 내용과 당시 관용법으로 보아 중미는 중앙아메리카가 아니라 중국과 미국을 지시하는 것으로 보아야 할 것이다. 캉유웨이는 이를 강자가 약자를 능멸하고 큰 국가가 작은 국가를 병합하는 것이 일상화된 이른바 병탄의 시대의 결과라고 보고 있다. 康有爲, 「挪威游記」, 『康有爲全集』 7, 473면.

69　캉유웨이는 약소국가의 자립은 유럽 열강의 균세에 입각한 간교한 계획의 결과로서 일시적인 것에 지나지 않기 때문에 오히려 강국의 보호를 받는 것이 더 현실적인 자구책이라고 보았다. 여기서 강국의 보호란 강국 중심의 연방에 귀속되어 내정에 있어 자치를 행하고, 외교와 군사는 연방의 중심인 패권국가에게 위임하는 것이다. 이러한 시각에서 그는 스웨덴에서 독립한 노르웨이와 중국으로부터 자립을 선언한 대한제국의 단견을 비판하기도 하였다. 康有爲, 「德國游記」, 『康有爲全集』 7, 448면; 康有爲, 「挪威游記」, 앞의 책, 473면.

유사한 2~3개 국가의 소연합으로 시작해야 한다고 주장했다. 그 이유는 연방수립을 가능하게 하기 위해서는 같은 대륙, 같은 종교, 같은 종족 등 최대한 공통된 조건과 기반을 갖추는 것이 유리하다고 보았기 때문이다. 그러나 세계 각국이 점차 몇 개의, 결국에는 두 세 개의 연방으로 통합되어가다가 마침내 하나의 세계정부로 통일되게 하는 동력은, 자기보존을 위해 공동의 이해를 가진 국가들 사이의 대연합이라는 세력균형이었다. 그가 예상한 대연방에 따르면 유럽은 대략 3개의 연방, 즉 러시아를 중심으로 한 동유럽, 독일을 중심으로 한 북유럽, 프랑스와 영국을 중심으로 한 남유럽의 연방으로 통합될 것이고, 아메리카는 미국을 중심으로, 페르시아, 터키, 인도 등 이슬람국가는 영국의 세력이 약해져 인도가 독립할 경우 인도를 중심으로 한 연방을 이룰 것이었다. 그리고 동아시아는 중국과 일본만이 남게 되고 여기에 동남아시아가 함께 통합을 이루는데, 일본의 천황의 권위가 약해져 공화제로 변화할 경우 결국에는 중국을 중심으로 동아시아 연방이 형성될 것으로 보았다. 그 후 또 대연방들 사이의 세력균형을 위해 두 세 개의 더 큰 연방으로 귀결되면, 결국에는 대대적인 전쟁을 피하기 위해 타협을 통한 통일된 세계정부를 이루게 될 것이라고 보았다.[70] 물론

---

70 위의 책, 131~132면. 이러한 대륙 및 인종별 대연방 국가의 구상은 식민지 병합과 열강 간의 군사적 갈등이 심화되던 시기, 인종과 지역을 중심으로 한 세력균형론이나 황화론과 같은 주장에서 쉽게 찾아볼 수 있다. 뿐만 아니라 1900년대 초 중국에 직접적인 영향을 주었던 일본의 제국주의론에서 적극 제기된 관점이기도 했다. 우키타 가즈타미는 세계는 작은 공동체에서 더 큰 공동체로의 융합과 연합으로 발전하고 있는데, 이러한 추세에 부응하는 적합한 방법은 지리, 인종, 종교의 유사성 및 근접성에 근거하여 대연방을 구성하는 것이라고 주장하였다. 즉 서구는 이미 구성된 영연방 이외에도 게르만족, 튜턴족, 슬라브족이 각기 연방을 구성하고, 남북아메리카는 미국을 중심으로, 아시아는 일본을 중심으로 연방을 구성해야 한다는 것이다. 浮田和民,

이러한 전망은 20세기 초 중국이 분할의 위기를 극복하고 자강을 통해 자립할 수 있는 능력을 갖추는 것을 전제로 하고 있다.

『대동서』의 내용을 보면 대동세계의 사회적 특징과 그러한 세계에 이르는 과정이 이념과 방식에 있어서 매우 모순적이다. 세계정부가 이끄는 대동세계의 사회적 특징을 보면 국가의 경계 철폐는 물론이고 계급의 차별, 인종차별, 남녀차별이 없이 모두 평등하고, 심지어 가족관계가 해체되고, 산업 간의 경계도 없애는 등, 인간의 자연적 본성에 입각하여 행복을 극대화하는 공리公利가 지배하는 사회이다. 그러나 대동세계에 이르는 과정은 수많은 약소민족의 병합과 희생이 수반된다. 그리고 그러한 비극에 대한 비판과 연민은 존재하지만 불가피한 것으로 인식된다. 그것은 공리公理의 세계가 아니라 오직 자기이익만을 추구하는 야생적인 경쟁무대이고, 특정 문명의 기준에 도달하지 못한 다수의 인류가 도태되고 강제 소멸되는 세계이다. 그러한 잔혹한 비극을 초래하면서 동시에 인류를 통합해 가는 것은 단지 세력균형이라는 국제정치학적 실천뿐이다.[71]

「帝國主義理想」, 『國民敎育論』, 民友社, 1903, 250~252면.

71 그가 대동을 위한 조건으로 민주공화제를 제기하여 마치 평화를 추구하는 세계인들의 지향에 의해 대동에 이르는 과정을 암시한 것처럼 보인다. 그러나 당시 미국과 프랑스 등 공화제 국가들의 식민지 경영과 제국주의적 팽창을 고려하면, 캉유웨이는 민주 공화정이 빠질 수 있는 함정 즉 다수 국민 또는 민주의 이름으로 포장된 대중독재의 문제점을 간과했다고 할 수 있다. 이러한 민주주의의 문제점은 서구에서 민주주의가 정치체제로서 확산되어 가던 19세기에 이미 알렉시스 토크빌과 존 스튜어트 밀 등에 의해 심각하게 인식되고 있었다. 또 제국주의 비판론자들이 지적한 맹목적 애국심도 주로 민주주의 체제에서의 대중들의 대외적 배타주의를 지적한 것이었다. 결국 일본의 자유주의적 제국주의론과 마찬가지로 캉유웨이에게 있어서 민주공화정은 제국주의와 상호 갈등관계라기보다는 제국주의를 더 강화하는 내적인 조건이었다. 따라서 그가 상정한 대동세계를 위한 현실적 방법이란 문명진보라는 목적을 위해 약소민족의 '불가피한 희생'을 수반하는 강대국에 의한 약소국의 병합과 강대국 간의

이러한 모순이 발생한 이유는 대동세계를 구성하는 그의 사고에서 줄곧 중요한 역할을 한 것이 바로 인종론 및 문명론과 결합된 사회진화론이었기 때문이다. 19세기 후반 서구의 5종 인종론이 소개된 이후, 인종론은 중국의 역사와 세계에 대한 인식 그리고 정치 및 사회 개혁 등 방면에서 적지 않은 반향을 낳았다. 인종론이 중국인의 인식에 미친 변화는 크게 두 가지 측면으로 요약할 수 있다. 첫째, 인종론을 국민성이나 민족성과 연계하여 중국 민족의 개조의 근거로 삼거나 아니면 한족과 비교하여 만주족을 열등한 민족으로 간주하여 반反만주족 민족혁명의 근거로 삼았다. 둘째는 인종론을 문명론과 결합하여 문명의 관점에서 인종을 평가하였다. 이 두 가지는 상호 연관되어 있지만, 캉유웨이는 특히 후자의 관점에서 인종의 문제를 접근하였다. 그는 인류를 문명인과 야만인으로 나누고 백인종과 황인종을 제외한 대부분 인류는 야만인으로 간주했으며, 백인종, 황인종, 흑인종 및 갈색인종과 아메리카 인디언 사이에는 명확한 문명의 등급이 있다고 보았다. 이와 같이 인종과 문명론의 상호 연계는 중국에 서구의 문명론이 소개될 때부터 보여주던 특징이었다.

한편 인종론과 문명론은 진화론적 역사관과 결합하여 특정한 역사 시각을 형성하였다. 진화론적 역사의 시각에서 보면 인간의 공동체는 부족에서 부락으로 그리고 다시 국가로 진화하는 등 작은 집단에서 점차 큰 집단으로 발전해 간다. 캉유웨이의 대동세계Great Commonwealth는 바로 국가 이후 시대Post-State Era에 인류가 만든 가장 큰 공동체이다. 이

세력균형이라는 국제정치학적 실천이었다고 할 수 있다.

는 대동세계 즉 세계국가가 단순히 이상이 아니라 역사의 발전으로 도달하게 될 필연적인 목표라는 의미이다. 또 역사 진화론은 문명의 역사적 발전을 몇 단계로 구분하는데, 당시 중국에 소개된 역사관에 의하면 인류 역사는 수렵·채취시대, 유목시대에서 농경시대와 상업 및 산업시대로 발전해 왔으며, 현재 백인은 상업과 산업의 시대에, 황인종은 농경 및 유목시대, 그리고 나머지는 농경시대 이전의 역사 발전 단계에 속하는 것으로 본다. 이들 각 시대는 생업과 사회조직, 경제활동, 문화, 학술 등에 있어 우열이 있는 특정한 성격의 문명단계에 놓여 있다. 캉유웨이가 대동사회로 나아가는 조건으로서 민주공화제를 기본 조건으로 삼은 것도 서구의 근대문명은 물론 그것이 보다 발전한 인류사회에서는 민주공화제가 보편화될 것이라고 보았기 때문이었다.

문명 단계론에서 보면 대동사회는 서구의 근대사회보다 과학기술과 물질문명이 한층 더 발전한 세계이며 인류의 행복을 극대화할 수 있는 제도가 구비되는 세계이기도 하다. 문제는 이러한 문명화가 자연적이고 평화적인 과정으로 이루어지는 것이 아니라는 점이다. 캉유웨이는 이를 역사의 불가역적인 추세의 결과라고 했지만, 이는 그가 묘사한 바와 같이 열등한 인종과 민족에 대한 인위적인 이주와 혼혈을 통한 인종 개량 및 동화와 생물학적 단종斷種을 통해 얻을 수 있는 결과였다. 황인종 및 기타 인종은 생존을 위해 백인과 같은 식습관과 의복을 취하고, 백인과 같은 생활방식은 물론 그 사회제도와 문화를 수용하여 그들과 같이 동화되어야 한다. 대동세계의 가장 주요한 특징인 평등한 세계란 바로 이렇게 특정한 인종과 문명으로 전 인류를 동화시켜 차이가 없어진 사회이다. 그에게 있어 차이란 곧 갈등과 대립, 계급발생의 원인으로서 인류사회의 비극의 근원이다. 따라서 인종 혹은 민족 개량은 인류의 지속적인 발전을 위해 문명화하는 한 과정이다. 만약 스스로 문명화할 수 없는 인종이나 민족은 문명화된 인종과 민족에 의해 지도되거나 지배받아야 하며, 이를 거부하는 것은 멸종되어야 하는 것이다. 캉유웨이의 대동사회로 가는 역사적 논리는 바로 당시 제국주의의 주요 근거였던 문명화 논리와 큰 차이가 없다. 그가 "인류 공동체"의 행복과 평화를 위해 그들의 희생이 불가피하다고 본 것은 바로 흑인종과 갈색인종이 야만적이어서 도태되어야 하고 약소민족들은 반개화 혹은 미개화 상태에서 자립 및 자치할 능력이 결여되어 있다고 보았기 때문이었다.[72]

한편 캉유웨이가 적자생존과 세력균형론을 통해 태평세로 나아간다는 진화론을 전개할 수 있었던 것은 당시 국제정세 혹은 국제체제에 대한 '현실주의적'인 인식이 있었기 때문이라고 할 수 있다. 실제로 1902년 전후 『대동서』의 기본 틀이 완성된 이후 국제관계는 캉유웨이의 예상과 같이 식민지 재분할과 초민족적 거대 제국으로의 통합을 위한 제1차 세계대전이 발발하고(비록 독일이 유럽의 패권을 장악할 거라고 본 그의 예상과는 달리 연합국이 승리했지만), 뒤이어 우드로 윌슨의 제안으로 국제연맹이 출현하는 등, 그의 예상의 적중은 놀라울 정도이다. 그러나 캉유웨이가 세력균형론을 근대시기 세계변화의 중요한 추동력으로서 적극적으로 수용할 수 있었던 것은 중국이 더 이상 수동적인 대상이 아니라 그 주체로 전환될 수 있다고 보았기 때문이었다. 즉 중국은

---

72 캉유웨이의 인종개량과 도태에 관한 주장은 康有爲著, 錢鍾書主編, 『康有爲大同論二種』, 三聯書店, 1998, 167~178면.

적어도 동아시아 연방의 중심이 되어 최종적인 세계정부를 구성하는 핵심 주체가 될 것이라는 믿음이 『대동서』의 저변에 자리 잡고 있다.

이상과 같이 캉유웨이의 대동세계가 함축하고 있는 평화는 그 방법과 과정을 고려할 때 그리 유토피아적인 것만은 아니다. 그가 말하는 대동과 통합은 공리를 내세우고 있지만, 약소 인종이나 민족의 존재가치를 부정하는 동화와 획일적인 통일이듯이, 약소민족 및 인종을 자기가 소멸해 가는지도 모른 채 동화시켜 복속시키는 "묘술"이었다. 그에게 있어 만국의 권리가 평등하게 보장되고 공존하는 것은 오히려 대동세계만큼이나 이상적이고 비현실적이었던 것으로 보인다. 그가 구상하는 세계정부는 아도르노가 비판한 동일성의 원리를 기초로 삼고 있으며, 이는 칸트식의 세계정부라 아니라 새로운 "멋진 천하"에 가까운 것이라 할 수 있다.

제7장
민족우언으로서의 각성론

    2014년 3월 27일 시진핑習近平 중국 국가주석은 중-프 국교수립 50주년을 기념한 프랑스 파리에서의 연설 중 다음과 같이 말하였다. "나폴레옹은 중국이 잠자는 사자이다. 중국이 깨어나면 세계를 진동시킬 것이다라고 말하였다. 그 사자 중국은 이미 깨어났다. 그러나 이것은 평화롭고 친화적이며 문명적인 사자이다."[1] 시진핑의 이 말은 화평굴기의 기조를 이어가는 수사법처럼 보이지만, 중국이 80년대 이후 줄곧 유지해 오던 자신의 능력을 감추고 서서히 능력을 키워가며 때를 기다린다는 도광양회韜光養晦라는 면사포를 벗어버리고 세계에 대해 자신의 파워를 적극적으로 발휘해 나가겠다는 선언적인 의미를 지니고 있었다.

    시진핑의 연설은 프랑스라는 공간을 빌러 자연스럽게 나폴레옹을 끌어들이는 외교적 수사라는 외피를 쓰고 있지만, 19세기 초부터 "제국주의"적 팽창을 통해 서구를 "각성"시켰던 프랑스 혁명의 진원지에서 중국의 각성을 선언했다는 것은 여러모로 상징적인 함의를 지니고 있었다. 이는 일대일로와 AIIB, 남중국해에서의 지배력의 강화, 국제적인 주요 사안에 대한 중국의 영향력 확대 등을 통해 보여주는 일련의 거침

---

1   "Xi Jinping looks ahead to new era of China-France ties", CCTV.com, 2014. 3.28.

없는 행보가 지닌 의미를 더 이상 숨길 수도, 또 그러한 필요도 없을 정도로 중국 파워와 영향력이 강화되었다는 인식의 산물이라 할 수 있다.

그러나 잠자는 사자의 각성이 지니는 의미와 시진핑의 위 연설문은 중국인이나 서구인들에게 있어서 자못 복잡한 의미를 지니고 있다. 표면적으로는 간단히 세계무대에서의 대국으로 굴기하는 중국의 형상을 의미하는 것처럼 보이지만, 그것의 의미는 중국의 근현대사의 두께와 1세기 반 동안 중국인과 서구인의 서로 착종된 감정의 깊이만큼 복잡하고 다층적이다. 짧은 연설문 속에 나폴레옹과 시진핑이라는 두 세계적인 인물이 화자로 등장하는 것처럼 각성하는 중국은 중국과 서구가 함께 만들어 온 근현대사의 공안公案이었다.

중국의 각성이라는 수사적 표현에는 두 가지 서로 다른 의미가 함께 착종되어 있다. 하나는 잠들다는 것이고, 또 하나는 그 잠들었다 깨어나는 주체가 사자라는 점이다. 지금은 중국에 대한 비유로 너무 자연스럽게 느껴지는 "잠자는 사자"는 처음부터 함께 등장한 것이 아니었다. 수면과 사자라는 두 비유적 관념을 서로 결합시킨 것은 나폴레옹이 아니라 중국의 민족주의자였다. 처음부터 민족주의의 부상과 긴밀한 관계 속에서 대두된 이 비유는 '각오覺悟', '각성覺醒'이 중요한 사상적 키워드였던 5·4 신문화 운동 이후도 다소 부침의 과정이 있었지만 단절 없이 이어져왔다.[2] 그리고 신중국 성립이후 이 비유가 다시 유행한 것은 1990년대 후반 중국에서 대중적인 민족주의가 다시 부상하면서부터였다.

물론 마오쩌둥의 사회주의시기에 이러한 관념이 잊혀졌던 것은 아니

2　汪暉, 「文化與政治的變奏－戰爭, 革命與1910年代的思想戰」, 『中國社會科學』, 2009 第4期, 117~119면.

다. 마오쩌둥은 직접 이러한 비유를 즐겨 사용하지 않았지만, 그가 이끄는 사회주의 중국의 이미지도 이 관념에서 크게 벗어나지 않는다. 1949년 10월 1일 베이징 천안문에서 마오쩌둥의 다음과 같은 중화인민공화국 성립 선언은 바로 사회주의와 각성의 관계를 잘 확인시켜준다. "전체 인류의 1/4을 점하는 중국인은 이제 떨쳐 일어섰다.", "우리 민족은 더 이상 사람들로부터 모욕을 당하는 민족이 아니다. 우리는 이미 일어섰다."³ 여기서 마오쩌둥이 말한 "우리는 떨쳐 일어섰다站起來了"는 1949년 중화인민공화국의 국가로 채택된, 항일의용군을 주제로 한 1935년 톈한田漢의 「의용군행진곡義勇軍進行曲」에 대한 응답에 다름 아니었다. 마오쩌둥이 사회주의 혁명에 부여한 역사적 의미는 바로 인민과 민족의 각성이었고, 중화인민공화국은 바로 온갖 모욕과 억압에 시달리다가 분투하여 도약하는 사자였던 것이다. 각성이라는 관념으로 사회주의 중국을 설명하고자 한 것은 중국인만은 아니었다. 일찍이 미국의 맑시스트 윌리엄 힌톤william hinton은 『번신翻身』을 통해 중국 사회주의 혁명시기 농촌의 변화과정을 묘사하였다. 여기서 "번신"은 농민들이 "떨쳐 일어나 stand up" 지주의 멍에를 벗어버리고 토지 등을 획득하고, 나아가 미신을 버리고 새로운 과학 등 지식을 익히며, 양성평등을 이루고 관리들을 스스로 선출하는 등 새로운 세계new world를 건설하는 주체로 거듭났음을 의미하는 것이었다.⁴ 윌리엄 힌톤은 또 1971년 『번신』의 후속작이라고 할 수 있는 『무쇠 황소』⁵라는 작품을 출판하여 사회주의 중국의 향촌사

---

3   「中國人民站起來了」, 『毛澤東選集』 第5卷, 上海 : 人民出版社, 1977, 3~7면.

4   William Hinton, *Fanshen-A Documentary of Revolution in a Chinese Village*, Monthly Review Press, 1966.

5   William Hinton, *Iron Oxen-A Documentary of Revolution in Chinese Farming*, Vintage

회의 변화를 묘사하였다. 그의 이러한 작품들은 중국 농촌의 사회주의적 개조 이후 변화한 모습을 보여주는 것이지만, 중국의 독자들 가운데는 이를 각성이라는 시각에서 해석하기도 하였다. 일례로 1976년 츄잉秋瑩은 『무쇠 황소』를 『놀라 깨어나는 중국 대지』라는 제목으로 번역하여 홍콩에서 출판하였다. 냉전시기 홍콩에서 번역된 것임에도 불구하고 한 농촌마을의 사회주의적 농촌 개조과정에 관한 내용을 역자는 잠에서 깨어나는 중국이라는 수사적 언어로 번역하고 있으며, 번역서의 서두에서 제목에 대해 해명이라도 하듯 "깊은 잠에 **빠져있던** 중국의 대지가 4, 50년대에 찬란하게 놀라 깨어나 수천 만 명의 인민들이 놀라운 역량으로 광대한 토지와 산천을 개조하였다"라고 설명을 덧붙이고 있다.[6] 그리고 문화대혁명이 끝나고 개혁개방 정책이 본격적인 드라이브를 시작하여 10년이 경과한 시점, 즉 1989년 천안문 민주화 운동 발발 1년 전, 중국의 CCTV中央電視臺에서 방영한 다큐멘터리 『하상河殤』의 다음과 같은 해설은 중국의 세기적인 꿈에 대한 열망이 1세기가 지난 후에도 여전히 갈증으로 남아 있음을 보여준다. "일찍이 마르코 폴로가 경탄했던 동방의 대국, 유럽 군주들이 '황화론'을 만들어 낼 정도로 놀라게 했던 광대한 민족, 일찍이 세계의 영웅 나폴레옹이 서방에게 놀래어 깨우지 말도록 경고했던 잠자는 사자, 왜 근대에 와서 사람들이 마음대로 분할하는 지경에 이르렀는가?"[7]

『하상』의 취지는 각성한 이후에도 중국이 여전히 서구에 비해 낙후해

Books, 1971.

6   (美)韓丁, 秋瑩 역, 『驚醒的中國大地』, 香港 : 香港萬源圖書公司, 1976.

7   中央電視台, 『河殤』第1集 "尋夢"解說詞, 1988.6.16 방송; 蘇曉康·王魯湘·總撰稿, 『河殤』, 三聯書店, 1988, 19면.

있고, 전통문화와 서구문화 사이에서 방향을 잃은 듯한 현실을 비판하면서 보다 근본적인 차원에서 새로운 문화-심리를 구축할 필요를 제기하는 것이었다. 『하상』 편집자들은 마오쩌둥이 못다 한 미완의 각성의 책무를 재차 환기시켰다. 그리고 다시 한 세대가 지나고 나서, 시진핑은 다시 또 중국이 각성했음을 선언하였다. 그 각성이 진실로 각성인지 여부, 그리고 그 각성의 실질과 성격이 무엇인지에 대해서는 이후 시간이 말해 줄 것으로 보이지만, 전세계의 대중적인 언론은 다투어 각성된 중국의 모습을 전달하기에 여념이 없다. 현실의 중국을 이해하기 위해서는 바로 그 각성된 중국의 모습을 직시해야 한다는 것이다. 그러나 중국이 각성한다는 것은 무엇을 의미하는가? 각성한 상태가 의미하는 것과 또 잠든 상태가 의미하는 것은 무엇인가? 중국은 왜 잠들었는가, 중국은 정말 잠들었는가에 대해 질문하는 경우는 매우 드물다. 이는 그 질문에 대한 대답이 너무 명확하다고 생각하기 때문일 것이다. 즉 이전에 중국이 잠든 상태였다는 것은 부정할 수 없으며, 그 각성은 다름 아닌 바로 중국 민족의 세계 무대에서의 굴기를 의미한다는 것이다. 그래서인지 위에서 인용한 나폴레옹의 말은 그 근거가 전혀 없음에도,[8] 19세기 말 이래로 인구에 회자되면서 끊임없이 인용되어 왔다. 뿐만 아니라 "잠자는 사자"는 1세기 동안 단순히 19~20세기 중국의 상황에 대한 비유의 차원을 넘어 함축적인 민족우언으로서 역할을 해 왔다. 그것은 중국의 민족의식의 자극제로서

---

8   알랭 페르피트(Alain Peyrefitte)에 의하면 나폴레옹은 영국 등 서구가 중국을 군사적으로 공격할 경우 처음에는 승리할 수 있지만, 중국은 곧 서구의 대포 등의 군사기술을 익혀 영국 등 서구를 패퇴시키게 될 것이라고 반대했다고 한다. 그러나 나폴레옹이 직접 중국을 잠자는 사자에 비유했다는 근거는 아직까지 없다. Alain Peyrefitte, 王國卿 等 譯, 『停滯的帝国-两个世界的撞击』, 三聯書店, 1993, 595~596면.

민족의식을 갖추어야 하는 당위성과 필요성을 제시했고, 중국인의 집체적인 의식으로서 그들이 지향해야 할 목표와 방향을 제시하였다. 전체 중국인이 이러한 의식을 공유하고 있다고 할 수는 없더라도 중국의 운명을 이끌고자 했던 지식인과 정치가들은 직접적인 정치적 구호에서 대중적인 미디어에 이르기까지 각종 방법을 통해 "잠자는 사자"라는 민족우언을 확산시켜 왔으며, 그 결과 현대중국에서 정치의 합법성은 그러한 우언에서의 요구와 약속에 대한 실현능력을 조건으로서 요구받게 되었다. 물론 "잠자는 사자"라는 우언의 교훈이자 결말은 "각성"이다. 또 역으로 각성이라는 주제를 위해서 필요한 서사장치가 바로 "수면"이었다. 따라서 왜 잠들었는가? 누가 잠들게 했는가는 각성의 성격에 따라 결정된다. 현대 중국에서 각성은 궁극적으로 민족의 각성으로 이해되지만, 구체적으로는 개인에서 지역, 계층, 분야 등 다양한 차원의 각성으로 해석되고, 그에 따라 "잠자는 사자"는 다양한 스토리와 의미를 지니게 된다.[9]

그러나 "잠자는 사자"는 단순히 중국의 민족적 우언으로만 간주할 수 없다. 동일한 서사와 결말을 지니고 있지만, 이 우언의 탄생에는 중국 "작자" 이외에 또 다른 "작자"가 관계되어 있다. 서구라는 작자가 그 것인데, 동일한 서사의 또 다른 판본은 그 해석상에 있어서 서로 다른 지향성을 지니고 있다. 그런 의미에서 "잠자는 사자"라는 우언에는 각기 다른 다성적인 욕망과 의지가 작동하고 있으며, 미래 세계에 대한 서로 다른 우려와 기대가 중첩되어 있다. 물론 그 우언 속의 각기 다른

---

9 민국시기, 특히 1920년대 이후 잠자는 사자의 비유가 중국 정치와 사회, 문화, 그리고 윤리적인 측면에서 확산되는 과정에 대해서는 John Fitzgerald, *Awakening China : Politics, Culture, and Class in the Nationalist Revolution*, Stanford University Press, 1996.

욕망들의 관계는 단순히 충돌하거나 경쟁하는 것만은 아니다. 그 욕망들은 서로 타자를 자신의 전제로 삼고 있는가 하면, 서로 닮아가고 모방하며 공모하는 양상을 보여주기도 한다. 따라서 "각성한 사자"가 어떤 모습일지는 다성적인 욕망들이 함께 만들어 온 그 우언의 역사적 모습을 살펴봄으로써 가늠해 볼 수 있다.[10]

1. 각성, 계몽과 수면/몽夢

19세기 말 20세기 전반 중국에서 가장 중요한 담론가운데 하나가 바로 "각성覺醒, Awaking"이다. 계몽啓蒙이 근대시기의 중요한 사상운동이라면, 주체적인 자기 계몽을 나타내는 말이 곧 '각성覺醒'이었다. '각성' 범주에 속하는 개념은 '각성覺醒', '각오覺悟', '성오醒悟' 등이며, 그 대상에 따라서 '성오醒吾', '성군醒群', '성민醒民', '성세醒世', '성국醒國', '성화醒華' 등이 있고 또 그 방법에 따라 '환성喚醒', '경성警醒', '맹성猛醒' 등이 있다. 이러한 각성 담론은 동서양을 막론하고 근대시기의 특수한 정신적 태도라고 할 수 있지만, 그 담론이 각 국가의 사상, 문화담론에서 점하는 지위는 정도상의 차이가 있다. 동아시아만 보더라도 일본이나 조선(구한말에서 식민지시기)과 비교해 보면 중국에서 각성 담론의 의미는 특별하다고 할 수 있다.

---

10 지금까지 수면-각성론은 주로 사자의 이미지가 지닌 의미를 분석하는데 주안점을 두고 있고, 그러한 담론이 형성되는 역사적, 지식적 토대에 대해서는 아직 연구가 부족하다. 대표적인 관련 논문은 다음 참고. 石川禎浩, 「眠れる獅子(睡獅)と梁啓超」, 『東方學報』 85, 2010.3, 479~509면; 單正平, 「近代思想, 文化語境中的醒獅形象」, 『南京大學學報』 4, 2006, 29~36면; 楊瑞松, 「睡獅將興? 近代中國國族共同體論述中的「睡」與「獅」」, 『國立政治大學歷史學報』 30, 2008.11, 87~118면.

그것은 아마도 19세기 말 이래 일본과 조선, 중국이 각기 처해 있던 상황과 자기 인식의 차이에서 비롯되었을 것이다.

19세기 말 이래 동아시아에서 현실에 대한 새로운 지각과 인식, 그리고 새로운 의식과 태도를 추구하는 것을 표현하는 대표적인 개념은 계몽과 각성이었다. 이 두 개념은 의미상에 있어서 상호 호환이 가능할 정도로 가까울 뿐만 아니라 유치하거나 미혹의 상태에서 벗어난다는 이미지도 매우 유사하다. 그러나 각성과 계몽 사이에는 적지 않은 차이점이 존재한다. 비록 계몽이라는 개념이 시기와 사람들에 따라서 제각기 사용되기는 했지만,[11] 19세기 말 이래 동아시아에서 사용된 것은 주로 교육을 통한 계몽이었다. 오성과 사고능력의 배양, 새로운 사회에 참여할 수 있는 다양한 규범과 지식의 구비, 인간성의 도야를 통한 교양의 구비 등 사상, 문화운동이 개인에서 민족, 국가의 계몽이란 이름하에 사회 전반에서 전개되었다. 칸트가 정의한 바와 같이 이러한 계몽을 스스로 오성능력을 사용하여 유치한 몽매의 상태에서 벗어나는 것, 스스로 사유하고, 자신의 사유하는 능력을 사용할 줄 아는 용기라고 한다면, 각성은 자신과 세계라는 대상의 본질에 대한 재인식과 그에 기반을 둔 새로운 인생태도를 의미한다. 그러나 더 중요한 차이점은 계몽은 인류 역사의 발전처럼 점진적으로 이루어지고, 다양한 형식의 제도적인 교육이나 조직된 사회적 활동 등을 통해 수행되는데 비해, 각성은 한 순간에 이루어질 수도 있으며 또 교육이나 선전을 통한 결과라고 하더라도 기본적으로는 개인의 내면으로부터 나오는 자각과

---

11 호르스트 슈트케, 라인하르트 코젤렉 · 오토 브루너 · 베르너 콘체 편, 남기호 역, 『코젤렉의 개념사 사전 6 : 계몽』, 푸른역사, 2014, 211~220면.

결단을 더 중시한다. 즉 각성은 계몽을 통하지 않고도 이루어 질 수 있고, 또 계몽이 반드시 각성을 수반하는 것은 아니다. 따라서 동아시아에서 계몽과 각성은 종종 상호 호환적인 의미관계를 지니기도 하지만 실제 과정에서는 서로 경쟁하는 관계이기도 하였다. 즉 제도적인 시스템을 통해 점진적인 개혁과 변화를 추구하는 경우는 주로 계몽의 방식을 강조하는 것에 비해, 급진적인 혁명적 변화를 추구하는 경우는 각성의 방법을 더 선호하였다. 각성과 계몽 사이의 이러한 차이는 변화의 출발점인 현재 및 과거 상태에 대한 인식과 태도의 차이에서 기인한다. 계몽은 현 상태나 과거에 대해 비판적이기는 하지만 이를 변화나 발전과정의 한 출발점 혹은 단계로 간주한다. 즉 현 상태는 미래를 향해 나아가기 위한 출발점이자 잠재태인 것이다. 그러나 각성은 현재 상태나 과거에 대한 강한 부정에서 출발한다. 미각성의 상황과 각성의 상황은 전혀 다른 삶이자 대조적인 상태이다. 따라서 각성은 현재 상태에 대한 철저한 재인식과 강한 부정을 통해 새로운 인생의 태도를 취하는 것이다. 바로 이러한 측면에서 각성은 이성적인 자기 계몽이라기보다는 오히려 종교적인 파토스에 가깝다.

한편 각성覺醒이라는 개념은 기본적으로 각오覺悟와 동의어로 사용되지만, 양자의 함의 역시 일정한 차이점이 있다. "각오覺悟"는 자각이나 깨우침을 의미하는 것에 비해 각성은 술酒에 취하거나 잠眠 혹은 꿈속에 빠진 상태로부터 깨어난다는 의미에서 오히려 "각오覺寤"에 가깝다. 각오覺悟나 각성이 모두 돌연적인 깨달음이나 정신적인 차원의 몽매나 집착으로부터의 벗어남의 의미로 사용되기는 했지만,[12] 그중에서도 각성이라는 어휘가 더 보편적으로 쓰인 데는 수면 혹은 취한 상태, 자연적인 수면보다도 자신의 내적인 무능과 미혹으로 인한 수면상태나 취한 상태를 나타내는데 각성의 1차적인 문자적 의미가 보다 더 효과적이었기 때문인 것으로 보인다. 여기서 각성의 전제조건이자 독립변수인 수면(혹은 취한 상태)은 결코 자연적이고 생리적인 수면이 아니라 모종의 사회적이고 문화적인, 스스로의 몽매 혹은 타자에 의해 야기된 수면으로서 가치론적인 개념이다.

1907년 상하이 시사보관時事報館에서 발행하던 『도화신문圖畵新聞』에 실린 "수마睡魔에서 깨어나지 못하다"는 각성의 시각에서 수면을 어떻게 인식하고 있는지를 잘 보여준다. 그림에 대한 설명에서 기자는 아프리카 토고Togo(당시 독일 식민지)의 사람들이 하루 종일 잠만 자는 병에 걸렸는데, 유럽의 의사들이 그 병을 치유하는 방법을 개발했다는 소식을 전하면서, 또 아시아 동쪽의 한 국가의 국민들도 하루 종일 꿈꾸는 듯 술에 취한 듯 지내다가 근래에 와서 비로소 치유가 되었다. 그러나 전제당專制黨의 억압으로 우울증 병에 걸렸는데, 현재 의사들이 치유하려고 시도하고 있지만 그 결과를 예측하기 어렵다고 덧붙이고 있다. 여기서 비록 온종일 수면에 빠진 것을 지칭하지만, 과도한 수면은 단순히 게으름이 아니라 일종의 병적인 것으로 비유되고 있고, 그것을 치유하는 자는 바로 유럽의 의사라는 이야기는 각성의 방향까지도 잘 암시하고 있다.[13] 수면상태로서 중국인의 정신 상태를 표현하는 것은 19세기 말 이래 중국에서는 매우 흔한 비유였다. 이러한 비유는

---

12 같은 한자이지만 각오(覺悟)는 중국에서는 각성의 의미로 더 많이 쓰이는 반면, 일본과 한국에서는 조건이나 상황이 불리함을 무릅쓰고 마음의 준비를 단단히 한다는 의미로 더 많이 쓰이고 있다.

13 「睡魔醒來」, 『圖畫新聞』 1, 1907.11.

중국인만이 아니라 외국인들도 자주 사용하였는데, 1901년 『청의보』의 다음과 같은 비유는 『도화신문』의 비유와 서로 호응하고 있다.

> 서구인이 말하길, 중국은 바야흐로 깊은 단잠에 빠져 있다. 외국인이 갑자기 맹격을 가하는 것은 바로 놀래 깨어나도록 도와주는 것과 같다. 중국인은 인도, 터키와 비교할 바가 아니다. 언제가 반드시 백인의 재앙이 될 것이다. (…중략…) 오늘날 중국의 병은 무지하고 몽롱한 상태로서, 갑자기 맹약을 처방하면, 갑자기 기절할지 아니면 돌연 소생할지 알 수 없다.[14]

이러한 수면 혹은 꿈이나 술에 취한 상태에 대한 인식은 중국의 문화적인 맥락에서 보면 큰 전환이 아닐 수 없다. 왜냐하면 중국의 문학에서 꿈이나 술에 취한 상태는 미몽의 상태를 가리키는 경우도 있지만, 세계와 인생의 의미나 본질을 일깨워 주는 서사장치로 자주 이용되어 왔기 때문이다. 즉 중국의 전통적인 맥락에서 꿈 혹은 종종 그것과 밀접히 연계된 술 취한 상태는 현실의 일상에 의해 은폐된 진리나 삶의 참된 의미를 깨닫거나 성취하는 적극적 의미의 장치이자 공간이다. 그러나 각성 담론에서 수면, 꿈, 술 취한 상태는 비활성, 무기력, 병, 죽음과 같이 부정적인 이미지이다. 이와 같이 각성은 수면 혹은 술에 취한 상태로서의 현재에 대한 강렬한 부정을 전제로 하고 있다.

그러나 각성이 현재 혹은 기존의 상태나 규범, 가치에 대한 강한 부정에서 출발하기는 하지만 존재론적인 부정은 아니다. 즉 자신 혹은

---

14 「論議和後之中國」, 『淸議報』 71, 光緒27年正月11, 4면.

대상의 존재의 현상태를 완전히 부정하기는 하지만 그것과의 존재론적 연관을 끊을 수 없다는 인식과 감정상의 집착 및 애착을 전제로 한다. 각성은 바로 이 자아 내부 혹은 자아와 불가분의 관계에 있는 대상과의 갈등이나 분열에서 시작되어, 그러한 내적인 분열을 극복하려는 의지와 심적인 충동에 의해 추동된다. 이러한 의미에서 각성은 윌리엄 제임스가 "분열된 자아의 통일unification of a divided self"이라고 부른 개신교의 회심conversion과 형태상의 유사성이 있다.[15] 회심은 자신의 현재 상태에 대한 부정에서 출발하여 자신의 내면으로부터 새로운 존재론적인 목적 및 가치를 재발견함으로써, 적극적인 삶의 의미와 의지를 회복하는, 삶에 대한 "전환a turning around"이자 "갱신a renewal"이다.

이러한 회심과 각성의 긴밀한 관계는 단지 형태상에서의 유사성을 보이는 것만은 아니다. 더 중요한 것은 18세기 중반 이후 영미의 개신교에서 회심이 특정한 종교적인 각성운동과 밀접히 연계되어 있다는 점이다. 18세기 후반 제1차 각성 운동과 19세기의 제2차 각성 운동이 말해 주는 바와 같이 개신교의 여러 교파들 사이에서 전개된 신앙의 대각성 운동으로 인해 각성이라는 개념이 사회 전반으로 확대되었다.[16] 특히 대각성 운동을 이끈 이른바 복음주의는 19세기 이래 동아시아를 비롯한 비서구 지역에서의 개신교의 확산과 직접적인 연관이 있다. 19세기 이전 카톨릭을 중심으로 전개되던 복음전파 즉 해외 선

---

15 윌리엄 제임스, 김성민·정지련 역, 『종교체험의 여러 모습들』, 서울 : 대한기독교서회, 1977, 209~246면.
16 18~19세기 복음주의 운동에 대해서는 존 울프, 이재근 역, 『복음주의 확장』, 기독교문서선교회, 2010; 데이비드 W. 베빙턴, 재천석 역, 『복음주의 전성기』, 기독교문서선교회, 2012.

교활동에, 19세기 전환기를 전후하여 개신교가 본격적으로 참여하기 시작한 것은 바로 대각성운동의 일환이었다. 데이비드 베빙턴에 의하면 복음주의는 다음과 같은 네 가지 특징을 지니고 있었다. 삶이 바뀌어야 한다고 믿는 회심주의conversionism, 복음을 드러내고자 노력하는 행동주의activism, 성경을 특별히 존중하는 성경주의biblicism와 십자가와 그리스도의 희생을 강조하는 십자가 중심주의crucicentrism가 그것이다. 이 중에서 복음을 드러내고자 하는 노력에는 바로 선교활동이 포함되어 있으며, 비서구 지역에서의 회심을 위한 활동은 바로 그 지역민의 대각성을 이끄는 활동이었다.[17]

이러한 개신교에서의 각성과 회심, 복음주의는 19세기 후반 이래 중국에서의 각성 담론과 어떤 관계가 있을까? 이를 위해 우선 주목할 것은 19세기 후반 이전의 중국에서 각성이라는 범주에 속하는 개념이나 어휘는 결코 상용하거나 익숙한 것은 아니었다는 점이다. 특히 개인에서 더 나아가 민족이나 세계, 인류와 같은 포괄적인 집단이나 공동체를 주체 혹은 대상으로 삼는 각성은 중국에서 매우 드물었다. 기본적으로 세계나 민족 등 집단을 각성시키거나 일깨운다는 것은 일종의 종교적인 태도이자 행동방식이다. 즉 이 관념은 특정한 문화적, 종교적 맥락과 밀접한 연관이 있다.

중국 역사에서 근대적인 각성의 범주에 해당하는 개념이나 관념과 관련하여 주의를 끄는 것은 17세기 명말·청초 시기이다. 익히 널리 알려진 풍몽룡馮夢龍과 감산대사憨山大師, 서주생西周生등의 작품에서 보

---

17 David W. Bebbington, *Evangelicalism in Modern Britain: A History from the 1730s to the 1980s*, London : Unwin Hyman, 1989, pp.2~3.

여주듯이, 이 시기에 집중적으로 "세상을 일깨운다醒世"는 제목의 작품이 등장하고 있다.[18] 그중 풍몽룡의 『성세항언醒世恒言』 서문에서는 "성세醒世"에 대해 깨워있는 태도醒와 술에 취해 있는 태도醉를 각각 옳고 그름과 좋고 나쁜 것에 대한 올바른 판단력과 그렇지 못한 것에 비유하고 있다.[19] 17세기에 이러한 "성세"의 관념이 작품을 통해 집중적으로 표현된 데는 명말청초라는 사회문화적인 상황과 연관이 있을 수 있지만, 주목할 것은 이상의 작품의 상당부분이 현실의 인간 삶이 인연 등으로 인해 받는 고통과 미혹 등을 일깨워 주는 종교적(즉 불교)인 함의를 지니고 있다는 점이다. 당시 지식인들의 유불도를 넘나드는 경향을 고려하면 일부 작가들의 '성세'의식이나 태도가 출현한 것은 어렵지 않게 이해할 수 있는 것이다. 더욱이 위 작품이나 작가들과의 직접적인 연관은 찾아볼 수 없지만, 명말청초 시기 예수회 선교사나 신도들의 한어로 쓴 종교관련 서적들 가운데서 '성오醒悟', '각민覺眠', '심성心醒', '성오醒寤', '환성喚醒', '성심醒心'. '성세우醒世愚', '성미醒迷' 등 종교적 각성 혹은 회심과 관련한 관념들이 적지 않게 발견되는 것도 주

---

18 대표적인 작품으로는 명말 풍몽룡(馮夢龍, 1574~1645)의 단편 소설집 삼언(三言) 즉 『유세명언(喩世明言)』, 『경세통언(警世通言)』, 『성세항언(醒世恒言)』, 고승 감산대사(憨山大師, 1546~1623)의 「성세영(醒世詠)」과 청초 서주생(西周生)의 『성세인연전(醒世姻緣傳)』 등이 있다.

19 "어린아이를 일깨워 주는 것은 깨어 있는 것이고, 아이가 빠진 우물에 돌을 던지는 것은 취한 것이다. 자존심을 지키며 큰소리치는 것은 깨어 있는 것이고, 배고프다고 자존심을 버리고 얻어먹는 것은 취한 것이다. 옥을 잘 분석하여 그 좋은 점을 드러내는 것은 깨어 있는 것이고 돌에 무턱대로 글자를 새기는 것은 취한 것이다. 또 충과 효를 행하는 것은 깨어있는 것이고 패역질은 취해 있는 것이며, 검소하고 절약하는 것은 깨어 있는 것이고 음탕한 것은 취한 것이다."(楊孺為醒, 下石為醉; 卻哮為醒, 食嗟為醉; 剖玉為醒, 題石為醉. 又推之, 忠孝為醒, 而悖逆為醉; 節檢為醒, 而淫蕩為醉) 馮夢龍編, 「醒世恆言敍」, 古本小說編委會, 『古本小說集成 - 醒世恆言(一)』, 上海古籍出版社, 1992, 1~3면.

목할 필요가 있다.[20] 이상이 모두 천주교라는 특정한 종교 텍스트와 공간을 중심으로 한 것이기는 하지만, 당시 예수회 선교사들의 선교활동이 주로 중국의 사대부 계층을 중심으로 이루어졌던 것을 보면 17세기 전반에 명대의 일부 지식인들 사이에는 이들 예수회 선교사들의 저서나 선교 책자들을 통해 각성을 둘러싼 관념들이 적지 않게 퍼지고 있었을 가능성을 부정할 수 없다.[21]

그렇지만 명말청초 특정 시기에 대두되었던 각성 관념은 청 중기 이후에는 매우 드물게 나타나며, 다시 중국어와 중국 지식계에 등장하기 시작한 것은 19세기 중반 이후였다. 그리고 그러한 각성 담론을 중국에서 형성하며 확산시킨 주체는 역시 기독교 선교사들이었다. 앞서 언급했던 바와 같이 중국에서의 기독교 선교사들의 활동은 영미권을 중심으로 한 대각성 운동 즉 복음주의와 관계가 있으며, 그러한 조류 속에서 중국에 선교사들이 본격적으로 파견된 것은 1830년 전후시기이다.

이 나라 전체는 **깊은 잠 속에 빠져 있으며**, 꿈속에서 위대함과 영광을 그

---

20 예를 들어 나광평(羅廣平)의 『성미편(醒迷篇)』(景教堂抄寫本, 1667)을 비롯하여 당시 널리 알려진 『천주실의(天主實義)』(마테오리치, 1595, 초기 서명은 『천학실의(天學實義)』)나 『기인십편(畸人十篇)』(마테오리치, 1608) 등에 "성오(醒悟)", "각민(覺眠)", "심성(心醒)", "성오(醒寤)" 등 종교적 각성이나 회심, 혹은 천주교의 이치에 대한 깨달음을 표현하는 개념들이 등장하고 있다. 뿐만 아니라 『구탁일초(口鐸日抄)』(알레니, 盧安德, 林本篤, 瞿西滿, 1630~1640)나 『천주강생언행기략(天主降生言行紀略)』(알레니, 1642), 『천주강생인의(天主降生引義)』(알레니), 그리고 중국인이 번역하거나 저술한 『파미(破迷)』(明季上洋徐文定公 譯), 『대의편(代疑篇)』(楊廷筠, 1621) 등에서는 위에서 언급한 개념과 "환성(喚醒)", "성심(醒心)", "성세우(醒世愚)", "성미(醒迷)" 등이 미혹에서 깨어나거나 종교적 회심을 강조하기 위해 더욱 적극적으로 사용되고 있다.
21 이상, 北京大學宗教研究所, 『明末清初耶穌會思想文獻彙編』五卷, 北京大學出版社, 2003.

리고 있는 동안, 강력하고 급속한 세력의 물결에 의해 뒤로 떠밀리고 있다. **만약 이 나라를 하루 빨리 일깨우지 않는다면, 어디가 중국 퇴보의 끝인지 누**가 말할 수 있겠는가? 세계의 많은 지역에서 인류가 일찍이 겪어 보지 못한 속도로 급격히 인류 가정의 삶의 조건이 향상되고 있다는 것은 당연히 우리 시대의 영광스런 일이다. 이러한 진실을 보여주는 수많은 본보기들을 유럽과 북아메리카, 아프리카 일부 지역, 남부 및 서부 아시아에서 찾아 볼 수 있다. 이러한 향상을 불러 온 수단은 다양하지만, 그 모든 것 중에서도 가장 중요한 요소는 지식의 함양이었다. 반대로 **이 제국이 서서히 몰락한**(decline) **원인은 많은 부분, 지식의 퇴보로 인한 것이다.**(강조는 인용자)[22]

1833년 미국 선교사 브리쥐맨의 위 서언은 1832년 중국에서 발간된 영문 잡지 *The Chinese Repository*의 성격과 특징을 잘 말해 준다. 여기서 주목할 것은 선교활동이 주요 목적이었던 선교사가 급속하게 변화는 서구의 근대 문명의 시각에서 비서구 지역을 관찰하고 있으며, 신앙의 전파와 더불어 지식 보급의 중요성을 설파하고 있다는 점이다. 이점은 명말 이후 예수회 선교사들의 주중 선교활동과 중요한 차이점 가운데 하나이다. 그 이유는 1800년을 전후한 시기부터 서구의 지식계의 중국담론에서는 전과 달리 중국에 대한 비판적 시각이 부상하고 있었으며, 특히 1830년을 전후한 시기부터 인종론, 위생학, 역사진보론 등의 시각에서 중국의 정체론停滯論과 퇴보론의 시각이 본격적으로 형성되고 있었기 때문이다.[23] 이러한 19세기의 세계와 역사에 대한 인식의

---

22 Bridgman, Elijah Coleman, "Introductory Remarks", *The Chinese Repository*, Vol.2, No.1, 1833.5, pp.1~9.

변화에 따라 재중국 서구 인물들 사이에도 중국이 정체되거나 퇴보하고 있다는 인식이 널리 확산되고 있었으며, 다수의 선교사들은 중국에서의 선교활동을 신앙의 선교와 더불어 문명선교(지식선교)라는 두 가지 의미를 부여하고 있었다. 즉 위 서문에서도 알 수 있듯이, 브리쥐맨은 중국이 기독교의 신앙과 근대 문명 두 측면에서 모두 깊은 수면상태에 있으며, 급속한 변화의 조류 속에서 역사의 뒤로 떠 밀려나며 몰락하고 있다. 즉 중국은 종교적인 차원뿐만 아니라 문명의 차원에서도 모두 각성이 필요하다고 보았다. 또 아편전쟁 때 종군하고 이어 홍콩의 대심원의 통역관이었던 웨이드Thomas Francis Wade는 중국은 아무런 침입이나 동란, 반란의 가능성이 없지만, 확실히 서서히 쇠퇴하고 있으며, 청초이래로 많은 면에서 퇴보만 할뿐 이렇다 할 진보를 보여주지 못했다고 보았다.[24] 스코틀랜드 출신의 영국 선교사였던 레게James Legge도 중국을 고대 이후로 사상발전이 거의 이루어지지 않았으며, 정치체제는 거대한 규모를 갖추고 있지만 마음은 여전히 어린이 같은 상태에 남아 있고, 머리가 허연 노쇠한 상태로 묘사하고 있다.[25] 또 1854년 뉴욕의 선교활동 관련 회의에서 "오랫동안 잠들어 있던, 움직임이 없던 중국이 움직이고 있다. 과거 2천년 동안 전혀 진보를 알지 못했던 민족이 앞으로 나아가고 있다"[26]고 했을 때도 물론 기독교적인 각성을 의미하

---

23 근대 서구에서 보편화된 중국의 정체론의 형성과 주요 내용에 대해서는 大野英二郎, 『停滞の帝国』, 国書刊行会, 2011.

24 Thomas Francis Wade, *Note on the Condition and Government of the Chinese Empire in 1849*, Hongkong - China Mail Office, 1850, p.83.

25 Legge, James, *The Chinese Classics*, Hongkong : London : Trübner, 1861, p.108.

26 "China, the long sleeping, motionless China, has moved. A nation that has kNown No advancement for two thousand years past, has begun to advance. ……The first want awakened by this great condition in China, was the pro-

지만 그 가운데는 문명의 각성도 포함되어 있었다. 그러나 정체停滯가 수면상태로 전환되기 위해서는 긍정적 가치로서의 각성이 전제되지 않으면 안 된다. 수면상태를 문제화하는 것 자체는 각성에 대해 강력한 요청을 위해서이거나 각성이 되지 않아 무의식, 무의지 상태에 있음을 확인하기 위한 수사이기 때문이다. 그런 의미에서 볼 때 정체를 수면이라는 비유로 전환하는데 가장 중요한 역할을 한 사람들은 바로 선교사 집단이었다. 토마스 웨이드와 제임스 레게는 각각 외교관과 선교사라는 신분으로 중국과 홍콩에서 활동하였지만, 19세기 영국의 대표적인 중국전문가로서 그들의 관점은 서구는 물론 그들과 밀접히 접촉하던 중국인 지식인들에게도 적지 않은 영향을 미쳤다.

그러나 중국의 지식인들을 자극할 수도 있는 이러한 주장은 한동안 중국 언어나 문자를 통해서는 직접 주장되지 않았으며, 그러한 변화가 나타난 것은 제2차 아편전쟁으로 중국이 서구 문명의 몇몇 우월한 면을 인정하기 시작하면서, 그리고 중국 내지에서 본격적인 선교활동이 합법화되고 나서부터였다. 이와 관련하여 특히 주목을 끄는 것은 『만국공보萬國公報』이다. 『만국공보』에서 각성 담론은 1875년부터 '각오覺悟', '성세醒世'등 개념을 중심으로 출현하기 시작하였으며, 1877~1882년 사이에 집중적으로 제기되었다. 그 내용을 보면 크게 두 가지로 구분되는데, 하나는 종교적인 각성 혹은 회심이고, 다른 하나는 당시 전족이나 아편과 같은 사회적 누습이나 폐단에 대한 자각이다.[27] 특

---

found, the earnest, and the ardent prayer of the whole Christian Church." "New-York Conference Missionary Sermon and Anniversary", *The New York Times*, New York, 1854.5.17.

27 煙台耶穌聖會長老即墨袁安邦, 「醒世論」(第七年三百三十一卷, 1875.4.10); 漢口楊鑑

히 주목할 것은 그러한 담론의 생산자들이 스스로 '성세자醒世子', '환성자喚醒子', '성세일인醒世逸人', '성세거사醒世居士', '성오자醒悟子'와 같이 각성자로서 자임하고 있다는 점이다. 이들이 전제하고 있는 것은 중국이 신앙적인 차원뿐만 아니라 사회문화적 차원에서도 수면상태나 몽중夢中에 있으며, 자신을 그러한 중국을 일깨우는 각성자 혹은 선각자先覺者로 간주하는 인식이다. 그리고 이러한 선각자로서의 의식은 복음주의 운동에서 회심자가 행동으로 보여주어야 할 책무이지만, 중국의 지식맥락에서 보면 맹자의 선각자로서의 지식인의 책무와도 잘 부합한다. '먼저 안 사람이 나중에 안 사람을 일깨우게 하고, 먼저 자각한 사람이 나중에 자각하는 사람을 일깨우게 하는'[28]것, 즉 사회의 엘리트로서 백성의 인도를 소명으로 삼는 것은 중국 지식인들이 갖추어야 할 사회적 책무였다. 이와 같이 각성 담론에서 각성 그 자체의 중요성과 더불어 요구되는 것은 강렬한 소명의식을 지니고 각성을 이끄는 선각자인데, 19세기 타국과 오지를 찾아 고난을 무릅쓰고 선교활동을 하던 서구 선교사의 형상은, 그 종교적 활동에 대한 평가를 떠나 중국 지식

堂, 「總詠醒世圖十二首」(第十年四百六十三卷, 1877.11.10); 維揚墊中作, 「自新醒迷歌」(第十年四百七十六卷, 1878.2.16); 古吳崇教者, 「罪孽急宜醒悟論」(第十三年六百十四卷, 1880.11.13); 醒世居士, 「天之尊爵也人之安宅也」(第十三年六百二十七卷, 1881.2.19); 醒悟子, 「人心暗合聖道」(第十四年六百七十八卷, 1882.2.18); 煙台醒世逸人, 「主奴燭戒」(第十三年六百十卷, 1880.10.16); 醒世子, 「勸戒鴉片煙詩」(第十年四百八十二卷, 1878.3.30); 廣東喚醒子, 「戒洋煙賦」(第十年五百零二卷, 1878.8.24); 醒世居士, 「書申報論中國開煤之益後」(第十四年六百八十四卷, 1882.4.8).

28 "使先知覺後知, 使先覺覺後覺", 『孟子·萬章上』. 맹자의 이 구절은 청말 시기 중국 지식인들 사이에서 각성을 자신의 소명의식으로 삼는데 있어서 중요한 문화적, 사상적 자원이 되었다. 일찍이 공자진(龔自珍)이 「앎과 깨달음을 논함(辯知覺)」에서 이에 대해 논한 바 있는데, 청말 시기 량치차오 등 금문경학론자들도 이를 사회개혁자로서의 자의식을 형성하는데 이론적 자원으로 삼았다.

인들의 찬사를 받았다. 즉 서구 선교사들의 인내력과 헌신성, 모험심은 그들이 갖춘 근대지식과 더불어 근대 중국의 '각성'한 지식인들의 모델이기도 했다.[29]

2. 국가/민족의 비유로서의 수면 – 각성론

그러나 『만국공보』에서의 각성 담론이 중국의 근대 각성 담론과 직접적으로 연계되는 것은 그 잡지가 1883년 정간되었다가 다시 복간된 1889년 이후이다. 『만국공보』의 복간과 더불어 주요 편집을 맡았던 인물은 바로 티모시 리차드Timothy Richard이다. 그는 영국 침례교도로서 "1858~1860년 요원의 불처럼 미국, 북아일랜드, 웨일스, 스코틀랜드, 노르웨이, 스웨덴으로 번지던 종교부흥운동 영향하에서 세례를 받고나서", 선교활동에 대한 계시와 같은 신비한 체험을 한 후 중국에서의 선교활동에 관심을 갖게 되었다.[30] 특히 그는 중국에서 본격적인 활동을 시작하기 전에, 1860년 제2차 아편전쟁 이후 중국 내지에서의 선교활동이 가능해짐에 따라 1865년에 허드슨 테일러Hudson Taylor가 시작한 중국내지선교회China Inland Mission의 선교활동의 영향을 많이 받았는데, 중국내지선교회는 무엇보다도 자기희생적인 선교를 강조하였다.[31] 구세론적인 자기 희생정신과 열정에 기반을 둔 선교활동의 배경

---

29 양계초, 이혜경 주해, 『신민설』, 서울대출판문화원, 2014, 420면.

30 Richard, Timothy, *Forty-Five Years in China, Reminiscences*, New York : Frederick A. Stokes, 1916, p.22.

31 중국내지 선교활동의 주요 특징은 중국 내지에서 중국인의 옷을 입고, 중국인의 집에

은 당시 서구의 대각성운동과 중국에서의 선교활동의 관계를 보여주는 한 예이지만, 중국의 각성 담론에서 티모시 리차드의 중요한 역할은 바로 종교적 각성 담론을 국가 혹은 민족의 각성 담론으로 전환시켰다는 것이다.

서구를 중심으로 본격적인 제국주의 시기로 접어들었던 1884~1885년 중불전쟁으로 월남이 중국의 조공체제에서 분리되어 프랑스의 식민지로 된 이후 중국내의 지식인들 사이에 중국의 국가적인 위기의식과 서구문명에 대한 재인식이 확산되었다. 이러한 상황의 변화에 호응하여 티모시 리차드 등 재중 서구 지식인들은 1889년『만국공보』를 광학회廣學會의 기관지로서 다시 복간하였으며, 그 내용도 종교중심에서 중국의 사회문제와 서구의 지식 및 국제정세의 보도로 더욱 확대하였다. 그중 각성과 관련하여 주목할 것은 티모시 리차드가 1891년 번역한 「터키국이 오랜 잠에서 처음 깨어나다」이다. 이 문장에서는 터키가 이전의 통치방법과 제도를 고수하다 아시아에서는 러시아에, 아프리카에서는 이집트에게 그 속지를 빼앗기고 날로 국가의 위기가 임박해지자 비로소 "꿈에서 이제 막 깨어나고, 술에 취한 상태에서 막 깨어나", 미리 사전에 변화를 도모하지 못했던 것을 후회하며 새로운 개혁을 시작했다는 것을 소개하고 있다.[32] 또 그는 다음 해부터 3년에 걸쳐 중국의 차이얼캉蔡爾康과 더불어 매켄지Robert Mackenzi의『19세기』를 번역하여 1895년 광학회에서『태서신사람요』라는 제목으로 출판하였는데, 그 책에서는 국가를 인간

서 거주하며, 중국음식을 먹을 것, 항구에서의 편안한 생활대신 자기희생적인 삶을 살 것 등이었다. Richard, Timothy, 앞의 책, p.28.

[32] 李提摩太口 譯, 「土爾其國久睡初醒説」, 『萬國公報』 35(1891.12), 9~10면.

처럼 유년에서 노년으로 변화하는 것에 비유하고, 또 꿈과 각성으로 변화의 능력이나 상태를 설명하기도 했다. 즉 "인도는 비록 고국古國이지만, 신학新學이 수립되기 전에는 수천 년 동안 꿈속에 있다가. 이제 막 꿈에서 깨어난 듯하다"[33]고 영국 식민지하에서의 인도의 변화를 설명하는가 하면, 나폴레옹에 의한 유럽의 정치적 변화를 각성이라는 비유적 개념으로 설명하기도 하였다.

> 이전에 타국은 대부분 군주국이었는데, 나폴레옹이 민주국으로 바꾸자 열국도 곧 민심을 따르는 것이 좋은 것임을 알게 되었다. 예를 들어 이탈리아는 수백 년 전에 국정의 폐단이 매우 많았으며, **종일 꿈을 꾸고 있는 듯**했다. 그러다가 나폴레옹이 백성을 주인으로 삼고 모든 일에 있어 백성의 편의를 위해 힘쓴다는 것을 듣고, 곧 **갑자기 각성(醒悟)하여** 완전히 바꾸었으며, 백년 전에 행하던 것과는 정반대가 되었다.[34] (강조는 저자)

이상 티모시 리차드의 번역은 당시 서구에서는 국가나 민족이 처해 있는 내외적 상황을 수면과 각성이라는 비유를 통해 설명하는 것이 보편화되고 있다는 말해준다. 이미지를 중심으로 근대시기 각성 개념의 문화적인 전파와 번역을 통해 전세계화되는 과정을 분석한 와그너에 의하면 서구에서 국가나 민족과 같은 집합체나 공동체를 대상으로 수면이라는 은유를 사용한 것은 문예부흥시기 초기까지 소급된다고 한

---

33 麥肯齊, 李提摩太, ·蔡爾康 역, 『泰西新史攬要』, 上海書店出版社, 2002, 177면; Robert Mackenzi, *The 19th Century-A History*, T. Nelson and sons, 1880, p.217.
34 麥肯齊, 李提摩太·蔡爾康 역, 위의 책, 44면; Robert Mackenzi, *The 19th Century-A History*, T. Nelson and sons, 1880, p.62.

다. 그러나 그 개념이 18세기에 이르러 게르만과 네덜란드, 브리튼 및 북미에서 발생한 제1차 대각성운동이라는 신앙부흥 과정에서 수면과 각성이 각각 죄와 회심을 지칭하면서 널리 사용되었으며, 18세기 말에서 19세기에는 민족이나 계급 등이 등장하면서 그들의 자의식이 부재한 정신적인 지각 상태에 대해 잠들어 있다는 은유가 널리 사용되었다.[35] 이러한 수면상태는 본래부터 미몽상태에 있던 경우 즉 당시 서구적 시각에서 "야만인"에도 적용되지만, 그 비유가 모종의 각성능력, 지각능력을 지니고 있음을 가정하고 있기 때문에 특히 전통적인 대국이나 문명을 지니고 있던 국가들, 이를테면 유럽의 이탈리아나 무굴제국의 인도, 오스만 제국의 터키, 중화제국의 청 등과 같은 제국이나 민족들을 대상으로 많이 사용되었다. 이런 의미에서 티모시 리차드의 번역은 그 내용뿐만 아니라 동시에 서구에서 보편화된 비유, 수면－각성 개념과 비유법에 대한 번역을 의미했다. 그러나 서구와 서구의 비유법을 받아들인 일본에서 중국을 직접 수면상태로 비유하는 것은 드문 경우가 아니었지만, 외국인이 중국어나 한자로 중국을 수면상태에 비유하는 것은 매우 조심스러운 것이었다.

그런 의미에서 1898년 말 티모시 리차드가 「성화박의醒華博議」를 『만국공보』에 게재한 것은 의미하는 바가 크다. 티모시 리차드는 1894～1895년 청일전쟁 이후 중국의 개혁의 조류 속에서 중국 정계의 중요 인물 및 개혁적인 지식인들과 밀접한 관계를 맺기 시작했다. 그리고 무술변법이 있기

---

35 Rudolf G. Wagner, "China "Asleep" and "Awakening" : A Study in Conceptualizing Asymmetry and Coping with It", *Transcultural Studies*, Vol.2, No.1, 2011, pp.4～139

전 1897년 일시 귀국했다가 그 해 말에 다시 중국으로 돌아갔는데, 귀국할 때 미국과 영국의 여러 인사들에게 중국의 개혁방안에 대한 간단한 의견을 요청하였다. 이는 캉유웨이 등 유신인물들로부터 받았던 중국의 개혁방안에 대한 질문에 응하기 위한 것이었으며, 이 글은 1898년 말 무술변법이 실패하고 나서『만국공보』에「성화박의」라는 제목으로 발표되고 또 단행본으로도 출간되었다.[36] 이 글은 영미의 사회의 각계 인사들로부터 서신을 통해 받은 간단한 메모식의 의견을 담고 있지만, 중국 지식인들 사이에서 본격적인 각성 담론이 제기되기 시작하던 시기에 중국의 각성을 내세운 대표적인 문장이었다. 특히 해외의 중국담론을 번역한 것이 아니라 처음부터 중국어로의 발표를 염두에 두고 표제까지 사전에 기획된 것이었다는 점에서 중국어권에서의 수면-각성 담론이 본격화되는데 적잖은 영향을 미쳤다. 물론 앞서 지적한 바와 같이 외국인이 종교나 부분적인 사회적 문제의 차원이 아니라 중국의 국가나 민족의 차원에서 각성을 전면에 내세울 수 있었던 것은,[37] 이미 중국 지식인들 사이에서 그러한 필요성을 인식하고 수용할 수 있을 정도로 사회적 조류가 변화했기 때문에 가능한 것이었다.

그렇다면 티모시 리차드가 19세기 말 직접 중국어를 통해 중국을 수면상태로 비유할 수 있었던 중국내의 사회적, 담론적 변화는 무엇이었을까? 중국이 잠들어 있다는 비유는 서구에서는 이미 19세기 초부터 유

---

36 李提摩太 역,「醒華博議」,『萬國公報』119 · 112, 1898.12 · 1899.1.
37 티모시는 이 글의 동기에 대해 서신을 통해 영미의 여러 인물들로부터 "중국을 각성 ("喚醒中華")"시킬 방법에 관한 의견을 구하였음을 밝히고, 이는 "보잘 것 없는 외국인이 감히 (타국의) 춘몽을 놀래 깨우는(異邦芻蕘, 敢警春夢)" 격이지만, 세상의 올바른 이치에 대한 포부를 품고 있는 사람들이 이를 하찮게 여기지 않고 받아들여 주길 바란다고 서문에서 말하고 있다. 李提摩太,「醒華博議序」,『萬國公報』118, 1898.11, 11면.

행했던 것이지만, 중국인이 직접 거론한 것은 19세기 후반, 특히 중국의 과분론으로 위기의식이 고조되어 가던 1897~1898년이었다. 1898년 4월 21일 량치차오가 "보국회保國會"에서 행한 연설은 그 대표적인 예이다. 앞서 티모시 리차드가 "중국을 불러 깨우다"라는 주제로 영미 지식인의 견해를 요청하기 위한 계획을 수립하던 시점이 바로 량치차오와 긴밀한 관계 속에서 활동하던 이 시기였다는 점을 고려하면, 량치차오와 티모시 리차드의 중국 수면-각성론 역시 사상적, 담론적으로 상호 밀접히 연계되어 있다는 것을 알 수 있다.

> 아, 전에 증혜민(曾惠敏)이 「중국이 이전 잠든 상태로부터 깨어나다(中國先睡後醒論)」를 쓰고, 영국인 울즐리(Garnet Joseph, Wolseley, 1833~1913 : 육군 총사령관-인용자)가 중국은 괴물 프랑켄슈타인과 같이 누워 자도록 놔두면 조용히 잠들고, 그를 놀래 깨우면 이빨과 발톱을 드러낸다고 말한 적이 있는데, 이는 모두 우리 중국의 장래의 희망이다. 지금은 분할과 멸망의 위기감이 천하를 뒤덮고 있는데, 아마도 거의 깨어난 듯하다.[38]

이 연설문에서 량치차오는 자신이 직접 중국의 수면-각성론을 제기한 것이 아니라 이미 제기된 언설을 인용하고 환기시키는 방식으로 그 담론에 동조적으로 참여하고 있다. 량치차오가 언급한 두 사례는 1898년 시점에 중국인들에게 알려진 대표적인 중국 각성론이었다. 이 가운데 영국의 울즐리의 언급은, 1898년 3월 22일 『국문보』에 실린 「후환을 어찌 할 것인가」에

---

38 梁啓超, 「保國會演說(閏三月初一日第二次集說), 『知新報』 55, 1898.6.9.

근거한 것이었다. 이 글에서는 영국 육군 대원수(옌平嚴復는 울즐리라고 봄)가 4억 인구를 지닌 중국에 나폴레옹과 같이 재능 있고 용맹한 군주가 나온다면, 유럽은 동아시아에 발을 붙일 수 없고 압박을 받게 될 것이라고 말하고, 이어서 다음과 같은 단락이 이어지고 있다.

중국이 이제 깨어나면 장차 프랑켄슈타인과 같은 괴물이 될 것이다. 이 괴물은 누워있게 놔두면 조용히 잠에 들지만, 놀래서 깨어나면 크게 흥분하여 발톱과 이빨을 드러내며 사람들을 해치게 될 것이다. (…중략…) 오호 프랑켄슈타인은 단지 교묘한 기계일 뿐이어서, 그것을 잘 알면 두려워 할 필요가 없다. 중국의 경우와 같이 물산이 풍부하고 인구가 많은 나라가 서양 국가의 방법으로서 서양 국가의 국민을 곤궁하게 만든다면, 그것이 장차 유럽에 미치는 해는 결코 프랑켄슈타인이 비할 바가 아닐 것이다. 이는 매우 두려운 일이다.[39]

울즐리의 이 말은 호미 바바가 말한 "양가성", 지배 대상을 동일화하면서 동시에 끊임없이 타자화 할 수밖에 없는 분열의식에 따른 식민자

---

39 王學廉 역, 「如後患何」(영어 원문은 1898.01.01), 『國聞報』(天津 : 1898.3.22(光緒
二十四年三月初一日)(『國聞報』의 원문은 이시카와 요시히로(石川禎浩)의 「眠れる
獅子(睡獅)と梁啓超」(『東方學報』, 85, 2010.3.25) 중 각주 11)(506면)에서 재인
용). 울즐리의 중국의 위협론에 대한 언급은 『국민보』의 「한종(漢種)을 논함」에서도
소개하고 있다. "중국은 장차 머리를 치켜들고 분기할 국민이다. 언젠가 뛰어난 군인
과 정치가 나와서 우렁찬 대제국을 건설하게 될 것이다. 그 무력을 먼저 러시아에 사
용하면 러시아는 막지 못할 것이고, 그런 후에 중국이 인도를 짓밟아 우리를 인도양
밖으로 내쫓게 될 것이다. 이와 같이 생명이 위급해 지면, 영국은 아메리카와 유럽대
륙과 동맹을 맺어 대적하지 않을 수 없다." 「說漢種」, 『國民報彙編』, 中國民國黨中央
委員会黨史史料編纂委員會, 1968, 20면.

의 편집증적인 두려움이 잘 나타나 있다. 이에 대해 옌푸는 "저자가 프랑켄슈타인으로 중국을 비유한 것은 중국의 내재적인 힘이 매우 큼을 말한 것이다. 유럽인이 세계를 좌우할 수 있는 것은, 단지 우리 중국인이 아직 잠에서 깨어나지 않았기 때문이다"라고 주석을 덧붙이고 있다.[40] 「후환을 어찌 할 것인가」의 영어 원문은 정확히 확인할 수 없지만,[41] 이 글은 중국과 관련된 수면-각성 담론이 중국어 세계에서 출현할 때 결코 단순하지 않다는 것을 말해 준다. 즉 수면론이 몽매하거나 원기나 생명력을 상실한 상태에 대한 비유로 쓰이기도 하지만, 위 인용문에서는 거대한 잠재능력을 가진, 언제든지 깨어날 수도 있는 "괴물"로 비유되고 있다는 점이다. 당시 서구에서 널리 퍼져있던 중국 정체론과 달리, 퇴보하거나 침체된 중국이 아니라 각성된 이후의 중국에 중점을 둔 이러한 비유에서 "황화론"을 연상하기란 어렵지 않다. 20세기 초 동아시아와 관련한 대표적인 미국 학자였던 라인쉬에 의하면, 울줄리는 중국의 잠재능력이 충분히 발휘되는 날 전세계적으로 유럽 등 오래된 문명국들을 휩쓸게 될 거라는 이른바 "황화론Yellow Terror"을 주장하는 대표적인 인물이었다.[42] 앞서 거론했던 티모시 리차드가, 자신이 중국의 각성을 도모하는 것이 전체 인류에게 유익한 것임을 강조했던 것

---

40 王栻主編, 「「如後患何」按語」, 『嚴復集』 1, 北京 : 中華書局, 1986, 78면.

41 우즐리는 일찍이 중국처럼 강인하고 총명하며, 억이 넘는 인구를 가진 민족을 피터대제나 나폴레옹 같은 인물이 이끈다면 전 세계에서 가장 우수하고 강대한 국가가 될 것이라고 말하기도 했다. Viscount Wolseley, "China and Japan", *The Cosmopolitan; a Monthly Illustrated Magazine*, February 1895, pp.417~423; Field-Marshal Viscount Wolseley, *The Story of a Soldier's Life*, Vol.II, Westminster : Archibald Constable and Co. Ltd., 1903, p.2.

42 Paul S. Reinsch, *World Politics at the End of the Nineteenth Century : As Influenced by the Oriental Situation*, New york : The Macmillan Company, 1900, p.86.

은 당시 서구에서의 중국경계론을 의식한 발언으로 볼 수 있다. 량치차오의 위 연설문 역시 단순히 과분이라는 위기상태에 놓여 있는 중국의 수면상태를 부각시키기 위한 것만은 아니었다. 오히려 옌푸가 주석에서 말한 바와 같이 잠시 수면상태에 있지만 장차 유럽을 제압할 수 있는 능력을 지닌 중국에 대한 희망 혹은 믿음이야말로 량치차오가 기꺼이 수면론을 수용할 수 있는 심리적 전제가 되고 있다. 이는 그가 울즐리와 더불어 증기택曾紀澤의「중국이 이전 잠든 상태로부터 깨어나다」를 함께 거론한 것을 통해서도 잘 알 수 있다.

서구와 일본에서의 잠든 중국이라는 이미지에 대해 중국인 가운데 일찍 반응을 보인 사람은 증기택이었다. 증국번의 아들이자 청말 저명한 외교관이었던 그는 일찍이 1879년 주영공사의 신분으로 런던을 방문한 적이 있으며, 이어 프랑스, 러시아 공사를 역임하면서 국제외교의 업무 방면에서 중요한 역할을 맡았다. 그 과정에서 그가 중국과 관련된 외국정부나 지식인의 관점 혹은 외국 언론의 보도에 관심을 갖게 된 것은 자연스러운 것이었다. 그리고 1886년 말 귀국하기 직전 일종의 공개적인 이임사를 겸하여 주영국 중국 대사관의 참찬으로서 영중 번역을 담당하고 있던 홀이데이 마카트니Halliday Macartney와 함께「중국, 수면과 각성」[43]이라는 영문의 글을 써서 발표하였는데, 그 후 이 문장은 여러 신문잡지에 연재되고 번역되면서 적지 않은 반향을 일으켰다.[44] 그리고 이 문장은 영어로 발표된 점에서도 알 수 있듯이 당시

---

43 Marquis Tseng, "CHINA, THE SLEEP AND THE AWAKENING", *Asiatic Quarterly Review*, 1887.1, pp.1~12.
44 이 문장은 이후 1887년 2월 16일 홍콩의 영자신문 *The China Mail* 과 1887년 4월 *The Chinese Recorder and Missionary Journal*((18.4), pp.146~153)에 전재되었는데,

영어권에서 널리 퍼져 있던 중국의 수면담론을 겨냥한 것임을 말해 준다. 특히 앞서 언급한 영국의 주중 외교관으로서 서구의 대중국 인식에 적잖은 영향을 미치고 있던 웨이드의 중국에 관한 시각을 겨냥하여 중국은 퇴보해 가는 중이라는 그의 견해를 비판하고 중국은 이미 각성했음을 강조하였다. 증기택의 논점은 크게 세 가지로 구성되어 있다. 첫째 중국은 죽어가는 것이 아니라 잠시 잠든 상태였으며, 이제 서구의 충격으로 깨어났다는 것이다. 이는 수면을 퇴보, 죽음 등과 같은 이미지와 혼용하는 것을 비판하고, 수면은 특정한 조건하에서 일시적인 현상이고 언제든지 깨어날 수 있는 상태로 간주하는 것이다. 그리고

The Chinese Recorder and Missionary Journal은 처음 발표된 곳이 아니라 The London and China Express에서 전재하고 있다고 밝히고 있어 증기택의 문장이 여러 차례 전재되었음을 알 수 있다. 또 당시 원문의 전재이외에도 영국, 미국, 홍콩, 오스트레일리아, 중국내 영문매체 등에 그것에 대한 각종 평론이 발표되면서 큰 반향을 일으켰다. 당시 발표된 평론에 대해서는 와그너 참조. 그러나 영어권에서의 큰 반향과는 대조적으로 중국어권의 반응은 매우 미약했다. 1887년 6월 14~15일에 『申報』에서 증기택의 문장을 중국어로 번역한 「中國先睡後醒論」(顔詠經口譯袁竹一筆述)을 게재하였지만, 중국인 사이에 특별한 반응이 찾아보기 어려웠으며, 홍콩의 중국인 하계(何啓)가 쓴 장문의 비평문 "Letter to the editor of the China Mail"(Sinensis (He Qi), The China Mail, 1887.2.16)은 영어로 발표한 것이었다(사회와 정치적 개혁이 빠진 양무운동 식의 개혁의 한계를 비판한 하계의 이 글은 그 후 두 차례에 걸쳐 팜플렛의 형식으로 출판되었다. China, the Sleep and the Awakening: A Reply to Marquis Tseng, Hong Kong : China Mail office, 1887; Reform in China: Being a Letter Addressed to Rear-Admiral Lord Charles Beresford C.B., M.P.; Also, an Article in Reply to China: the Sleep and Awakening,, Hong Kong : Printed at the China Mail office, 1899). 물론 호례원(胡禮垣)이 하계의 비평문을 요약하고 자신의 의견을 덧붙여 중국어로 쓴 「曾論書後」가 1887년 5월 11일 『華字日報』에 게재되었지만, 그 문장이 중문독자들에게 본격적으로 알려지기 시작한 것은 1901년 출판된 『新政真詮』(初編, 格致新報館)에 수록된 이후였다. 한편 『신보』에 게재된 「中國先睡後醒論」가 중국 지식계에 알려지기 시작한 것도 1899년(光緖25년) 『皇朝蓄艾文編』(寶軒彙編, 上海官書局)에 수록되면서부터였다. 그런 의미에서 량치차오가 보국회의 연설에서 증기택의 문장을 거론한 것은 당시 그의 관심과 지식의 네트워크가 남달랐다는 것을 말해준다.

중국은 이미 각성하여 해군력의 증강과 중국인민의 역량을 발휘하고 있으며, 이제는 1,2차 아편전쟁과 같은 치욕적인 패배를 당하지 않을 만큼 서구와 대등한 능력을 갖추었다고 주장하였다.[45] 두 번째는 중국이 서구에 대한 치욕을 당하기는 했지만, 각성된 중국은 이에 대해 보복하거나 대외적인 팽창정책을 취하지는 않을 것이라는 것이다. 즉 각성된 중국에 대해 서구는 경계하거나 두려움을 가질 필요가 없다는 것을 강조하고 있다. 셋째는 이미 중국이 각성한 이상 완전한 주권을 회복할 필요가 있으며, 이를 위해 해외의 중국인의 평등한 지위 보장, 조계지와 같은 주권을 침해하는 불평등 조약의 개정, 조선, 티베트, 신강과 같은 번속지역에 대한 통제력 강화 등이 필요하다는 것이다.[46] 이런 의미에서 증기택의 중국 각성론은 비록 영어로 발표하기는 했지만, 서구의 독자에 대해서는 그들의 대중국 야심에 대한 견제와 중국 콤플렉

---

45 이러한 주장은 비단 증기택 뿐만 아니라 1883~1884년 월남을 둘러싼 중국과 프랑스 간의 전쟁을 자세히 기록한 일본의 해군 무관인 소네 쇼운(曾根嘯雲)의 『法越交兵紀』에서도 유사한 견해를 피력한 적이 있었다. 즉 소네 쇼운은 프랑스 군에 대한 청나라의 군대의 방어 상황을 서술하면서, "이전에 서구인이 청국을 침입할 때. 마침 청국의 관원들은 꿈꾸며 잠들어 있었으며, 청인은 또 자신들의 기량을 알지 못했다. 이제 청국의 관원은 이미 꿈에서 깨어났을 뿐만 아니라 20여 년 동안 사전에 준비를 해왔으며, 분개함이 매우 심해 모두 이를 갈며 프랑스에 복수하고자 하고 있다(前者西人侵淸國, 適値淸國官員, 睡在夢中, 而淸人又未悉淸人伎倆, 今淸官旣已夢醒, 又豫備二十餘年, 含憤已甚, 皆切齒而仇法)."고 설명하였다. 소네 쇼운의 중국 수면-각성론은 당시 서구의 영향하에 일본에서 중국을 비판하기 위해 비유하던 방식을 취한 것이지만, 어찌되었든 한문으로 출판된 문헌에서 중국 국가나 민족에 대해 수면-각성을 적용한 대표적인 초기 사례이다. 曾根嘯雲輯, 王韜仲弢刪纂, 越南阮述荷亭校閱, 『法越交兵紀』(日本明治十九年(1886)東京報行社排印)(近代中國史料叢刊, 62~615, 台北文海出版社, 1971), 439면. 영국, 러시아, 프랑스 등과의 외교적 교섭을 담당했던 증기택이 『法越交兵紀』를 읽었을 가능성이 매우 높지만, 설사 읽지 않았다 하더라도 1880년대에 중국과 일본의 일부 지식인들이 서구의 중국 수면-각성 담론에 참여함으로써 그것이 중국담론에서 보편화되어 가고 있음을 알 수 있다.
46 Marquis Tseng, "China. the Sleep and the Awakening", *The Chinese Recorder and Missionary Journal* ((18.4), 1887.4), pp.146~153.

스의 완화를, 그리고 중국의 독자에 대해서는 중국이 추구해야 할 목표를 제시하기 위한 다중적인 목적을 지니고 있었다고 볼 수 있다.

그러나 증기택의 중국 각성론에 대해 당시 서구인과 홍콩의 중국인의 시선은 비판적이거나 다소 유보적이었다. 그 이유는 하계가 지적한 바와 같이 각성의 기준이나 부강의 기준을 근본적인 정치적, 사회적, 경제적 변화가 없는, 단순히 해군력이나 철도건설과 같은 차원만으로 판단하는 것은 피상적이라고 보았기 때문이었다. 티모시 리차드가 터키의 각성론을 통해 중국인에게 전달하고자 한 것은 중국은 여전히 더 많은 각성이 필요하다는 인식이었다. 또 같은 해에 발표된 영국 성공회 선교사 아더 에반스 모울Arthur Evans Moule, 慕阿德[47]의 다음과 같은 서술도 당시 서구의 일반적인 대중국 인식을 반영한 것이었다.

> 대제국은 참으로 이웃국가인 일본처럼, 또 고인이 된 후작 증기택이 팜플렛에서 암시했었던 바와 같은 폭넓은 각성(wide-awake)이 이루어지지는 않았다고 할지라도, 잠(sleep)에서 뒤척이고 있으며 각성(awakening)이 눈앞에 다가왔음은 확실하다. 그리고 우리는 긴 겨울이 지나고 바야흐로 봄이 막 시작되는 것과 같은 무언가를 보게 될 것이다.[48]

증기택이 사망하고 나서 몇 년 후에 발발한 1894~1895년 청일전쟁은 증기택이 말한 중국의 각성이 얼마나 미약하고 시기상조였는지를 말해주

---

47 아더 에반스 모울의 중국에서의 활동에 대해서는 丁光, 「英国传教士慕雅德与中英鸦片贸易」, 『世界宗教研究』, 2015, 213~222면.

48 Moule, Arthur Evans, "preface", *New China and Old—Personal Recollections and Observations of Thirty Years*, London : Seeley and co., limited, 1891.

는 것이었다. 따라서 량치차오가 증기택의 「중국이 이전 잠든 상태로부터 깨어나다」를 언급한 것은 중국이 이미 각성했다는 주장에 대한 동조가 아니라, 과분의 위기를 초래한 중국은 아직 미각성의 상태에 있으며, 증기택의 희망이 미래로 더 연기되었다는 점을 환기시키는 것이었다. 그러나 더 주요하게는 각성된 이후의 중국의 모습에 대한 증기택의 희망, 즉 서구의 중국에 대한 두려움과 우월적 지위에 있는 중국의 서구에 대한 관용, 서구와 대등한 중국 주권의 회복, 세계에서의 중국인의 지위의 향상에 대한 꿈을 통해 소극적인 각성이 아니라 적극적인 각성론을 제시하기 위한 것이었다. 즉 증기택이나 량치차오와 같이 중국인이 처음 수용한 수면－각성 담론은 중국의 본연의 잠재적인 능력에 대한 각성이며, 그 능력은 단순한 세계의 한 보통국가 아니라 세계를 압도할 수 있는 역량이었다. 그리고 그 본연의 능력에 대한 인식은 이른바 중화의식과 같은 기존의 중국의 자기 중심주의 에 대한 기억만이 아니라, 서구의 중국에 대한 콤플렉스, 경계의식과 두려움 이 함께 만들어낸 것이었다. 즉 중국은 과분의 위기 속에서도 서구의 내재적 인 대중국 콤플렉스를 통해 자신의 잠재능력을 확인하고, 이를 자기 각성의 추동력으로 삼고자 했던 것이다.

3. 잠자는 사자－중국각성의 잠재의식

1898년 량치차오와 티모시 리차드가 추상적 개념을 통해 중국의 각 성 담론을 형성하기 시작했다면,[49] 이를 대중적인 이미지를 통해 수면 －각성 담론을 크게 확산시킨 것은 1898년 홍콩의 홍중회 회원 세콴

타이[謝纘泰]가 그린 「시국전도[時局全圖]」였으며,[50] 1902년 민족주의의 부상을 수반하여 대표적인 시대적 담론을 형성하였다. 그러나 각성 담론의 보편화로 인해 담론 내부의 비유 대상과 내용, 그리고 비유적 표현과 강도 등이 더욱 다양화 되었다. 20세기 초 서구의 혁명운동을 적극적으로 소개하던 마쥔우[馬君武]는 중국을 단순히 잠든 상태가 아니라 늙어서 죽어가는 상태[老死]에 비유하였으며, 그 노쇠의 시작을 중국 역사의 초기까지 추소하기도 하였다.

서구인이 중국을 논한 책은 최근 몇 년 동안 한우충동과 같이 수없이 많지만, 그 가운데 자주 보이는 두 글자는 Old China, Dead China이다. 이를 번역하면 늙은 중국, 죽은 중국이다. 영국의 철학자 스펜서가 말하길 사회는 유기적 생물이라고 했다. 그럼 우리 중국은 늙었는가 죽었는가? 깊이 생각해보면, 우리 중국이 늙어 죽게 된 것은 오늘에 이르러서 비롯된 것이 아니다.[51]

그에 의하면 중국문명은 태어나자마자 요절했으며, 그 대표적 증상은 바로 요순[堯舜]의 선양이 끊어진 하우[夏禹]시대라고 보았다. 서두에서 언급

---

49 19세기 말 중국의 각성 담론에서 또 주목할 것은 『시무보(時務報)』이다. 『시무보』에서는 1897년부터 영국과 일본을 대상으로 한 각성론이 번역 소개되기 시작했으며, 1898년부터는 중국인들도 그러한 비유를 적극 사용하기 시작했다. 예를 들어 1898년 독일이 산둥(山東)지역의 영토를 요구하자 왕캉녠(汪康年)은 사태 해결에 미온적인 관방에 대해 "뜰에 화재가 발생했는데 멍청한 그들은 방에서 잠에 푹 빠져 소리쳐 불러도 깨나지 못하는 것 같다"고 비판하기도 하였다. 汪康年, 「論膠州被占事」, 『時務報』 52, 1898.2.21.

50 Rudolf G. Wagner, "China "Asleep" and "Awakening" : A Study in Conceptualizing Asymmetry and Coping with It", *Transcultural Studies*, Vol.2 No.1, 2011.

51 馬君武, 『法蘭西今世史譯序』, 上海 : 出洋學生編輯所, 1902.

한 『하상』을 연상시키기도 하는 이러한 중국문명의 요절론은 19세기 서구에서 유행한 중국문명 정체론보다 더 강한 중국문명에 대한 자기 부정일 뿐만 아니라, 앞서 증기택이 강하게 부정하고 비판하고자 했던 시각이기도 하다. 그러나 20세기 초 중국 현상태에 대한 강렬한 부정은 바로 이 시기에 각성 담론이 널리 확산된 이유와 당시 중국 지식인들의 심리적 상태를 대변해 주고 있다.

20세기 초 수면－각성론의 주요한 특징은 중국의 수면 원인에 대한 다양한 분석이 이루어지고 있다는 점이다. 이전에는 주로 폐쇄적인 문호정책과 대외상황에 대한 무지에 그 원인을 돌렸다면, 이제 각성을 주장하는 논자들은 자신의 정치적인 견해나 상황인식에 따라 제각각의 다른 해석을 제시하였다. 민족주의자는 한족에 대한 만주족 등 이민족의 억압을 말하고, 혹자는 전제 군주제를 지적하며, 혹자는 중국의 문명전체(더 정확히 말하면 문명화 이전의 "야만" 혹은 "반문명"의 상태)를 탓하기도 했다. 또 하나의 특징은 청일전쟁과 의화단의 난 이후 청 정부의 신정新政 실시, 한족 지식인들의 입헌운동과 혁명적인 조류의 대두로 그 변화의 방향과 목표가 보다 구체화되기는 했지만, 수면에서 깨어난 각성상태보다는 여전히 수면상태에서 벗어나지 못하고 있음에 더 중점이 두어졌다는 점이다. 일찍이 1903년 『여계종女界鐘』을 통해 여성의 권리의식을 고무시켰던 진톈허金天翮는 중국에 대한 절망 속에서 젠더의식, 성별의 각성을 다음과 같이 촉구하기도 하였다. "20세기 중국은 망했다. 쇠약해졌다. 전체 인구의 절반인 남자는 잠자는 듯, 술에 취한 듯, 죽은 듯한 모습이다. 그러니 우리가 여자에게 무엇을 바랄 수 있겠는가? 아니다. 여자는 국민의 어머니이다. 중국을 새롭게 하려면 여성을 새롭게 해야 하고, 중국을 강하게 하려면 여자를 강하게 해야 하며, 중국을 문명화하려면 반드시 먼저 여성을 문명화해야 한다."[52] 여기서 진톈허는 여성의 각성, 여성의 문명화를 요청하면서, 여성보다 상대적으로 더 각성되어 있는 남성들이 죽은 듯 잠들어 있으며, 중국은 거의 망한 상태에 놓여 있다고 선언하고 있다. 이와 같이 자기 부정적 수면상태에 방점을 둔 듯한 각성론의 서사는 중국의 현실적인 여건으로 인해 각성상태를 논할 처지가 아니었기 때문이기도 하지만, 더 중요한 것은 만주족 청 왕조의 실정을 부각시키고 중국의 위기의식을 고양시키거나 각 계층의 의식을 자극하기 위한 충격요법으로서 각성 담론을 활용하고자 했기 때문이었다.

하지만 이 시기의 수면−각성론은 그 어느 때보다도 더 강렬한 각성된 중국의 이미지를 대중적으로 확산시켰다. 즉 잠자는 사자라는 이미지가 그것이다. 잠자는 실체가 다름 아닌 바로 사자라는 것은 별도의 설명 없어도 각성된 이후의 상황이나 그 의미를 명확히 말해준다. 잠자는 사자라는 중국의 자기 이미지의 발명은 단순히 국가나 민족에 대한 비유를 넘어 중국인의 욕망과 의지를 창출하고 응집시키는 역할을 하였으며, 20세기 중국 각성 담론에 고유한 특징을 부여하였다. 즉 가장 자기 부정적, 자기 비하적인 수면론에 최고의 힘과 권력을 상징하는 사자가 결합됨으로써 중국의 각성론은 강력한 내적인 파토스를 형성하게 된 것이다. 즉 잠자는 사자는 강력한 자기 부정에 더 강력한 자기애와 열망을 하나로 묶은 중국의 각성론의 성격과 특징을 집약적으로 보여준다.

---

[52] 金一,「發刊詞」,『女子世界』1, 1904.1.17.

〈그림 10〉『신민총보』 25(1903. 2). 이 표지는 1903년 신년호(음력)인 제25호의 표지부터 사용되었으며, 장관원의 "금년이후 중국을 기원함(祝今年以後之中國也)"이라는 「각성한 사자의 노래」가 제발(題跋) 문으로서 함께 게재되었다.

　　이러한 각성론은 혁명파와 입헌파를 막론하고 중국 지식인들 사이에서 중국의 현재와 미래를 상징하는 부호로 자리 잡았다. 1903년 2월 11일 『신민총보』(제25호)는 중국의 지도를 전면으로 한 기존의 표지를, 장관원蔣觀雲의 「성사가醒獅歌」를 제사題詞로 하여 지구 위를 날아오르는 사자의 모습으로 바꾸었는데, 이는 잠자는 사자와 각성론을 결합한 것으로 이후 각성한 중국의 민족 이미지로서 널리 사용되었다. 장관원은 제사에서 "1천년 동안 깊은 잠에 들어", "코를 골며 꿈속에서 죽을 때 되었음도 알지 못하는" 것을 한탄하며, "언젠가 위엄과 명성을 회복하고 의지와 기개를 떨쳐서" 백년의 바램을 위로하고 깊은 근심을 해결해 주길 기원하고 있다.[53] 잠자는 사자 혹은 각성한 사자는 수면－각성 담론을 이미지화하는 데 그치지 않고 중국의 잠재능력과 각성 후의 중국 모습을 압축적으로 보여준다. 당시 서구에서 영국은 사자, 러시아는 곰과 같이 특정 동물로 각 국가를 상징화했지만, 사자로서 중국을 이미지화하는 것은 매우 드물었다. 처음 사자로서 중국을 상징화하기 시작한 것이 누구인지는 아직 명확하지 않다. 량치차오에 의하면 일찍이 증기택이 프랑케슈타인을 잠자는 사자에 비유한 적이 있다. 또 1901년 경 오쿠마 시게노부大隈重信 역시 증기택이 당시 중국을 잠자는 사자로 비유했다는 언급을 하고 있다. 이러한 복수의 증언에도 불구하고 증기택의 문헌에서 그러한 비유를 찾기 어렵다.[54] 하지만 이후 중국을 사자에 비유하는 것은 널리 확산되었으며 특히 혁명파에서 즐겨 사용하였다. 쩌우룽鄒容은 1903년 『혁명군革命軍』의 마지막 부분에서 중국을 잠자는 사자에 비유하며 "아, 맑은 하늘에 청천벽력이 수천 년 동안 잠든 사자를 놀라게 하여 춤을 추게 하는 것은 바로 혁명이고 독립이다."[55]라고 주장하였다. 1906년 5월 동맹회 기관지 『민보』는 제2호부터 천톈화陳天華의 미완 작품 「사자후獅子吼」를 연재했는데, 천톈화는 사자를 한족에 대한 상징으

---

53 觀雲, 「醒獅歌」, 『新民叢報』 25, 1903.2, 표지의 제발(題跋)문.
54 哀時客, 「動物談」, 『淸議報』 13, 光緖25년3月21日, 4면; 大隈重信, 「論支那局事」, 『淸議報』 81, 光緖27.4.21,1면. 잠자는 사자 혹은 각성된 사자의 이미지가 중국에서 형성되어 변화하는 과정에 대해서는 石川禎浩, 「眠れる獅子(睡獅)と梁啓超」, 『東方學報』 85, 2010, 479~509면; 楊瑞松, 『病夫, 黃禍與睡－西方』視野中的中國形象與近代中國國族論述想像』, 政大出版社, 2016, 109~137면. 중국의 프랑켄슈타인, 잠자는 사자에 관한 담론을 생체정치학의 관점에서 분석한 것으로는 Ari Larissa Heinrich, *Chinese Surplus–Biopolitical Aesthetics and the Medically Commodified Body*, Duke University Press, 2018, p.25~48.
55 鄒容, 『革命軍』, 北京 : 中華書局, 1958, 37면.

로 묘사하면서 주인공의 다음과 같은 꿈을 통해 민족의 욕망과 희망을 묘사하였다. "호랑이 이리떼에게 쫓기다가 고함을 지르자, 오랫동안 산속에서 잠들어 있던 큰 사자가 놀래 깨어나 일어나서는 큰 소리로 포효하였고, 호랑이와 이리떼들은 줄행랑을 쳤다. 곧 이어 산속에 갑자기 바람이 일더니 큰 사자가 전기처럼 빠르게 호랑이와 이리떼를 뒤쫓았다."[56] 또 1904년 4월 출판된『교육필용학생가教育必用學生歌』에 수록된, 당시 창작된 18편의 노래 가운데『성사가醒獅歌』2편,『성국민편醒國民歌』1편,『경성가警醒歌』1편이 포함되어 있었다.[57] 그중 "금년 이후의 중국을 축하함"이라는 부제가 붙은, 가오셰高燮가 1903년 3월 29일 발표한「성사가」는 천톈허에 앞서 수면 중이던 사자가 돌연 각성하여「사자후」를 부르짖는 모습을 묘사하고 있다.

검은 먹구름이 하늘을 덮어 태양이 빛을 읽고, 호랑이 무리가 집안에 들어와 다투어 위세를 부리고 있다. 승냥이 이리들이 권력을 잡고 호랑이에게 아부를 하는데, 감히 동류의 무리를 향해 다투어 뜯어 먹는다. 이 때 사자는 깊은 잠에 빠져, 발톱과 이빨을 드러내지 않고 눈도 감고 있다. 호랑이 무리가 조심조심 장난을 치고, 소라고, 말이라고 불러도 굽신거리며 복종하기만 한다. 오호, 어찌 거대한 몸짓에 금수의 왕이라 불리는 것이 수치심과 모욕을 당하면서도 기를 펴지 않는가? 코를 벌름거리고 혀를 내밀고 갑자기 크게 울부짖으며, 이리저리 눈을 돌리는 것이 예사롭지 않다. 호랑이 굴에 뛰어 들어가니 모두가 머리를 숙이고, 망연 실색하여 모두 어찌할 줄 모른다.[58]

---

56 過庭,「獅子吼」,『民報』2, 日本東京, 1906.5.6.
57 胡從經,『胡從經書話』, 北京 : 北京出版社, 1998, 312면.

앞서 언급한 바와같이 중국의 각성론이 처음 어떻게 사자와 연계되었는지는 정확히 알 수 없다. 당시 각 국가를 동물이나 기타 상징물로서 그 특성을 표현하는 것은 일반화되어 있었으며, 사자는 주로 영국을 상징하는 동물이었다. 이에 비해 청국은 스스로를 용으로 상징화하였고, 서구에서도 중국을 주로 용으로 이미지화 하였으며, 중국의 거대한 잠재능력을 표현하는 경우에도 주로 거대한 용이나 괴물로 묘사하는 것이 일반적이었다. 이와 같이 전통적인 용이 청 정부와 서구에의해서 중국의 상징으로 전용되고 있었기 때문에, 새로운 중국을 주창하며 청 정부에 비판적이던 각성론에서 용으로 자기를 상징화하기가어려웠을 것으로 보인다. 더구나 당시 서구에서 중국과 중국인을 희화화하면서 그 상징인 용도 풍자와 조롱의 대상이 되고 위엄이 전혀 없는 모습으로 그려지고 있었다. 그렇다면 용을 제외한 다른 상징들 가운데 왜 사자가 선택되었을까? 이와 관련하여 비록 신해혁명 직전에쓴 것이기는 하지만 츄평자丘逢甲의 한편의 시는 각성되어야 할 중국이왜 사자가 되어야 하는지를 잘 말해주고 있다. 그에 의하면 사자는 호랑이보다 더 용맹하고, 용은 묶여 있어 타고 오를 구름이 없을 뿐만 아니라 조롱거리가 되어 전혀 위용이 없다. 따라서 그는 호랑이나 용보다는 사자를 그릴 것을 권하면서 "잠자던 중국의 사자는 이미 깨어났으니, 한번 울부짖으면 세계의 주인이 될 것이다"라고 쓰고 있다.[59]

---

58 "盲雲蔽天白日微, 群虎入室競肆威. 豺狼當道工媚虎, 敢向同類爭啖肥. 斯時獅睡正熟, 鋸牙不露闔其目, 群虎眈眈視曰嬉, 呼牛呼馬甘服服. 嗚呼！豈有巨物龐然稱獸王, 含羞忍辱氣不揚. 仰鼻吐舌忽大吼, 左眄右盼非尋常. 躍入虎穴齊俯首, 冥頑失色皆倉黃." 慈石,「醒獅歌」『政藝通報』癸卯 4, 1903.3.

59 "我聞獅尤猛於虎, 勸君畫獅勿畫虎. 中國睡獅今已醒, 一吼當爲五洲主. 不然且畫中國龍, 龍方困臥無雲從. (…중략…) 安能遍寫可憐蟲, 毛羽介鱗供戲弄." 丘逢甲,「二高行

잠자는 사자가 여전히 비유적인 차원에서 중국인의 분발심을 자극하는 것이라면 쑨원의 다음과 같은 『민보』 발간사는 그 사자와 각성 담론의 의미에 대한 해설이라고 할 수 있다.

아, 우리 조국은 가장 큰 민족일 뿐만 아니라, 총명하고 강력하기가 누구보다도 더 뛰어나다. 하지만 깊은 잠에서 깨어나지 못하고, 모든 일이 엉망이다. 다행히 거센 바람과 조수의 자극으로 깊은 잠에서 깨어나는 것은 금방이다. 끊임없이 분발하고 진작한다면 쉽게 큰 결과를 얻을 수 있는데, 이는 결코 허풍이나 과장이 아니다. 다만 집단가운데서 소수의 가장 훌륭한 심리를 가진 사람들이 그 집단을 나아가도록 이끌어, 가장 좋은 통치방법으로 우리 집단에게 적합하게 하고, 우리 집단의 진보가 세계에 적합하게 할 수 있어야 한다. 이것이 선지선각자의 천직이며, 우리 『민보』가 행하고자 하는 바이다.[60]

이 발간사에서 비록 사자는 등장하지 않지만, 여러 민족들 가운데 가장 강력한 능력을 지닌 중국이 잠들어 있다는 서술 속에서 잠자는 사자를 떠올리기는 어렵지 않다. 뿐만 아니라 그러한 중국이 깨어날 날이 곧 얼마 남지 않았으며, 이를 위해 소수의 선지선각자들이 뭇 인민이 각성하도록 이끄는 것을 소명의식으로 삼아야 한다는 그의 주장에서 앞서

贈劍父奇峰兄弟」,『丘逢甲集』, 長沙 : 嶽麓書社, 2001, 642면.
60 "羼我祖國, 以最大之民族, 聰明強力, 超絕等倫, 而沈夢不起, 萬事墮壞; 幸爲風潮所激, 醒其渴睡, 旦夕之間, 奮發振強, 勵精不已, 則半事倍功, 良非誇嫚.惟夫一群之中, 有少數最良之心理能策其群而進之, 使最宜之治法適應於吾群, 吾群之進步適應於世界, 此先知先覺之天職, 而吾『民報』所爲作也." 孫文, 「發刊詞」,『民報』第一號, 1905.10.20, 3면.

맹자가 말한 선지선각자의 책무와 기독교 선교사들의 자기희생적 소명
의식이 함께 투영되어 있음도 어렵지 않게 엿볼 수 있다. 하지만 쑨원은
수면상태에서 각성만을 말했을 뿐, 각성된 중국이 어떤 모습인지에 대
해서는 언급하지 않았다. 비록 가장 총명하고 강하며, 규모도 가장 큰
민족이라는 점을 통해 각성된 후의 능력은 가늠할 수 있지만, 그 능력을
어떻게 사용할지에 대해서는 구체적인 언급을 삼가하고 있는 것이다.
다만 쑨원은 서구의 황화론에 대해 적극 비판을 하였다. 중국이 깊은 잠
으로부터 깨어나면 특히 서구의 문명이 중국에 전파되어 중국의 고유의
능력, 즉 광대한 자원 및 인구와 결합하면, 세계를 위협하는 괴물 '프랑
켄슈타인'이 될 것이라는 황화론에 대해, 그는 중국은 어느 민족보다도
평화를 애호하고 전쟁에 반대하며 법을 준수하는 민족이라고 주장하였
다. 그리고 중국이 민족혁명을 통해 공화국을 수립하여 부강해진다면,
이는 중국만이 아니라 전세계의 발전에도 많은 기여를 하게 될 것이라
고 주장하였다.[61] 이러한 주장은 서구로부터 반만주족 민족주의 혁명에
대한 지지를 얻기 위한 것이지만, 서구의 중국에 대한 의구심과 견제심
리를 겨냥한 중국 평화굴기론에 가깝다. 쑨원의 이러한 주장에서 앞서
본 증기택의 「중국이 이전 잠든 상태로부터 깨어나다」가 보여준 각성된
중국의 모습을 상상하는 것은 어렵지 않다. 쑨원이 말하는 각성 이후 중
국이란 역대 중국의 제국의 예를 든 것과 같이 단순히 약소국의 주권을
평등하게 존중하는 것이라기보다는, 타국이나 민족을 압도할 수 있는

---

61 SUN YET SEN, *The True Solution of the Chinese Question*, New York, 1904, p.8; 孫逸
   仙先生演說, 『支那問題眞解』, 橫浜 : 國民俱樂部, 1906, 8~9면. 이 책자에는 영문과
   중문 번역본이 함께 수록되어 있다.

거대한 능력을 바탕으로 대외적인 주권을 회복하고 국제사회를 이끌어 가는 대국으로서의 중국의 모습이었다.

그러나 하나의 개념이나 비유는 때때로 세계를 주조하고 사유를 이끌 뿐만 아니라 욕망을 창출하기도 한다. 호랑이나 조롱거리의 용이 아닌, 외국에서는 영제국을 상징하던 사자를 자신의 이미지로 삼은 데에는 영국과 같은 제국을 모방하려는 심리는 아니더라도 그에 준하는 제국의 면면을 꿈꾸고자 하는 욕망이 없다고는 할 수 없다. 증기택은 중국이 영토가 넓어서 서구처럼 식민지를 개척해야 할 필요가 없어 대외적 팽창을 추구할 필요가 없으며, 중국이 서구로부터 모욕을 받은 근본 원인은 스스로 무능력하여 자초한 것으로 외국에 대해 복수나 적대감을 가질 필요가 없다고 보았지만, 말년에 병중에서 벽에 『과분도瓜分圖』를 걸어놓고 중국의 운명을 걱정하던 황준셴은 총과 포 소리에도 깨어나지 않던, "잠든 사자가 정말 놀라 깨어나면 그 발톱과 이빨로 장차 무엇을 할까?"[62]라고 의미심장한 물음을 던지고 있다. 더구나 청일전쟁 이후 중국의 과분론이나 의화단의 난 이후 천문학적인 배상금과 주권의 훼손, 미국, 호주 등에서의 중국인 배척운동 등으로 서구에 대한 감정이 격화되고 민족주의 의식이 고양된 상황은 증기택이 「중국이 이전 잠든 상태로부터 깨어나다」를 쓰던 시기와 비교할 수 없다. 따라서 다음과 같은 리다자오의 희망, 즉 "오늘 유럽을 뒤덮은 괴이한 풍운은 어찌 천재일우와 같은, 잠든 사자가 결연히 일어날 중요한 시기가 아니겠는가? 이를 이용하여 누대에 걸친 뼈저린 복수를 갚고, 이미 상실한 토

---

62 "睡獅果驚起, 牙爪將何爲?" 黃遵憲, 「病中紀夢述寄梁任父」, 錢仲聯箋注, 『人境廬詩草』, 中國靑年出版社, 2000, 814・818면.

지를 수복하면, 이후 오색(중화민국 국기)의 국기가 장차 세계에서 찬란히 빛나게 될 것이다"[63]는 증기택과 다른 20세기 초 중국 각성론에 내재된 또 다른 희망이자 욕망이었다고 할 수 있다.

4. 깨어난 사자? 아니면 미녀

이상에서 본 바와 같이 20세기의 시작과 더불어 급속히 확산된 수면―각성론은 "분할瓜分"의 위기 속에서 중국의 조속한 변화와 부강을 추구하는 중국 지식인들의 희망과 욕망의 산물이었다. 그리고 중국은 의화단의 난 이후 청 정부의 "신정新政"실시와 지식인들의 주도하에 사회·문화 등 전반적인 변화가 발생하고 있었다. 이에 대해 중국의 개혁적인 지식인들은 이러한 미봉적인 개혁으로는 수면상태에 있는 중국을 깨우기 부족하다고 비판하였지만, 서구의 지식인들은 오히려 중국의 작은 변화에 매우 민감한 반응을 나타냈다. 일찍이 『만국공법』의 번역자이자 베이징대학 전신인 베이징 동문관의 총교시를 맡았던 마틴은 20세기 초 중국의 변화에 대해 "중국의 각성The awakening of china"이라고 명명하였다.

중국은 지금 지구상에서 가장 큰 변화가 발생하고 있는 무대이다. 이에 비교하면 러시아의 소요는 사소하게 보인다. 왜냐하면 정치적인 변화가 아

---

63 李大釗, 「警告全國父老書」(1915), 『李大釗全集』 1, 人民出版社, 2006, 118면.

니라 사회적인 변화이기 때문이다. 그 목적은 왕조의 교체도 아니고 정부의 형태에 대한 혁명도 아니며, 더 높은 목적과 더 깊은 동기를 가지고 있다. 그것은 가장 오래되고, 가장 인구가 많으며 가장 보수적인 제국을 완전히 혁신하는 것처럼 보인다.[64]

이어서 그는 일본의 예를 들어, 처음 서구에 대한 졸렬한 모방처럼 보였던 개혁을 통해 일본은 현재 태평양의 영국과 같은 지위를 얻게 되었는데, 일본보다 더 큰 중국의 각성은 훨씬 더 놀라운 결과를 낳게 될 것이라고 덧붙이고 있다. 여기서 마틴은 독자들에게 직접적으로 사자나 프랑켄슈타인을 거론하지는 않았지만, 각성한 중국이 세계에 가져올 놀랍고 큰 영향을 환시키고 있다. 중국이 각성하고 있다는 마틴의 주장은 몇 년 후 중국의 한 외교관을 통해서 적극적인 호응과 지지를 받았다. 미국에서 중국의 전권특임공사로서 활동하던 우팅팡伍廷芳은 1910년 이임사를 통해 최근 몇 년 사이에 중국은 동아시아의 환자 상태로부터 벗어나 각성했다고 주장하고, 그 근거로 사회와 군사 등 다방면의 변화를 예로 들고 있다. 그러나 그의 연설에서의 주요 방점은 퇴보 혹은 수면상태로부터의 중국의 각성이 아니라, 각성된 중국이 세계에 미칠 위협에 대한 자기변호에 있었다. 그는 각성된 중국은 결코 서구에서 우려하듯이 팽창이나 정복을 추구하는 것이 아니라 평화적 국가라고 주장하였다. 그리고 중국은 이미 세계와 긴밀한 관계를 맺고 있기 때문에 중국의 각성은 우호적 관계와 상호적인 이해관계를 만들어

---

64 W. A. P. Martin, *The Awakening of China*, New York : Doubleday, Page & Company, 1907, p.5.

나가는데 더 기여할 것이라고 강조하였다.[65] "평화적 굴기"의 20세기 판이라고 할 수 있는 우팅팡의 이러한 자기 해명은, 서구에서의 중국 각성론을 주요 맥락으로 삼고 있으며, 이를 통해 당시 서구에서 각성된 이후 중국의 위협론이 적잖이 퍼져있었음을 알 수 있다. 이와 같이 러일전쟁 이후 중국의 각성론은 19세기 말 분할론과는 정반대의 중국 위협론으로 중점이 옮겨가고 있었으며, 이러한 현상은 1911년 신해혁명을 계기로 더욱더 두드러지게 나타난다. 사실상 동양에서의 최초의 공화혁명이라고 할 수 있는 신해혁명은 중국인은 물론 외국인에게도 중국이 비로소 긴 잠에서 각성했음을 알리는 상징적인 사건이었다. 라인쉬는 "오늘날 우리는 이 광대한 사람들이 새로운 에너지와 보다 적극적인 업무 수행에 있어 깨어나는 것을 목격하고 있다. 누구도 주장하지 못하던 땅, 평화로운 중국은 빠르게 군사화되고 있다"[66]고 신해혁명 이후 중국의 변화를 지적하였다. 뿐만 아니라 각성된 중국이라는 표현은 중국인들 사이에서도 널리 회자되었다.[67] 『동방잡지』에서는 신해혁명으로 서구에서 황화론을 내세우며 혁명에 간섭할 것을 우려한 듯, 이를 불식시키기 위한 글을 연이어 발표하기도 하였다. 특히 서구의 일부 언론과 인물의 글을 통해 중국의 부강은 세계에 대한 위협이 아니라 힘의 균형을 통해 세계의 평화에 기여할 것이라는 점, 그리고 중국인은 일본과 달리 풍속과 사상의 측면에서 평화를 애호하는 민족이라는 점을 부

---

65 WU TING-FANG, "The Significance of the Awakening of China", *The Annals of The American Academy*, 1910, pp.27~31.

66 Paul S. Reinsch, *Intellectual and Political Currents in the Far East*, Boston : Houghton Mifflin Company, 1911, p.51.

67 朱執信, 「睡的人醒了」, 『覺悟』(『民國日報』副刊), 1919.6.28~7.3(『朱執信集』, 中華書局, 1979, 322면).

각시켰다. 그중에 영국의 정치가이자 언론인으로, 1883~1910년 중국에서 활동한 블랜드John Otway Percy Bland의 글에서는 현재 중국의 군사 상황을 볼 때 지도자와 병사 모두 도덕적 자질이 부족하고, 지리적으로 험준한 산맥과 광활한 사막으로 에워 쌓여 있어 유럽을 침략하기 어렵다고 지적하고, 단지 우려할 만한 점이 있다면 중국인의 근면과 인내심, 상업능력으로 동남아시아를 비롯한 서구의 식민지의 경제권이 중국인에게 장악되는 것이라고 지적하고 있다. 즉 군사적 위협을 의미하는 황화는 근거 없는 망상이라는 것이다.[68]

그러나 각성에 대한 우려를 불식시키려는 소극적인 태도와 달리, 중국의 각성을 세계에 대해 중국의 영향력을 확장시키는 동력으로 삼아야 한다는 주장도 적지 않았다. 일본에 의한 중국 주권침해가 재차 본격화되던 1915년, 리다자오가 재일본 중국유학생회留日學生總會의 서기로서 세계대전을 기회로 중국의 잠든 사자를 깨워 지난 세기의 원한에 대해 복수를 하고 잃어버린 영토를 되찾자고 중국 국민들에게 호소한 것은, 각성된 중국에 대한 중국인의 상상과 인식을 보여주는 것이었다.[69] 이제 중국어권에서든 영어권에서든 중국 각성론을 보면, 여전히 중국의 각성의 한계를 지적하는 목소리가 끊임없이 제기되고 있기는 했지만, 10년 전 세기 말 전환기에 중국 지식인들이 보편적으로 보여주던 중국 분할의 우려에 대한 우울한 심태는 더 이상 찾아보기 어렵

---

68 高勞, 「支那革命之成功與黃禍」, 『東方雜誌』 8-10, 中華民國元年4.1, 61~62면; 錢智修, 「黃禍論」, 『東方雜誌』 9-2, 民國元年8.1, 40~44면(『황화론』은 블랜드의 글을 번역한 것이지만, 정확히 어떤 원문인지 알 수 없다. 하지만 블랜드의 황화론에 대한 기본 입장은 다음 글에 잘 나타나 있다. J. O. P. Bland, "The Real Yellow Peril", The Atlantic Monthly, June 1913, pp.734~743.

69 李大釗, 「警告全國父老書」(1915), 『李大釗全集』 1, 人民出版社, 2006, 111~119면.

다. 이러한 변화는 각성된 중국의 이미지나 은유적 표현이 더욱더 사자로 확고해져가는 과정과 일치한다. 이는 역설적으로, 소수이기는 하지만 그러한 상상과 인식에 대한 당시 일부 지식인들의 우려와 비판을 통해서도 잘 보여준다.

1914년 말 미국에서 유학 중이던 후스는 리다자오식의 잠자는 사자론을 겨냥하듯 문제를 제기하였다. 먼저 후스는 나폴레옹이 중국을 잠든 사자에 비유하고, 잠든 사자가 깨어났을 때 세계는 진동하고 놀라게 될 것이라고 말했는데, 이 말은 당시까지 백년 동안 사람들에 의해 계속 회자되고 있음을 지적하였다. 물론 후스는 나폴레옹의 말에 대한 근거나 당시 유행하던 예를 제시하고 있지는 않지만, 나폴레옹이 중국을 잠든 사자에 비유했다는 말이 이미 당시 세간에 적지 않게 퍼져있음을 알 수 있다. 이어서 후스는 중국이 잠들었다는 것은 공감하면서, 깨어난 중국은 사자가 아니라 숲속의 미녀와 같은 존재, 즉 무력이 아니라 문물과 교화를 통해 세계에 기여해야 한다고 주장했다. 즉 중국은 잠자는 사자가 아니라 잠자는 미녀라는 것이다.[70] 후스는 이를 위해 「잠자는 미녀를 노래 함」을 지었는데, 시에서 묘사된 미녀는 백년 동안의 긴 잠에서 깨어난 후 이전의 복장과 화장을 현대식으로 바꾼 새로운 모습의 미녀였다.

잠자는 사자라는 비유가 가진 수행적인 기능에 대해 우려를 표명한 것은 후스만은 아니었다. 1919년 주즈신朱執信은 「잠자는 사람이 깨어났다」에서 국가나 민족의 사자 비유이면에 존재하는 제국주의 이데올

---

70 胡適, 「睡美人歌」, 曹伯言整理, 『胡適日記全編2(1915~1917)』, 安徽教育出版社, 2001, 88~90면.

로기를 분석하면서 비판하였다. 그는 신해혁명 이후 중국을 각성한 사자에 비유하는 것은 중국인이 만들어 낸 것이 아니라 중국을 압박하던 일부 유럽인들이 "황화론"과 같이 사람들을 겁주기 위해 만든 것이며, 다른 사람들을 두려워하기만 하던 중국인이 다른 사람들이 자신을 두려워하자 너무 기쁜 나머지 꿈속에서조차도 사자가 되길 열망하게 되었다고 주장하였다. 그리고 사자는 싸움을 좋아하는 동물로서, 그것을 떠받드는 것은 호조互助를 추구하는 인류사회에서는 부적합하며, 야만 사회로 퇴보하는 것이라고 보았다. 또 각성하기 이전 수면상태의 중국 역시 사자가 아니라 평화를 추구하는 민족이었으며, 따라서 중국은 잠자는 사자가 아니라 잠자는 인간이며, 사람으로서 잠에서 깨어나는 것이야말로 중국이 각성하는 것이라고 주장하였다.[71]

이상과 같이 중국 근현대시기 이래 중국의 수면-각성론은 서구의 기독교 운동과 서구 중심의 중국 정체론에서 시작하여 후에 중국 위협론과 연계되어 있다. 그리고 잠자는 사자를 통한 중국의 자기 동일화는 서구 및 일본의 제국주의에 대한 저항과 더불어 그들을 모방하려는 욕망이 강하게 내재되어 있다. 대표적인 민족우언으로서 각성된 사자는 세 가지의 함의를 지니고 있다. 첫째는 하나의 민족으로서의 중국의 거대한 잠재능력이다. 이미 보유하고 있는 이 잠재능력은 각성의 필요성을 더욱더 강렬하게 촉구하는 효과를 가지고 있다. 왜냐하면 일단 각성만 하면 세계의 모든 조건을 변화할 수 있다는 자신감을 보여주기 때문이다. 둘째는 강력한 저항과 분투정신이다. 세 번째는 각성

---

71 朱執信, 「睡的人醒了」(『覺悟』(『民國日報』副刊), 1919.6.28~7.3), 『朱執信集』, 中華書局, 1979, 322~329면.

한 이후 스스로 추구해야 할 목표와 위상을 암시한다. 이는 각성된 이후 세계에 대해 무엇을 요구할 수 있고, 또 스스로 어떤 지위를 갖추어야 하는지를 지시하고 있다고 할 수 있다. 이러한 각성된 사자가 증기택이나 우팅팡, 그리고 시진핑이 주장하듯 아무리 평화적인 행동방식을 보인다고 하더라도, 그 비유가 지닌 강렬한 욕망과 환기 능력은 타자에 의해서든 자신 스스로에 의해서든 지속적인 통제와 절제 상태를 유지하기 어렵다는 것을 알 수 있다. 후스와 주즈신은 이것이 지닌 위험성이 무엇인지를 잘 보여주고 있다. 각성한 사자론에 대한 그들의 비판은 외국의 중국 위협론에 대한 사전 방어를 위한 것이라기보다는 오히려 중국이 스스로 각성한 사자와 동일시함으로써 야기될 수 있는 중국 근대문명의 왜곡과 부정적인 결과를 겨냥한 것이었다. 그러나 이러한 스스로의 경계와 자기 성찰적 자세는 중국 전체 현대사에서 주변화된 목소리에 불과했다. 그 이유는 신해혁명과 5·4운동 이후에도 지속되는 대외적인 불평등과 위협이 중요한 작용을 했지만, 대외적인 항전이든, 특정 정치적 목적이든 중국인을 호출하여 손쉽게 동원할 수 있는 것이 바로 각성하는 사자의 이미지였기 때문이다.

1. 두 개의 신중국미래기

1895년 3월 청일전쟁이 막바지에 이르러 청의 전권대신 이홍장이 시모노세키에서 굴욕적인 조약에 서명하기 1개월 전, 메이지 시기 일본의 베스트셀러 작가인 핫토리 세이이치服部誠一가『지나미래기支那未来記』를 출간하였다. 핫토리 세이이치는 니혼마쓰 번의 유학가의 집안 출신으로 1868~1869년 보신전쟁戊辰戦争 중 관군에 저항하다 패배한 후, 1874년 도쿄의 신풍속도를 풍자적으로 기술한『도쿄신번창기東京新繁昌記』를 출간하여 명성을 얻고 본격적인 작품 활동을 시작한 메이지 시기 대표적인 작가였다. 그는 주로 메이지 초기 일본 사회에 대한 풍자적이고 사실적인 기술이 돋보이는 창작 이외도, 개진당의 당원으로서 다수의 정론지를 발간했는가 하면 대중적인 염문잡지의 편집을 담당하는 등 문필과 작품 활동에 있어 다양한 횡보를 보여주고 있다.[1] 그러나 1880년대 중반 이후 그의 주요 저술활동은 정치적인 문제와

---

1 그는 개진당(改進党)에 입당하고 정론지『公益問答新聞』,『江湖新報』,『内外政党事情』등과 염문잡지『春草野誌』,『吾妻新誌』등의 발간에 참여하는 등 폭넓은 문필과 작품 활동을 진행하였다.

문명의 진보에 따른 세계의 변화에 집중되어 있으며, 글쓰기에 있어서
도 미래소설류의 작품 경향을 보여준다.[2]

　미래에 대한 상상은 소설이라는 장르가 가지는 기능 중 하나이다.
특히 과학의 발전과 사회의 급속한 변화에 따라 인간의 삶과 경험의
시공간이 확장되고, 새로운 사회의 출현에 대한 기대가 높아지던 19
세기 후반에는 과학소설과 모험소설, 그리고 다양한 미래 소설들이 새
로운 붐을 이루었다. 낯선 세계와 공간으로의 여행(과거로의 여행도 포
함)과 관찰 혹은 미래 세계의 변화한 모습에 대한 서사는 현실을 넘어
새로운 세계에 대한 인간의 호기심이나 열망이 반영된 것이기도 하지
만, 이러한 상상력은 또 한 시대의 사회적 문제, 그리고 세계에 대한
관심의 변화와 긴밀히 연계되어 있다. 18세기부터 본격화된 모험과
과학소설이 출현한 국가나 시대적, 사회적 배경을 보면 바로 영국과
프랑스에서 시작하여 독일과 러시아, 미국으로 확산되는 과정을 보여
줄 뿐만 아니라 이들 국가에서의 정치, 사회적인 변화와 지구상의 타
지역으로의 식민 및 확장과 연관되어 있음을 확인할 수 있다. 그중에
서도 19세기 후반의 과학소설을 보면 세 가지 주요 특징을 보여준다.
우선 과학기술의 발전으로 새로운 탐험공간이 더욱 확장되어 지구상
의 새로운 지리의 발견을 넘어 해저와 지하세계, 극한지역 및 외계 행
성으로 탐험이 이루어진다. 그리고 이 과정에서 다양한 낯선 존재물을
조우하게 된다. 두 번째는 과학기술의 발전으로 순식간의 공간이동이

2　服部誠一譯述『世界進步-第二十世紀』1~3, 岡島寶玉堂, 1886~1888; 服部誠一
　(撫松),『二十三年国会未来記』1・2, 仙鶴堂, 1887; 土田泰藏(大東萍士),『通俗佳人
　之奇遇』(正編, 續編), 鶴声社, 1887; 服部誠一,『二十世紀新亜細亜』, 菁莪堂, 1888
　等 참조.

이루어지고, 인간의 삶은 신기한 기술의 박람회장을 방불케 하는 자동화된 도시 중심의 생활 방식이 지배한다. 이러한 인간세계의 변화는 인류사회와 그 심리에까지 영향을 미칠 뿐만 아니라 지구상의 변화를 초래하기도 하는데, 이에 대한 묘사는 낙관적인 유토피아와 비관적인 디스토피아로 구분된다. 세 번째는 과학기술의 직접적인 결과로서 첨단 무기가 등장하여 전쟁의 양상을 바꿈으로써 대국 간의 전쟁이 발발한다. 그 전쟁은 국가 간 혹은 인종 간 전쟁에서부터 외계의 이방인과의 전쟁까지 다양하다.[3]

이러한 과학소설은 대부분 새롭고 낯선 것에 대한 특정 감각을 부각시키기 위해 대부분 이원화된 대조적인 두 세계를 상정하고 있다. 탐험자 또는 관찰자와 탐험대상 혹은 피관찰자, 침략자와 피침략자, 문명과 야만 등은 다양한 유형의 과학소설에서 흔히 발견되는 두 대립세계이다. 이 이항대립의 구조에서 일반적으로 관찰자 혹은 탐험자와 피침략자가 문명의 주체이고, 탐험대상 혹은 피관찰자와 침략자는 야만으로 그려지지만, 종종 문명과 야만의 관계는 전복되기도 한다. 이러한 경우에서는 대부분 현대 문명세계가 풍자의 대상이 된다. 과학소설의 이러한 구조는 대항해시대 이후 식민주의자 혹은 제국주의자의 시선과 매우 닮아있다. 즉 이들 세계는 각각 식민주의자의 세계와 피식민주의자의 세계에 대한 비유에 가깝다.

과학소설의 연구자 존 라이더John Rieder는 19~20세기 대표적인 과학소설에 대한 분석을 통해 이 소설 장르가 인류학과 진화론에 바탕을

---

3 서구의 과학소설의 역사와 장르의 특징에 대해서는 다음 참고. Mike Ashley, *Out of This World*, The British Library, 2011.

둔 사회 다윈이즘의 식민담론과 밀접히 관련되어 있다고 지적하였다.[4] 그에 의하면 19세기 후반 과학소설은 식민주의자와 피식민주의자 사이의 지배와 종속, 우열관계, 문명론 등, 핵심적인 식민담론을 다양한 모티브의 비유를 통해 표현함으로써 장르의 독특한 특성을 형성하였다. 즉 과학소설은 식민주의적 시각을 반영하는 피동적 수단이 아니라 오히려 그 이데올로기를 상상 가능하도록 시각적으로 표현하여 대중화하는 유력한 장르였다.

19세기 중반 이후 일본과 중국 등 동아시아에서 서구문명을 접하던 시기는 서구에서 이른바 교통과 에너지, 통신 등 방면에서 나날이 새로운 발명이 이루어지고, 이에 기반하여 새로운 도시 인프라가 구축되고 전함과 총포 등의 놀라운 무기가 발명되던 시기였다. 프랑스에서 시작된 세계박람회는 단순히 이국적인 것에 대한 호기심을 넘어 나날이 진보하는 국가의 힘을 과시하는 공간이자, 인류의 미래세계를 보여주는 쇼윈도우였다. 이러한 변화의 성격을 가장 잘 표현하는 관념이 진화론이었다면, 그 진화의 위력과 끝을 감각적이고 대중적으로 가장 잘 보여주는 것이 바로 과학소설이었다. 따라서 일본과 중국에서 서구의 문명에 적극적인 관심을 가지기 시작한 초기에 문학의 측면에서 가장 일찍 주목을 받은 것 가운데 하나가 바로 과학소설이었다. 서구의 과학미래소설이라는 장르가 동아시아로 번역되고 나서 곧 그것을 모

---

4 John Rieder, *Colonialism and the Emergence of Science Fiction*, Middletown, CT : Wesleyan University Press, 2008, pp.7~15. 근대 과학소설의 식민주의적 시선에 대해서는 다음 참고. Patricia Kerslake, *Science Fiction and Empire*, Liverpool : Liverpool University Press, 2007; Karl S. Guthke, *Imagining Other Worlds From the Copernican Revolution to Modern Science Fiction*, trans. Helen Atkins, Ithaca : Cornell University Press, 1990.

방한 새로운 창작들이 출현하였는데, 이 장르가 동아시아에서 여행하는 가운데 보여주는 변화와 특징은 곧 서구의 제국주의 이데올로기가 동아시아에서 수용되고 변형되는 양상이기도 하다.

19세기 후반 과학소설의 대표적인 작가로서 동아시아에도 많은 독자를 가진 작가로는 프랑스 출신의 쥘 베른Jules Verne과 삽화가이자 과학소설 작가인 알베르 로비다Albert Robida를 들 수 있다. 그중 로비다는 1883년에 『이십세기』Le Vingtième Siecle[5]라는 미래 소설을 출간하였는데, 이를 3년 후에 곧 일본어로 번역하여 출간한 사람이 바로 핫토리 세이이치였다.[6] 일본에서는 1880년대 이전부터 쥘 베른의 과학소설을 비롯하여 미래기 소설이 널리 유행하고 있었다.[7] 이러한 영향을 받아 일본에서도 우주를 여행하는 과학소설이 출현하고, 1883년에 메이지 23년 국회개설을 상상하는 오야쯔 치카오小柳津親雄의 『이십 삼년 미래기二十三年未来記』가 출간된 이후 메이지 23년 국회 개원을 소재로 한 미래소설이 연이어 출현하였다.[8] 그리고 서구의 근대 지식과 사회적 변화를 일본의 "미

5　알베르 로비다는 이후 이 작품을 계속 보완하여 1887년에는 『이십세기 전쟁』(*La Guerre au XXe siècle*), 그리고 1891년에는 『전기(電氣)의 삶』(*La Vie Électrique*)이라는 제목으로 출간하였다.

6　이 책의 최초 일본어 번역본은 바로 로비다가 프랑스에서 원저를 출간한 1883년에 도미타 겐지로(富田兼次郎)와 사카마키 쿠니스케(酒卷邦助)가 공역하여 출간한 『第二十世紀未来誌－開卷驚奇』(ロビダー著, 稲田佐兵衛, 1883)이다. 그러나 이 번역본은 제3장까지만 번역된 미완본이다. 이 외에 또 다른 번역본은 『社會進化－世界未来記』(アー・ロビダ著, 蔭山廣忠 역, 春陽堂, 1887)가 있다.

7　일본에서는 1878년에 네덜란드 피터 하팅(Pieter Harting)이 디오스코리데스(Dr. Dioscorides)라는 필명으로 쓴 『2065년, 미래를 보다』(*Anno 2065 : Een Blik in de Toekomst*, 1867)가 번역되어 출간되었다. 이 소설에서는 200년 후 전기와 전신, 전화 등이 보편화되고, 군축을 통해 각국 간의 경쟁이 멈추고 식민지가 독립되는 등 새로운 유토피아 세계를 묘사하고 있다. 『新未来記』(上・下)(ジョスコリデス, 近藤真琴訳, 青山清吉, 1878) 참고. 뿐만 아니라 1878년부터 1888년 사이에 쥘 베른의 과학소설 15여 종 이상이 연이어 일본으로 번역되어 대중적인 붐을 이루었다.

래"라는 시각에서 수용하여『미래의 상인未來之商人』,『경제미래기經濟未來記』,『미래번성기未來繁盛記』와 같이 경제와 회계 입문서적에까지 미래라는 표제어가 유행하기도 하였다. 그러나 핫토리 세이이치에게 있어 특징적인 것은 이러한 미래기 소설을 단순히 과학적인 진보에 기반을 둔 미래상상이 아니라, 현재의 현실 정치문제에 비판적으로 개입하기 위한 방법으로서 소설적 상상에 주목했다는 점이다. 특히 메이지 정부가 1881년에 장차 1890년(메이지 23년)에 국회를 개설하겠다는 방침을 공표한 이후 오히려 입헌과 민권운동에 대한 사회적 관심이 약화되자, 국민들의 정치의식을 고취하기 위한 정치소설이 유행하였다. 대표적인 예로 1900년대 초 중국 및 조선의 정치개혁 운동에도 적잖은 영향을 미친 야노 류케이矢野竜溪의『경국미담經國美談』(1884), 도카이 산시東海散士의『가인의 기우佳人之奇遇』(1885)와 스에히로 뎃초의『설중매雪中梅』(1885) 및『이십 삼년 미래기二十三年未来記』(1886)등이 연속 발표되었다. 그러자 핫토리 세이이치는 1887년에『가인의 기우』의 스토리를 일부 바꾸어 통속적인 가나체의『통속 가인의 기우通俗佳人之奇遇』를 출판하고, 동시에 미래의 시점에서 현재의 상황을 비판적으로 묘사하고 있는 스에히로 뎃초의 위 두 저서의 내용을 혼합시키고 자신의 관점을 덧붙여『이십 삼년 국회미래기二十三年国会未来記』를 출간하였다. 또한 많은 민권론자들이

8 　대표적인 과학소설은『星世界旅行－千万無量』(一名・世界蔵)(貫名駿一, 1882)이 있고, 미래소설로는 본문에서 소개하는 스에히로 뎃초와 핫토리 세이이치의 저작 외에도『二十三年未来記』(小柳津親雄(柳窓外史), 今古堂, 1883),『二十三年国会後殖人民』(今野権三郎, 1889),『二十三年国会道中膝栗毛』(香夢亭桜山 (名倉亀楠), 和田庄蔵, 1887),『二十三年後未来記』(末広政憲, 畜善館, 1887) 등 10여 종이 있다. 더 자세한 소설 목록은 山田敬三,『新中国未来記』をめぐって－梁啓超における革命と変革の論」, 狭間直樹,『理梁啓超－西洋近代思想受容と明治日本－共同研究』, みすず書房, 1999, 35～351면.

1890년을 전후하여 뚜렷하게 국권론자의 경향을 보여주기 시작한 것과 같이, 그 역시 국권의 시각에서 관심사를 일본 내부로부터 동아시아나 국제관계로 확대하였다. 그가 1888년에 발표한 『이십세기 신아시아二十世紀新亜細亜』는 기술의 진보와 일본의 정치, 사회의 변화, 그리고 중국 등 아시아의 정세변화를 중심으로 과학, 민권, 국권의 관점이 함께 통합된 대표적인 미래소설이었다.[9] 이 소설은 본래 저서 계획과 달리 미완의 작품으로, 홋카이도의 삿포르에 새로운 도성인 호쿄北京를 건설하고, 보다 발전된 전화, 비행선乘雲船, 축음기 등 새로운 문물과 여성의 권리가 신장된 사회적 변화를 묘사하고 있다. 그러나 이 소설에서 주요하게 다루는 내용 중 하나는 바로 동아시아의 국제사회의 변화이다. 중국은 한족이 봉기하여 만주제국을 만주로 몰아내고 공화국을 수립하였지만 여전히 만주제국과 분쟁을 겪고 있고, 조선도 왕정당과 공화당파로 나뉘어 경쟁하고 있는 가운데 일본제국은 번영을 구가하여 동아시아의 분쟁에 관여하는 모습을 그리고 있다. 그러나 전체 소설의 구조를 암시하는 서두에서 7세기 로마의 한 예언서를 소개 하고 있는데, 예언에 의하면 중국은 한족의 공화국과 몽고제국, 만주제국으로 삼분된다. 그리고 조선은 입헌제를 도입하고 만주제국, 러시아, 일본, 중국 사이에서 독립을 추구하지만, 왕정당과 공화당의 분쟁 와중에 왕정당이 일본과 협정을 맺어 일본의 한 연방으로 편입된다. 인도 역시 영국으로부터 독립하여 공화국을 수립하고, 터키는 인도와 동맹을 맺어 러시아에 대항하여 소아시아 지역의 통치권을 회복한다. 그리고 일본을 암시하는 한 국가는 2100

---

9   服部誠一, 『二十世紀新亜細亜』, 菁莪堂, 1888.

년대 동양문명의 선도자가 되는데, 먼저 입헌제를 채택하여 문명국이 되고 조선을 한 연방으로 편입하며, 조선 문제로 인한 중국과의 전쟁에서 승리하여 그 배상으로 상하이를 할양받고, 인도지역에도 적극 식민을 개척하여 해외영토를 확장하게 된다.[10] 상상이 한낱 공상이 아니라 세계의 진보를 이끄는 동력이라고 믿는 핫토리 세이이치에 의하면 일본이 명실 공히 아시아의 패권자이자 식민지 지배자인 제국이 된다는 이러한 미래상상은 당시 일본의 적극적인 대외적 팽창을 주장하던 일부 논자들이 꿈꾸고 욕망하던 미래의 모습이라고 할 수 있다. 그리고 청일전쟁은 발발과 함께 그러한 욕망을 한층 현실화하는 계기로 간주되었으며, 아시아에서의 일본의 패권이라는 시각에서 전후戰後 중국문제가 어떻게 해결되어야 하는가를 보다 구체적으로 제시한 것이 바로『지나미래기』였던 것이다.

　『지나미래기』서문이 청일전쟁시기 웨이하이웨이威海衛가 함락되던 날 즉 1895년 1월에 서명이 된 것으로 보아, 핫토리 세이이치는 그 집필을 전쟁 직후부터 곧 착수한 것으로 보인다. 전쟁기간과 직후에 그가 발표한 저서들을 보면, 그는 청일전쟁에 대해 발발부터 종결될 때까지 깊은 관심을 가지고 관찰하고 있었을 뿐만 아니라, 그 전쟁이 일

10　服部誠一 著,『二十世紀新亞細亞』, 菁莪堂, 1888, 15~21면. 한편 1890년 이전 일본에서는 이미 중일전쟁의 불가피성을 전제로 동아시아의 국제정세를 묘사하는 소설들이 등장하고 있다. 한때 입헌개진당 창당에 참여하여 헌정과 민권을 주창하고, 불평등조약 개정에서 비타협적인 태도를 취하기도 했던 오자키 유키오(尾崎行雄)는 1886~1887년『신일본(新日本)』이라는 미완의 미래소설을 발표하였는데, 이 소설은 영국과 청국이 러시아의 남하에 맞서 군사동맹을 맺고서, 영국은 청국을 근거지로 아시아를 정복하고 청국 역시 조선과 류큐를 자신의 세력범위로 하려 한다고 보고 일본이 취해야 할 대 중국 외교방략에 대해 토론하고 있다. 尾崎行雄,『新日本』二卷, 集成社, 明20, 15~39면.

본과 중국의 전도에 미치는 영향과 의미에 대해 주시하고 있었다는 것을 잘 알 수 있다.[11] 소설은 서두와 본문으로 구성되어 있으며, 서두는 「청사약론清史略論」라는 제목과 같이 만주족 청조가 건국을 하여 중원을 지배하게 된 역사적 과정과 건륭제 이후 청의 쇠퇴 원인을 설명하고 있다. 그는 중국의 역대 왕조의 성쇠를 예로 이미 건국 200여 년이 지난 청 왕조의 몰락은 자연의 추세이며, 청 정부의 자존자대, 관료와 군인들의 부패와 무능 등이 주요 원인이라고 보았다. 그리고 청조의 세조는 혹여 중원에 대한 지배권을 상실할 경우 만주지역으로 물러나 만주족 국가를 유지하라는 유훈을 남겼는데, 현재 청 정부는 이 유훈을 염두에 두고 조선이 독립적인 지위를 갖게 되면 청조의 위급 시 후환이 될 것을 우려하여 이를 인정하지 않고 있으며, 마침내 일본과의 전쟁까지 불사함으로써 오히려 그 근거지인 만주지역이 점령당하고 주요 군사력인 북양해군마저 몰락하는 등 멸망을 자초하고 있다고 지적하고 있다.

그러나 핫토리 세이이치의 주요 관심은 만주족 청국의 운명이 아니라, 청국의 몰락으로 인한 동아시아의 정세의 변화였다. 그는 현재 중국을 둘러싸고 북방지역은 러시아가 홍콩은 영국이 베트남의 동경은 프랑스가 근거지로 삼고 중국으로의 세력을 팽창하기 위해 경쟁하고 있는데, 만약 노쇠하고 나약한 만주족에게 지나 대국을 맡길 경우 중앙아시아가 굶주린 호랑이에게 약탈당한 것처럼 사분오열되어 유럽열

11 이는 그가 청일전쟁 기간과 그 직후에 발표한 다음 저서들을 통해서 잘 알 수 있다. 『征清戰記: 平壤及黃海實況』(六盟館, 1894), 『征清独演説』(正編, 続編)(小林喜右衛門等, 1895), 『台湾地誌－帝国新領』(中村与右衛門, 1895), 『通俗征清戦記』(東京図書出版, 1897).

강의 먹이가 될 것이며, 나아가 동양의 평화는 기약할 수 없게 된다고 우려하였다. 이러한 상황에서 그는 청조가 사직을 보존하기 위해 취할 유일한 방책은 더 이상 전쟁을 지속하는 것이 아니라 항복하고, 만주 지역 할양은 물론 일본이 점령한 산둥지역 대신에 타이완을 일본에 양도하며, 전쟁 배상금으로 5~6억 냥을 지불함과 동시에 일본을 형의 국가로서 대하는 것이라고 제안한다. 그러나 청조는 우유부단과 권모술수로 거짓 강화를 청하는 척하면서 마지막 일전을 준비하고 있다고 비판하고 있다. 이러한 청조에 대한 역사적 설명과 비판에 이어 본격적인 소설의 스토리가 전개된다.

스토리는 청일전쟁으로 중국의 톈진과 만리장성, 그리고 베이징이 일본군에게 차례로 함락되는 것에서 시작된다. 그리고 결국 한 황족이 4~5명의 대신과 함께 일본의 진영으로 가서 굴욕적인 항복의 조약城下之盟을 체결하게 되는데, 그 조약의 내용은 다음과 같다. ①장성이북에서 지린吉林성 이남지역은 일본에 귀속하고, 일본은 산둥성 서쪽 점령지를 돌려주고 대신 타이완을 할양받음. ②중국은 5년에 걸쳐 매년 1억 냥씩 5억 냥을 배상하며, 배상금을 완납할 때까지 일본은 톈진과 상하이의 해관세를 담보로 삼음. ③일본은 10년간 3천에서 1만 명의 군대를 베이징에 주둔시키고, 청은 일본 주둔군의 의복과 식사를 제공함. ④청은 조선의 내·외정에 간섭하지 않고 진정한 독립국으로 인정함. ⑤일본인은 중국 내지와 각 항구에서 자유롭게 통상할 수 있으며, 일본은 중국의 법률이 완비될 때까지 치외법권을 가짐. 하지만 앞서 설명과는 달리 이러한 항복 조약의 체결로 청조의 사직이 보호되는 것이 아니라, 항복 이후 모집한 군인이 해산과정에서의 불만으로 폭동을 일으키는 등 사회적 혼란이 더 심해지고, 결국 중국의 위기를 극복하기 위해 한족을 중심으로 한 혁명세력이 봉기하게 된다. 그러나 주목할 것은 혁명군이 하나로 통일된 것이 아니라 장쑤江蘇, 안후이安徽, 저장浙江, 장시江西, 광둥廣東 등 동남지역과 허난河南, 산시山西, 산둥山東, 즈리直隸 등 동북지역, 그리고 산시陝西, 간쑤甘肅, 쓰촨四川, 후베이湖北, 후난湖南, 구이저우貴州, 윈난雲南, 광시廣西 등 서부지역으로 나뉘어 세 개의 혁명세력이 병립하고, 청조가 장성 밖 서북쪽으로 패주한 이후에는 세 혁명세력이 각기 절浙, 패沛와 남명南明이라는 공화국을 수립하고 함께 연방을 구성하게 된다. 하나의 중앙 국가로 통일되면 중국의 영토가 너무 광활하여 한 통치권자가 다스리기에 한계가 있으며, 서북과 동남지역의 발전의 격차로 문명의 진보를 추진하기 어렵다는 것이 그 이유였다. 결국 새로운 삼국은 연방이기는 하지만 대외적으로 독립 국가를 유지하며, 외국공사들과 협의하여 청조가 외국과 체결한 조약은 그대로 승인하여 계승하도록 하는 것으로 소설은 끝을 맺고 있다.

『이십세기 신아시아』와 비교하면 중국의 분할이라는 결말은 같지만, 앞에서는 한족의 중국과 만주제국, 타타르제국(몽골)으로 삼분되던 것이 『지나미래기』에서는 일본의 지배지역과 서북 장성 밖의 만주족 영역, 그리고 한족 중국 역시 3개국으로 분할되는 등 전혀 새로운 판도를 제시하고 있다. 청일전쟁을 계기로 중국을 비롯한 아시아 지역에 대한 일본의 상상이 어떻게 확장되고 변화하는지가 잘 나타나 있다. 중국 및 아시아에 대한 소설 속의 상상은 청일전쟁 직후 일본의 중국 정책과 같이 이중적인 모습을 보여준다. 하나는 일본의 아시아 패권에 방해되는 강한 중국의 등장을 경계하는 것이고, 또 하나는 아시아를 유럽의 패권 무대로 만들 수도 있는, 서구 열강에 의한 중국의 분할 즉 멸망을 반대하는 것이다. 이러한 이중적인 입장에 따라 중국이 통일된 대국이 아닌 몇 개의 분할된 국가로 자기 보존의 힘을 갖추는 것을 가장 현실적인 대안으로 상상하고 있다.

또 이 소설에서는 문명의 진보라는 관점에서 세계의 현상과 변화를 평가하고, 청일전쟁의 결과를 바로 오만하고 미개한 청조에 대한 문명국 일본의 승리로 묘사하고 있다. 즉 일본은 문명과 제도문물을 완비하고, 학예와 기술의 발전으로 철도와 전선이 전국에 부설되고 산업이 번성하였으며 군사력이 증강하고 애국심이 높은데 비해, 중국은 문명과 제도문물이 낙후되고, 국민들도 국가의식이나 애국심이 결여되어 있다는 것이다. 그러면서 청일전쟁의 강화조건으로 내세운 일본의 요구도 매우 합리적이고 문명적이라고 주장하고 있다. 당시 일본은 서구에 대해 일본이 체결한 불평등조약의 개정을 요구하고 있었는데, 베이징에서의 일본군 주둔과 치외법권 등 소설에서 제시한 강화조약의 조건은 바로 서구가 중국 및 일본에서 행하던 "불평등"한 정책을 모방한 것이었다. 이와 같이 19세기 말 핫토리 세이이치의 미래소설은 19세기 후반 제국주의 시기 과학소설에서 보여준 새로운 장르의 특징, 즉 과학기술의 진보와 대외팽창을 위한 국가 간 전쟁의 상호관계를 보여줄 뿐만 아니라 일본의 시각에서 전후 중국의 미래 운명을 묘사한 「신중국미래기」였다. 그리고 이 소설은 또한 19세기 마지막 10년 일본의 정치소설과 미래소설이 민권중심에서 국권중심으로의 명확한 전환을 보여주는 대표적인 작품이기도 하다.

그로부터 3여년이 지난 1898년 말, 무술변법의 실패로 망명길에 오른 량치차오는 일본으로 향하는 군함 오도리大鳥艦호에서 도카이 산시 즉 시바 시로柴四郎의 『가인의 기우佳人之奇遇』를 읽고 중국과 관련하여 그와 유사한 정치소설을 쓸 계획을 세운다. 그리고 그는 마침내 4년 후 1902년 『신소설』 창간호부터 「신중국미래기」라는 제목의 미래 소설의 연재를 시작하였다. 「신중국미래기」는 이미 많이 지적된 바와 같이 일본의 입헌운동시기 정치소설과 밀접한 연관이 있다. 야노 류케이의 『경국미담』, 도카이 산시의 『가인의 기우』는 량치차오가 일본의 정치소설에 관심을 갖고, 소설이라는 장르를 통한 정치적 계몽운동을 구상하는 계기를 제공하였다. 또 소설의 제목은 물론 미래의 특정시점에서 현재 이후의 정치 및 사회개혁 운동을 회상하는 방식, 서두에서 국가의 부강의 핵심 기호로서 정치체제 개혁과 박람회를 동시에 배치한 것, 그리고 미래 일본의 기술이나 상업 등 발전이 유럽을 능가한다는 묘사, 정견을 둘러싸고 논쟁을 전개하는 방식 등 내용이나 형식의 측면에서 『신중국미래기』에 직접적인 영향을 준 것은 스에히로 뎃초의 『설중매』와 『이십삼년미래기』였다.[12] 이는 량치차오가 단순히 소설이라는 양식과 정치적 담론을 결합시키는 정치소설의 특성뿐만 아니라 당시 일본에서 유행하던 미래소설의 양식에 깊은 관심을 가지고 있었다는 것을 의미한다.

「신중국미래기」는 미완성작일 뿐만 아니라 전체 구상 중 초기 입헌

---

12 야마다 케지죠(山田敬三)의 앞의 논문, 350~353면. 『설중매』에서 국회 설립 150
주년인 2040년 일본의 상황을 묘사하는 것을 보면, 도시에는 높은 건물이 즐비하고
전신주, 전기 등이 거미줄처럼 가설되어 있으며, 기차가 팔방으로 오간다. 상업과 군
사력은 유럽을 능가하고 전 세계에 일장기가 휘날리는 등 전세계에서 일본에 견줄 곳
이 없다. 末廣鐵腸, 『雪中梅』, 博文堂, 1888, 1~3면.

운동시기에 국한되어 있어 지금까지 주로 정치소설의 측면에서 독해를 해 오고 있다. 그러나 이 소설은 중국 유신維新 50주년의 해인 미래 1962년의 시점에서 본, 그 이전 60년간[13]의 중국의 정치적·사회적 변화에 대한 역사 강의의 형식으로 구성되어 있으며, 5회까지의 연재된 상황을 보면 1900년 초 러시아의 만주지역 점령시기까지만 서술되어 있다. 처음 소설이 구상하고 있는 60년간의 역사를 보면, ① 예비입헌시기 : 연합군이 베이징을 함락한 시기부터 광둥 자치시기까지, ② 분치시기 : 남방 각 성의 자치시기에서 전국 국회 개설 때까지, ③ 통일시기 : 제1대 대통령 뤄자이톈羅在田의 임기부터 제2대 대통령 황커챵黃克强 임기 만료까지, ④ 경제부흥殖産 시기 : 제3대 대통령 황커챵 재임시기부터 제5대 대통령 천파야오陳法堯 임기 만료까지, ⑤ 대외경쟁시기 : 중국–러시아 전쟁시기부터 아시아 각국 동맹회 성립시기까지, ⑥ 웅비雄飛시기 : 헝가리회의 이후부터 지금까지로 구분되어 있다. 이 가운데 입헌운동기간인 첫 번째 시기가 소설에서 가장 중요한 시기이기는 하지만, 량치차오는 단순히 헌정의 도입과 새로운 공화제의 수립에 그치는 것이 아니라 그러한 정치적 변혁을 바탕으로 중국이 세계에서 다시 웅비하는 시기까지 중국의 미래를 상정하고 있다.

이러한 초기 구성에 따라 소설을 본다면, 중국은 1912년에 헌정도입과 더불어 공화제 국가를 수립하게 된다. 그때 초대 대통령은 뤄자이톈羅在田으로, 이는 한족화된 청조의 황제 광서제光緖帝를 가리킨다.

---

13 60년간은 중국식으로 보면 시간의 중요한 주기인 60간지가 완결되는 시점으로서, 새로운 사회의 탄생에서 원숙까지 한 생애의 주기가 일단락되는 의미를 포함하고 있다고 볼 수 있다.

즉 자신의 성씨와 이름을 한자식으로 바꾸는 등 선비족의 풍속을 버리고 적극적인 한족화를 추진했던 북위北魏시기 효문제처럼 광서제가 본인의 이름 아이신교로 자이텐愛新覺羅 載湉을 한족식의 성명으로 개명(로자이텐羅 載湉을 뤄자이텐으로)한 것이었다. 이는 광서제가 만주족의 풍속을 버리고 한화의 정책을 통해 만한滿漢일통을 이루고 나아가 공화제로의 정치적 변혁을 받아들여 국민들의 신망을 얻었음을 의미한다. 이러한 정치적인 혁신에 이르는 과정을 보면 무능한 청 정부와 외세의 침략에 의해 국가 존망의 위기에 처하자, 일부 선구적인 인물들을 중심으로 먼저 광둥성이 독립된 자치정부를 구성하고, 이에 영향을 받은 남방의 다른 성들이 연이어 자치정부를 구성함으로써 청조는 내부로부터 분할의 위기와 정치개혁의 압박을 받게 된다. 이에 개명전제 군주였던 광서제가 시대의 흐름을 통찰하여 만주족과 한족 간의 충돌과 국가의 분열을 막고자 일부 만주족의 반대의견을 물리치고 전국의 통일적인 국회개원을 요구하는 민의를 받들어 헌정 및 공화제를 도입하고 스스로도 한족화하여 만한滿漢의 일가를 이룸으로써 새로운 통일된 유신의 시대를 열게 된다. 이후 정치적인 제도 정비와 안정, 그리고 국가 경제의 부흥을 통해 국력을 신장한 신중국은 마침내 중국의 영토와 주권을 침해한 러시아와 전쟁을 치르게 되며, 이 과정에서 아시아 각국과 동맹을 맺어 전쟁을 승리로 이끌게 된다. 그리고 중국은 마침내 헝가리 회의를 거쳐 전세계를 이끄는 중심적인 지위에 오르게 된다.

그럼 유신 60주년이 되는 1962년 중국의 상황은 어떠한가? 유신 60주년을 기념하기 위해 세계 주요 열강이 축하사절단을 파견한 가운데 영국, 일본, 러시아, 필리핀, 헝가리 국왕 혹은 대통령 내외가 직접

참석하였다. 그리고 신중국의 수도 난징에서는 세계평화회담이 개최되어 최종 마무리 협상을 진행하고 있고, 상하이에서는 전례 없는 대규모의 박람회가 성대하게 열리고 있다. 이상만 보면 유신을 통해 세계의 중심국가로 굴기한 신중국은 세계의 평화와 번영을 이끄는 모습으로 그려지고 있다. 서구 열강과의 패권경쟁에서 중국이 승리하여 세계 패권이 서구에서 중국으로 이동하는 과정은 미완의 소설에서 그려지지 않고 있지만, 소설에서는 그 중요한 전환점이 바로 러시아와의 전쟁과 헝가리회의임을 암시하고 있다. 특히 러시아와의 전쟁과 아시아 각국의 동맹, 그리고 헝가리 회의를 상호 연계시키면, 러시아와의 전쟁은 단순히 중러간의 전쟁이 아니라 러시아를 중심으로 하는 유럽과 아시아 국가 간의 전쟁, 표현을 달리하면 백인종과 황인종 간의 전쟁으로 확대되고, 그 세계대전에서 중국을 중심으로 한 아시아 국가가 승리하여 헝가리에서 강화회담을 맺었음을 시사하고 있다. 여기서 헝가리가 등장하는 것은 다소 의외로 보이지만, 이는 중국의 고대 역사에 등장하는 흉노의 후손이라는, 즉 서구 속의 동양이라는 인식에 바탕을 두고 있다. 미래 중국의 세계패권과 관련하여 헝가리가 지니는 의미는 이후 또 다른 미래소설인 『신기원新紀元』에서 더욱 명확하게 보여주고 있다.

량치차오의 『신중국미래기』는 핫토리 세이이치의 『지나미래기』와 비교하여 전혀 다른 결말을 보여준다. 핫토리 세이이치가 소설 말미에서 새로운 세 개의 공화국이 연방을 이루는 신중국의 미래에 대해 다양한 가능성을 열어 두고 있지만, 량치차오의 소설의 본래 구성에서 신중국은 세계의 패권을 장악한 대국으로 그려지고 있다. 량치차오가 핫토리 세이이치의 소설을 접했는지는 기록상으로는 알려진 바가 없다. 그러나 소설의 내용만을 비교하면 두 소설은 몇 가지 점에서 공통적인 상상력을 보여줄 뿐만 아니라 핫토리 세이이치가 상상을 멈춘 신중국의 미래와 관련하여 량치차오는 희망적인 대답을 제시하고 있다.

먼저 청조 통치하의 중국의 위기상황의 원인에 대한 인식이 일치한다. 청조의 무능과 국민의 애국심 결여, 지식인들의 부패와 나약을 들고 있다. 다만 핫토리 세이이치가 주로 청조의 조정과 관리, 군인들을 비판의 초점으로 삼고 있는데 비해, 량치차오는 민덕民德, 민지民智, 민기民氣의 제고가 중국 혁신의 근본이라고 보고 주로 국민과 지식인들의 자질에 대해 비판을 집중하고 있다.

둘째, 한 사회의 평가에 있어서 서구의 문명론을 기준으로 삼고 있다. 정치제도는 물론 사회의 물질적 발전 수준과 과학기술의 진보, 즉 근대 문명이 사회현상을 평가하는 기본적인 잣대이다. 핫토리 세이이치는 청일전쟁에서 일본의 승리는 문명의 승리이며, 전쟁에서 일본의 행위가 문명적임을 강조한 반면 청조에 대해서는 낙후와 무능, 신뢰성이 없는 점을 거듭 부각시키고 있다. 량치차오는 중국과 외국을 비교하기보다는 주로 중국의 현재와 미래를 대비하는 방식으로 서구사회를 모델로 한 근대적 문명을 신중국이 지향할 바로 제시하고 있다.

셋째, 두 소설 모두 당시 상황을 세계열강들의 각축전으로 보고 있으며, 특히 아시아에서의 서구의 세력팽창을 동양평화의 가장 큰 위협으로 간주하고 있다. 핫토리 세이이치는 세계열강의 각축이라는 측면에서 일본의 대외팽창을 시대적 조류로 간주하고 있고, 서구에 대한 대항이라는 관점에서 중국의 분할을 반대하고 자립적인 능력을 갖출 것을 희망하고 있다. 동시에 그는 또 서구가 아시아 국가들과 체결한 "불평등" 조약을 국가의 능력과 발전 수준에 따른 국제적인 관행 내지 규범으로 간주하고 있다. 량치차오 역시 당시 세계의 상황을 제국주의가 성행하고 있는 시대로 보고 자립을 위해서는 군국민주의를 채택해야 한다고 주장하였다. 소설의 전체 구성을 보면 1960년대 중국이 세계의 중심국가로 부상하는 것도 다름 아닌 그러한 군국주의의 실천의 결과라고 할 수 있다.

넷째, 중국문제 해결 방법과 관련하여 두 소설은 모두 한족에 의한 지방의 자치정부 수립을 염두에 두고 있다. 핫토리 세이이치는 청조 통치의 문제점을 해결하기 위해서는 민족과 지역적 차이에 따라 여러 개의 중국으로 분할되어야 한다는 입장을 견지하고 있으며, 중원을 차지할 한족의 정부 역시 여러 개의 자립적인 지방정부로 나뉘어야 한다고 보고 있다. 이러한 주장은 문명의 진보와 공화제 등 근대적 통치체제가 효율성을 발휘하기 위해서는 역대 중국의 영토가 너무 크다는 점을 근거로 하고 있지만, 대국인 중국을 몇 개의 지역으로 분할하여 그 지역에서의 일본의 진출 혹은 영향력을 확대하고자 하는 희망이 깔려 있음을 부정하기 어렵다. 한편 량치차오 역시 중국의 유신은 정치적 의식이 높은 광둥성이 앞서 자치 헌법을 제정하고 지방정부를 수립한 후 이를 후난 등 다른 남방의 성으로 확대함으로써 한편으로는 중국의 자치능력을 강화하고 또 한편으로는 청조의 무능한 통치력을 더욱 무력화하는 방법을 제시하고 있다. 즉 지방의 독립을 통해 청조의 중앙통치를 약화시키고, 이후 지방의 정부들이 연합하여 독일이나 미국식의 연방제 통일 국가를 모색하고 있는 것이다. 이러한 광둥자치를 시작으로 한 신중국의 건설

방안은 「신중국미래기」에 앞서 어우쥐쟈歐榘甲가 이미 「광둥이 속히 자립의 방법을 수립해야 함을 논함論廣東宜速籌自立之法」이라는 제목 하에 『문흥일보文興日報』에 연재를 시작했던 『신광둥新廣東』에서 구체적으로 제시된 바가 있었다.[14] 어우쥐쟈는 무능한 청조와 러시아, 영국, 독일 등의 중국 침략을 비판하며, 중국이 존속하기 위해서는 여러 성들이 각각 적당한 지역범위로 연합하여 여러 독립국을 수립하고 자치를 실시하는 것에서 출발해야 하며, 이러한 독립국 수립을 위해 광둥성이 앞장서야 한다고 주장하였다. 「신중국미래기」에서 제시한 60년간의 유신 역사 중 초기 첫 번째와 두 번째 시기 즉 광둥 자치시기와 각 성의 자치시기는 바로 『신광둥』의 구상과 상통하는 것으로, 이는 「신중국미래기」가 단지 량치차오 개인의 구상이 아니라 그를 중심으로 한 일군의 집단적 희망과 상상임을 말해 준다. 뿐만 아니라 「신중국미래기」는 중국이 분할위기를 극복하고 다시 세계의 대국으로 부상하는 모습을 설정하고 있는데, 이는 핫토리 세이이치가 말한 바와 같이 미래에 대한 상상은 단순히 무익한 공상이 아니라 독자들의 희망과 의지를 응집하여 국가 혹은 사회의 진보를 이끈다는 의식이 자리 잡고 있다고 할 수 있다. 뿐만 아니라 량치차오는 더 나아가 미래에 대한 상상을 현재에 대한 각성의 촉진제로 삼고자, 독자들이 현실의 조건을 초월한 상상의 세계에 의식 없이 몰입하지 않고 현실과 긴장관계를 유지하도록 반복하여 소설에 개입하며 주의를 환기시키고 있다. 대화와 스토리 중간 중간에 불쑥 덧붙여 있는 "주의하라", "지사志士들은 들으라", "애국청년은 들으라", "이러한 모욕

---

14 태평양객, 「신광둥」, 성근제, 차태근, 박광준, 민정기 역주, 『20세기 초 반청 혁명운동 자료선』, 성균관대 출판부, 2011.

을 참을 수 있단 말인가?" "두렵구나" 등은 소설이 독자들에게 무엇을 해야 하는지를 묻고, 소설에서 묘사하는 미래 세계가 단순히 허구적 공상이 아니라 중국인이 지향해야 할 꿈이자 목표임을 주지시키고 있다.

한편 「신중국미래기」 연재와 함께 량치차오가 번역하여 『신소설』 창간호에 발표한 「세계말일기世界末日記」 역시 단편 미래소설로, 프랑스의 천문학자이며 작가인 까미유 플람마리옹Camille Flammarion의 작품이다.[15] 이 작품은 토쿠토미 겐지로德富健次郎가 일본어로 번역한 것[16]을 량치차오가 중역을 한 것인데, 내용은 미래에 인류의 문명이 고도로 발전한 후 태양이 냉각되면서 전체 지구에 빙하기가 도래하여 눈과 얼음으로 뒤덮이고 인류가 전멸한다는 일종의 종말론적 소설이다. 그러나 소설의 스토리 중 유럽은 본격적인 빙하가 임하기 전에 이미 중국에 의해서 전멸된 것으로 묘사되고 있다. "기원 19~20세기 경, 문명의 모범이라 불리던 것이 수백 년이 안 되어 멸망하여 하나도 남지 않게 되었다. 저 유럽의 각국은 사회조직이 기이하고 요상하여 그 자신의 피바다 속에서 사멸되고 말았다. 당시 종교가와 정치가, 경제가들은 모두 영원히 웅대한 영화와 행복이 그들에게 집중될 것이라고 여기고 오만하게 하늘의 총아라고 자칭하였는데, 얼마 안 있어 중국의 복수를 위한 습격을 받고 허겁지겁 뿔뿔이 흩어져 하나도 자기를 보전할 수 없게 될 줄 어찌 상상이나 했겠는가?" 중국의 유럽에 대한 공격은 전체 소설의 스토리에서 보면 뜬금없이 삽입된 듯한 면이 없지 않지

---

15 Camille Flammarion, "The Last Days of the Earth", *The Contemporary Review* 59(Apr. 1891), pp.558~569.
16 德富蘆花所 譯, 「世界の末日」, 『國民之友』, 119~120, 明治24; 德富健次郎, 「世界の末日」, 『近世歐米歷史之片影』, 東京 : 民友社, 明治26, 219~235면.

만, 실은 유럽의 입장에서 볼 때 태양의 흑점의 증가나 지구의 자연적인 대재앙과 더불어 유럽의 종말을 초래할 수 있는 두 가지 가상적인 요인 중 하나로 보는 인식이 반영된 것이다. 즉 이른바 몽골 울루스가 서아시아와 남러시아를 정복한 이래, 유럽이 아시아에 대해 가지고 있는 공포심리 즉 황화론이 종말의 서사 장치로서 삽입된 것이라고 할 수 있다. 그런데 주의할 것은 이 구절을 번역하면서 량치차오가 덧붙이고 있는 다음과 같은 코멘트이다. "장엄하구나, 우리 중국인(지나인)이여, 이 구절을 번역하다가 나도 모르게 큰 술잔에 술을 따라 벌컥 마시지 않을 수 없었다. 하지만 우리 중국인이 과연 이러한 예언에 부응할 수 있을지 모르겠다."[17]

플람마리옹에게 있어 세계의 종말은 유럽만이 아닌 인류의 종말이다. 그의 묘사 속에서는 유럽의 상호 살상과 이성, 감성 등 인류의 심지의 퇴보로 인해 인류의 문명의 중심지인 유럽이 폐허가 되고, 대신 인류는 남미나 아프리카, 열대지방과 같이 문명의 변두리인 황량하고 야만적인 지역에서 간신히 연명해 나간다. 그러나 량치차오의 번역에서는 유럽의 폐허가 종말론적인 문명의 쇠퇴에 대한 비탄보다는 중국 문명의 우수성과 중국의 세계 지배에 대한 은유로 묘사되고 있다. 서구와 중국은 공존하고 상호 협력해야 할 인류의 구성원이기에 앞서 서로 경쟁하고 극복해야 할 대상으로 인식되고 있는 것이다.[18]

---

17 飲冰 譯, 「世界末日記」, 『新小說』 1, 1902.11, 106면.
18 플람마리옹의 「세계말일기」의 원작과 량치차오의 번역문 상의 차이와 그 의미에 대한 자세한 분석은 다음 참조. 潘少瑜, 「世紀末的憂鬱－科幻小說 〈世界末日記〉 的翻譯旅程」, 『成大中文學報』 47, 2015.6, 193~232면.

2. 입헌제 이후의 신중국

「신중국미래기」가 중국인 독자들에게 어떻게 이해되었는지는 간단히 말하기 어렵지만, 그 후 10여 년 동안 미래 신중국에 대한 상상은 중국 소설에서 중요한 모티브를 형성하였다. 특히 쥘 베른을 비롯한 서구의 과학소설과 일본의 미래소설들이 대량으로 번역되면서 1900년부터 1912년까지 창작과 번역 작품 180여 편 이상의 미래 과학소설이 발표되었다. 양적인 측면에서 보면 한 시기의 조류를 형성했다고 보아도 무방할 정도이며, 내용적인 측면에서도 다루는 폭이 매우 넓고 다양하여 중국이 서구의 소설장르를 수용하여 창작의 성과를 가장 많이 낸 장르라고 할 수 있다. 그중 대표적인 소재와 내용을 몇 가지로 분류하면, 해저나 지구 땅 속, 북극 또는 외딴 미지의 공간에서부터 달과 같은 행성에 대한 탐험소설, 전기와 무선전화, 비행선, 잠수함, 독가스, 신의술 등 새로운 과학기술과 신무기의 세계, 그리고 신무기로 무장한 국가 혹은 인종 간 전쟁이 중심을 이루고 있다. 이는 19세기 후반 이후 나날이 새로워지는 과학기술의 발전과 새로운 발명이 인류의 상상의 공간을 극대화한 결과이기도 하지만, 또 한편으로는 제국주의의 확장에 따라 지구상에 더 이상 호기심을 자극할 새로운 미지의 공간이 남지 않게 되고, 또 새로운 무기의 등장으로 전쟁의 양상이 완전히 바뀌어 식민지는 물론 세계 열강국가 사이에 미래에 대한 불안과 공포가 증폭된 결과라고 할 수 있다. 이러한 과학소설의 붐 가운데는 여전히 량치차오가 시도한 정치소설과 미래소설이 결합된 특유의 장르도 포함되어 있다. 우젠런吳趼人의 『신석두기新石頭記』, 루스어陸士諤의

『신중국新中國』 등이 대표적인 작품이다. 이 작품들은 중국이라는 국가의 미래 운명을 중심으로, 새로운 중국이 만들어져 가는 과정 또는 만들어진 이후의 상황에 대해 묘사하고 있다. 그런 점에서 이 소설들은 입헌제 도입 이전의 유신활동을 중심으로 서술한 미완성본 「신중국미래기」와는 적잖은 차이가 있지만, 추구하는 신중국의 모습에 대한 상상은 거의 일치하고 있다. 신중국에 대한 상상은 크게 3가지 측면에 초점이 맞추어져 있다. 먼저 정치 및 사회적인 측면에서 입헌제가 도입되고 남녀평등이 이루어진다는 점, 둘째, 과학기술의 발전에 따라 교통 혁명과 생활에서의 큰 변화가 발생한다는 점, 셋째, 학문과 경제, 군사력의 측면에서 중국이 세계의 중심이 된다는 것이다. 이 가운데 첫 번째와 두 번째는 세 번째 즉 중국이 세계의 중심국가가 되기 위한 기본조건이며, 이를 간단히 말하면 문명화라고 할 수 있다. 즉 이들 미래과학 소설은 중국의 미래와 그 이전, 즉 현재의 상태를 문명과 야만이라는 대조적인 관계로 설정하고, 문명화를 통해 서구를 능가하고 세계 대국으로 부상하는 것으로 묘사하고 있다. 세계에서 서구와 중국의 지위의 변화를 결정하는 것은 바로 각각의 문명의 발전 수준인 것이다. 중국과 서구간의 패권의 이동은 평화적 방식으로 진행되기도 하지만 또 전면적인 전쟁을 통해 이루어지기도 한다. 즉 외국의 침략과 억압을 받던 중국이 스스로 부강을 이루어 주권을 회복하고 자연스럽게 세계의 중심국가로 부상하는가 하면, 또 한편으로는 중국의 부상에 대한 서구의 간섭과 압박을 물리적으로 물리치고 세계의 패권적인 지위를 되찾는 것이다.

우젠런吳趼人의 『신석두기』[19]는 미래와 현재라는 시간적 구분보다 부정적인 현재와 유토피아적인 상상의 공간을 병치시켜 야만세계와 문명세계를 대비하고 있다. 전반부에서는 상하이에서 서구의 새로운 문물을 보고 서양의 언어와 학문을 배워 과학기술과 문명을 발전시키려 하였지만, 의화단의 난에서 보여준 민중들의 우매함과 매판상인들의 탐욕과 부패, 관리의 횡포에 절망하고 안심입명을 위해 자유촌을 찾아나서게 된다. 그러다가 우연히 발견한 "문명경계文明境界", 즉 문명의 세계에서 고도로 발전한 새로운 이상적인 사회를 경험하게 되는데, 그 세계의 창시자는 성이 동방이고, 이름이 강强, 그리고 자字가 문명으로서 동방의 부강과 문명을 창도한 인물이었다. "문명경계"의 특징은 크게 두 가지로 요약된다. 하나는 도덕교육이 널리 보급되어 형벌을 집행하는 법정이나 경찰이 없다. 뿐만 아니라 사회의 국민과 지도자 모두 덕성이 높은 까닭에 역시 입헌이나 공화제가 아니라 오히려 전제, 즉 문명전제가 더 효과적인 정치체제로 간주된다. 두 번째는 과학기술이 발전하여 투사광선이나 인간의 청력과 시력의 감각능력을 극대화시켜주는 각종 기기가 발명되고 인위적으로 기후를 조절하여 농업의 생산을 극대화하는가 하면, 비행선飛車과 잠수정 등을 이용하여 하늘과 바다 속을 자유로이 오가고 터널 등 지하세계가 건설되어 있다. 그

---

19 이 소설은 처음 상하이 『南方報』(1905년 9월 19일~1906년 1월 20일)에 13회까지 연재되었다가, 1908년 10월 40회 분 소설로 완성하고 삽도를 덧붙여 『繪圖新石頭記』라는 제목으로 상하이개량소설사(上海改良小說社)에서 출간되었다. 처음 연재될 때는 소설의 성격을 사회소설로 명명했다가 단행본으로 출간할 때는 이상소설로 지칭한데서도 알 수 있듯이, 대략 20회까지의 전반부는 1901년 전후 중국사회의 암흑을 비판하는 내용이 중심을 이루고, 그 이후는 "자유촌(自由村)을 찾아가다가 산둥(山東)부근에서 우연히 접하게 된 문명의 세계에서의 각종 경험담을 묘사하고 있다. 그리고 마지막에는 다시 꿈의 형식을 통해 상하이로 돌아와 새롭게 부강을 이룬 중국의 모습을 그리는 것으로 끝을 맺고 있다. 吳趼人, 『新石頭記』, 中州古籍出版社, 1986.

리고 군사적인 측면에서 무성의 전기 포나 잠수정 등 서구에 월등히 앞선 능력을 보유하고 있다.

우젠런이 묘사하는 이상적인 세계는 서구 문명에 의존하거나 아부하지 않고, 자립정신과 국수國粹 보존, 단결과 애국심을 통해 동방 고유의 가치에 입각해 건설된 문명사회이다. 이는 중국인을 위해서만 아니라 홍인종, 흑인종, 갈색인종 등을 도탄에서 구해 안락한 삶을 누리도록 해방시키는 등 서구에 의해 학대 받는 약소민족을 위한 보편적인 문명 세계이기도 하다. 그러나 이러한 도덕적인 유토피아가 현실과 너무 동떨어진 이상임을 고려한 듯, 소설에서는 꿈이라는 장치를 통해 보다 현실적인 미래세계로 되돌아온다. "문명경계"에 들어오기 전 가깝게 지내던 지인의 연락을 받고 상하이로 돌아온 그는, 그가 잠시 떠나 있던 사이에 중국이 크게 변화하여 전혀 다른 모습으로 바뀌어 있음을 발견한다. 국민들은 애국심이 충만해 있고 입헌이 실시되어 중국은 전례 없는 발전을 이룬다. 대외적으로는 치외법권을 회수하고, 상하이에서 우한武漢까지 양쯔강 강변에는 산업시설이 연이어져 있고, 상하이는 더욱 확장되어 푸동浦東지역에 회의장이 건립되고 만국박람회가 개최된다. 그리고 이어서 베이징에서는 세계 각국의 대표들이 모여 중국 황제를 회장으로 한 만국평화회담이 개최된다. 그때 회의 주석인 중국 황제는 다름 아닌 "문명경계"를 설립한 동방문명이었다. 주인공의 꿈은 동방문명이 회의석상에서 세계 각국의 황제와 대표들을 향해 자신의 강함을 믿고 타민족이나 인종을 마음대로 기만하거나 능멸해서는 안 되며, 이후 강권주의를 소멸시키고 평화주의를 실행해야 한다고 연설하는 것으로 끝을 맺고 있다. 이와 같이 소설의 전체 구조

를 보면 "문명경계"의 모습을 통한 현실비판과 유토피아적인 이상세계
가 소설의 주요 내용이지만, 작가 우젠런이 희망하는 미래 중국의 모
습은 오히려 종결부분에서 간단한 삽화처럼 배치한 꿈이라고 할 수 있
다. 특히 꿈속의 중국은 바로 량치차오의 「신중국미래기」에서 상상한
신중국과 거의 대동소이하다.

　그러나 「신중국미래기」의 신중국 서사와 더 유사한 특징을 보여주
는 것은 1909년에 출판된 루스어陸士諤의 『신중국新中國』이다.[20] 이 소
설은 부제라고 할 수 있는 "입헌 40년 후의 중국"이 말해 주듯이, 입헌
이전이 아닌 이후의 중국 모습을 그리고 있다는 점에서 「신중국미래
기」에서 미처 묘사하지 못한 부분을 중심으로 하고 있다. 여기서 입헌
40년 후인 소설의 현재 시점은 선통宣統 43년 즉 1951년으로 상정하
고 있다. 소설에서는 1911년에 입헌제를 실시한 것으로 되어 있는데,
이는 청 정부가 1908년에 약속했던, 향후 9년간의 입헌 준비를 거쳐
본격적인 입헌제를 실시하기로 한 1917년보다 훨씬 이르고, 오히려
량치차오가 1912년으로 상정한 입헌시기와 거의 비슷하다. 입헌 이후
40년간의 역사에 대해서는 구체적으로 서술되어 있지 않다. 다만 소
설에서 12만 명을 수용하는 대극장 "신상하이무대新上海舞臺"에서 공연
된 극본 내용을 소개하고 있는데, 그것에 따르면 국회소집 이전에 갑
오전쟁, 무술변법, 의화단의 난庚子拳禍, 예비입헌, 국회개원 청원請開國
會, 국채반환, 산업진흥, 해군창립의 과정을 거쳐 국회소집이 이루어지
고, 그 이후 조약개정이 이루어진다. 여기서 조약개정은 청조가 외국

20　陸士諤, 『新中國』, 中國友誼出版公司, 2010.

과 체결한 이른바 치외법권, 조계지, 관세결정권 등 "불평등조약"의 개정을 의미하는데, 소설에서는 그 개정이 1920년 전후 시기에 이루어진 것으로 서술하고 있다.

『신중국』의 기본 구조는 주인공이 1910년 정월 초하루, 해가 바뀌어도 변화가 없는 중국사회에 대해 답답해 하다가 꿈속에서 41년 후 중국의 변화한 모습을 경험하고 깨어나는 것으로 되어 있다. 소설에서는 중국의 미래와 현재를 문명과 야만으로 구분하고, 문명화된 미래 사회를 묘사하는데, 그 특징은 다른 미래소설과 마찬가지로 과학기술의 발전으로 인한 기상천외한 발명품이 등장한다. 철도와 자동차, 전등은 물론, 하늘을 나는 비행선, 전기군함, 잠수함, 물 위를 걷는 신발, 가스목욕 등이 등장한다. 그리고 상하이에는 서양식 건물이 즐비하고, 상하이 푸둥지역은 개발되어 철교가 가설되고 내국박람회가 개최된다. 산업에서도 이미 서구의 기술과 생산을 능가하여 국산품이 대부분의 시장을 점하고 있다. 이와 같이 과학기술과 산업의 발전을 묘사하는 것은 과학소설의 일반적인 특징이다. 그러나 소설이 중점을 두고 있는 것은 단순히 물질문명의 발전 상황이 아니라 그로 인한 중국사회와 세계에서의 중국의 지위 변화이다. 사회적으로는 남녀평등이 이루어지고, 빈부격차를 해소하기 위해 "사회주의"적인 분배방식을 채택하며 국민의 생활은 대부분 소강小康상태에 달한 것으로 묘사된다. 그리고 사람의 심리와 정신을 치유하는 약인 의심약醫心藥, 최성술催醒術을 발명하여 허약, 나태, 교만하던 중국 국민의 자질이 향상되었으며, 육군과 해군의 수나 무장력 등 군사력이 서구를 능가하고, 중국어는 세계에서 가장 영향력 있는 만국 공용어로 부상한다. 그리고 소설 마지막 부분에서 중국 입헌

40주년의 해에 중국 황제의 발의로 미병회弭兵會, 즉 세계평화회가 조직되는데, 미병회 본부와 그 산하의 국제재판소는 각각 톈진과 베이징에 설치되고 그 최고 재판관 역시 중국의 국제법 전문가인 샤융창夏永昌박사로 선임된다. 그리고 나서 주인공은 또 다른 작중 인물이 세계가 계속 진보하여 국가의 경계와 종족의 경계를 넘어 대국과 소국이 합병하는 세계국가, 즉 대동세계가 도래할 것임을 예측하는 이야기를 듣는 것을 마지막으로 꿈에서 깨어난다. 이상 두 미래소설은 과학기술이 가능성을 열어준 미래 상상에 그치는 것이 아니라 오히려 미래의 시점이나 타공간을 활용하여 현재를 비판하는 정치소설의 성격이 강하다. 주요 서사구조는 중국의 정치개혁과 국민의 각성을 위한 계몽의 수사가 중심을 이루고, 정치개혁 즉 입헌제의 도입과 국민의 의식 계몽이 뒷받침된다면 중국은 본래의 뛰어난 잠재력을 발휘하여 과학기술을 발전시키고 부강한 국가를 건설할 수 있다는 스토리로 구성되어 있다. 그리고 마지막으로 중국이 다시 세계의 중심국가로서 부상할 뿐만 아니라 중국의 대동이념에 기반한 중국 중심의 새로운 세계질서를 구축한다는 것은 부강 이후 중국이 제국으로서 세계에 제시하는 이념이 무엇인지를 잘 말해 주고 있다.

이 두 소설에서 모두 새로운 세계질서를 형성하는 기제로서 만국평화회담을 제시하고 있는 것은 소설 창작이 이루어지던 시기인 1907년에 제2차 만국평화회담이 개최되어 약소국을 비롯해 세계의 주목을 받았던 것과 연관이 있는 것으로 보인다. 만국평화회담은 주로 국제분쟁의 평화적인 해결과 인명의 대량살상을 막기 위한 전시규약이 핵심으로, 주로 강대국 간의 분쟁에 적용되는 것이었다. 따라서 새로운 과학무기를 활용한 대국 간의 전쟁의 위험성을 묘사하는 과학소설과 그러한 전쟁을 야기할 수 있는 분쟁을 사전에 막기 위한 만국평화회의는 당시 세계의 현안과 관련하여 공통의 인식을 보여준다고 할 수 있다. 그러나 만국평화회의의 결과가 실효성을 갖추기 위해서는 세계에서 가장 강력한 패권을 갖춘 국가가 진정성을 가지고 참여해야 한다. 이러한 의미에서 본다면 소설에서 중국의 황제가 주도하여 만국평화회의를 성사시키는 것으로 묘사하는 것은 다음 두 가지 함의를 지니고 있다고 할 수 있다. 하나는 중국이 세계의 평화를 담보하는 가장 강력한 패권국이라는 점을 강조하는 것이고 또 하나는 실제로 제1차, 제2차 만국평화회의를 주도한 러시아와 미국을 비롯하여 서구 열강은 세계의 진정한 평화에 대해 소극적이라는 점을 부각시키기 위한 것이다. 만국평화회의의 정신이 잘 발휘되기 위해서는 국가의 대소를 떠나 각 국가의 주권에 대한 상호 존중에 기초한 협약 준수가 필요하다. 하지만 소설에서 만국평화회의를 통해 확립하고자 하는 세계의 평화체제는 각 국가의 주권의 균등성과 존중보다는 중국의 헤게모니가 뒷받침하는 세계의 평화체제에 가깝다.

이와 함께 또 소설에서 비록 간단한 서술에 그치고 있지만 빠지지 않고 등장하는 것이 바로 박람회이다. 박람회는 19세기에 파리와 런던, 빈, 시카고 등 유럽과 미국의 대도시에서 개최되었는데, 이는 단순히 세계 각지의 문물을 전시하는 것이 아니라 일종의 정치적인 공간이었다. 19세기 세계박람회에는 다양한 방면의 산업관, 각 국가별 전시관과 더불어 인류학 및 고고학 전시관으로 구성된 것이 말해 주듯이, 그것은 자국의 부강을 과시하는 계기이자 새로운 과학발명과 문명을 전

시하는 공간이었다. 즉 그것은 요시미 슌야吉見俊哉가 19세기 만국박람
회를 "제국주의의 제전"[21]이라고 부른 바와 같이 세계열강들이 벌이는
문명의 경연의 장이었다. 이러한 박람회에 참여하는 것은 물론이고 그
것을 개최한다는 것은 스스로 현대 문명국가일 뿐만 아니라 그러한 세
계문명의 발전을 주도하는 국가임을 선언하는 의미를 지닌 것이었다.

3. 인종전쟁과 세계제국의 귀환

중국의 미래소설에서 미래는 단순히 시간적인 의미가 아니라 가치
론적인 의미이다. 야만에서 문명으로의 전환이라는 미래 소설의 일반
적인 서사구조가 말해 주듯이, 중국의 현재는 야만 혹은 당시 언어로
말하자면 반半문명 상태로 규정되고 있다. 이때 한 사회의 문명화 여부
를 판단하는 기준은 서구의 근대문명, 즉 서구의 근대적 정치 및 제도
와 사회적 가치규범, 그리고 산업과 과학기술이다. 하지만 한 사회의
문명을 판단하는 기준은 끊임없이 변화한다. 왜냐하면 량치차오가 말
했듯이 문명과 야만의 차이란 상대적인 것이기 때문이다. 문명은 계속
진보하며 그 문명을 뒤 따라가는 자는 반문명이거나 야만의 상태에서
벗어나지 못한 것으로 간주된다. 이런 의미에서 보면 중국을 문명화한
다는 것은 서구를 교사로 삼아 서구를 따라잡는 것이자 더 나아가서는
그것을 앞서는 것이다. 즉 문명이 끊임없이 진보한다고 하더라도, 중

---

21 吉見俊哉, 『博覧会の政治学―まなざしの近代』, 中央公論社, 1992, 179~218면.

국의 문명화 여부는 결국 가장 "문명적인 국가"인 서구 사회와의 비교를 통해서 비로소 판단할 수 있다. 물론 문명을 구성하는 사회의 요인은 다양한 만큼 미래 문명사회에 대한 구상도 각기 다를 수 있다. 앞서 본 『신중국미래기』는 물론 『신석두기』와 『신중국』에서는 과학기술과 산업의 발전을 중시하면서도, 이를 가능케하는 것은 국민들의 자치에 기반한 입헌제의 도입과 민지, 민덕, 민기로 요약되는 국민의 소질의 향상에 있다고 보고 있다. 그리고 야만 혹은 반야만 상태에 있는 중국이 정치개혁과 국민 소질의 향상을 바탕으로 산업을 발전시키고 서구를 능가하는 문명화를 이루는 것으로 묘사된다. 미래의 신중국에서는 중국과 서구간의 문명 – 야만관계는 역전되어 서구가 이제 야만으로 비판을 받거나 징벌을 당하게 되는 것이다.

중국에서 서구를 야만화까지는 아니더라도 타민족 및 국가나 비백인을 대하는 서구의 태도를 야만적이라고 비판하는 것은 19세기 말 세기 전환기에 드문 현상이 아니었다. 앞서 본 미래소설에서도 서구의 근대 사회와 문화를 문명의 모델로 삼고 있기는 하지만, 그렇다고 서구의 대외정책 혹은 서구인의 행동 모두가 문명적이라고 보지는 않았다. 오히려 서구에서 보편적 가치를 부여한 문명이라는 함의를 통해 중국은 서구의 비문명적 혹은 반문명적인 행동을 비판한다. 『신석두기』에서는 링컨의 노예해방을 개인의 정치적 야심을 위한 기만적인 시혜라고 보고, 다른 인종을 억압하고 멸종하려는 서구의 문명을 가짜 문명이라고 비판하고 있다.[22] 또 『신중국』에서는 중국 황제가 미병회

---

22   吳趼人, 『新石頭記』, 中州古籍出版社, 1986, 306면.

를 발기한 것을 높이 평가하면서, 서구 열강의 군비경쟁을 겨냥한 듯 수많은 인명을 빼앗고 수많은 재산을 잃게 만드는 전쟁은 야만적인 것으로서 마땅히 군비를 없애야 하는데, 다른 국가의 군주들이 이를 외면해 왔음을 지적하고 있다.[23] 이러한 서구에 대한 비판을 위해서는 서구를 넘어서는 새로운 보편적 문명의 시각까지 필요한 것은 아니었다. 오히려 중국에서는 익숙한 대외 대응 방식 즉 일종의 "이이제이"이자 "모순"을 활용하는 것만으로도 서구 문명적 시각의 문제점을 인식하고 비판하기에 부족함이 없었다. 즉 서구가 중국에게 문명의 기준으로 제시한 "평등"의 관점과 상호 권리에 대한 존중, 그리고 만국공법을 근거로 서구의 자기모순 혹은 이율배반적인 모습을 비판하기에 충분했다. 그러나 중국이 서구의 태도를 비판한 이유는 서구가 다른 타자를 야만으로 간주했기 때문이 아니라 "야만"을 야만적으로 대하는 방식 때문이었다. 당시 서구에서 "야만"을 대하는 방식은 크게 세 가지가 있는데, 첫째는 문명의 진보를 위해 그들을 희생시키는 것이고, 둘째는 "고귀한 야만"으로서 동경하는 것이며, 세 번째는 그들을 교육하고 통치하여 "문명화"하는 것이다. 이중 첫 번째는 서구가 아프리카 흑인이나 아메리카 원주민을 대하는 방식이었고 세 번째는 중국 및 아시아 국가들을 대하던 방식이었다. 앞서 살펴 본 중국의 미래소설에서는 강성한 중국이 서구의 "야만"에 대한 태도를 바로 잡기 위해 서구와 같은 폭력과 지배의 방식을 사용하는 것을 꺼리고, 대신 압도적인 힘의 우위를 바탕으로 한 설득의 방식을 취하고 있다. 또 문명에 뒤쳐진 "야만"

---

23 陸士諤, 『新中國』, 中國友誼出版公司, 2010, 제12회.

민족이나 지역에 대해서는 교육을 통해 문명으로 이끌어야 한다고 보고 있다. 이러한 발상에서 중국 중심의 천하질서 혹은 대동세계의 이념에 내재되어 있는 중국식 문명관 즉 모종의 화이론적 사고의 흔적을 읽어내는 것은 그다지 어렵지 않다.

그러나 중국의 미래소설에서 모두 중국의 재부상 과정에서 평화적인 패권의 이동을 그리는 것은 아니었다. 오히려 제국주의 시대 서구의 과학소설의 중요한 한 특징인 미래전쟁 소설과 같이 중국의 과학소설에서도 중국과 서구의 패권을 둘러싼 미래전쟁을 묘사하고 있다. 진쮀리金作礪의 『신기원新紀元』과 쉬즈옌許指嚴의 『전기세계電世界』는 궁극적으로 중국이 세계 중심국가로 부상하는 것으로 결말을 맺고 있지만, 중심 내용은 중국이 어떻게 과학기술 방면에서 서구를 압도하고, 신무기의 힘을 빌려 서구와의 전쟁에서 승리를 하는가를 묘사하고 있다. 이 작품들은 서구 및 일본에서 유행하던 미래전쟁 소설과 과학소설이 결합된 과학–미래전쟁 소설로서, 20세기 초 새로운 전쟁소설의 특징을 잘 보여준다.

20세기 초 10년 동안 중국에 적지 않은 전쟁소설이 번역 출판되었는데, 그중에서도 러일전쟁 시기 러일전쟁 관련 소설과 열강 사이의 비행기를 이용한 폭격이라는 새로운 전쟁의 양상을 소재한 유럽의 전쟁소설이 대표적이었다. 1903년 『미래전국지未來戰國志』는 러시아와 미국을 상징 하는 두 국가가 세계를 양분하고, 영국, 중국, 프랑스, 독일, 일본을 상징하는 5개의 작은 국가만이 겨우 명맥을 유지하고 있는 26세기의 세계를 그리고 있다. 이 소설의 주요 줄거리는 러시아를 상징하는 발틱제국이 아메리카 합중국에 대한 세력 우위를 확보하기 위해 일본이라는 섬나라를 공격하다가 실패한다는 이야기이다. 1887년 출간된 이 소설의 원저자 다카야스 카메지로高安龜次郎에 의하면 이 소설의 창작 동기는 시베리아 철도 부설 등 러시아의 동방 진출에 대한 일본인의 경각심을 불러일으키기 위한 것이었다. 그러나 이 소설은 단순히 러시아의 팽창과 그것이 일본에 미치는 위협을 경고하는 그 이상의 함의를 지니고 있는 것으로 보인다. 소설의 결미부분을 보면, 원인 불명의 대화재로 발틱 제국의 군대가 전쟁도 하기 전에 무력화되자, 세계 각국이 참여하는 대회의를 개최하여 아시아, 유럽, 아프리카 등을 점유하고 있던 발틱제국의 황제에 대한 탄핵과 그 영토의 분할을 결의하게 되는데, 그 결과 일본은 동북아시아 대부분의 지역을 점유하는 대제국으로 부상하게 된다.[24] 러시아라는 특정 국가를 가상의 적으로 삼고 있는 다카야스 카메지로의 이 소설이 예언서나 되는 듯, 그로부터 십수 년 후 실제로 러일전쟁이 발발하였다. 러일전쟁 기간에 러시아는 서구 열강의 지지를 받기 위해 황화론을 적극적으로 선전하여 러일전쟁을 백인종과 황인종 간의 전쟁으로 의미를 확대하였다. 이에 대해 일본은 황화론을 비판하며 방어적인 태도를 취하였지만, 전쟁에서 승리한 이후에는 곧 인종 간의 전쟁의 불가피성을 내세우고 백인종의 재앙白禍을 비판하면서 아시아주의 혹은 황인종의 단결을 주창하였다. 그리고 그러한 시대적 조류에 부응하여 일본을 중심으로 한 황인종과 미국 및 유럽의 백인종 사이의 전쟁을 다룬 소설이 출현하기도 하였다.[25]『황화백화 : 미래의 대전쟁』은 일본이 비행기인 공중전함을

---

24 高安龜次郎, 老驥 역,『未來戰國志』上海廣智書局, 1903. 이 번역본의 원저는『世界列國の行く末』(高安亀次郎(東洋奇人), 金松堂, 明20)이다.

이용해 미국은 물론 유럽의 동맹군의 침략에 맞서 승리하고, 아시아 각 민족의 동맹을 이루어 중국과 동남아시아 등 아시아에서 유럽 세력을 몰아내는 스토리이다. 소설에서는 미국과 독일 등 서구 열강은 이기적인 팽창주의자이자 침략주의자인 반면 일본은 세계평화의 여신으로 묘사되고 있다.

이러한 인종 간의 전쟁은 단지 서구와 그 백인종에 대한 동양의 시각에서만 그려진 것이 아니었다. 19세기 후반 20세기 초 서구에서는 중국인, 그리고 러일전쟁 이후에는 일본인이 서구 세계를 침략하거나 지배한다는 소설이 널리 유행하며 황화론을 대중적으로 확산시켰다. 서구에서의 황화, 즉 동양인에 대한 공포 심리는 수 차례에 걸친 동양의 서구에 대한 정복 혹은 위협에 관한 역사적 기억을 통해 형성되었지만, 19세기 후반 황화론에서는 이전과 다른 역사적 상황을 바탕으로 특수한 서사가 구성되었다. 그중에는 규모 측면에서 백인 국가를 압도하는 중국의 엄청난 인구, 그리고 인종의 측면에서 열등한 황인종과의 혼혈로 인한 백인종의 퇴보에 대한 우려, 문명의 측면에서 낙후한 동양 민족의 지배에 따른 서구 문명의 위기, 그리고 중국의 각성에 의한 경제적, 군사적 위협이 주요 내용을 구성하였다.[26] 특히 청일전쟁 이후 일본의 부상을 보면서, 일본이 중국이 잠재력을 발휘하도록 자극하여 근대적인 국가로 이끈다면, 중국과 일본을 중심으로 한 황인종이 서구 유럽에 큰 위협이 될 것이라고 보는 시각이 유행하기도 하였다.

그러나 서구에 대한 현실적인 중국의 잠재적 위협은 무엇보다도 중

---

25 千葉秀浦・田中花浪, 『黃禍白禍 — 未來求之大戰』, 服部書店, 1907.
26 羅福惠, 『黃禍論』, 立緒, 民國96, 40~43면.

〈그림11〉 "Outside Sir! Outside!" *Punch, or the London Charivari*, June 2, 1888.
"선생, 들어오지 마시오!" : 오스트레일리아를 상징하는 여성이 존 차이나맨(John Chinaman)이 문을 열고 들어오려고 하자 이를 막아서고 있다. "당신 같은 사람은 이제 충분합니다. 입장을 금합니다. 설령 사업을 위한 목적이라도" 존 차이나맨은 서구인이 중국인을 경멸하여 부르던 호칭이다.

〈그림 12〉 "Chinese Question" by Thomas Nast, *Harper's Weekly*. Feb.18, 1871. 중국을 경멸하며 축출을 주장하는 아일랜드 출신 사람들에 맞서 미국의 가치를 상징하는 콜롬비아가 두려움에 떠는 중국인을 보호하는 모습. 벽보에는 쿨리, 노예, 거지, 쥐는 먹는 자, 이교도, 야만인 등 중국을 멸시하는 온갖 단어들이 나열되어 있다.

국의 인구가 전세계로 확산하여 노동시장 나아가 경제를 장악하는 것이었다. 예를 들어 영국의 역사학자 피어슨Charles Henry Pearson 은 유럽의 고등종족은 제국의 확장에 따라 이미 자연적인 한계에 달하였으며, 장차 세계의 지배는 온대와 열대지방에서 모두 잘 번식할 수 있는 열등종족에 의해 대체될 것이라고 보았다. 특히 그는 노동력이 저렴하고 뛰어난 적응능력을 갖춘 중국인이 동남아시아, 하와이, 남미 등에서

날로 세력을 확대해 가는 것에 주목하고, 중국에서 뛰어난 지도력을
갖춘 군주가 등장하여 서구와 같은 근대화를 추진한다면, 러시아, 영
국, 프랑스 등에 넘겨준 영토의 주권을 회복하는 것은 물론, 더 나아가
유럽은 중화제국에 의해 정복될 것이라고 우울하게 예견하기도 하였
다.[27] 피어슨의 이러한 인식은 오스트레일리아에서 중국인 이민자, 즉
쿨리들이 노동시장을 장악해가는 것을 직접 경험한 것이 한 계기가 되
었다.[28]

　　오스트레일리아 민주 인사의 중국인 이민에 대한 두려움은 종주국 영국
인이 이해하기 어려울 수 있다. 그러나 사실 이러한 두려움은 우리의 자아
방어 본능에서 나온 것일 뿐만 아니라 현지에서의 생활을 통해 나날이 증
가하고 있다. 우리는 유색인종 노동자와 백인종 노동자가 나란히 공존할
수 없다는 것을 잘 알고 있다. 매년 증가하는 중국 인구가 우리를 삼켜버릴
수 있다는 것도 잘 알고 있으며, 광산과 사탕수수 플랜테이션을 개발하기
위해 민족의 생존을 희생하려 한다면, 오스트레일리아 영국인뿐만 아니라
전체 문명세계가 손실을 입게 될 것이라는 것도 잘 알고 있다. (…중략…)
우리는 지금 이 세계의 마지막 토지를 지키고 있는 중이다. 여기서 우리 고

27　Charles Henry Pearson, *National Life and Character. A Forecast*, London : Macmill-
　　an and co., 1893, pp.49~55・118~119・131~113.
28　앞서 살펴 본 바와 같이 풍부하고 임금이 저렴한 중국인이 세계 각지로 이주하게 되
　　면 세계 경제는 중국에 의해 장악될 것이라는 서구의 중국 위협론이 중국인 지식인들
　　에게 장차 중국이 세계를 지배할 수 있는 능력의 증거로 자주 거론되었다. 당시 중국
　　인의 자기 인식은 미래 세계 주인공과 현실에서 타인종에 의한 피지배라는 이중적인
　　면을 지니고 있었는데, 이러한 이중적 모습은 모두 서구의 중국에 대한 인식을 자기
　　화한 결과였다. 梁啓超, 「論中國之將强」, 『時務報』 31, 1897.6.30; 任公, 「論變法必
　　自平滿漢之界始」, 『淸議報』 1, 光緖24.11.11, 3면.

등 종족은 우리의 고등 문명을 위해 자유롭게 번식할 수 있다. 우리는 모든 황인종을 거부한다. 그들은 자신들의 출생지에서 생활하거나 인도 군도(Indian archipelago)에서 생활할 수 있다. 그런 지역에서는 우리 백인종은 특별한 몇몇 예를 제외하면 장기간 생활할 수 없다. (…중략…) 이 세계는 단지 우리 아리안종, 우리가 믿는 기독교 문명에, 우리가 과거 최전성기로부터 물려받은 문학과 예술, 매력적인 사회적 풍속에만 귀속되도록 정해졌다고 생각한다. 우리는 바로 그런 세계에서의 우리의 우월한 지위를 위해 분투하고 있다. (…중략…) 우리를 팔다리로 밀어서 몰아내는 자는 다름 아닌 우리가 항상 노예(servile)처럼 무시하고, 우리의 필요를 위해 봉사하도록 되어 있다고 생각하던 자들이라는 것을 알게 될 것이다.[29]

피어슨과 같이 백인의 우월주의의 관점에서 비백인 특히 중국인을 야만시하고 배척하려는 움직임은 남미나 동남아시아와 같은 식민지보다 백인의 이민국가인 미국과 오스트레일리아, 캐나다에서 극히 심했으며, 이미 1870년대부터 대중 및 그들과 결탁한 정치가들에 의해 행동으로 나타나기 시작했다. 그리고 1880년대는 이들 국가에서 중국 노동자에 대한 배척과 중국이민자의 입국 금지의 조치가 행해지고 동시에 그것과 관련된 인종 간의 갈등과 전쟁을 다룬 소설들이 연이어 출현하였다. 주요 내용은 엄청난 수의 중국인의 이주로 캘리포니아의 백인 노동자와 상인들이 일자리를 잃고, 샌프란시스코에 야만적인 이방인의 독재정부가 수립되어 미국의 정치적, 문화적, 도덕적 제도들이

---

29 Charles Henry Pearson, *National Life and Character. A Forecast*, p.16 · 85.

말살된다는 것이다.[30] 미국의 이러한 반중국적인 인종소설은 단순히 허구적인 상상이 아니라 당시 미국 노동자들이 중심이 된, 중국인 노동자 이주 반대 운동과 밀접한 관련이 있었다. 1882년에 발표된, 재미 중국인의 이주의 역사를 장황하게 설명하며 캘리포니아와 오리건 두 주가 17년 후인 1899년에 중국의 군사력에 의해 장악된다는 로버트 월터의 소설도 중국인 이주를 반대하는 미국내 사회적 상황을 반영한 것이었다.[31] 그리고 바로 같은 해에 미국 의회에서 중국인 노동자 입국을 금지하는 법안이 통과되었다. 뿐만 아니라 1900년대 초 중국의 미래전쟁 소설도 미국의 중국인 노동자 이주를 금지하는 법안과 직간접적인 관계가 있다.

물론 중국인 혹은 황인종과 백인간의 전쟁은 미국만이 아니라 유럽에서도 주요 세계 전쟁의 소재 가운데 하나로서 독일과 영국, 러시아 등에서 연이어 발표되었다. 그중에서도 1898년 중국 분할론이 한창 대두되고 있던 시기에 발표된 『황인종의 위험』은 중국과 일본의 연합군의 유럽 침략으로 유럽이 위기에 처했다가 영국의 천재적인 소년의 기지로 유럽의 몰락을 막는다는 스토리이다. 이 소설은 먼 미래의 인종전쟁이 아니라 일본의 군사력의 급부상, 그리고 중국에서의 세력권의 확장을 둘러싼 서구 국가 간의 경쟁이라는 당시 시대적 상황을 스토리의 출발점으로 설정하고 있다. 즉 중국인과 일본인의 부모 사이에

30　H. J. West, *The Chinese Invasion*, San Francisco : Excelsior office, Bacon & company, 1873; Atwell Whitney, *Almond-eyed : A Story of the Day*, A. L. Bancroft & Company,1878; Pierton W. Dooner, *Last Days of the Republic*, Alta California Pub. House, 1879.

31　Robert Wolter, *A Short and Truthful History of the Taking of California and Oregon by the Chinese in the Year A. D. 1899*, San francisco : A. L. Bancroft and Company, 1882.

서 태어난 엔호Yen How가 이홍장과 이토 히로부미를 설득하여 중일 동맹을 맺고, 중국에서 서구의 세력권을 승인하는 방식으로 서구 열강 간의 갈등을 야기한 다음 유럽을 공격한다. 중일 연합군의 공격에 서구 열강은 연패를 하고 독일 황제 빌헬름 2세마저 영국으로 도망을 가는 등 유럽이 정복될 위기 상황에 놓이지만 결국에는 가까스로 그 위기를 극복한다.[32] 이러한 중국과 일본의 동맹을 위주로 한 인종전쟁의 서사는 이후에도 연이어 출현하였다. 이는 청일전쟁과 러일전쟁에서 승리한 일본에 대한 경계심이 반영된 것이지만, 더 주요하게는 서구의 부강의 비밀을 파악한 일본의 주도하에 중국의 거대한 잠재력이 결합되었을 때 나타날 수 있는 아시아의 세력에 대한 경계와 두려움의 표현이라고 할 수 있다. 이러한 경계와 두려움은 막연한 대중적인 상상력의 소산이 아니라 러일전쟁, 미국의 아시아인 차별과 중국의 미국 상품 불매운동 등과 같이 서구와 동양간의 갈등이 증폭되는 실제 상황에 기반한 것이었다.[33] 치바 수호千葉秀浦가 황화와 백화, 즉 두 인종 간의 상호 혐오와 적대감에 따른 미래전쟁에 관한 소설을 발표한 것과 동시에 미국에서도 『교전중인 황화』라는 소설이 발표되었다. 이 소설에서는 미국과 중국 간의 상호 배척이 원인이 되어 아시아 연합군과 미국 간의 전쟁이 발발하고, 그 결과 미국은 본토를 유지하기는 하지만, 하와이, 필리핀 등 태평양의 도서지역을 아시아 국가에게 양도하고 동시에 막대한 배상금 지불과 재미 아시아인들에게 시민권을 부여

---

32 M. P. Shiel, *The Yellow Danger*, London : Grant Richards, 1898.

33 1900년을 전후하여 영국에서 아시아의 침입을 소재로 한 작품들의 출판 상황에 대해서는 Ross G. Forman, *China and the Victorian Imagination : Empires Entwines*, Cambridge University press, 2013, pp.130~160.

하는 것으로 협약을 맺는다.[34]

이러한 인종 간의 전쟁은 19세기 말 전세계적으로 확산된 인종론과 황화-백화론과 밀접히 연계되어 있다. 19세기 말 세계의 국제질서에서 인종론은 두 가지 상반된 입장에서 인종 간의 대결이라는 담론을 생산하였다. 즉 인종론은 단순히 피부색의 구분을 넘어서, 유럽에서는 비백인종에 대한 백인종의 우월의식과 그들의 세계인종에 대한 지배를 정당화하는 논리로 기능했다면, 서구의 압박을 받고 있던 동아시아에서는 백인의 지배에 맞선 황인종의 연대론이 제기되었다.

> 지금 전세계의 인종의 큰 차이에 대해 서구인은 5개로 구분하고 있다. 그 가운데 3개의 인종은 말할 것이 못된다. 이후 백년은 실로 황인종과 백인종의 천지간의 대혈투가 전개되는 시기가 될 것이다. (…중략…) 마땅히 우리 황인종의 모든 경계를 없애야 한다. 지나, 일본, 고려, 몽고, 태국을 비롯하여 아시아 여러 국가와 태평양의 여러 섬들의 경계를 모두 없애어 구만리의 전 지구상의 전쟁터에서 백인종과 힘껏 겨루어야 한다. 이것은 20세기에 피할 수 없는 상황이다.[35]

이와 같이 량치차오는 20세기는 황인종과 백인종의 혈전의 시기이며, 따라서 황인종의 대 합종合種이 필요하다고 주장하였다. 황인종의 합종은 서구의 제국주의에 의한 황인종의 공멸이라는 동병상련과 동

---

34 Marsden Manson, *The Yellow Peril in Action : A Possible Chapter in History; Dedicated to the Men who Train and Direct the Men Behind the Guns*, San Francisco, Cal. (Britton & Rey), 1907.

35 梁啓超, 「論變法必自平滿漢之界始」, 『淸議報』 2, 光緒24.11.21, 3면.

종의식에 기반을 두고 있지만,[36] 또 한편으로는 중국 혹은 중국을 중심으로 한 아시아 동맹과 서구사이의 군사적 충돌을 묘사한 서구와 일본의 인종전쟁 장르소설의 유행과도 연관이 없지는 않다. 특히 러일전쟁과 미국의 중국인 이민금지 법안을 계기로 1903년부터 1910년 전후 시기 중국에서는 서구 백인의 제국주의적 침략 및 백화白禍에 대한 비판과 미국제품 불매운동이 주요 도시를 중심으로 확산되고 있었다. 또 1900년 전후 분할의 위기에서 벗어난 청 정부가 1905년에 예비입헌을 선포함으로써 중국내에서는 입헌제의 도입과 그에 따른 중국사회의 혁신에 대한 관심이 고조되었다. 진쥐리의 『신기원』과 쉬즈옌의 『전기세계』는 바로 이러한 시대적인 상황 속에서 출현한 산물이었다. 그러나 앞서 본 서구와 일본의 소설과 비교하면, 중국의 이 두 소설은 인종전쟁과 더불어 과학의 발전에 따른 신무기의 신기한 효과를 묘사하는데 중점을 두고 있다는 점에서 다소 차이가 있다. 특히 비행기와 잠수함, 그리고 전파, 전기, 화학을 이용한 무기는 전쟁의 패러다임을 바꾸는 신개념 무기이자. 세계의 패권을 바꿀 수 있는 공포의 대상이었다. 19세기 후반 영국에서 신무기를 이용한 독일과 러시아의 침공을 다루는 소설이 등장한 이후[37] 중국에서도 미래전쟁 소설이 소개되었는데, 『신기원』과 『전기세계』는 바로 인종전쟁과 신개념 미래 과학무기 전쟁이 결합된 소설이었다.

『전기세계』는 선통宣統 101년, 즉 서력 2009년에 이미 전기가 일상

---

36 「論黃禍」(錄中外日報二月), 『東方雜誌』 2, 1904, 34면.
37 19세기 말 20세기 초 전쟁소설에 대해서는 Mike Ashley, *Out of This World*, The British Library, 2011, pp.82~85.

생활에 깊숙이 자리 잡고 입헌제를 통해 상당한 부강을 이룬 중국의 상황을 그리고 있다. 소설에서 묘사하고 있는 20세기 전반 중국은 이미 자강과 혁신을 통해 아시아를 통일하고, 중국내 조계지 주권을 회수하였으며 육군과 해군, 교육 등도 유럽에 뒤지지 않는 능력을 갖추고 있다. 그러나 2010년 곤륜산성省의 유토피아부府의 공화현縣에 설립된 제국대전자사업장과 제국전자대학당의 개교식에서 30세 밖에 안 된 젊은 전기대왕인 황전츄黃振球는 오히려 기념사를 통해 중국의 진보의 지체를 비판하였다. 그는 중국은 아시아를 통일했지만 중앙아시아와 서아시아 토지권과 각 조계지 주권은 여전히 타국이 장악하고 있으며, 군사와 상업의 역량도 유럽과 비교하여 결코 확실하게 우위를 점했다고 할 수 없다고 평가한다. 그리고 그는 나아가 전기의 새로운 힘을 이용하여 이러한 "치욕"을 갚아야 한다고 주장하고, 전기를 활용한 혁명적 방식으로 이후 50년 안에 중국이 세계의 주인공이 되어 세계의 대동과 대평등을 이룰 수 있는 방안을 제시한다.[38] 전기를 활용한 혁신적 방식의 한 사례로, 그는 이후 모든 교통은 전기를 이용하는 전기 비행함정과 지상전철로 대체될 것이라고 보았다. 이에 대해 많은 학자들은 반신반의하며 회의적인 태도를 보이자, 전기대왕은 혼자 각종 전기실험을 통해 기상천외한 무기를 발명한다. 그 가운데는 전기의 힘을 이용한 가벼운 인공 날개를 만들어 공중에서 자유자재로 고속으로 움직이는 것이 포함되어 있다. 때마침 황화론에 깊이 빠져 일찍이 황인종을 절멸시키고자 하던 유럽의 서위국西威國이 전투기를 발명하여 공격을 한다. 나

---

38 高陽氏不才子撰, 「電世界」, 『小說時報』 1, 1909.10.14, 2~3면.

폴레옹 10세가 이끄는 이 서위국은 유럽을 통합하고 전쟁에 반대하는 합북방화국合北方和國(미국을 의미)을 멸하고 이어서 유럽에 비위를 맞추며 자신을 보존하던 동음국東陰國(일본을 가리킴)에 대해서도 신형폭탄으로 모든 생명체를 없애버린다. 이에 당황한 중국은 대응책을 마련하느라 어쩔 줄 몰라 하는데, 다행히도 서위국의 공격을 미리 탐지한 전기대왕이 태평양 상공에서 서위국의 침략군대를 전멸시킨다. 중국이 승리한 후 전세계 각국은 모두 중국에 우호적인 관계를 청원하고 황전츄에게 자국에 무력을 사용하지 않기를 요청한다.

이와 같이 소설에서는 19세기 중반이래 중국이 서구로부터 받은 모욕과 수치를 되갚고, 아시아를 통일하는 것은 물론 세계의 "주인공"이 되는 것으로 스토리가 전개되고 있다. 이 보복과정에서 특기할 것은 중국의 서구에 대한 승리가 단순히 군사적인 우위에 그치는 것이 아니라는 점이다. 서위국은 황인종을 멸하기 위한 먼저 도발을 했을 뿐만 아니라 전쟁과정에서 비인도적인 대량 살상을 자행함으로써, 당시까지 서구가 중국을 반개화로 간주하던 시각이 전복되면서 이제 서구가 야만적인 것으로 묘사된다. 제1차 헤이그 만국평화회의에서 규정한 "기구를 이용한 폭발물 사출射出" 금지를 위반하면서 동음국에 가한 무자비한 살상, 그리고 태평양에서의 패전을 보복하기 위해 재도발하다가 역시 시베리아에서 전몰된 후 유럽에 거주하는 화교들에 대해 자행한 몰살행위를 통해 나폴레옹 10세의 잔혹성을 부각시킨다. 반면 이러한 도발에 대해 신발명 무기 전기총으로 위서국의 공군을 전멸시키고 급기야는 그 수도마저 폐허로 만든 황전츄의 공격에 대해서는 정당한 응징으로 묘사되고 있다. 이러한 중국과 서구 사이의 문명과 야만의 전도는 타국의 노동자를 대우하는 방식의 비교를 통해서도 재차 강조되는데, 이는 미국은 물론 서구사회에서 중국의 노동자 쿨리苦力에 대한 차별과 비인도적 처우를 비판하기 위한 것으로 보인다. 즉 황전츄는 세계 각국이 중국에 화의를 청하고 나서도, 이후 중국의 과학기술과 군사력이 서구에 뒤쳐져 또 보복을 당하지 않도록 하기 위해 압도적인 경제력을 갖춰야 한다고 보았다. 그리고 남극에서 금광을 찾아내어 개발하는데, 중국인 노동자가 아니라 서구의 노동자를 대거 모집하여 동원하고, 남극의 추위 속에서 노동자들이 편안하고 안전하게 금광 개발에 종사할 수 있도록 노동환경을 적극적으로 개선한다. 이러한 서구 노동자의 동원은 또 북극의 베링해협 부근에 거대한 공원을 조성할 때도 이루어지는데, 이는 당시 중국 노동자가 일자리를 찾아 아메리카와 동남아시아 등 백인의 지배지역으로 이동할 수밖에 없었던 상황이 단순한 이주가 아니라 국력의 차이에 따른 수치스러운 일로 인식하고 있음을 말해준다. 즉 소설에서 중국과 서구의 관계는 바로 작가가 생존하던 현실과는 정반대의 모습으로 그려지고 있는 것이다.

이러한 중국과 서구 열강 사이의 전도된 관계는 『신기원』에서도 똑같이 나타나고 있다.[39] 『신기원』은 제목과 같이 중국의 새로운 년호 기원의 문제로 시작되는데, 이는 또 소설의 결말에서 보여주는 바와 같이 세계가 새로운 기원의 시대로 진입하였음을 의미하기도 한다. 스토리의 시대적 배경은 1999년, 입헌제 개혁과 사회, 경제 등 방면에서 서구에 못지않은 국력을 갖춘 중국은 이미 60년 전에 조계지 주권을 회수하고 군사와 과학

---

39 碧荷館主人, 『新紀元』, 上海小說林社, 1908.

기술에서도 놀라운 발전을 이루어 서구 열강의 경계의 대상이 된다. 뿐만 아니라 아메리카와 오스트레일리아의 중국 노동자의 후예들은 각각 새로운 공화국을 수립하고, 많은 국가들이 중국의 조공국으로서 중국의 세력범위에 놓여있다. 이러한 상황에서 중국에서는 관행적인 황제皇帝의 연호가 정확한 역사 시기를 파악하기에 불리하고, 또 마호메트 기년이나 예수 기년과 같이 각각의 동종의 유대를 강화하는 기년과 달리 중국의 동종의 연대를 돈독히 할 수 없다고 보고 황제黃帝의 기원으로 바꾸기로 결정한다. 그리고 이 황제기원은 중국만이 아니라 모든 황인종 국가와 중국의 조공국이 모두 일률적으로 채택하도록 선포하였다.

중국의 새로운 기원 선포에 대해 독일과 프랑스 등 유럽국가는 백인종에 대한 도전이라고 여기고 네덜란드에서 유럽국가의 만국평화회담을 열어 황인종 국가의 위협에 대한 대응책을 마련한다. 그 가운데는 황인종의 입국을 제한하고 유럽내 황인종을 차별대우하며 유럽이 발명한 새로운 기기나 과학에 대한 정보를 황인종 국가에 전수하지 않은 등의 내용이 포함되어 있다. 흥미로운 것은 아시아의 황인종과 유럽 백인종 간의 첨예한 대립상황에서 유럽의 헝가리 국가가 직접적인 문제의 발단이 된다는 점이다. 유럽의 만국평화회담에 헝가리는 흉노의 후손이라는 이유로 초청대상에서 제외되고, 또 인구의 2/3가 황인종인 헝가리 의회에서 황제기원의 사용과 관련하여 백인종과 황인종 간의 충돌이 발생하자 유럽이 백인종 보호를 구실로 간섭한다. 그러자 헝가리 국왕은 중국 황제에게 보호를 요청하게 된다. 이와 같이 량치차오의『신중국미래기』에 이어 이 소설에서도 신중국에 관한 상상에서 헝가리가 등장하고 있는 것은, 당시 중국 지식인들이 인종에 대한 모종의 관념을 공유하고 있음을 말해 준다.

황인종에 대한 이러한 공유된 인식을 보다 체계적으로 제시한 인물은 바로 『혁명군』의 저자 쩌우룽鄒容이었다. 그는 황인종을 크게 중국인종과 시베리아인종으로 구분하고, 시베리아인종에는 몽고족 이외에 터키인과 헝가리인, 그리고 기타 유럽의 황인종을 포함시켰다.[40] 량치차오 역시 황인종을 세 종류로 구분하기는 했지만, 그중 하나에 터키, 헝가리 및 기타 유럽 황인종을 포함시켰다.[41] 뿐만 아니라 그는 일찍이 코슈트 러요시 Kossuth Lajos(1802~1894)의 전기를 쓴 적이 있는데, 러요시는 바로 헝가리 민족주의자로서 1848년 헝가리 혁명을 이끈 지도자였다. 그의 전기에서 량치차오는 헝가리인은 아시아의 황인종으로 고대 흉노의 후예라고 설명하고, 그의 전기를 쓴 동기에 대해 "근세의 인물전을 쓰고자 한다면 구미의 근세의 호걸들 가운데 마음에 드는 사람이 많지만, 우리는 황인종이기에 나는 황인종의 호걸을 좋아한다", "황인종이면서 백인종의 지역에 국가를 두고 백인종과 싸워 능히 황인종을 빛나게 한 호걸이 있으니 바로 코슈트이다"[42]라고 하였다. 코슈트의 전기는 량치차오의 또 다른 전기 「이태리건국삼걸전」보다 앞서 발표한 것으로, 헝가리에 대한 당시 중국인의 관심과 시각을 잘 보여준다.

소설 『신기원』에서는 결국 중국황제가 동종의 보호를 위해 군함을

---

40 추용 저, 「혁명군」, 성근제, 차태근, 박광준, 민정기 역, 『20세기초 반청혁명운동자료선』, 239면. 반만주족 혁명파인 쩌우룽은 황인종 가운데서 중국인종(중국인, 조선인, 태국인, 일본인, 티베트인, 기타 동부인)으로부터 시베리아인종 중 퉁구스족에 속하는 만주족을 분리시켜야 한다고 보았지만, 량치차오를 비롯한 입헌파는 한족과 만주족을 통합한 대민족주의를 주장하였다. 중국부강의 출발점으로서 입헌을 기본적인 정치체제로 삼는 중국 과학 미래소설에서는 이러한 대민족주의 입장에 있으며, 더 나아가서 황인종까지 아우르는 인종 정체성을 보여주고 있다.

41 中國之新民, 「新史學─歷史與人種之關係」, 『新民叢報』 14, 光緒28.7, 3면.

42 中國之新民, 「匈加利愛國者噶蘇士傳」, 『新民叢報』 4, 光緒28.2, 1~3면.

파견하게 되고, 이를 반대하는 유럽은 인도양에 주둔하고 있던 남양해군을 중심으로 맞서면서 세계대전이 발발하게 된다. 루썬魯森총독이 이끄는 백인은 유럽과 러시아, 미국 등이 참여하고, 황즈성黃之盛이 이끄는 황인종은 중국 및 서지나西支那 등 식민국가를 비롯해 중국인이 발견한 해저 세계, 동남아시아, 쿠바와 멕시코 등의 황인종과 일본, 이집트, 월남, 버마, 태국 등이 참여한 전쟁이었다. 전쟁에서 동원되는 무기는 기본적으로 전기와 화학의 원리를 활용한 것으로, 해저와 해상, 그리고 공중에서 다양한 전투가 전개되며 심지어 독가스까지 동원되고 있다.

소설에서 독자들의 관심을 끄는 것은 무엇보다도 두 진영이 다양한 신기한 무기들을 가지고 서로 공격과 대응을 반복하는 전례없는 전쟁의 새로운 양상이다. 그러나 전쟁 무기의 위력과 잔혹성을 묘사하면서, 작가는 『전기세계』와 마찬가지로 문명의 측면에서 황인종과 백인종의 관계를 전복시켜 백인종의 위선성과 야만성을 부각시킨다. 동남아시아 해전에서 크게 패배하여 전세가 불리해지자, 유럽의 각 국가들은 다시 만국평화회의를 열어 대응책을 마련하는데, 회의에서 백인종의 보호를 위해 이전 만국평화회의에서 금지한 독가스 사용을 허용하고, 유럽 내의 황인종들이 소란을 야기하거나 치안을 저해할 경우 전쟁터에서 적을 대하는 방식에 준하여 처리하도록 결정한다.[43] 그 결과 황즈성 군대는 루총독 군대의 녹색 독가스 공격을 받는데. 결국에는

---

43 碧荷館主人, 『新紀元』, 廣西師範大學出版社, 2008, 57면. 1899년 헤이그 만국평화회의에서는 발사체나 기구를 통한 폭발물 사용, 질식성 독가스 사용 등을 금지하였는데, 소설에서는 유럽의 주요 공격이 이러한 규정을 위반한 방법을 취하는 것으로 묘사함으로써 그 위선성과 야만성을 부각시키고 있다.

반격을 통해 승리하기는 하지만 1만2000여명을 목숨을 잃게 된다. 이에 대해 중국 황제는 황즈성의 전쟁 지휘를 재신임하고 만국평화회의에서 금지한 독가스를 사용한 유럽에 대해 반문명적이라고 비판한다.[44] 이와 같이 저자가 황인종에 맞서기 위해 유럽이 반복해서 만국평화회의를 이용하는 것으로 묘사하는 것은, 만국평화회의를 통해 역으로 유럽의 야만성을 부각시키려는 의도로 보이지만, 또 한편으로는 1899년과 1907년 연이은 만국평화회의가 백인의 유럽 열강의 이해에 기반하고 있다고 보는 중국인의 냉소적인 시각이 반영되어 있다.

또 이 소설에서 주목을 끄는 것은 패권국가 혹은 제국으로서의 중국의 모습이다. 황즈성 군대가 수에즈 운하 부근에서 유럽의 또 한 번의 독가스 공격을 물리치고 지중해를 장악하자, 세계보건기구회장과 적십자회장의 주선으로 유럽은 중국에 화의를 청하게 되는데, 그 결과 인도에서 화의 조약을 체결하게 된다. 조약의 주요 내용을 보면 대략 다음과 같다. 2000년 3월부터 헝가리는 중국의 보호국이 되고, 중국의 동종과 황인종은 황제의 기원을 사용하며, 아메리카, 오스트레일리아, 아프리카 내의 중국인 거주 지역은 화교상인의 조계지로서 중국은 치외법권을 갖는다. 또 중국은 싱가포르, 뭄바이, 스리랑카, 수에즈, 아드리아해 등에 군함을 주둔시킬 수 있고 수에즈 운하와 지중해에도 군함이 자유로이 운항할 수 있다. 또 전체 배상금은 10억 냥 가운데 5억 냥은 황인종 각국에 10년간 분할 지불하며, 유럽과 아메리카에서 중국의 공자교를 자유롭게 선교할 수 있도록 보호해야 한다. 그리고

---

44 위의 책, 106면.

조약문은 중문과 영문으로 작성하며, 조약문구의 해석상 이견이 있을 경우 중문본을 기준으로 삼는다.[45]

이상 조약문은 아편전쟁의 난징조약에서부터 의화단의 난으로 인한 신축조약에 이르기까지 중국이 서구 및 일본 등과 체결한 이른바 "불평등조약"의 기본 골격을 그대로 모방한 것이다. 당시 중국이 서구와 체결한 조약에 대한 소설 저자의 감정은, 위 조약에 대한 영국과 러시아의 반응, 즉 "백인종을 노예로 삼으려는" "치욕적인 조약"이라고 간주하고 승인을 거부하는 것에서 잘 나타나 있다. 결국 소설의 종결부분에서 알 수 있듯이 제목의 신기원은 바로 서구가 몰락하고 중국이 세계 패권국으로 부상한 이른바 중국의 세기의 시작을 의미한다.

이와 같이 20세기 초 중국 미래소설의 신중국에 대한 상상은 서구를 모방의 대상으로 삼으면서도 동시에 극복대상으로 간주하고 있을 뿐만 아니라 궁극적으로 서구의 패권을 넘어서 중국 중심의 세계질서를 수립하는 것을 목표로 삼고 있다. 그 구체적인 방법은 차이가 있지만, 세계에 관한 인식과 논리는 동일하다. 첫째, 세계는 진화하고 서구 문명이 주도하고 있다. 따라서 입헌제, 권리평등 등을 중심으로 한 서구의 근대적인 제도와 과학기술을 기반으로 하는 물질문명은 인류가 따라야 할 진보 방향이다. 그러나 서구 근대문명은 적잖은 결함이 존재하며 문명발전의 종국이 아니다. 둘째, 세계경쟁은 동양의 황인종과 서구의 백인종 간의 패권경쟁이며, 중국이 황인종을 대표하고 이끄는 국가이다. 중국이 서구의 패권에 대항하는 방법은 서구적인 방법을 배

---

45 위의 책, 145~146면.

위 그것을 능가하는 역량을 기반으로 하고 있다. 즉 서구적인 방식으로 서구를 압도하는 것이다. 셋째. 패권경쟁의 최종 승리자는 중국이다. 그러나 패권경쟁 이후 세계를 이끄는 중국의 이념은 문명과 야만이 병존하는 야누스적인 서구문명과는 달리 조화와 통합을 중시하는 중국의 전통사상이다.

국가와 민족, 개인의 운명이 세계 각 민족과 국가의 무한경쟁을 통해 지배와 피지배로 이원화된다고 믿던 시기에, 미래소설 속의 신중국은 이상적, 공상적이라기보다는 너무 현실적이다. 왜냐하면 제국주의 논리가 지배하는 시대에 자강을 통해 타 제국주의를 압도하는 것이 민족과 국가의 생존을 위해 가장 쉽게 떠올릴 수 있는 방법이기 때문이다. 신중국 상상에서 중국의 패권국 혹은 제국으로의 재부상은 서구의 과학기술을 수용하고 더 철저하게 발전시킨 군사력에 의거하고 있다. 뿐만 아니라 서구와의 경쟁과 전쟁을 정당화하는 논리 역시 서구의 문명논리이다. 중국과 서구와의 전쟁은 문명국과 야만국의 전쟁이며, 이를 위해 소설에서는 반복적으로 서구를 야만화하고 있다. 이는 중국이 패권경쟁에서 승리한 이후 세계질서를 구성하는 이념으로서 중국의 유가적 사상을 강조하는 것과는 대조적이다. 그럼 왜 소설에서는 처음부터 동양문명과 서구문명의 경쟁 혹은 충돌을 서사의 기본 구도로 삼지 않았을까? 이는 다음과 같은 몇 가지 이유 때문인 것으로 보인다.

첫째는 당시 중국과 서구를 비교했을 때, 서구 근대문명은 중국의 부강을 위해 절대 필수적인 것으로 인식되고 있다. 따라서 서구문명을 배척하거나 폄하하는 것은 중국의 개혁과 부강을 위해 오히려 부정적인 결과를 초래하게 된다. 둘째, 중국전통사상은 평화지향적이고 군사적 패권화를 중시하지 않는다고 보았기 때문이다. 따라서 중국문명을 내세우면서 군사적 패권화를 추구하는 것은 자기모순에 빠질 수 있다. 셋째, 신중국의 세기는 제국주의 국가 간 경쟁이 끝나고 중국이 세계의 중심으로 복귀한 시기이며, 이는 동서 간의 인종전쟁을 지배하는 민족제국주의 시기와는 시대적 성격이 다르다. 다시 말해 민족제국주의 시대를 지배하는 이념과 중국이 지배하는 제국주의 이후 시대의 이념은 성격이 근본적으로 다르다. 전자는 인종과 민족 간의 적자생존과 우승열패가 지배하는 시대라면, 후자는 중국을 중심으로 세계의 평화와 조화로운 발전이 추구되는 시대이다.

그 결과 신중국의 상상에서 구체적인 실천방식은 대개 서구를 모방하여 서구를 넘어서기, 제국주의적인 방식으로 제국주의에 대항하는 것으로 단순하게 서술되고 있다. 그러나 서구 열강들이 팽창을 위해 경쟁하던 제국주의 이후의 시대를 이끄는 국제질서 이념은 더 이상 서구적인 원리가 아니다. 그 대신 중국의 문명원리가 새로운 질서이념으로 제시되고 있다. 다만 중국적인 국제질서의 구체적인 모습이 어떠한 것인지는 명확히 나타나 있지 않다. 주의를 끄는 것은 중국의 미래소설에서 한결같이 미래 신중국을 공화제가 아닌 입헌제, 즉 중국 황제를 정점으로 한 통치체제로 상정하고 있다는 점이다. 이것은 당시 청정부의 검열을 의식한 것인지 또는 작가들의 정치적 입장에 따른 소신의 표현인지는 정확히 할 수 없다. 하지만 그것으로 표상되는 중국의 세기는 제국 중국이 중심이 된 현대판 천하체계이다.

제9장
21세기 세계와 '중국'

독일 황제가 말한 '황화'에 대하여 이제 우리는 더 이상 꿈꾸지 않고, '잠자는 사자'라는 말조차도 더 이상 언급하지 않고, '넓은 땅 풍부한 물산, 많은 인구'라는 표현도 글에서 자주 보이지 않는다. 사자라면 얼마나 비대한지를 자랑한다고 해도 상관없지만, 돼지나 양이라면 비대하다는 것이 결코 좋은 징조가 아니다. 나는 이제 우리 스스로가 무엇과 닮았다고 생각하는지 모르겠다.

루쉰, 「황화(1933년), 『루쉰전집』 7, 그린비, 2010, 443면.

1933년 루쉰에게 비친 중국인의 모습은 어떤 것이었을까? 더 이상 황화론을 들으며 환호하는 모습도 아니고 '잠자는 사자'로 자신을 이미지화하지도 않는다. 맹수 사자인지 아니면 서커스단의 사자인지, 그도 아니면 그 사자의 먹이감 살찐 소. 황화나 잠자는 사자는 모두 서구가 중국을 통제하고 견제하기 위해 부여한 이미지로서, 본격적으로 중국에서 세력을 확장하던 시기에 붙인 것이었다. 뿐만 아니라 서구에서는 서구인이 수사적 표현을 사실로 믿고 불안해 할까봐 중국인에 대해 또 다른 이미지를 만들어냈는데 바로 동아병부라는 환자와 노예였다. 20세기 초 중국인들은 황화와 노예, 사자와 환자라는 상충적 이미지를 중국의 잠재력과 현실 사이의 갭에 대한 표상으로 보고, 그 간극을 메우는 것을 곧 개혁이나 혁명의 궁극적 목적으로 간주하였다.

그러나 루쉰에 의하면 1930년대 중국인은 더 이상 황화에 환호하지 않고 잠자는 사자에도 관심을 두지 않았다. 1910년대 이후 황화와 사자라는 이미지가 지닌 "불순한" 의도에 대해 비판이 제기되고 있었던 것을 감안하면, 중국인들 사이에서도 황화와 사자라는 비유에는 노예와 환자라는 비유와 마찬가지로 중국에 대한 혐오와 배타적 의식이 존재하고 있음을 인식했다고 할 수 있을 것이다. 물론 1920년대 국가주의 정신에 입각하여 밖으로 중국의 독립과 자유를 위해 강권에 저항하고 안으로는 국적國賊을 제거하는 것을 기치로 삼았던 중국국가주의청년단에서 주간지 『성사醒獅』(1924~1930)를 발간하는 등 "깨어난 사자"를 중국인의 작명綽號으로 내세우기도 했지만, 이는 오히려 중국인조차 더 이상 사자의 비유를 믿지 않는 절망감을 깨기 위한 것이었다.

과거 증기택(曾紀澤)이 유럽에 공사로 갔을 때 서구의 동방에 대한 침략이 심한 것을 보고, 그 나라의 인사들에게 다음과 같이 '잠자는 사자'에 관한 이야기를 말 한 적이 있다. '중국은 땅이 크고 인구가 많아 아시아에 우뚝 홀로 서 있다. 그 모습은 마치 수사자와 비슷한데, 지금은 단지 잠에서 깨어나지 않았을 뿐이다. 그에게 압력을 심하게 가하면 이 사자가 깨어나 더 이상 억제할 수 없음을 보게 될 것이다.' 서구사람은 이 말을 듣고 믿게 되었고, 빌헬름의 '황화'와 거의 대등한 힘을 발휘하여 중국 분할을 주저하게 만들었다. 증기택이 사망한지 이미 반세기가 지났다. 그러나 우리나라의 힘은 이전과 같이 여전히 쇠약하고 국정도 여전히 혼란스럽다. 이제 서구인들은 잠자는 사자에 관한 주장을 믿지 않을 뿐만 아니라 우리나라 사람도 또한 실망하고 낙담하여 스스로 열등 민족이 아닌가 의심하고 있다.[1]

중국문명에 대한 보다 철저한 반성에서부터 그 가치의 재발견에 이르기까지 다양한 사상적 경향에도 불구하고, 5・4 신문화운동이 추구한 것은 중국의 문명과 현실에 대한 새로운 각오覺悟였다. '성사파醒獅派' 역시 반세기 지난 후에도 여전히 변화가 없는 중국의 현실에 대해 근본적인 각오를 주장했지만, 그 방향은 20세기 초 중국 지식인들이 주장한 각성 담론의 변주에서 크게 벗어나지 못했다. 1920년대 이후 중국에서는 여전히 민족과 국가, 계급을 비롯한 집단적 이해를 우선시하는 담론이 지배적이었다. 제국주의에 대한 새로운 인식을 바탕으로 한 반제국주의 운동이 확산되고, 불평등조약 가운데 일부를 개정하여 주권을 회복하기도 했지만, 1911년 신해혁명과 1927년 난징南京 국민정부가 수립된 이후에도 중국의 국제적인 지위는 크게 변화하지 않았다. 오히려 민족혁명과 정치혁명만 성공하면 중국과 중국인의 국제적인 지위가 곧 급변할 수 있다는 믿음에 대해 회의가 들기 시작했다고 할 수 있다. 그 결과 전과 같이 각성을 내세우고 국가주의를 주장하는 '성사파醒獅派'에 대해서도 회의적이거나 비판적인 목소리가 적지 않았다. 이제 중국인은 황화는 물론 잠자는 사자에 대해서 언급조차 않는다는 루쉰의 말은 이러한 시대적 상황을 지적한 것으로 보인다. 1935년 잡지 『논어論語』의 한 문장에서는 각성한 사자와 잠자는 사자의 비

---

1 「本報出版宣言」, 『醒獅』 1, 中華民國13.10.10.

유를 미국에서 유학중인 "성사파" 학생의 나태와 위선을 조롱하기 위해 사용하기도 하였다.[2]

그럼 이제 중국은 마침내 서구의 욕망이라는 거울을 버리고 자신의 본모습을 발견하거나 그릴 수 있는 방법을 찾은 것일까? 루쉰은 중국이 여전히 '잠자는 사자'인 것 같다고 말한다. 아직 자고 있다는 것은 중국인이 자의식을 갖추지 못했거나 자의식이 여전히 서구의 거울 속에 갇혀있다는 의미이다. 그래서 루쉰은 사자가 깨어나더라도 맹수가 아니라 서커스단의 사자처럼 주인을 위해 무대에서 연기를 할 수도 있음을 경고한다. 잠을 자는 사자가 타자가 만들어 준 모습이라면, 깨어난 사자 역시 타자가 만든 각본에 따라 연기를 해야 하는 것이다. 그로부터 근 1세기가 지난 지금, 중국은 또 어떠한가? "18세기 나폴레옹은 다음과 같이 말한 적이 있다. 중국은 단지 '잠자는 사자'이다. 일단 깨어나면 세계를 진동시킬 것이다. 1세기가 지난 지금 세계는 놀라고 있는가? 중국이라는 '잠자는 사자'가 정말로 깨어났도다!"[3] 20세기 말 각성을 주장하는 중국이 세계를 향해 쏟아 놓은 말은 "No라고 말하는 것"이었다. 20세기 말 중국의 새로운 대중적 민족주의의 등장을 알리는 "No"시리즈는 단순히 불평등한 대우와 조건을 바로잡는 차원이 아니라 국제무대에서 중국의 역량과 지위에 걸 맞는 역할과 권리를 적극적으로 관철하고 주장하는 것이었다. 이는 주권국가로서 응당 취해야 할 일반적 언술에 지나지 않을 수 있지만, 지금까지 각성된 중국이라는 이미지는 보통국가 이상의 잠재력과 지위를 함축하고 있었다. 장쉐

---

2 問筆, 「醒獅還是睡獅?」, 『論語』 59, 民國24.2.16, 556~558면.
3 張學禮, 『中國何以說不－猛醒的睡獅』, 華齡出版社, 1996, 4면.

리張學禮가 오랫동안 근거 없이 나폴레옹의 말로 전해져 온 '각성한 사자'라는 비유를 현대 중국의 상징적 기호로 내세운 것은 지난 1세기 동안 중국과 서구 사이의 뒤얽힌 욕망과 감정을 의식적으로 재차 소환한 것이다.

그런데 각성한 사자, No라고 말하는 중국의 모습은 경제와 군사적 측면에서의 대국화에 그치는 것이 아니다. 2000년에 신화사新華社기자이자 현대중국의 대표적인 공상과학소설 작가인 한쑹韓松이 발표한 『2066년 서행 만필』[4]은 21세기 대국굴기를 바라보는 중국인의 심리적 태도를 이해하는데 유용한 시사점을 보여준다. "우리시대에 관한 우언과 우리 미래의 예언"이라는 부제가 붙은 이 작품의 서사는 두 가지 모티브를 중심으로 구성되어 있다. 하나는 세계의 경제와 지식 및 정보를 인공지능이 지배하는 시대이고 또 하나는 미국의 몰락이다. 2026년에 60년 전의 일을 회상하는 형식으로 이루어진 이 소설에서 주로 그리는 것은 금융위기와 인종갈등, 자연재해 및 사회적 혼란, 남북전쟁으로 몰락한 미국의 모습이다. 반면 중국은 세계경제 위기를 잘 극복하고 세계의 경제와 문명의 중심국가로 부상하여, 몰락하는 미국은 물론 위기에 처한 인류사회를 구원하고 보호하는 주체로 그려지고 있다. 미국이 몰락하는 과정에서 보여주는 모습들, 사회적 혼란과 내전, 대외적 패쇄 정책, 외국인 혹은 타인종에 대한 배타적 태도 등은 19세기 청제국이 몰락하던 과정과 유사한 대비를 이루고 있다. 그런데 더욱 주목을 끄는 것은 중국이 세계 제1의 대국으로 부상하게 된

---

4   韓松, 『2066年之西行漫記』, 黑龍江人民出版社, 2000.

요인이 중국적인 문명, 즉 중국의 사회주의 정치체제와 전통적 가치규범에 있다는 점이다. 효율적인 국가 관리와 '바둑'으로 상징되는 중국적인 대응방식과 행위규범은 인류의 위기 상황에서 효력을 발휘하고, 세계 각국은 19~20세기에 서구문명에 대해 그랬던 것처럼 중국의 부강과 문명을 선망하고 배우고자 한다.

중국의 대국굴기가 세계의 위기, 특히 미국이 주도하는 세계 경제시스템의 붕괴에서 시작된다는 것은 두 가지 의미를 함축하고 있다. 하나는 서구 근대문명을 지탱하는 자본주의의 붕괴와 함께 서구 근대문명의 한계는 물론 그 부정적 면모가 폭로된다는 것이고, 또 하나는 중국이 주도하는 세계질서가 위기관리체제를 기반으로 하고 있다는 점이다. 미국 금융위기 직후 중국식 모델, 중국굴기가 한창 회자되던 2008년에 발표된 천관중陳冠中의 『성세 : 중국, 2013년』[5]은 후자의 측면에서 중국의 대국굴기와 그 체제 및 이념의 특징을 비판적으로 검토한 미래기 소설이다. 세계의 경제위기를 계기로 무정부적인 혼란의 위협을 느낀 인민은 권위주의적인 국가의 개입과 통제에 합법성을 부여한다. 이를 바탕으로 중국 정부는 시장, 언론, 사상 등에 대한 효율적인 관리를 통해 위기를 극복하고 초고속 성장으로 세계 제1의 국가로 부상한다. 위기관리를 통해 "검증"된 중국체제의 우월성은 이제 중국에서 서구적인 가치와 규범을 대신할 보편적인 세계 규범으로 주장된다. 권위주의적인 통제사회의 문제점은 서구사회의 문제점과 폐단의 사례를 들어 반박되거나 옹호되고, 위기관리와 경제적 효율성을 극대

---

5   陳冠中, 『盛世－中國, 2013』, 香港 : 牛津大學出版社, 2009.

화한 중국특색적인 체제와 문명은 공리주의적 관점에서 보편적 가치로서 지지된다. 소설은 이러한 중국 주도의 '태평성대'에 환호하기보다 그 위험성에 대해 우려하는 시선을 교차시킴으로써 2008년 이후 중국모델론을 둘러싼 세계 지식계와 언론계의 논쟁을 선취하여 보여주고 있다. 위기관리체제의 중국모델에 대한 규정과 평가 근거는 중국의 역사적 경험으로부터 도출되고 있지만, 또 한편으로는 미국 혹은 서구 모델과의 비교를 전제로 하고 있다. 이는 중국이 여전히 서구의 시선을 통해 자아를 인식하고 있다는 것을 의미한다. 19~20세기에 중국의 낙후의 원인으로서 서구로부터 비판의 대상이었던 중국적인 문명과 특색이 이제는 대국으로 굴기한 부강을 통해 평가가 역전된다. 근대시기 서구의 부상을 전제로 한 중국문명의 낙후성을 규명하고자 했던 헤겔이나 베버식의 서구중심주의가 전복되어, 이제 중국의 부상을 근거로 중국문명의 우수성과 서구의 문제성이 주장되고 있는 것이다. 이와 더불어 중국 및 그 문명에 대한 논쟁도 21세기 문명의 향방을 둘러싸고 재점화되고 있다. 중국 위협론, 중국 역할론, 중국부상의 당위론 등 다양한 주장들의 근저에는 중국이라는 기호의 의미를 선점하기 위한 경쟁이 자리 잡고 있다.

한 국가의 호칭이 문제화되는 것은 극히 드문 현상이다. 그러나 중국은 19세기부터 줄곧 문제적이었다. 문제는 크게 세 가지 차원에서 제기되었다. 첫째는 전세계 국가들과 비교하여 비대칭적인 규모이다. 장기적인 문명의 역사와 영토, 인구, 자원, 그리고 통합력의 측면에서 볼 때 중국은 비교할 만한 국가가 거의 부재하였다. 이후 영제국이나 미국, 러시아와 같이 몇 가지 측면에서 비교할 수 있는 국가나 제국이 있기는 했지만, 중앙중심의 통합성과 장기 지속성, 그리고 인구의 모든 차원을 포괄하여 비교 가능한 타자는 없었다. 따라서 근대 이후 서구를 비롯한 세계질서의 기획자들은 세계 혹은 지역에서 자기중심적인 질서를 구축할 중국의 구심력을 정확히 평가하고 그것을 다룰 수 있는 방법의 모색이 중요한 의제로 제기되어 왔다. 둘째, 비대칭적 중국의 역량은 세계에 대해 커다란 보고寶庫이자 기회인 동시에 위협으로 간주되었다. 그리고 그 보고에 대한 기회를 전세계에 개방하고, 위협적 요인을 통제하기 위해 서구주도의 세계질서와 규범으로 중국을 순화馴化시키는 것을 중국에 대한 관리방식으로 취해왔다. 여기서 문제는 역사적으로 지역질서 혹은 중국 중심의 세계질서를 위한 규범의 제정자로 자처해 온 중국이 서구가 제시한 세계규범을 보편적인 것으로 승인하느냐 하는 것이다. 셋째, 중국을 국제적 규범하에 둔다는 것은 단지 국가 간 관계만이 아니라 중국의 내부문제까지도 포함하고 있다. 이는 현실적인 실효적 지배를 기준으로 한 영토만이 아니라 민족과 문명, 역사, 특히 근대 이후 민족자결을 원칙으로 중국의 정당한 통치범위를 재설정하는 것이다.

이중 세 번째 문제는 현재 중국의 정체성, 즉 중국이란 무엇인가에 관한 역사적이고 정치적인 문제이다. 19세기 중반 서구에서는 민족주의가 크게 확대되었지만 유럽의 많은 지역은 독일, 오스트리아-헝가리, 오스만투르크 등 제국의 지배하에 있었다. 제1차 세계대전으로 이들 제국이 해체된 후에도 영국, 미국, 프랑스, 일본 등 제국주의 국가는 여전히 제국으로서 세계를 지배하였고, 제2차 세계대전 이후 십여 년이 지나서야 대부분의 피식민지 국가들이 식민지배로부터 독립할 수 있었다. 이러한 제국주의 시대에 현대중국이 청조로부터의 제국의 유산을 그대로 유지하면서 근대적 국가로 전환하는 것은 일본과 영국 등의 도전에도 불구하고 국제질서의 측면에서 크게 문제될 것이 없었다. 민족자결주의가 명실상부하게 국제질서의 중요한 규범으로 자리 잡은 것은 제2차 세계대전 이후였던 것이다. 특히 1960년을 전후하여 아프리카와 아시아의 식민지들이 해방되고, 또 1991년 직후 소련의 해체로 소비에트연방으로부터 다수의 국가들이 독립하면서 민족-국가와 통일된 주권원리는 더욱더 국제질서를 형성하는 원리로서 부각되었다.

1990년대 중반 중국이 진일보한 전면적인 "문호개방"을 통해 미국이 주도하는 세계질서의 무대에 참여하고자 했을 때, 중국은 다시 한번 19세기 중반에 접했던, 중국이 지배하는 지역에 대한 통치의 합법성 문제를 의식하지 않을 수 없었다. 정치, 경제체제의 차이는 물론 위구르와 티베트 등 민족문제, 곧 반환될 홍콩과 마카오에 대한 일국양제의 도입 등, 서구 주도의 국제적 질서와 규범의 시각에서 볼 때 중국은 아직도 낯설고 어색한 대상이었다. 국가를 구성하는 민족의 다양성 자체가 문제가 되는 것은 아니다. 그보다는 중국으로 포괄되는 국가내의 다양한 법률체계, 주권행사의 다원성과 비균질성, 중국의 통합성에 저항하는 이심력은 근대의 단일하고 통합된 주권원리에 비추어 볼 때 중국을 완전히 통합된 국가라기보다는 다양한 주권형식이 구성하는 모자이크처럼 보이게 한다. 이러한 다원적 구조를 주권정치의 측면에서 합법화하는 원리는 존재하는가? 존재한다면 그것은 무엇인가? 하나이면서 하나가 아닌 중국은 무엇인가? 세계와 중국은 여전히 "중국이 무엇을 닮아야 하는지" 정확히 상상하기 어려워한다. 중국이란 무엇인가? 그것은 영토, 민족, 문화 등의 낯익은 개념으로 규정할 수 있는가? 이 해묵은 정체성 문제가 또 다시 세계는 물론 중국 역시 스스로 해결해 할 과제로 부상하게 된 것이다.

20세기 말부터 중국이 세계무대에서 경제대국으로 부상하고 그 영향력을 정치와 사상문화로 확대해 감에 따라 이상의 중국의 문제성이 재점화 되었다. 중국의 대국화를 기정사실화하고 그것이 세계질서에서 지니는 의미, 그리고 중국의 향후 예상되는 전략과 서구의 대응에 이르기까지 폭넓은 스펙트럼을 형성한 중국담론이 21세기 초 주요 화제가 되었다.[6] 중국의 부상에 대한 서구의 미디어와 정치가, 학술계의 논의는 비유럽지역에서 새로운 세력이 대두될 때마다 항상 나타나는 현상으로 충분히 예견된 것이었다. 특히 지난 세기 80년대 일본의 부상과 90년대 환태평양 국가들의 부상에 이어 21세기 초 중국의 부상을 둘러싼 논의는 동양에 대한 서구의 뿌리 깊은 감정의 구조를 잘 보여준다. 특히 중국은 서구의 영원한 경쟁적인 타자였다. 서구의 시각에서 중국은 하나의 국가가 아니라 지역이자 문명이고 제국으로서, 아시아로부터 서구의 축출을 주장했던 대동아전쟁 시기의 일본조차도 비교할 수 없는 특별한 의미를 지니고 있다. 중국의 부상은 항상 그 시작이 어떠하든 경제적, 군사적, 문명적인 개별적 차원이 아니라 종합적인 차원으로서 서구의 타자로 간주된다. 따라서 그 부상의 원인과

---

6 21세기 초 중국 부상에 대한 서구의 논의는 다음 참고. Horner, Charles, *Rising China and Its Postmodern Fate–Memories of Empire in a New Global Context*, Athens : University of Georgia Press, 2009; Jacques, Martin, *When China Rules the World– The End of the Western World and the Birth of a New Global Order*, New York : Penguin, 2009; Kang, David C., *China Rising–Peace, Power and Order*, Columbia University Press, 2007.

결과에 대한 분석도 현재 이 순간이 아닌 긴 역사적 과정과 국제적인 관계라는 장기적이고 포괄적인 맥락에서 이루어지며, 새로운 세계질서, 새로운 가치질서, 새로운 문명의 예견으로 이어진다. 21세기 초 중국담론의 핵심도 유럽중심주의나 근대화, 혹은 미국식 모델에 대응하는 중국 고유문명의 성격, 중국적 지역질서, 중국식 모델에 대한 평가와 예측에 집중되어 있다.

중국내에서도 이와 관련한 주장과 토론이 제기되었는데 그 대표적인 것이 바로 중국몽과 지식계의 중국론이다.[7] 중국내의 주장과 논의 역시 중국의 부상에 따른 세계질서의 변화, 그리고 중국의 역할에 초점이 맞춰져 있다. 내부의 다양한 목소리의 차이가 존재하기는 하지만, 중국몽과 중국중심론은 세계 문명의 중심이 서구에서 동아시아로 이동하고 있으며, 중국이 그 변화를 이끌고 있다고 보고 있다. 즉 일종의 서구의 몰락과 동양의 부상이라는 큰 전환이 진행 중에 있으며, 대국으로서의 중국은 일국의 대국화나 패권화에 그치는 것이 아니라 현재 미국 주도의 세계질서와 서구가 주도해 온 근대문명을 대신할 새로운 미래 사회와 문명가치를 제시해야 한다는 것이다. 이에 따라 서구의 근대적인 해양 대국과 비교되는 대륙형(혹은 해양－대륙혼합형) 대국의 특징, 서구 근대문명과 비교되는 중국 고유문명의 가치, 근대적 국민국가와 다른 중국적인 국가체제(제국형, 혹은 다원적 체제의 국민국가)가 재조명을 받고 있다. 일종의 중국사명론이라 할 수 있는 이러한 세계

7　劉明福,『中國夢－後美國時代的大國思維與戰略定位』, 中國友誼出版公司, 2010. 중국몽의 특징을 21세기 중국의 민족주의 및 중미의 상호관계를 통해 분석한 다음 연구는 최근 중국몽의 담론의 성격을 잘 보여준다. 沈旭暉,『解構中國夢－中國民族主義與中美關係的互動(1999～2014)』, 香港中文大學出版社, 2015.

인식과 자아인식은 근대문명에 대한 비판에서 출발하기는 하지만 그 것이 제국주의 시기 근대의 논리와 문제성으로부터 어떻게 벗어나 새 로운 사유의 가능성을 보여줄지는 의문이다.

먼저 민족주의의 측면에서 보면, 21세기 중국에서 더욱 급진적이고 대중적인 민족주의의 대두, 평화굴기를 내세운 중국의 국제관계에서 의 권리와 "핵심이익"의 보호를 위한 행보는 중국이 안팎으로 직면한 도전과 기회에 대한 대응방법이다. 그러나 주목할 것은 중국정부와 인 민이 공통으로 추인하고 있는 "중국몽"은 애국심, 국치, 부강, 모욕, 존 엄, 위대한 민족부흥 등의 언어적 수사가 표현하는 바와 같이 20세기 초 제국주의의 압박하에서 대두된 민족주의의 심리를 바탕으로 하고 있다는 것이다. 뿐만 아니라 그 민족주의를 구성하는 논리는 바로 그 것이 대항하고자 했던 제국주의의 논리이기도 했다. "근대 이후 중화 민족이 받은 온갖 고난과 막대한 희생은 세계역사에서 보기 드문 것이 었다. 그러나 중국인민은 이에 굴하지 않고 분투하여 마침내 자기의 운명을 장악하였으며, 자기국가 건설의 위대한 도정을 시작하여 애국 주의를 핵심으로 하는 위대한 민족정신을 충분히 발휘하였다"[8]이 구절 은 2012년 국가박물관에서 개최한 "부흥의 길"이라는 주제의 전시회 를 관람하면서 시진핑 주석이 근대 이후의 부강을 위한 역사 도정에 대해 제시한 총괄적인 평가였다. 중국몽은 바로 근대 이후 중국이 부 단히 추구해 온 부강, 즉 부국과 강병의 꿈이었다.[9] 이러한 꿈이 실현

---

8 「習近平-繼續朝中華民族偉大複興目標奮勇前進」, 『新華網』, 2012.11.29.
9 Simon Rabinovitch, "'Strong army' Xi-The other side of China's reformer", *The Financial Times*, 2012.12.13.

된 중국을 닮은 이미지로 형용할 때, 누구나 쉽게 떠올릴 수 있는 것은 바로 "각성한 사자"일 것이다.

　중국몽이 상상하는 자기인식은 민족과 역사기억을 통해 통합된 중국이다. 이러한 시각에서 현재의 분절된 중국의 범주는 중국의 불완전성을 의미하고 그 불완전성은 근대 이후 외세에 의한 중국의 주권 침해의 유산으로 간주된다. 따라서 중국몽 속의 중국이 장차 지향하는 것은 지난 1세기 반 동안 외세에 의해 훼손된 중국을 바로 잡고, 부강한 민족을 핵심으로 하는 더욱 밀접하고 완전히 통합된 중국의 완성이다. 그러나 이러한 과정은 그렇게 단순하지도 순조롭지도 않다. 완정한 중국을 위한 설계도에는 서로 다른 다양한 목소리가 하나로 통합되어야 한다는 당위성 이외에 민족과 역사, 가치규범의 차이에 따른 내부의 갈등과 서로 다른 지향성을 어떻게 조화시킬 것인가에 관한 구체적인 방안이 명확하지 않다. 더 정확히 말하면 중국몽이 제시하는 꿈을 공유하고 함께 지향하는 전제 위에서는 다양성이 존중될 수 있지만, 그렇지 않을 경우는 중국을 훼손하는 반중국적인 것으로 간주된다. 그렇다면 문제는 중국몽이 현재 비균질적인 "중국인"이 함께 공유할 수 있는 가치인가 하는 것이 될 것이다. 완전히 통합된 중국의 이념으로서의 중국몽이 내부의 다른 목소리를 통합할 수 있는 새로운 가치를 제시하고 있는가? 만약 그렇지 않다면 그것은 또 근대적인 단일주권 원칙에 입각한 내적인 억압논리에 지나지 않을 수도 있다. 그런데 지금까지 보여주는 중국몽은 반제국주의, 반외세, 반침략주의라는 중국의 역사적 "정치적 올바름"이 보장하는 또 하나의 근대의 꿈으로서, 근대에 대한 보다 근본적인 성찰이나 근대국가의 대외적 지향과의 큰 차이를 발견하기 어렵다.

한편 현대중국의 통합성을 또 다른 시각에서 합리화하기 위한 시도도 동시에 모색되었다. 1990년대 중반 이후 중국의 새로운 지식조류 가운데 하나로 출현한 "중국적 전환The China turn"이라는 담론이 그것이다. 닝잉빈甯應斌은 1990년대 중반부터 중국대륙과 타이완에서 서구중심주의의 비판과 자기 본토화의 담론 건설 등 중국을 재발견하려는 일련의 흐름을 "중국전환中國轉向"이라고 불렀다. 그에 의하면 중국적 전환이란 중국을 지식목표이자 대상으로 한 연구로, 중국을 새롭게 이해하는 것이 목적이다.[10] 여기서 새롭다 함은 근대 이후 서구의 중국에 대한 해석 및 평가개념과 방식을 문제 삼고, 중국을 통해, 중국으로부터 출발하여 역사와 세계를 새롭게 사유하는 언어와 방법을 발견하는 것이라고 할 수 있다. 즉 근대 이후 중국 혹은 중국 중심의 지역질서를 곤혹스럽게 한 서구의 중국에 대한 접근방법과 관념을 문제화하고 중국의 통합성을 새롭게 재구성하는 것이다.

이러한 연구에서 주목할 만한 인물은 바로 거자오광葛兆光과 왕후이汪暉다. 이 두 사람은 중국은 역사적으로나 현실적으로 이미 논란의 여지가 없는 의미로 확정되었다는 시각이나 민족국가의 시각에서 중국의 역사서술을 문제시하는 서구의 일부 시각과 거리를 두면서, 중국을 새롭게 해석하여 발견해야 할 대상으로 삼고, 근대 이전 중국의 통치 및 사회체제와 서구의 근대적 민족-국가체제의 비교를 통해 중국의 의미를 밝히고자 한다. 이는 최근 현대중국과 중국의 역사가 서구를

---

10 甯應斌,「中國作爲理論」, 趙剛・汪暉等著,『我們需要什麼樣的「中國」理論』, 台北 : 人間, 2015, 194~197면.

비롯한 외부로부터의 비판에 직면해 있는 문제와 직접 연관이 있다. 그들에 의하면 현대중국과 중국의 역사가 문제가 되는 것은 근대국가를 민족국가와 동일시하고 제국을 전근대적 국가로 보는 이원적 시각 때문이다. 그 이원적 관점에 따르면, 한 국가내의 다양한 민족이 자발적인 정치적 통합을 이루지 못한 상태에서 하나의 국가 속에 편재되는 것은 근대국가로서 큰 결함으로, 근대적 국가로의 완전한 전환이 이루어지지 못한 것이다. 또 역사적으로 한족과 비한족의 경쟁을 통해 중원에 대한 통치권이 교체되어 온 역사과정을 통치의 합법성의 단절 없이 연속적인 것으로 보는 것은 근대적인 민족 역사의 시각에서 볼 때 타당하지 못하다.

전근대국가에서 근대국가로의 전환은 중국의 근대적 변화의 성격을 논함에 있어 핵심적인 문제이다. 만약 제국에서 민족－국가로의 전환을 근대국가의 수립이라고 본다면, 현대중국은 아직 민족국가 체제를 갖추지 못한 미완의 혹은 불안한 상태의 근대국가라고 할 수 있다. 그러나 거자오광과 왕후이는 제국과 민족－국가에 대한 이해가 서구 역사의 편협한 경험에 의거한 것으로 보편적인 역사판단의 기준이 될 수 없다고 비판한다. 첫째는 중국의 역사에서 제국의 개념은 서구의 전근대 시기 제국과 다르다. 고대 중국의 제국은 패권이나 강권과 다른 덕치를 의미하며, 이는 19세기 이후 근대적 용법 즉 절대적 황권이나 통합국가와는 다르다. 따라서 탈제국이 곧 근대적 정치규범이 될 수 없다. 둘째는 중국의 역사적 성격은 민족－국가라는 개념을 통해 분석할 수 없다는 것이다. 중국은 과거나 현재 모두 다민족, 다체제의 통치체제와 사회를 구성해 왔으며, 따라서 근대 이후 서구에서 제국과 민족

－국가라는 이원론의 시각에서 중국의 역사와 근대적 전환을 해석하는 것은 중국의 역사적 사실에 적합하지 않다는 것이다. 이러한 주장의 핵심은 "민족－국가를 위장한 제국"이라는 중국에 대한 서구의 시각을 비판하고 현대중국의 합법성을 논증하기 위한 것이다.

먼저 제국과 관련하여 보면 서구에서 분석적 개념으로 사용하는 제국은 민족－국가를 전제로 한 상대적 개념이라고 보고 있다. 서구적 개념의 제국은 단일주권을 전제로 한 민족－국가와는 상호 대립적이어서 서로 공존할 수 없다. 이에 비해 중국에서 제국은 다양한 민족과 통치체제를 포괄하는 상위개념이다. 주권의 측면에서 보면 타 국가에 대한 단일한 배타적 주권만이 아니라 포괄하는 범위나 행사 방식에 있어서도 다양한 차원으로 나타나며, 제국은 다양한 차원의 주권들을 덕과 예의禮儀를 중심으로 통합하는 질서이다. 현대 중국은 서구적 의미에서의 제국에서 민족－국가로의 전환을 통해 형성된 것이 아니다. 신해혁명으로 통치의 중심주체가 된 한족이 만주족 왕조인 청이 형성한 제국의 질서를 계승하는 가운데 근대적인 국제질서가 요구하는 국민국가로 전환된 것이다. 왕후이는 청조와 그 이전의 금金과 원元의 사례를 통해 중국의 영토와 문화, 이념의 구축은 한족과 비한족의 공동 실천의 산물이라고 보고 있다. 그에 의하면 중국에 대한 이해방식이 왕조에 따라 달라지기는 했지만, 현대중국의 바탕이 된 청조에서 구성한 중국은 하나의 통치권력에 의해 지배되는 것이 아니라 각 민족이 통치의 합법성을 구성하는 다원적 원리의 존재를 인정하는 제국질서였으며, 그러한 제국질서를 이념적으로 뒷받침한 것은 바로 유가논리였다. 또 그는 이러한 제국질서가 대내외적으로 서구의 제국과 같이 단일한 통치체제의 성격을 강화시켜 나갔던 것은 19세기 서구 제국주의의 압박에 대응하기 위한 것이었으며, 그럼에도 완전히 민족－국가체제로 전환하지 못하고 여전히 중국적 질서인 제국의 성격이 존속되고 있다고 본다.

이에 따르면 현대 중국은 이전의 수없이 교체되어 온 왕조들, 중원의 통치민족인 한족과 비한족이 공히 통치의 합법성을 구축해 온 방식을 계승하면서 근대적 전환을 이룬 결과라고 할 수 있다.[11] 거자오광은 더 나아가 현대중국의 제국과 국가의 이중적 성격을 역사 속의 중국으로 소급하여 그 연속성을 설명하고 있다.

> 우리가 지금 이해해야만 하는 것은 현재의 이 중국은 "서구처럼 제국으로부터 민족국가가 된 것이 아니라, 주변 경계가 없었던 '제국'이라는 의식 중에 경계가 있는 '국가'라는 관념이 있었고 또 유한한 '국가'라는 인식 중에 경계가 없는 '제국'이라는 상상이 유지되고 있었다는 사실이다. 그러므로 근대 민족국가는 전통적인 중앙제국으로부터 변모해 나온 것이지만, 여전히 전통적인 중앙제국이라는 의식이 보존되어 있는 것이다. 그러므로 서구 근대의 '민족국가' 개념은 중국에 그대로 적용될 수 없으며 중국이라는 특수한 '국가'는 역사의 흐름 안에서 이해할 필요가 있다.[12]

---

11 汪暉, 『現代中國思想的興起』(上卷一部), 三聯書店, 2004, 23~47·71~102면. 이에 대한 영문 자료는 다음 참조. Wang Hui, *China from Empire to Nation-State*, Translated by Michael Gibbs Hill, Harvard University Press, 2014.
12 거자오광, 「'중국'의 역사적 형성과 그 정체성의 문제점」, 김광억·양일모 편저, 『중국 문명의 다원성과 보편성』, 아카넷, 2014, 178면. 중국에 대한 거자오광의 시각을 보다 자세히 보여주는 것으로는 다음 참고. 거자오광, 이원석 역, 『이 중국에 거하라 －'중국은 무엇인가'에 대한 새로운 탐구』, 글항아리, 2012.

이러한 중국에 대한 "재발견"은 근대 이후 서구의 정치적 개념 혹은 관념으로 동양사회를 해석하고 평가해 온 시각에 대한 문제제기라고 할 수 있다. 그 비판의 대상은 단지 서구의 지식계만이 아니라 근대 이후 중국의 민족주의를 형성해 온 방식과 이념을 포함한 중국 사상계도 포함하고 있으며, 현 중국의 통치체제에 대해서도 일정한 비판적 화살을 겨냥하고 있다고 할 수 있다. 또 왕후이나 거자오광은 중국의 제국적 실천과정에서 수반된 폭력적 정복과 지배, 제국질서에의 강제적인 편입 등의 문제점을 부정하지는 않지만 현대의 중국의 통치 체제는 역사적인 합법성을 지니고 있다고 보고 있으며, 새로운 질서로의 변화가 필요하다고 해도 그 방향이 민족—국가체제가 되어야 한다는 주장에 대해서는 강하게 비판을 하고 있다. 즉 비균질적인 다원적 주권원리를 함축하고 있는 현대 중국은 비정상적인 국가가 아니라 중국의 역사적 실천과정에서 만들어 온 또 하나의 국가원리라는 것이다. 그것은 제국적인 것에 가까울 수 있지만 그렇다고 국가와 모순되거나 양립 불가능한 것이 아니다.

이러한 제국과 민족—국가의 이원성에 대한 비판은 현대 중국이 내외로 직면한 정체성의 문제를 해결하기 위한 시도이자, 다원성과 비균질성을 주권의 약화나 균열로 간주하는 시각에 대한 대응이라고 할 수 있다. 그러나 다원성과 분절성을 제국이라는 방법론적 개념으로 포괄한다고 해서 그 내적인 갈등과 균열이 해소되는 것은 아니다. 중국몽이 논쟁적인 민족관념이나 문화를 중국을 구성하는 공동요소로 삼는 것은 중국을 오히려 더 경직시키는 것이지만, 다층적 혹은 다원적 주권을 함축하고 있는 중국의 현상태에 대한 역사적인 합법화 역시 중국이 직면한 새로운 정체성의 위기를 해결해 주지는 못한다. 이에 대해 왕후이는 중국을 정치범주로 삼아 새로운 의미를 구성할 것을 주장한다. 현상태에 대한 추인이 아니라 현재 중국과 세계가 겪고 있는 위기를 해결할 새로운 이념을 통해 분절된 "중국"을 통합해야 한다는 것이다. 그의 새로운 중국에 대한 상상은 민족과 문화라는 기존의 정체성 원리를 넘어서, 또 시장시스템을 통한 경제적인 통합에 국한되지 않는 정치와 경제, 문화(새로운 문화정치)가 상호 밀접하게 연계된 통합원리를 지향한다.[13] 이 원리를 그는 미래의 사회주의 이상으로 표현하고 있지만, 이것이 논의를 활성화하기 위한 문제제기의 차원에서 제기된 것으로 이해한다면, 비균질적이고 분절된 중국이 공유할 수 있는 이상적인 중국은 여전히 탐색과정에 있다고 할 수 있다.

그러나 이러한 중국이 단순히 영토를 기준으로 한 주권주체가 아니라 중첩적 혹은 다층적인 주권주체를 포괄한다면 중국은 결코 내부의 문제만이 아니라 외부의 문제이기도 하다. 이미 지구상의 대부분의 국가 혹은 인접한 국가들이 근대적인 단일주권과 영토적 주권개념을 기반으로 하고 있는 이상, 세계질서나 국제관계에서 중국만이 예외일 수는 없다. 국가의 주권 경계에 대한 모호성, 또는 그 기준의 차이는 곧 국가 간 분쟁과 갈등의 원인이 된다. 따라서 중국몽이든 정치적 범주로서의 중국에 대한 새로운 상상이든 이는 곧 지역질서와 세계질서에 대한 새로운 조정을 요구할 수밖에 없다. 중국몽과 중국의 의미에 대한 새로운 성찰이 중국이 세계무대의 중심으로 진출하여 지역과 세계

---

13 汪暉, 「當代中國歷史巨變中的臺灣問題」, 趙剛·汪暉等, 『我們需要什麼樣的「中國」理論』, 台北 : 人間, 2015, 49~86면.

질서를 재편하는 것을 전제로 하고 있다는 점은, 그 이면에 새로운 질서의 수립자로서의 자기의식이 자리 잡고 있음을 말해 준다. 자오팅양이 중국의 정치관념의 궁극적인 목적은 국가가 아니라 천하라고 했을 때,[14] 그 천하는 제국질서를 가리키는 것이라고 할 수 있다. 중국의 제국관념을 논하면서 왕후이가 유럽연합을 상기하는 것이나, 차오팅양이 천하관념을 통해 국제연합을 떠올리는 것은 민족국가의 경계를 넘어서는 새로운 국가를 염두에 둔 것이지만, 중국의 제국질서가 민족국가의 범위를 넘어서, 혹은 제국적 국민국가의 범위를 넘어 지역질서 혹은 세계질서와 직접 연계될 수 있음을 의식한 것으로 보인다. 이러한 이론적 사고를 적극적으로 평가한다면 그것이 현대중국의 현상고착적인 정체성 인식을 정당화하는 데 목적이 있는 것이 아니라 민족국가 이후의 새로운 국가체제와 세계질서를 사유하기 위한 시험적인 발상이라는 점에서 의미 있는 시도라고 할 수 있을 것이다. 그러나 이러한 시도는 제국주의 대 반제국주의, 자본주의 대 사회주의, 서구 대 동양과 같은 기존의 이원적 사고를 넘어 근대 이전은 물론 근대 이후 중국을 새롭게 건설해 온 이념과 목표, 방법에 대한 보다 근본적인 성찰이 전제되어야 한다. 특히 현대중국의 제국적 성격이 19세기 서구의 제국주의의 압박에 대응하는 과정에서 형성된 것이라면, 현대중국의 제국적 성격에는 제국주의적 성격이 침윤되어 있다고 볼 수 있지 않을까? 특히 현대중국이 전근대의 제국으로부터 국민국가로의 전환을 통해 형성되었다면, 국민국가를 내핵으로 하는 제국은 왕후이가 말하는

---

14 자오팅양, 노승현 역, 『天下體系─21세기 중국의 세계인식』, 길, 2010.

전근대적인 중국적 제국과는 동일하다고 할 수 없다. "국민국가의 연장으로서의 제국은 종래의 '제국' 아니라 '제국주의'"라고 한 가라타니 고진의 지적은 현대 중국의 제국적 성격을 비판적으로 사고할 때 주목할 필요가 있다.[15]

시진핑 통치 시기 이후 서구 특히 앵글로 색슨 중심국가(미국과 영연방)와 중국 사이의 대립은 더욱 심화되고 있다. 이는 미중갈등이 단순히 양국가의 패권경쟁이 아니라 근 2세기 반 동안 세계의 주류 문명을 지배해 온 앵글로 색슨의 헤게모니 및 가치규범과 한때 그들을 교사로 삼기도 했던 중국의 헤게모니와 가치규범의 충돌임을 의미한다. 물론 그 본질은 헌팅턴이 말하는 바와 같이 문명의 성격차이에 따른 불가피한 충돌이아니라 세계질서의 주도권을 둘러싼 권력투쟁이다. 그 경쟁 과정에서 중국의 의미는 '프랑켄슈타인'과 '온화한 통치자benign ruler'로 분열·대립하고 있다.

21세기 세계무대는 중국의 독무대도 아니지만 그를 배제할 수도 없다. 루쉰이 말한 바와 같이 거기에는 중국의 역할이 있기 마련이다. 그 무대에서 중국이 어떤 춤을 추게 될지는 아직 각색중이다. 중국의 문제가 세계의 문제라면, 세계무대에서 중국이 자기 역할을 찾아 행할 수 있도록 하는 것은 중국은 물론 세계의 몫이다. 왜냐하면 역사적으로 중국은 고정된 실체가 아니라 이념에 가까웠으며, 내부와 외부의 시선과 욕망이 함께 교직하여 구성해왔기 때문이다. 지난 1세기 반 동안 중국은 어떤 모습이었으며, 그것을 구성한 인식과 욕망은 무엇이었

---

15 가라타니 고진, 조영일 역, 『세계공화국으로』, 도서출판b, 2007, 210면.

는가를 성찰하는 것은 중국 역할론을 내세우는 중국몽과 중국 위협론이라는 양자택일의 단순 논리를 넘어 세계가 공유할 수 있는 가치로서의 중국을 상상하는 출발점이 되어야 한다. 21세기, 인류가 필요로 하는 것은 '각성한 사자'가 아니라 '각성한 인간'이다.

참고문헌

『國民報』

『萬國公報』

『時務報』

『知新報』

『淸議報』

『新民叢報』

『浙江潮』

『江蘇』

『湖北學生界』

『東方雜誌』

『太陽』

『東邦協会会報』

「マハン大佐亞細亞問題」, 『東邦協会会報』 79~86, 1901~1902.

「國魂篇」, 『浙江潮』 1, 1903.2.17.

「奴隸與盜賊」, 『新民叢報』 8, 光緒28.4.15.

「東邦協會設置趣旨」, 『東邦協会報告』 1, 1891.2.

「來稿代論」, 『大公報』, 1903.1.13.

「錄西報論文明野蠻之界說並書後」, 『大公報』, 1903.2.26.

「論非律賓群島自立」, 『淸議報』 25, 光緒25.7.21.

「論世界政策」, 『外交報』 2~32, 1902.

「論議和後之中國」, 『淸議報』 70, 光緒27.1.1.

「論議和後之中國」, 『淸議報』 71, 光緒27.1.11.

「論日本今日之地位」, 『淸議報』 45, 光緒26.4.21.

「論中國亟宜改革滿漢官制」(『東京朝日報』), 『淸議報』 89, 光緒27.7.11.

「論中國宜改良以圖進步」, 『淸議報』 90, 光緒27.7.21.

「論中國之前途及國民應盡之責任」, 『湖北學生界』 3, 1903.3.29.

「論太平洋之未來與日本國策」, 『淸議報』 13, 光緒25.3.21.

「論黃禍」(錄中外日報二月), 『東方雜誌』 2, 1904.

「亡國編」, 『國民報』 4, 1901.8.

「孟德斯鳩之論支那」,『國民報』2, 1901.6.10.

「法壽達案始末記」,『昌言報』10, 1898.

「本報出版宣言」,『醒獅』1, 中華民國13.10.10.

「商務印書館最新小說四種出版」,『申報』, 1906.3.2.

「說國民」,『國民報彙編』, 中國民國黨中央委員会黨史史料編纂委員會, 1968.

「說漢種」,『國民報彙編』, 中國民國黨中央委員会黨史史料編纂委員會, 1968.

「世界に於ける日本の地位及其現勢」,『東邦協会会報』66, 1900.2.

「睡魔醒來」,『圖畫新聞』1, 1907.11.

「習近平:續朝中華民族偉大複興目標奮勇前進」,『新華網』, 2012.11.29.

「殖民雜俎」,『淸議報』34, 光緒26.1.

「箴奴隸」(1903),『國民日日報彙編』1, 中國國民黨中央委員會黨史史料編纂委員會, 1968.

「政治通論外篇・通論四:帝國主義」,『政藝通報』壬寅4, 1902.4.22.

「帝國主義」,『淸議報』97〜100, 光緒27.10.1・10.11・10.21・11.11.

「支那人之特質」,『淸議報』71, 光緒27.1.11.

「膨脹力之出口」,『淸議報』68, 光緒26.11.11.

『淸史稿』526, 列傳313〜316. 153〜128, 邦交一.

『淸聖祖實錄』27, 康熙55.10.

『欽定四庫全書總目卷一百六・子部十六・天文算法類一』

アー・ロビダ, 蔭山廣忠 譯,『社會進化:世界未来記』, 春陽堂, 1887.

アーサー・エチ・スミス,『支那人気質』, 博文館, 明29.12.

_____, 羽化渋江保訳,『支那人気質』, 博文館, 1896.

アルフレッド・セイヤー・マハン, 水交社訳,『仏国革命時代 海上権力史論』, 東邦協会, 1900.

ウルアム, ヴ−クス 氏述,「帝國主義と互益協商」,『東邦協会会報』57, 1899. 4.

エ−・テ−・マハン,『太平洋海権論』, 小林又七, 明32.7.

_____, 水交社訳,『海上権力史論』, 東邦協会, 1896.

エドモン・ドモーラン, 慶應義塾訳,『獨立自營続大國民』, 金港堂, 明治37(1904).

ヅモラン, 慶應義塾 訳,『獨立自營大國民』, 金港堂, 明治35(1902).

ジョン・ダブリュ・バルゲス, 高田早苗, 市島謙吉 共譯,『政治学及比較憲法論』(上編),
    東京專門学校出版, 1900년 이전 출판.

ジョスコリデス, 近藤真琴 訳,『新未来記』(上・下), 青山清吉, 1878.

ベンジャミン, テーロア 氏述,「太平洋に於る將來の爭奪」,『東邦協会会報』55, 1899, 2.

ポール・エス・ラインシュ, 吉武源五郎訳,『世界政策』, 世界堂, 1903.

_____, 高田早苗訳『帝國主義論：早稲田小篇』, 東京專門学校出版部, 1901.

ホブソン, 矢内原忠雄訳, 『帝国主義論』, 東京岩波書店, 1951~1952.

_____, 石沢新二訳, 『帝国主義論』, 東京改造社, 1930.

_____, 矢内原忠雄訳, 『帝国主義論』, 東京岩波書店, 1951~1952.

ポール エス ランチ, 『殖民政策』(松岡正男, 田宮弘太郎 共訳), 同文館, 1910.

ルードルフ・フォン・イヤリング, ジョン・ジェー・レーラー 訳, 宇都宮五郎 重訳, 『權利競爭論』, 哲學書院, 明26.9.

ロビダー, 富田兼次郎, 酒卷邦助譯, 『第二十世紀未来誌：開卷驚奇』, 稲田佐兵衛, 1883.

ンテスキウ, 鈴木唯一訳, 『律例精義』第1卷, 瑞穂屋卯三郎, 1875.

加藤弘之, 「物競論」, 『譯書彙編』4・5・8, 1901.5.27・1901.7.14・1901.10.31.

_____, 『強者の権利の競争』, 哲学書院, 明26.11.

_____, 『人権新説』, 谷山楼, 明15.10.

賈小葉, 「1840~1900年國人"夷夏之辨"觀念的演變」, 『史學月刊』, 2007.10.

姜克實, 『浮田和民の思想史的研究：倫理的帝国主義の形成』, 不二出版, 2003.

岡本隆司, 『中国の誕生：東アジアの近代外交と国家形成』, 名古屋大学出版会, 2017.

康有爲, 「大同書」, 『康有爲全集』第七集, 中國人民大學出版社, 2007.

_____, 「与洪右臣給諫論中西異學書」, 『康有爲全集』(一), 上海：上海古籍出版社, 1987.

_____, 『康有爲全集』12, 中國人民大學出版社, 2007.

_____, 『我史』, 江蘇人民出版社, 1999.

_____, 樓宇烈整理, 『康子内外篇(外六種)』, 北京：中華書局, 1988.

_____, 錢鍾書主編, 『康有爲大同論二種』, 三聯書店, 1998.

康有爲撰, 『康有爲全集』第一集, 中國人民大學出版社, 2007.

高勞, 「支那革命之成功與黃禍」, 『東方雜誌』8~10, 中華民國元4.1.

古本小說編委會, 『古本小說集成：醒世恆言』1, 上海古籍出版社, 1992.

高山林次郎, 『樗牛全集』4, 博文館, 1913.

_____, 「殖民的国民としての日本人」, 『太陽』5・6, 1899.

高山樗牛, 『世界文明史』, 博文館, 1898.

_____, 「殖民地と歴史の教訓」, 『時代管見』, 博文館, 明32.1.

_____, 「罪悪の一千八百九十八年」, 『時代管見』, 博文館, 明32.1.

_____, 『時代管見』, 博文館, 明32.

高安亀次郎(東洋奇人), 『世界列國の行く 末』, 金松堂, 明20.

_____, 老驥 譯, 『未來戰國志』上海廣智書局, 1903.

高陽氏不才子撰, 「電世界」, 『小說時報』1, 1909.10.14.

高田早苗, 『レイニッシュ氏十九世紀末世界之政治』, 東京專門学校出版部, 1901.

_____, 「帝國主義を採用するの得失如何」, 『太陽』8-7, 明治35.6.5.

_____, 「帝國主義之得失如何」, 『選報』36, 1902.

_____, 『ドモラン氏安具魯遡孫論』, 東京專門学校出版部, 明33~34.

_____, 『半峰昔ばなし』, 早稲田大学出版部, 昭和2.

公明, 「漢族侵略史・敍例」, 『二十世紀之支那』1, 1905.6.24.

過庭, 「獅子吼」, 『民報』第二號, 日本東京, 1906.5.6.

郭成康, 「清朝皇帝的中國觀」, 劉鳳雲, 劉文鵬 編, 『清朝的國家認同』, 中國人民大學出版社, 2010.

郭嵩燾, 『郭嵩燾日記』3, 湖南人民出版社, 1982.

_____, 『使西紀程－郭嵩燾集』, 遼寧人民出版社, 1994,

貫名駿一, 『星世界旅行：千万無量』(一名・世界藏), 1882.

関時発, 『公徳唱歌』, 有斐堂, 1901.

觀雲, 「幾多古人之復活」, 『新民叢報』37, 光緒28.12.

____, 「醒獅歌」, 『新民叢報』25, 1903.2.

丘逢甲, 「二高行贈劍父奇峰兄弟」, 『丘逢甲集』, 長沙：岳麓书社, 2001.

宮村治雄, 『開国経験の思想史－兆民と時代精神』, 東京大学出版会, 1996.

権純哲, 「卜榮晩訳『世界三大怪物』と『二十世紀之大惨劇帝国主義』について：大韓帝国 知識人の帝国主義理解の一端」, 『埼玉大学紀要』48-2, 2012.

今野権三郎, 『二十三年国会後廼人民』, 1889.

吉見俊哉, 『博覧会の政治学：まなざしの近代』, 中央公論社, 1992.

吉田秀夫, 『日本人口論の史的研究』, 河出書房, 昭和19.

金旼圭, 「近代 東아시아 國際秩序의 變容과 淸日修好條規(1871)」, 『大東文化研究』41, 2002.

金寅鐸, 「근대초기 '殖民', '帝國主義' 관련 번역서 研究」, 성균관대 석사논문, 2004.

金一, 「發刊詞」, 『女子世界』1, 1904.1.17.

藍弘岳, 「明治日本的'自由帝國主義'與臺灣統治論：從福澤諭吉到竹越與三郎」, 『人文及 社會科學集刊』32-4(109/12).

内村鑑三, 『興国史談』, 警醒社書店, 1900

單正平, 「近代思想・文化語境中的醒獅形象」, 『南京大學學報』4, 2006.

譚嗣同, 『譚嗣同全集』下冊, 北京：中華書局, 1981.

唐才常, 「强種說」, 『覺顚冥齋內言』, 臺北：文海出版社, 1958.

大野英二郎, 『停滯の帝国』, 国書刊行会, 2011.

大隈重信, 「論支那局事」, 『淸議報』81, 光緒27.4.21.

德富健次郎, 「世界の末日」, 『近世歐米歷史之片影』, 東京 : 民友社, 明治26.

德富蘆花所譯, 「世界の末日」, 『國民之友』, 119·120號.

德尼 (デニー), 『淸韓論』, 天野高野助出版, 明23.11.

德富蘇峰, 『大日本膨脹論』, 民友社, 明治27.12.

德富猪一郎, 「帝国主義の真意」, 『國民新聞』, 1899.3.24.

_____, 『大日本膨脹論』, 民友社, 1894.

_____, 『読書余録』, 民友社, 1905.

_____, 『社会と人物』国民叢書 16, 民友社, 明32.11.

渡辺国武, 「世界政策」, 『太陽』8-15, 明治35.12.5.

_____, 『機外観』, 嵩山房, 明39.1.

読売新聞社編, 『公德養成之実例 : (附)英人之気質』, 文学堂, 明36.4.

獨醒居士, 『時務三論』, 民友社, 明治35.1.

羅福惠, 『黃禍論』, 立緖, 民國96.

羅因須, 『列国審勢支那政治論』(鈴木虎雄補訳), 台湾日日新報社, 1904.

藍弘岳, 「面向海洋, 成為西洋 : 「海國」想像與日本的亞洲論述」, 『文化研究』14, 2012.

梁啓超, 「論變法必自平滿漢之界始」, 『淸議報』1, 光緒24.11.11.

_____, 「論中國之將強」, 『時務報』31, 1897.6.30.

_____, 「滅國新法論」, 『淸議報』89, 1901.8.

_____, 『新大陸游記』, 商務印書館, 民國5.

梁展, 「世界主義, 種族革命與『共產黨宣言』中譯文的誕生－以『天義』『衡報』的社會主義宣
　　　傳爲中心」, 『外國文學評論』4, 2016.

周小波, 「梁啓超的世紀情懷」, 『二十一世紀』51, 1999.2.

鈴木光次郎編輯, 趙必振 譯, 『東洋女權萌芽小史』, 新民譯印書局, 1903.

靈綬, 羅普 譯, 『十九世紀末世界之政治』, 廣智書局, 1902.

盧騷, 「民約論」, 『譯書彙編』1·2·4·9, 1900.12.6·1901.1.28·1901.5.27·1901.12.15.

劉啟彤, 『英政槪』, 王錫祺輯, 『小方壺齋輿地叢鈔補編再補編』, 台北 : 廣文書局, 1964

劉鳳雲, 劉文鵬 編, 『淸朝的國家認同』, 中國人民大學出版社, 2010.

劉師培, 『劉申叔先生遺書·中國民族志』, 寧武南氏, 民國25(1936).

_____, 「無政府主義之平等觀」, 『天義』5, 1907.8.10.

柳鏞泰, 「四夷藩屬을 中華領土로－民國時期 中國의 領土像想과 동아시아 인식」, 『東洋
　　　史學研究』130, 2015.

劉禾 主編, 『世界秩序與文明等級 : 全球史研究的新路徑』, 生活·讀書·新知三聯書店, 2016.

陸士諤, 『新中國』, 中國友誼出版公司, 2010.

李大釗, 「警告全國父老書」(1915), 『李大釗全集』 1, 人民出版社, 2006.

李鴻章, 「譯署函稿」, 『李鴻章全集』 1, 海口 : 海南出版社, 1997(영인본).

林樂知集 譯, 任廷旭 譯述, 『全地五大洲女俗通考』, 廣學會, 1903.

馬建標, 林曦, 「跨界 : 芮恩施與中美關系的三種經」, 『歷史研究』 4, 2017.

馬君武, 『法蘭西今世史譯序』, 上海 : 出洋學生編輯所, 1902.

_____, 『彌勒約翰自由原理』, "少年中國新叢書", 上海開明書局, 1903.

馬吉士, 『外國地理備考』(海山仙館叢書本) 4, 道光丁未刻本(1847).

馬禮遜, 『華英字典』 4, 大象出版社, 2008.

莫世祥 編, 『馬君武集(1900~1919)』, 華中師範大學出版社, 1991.

茅海建, 『從甲午到戊戌 : 康有爲『我史』鑒注』, 三聯書店, 2009.

曼殊室主人, 「班定遠平西域」, 『新小說』 2-7~9, 1905.8~1905.10.

末広政憲, 『二十三年後未来記』, 畜善館, 1887.

末廣鐵腸, 『雪中梅』, 博文堂, 1888.

麥肯齊, 李提摩太, 蔡爾康譯, 『泰西新史攬要』, 上海書店出版社, 2002.

孟德斯鳩, 何禮之譯, 『萬法精理』, 1876.

毛澤東, 『毛澤東選集』 5, 上海 : 人民出版社. 1977.

穆勒, 嚴複 譯, 『群己權界論』, 商務印書館, 1903.

武田清子, 「浮田和民の「帝國主義」 論と國民敎育－明治自由主義の系讀」, 『敎育硏究』 21, 1978.

文慶等纂, 『籌辦夷務始末(道光朝)』(近代中國史料叢刊一輯), 台北 : 文海出版社, 1973.

問筆, 「醒獅還是睡獅?」, 『論語』 59, 民國24.2.16.

美國斯密斯撰, 作新社譯 『支那人之氣質』, 作新社藏板, 光緒29.

尾崎行雄, 「淸國處分如何」, 『淸議報』 72, 光緒27.1.21.

_____, 『新日本』 2, 集成社, 明20.

_____, 『支那処分案』, 博文館, 1895.

梶木甚三郎編, 『人権新説駁論集』 1, 共同社, 1882.

米原謙, 『德富蘇峰 日本ナショナリズムの軌跡』, 中央公論社, 2003.

尾川昌法, 『人権のはじまり―近代日本の人権思想―』, 部落問題研究所, 2008.

朴羊信, 「근대 일본에서의 '국민' '민족' 개념의 형성과 전개」, 『東洋史學研究』 104, 2008.

_____, 「陸羯南の政治認識と対外論(四) : 公益と経済的膨張」, 『北大法学論集』, 50-1, 1999.5.

潘光哲,「殖民地」的概念史：從「新名詞」到「關鍵詞」,『中央研究院近代史研究所集刊』82, 民國102.12.

潘少瑜,「世紀末的憂鬱：科幻小說〈世界末日記〉的翻譯旅程」,『成大中文學報』49, 2015.6.

伯蓋司, 「政治學」, 『譯書彙編』 1·2·6·8, 1900.12.6·1901.1.28·1901.8.8· 1901.10.31.

碧荷館主人,『新紀元』, 廣西師範大學出版社, 2008.

_____,『新紀元』, 上海小說林社, 1908.

步倫撰, 丁韙良譯,『公法會通』卷一, 同文館, 光緒庚申(1880).

服部誠一(撫松),『二十三年国会未来記』1·2, 仙鶴堂, 1887.

_____,『二十世紀新亜細亜』, 菁莪堂, 1888.

_____,『征清独演説』正編·続編, 小林喜右衛門等, 1895.

_____,『征清戦記：平壌及黄海實況』, 六盟館, 1894.

_____,『台湾地誌：帝国新領』, 中村与右衛門, 1895.

_____,『通俗征清戦記』, 東京図書出版, 1897.

_____ 譯述,『世界進歩：第二十世紀』1~3, 岡島寳玉堂, 1886~1888.

服部徹,『南洋策：一名·南洋貿易及殖民』, 東京：村岡源馬, 明24.

福井准造撰, 趙必振譯,『近世社會主義』上·下, 上海廣智書局, 1903.

福沢諭吉,「掌中萬國一覽」,『福沢全集』2, 時事新報社, 1898.

_____ 纂輯,『西洋事情外篇』, 尙古堂, 慶應3.

應祖錫 筆述, 傅蘭雅口 譯,『佐治芻言』, 江南機器製造總局, 1885.

浮田和民,『国民教育論』, 民友社, 1903.

_____,『帝国主義と教育』, 民友社, 1901.

_____,『史學通論』(東京専門学校文学科第3回第1部講義録), 東京専門学校.

北京大學宗教研究所,『明末清初耶穌會思想文獻彙編』(五卷), 北京大學出版社, 2003.

北村三郎, 趙必振譯,『埃及史』, 上海廣智書局, 1903.

_____, 趙必振譯,『土耳機史』, 上海廣智書局, 1902.

奮翮生,「軍國民篇」,『新民叢報』1, 光緒28年正月初一日.

濱下武志, 朱蔭貴, 歐陽菲 譯,『近代中國的國際契機』, 中國社會科學出版社, 1999.

斯密哥德文, 侯官李郁 譯,『世界三怪物』, 上海文明書局, 光緒29.

杉田聡,『福沢諭吉と帝国主義イデオロギー』, 花伝社, 2016.

渋谷愛,『公徳唱歌』, 吉川半七, 1901.

傷心人,「說奴隸」,『清議報』69, 光緒26.11.1.

西田毅, 「「平民主義」から「自由帝国主義」へ―竹越三叉の政治思想」, 日本政治学会 編, 『年報政治学』, 岩波書店, 1982.

西田長寿・植手通有・坂井勇吉 編, 『陸羯南全集』 6, みすず書房, 1971.

西周譯, 「學士匹令氏權利爭鬪論」, 『獨逸學協會雜志』 30〜33, 明19.3.15〜6.15.

西村三郎編, 趙必振譯, 『日本維新慷慨史』 上・下, 上海廣智書局, 1903.

石原和三郎, 『公德唱歌 : 風俗改善』, 富山房, 1901.

石井知章, 「浮田和民と「倫理的帝国主義」論」, 『アジア太平洋討究』 19, 2013.

石川正美編, 『人権新説駁撃新論』 1, 春陽堂, 1882.

石川禎浩, 「梁啓超と文明の視座」, 狹間直樹 編, 『梁啓超 : 西洋近代思想受容と明治日本共同研究』, みず書房, 1999.

_____, 「眠れる獅子(睡獅)と梁啓超」, 『東方學報』, 85, 2010.3.

善化皮嘉佑撰, 「醒世歌」, 『湘報』 27, 1898.4.6.

小柳津親雄(柳窓外史), 『二十三年未来記』, 今古堂, 1883.

小松 裕, 「近代日本のレイシズム―民衆の中国(人)観を例に」, 『文学部論叢』(熊本大学) 78, 2003.3.

邵循正, 『中法越南關係始末』, 河北教育出版社, 2002.

蘇曉康・王魯湘, 總撰稿, 『河殤』, 三聯書店, 1988.

孫江, 『中国の「近代」を問う : ―歴史・記憶・アイデンティティ』, 汲古選書, 2014.

孫文, 「發刊詞」, 『民報』 1, 1905.10.20.

孫寶瑄, 『忘山廬日記』, 上海古籍出版社, 1983.

孫中山, 『孫中山全集』 9, 北京 : 中華書局, 1986.

松本ますみ, 『中国民族政策の研究』, 多賀出版, 1999.

矢野竜渓, 『人権新説駁論』, 畑野林之助, 1882.

神谷昌史, 『浮田和民の倫理的帝国主義と中国観の変遷』, 大東文化大学博士(政治学), 2006.

新會梁啓超任公, 「積弱溯源論」, 『淸議報』 77〜84, 光緒27.3.11〜5.21.

沈旭暉, 『解構中國夢 : 中國民族主義與中美關係的互動(1999〜2014)』, 香港中文大學出版社, 2015.

阿勿雷脫(Alfred Jules Émile Fouillée), 「欧洲近代哲学 : 陸克學說」(1902), 『國民報彙編』, 中國民國黨中央委員会黨史史料編纂委員會, 1968.

顏健富, 『從「身體」到「世界」: 晚清小說的新概念地圖』, 台北 : 國立台灣大學出版中心, 2014.

哀時客, 「瓜分危言」, 『淸議報』 15, 光緒25.4.11.

_____, 「動物談」, 『淸議報』 13, 光緒25.3.21.

_____, 「論美菲英杜之戰事關係於中國」, 『淸議報』 32, 光緒25.11.11.

_____, 「國民十大元氣論(一名文明之精神)」, 『淸議報』 33, 光緒25.11.21.

_____, 「論中國人種之將來」, 『淸議報』 19, 光緒25.5.21.

愛自由者 金一, 『女界鐘』, 上海大同書局, 光緒29.

楊瑞松, 「睡獅將興? 近代中國國族共同體論述中的「睡」與「獅」」, 『國立政治大學歷史學報』 30, 2008.11.

_____, 『病夫, 黃禍與睡獅: 西方視野中的中國形象與近代中國國族論述想像』, 政大出版社, 2016.

楊蔭杭譯, 『物競論』, 譯書彙編社, 1901.

_____, 『物競論』, 作新社, 1903.

_____, 『路索民約論』, 上海文明書局, 1902.

余一, 「民族主義論」, 『浙江潮』 1, 1903.2.17.

葉德輝, 「與南學會皮鹿文孝廉書」, 中國史學會 主 編, 『戊戌變法』 2, 上海人民出版社, 2000.

葉偉敏, 「淺析1871年李鴻章, 曾國藩對中日締約意見之異同」, 『史學集刊』 5, 2007.9.

吳趼人, 『新石頭記』, 中州古籍出版社, 1986.

吳君爾璽, 丁韙良 譯, 『公法便覽』, 水野忠雄出版, 1877(明治11).

吳銘譯, 『十九世紀大勢變遷通論』, 廣智書局, 光緒28.

雍正帝, 『大義覺迷錄』 1, 哈佛大學漢和圖書館珍藏本.

王韜, 「哥倫布傳贊」, 『萬國公報』 42, 1892.7(光緒18.6).

____, 「地球圖說跋」, 『弢園文錄外編』, 上海 : 上海書店, 2002.

____, 『弢園文錄外編』, 中州古籍出版社, 1998.

王保賢, 「關於"漢譯名著"『帝國主義』的出版時期」, 『中華讀書報』, 2019.

王璽, 「李鴻章與中日訂約」, 『臺灣中央研究院近代史研究所專刊』 42, 1982.

王栻主 編, 「「如後患何」按語」, 『嚴復集』 1, 北京 : 中華書局, 1986.

王鐵崖 編, 『中外舊約章彙編』 1, 三聯書店, 1957.

汪暉, 「文化與政治的變奏 : 戰爭, 革命與1910年代的思想戰」, 『中國社會科學』 4, 2009.

____, 『現代中國思想的興起』 上, 三聯書店, 2004.

耀公, 「探險小說最足爲中國現象社會增進勇敢之慧力」, 『中外小說林』 12, 1907.9.

于海英, 「『淸議報』時期における梁啓超の救国の民權論」, 山口大學文學會, 『山口大学文学会志』 66, 2016.

魏源, 『魏源全集』, 岳麓書社, 2004.

____, 『海國圖志』 76, 湖南 : 岳麓書社, 1998.

劉明福, 『中國夢 : 後美國時代的大國思維與戰略定位』, 中國友誼出版公司, 2010.

有山輝雄, 『德富蘇峰と国民新聞』, 吉川弘文館, 1992.

柳鏞泰, 「四夷藩屬을 中華領土로—民國時期 中國의 領土想像과 동아시아 인식」, 『東洋史學研究』 130, 2015.

陸羯南, 「帝國主義の解」, 『日本』, 1899.3.25.

戎雅屈・蘆騷(ジャン・ジャック・ルーソー), 服部德 譯, 『民約論』, 有村壯一, 1877.

飲冰譯, 「世界末日記」, 『新小說』1, 1902.11.

飲冰室主人, 『現今世界大勢論』, 上海廣智書局, 光緖28.

伊耶陵, 「權利競爭論」, 『譯書彙編』1・4, 1900.12.6・1901.5.27.

_____, 張肇棟譯, 『權利競爭論』, 上海文明書局, 1902.

日本土佐幸德秋水, 趙必振 譯, 『二十世紀之怪物帝國主義』, 上海廣智書局, 1902.

任公, 「國家思想變遷異同論」, 『淸議報』94・95, 光緖27.9.1・9.11.

____, 「文野三界之別」, 『淸議報』27, 1899.9.15.

____, 「飲冰室自由書・自助論」, 『淸議報』28, 光緖25.8.21.

自強, 「論帝國主義之發達及廿世紀世界之前途」, 『開智錄』2, 1901.1.5.

慈石, 「醒獅歌」, 『政藝通報』4, 1903.3.

子爵 曾我祐準, 「論將來列國勢力消長」, 『淸議報』49, 光緖26.6.1.

_____, 「将来の世紀に於る列国勢力の消長豫想」, 『太陽(臨時增刊)』6-8, 明治33.6.15.

張啟雄, 「東西國際秩序原理的差異—「宗藩體系」對「殖民體系」—」, 『中央研究院近代史研究所集刊』79, 民國102.3.

張枬・王忍之編, 『辛亥革命前十年間時論選集』, 三聯書店, 1960.

張雙志, 「淸朝皇帝的華夷觀」, 『歷史檔案』3, 2008.

章太炎, 『章太炎全集』, 上海人民出版社, 1986.

張佩綸, 「統籌法越全國摺」(光緖八年六月二十日), 『澗于集』, 文海出版社, 1967.

張學禮, 『中國何以說不 : 猛醒的睡獅』, 華齡出版社, 1996.

田伏隆, 「趙必振傳略」, 『常德縣文史資料』3, 常德縣政協文史資料委員會內部印刷, 1987.4.

田沼書店編, 『公德唱歌』, 田沼書店, 1901.

錢智修, 「黃禍論」, 『東方雜誌』9-2, 民國元年8.1.

田村安興, 『ナショナリズムと自由民権』, 清文堂出版, 2004.

鄭觀應, 『盛世危言』, 中州古籍出版社, 1998.

_____, 夏東元編, 『鄭觀應集』, 上海人民出版社, 1982.

丁光, 「英国传教士慕雅德与中英鸦片贸易」, 『世界宗教研究』, 2015.

鄭匡民, 「社會主義講習會與日本社會主義者」, 『中國近代史上的自由主義』(中國近代思想史集刊) 5, 社會科學文獻出版社, 2008.

_____, 『梁啟超啟蒙思想的東學背景』, 上海書店出版社, 2009.

井口和起, 『日本帝国主義の形成と東アジア』, 名著刊行会, 2000.

丁文江, 趙豊田 編, 『梁啓超年譜長編』, 上海人民出版社, 1983.

鄭玉, 「春秋經傳闕疑」11, 『文淵閣四庫全書』163, 臺北：臺灣商務印書館, 1986.

丁韙良撰, 『支那古代萬國公法』, 明法志林社, 1884(明治19年).

町田桜園, 『公徳唱歌』, 林甲子太郎, 1901.

鄭惠仲, 「「청사고(淸史稿)」「속국전(屬國傳)」조선(朝鮮) 관계(關係) 기사(記事) 분석(分析)」, 『東洋史學研究』130, 2015.

趙剛・汪暉等, 『我們需要什麼樣的「中國」理論』, 台北：人間, 2015.

鳥谷部銑太郎, 「時代の趨勢」, 『太陽』14-9, 1908.

曺秉漢, 「淸末 海防체제와 中越 朝貢관계의 변화」, 『역사학보』205, 2010.

曺世鉉, 「1880년대 北洋水師와 韓淸關係」, 『동양사학연구』124, 2013.

周琪, 『人權與外交―人權與外交國際研討會論文集』, 北京：時事出版社, 2002.

____, 『美國人權外交政策』, 上海：上海人民出版社, 2001.

竹内弘行, 『康有爲と近代人同思想の研究』, 汲古書院, 2008.

竹越三叉, 「自由帝國主義」, 『世界之日本』5-48, 明治33.1.6.

竹越与三郎, 『三叉演説集』, 二酉堂, 明41.5.

_____, 「現今政治上の形勢に就て」(明治31年4月23日, 京都祇園座), 『三叉演説集』, 二酉堂, 明41.5.

中國人權研究會 編, 『論人權與主權』, 北京：當代世界出版社, 2001.

中國之新民, 「論教育當定宗旨」, 『新民叢報』1, 光緒28.1.1・1.15.

_____, 「論民族競爭之大勢」, 『新民叢報』2~5, 1902.2.22(光緒28.1.15)・1902.3.10(光緒28.2.1)・1902.3.24(光緒28.2.15)・1902.4.8(光緒28.3.1).

_____, 「明季第一重要人物袁崇煥傳」, 『新民叢報』46~50(光緒29.12・光緒30.5・光緒30.6.

_____, 「世界史上廣東之位置」, 『新民叢報』63・64, 光緒31.1・光緒31.2.

_____, 「新史學：歷史與人種之關係」, 『新民叢報』13, 1902.8.4.

_____, 「張博望班定遠合傳」, 『新民叢報』8, 光緒28.4.

_____, 「祖国大航海家鄭和傳」, 『新民叢報』69, 光緒31.4.

_____, 「中國殖民八大偉人傳」, 『新民叢報』63, 光緒31.1.

_____, 「中國地理大勢論」, 『新民叢報』6, 光緒28.3.15.

_____, 「匈加利愛國者噶蘇士傳」, 『新民叢報』4, 光緒28.2.

中央研究院近代史研究所『淸季中日韓關係史料』, 中央研究院近代史研究所, 1972.

中村忠行, 「德富蘆花と現代中國文學」1, 『天理大學學報』1：2~3, 1949.10, 1~28면.

曾根嘯雲輯, 王韜仲弢刪纂, 越南阮述荷亭校閱, 『法越交兵紀』62-615(日本明治十九年

(1886)東京報行社排印), 近代中國史料叢刊, 台北文海出版社, 1971.

曾紀澤, 『曾紀澤遺集』, 岳麓書舍, 1983.

曾我祐準, 「論將來列國勢力消長」, 『淸議報』49, 光緖26.6.1.

_____, 「将来の世紀に於る列国勢力の消長豫想」, 『太陽(臨時增刊)』6-8, 明治33.6.15.

持地六三郎, 趙必振譯, 『東亞將來大勢論』, 上海廣智書局, 1903.

志賀重昂, 『地理學』, 東京專門學校, 1901.

陳文哲譯, 「世界政策」, 『湖北學生界』1, 光緖癸卯1.

_____, 『人權新說』, 開明書店, 1903.

陳天華, 「猛回頭」, 『陳天華集』, 湖南人民出版社, 1982.

陳翰笙主編, 『華工出國史料匯編』1-1, 北京：中華書局, 1981.

佐藤慎一, 『近代中国の知識人と文明』, 東京大学出版会, 1996.

贊布落, 「侵略支那之無謀」『淸議報』71, 光緖27.1.11.

川尻文彦, 「近代中国における「文明」－明治日本の学術と梁啓超」, 『東アジア近代における概念と知の再編成』35, 2010.3.

_____, 「梁啓超と徳富蘇峰：馮自由「日人徳富蘇峰与梁啓超」と梁啓超の「盗用」をめぐって」, 『愛知県立大学外国語学部紀要』48(言語・文学編), 2016.

天南遯窟(王韜), 『普法戰記』, 陸軍文庫出版, 明11.

川島 真, 『中国近代外交の形成』, 名古屋大学出版会, 2004.

千葉秀浦・田中花浪, 『黃禍白禍：未來求之大戰』, 服部書店, 1907.

塚越芳太郎, 「新侵略主義」, 『人民』, 1899.6.10.

_____, 『時務的教育』, 民友社, 明34～35.

崔熙在, 「越南, 朝鮮과 1860～80년대 淸朝 朝貢國政策의 再調整」, 『역사학보』206, 2010.

鄒容, 『革命軍』, 北京：中華書局, 1958.

湯志鈞編, 『康有爲政論集』, 中華書局, 1981.

澤田次郎, 『德富蘇峰とアメリカ』, 東京：慶應義塾大學出版會, 2011.

土屋英雄, 「梁啟超の「西洋」攝取と權利・自由論」, 狭間直樹 編, 『共同研究梁啟超：近代西洋思想受容と明治日本』, みすず書房, 1999.

土田泰蔵(大東萍士), 『通俗佳人之奇遇』正編・續編, 鶴声社, 1887.

八木原真之輔, 『公徳養成之栞』, 開発社, 1901.

坪内雄藏講述, 『實踐倫理講話』, 東京專門學校出版部, 1901.

鮑紹霖, 『文明的憧憬：近代中國對民族與國家典範的追尋』, 中文大學出版社, 1999.

馮自強, 「論支那人國家思想之弱點」, 『淸議報』73, 光緖27.2.1.

避熱主人(志剛) 編,『初使泰西記』4, 林華齋書坊, 光緒丁丑.

何迵,「獅子血」, 章培恒・王繼權 編,『中國近代小說大系』37, 1991.

____,『獅子血－一名支那哥倫波』, 公益書局, 1905.

韓松,『2066年之西行漫記』, 黑龍江人民出版社, 2000.

韓丁, 秋瑩 譯,『驚醒的中國大地』, 香港：香港萬源圖書公司, 1976.

哈葛德, 林紓・曾宗巩口 譯,『鬼山狼俠傳・序』, 上海, 商務印書館, 1905.

幸德秋水,「排帝國主義論」,『万朝報』, 1900.11.17.

_____, 趙必振譯,『社會主義廣長舌』, 商務印書館, 1902.

_____,『廿世紀之怪物帝國主義』, 警醒社, 明34.4.

香夢亭桜山 (名倉亀楠),『二十三年国会道中膝栗毛』, 和田庄蔵, 1887.

許俊雅,『低眉集：臺灣文學, 翻譯・遊記與書評』, 新銳文創, 2011.

許衡,「君人何瑭題河內祠堂記」,『許文正公遺書』,『文淵閣四庫全書』第1198冊, 臺北：臺
　　　灣商務印書館, 1986.

狹間直樹, 張雯 譯,『日本早期的亞洲主義』, 北京大學出版社, 2017.

_____ 編,『共同研究梁啟超：近代西洋思想受容と明治日本』, みすず書房, 1999.

彗廣(梁啟超),「黃帝以後第一偉人趙武靈王傳」,『新民叢報』40・41, 光緒29.9(光緒30.1).

惠頓, 丁韙良 譯,『萬國公法』, 京師同文館, 同治3.

胡適,「睡美人歌」, 曹伯言整理,『胡適日記全編2(1915～1917)』, 安徽教育出版社, 2001.

胡從經,『胡從經書話』, 北京：北京出版社, 1998.

花之安,『自西徂東』(1884), 上海書店出版社, 2002.

黃遵憲,「病中紀夢述寄梁任父」, 錢仲聯箋注,『人境廬詩草』, 中國青年出版社, 2000.

檜山幸夫,「日清戰爭の歷史的位置」, 東アジヤ近代史學會編,『日清戰爭と東アジヤ世界
　　　の變容』上卷, ゆまに書房, 1997.

黑田謙一,『日本植民思想史』, 弘文堂書房, 1942.

가라타니 고진, 조영일 역,『세계공화국으로』, 도서출판b, 2007.

가야트리 스피박, 태혜숙・박미선 역,『포스트식민 이성 비판』, 갈무리, 2005.

강유위, 리성애 역,『大同書』, 민음사, 1991.

강택구,「19세기 말 미국 정치인들의 반제국주의론」,『역사와 교육』13, 2011.

____,「19세기 末 미국의 제국주의화－우연인가? 필연인가?」,『역사와 교육』12, 2011.

거자오광, 이원석 역,『이 중국에 거하라－'중국은 무엇인가'에 대한 새로운 탐구』, 글항
　　　아리, 2012.

고모리 요이치, 송태욱 역,『포스트콜로니얼－식민지적 무의식과 식민주의적 의식』, 삼

인, 2002.

고야스 노부쿠니, 김석근 역, 『후쿠자와 유키치의 『문명론의 개략』을 정밀하게 읽는다』, 역사비평사, 2007.

고영란, 김미정 역, 『전후라는 이데올로기』, 현실문화, 2013.

김광억·양일모 편저, 『중국문명의 다원성과 보편성』, 아카넷, 2014.

김도형, 「가토 히로유키(加藤弘之)의 『人權新說』과 천부인권논쟁 재고」, 『동아인문학』 33, 2015.

김수연, 『중국 근대 미디어와 소설의 근대』, 서울대출판문화원, 2016.

나얀 찬다, 유인선 역, 『세계화, 전 지구적 통합의 역사』, 모티브, 2007.

나카에 초민, 연구공간 '수유+너머' 일본근대사상팀 역, 『삼취인경륜문답』, 소명출판, 2005.

닐 퍼거슨, 김종원 역, 『제국』, 민음사, 2006.

대니얼 R. 헤드릭, 김우민 역, 『과학기술과 제국주의』, 모티브북, 2013.

데이비드 W. 베빙턴, 재천석 역, 『복음주의 전성기』, 기독교문서선교회, 2012.

레베카 A. 패닌, 손용수 역, 『중국이 세계를 지배하는 날』, 한스미디어, 2020.

루돌프 폰 예링, 심재우·윤재왕 역, 『권리를 위한 투쟁 / 법 감정의 형성에 대하여』, 새물결, 2016.

루쉰전집번역위원회 역, 『루쉰전집』 7. 그린비, 2010.

리디아 류, 차태근 역, 『충돌하는 제국』, 글항아리, 2016.

리디아 리우, 민정기 역, 『언어횡단적 실천 문학, 민족문화 그리고 번역된 근대성 – 중국, 1900~1937』, 소명출판, 2005.

린 헌터, 전진성 역, 『인권의 발명』, 돌베개, 2009.

맥스 테그마크 저, 백우진 역, 『맥스 테그마크의 라이프 3.0 : 인공지능이 열어갈 인류와 생명의 미래』, 동아시아, 2017.

몽테스키외, 하재홍 역, 『법의 정신』, 동서문화사, 2007.

미셸린 이샤이, 조효제 역, 『세계인권사상사』, 도서출판 길, 2005.

미야자키 마사카쓰, 『공간의 세계사』, 다산북스, 2016.

박근갑 외, 『개념사의 지평과 전망』, 소화, 2009.

박병주, 「변영만의 식민담론 비판에 관한 연구 : 번역 작품을 중심으로」, 인하대 박사논문, 2015.

박양신, 「19·20세기 전환기 일본에서의 「제국주의」론의 제상 – 서양사상과의 관련에서」, 日本史學會, 『日本歷史研究』 9, 1999.

백영서, 『동아시아의 귀환 – 중국의 근대성을 묻는다』, 창비, 2000

백준기 외, 『아시아 발칸, 만주와 서구 열강의 제국주의 정책』, 동북아역사재단, 2007.

부산대 인문한국(HK) 편, 『유럽중심주의 비판과 주변의 재인식』, 미다스북스, 2010.

빠르타 짯떼르지, 이광수 역, 『민족주의 사상과 식민지 세계』, 그린비, 2013.

사카모토 히로코, 양일모 · 조경란 역, 『중국 민족주의 신화』, 지식의 풍경, 2006.

서병훈, 「존 스튜어트 밀의 위선? – 선의의 제국주의」, 『철학연구』 98, 2012.09.

서유진, 「종족 전쟁의 상상력 – 과학소설 『신기원』에 시연된 청말민초 황화담론」, 한국중
     어중문학회, 『한국중어중문학회 학술대회 자료집』, 2018.11.

서정훈, 『제국주의의 이해』, 울산대 출판부, 2007.

성근제 · 백광준 · 민정기 · 차태근 역, 『20세기 초 반청 혁명운동 자료선』, 성균관대 출판부, 2011.

송태현, 「몽테스키외의 중국관 비판」, 『세계문학비교연구』 40, 2012.가을.

스마일스 · 밀, 남용우, 이상구 역, 『자조론 · 자유론』, 을유문화사, 1998.

신승복 · 최재영, 「제국주의 침략에 따른 베트남 중국관계와 조선 중국관계의 변화, 그리
     고 두 관계의 상호작용」, 『영토해양연구』 9, 2015.

아더 핸더슨 스미스, 민경삼 역, 『중국인의 특성』, 경향미디어, 2006.

야스카와 주노스케, 이향철 역, 『후쿠자와 유키치의 아시아 침략사상을 묻는다』, 역사비
     평사, 2011.

양계초, 이혜경 주해, 『신민설』, 서울대출판문화원, 2014.

엄복, 양일모 · 이종민 · 강중기 역, 『천연론』, 소명출판, 2008.

에릭 홉스봄 저, 김동택 역, 『제국의 시대』, 한길사, 2007.

왕후이, 성근제 · 김진공 · 이현정 역, 『탈정치시대의 정치』, 돌베개, 2014.

외르그 피쉬 · 디터 그로 · 루돌프 발터, 황승환 역, 『코젤렉의 개념사 사전 3 : 제국주의』, 푸른
     역사, 2010.

요시자와 세이치로 저, 정지호 역, 『애국주의의 형성 : 내셔널리즘으로 본 근대 중국』, 논형, 2006.

요코야마 히로아키 저, 이용빈 역, 『중화민족의 탄생 중국의 이민족 지배논리』, 한울아카데미, 2012.

위르겐 오스터함멜, 박은영 · 이유재 역, 『식민주의』, 역사비평사, 2006.

윌리암 제임스, 김성민 · 정지련 역, 『종교체험의 여러 모습들』, 서울 : 대한기독교서회, 1977.

유바다, 「19세기 후반 조선의 국제법적 지위에 관한 연구」, 고려대 박사논문, 2016.

유용태, 「근대 중국의 민족제국주의와 단일민족론」, 『동북아역사논총』 23, 2009.

_____, 「중화민족론과 동북지정학, '동북공정'의 논리 근거」, 『환호속의 경종』, 휴머니스트, 2006.

이근욱 외, 『제국주의 유산과 동아시아』, 동북아역사재단, 2014.

이삼성, 「'제국' 개념과 19세기 근대 일본 – 근대 일본에서 '제국' 개념의 정립 과정과 그 기
     능」, 『국제정치논총』 51-1, 2011.

이주천, 「알프레드 마한(Alfred T. Mahan)의 帝國의 戰略과 美西戰爭」, 『미국사연구』 15, 2002.

이효석 외,『유럽중심주의 비판과 주변의 재인식』, 미다스북스, 2010.

자오팅양, 노승현 역,『天下體系 : 21세기 중국의 세계인식』, 길, 2010.

장 프랑수아 리오타르, 이현복 역,『포스트모던적 조건』, 서광사, 1992.

전성곤,『내적 오리엔탈리즘 그 비판적 검토』, 소명출판, 2012.

전인갑,『현대중국의 제국몽 帝國夢－중화의 재보편화 100년의 실험』, 학고방, 2016.

제임스 M. 블라우트, 김동택 역,『식민주의자의 세계모델 : 지리적 확산론과 유럽중심적 역사』, 성균관대 대동문화연구원, 2008.

조반니 아리기, 강진아 역,『베이징의 애덤 스미스』, 길, 2009.

조우연 역,『黃帝, 그리고 중국의 민족주의』, 한국학술정보(주), 2009.

조지형・김용우 편,『지구사의 도전』, 서해문집, 2010.

존 J. 미어셰이머, 이춘근 역,『강대국의 국제정치의 비극 : 미중 패권경쟁의 시대』, 김앤김북스, 2017.

존 K. 페어뱅크,『캠브리지중국사 10 : 청 제국 말』1·下, 새물결, 2007.

존 아니스비트,『메가트렌드 차이나』, 비즈니스북스, 2010.

존 스튜어트 밀, 김형철 역,『존 스튜어트 밀 자유론』, 서광사, 2008.

존 로크, 강정인・문지영 역,『통치론 : 시민정부의 참된 기원, 범위 및 그 목적에 관한 시론』, 까치, 1996.

존 울프, 이재근 역,『복음주의 확장』, 기독교문서선교회, 2010.

주디스 버틀러, 가야트리 스피박, 주해연 역,『누가 민족국가를 노래 하는가』, 산책자, 2008.

차태근,「량치차오(梁啓超)와 중국 국민성 담론」,『중국현대문학』45, 2008.6.

_____,「제국주의론과 수난의 역사관－청말・민국시기를 중심으로」,『中國學論叢』67, 2020.

최원식・백영서,『동아시아인의 '동양'인식 : 19~20세기』, 문학과 지성사, 1997.

최규진 외,『제국의 권력과 식민의 지식』, 도서출판 선인, 2015.

최정수,「T. 루즈벨트의 먼로독트린과 '세계전략'」,『서양사론』73, 2002.

케네스 포머런츠, 김규태 역,『대분기 중국과 유럽, 그리고 근대 세계 경제의 형성』, 에코리브르, 2016.

하마시타 다케시, 서광덕 역,『조공시스템과 근대 아시아』, 소명출판, 2018.

하버드대학 중국연구소, 이은주 역,『하버드대학 중국 특강』, 미래의 창, 2018.

한나 아렌트, 이진우・박미애 역,『전체주의의 기원』1, 한길사, 2006.

허재훈,「식민주의의 기초 : 존 로크와 아메리카, 인디헤나의 수난사」,『철학연구』130, 2014.

호르스트 슈투케, 라인하르트 코젤렉・오토 브루너・베르너 콘체 엮음, 남기호 역,『코젤렉의 개념사 사전 6 : 계몽』, 푸른역사, 2014.

호미 바바, 나병철 역,『문화의 위치』(수정판), 소명출판, 2012.

_____, 류승구 역, 『국민과 서사』, 후마니타스, 2011.

홍태영, 「몽테스키외의 『법의 정신』에 대한 정치적 독해」, 『한국정치학회보』 41-2, 2007.6.

황핑·조슈아 쿠퍼 라모 외, 김진공·류준필 역, 『베이징 컨센서스』, 소명출판, 2016.

후쿠자와 유키치, 정명환 역, 『후쿠자와 유키치의 문명론』, 기파랑, 2012.

J. A. 홉슨 저, 신흥범·김종철 역, 『제국주의론』, 창작과 비평사, 1981.

O. N. 데니, 신복룡·최수근 역주, 『청한론(淸韓論)(外)』, 집문당, 1999.

P. S. 라인슈 저, 姜志元 역, 『근대식민정치론』, 白楊堂, 1949.

Alain Peyrefitte, 王國卿等譯, 『停滯的帝国-两个世界的撞击』, 三聯書店, 1993.

Charles de Martens, 聯芳·慶常譯, 『星軺指掌』, 同文館, 光緒2(1876).

A. T. Mahan, *The Interest of America in Sea Power*, Present and Future, Boston : Little, Brown, and Company, 1897.

Albert M. Craig, *Civilization and Enlightenment : The Early Thought of Fukuzawa Yukichi*, Harvard University Press, 2009.

Alex Drace-Francis, "Colonialism", *Keywords for Travel Writing Studies : A Critical Glossary*. edited by Charles Forsdick, Zoë Kinsley, Kathryn Walchester, Anthem Press, 2019.

Alfred Thayer Mahan, *The Interest of America in Sea Power, Present and Future*, Boston : Little, Brown, and Company, 1897.

Angle, Stephen C., H*uman Rights and Chinese Thought : A Cross-Cultural Inquiry*, Cambridge, U.K.; New York : Cambridge University Press, 2002.

Angus Maddiso, *Chinese Economic Performance in the Long Run 960-2030 AD*, Paris : OECD, 2007(安格斯·麥迪森(Maddison. A.), 伍曉鷹·馬德斌, 『中國經濟的長期表現』, 上海人民出版社, 2008).

Ann Towns, "The Status of Women as a Standard of 'Civilization'", *European Journal of International Relations 15-4*, 2009.

Anthony Pagden, "Human Rights, Natural Rights, and Europe's Imperial Legacy", *POLITICAL THEORY 31-2*, 2003.4.

Antoinette M. Burton, *Burdens of History : British Feminists, Indian Women, and Imperial Culture, 1865~1915*, The University of North Carolina Press, 1994.

_____, "The White Woman's burden British Feminists and the Indian Woman, 1865~1915", *Women's Studies lnt. Forum 13-4*, 1990.

Ari Larissa Heinrich, *Chinese Surplus : Biopolitical Aesthetics and the Medically Com-*

modified Body, Duke University Press, 2018.

Arnulf Becker Lorca, "Universal International Law: Nineteenth-Century Histories of Imposition and Appropriation", *Harvard International Law Journal 51-2*, 2010.

Arthur H. Smith, *Chinese Characteristics*, Shanghai : North China Herald Office, 1890.

_____, *Chinese Characteristics*, New York : Revell, 1894.

Arthur Henderson Smith, *Chinese Characteristics*, New York : Fleming H. Revell, 1894.

Arthur Twining Hadley, *Standards of Public Morality*, New York : The Macmillan Company, 1907.

Atwell Whitney, *Almond-eyed; A Story of the Day*, A. L. Bancroft & Company,1878.

B. Taylor, "Coming struggle in the Pacific", *Nineteenth Century 44*, 1898.10.

Bauer, Joanne R. & Bell, Daniel A. *The East Asia Challenge for Human Rights*, Cambridge : Cambridge University Press, 1999.

Bluntschli, Johann Caspar, *Das Moderne Völkerrecht der Civilisirten Staaten :Brief an Professor Dr, Franz Lieber in New York*, Nördlingen : Drück und Verlag der Beck'schen Buchhandlung, 1868.

Brian C. Schmidt, "Paul S. Reinsch and the Study of Imperialism and Internationalism", *Imperialism and Internationalism in the Discipline of International Relations*, Edited by David Long and Brian C. Schmidt, New York : State University of New York Press, 2005.

Bridgman, Elijah Coleman, "Introductory Remarks." *The Chinese Repository 2-1*, 1833.5.

Brown, Peter G and MacLean, Douglas, *Human Rights and U.S. Foreign Policy : Principles and Applications*, Lexington, Mass. : Lexington, 1979.

Callanhan, David. *Between Two Worlds, Realism, Idealism and American Foreign Policy after the Cold War*, New York : Harper Colins Publisher, 1994.

Camille Flammarion, "The Last Days of the Earth", *The Contemporary Review 59*, 1891.4.

Cecil Rhodes, A *biography and Appreciation, with personal Reminiscences, by Dr. Jameson*, London : Chapman And Hall Ld, 1897.

Charles de Martens, *Le guide diplomatique*, Brockhaus, 1866.

Charles Henry Pearson, *National Life and Character. A Forecast*, London : Macmillan and co., 1893.

D. K. Fieldhouse, *The Colonial Empires : A Comparative Survey from the Eighteenth Century*, London : Weidenfeld & Nicolson, 1966.

David Long and Brian C. Schmidt(edit), *Imperialism and Internationalism in the Discipline of International Relations*, New York : State University of New York Press, 2005.

David W. Bebbington, *Evangelicalism in Modern Britain : A History from the 1730s to the 1980s*, London : Unwin Hyman, 1989.

Duncan Bell, "John Stuart Mill on Colonies", *Political Theory 38-1*, 2010.

Edmond Demolins, *Anglo–Saxon Superiority: to What it is Due*, translated by Louis Bert. Lavigne, New York, R. F. FenNo & company, 1898.

Edmond Demolins, *A–t–on Intérêt À S'emparer Du Pouvoir?*, Librairie de Paris, 1902.

Edward J. M. Rhoads, *Manchus and Han : Ethnic Relations and Political Power in Late Qing and Early Republican China, 1861–1928*, University of Washington Press, 2000.

Elizabeth C. EcoNomy, *The Third Revolution : Xi Jinping and the New Chinese State*, New York : Oxford University Press, 2018.

Ellen Carol DuBois, *Suffrage : Women's Long Battle for the Vote*, New York : Simon & Schuster, 2020.

Sankar Muthu edit., *Empire and Modern Political Thought*, Cambridge university press, 2012.

_____, *Enlightenment against Empire*, Princeton university press, 2003.

Field–Marshal Viscount Wolseley, *The Story of a Soldier's Life*, Vol. Ⅱ, Westminster : Archibald Constable and Co. Ltd., 1903.

Franklin H. Giddings, *Democracy and Empire, with Studies of Their Psychological, Economic, and Moral Foundations*, New York : Macmillan, 1900.

Geoffrey Barraclough, *An Introduction to Contemporary History*, London, Penguin Books Ltd, 1967.

George D. Herron, "American Imperialism", *The Social Forum 1-1*, 1899.6.1

Gerrit W. Gong, *The Standard of 'Civilization' in International Society*, Oxford, 1984.

Goldwin Smith, *Commonwealth or Empire : A Bystander's View of the Question*, New York : Macmillan, 1902.

Gregory Claeys, "Socialism and the language of lights : the origins and implications of economic rights", *Revisiting The Origins of Human Rights*, edited By Pamela Slotte and Miia Halme–Tuomisaari, Cambridge University Press, 2015.

H. J. West, *The Chinese Invasion*, San Francisco : Excelsior office, Bacon & company, 1873.

He Qi, "Letter to the editor of the China Mail", *The China Mail*, Feb. 16, 1887.

Henry Wheaton, *Elements of International Law*, 8th edition (Oxford : Clarendon

Press Oxford, 1866.

Herbert Spencer, Social Statics : or, *The Conditions Essential to Human Happiness Specified, and the First of Them Developed*, John Chapman, 1851.

Horner, *Charles, Rising China and Its Postmodern Fate : Memories of Empire in a New Global Context*, Athens : University of Georgia Press, 2009.

James Anthony Froude, *Oceana; or, England and Her Colonies*, London, Longman's, Green, 1886.

J. A. Hobson, *Imperialism : A Study*, London : George Allen & Unwin ltd., 1938.

J. O. P. Bland, "The Real Yellow Peril", *The Atlantic Monthly*, 1913.6.

James Kynge, *China Shakes the World : A Titan's Rise and Troubled Future and the Challenge for America*, Boston, MA : Mifflin Harcourt, 2006.

James L. Hevia. *English Lessons : The Pedagogy of Imperialism in Nineteenth–Century China*. Durham, NC, and London : Duke University, 2003.

James Landers, "Island Empire : Discourse on U.S. Imperialism in Century, Cos-mopolitan, McClure's—1893-1900", *American Journalism, 23-1*, 2006.

James Lorimer, *Institutes of the Law of Nations*, Edinburgh and London : William Blackwood and Sons, 1883.

Jacques, Martin, *When China Rules the World : The End of the Western World and the Birth of a New Global Order*, New York : Penguin, 2009.

Jim Rohwer, "A Survey of China : When China Wakes", *The Economist 3-18*, 1992.11.28.

J. M. Blaut. *The Colonizer's Model of the World : Geographical Diffusionism and Euro-centric History*, New York : Guilford. 1993.

John D. Pierson, *Tokutomi Soho, 1863~1957 : A Journalist for Modern Japan*, Prin-ceton University Press, 1980.

John Fitzgerald, *Awakening China : Politics, Culture, and Class in the Nationalist Re-volution*, Stanford University Press, 1996.

John Hill Burton, *Political Economy for Use in Schools and for Private Instruction*, Edinburgh : William & Robert Chambers,1852.

John Rieder, *Colonialism and the Emergence of Science Fiction*, Middletown, CT : Wesleyan University Press, 2008.

John Robert Seeley, *The Expansion of England*, London; Macmillan and Co, 1883.

John Stuart Mill, *On Liberty*, London : John W. Parker and son, West strand, 1856.

John William Burgess, *Political Science and Comparative Constitutional Law 1*, Ginn &

company, 1891.

John. M. Robertson, *Patriotism and Empire*, London : G. Richards, 1899.

Jonathan O'hara, "American Republicanism and the finde-siècle imperialism debate", *Journal of Political Ideologies 19-3*, 2014.

Kang, David C., *China Rising : Peace, Power and Order*, Columbia University Press, 2007.

Karl S. Guthke, *Imagining Other Worlds From the Copernican Revolution to Modern Science Fiction*, trans. Helen Atkins, Ithaca : Cornell University Press, 1990.

Legge, James, *The Chinese Classics*, Hongkong : London : Trübner, 1861.

M. P. Shiel, *The Yellow Danger*, London : Grant Richards, 1898.

Marquis Tseng, "CHINA. THE SLEEP AND THE AWAKENING", *The Chinese Recorder and Missionary Journal*(18.4), 1887.4.

Marsden Manson, *The Yellow Peril in Action,* San Francisco, Cal. (Britton & Rey), 1907.

Martti Koskenniemi, *The Gentle Civilizer of Nations : The Rise and Fall of International Law 1870-1960*, Cambridge University Press, 2004.

Michel-Rolph Trouillot, *Silencing the Past : Power and the Production of History*, Beacon Press, 1995.

Mike Ashley, *Out of This World*, The British Library, 2011.

Mira Matikkala, *Empire and the Imperial Ambition : Liberty, Englishness and Anti-imperialism in Late-Victorian Britain*, London : I. B. Tauris, 2011.

Moule, Arthur Evans, *New China and Old—Personal Recollections and Observations of Thirty Years*, London : Seeley and co., limited, 1891.

MOYN, SAMUEL and ANDREW SARTORI, "Approaches to Global Intellectual History", *Global Intellectual History*, edited by Samuel Moyn and Andrew Sartori, New york: Columbia University Press, 2013.

Mu-chou Poo, *Enemies of Civilization : Attitudes toward Foreigners in Ancient Mesopotamia, Egypt, and China*, University of New York Press, 2005.

Nicholas D. Kristof, Sheryl WuDunn, *China Wakes : The Struggle for the Soul of a Rising Power*, New York : Times Books / Random House, 1994.

Noel H. Pugach, *Paul S. Reinsch, Open Door Diplomat in Action*, New York : KTO press, 1979.

Orville Schell and John Delury, *Wealth and Power : China's Long March to the Twenty-first Century*, New York : Randon house trade paperback, 2014.

Owen N. Denny, *China and Korea*, Shanghai : Kelly and Walsh, Ltd. Printers, 1888.

Pär Kristoffer Cassel, *Grounds of Judgment : Extraterritoriality and Imperial Power in Nine-teenth-Century China and Japan*, Oxford : Oxford University Press, 2012.

Patricia Kerslake, *Science Fiction and Empire*, Liverpool : Liverpool University Press, 2007.

Paul S. Reinsch, *Colonial Administration*, New York, Macmillan, 1905.

_____, *Colonial Government*, New York, The Macmillan company, 1902.

_____, "English Common Law in the Early American Colonies", Madi-son(Bulletin of University of Wisconsin), 1899.

_____, *Intellectual and Political Currents in the Far East*, Boston : Houghton Mifflin Company, 1911.

_____, *World Politics at the End of the Nineteenth Century, As Influenced by the Oriental Situation*, New york : The Macmillan Company, 1900.

_____, *World Politics : at the End of the Nineteenth Century as Influenced by the Oriental Situation*, New York : The Macmillan company; London, Macmillan and co, 1916.

Philip A. Kuhn, *Chinese Among Others : Emigration in Modern Times*, NUS Press, 2008.

Pierton W. Dooner, *Last Days of the Republic*, Alta California Pub. House, 1879.

Rebecca E. Karl, *Staging the World : Chinese Nationalism at the Turn of the Twentieth Century*, Durham : Duke University Press, 2002.

"Reform in China : being a letter addressed to Rear-Admiral Lord Charles Bere-sford C.B., M.P.; also, an article in reply to China : the sleep and awake-ning", Hong Kong : Printed at the China Mail office, 1899.

Richard Koebner, Helmut Dan Schmidt, *Imperialism : The Story and Significance of a Political Word, 1840-1960*, Cambridge University Press, 1964.

Richard, Timothy, *Forty-Five Years in China : Reminiscences*, New York : Frederick A. Stokes, 1916.

Robert Mackenzi, *The 19th Century : A History*, T. Nelson and sons, 1880.

Robert Spalding, *Stealth War : How China Took Over While America's Elite Slept*, Portfolio, 2019.

Robert Thomas Tierney, *Monster of the Twentieth Century : Kōtoku Shūsui and Japan's First Anti-Imperialist Movement*, Berkeley : University of California Press, 2015.

Robert Wolter, *A Short and Truthful History of the Taking of California and Oregon by the*

Chinese in the Year A. D. 1899, San francisco : A. L. Bancroft and Company, 1882.

Roland Burke, *Decolonization and the Evolution of International Human Rights*, University of Pennsylvania press, 2010.

Ross G. Forman, *China and the Victorian Imagination : Empires Entwines*, Cambridge University press, 2013.

Rudolf G. Wagner, "China "Asleep" and "Awakening":A Study in Conceptualizing Asymmetry and Coping with It", *Transcultural Studies 1*, 2011.

_____, ""Dividing up the [Chinese] Melon, guafen 瓜分" : The Fate of a Transcultural Metaphor in the Formation of National Myth", *Transcultural Studies 8-1*, 2017.

Rudolph von Ihering, *The Struggle for Law,* translated by John J. Lalor, Chicago : Callaghan and Compant, 1879.

Samuel Smiles, *Self–Help*, John Murray, 1859.

Samuel Wells Williams, *The Middle Kingdom; a Survey of the Geography, Government, Education, Social Life, Arts, Religion, &c., of the Chinese Empire and its inhabitants. With a New Map of the Empire, and illustrations, principally engraved by J. W. Orr*, New York / London : Wyley and Putnam 1848.

Shogo Suzuki, *Civilization and Empire. China and Japan's Encounter with European International Society*, London : Routledge, 2009.

Simon RabiNovitch, "'Strong army' Xi : The other side of China's reformer", *The Financial Times*, 2012.12.13.

Sinensis, China, *the Sleep and the Awakening : a Reply to Marquis Tseng*, Hong Kong : China Mail office, 1887

Sir J. R. Seeley, *The Expansion of England; Two Courses of Lectures*, London, MacMillan and co., limited, 1909(1883).

Steven W. Mosher, *Bully of Asia : Why China's Dream is the New Threat to World Order*, Regnery Publishing, 2017.

Susumu Yamauchi, "Civilization and International Law in Japan During the Meiji Era(1868~1912)", *Hitotsubashi Journal of Law and Politics 24*, 1996.

T. S. Gray, "Herbert Spencer, On women : a studies in personal and political disillusion", *International Journal of Women's Studies 7-3*, 1984.

Terry R. Kandal, *The Woman Question in Classical Sociological Theory*, florida international university press, 1988.

Theodor D. Woolsey, *Introduction to the Study of International Law*, Boston and Cambridge : James Munroe and Company, 1860.

Thomas Erskine Holland, *Studies in International Law*, London : Oxford, 1898.

Thomas Francis Wade, *Note on the Condition and Government of the Chinese Empire in 1849*, Hongkong : China Mail Office, 1850.

Thomas Gondermann, "Progression and retrogression : Herbert Spencer's explanations of social inequality", *HISTORY OF THE HUMAN SCIENCES 20-3*.

Thornton, A. H. *Samuel Smiles and Nineteenth Century Self-Help in Education*, Nottingham : Dept. of Adult Education, U of Nottingham, 1983.

Travers, Timothy, *Samuel Smiles and the Victorian Work Ethic*, New York : Garland, 1987.

Trinh Nhu, *Mấy vấn đề lịch sử Việt Nam : tái hiện và suy ngẫm*, Hà Nội : Nhà xuất bản Chỉnh trị quốc gia, 2007

Viscount Wolseley, "China and Japan", *The Cosmopolitan; a Monthly Illustrated Magazin*, 1895.2.

Vladimir Trendafilov, "The Origin of Self-Help : Samuel Smiles and the Formative Influences on an Ex-Seminal Work", *The Victorian 3-1*, 2015.

Von J. C. Bluntschli, *Das Moderne Völkerrecht der civilisirten Staten, Brief an Professor Dr, Franz Lieber in New York*, Nördlingen : Drück und Verlag der Beck's-chen Buchhandlung, 1868.

W. A. P. Martin, *The Awakening of China*, New York : Doubleday, Page & Company, 1907.

Wang Hui, *China from Empire to Nation-State*, Translated by Michael Gibbs Hill, Harvard University Press, 2014.

William Frederick Mayers ed, *Treaties between the Empire of China and foreign powers, together with regulations for the conduct of foreign trade &c. &c. & c.*, Shanghai : J. Broadhurst Tootal, London : Trübner & Co. 1877.

William Hinton, *Fanshen : A Documentary of Revolution in a Chinese Village*, Monthly Review Press, 1966.

_____, *Iron Oxen : A Documentary of Revolution in Chinese Farming*, Vintage Books, 1971.

Wolf von Schierbrand, *America, Asia and the Pacific, with special reference to the Russo–Japanese war and its results*, New York : Henry Holt and Company, 1904.

Wolseley, "China and Japan", *The Cosmopolitan; a Monthly Illustrated Magazine*, 1895.2.

WU TING-FANG, "The Significance of the Awakening of China", *The Annals of The American Academy*, 1910.

Zhang, Qiong, *Making the New World Their Own : Chinese Encounters with Jesuit Science in the Age of Discovery*, Leiden : Brill, 2015.

"New-York Conference Missionary Sermon and Anniversary", *The New York Times*, New York, 1854.5.17.